J.B.METZLER

Martin Becker

Einführung in die spanische Sprachwissenschaft

Mit Abbildungen und Grafiken

Verlag J. B. Metzler Stuttgart · Weimar

Der Autor
Martin Becker ist Professor für romanische Sprachwissenschaft
an der Universität Köln.

Gedruckt auf säure- und chlorfreiem, alterungsbeständigem Papier

Bibliografische Information der Deutschen Nationalbibliothek
Die Deutsche Nationalbibliothek verzeichnet diese Publikation in der Deutschen
Nationalbibliografie; detaillierte bibliografische Daten sind im Internet
über <http://dnb.d-nb.de> abrufbar.

ISBN 978-3-476-02396-4

© 2013 J. B. Metzler'sche Verlagsbuchhandlung
und Carl Ernst Poeschel Verlag GmbH in Stuttgart
www.metzlerverlag.de
info@metzlerverlag.de

Umschlaggestaltung und Layout: Ingrid Gnoth | www.gd90.de
Satz: DTP + TEXT Eva Burri, Stuttgart · www.dtp-text.de
Druck und Bindung: C. H. Beck, Nördlingen

Printed in Germany
September 2013

Verlag J. B. Metzler Stuttgart · Weimar

Inhaltsverzeichnis

Vorwort IX

1   Sprachwissenschaft und Sprache 1

1.1   **Was ist Sprache?** 1
1.1.1   Sprache als Zeichensystem und Kommunikationsmittel 2
1.1.2   Sprache als soziales, kulturelles und geschichtliches
Phänomen.. 4
1.1.3   Sprache als kognitives Phänomen 5
1.2   **Teildisziplinen der Sprachwissenschaft**.......................... 9
1.3   **Die spanische Sprache**.. 11
1.4   **Die Verbreitung der spanischen Sprache** 13

2   Wissenschaftsgeschichte: Traditionen der linguistischen
Betrachtung, linguistische Paradigmen und Schulen.......... 20

2.1   **Antike** 20
2.1.1   Philosophische Reflexion über Sprache........................... 20
2.1.2   Grammatikschreibung 22
2.2   **Mittelalter und frühe Neuzeit**................................... 23
2.2.1   Die spekulative Universalgrammatik 23
2.2.2   Einzelsprachliche Sprachbetrachtung und
Grammatikographie... 25
2.2.3   Die Universalgrammatik vom 16. – 18. Jh. 26
2.3   **Das 19. Jahrhundert: Von der historisch-vergleichenden
Sprachwissenschaft zur Dialektologie** 28
2.4   **Das 20. Jahrhundert** 30
2.4.1   Strukturalismus 31
2.4.2   Die strukturalistischen Schulen.................................... 34
2.4.3   Noam Chomsky – Generativismus.................................. 35
2.4.4   Kognitionslinguistik/kognitive Linguistik 37

3   Phonetik 41

3.1   **Artikulatorische Phonetik** 41
3.2   **Konsonanten**.. 42
3.3   **Vokale** 44
3.4   **Graphie und Orthographie**....................................... 47
3.5   **Akustische Phonetik** 48

4	Phonologie	51
4.1	**Grundbegriffe**	51
4.2	**Phonologische Merkmale**	54
4.3	**Generative Phonologie: Prozessphonologie**	56
4.4	**Optimalitätstheorie**	58
4.5	**Suprasegmentale (Prosodische) Phonologie**	60
4.5.1	Silbe und Silbenstruktur	60
4.5.2	Der Wortakzent und das orthographische Akzentzeichen	62
4.5.3	Metrische Phonologie	63
4.5.4	Intonation	64
5	Morphologie	70
5.1	**Klassifikation von Morphemen**	71
5.2	**Morphem und Wort**	73
5.3	**Flexionsmorphologie**	74
5.3.1	Die Wortarten	74
5.3.2	Das TAM-System	82
5.4	**Wortbildung**	85
5.4.1	Grundbegriffe der Wortbildung	85
5.4.2	Derivation	87
5.4.3	Komposition	91
6	Syntax	97
6.1	**Grundbegriffe der Satzbeschreibung**	98
6.1.1	Syntaktische Kategorien und syntaktische Funktionen	98
6.1.2	Einfache und komplexe Sätze	100
6.1.3	Syntaktische Strukturbildung: Valenz und Subkategorisierung	102
6.1.4	Konstituenz und Konstituentenanalyse	105
6.2	**Konstituentenstruktur und generative X-bar-Theorie**	108
6.3	**Bewegung in der Syntaxtheorie**	113
6.4	**Determination und DP-Hypothese**	117
6.5	**Das minimalistische Modell**	118
6.6	**Informationsstruktur**	120
7	Semantik	125
7.1	**Wortsemantik**	125
7.2	**Die Strukturelle Semantik: Wortfeldtheorie und Merkmalsemantik**	129
7.3	**Kognitive Semantik**	133
7.3.1	Die Prototypensemantik	133
7.3.2	Frame-Semantik	138
7.3.3	Jackendoffs *semantic structures*	139
7.4	**Semantische Relationen (Paradigmatik)**	140
7.5	**Bedeutungswandel**	144
7.6	**Syntagmatische Relationen**	146

7.7	**Das mentale Lexikon**	147
7.8	**Satzsemantik**	148
7.9	**Temporal- und Modalsemantik**	152
7.9.1	Temporalsemantik	152
7.9.2	Modalsemantik	155
8	**Pragmatik**	160
8.1	**Die Sprechakttheorie**	162
8.2	**Kooperationsprinzip und die Konversationsmaximen**	166
8.3	**Die Relevanztheorie**	171
8.4	**Konversationsanalyse**	173
8.5	**Sprachliche Höflichkeit**	176
9	**Textlinguistik**	179
9.1	**Textualitätskriterien**	179
9.1.1	Kohäsion	181
9.1.2	Kohärenz – Isotopie und konzeptuelle Einheiten	182
9.2	**Organisation der textlichen Information**	183
9.3	**Klassifikation von Texten**	185
9.4	**Diskurstraditionen**	186
9.5	**Mündlichkeit und Schriftlichkeit: Medium und Konzeption**	187
10	**Korpuslinguistik**	192
10.1	**Korpus-Typologie**	192
10.2	**Zur Struktur von Korpora**	193
10.3	**Die Annotation**	194
10.4	**Anforderungen an Korpora**	197
10.5	**Theoretische Fragen der Korpusverwendung**	197
10.6	**Korpora des Spanischen**	201
11	**Spanische Sprachgeschichte**	206
11.1	**Der Ausgangspunkt: Das gesprochene Latein**	206
11.2	**Vom Vulgärlatein zu den romanischen Dialekten auf der Pyrenäenhalbinsel**	213
11.2.1	Die Substrate und die Diskussion um ihren Einfluss auf das hispanische Latein	213
11.2.2	Die Romanisierung der iberischen Halbinsel	215
11.2.3	Germaneneinfälle und germanisches Superstrat	217
11.2.4	Die Arabisierung	218
11.2.5	Die ersten schriftlichen Zeugnisse auf der iberischen Halbinsel	219
11.2.6	Die romanischen Varietäten der Pyrenäenhalbinsel im Mittelalter	221
11.3	**Das Altspanische**	224
11.3.1	Ausbau des Kastilischen und Überdachung der übrigen Dialekte	224

11.3.2 Anfänge des Kastilischen als Literatursprache.................... 226
11.3.3 Alfons der Weise und die Emanzipation des Kastilischen 227
11.3.4 Sprachliche Merkmale des Altspanischen........................... 230
11.4 **Das Spanische in den Siglos de Oro**............................... 235
11.4.1 Kodifikation des Spanischen: Grammatikographie
und Lexikographie 237
11.4.2 Vom ›vorklassischen‹ Spanisch zum modernen Spanisch ... 241
11.4.3 Das Judenspanische 246
11.4.4 Ausdehnung und Differenzierung des Spanischen:
Die Anfänge des Spanischen in Lateinamerika.................. 247
11.5 **Das moderne Spanisch**... 248
11.5.1 Die Real Academia de la Lengua Española......................... 250
11.5.2 Das Spanische in Lateinamerika und sein Verhältnis
zum europäischen Spanisch... 254
11.5.3 Die Minderheitensprachen Spaniens und Aspekte
der Sprachpolitik 259
11.5.4 Interne Entwicklungen seit dem 18. Jh.............................. 266

12 Varietätenlinguistik 274
12.1 **Sprache und Variation**... 274
12.2 **Dialekt und Sprache** 278
12.3 **Dialektale Variation auf der iberischen Halbinsel** 282
12.3.1 Das Kastilische 283
12.3.2 Das Andalusische 284
12.4 **Sprachgeographie und Sprachatlanten** 287
12.5 **Das Spanische in Lateinamerika**.................................. 290
12.5.1 Die Entstehung des lateinamerikanischen Spanisch.......... 290
12.5.2 Merkmale des Spanischen in Lateinamerika..................... 293
12.5.3 Indigene Sprachen 297
12.6 **Sprachkontakt in Lateinamerika**................................. 299
12.7 **Das Spanische in den USA** 302
12.7.1 Transferenzen aus dem Englischen.................................. 305
12.7.2 Code-switching und Code-mixing.................................... 307
12.8 **Sprachkontakt in Europa und Afrika** 309
12.8.1 Das Katalanische 309
12.8.2 Das Galicische 313
12.8.3 Das Baskische... 316
12.8.4 Das Spanische in Afrika 316
12.9 **Spanisch basierte Kreolsprachen** 317
12.10 **Soziolinguistik** 323

13. Anhang 333

13.1 Bildquellenverzeichnis 333
13.2 Sachregister 335

Vorwort

Die vorliegende Darstellung führt in die grundlegenden Begriffe, Methoden und theoretischen Ansätze der spanischen Sprachwissenschaft ein. Sie möchte fundierte Fachkenntnisse in den einzelnen Teildisziplinen vermitteln und damit dem Wunsch nach einem soliden Überblicks- und Orientierungswissen in Zeiten und unter den Bedingungen gedrängter Studienpläne Rechnung tragen.

Die Einführung legt ein besonderes Augenmerk darauf, fachwissenschaftliche Aspekte systematisch und unter Herausstellung übergreifender Zusammenhänge zu entfalten. Zudem sollen Studierende stärker als bisher für theoretische Grundfragestellungen und -positionen sowie wissenschaftsgeschichtliche Bezüge sensibilisiert werden, um auf diese Weise zu einem vertieften Fachverständnis herangeführt zu werden.

Neben den klassischen Inhalten des Faches, dem ›Kanonwissen‹, werden auch neuere Zugangsweisen und Theorien berücksichtigt, so unter anderem Überlegungen im Rahmen moderner kognitiver Ansätze in den systemlinguistischen Kapiteln oder Aspekte der Sprachpolitik sowie die Rolle des Spanischen als plurizentrische Sprache in den Abschnitten zur Sprachgeschichte und Varietätenlinguistik.

Die Einführung eignet sich nicht nur als begleitendes Unterrichtswerk oder zum Selbststudium, sondern kann auch als Nachschlagewerk konsultiert werden. Auch ein Stichwortverzeichnis im Anhang des Buches ermöglicht eine rasche thematische Erschließung. Literaturempfehlungen zu grundlegenden hispanistischen, romanistischen und allgemein linguistischen Werken ermöglichen eine Vertiefung der vorgestellten Fachinhalte.

Herzlich danken möchte ich an dieser Stelle Daniela Giller, Alexandra Wolf und Carina Cals für vielfältige Unterstützung, vor allem bei der Formatierung sowie der Arbeit an der Bibliographie, Melanie Uth, Sarah Schwellenbach und Martina Mohr für die gründliche und kritische Korrekturlektüre. Nicht zuletzt möchte ich auch Ute Hechtfischer für die sehr gewissenhafte Betreuung des Manuskripts sowie eine erfreuliche und angenehme Zusammenarbeit danken.

Köln, Juli 2013   Martin Becker

1 Sprachwissenschaft und Sprache

1.1 Was ist Sprache?
1.2 Teildisziplinen der Sprachwissenschaft
1.3 Die spanische Sprache
1.4 Die Verbreitung der spanischen Sprache
(hispanophone Länder und Regionen)

1.1 | Was ist Sprache?

Die Sprachwissenschaft ist die Wissenschaft von der Sprache, und die spanische Sprachwissenschaft beschäftigt sich mit der spanischen Sprache. Diese beiden Definitionen scheinen unmittelbar einzuleuchten. Aber wenn wir die Sprache als den Gegenstand der Disziplin bestimmen, in die wir in diesem Buch einführen wollen, so stellt sich natürlich sogleich die Frage: Was aber ist Sprache? Das Wort ›Sprache‹ ist (auch im alltäglichen Gebrauch) ein mehrdeutiger Begriff. Dieser Umstand und die Tatsache, dass die Sprache ein äußerst komplexes Phänomen ist, führen dazu, dass es ganz unterschiedliche Sprachbegriffe gibt. So können wir etwa darauf verweisen, dass der Mensch sich vom Tier durch seine Sprache unterscheidet. Wir betonen dann die besondere Tatsache, dass der Mensch (unsere Spezies) ein nur ihm eigenes, in seiner ›Ausstattung mitgegebenes‹, **Sprachvermögen** (*language faculty*) besitzt. Im Spanischen wird dieses Vermögen durch das Wort **lenguaje** bezeichnet.

Wir können uns aber auch auf eine konkrete Einzelsprache beziehen, wenn wir etwa darüber sprechen, dass das Spanische eine Weltsprache ist. Wir verstehen dann unter ›Sprache‹ das **Sprachsystem** einer bestimmten Sprachgemeinschaft – in unserem Beispielfall: die spezifische Einzelsprache ›Spanisch‹. Das Spanische sieht für diesen Sprachbegriff das Wort **lengua** vor. Wir können uns aber auch über die »Sprache der Politiker« ärgern, uns über die Jugendsprache auslassen oder davon schwärmen, dass es uns die Sprache eines Dichters besonders angetan hat. Wir meinen dann aber den **systematischen Sprachgebrauch** einer Sprechergruppe/ -gemeinschaft bzw. eines bestimmten Individuums. In dieser Lesart des Sprachbegriffs finden wir im Spanischen üblicherweise die Entsprechungen **lenguaje** (*político, de los jóvenes*) und **jerga** (*juvenil*), bisweilen wird auch von einem speziellen **Diskurs** (*discurso político*) gesprochen.

Die verschiedenen Sprachbegriffe – ihre Schärfung, Weiterentwicklung und methodische Nutzbarmachung – spielen auch in der Jahrhunderte langen linguistischen Reflexion und Diskussion eine zentrale Rolle für die Entwicklung der Sprachwissenschaft als einer wissenschaftlichen Disziplin (für einen allgemeinen Überblick s. Kap. 2). Für die Herausbil-

Sprachbegriffe:
lenguaje, lengua
und *jerga*

dung und Entwicklung unterschiedlicher Zugriffsweisen auf das Phänomen der Sprache sowie die Herausbildung verschiedener Teildisziplinen im Rahmen der Sprachwissenschaft sind die folgenden, teils konkurrierenden, teils komplementären Konzeptionen von Sprache von Bedeutung.

1.1.1 | Sprache als Zeichensystem und Kommunikationsmittel

Die instrumentelle Sicht von Sprache ist uns allen gut vertraut – sie entspricht dem Verständnis, das Sprecher normalerweise von Sprache, zumal ihrer Muttersprache, besitzen. Diese Sichtweise besitzt eine lange Tradition und reicht bis in die Antike, unter anderem zu Platons *Kratylos*-Dialog, zurück. Danach lässt sich die Sprache als ein Ausdrucksmittel des Menschen bzw. Werkzeug (*organon*) verstehen, »mit dem einer dem anderen etwas mitteilt über die Dinge«.

Die sprachlichen Zeichen, derer sich die Sprecher bedienen, um ihre Ideen bzw. Vorstellungen auszudrücken, stehen im Zentrum dieses Sprachverständnisses. Die Sprache ist also ein **Zeichensystem** unter anderen (wie die Verkehrsschilder oder bestimmte Rangabzeichen), das sich jedoch durch seine besondere Struktur und Komplexität auszeichnet. Sprachliche Zeichen sind einzelsprachlicher und konventioneller Natur, beruhen also auf Übereinkunft und werden von der Sprachgemeinschaft tradiert. Sie bestehen aus einer **Ausdrucksseite**, dem materiellen Zeichenkörper, der lautlich oder graphisch realisiert werden kann und einer **Inhaltsseite**, dem begrifflichen Konzept. **Zeichenmodelle** gibt es seit der Antike, ein besonders prominentes Zeichenmodell stammt von dem Genfer Linguisten **Ferdinand de Saussure** (s. Kap. 2.4.1).

Erweitert man das Zeichenmodell um Aspekte des außersprachlichen Kontexts, d.h. führt man den Sprecher, den Gesprächspartner sowie den außersprachlichen Gegenstand oder Sachverhalt, auf den Bezug genommen wird, als Grunddeterminanten der Sprechsituation ein, so gelangt man zu einem **Kommunikationsmodell**. Ein besonders einflussreiches Modell, das sog. **Organon-Modell**, stammt von dem Wiener Psychologen Karl Bühler (*Sprachtheorie*, 1934). Auch Bühler geht davon aus, dass das sprachliche Zeichen im Mittelpunkt der Kommunikation steht und charakterisiert seine drei Funktionen im Kommunikationsvorgang folgendermaßen:

- **Symptomfunktion:** In Bezug auf den **Sender** ist das sprachliche Zeichen Symptom, insofern als es die Einstellung des Sprechers zum Empfänger oder zum Inhalt des Geäußerten (etwa Freude, Ärger, Ironie etc.) widerspiegelt.
- **Darstellungsfunktion:** In Bezug auf den geäußerten **Gegenstand** oder Sachverhalt ist es **Symbol**, d.h. es steht für diesen bzw. ›repräsentiert‹ ihn.
- **Appellfunktion:** In Bezug auf den **Empfänger** ist es **Signal**, stellt also einen Appell dar, auf das Zeichen zu reagieren.

So drückt z.B. der Sprecher mit der Äußerung ¡*Por favor, ayúdame*! Hilflosigkeit oder Verzweiflung aus (Symptomfunktion). Zugleich fordert

Sprache als Zeichen-
system und Kommu-
nikationsmittel

er den Empfänger dazu auf, sich entsprechend zu verhalten (Appellfunktion).

Roman Jakobson, einer der Hauptvertreter der Prager Linguistenschule (s. Kap. 2.4.2), weitete Bühlers Modell zu einem **komplexen Kommunikationsmodell** (Jakobson 1960) aus. Neben dem Sender, Empfänger und dem Gegenstand der Mitteilung berücksichtigte er auch noch das **Kontaktmedium** und den **Code**. Im Zentrum des Modells steht nun auch nicht mehr das sprachliche Zeichen, sondern die gesamte Nachricht: Der Sprecher (Sender) übermittelt einem Empfänger eine Nachricht über einen Sachverhalt. Es lassen sich nun sechs Aspekte (»Funktionen«) der sprachlichen Kommunikation unterscheiden, die prinzipiell alle zusammen auftreten können. Meistens dominiert aber eine sprachliche Funktion:

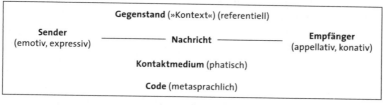

Abb. 1: Bühlers Organon-Modell (nach Bühler 1965: 28)

	Gegenstand (»Kontext«) (referentiell)	
Sender (emotiv, expressiv)	—————— **Nachricht** ——————	**Empfänger** (appellativ, konativ)
	Kontaktmedium (phatisch)	
	Code (metasprachlich)	

Abb. 2: Jakobsons komplexes Kommunikationsmodell (nach Jakobson 1960: 353)

- **Die referentielle Funktion** steht im Vordergrund, wenn es darum geht, einen bestimmten Sachverhalt zu vermitteln (›darzustellen‹), z. B. *Pedro es un gato.*
- **Die emotive oder expressive Funktion** dominiert, wenn die Einstellung, die Emotionen, die Subjektivität des Sprechers herausgestellt werden sollen, z. B. *¡Pedro es un cabroncito!*
- **Bei der appellativen bzw. konativen Funktion** ist die Einwirkung auf den Hörer ausschlaggebend, z. B. *¡Vete!*
- **Im Falle der phatischen Funktion** zielt der Sprecher darauf ab, den Kontakt zum Gesprächspartner herzustellen und aufrechtzuerhalten. Ein phatisches Kontaktsignal ist z. B. *Hola, ¿qué tal?*
- **Die metasprachliche Funktion** kommt dort zum Vorschein, wo über die Sprache selbst gesprochen wird, also der sprachliche Code zum Gegenstand des Sprechens gemacht wird, z. B. *Es un pez gordo – claro, lo digo en sentido metafórico y no literal.*
- **Die poetische oder ästhetische Funktion:** Hierbei liegt der Schwerpunkt der Nachricht auf der sprachlichen Gestaltung selber, also auf ihrer Form. Die sprachliche Elaborierung der Nachricht kann ludischen

Was ist Sprache?

Charakter haben oder auf künstlerischer Intention beruhen. In jedem Fall schöpft sie Ähnlichkeiten und Symmetrien auf lautlicher und inhaltlicher Ebene aus, um der Nachricht ein Mehr an Motivation und Dichte (über formale und inhaltliche Beziehungen) zu verleihen.

1.1.2 | Sprache als soziales, kulturelles und geschichtliches Phänomen

Sprachliche Variation: Die Sprache hat ihren Platz als Kommunikationsmittel in einer **Sprachgemeinschaft**. Nun ist aber die Sprachgemeinschaft (bzw. die Gesellschaft) nicht homogen, sondern vielfältig in sich gegliedert und ausdifferenziert. Die Mitglieder einer Gesellschaft unterscheiden sich durch ihren sozialen Status, ihren Beruf, ihr Alter, ihre Religionszugehörigkeit oder ihr Geschlecht. Neben diesen sozialen Variablen stellt auch die geographische Herkunft der Sprecher ein relevantes Differenzierungskriterium dar. Sprecher, die einer gemeinsamen sozialen Bezugsgruppe (z. B. einer sozialen Schicht oder einer Altersgruppe) angehören oder aus derselben Region stammen, bedienen sich oftmals einer gleichen Varietät der Sprache.

    Varietäten sind dabei Ausprägungen einer Sprache, die von **sozialen** oder **geographischen Faktoren** bestimmt werden. Sprecher, die der gleichen Region entstammen, können z. B. einen gemeinsamen Dialekt (z. B. Schwäbisch oder andalusisches Spanisch) sprechen. Sprecher, die sich einer gemeinsamen Gruppe zugehörig fühlen, verwenden einen verbindenden **Soziolekt**. Ein erst jüngst entstandener Soziolekt ist z. B. das Kiezdeutsch, das von Jugendlichen (meist mit türkischem und arabischem Migrationshintergrund, mittlerweile aber auch zum Teil von Deutschstämmigen) in den großen Metropolen der Bundesrepublik gesprochen wird. Auch **Fachsprachen** (**Funktiolekte**) (etwa die Sprache der Wissenschaft, des Rechts, der Technik, der Verwaltung etc.) sowie **Sondersprachen** (die politische Sprache, Jugendsprache, Gaunersprache) gehören in den Bereich der sprachlichen Variation. Schließlich variieren wir unsere Sprache auch je nach Sprechanlass bzw. Kommunikationssituation: Mit Freunden und in der Familie reden wir anders als mit den Angestellten einer Behörde oder wenn wir vor Gericht eine Aussage machen. Wir verfügen also über unterschiedliche **sprachliche Register**, die von der gehobenen Schriftsprache bis zum übelsten Slang reichen (s. Kap. 12.1).

Sprach-
entwicklung und
Sprachwandel

    Die historische Dimension von Sprache: Geht man von dem konventionellen Charakter der Sprache und ihrem Platz innerhalb einer Sprachgemeinschaft aus, so gelangt man unweigerlich auch zu ihrer **historischen Dimension**. Eine Sprache wird von der sie tragenden Sprechergemeinschaft über Jahrhunderte hinweg tradiert und an die nachfolgenden Generationen weitergegeben. Sie ist dabei aber kein statisches System, sondern befindet sich in einem Prozess steten Wandels. So können sich etwa die Bezeichnungsbedürfnisse einer Sprachgemeinschaft vor dem Hintergrund einer sich wandelnden sozialen Umwelt verändern. Sprecher können aber auch aus Gründen der **sprachlichen Ökonomie** (Vereinfachung) oder aus dem Wunsch nach mehr Expressivität heraus **sprachliche Neuerungen** (Innovationen) schaffen. Sprachliches Wissen kann aber auch unvollständig an nachfolgende Generationen übertragen werden oder es kann einfach im Strom der Zeit verlorengehen. Die historische Dimension von Sprache ist vielfach mit der kulturellen verwoben. Die Sprecher bauen ihre Sprache in bestimmten Phasen der Entwicklung aus, d. h. sie versehen diese mit neuen und komplexeren Ausdrucksmitteln bzw. -verfahren. Auf diese Weise erschließen sie ihrer Muttersprache neue Kommunikationsbereiche, die über die alltägliche mündliche Kommunikation hinausgehen.

In der Geschichte der romanischen Sprachen haben Schriftsteller zwischen dem 11. (Frankreich) und dem beginnenden 13. Jh. (Spanien) damit angefangen, ihre Werke in der Volkssprache zu schreiben und schufen auf diese Weise eine **Literatursprache** (der Lyrik und der Prosa). Politische Akteure – etwa historische Gestalten wie Alfons der Weise auf der iberischen Halbinsel – hatten einen wichtigen Anteil daran, dass eine volkssprachliche Varietät in den Rang einer Amtssprache gehoben wurde, in der die öffentlichen Verlautbarungen und die verschiedenen Rechtsdokumente abgefasst wurden. Eine Varietät konnte sogar zu einer überregionalen Sprache im diplomatischen Verkehr zwischen den Staaten aufsteigen.

Die wissenschaftliche Domäne stellte einen weiteren zentralen Bereich dar, den sich die Volkssprachen zunehmend erschließen konnten, indem sie unterschiedliche **Fachsprachen** für die fachwissenschaftliche Kommunikation unter Experten ausbildeten. Die Erschließung aller Wissensbereiche einer Sprachgemeinschaft sowie die Rezeption und Integration fremder Wissensinhalte machen einen beständigen Ausbau, eine Anpassung und Ausdifferenzierung der grammatischen Ausdrucksmittel sowie der lexikalischen Bezeichnungsressourcen erforderlich. Sie lassen die Sprache zugleich zu einem Spiegel der Wissenskonzepte einer Gesellschaft und deren Organisation und Strukturierung werden.

1.1.3 | Sprache als kognitives Phänomen

Bislang wurde der Sprachbegriff vor allem einzelsprachlich – unter kommunikationstheoretischen, sozialen und historischen Gesichtspunkten – betrachtet. In der linguistischen Reflexion vergangener Jahrhunderte und in der neueren sprachwissenschaftlichen Forschung (s. Kap. 2.4.3 und 2.4.4) spielt allerdings der **universalistische Sprachbegriff** eine wesentliche Rolle. In dieser Perspektive steht die Sprache als ein allen Menschen verfügbares, mental verankertes und auf genetischen Grundlagen beruhendes Vermögen im Zentrum der Sprachbetrachtung. Untersucht man die Sprache als ein kognitives Phänomen, so wird die menschliche Sprachfähigkeit zum einen als Teil der menschlichen Kognition (unseres ›Denkens‹) betrachtet, zum anderen aber auch als ein zentraler Zugang zum menschlichen Geist – zu seiner Struktur und Arbeitsweise – angesehen.

Die Sprachwissenschaft leistet damit auch einen bedeutsamen Beitrag zur Erforschung des ›menschlichen Geistes‹.

Mit diesem Perspektivwechsel hin zu den kognitiven Aspekten von Sprache geht auch eine **Erweiterung des Sprachbegriffs** einher: Sprache wird nicht mehr nur als ein »Organon«, ein Instrument der zwischenmenschlichen und gesellschaftlichen Kommunikation verstanden, sondern auch als eine grundlegende Teilkomponente der menschlichen Kognition oder, wie es Monika Schwarz (1992: 37) treffend formuliert hat, als »ein in das gesamte Kognitionssystem integriertes mentales Kenntnissystem«.

Die Computermetapher: Wie alle kognitiven Aktivitäten bzw. Funktionen basiert auch die Sprache auf neurophysiologischen Grundlagen (der Aktivität der Nervenzellen). Wir können uns aber mit Struktur- und Bedeutungsaspekten der Sprache und ihrer Verwendung beschäftigen, ohne dabei auch die neurophysiologischen Grundlagen erforschen zu müssen. Dies ist die Aufgabe von **Neurowissenschaftlern** (Neurobiologen und Neurolinguisten), mit denen ein vielfältiger und höchst fruchtbarer Austausch über Sprache in der aktuellen Forschungsdiskussion stattfindet. Das Verhältnis dieser beiden Ebenen ist recht anschaulich mithilfe einer Computermetapher beschrieben worden: Danach interessiert sich die kognitive Linguistik für die Software, die ›Programme‹, mit denen die sprachlichen Symbole im Rahmen von Algorithmen zur Realisierung sprachlicher Funktionen manipuliert werden. Die Neurolinguistik (oder allgemeiner: die Neurowissenschaft) ist für die Hardware zuständig, also die neurobiologischen bzw. -physiologischen Prozesse, die den sprachlichen Aktivitäten, dem Funktionieren der Sprache, zugrunde liegen.

Drei zentrale Untersuchungsschwerpunkte der kognitiven Linguistik ergeben sich daraus, dass danach gefragt wird,

- worin **das menschliche Sprachvermögen** besteht bzw. was letztlich die spezifische Sprachkenntnis des Menschen ausmacht. Dabei geht es auch um die Diskussion darüber, welche Aspekte der menschlichen Sprache angeboren und welche in der Interaktion mit der sprachlichen Umwelt erworben werden;
- wie die **intuitive Sprachkenntnis**, die ein Sprecher von seiner Muttersprache besitzt, seine Kompetenz, erworben wird;
- wie die Sprecher Sprache verarbeiten bzw. allgemeiner: wie einerseits die **Sprachproduktion** und andererseits die **Sprachrezeption** funktionieren.

Auf Fragen der Sprachverarbeitung und des Spracherwerbs soll im Rahmen dieser Einführung nicht eingegangen werden (s. die Literatur am Ende dieses Kapitels). Die Frage nach der Art des Sprachwissens, ihrer Struktur und ihren Funktionsprinzipien, bleibt nicht nur wissenschaftsgeschichtlich dauerhaft aktuell, sondern sie prägt auch die heutige linguistische Debatte (s. Kap. 2.4.3 und 2.4.4: Generativismus vs. Kognitivismus). Auch innerhalb der Kognitionslinguistik lassen sich zwei idealtypische Positionen unterscheiden, die unterschiedliche Vorstellungen von der Organisation und Struktur des sprachlichen Wissens besitzen.

Der Modularismus vertritt die Auffassung, dass die menschliche Kognition aus verschiedenen Subsystemen bzw. Modulen besteht, die sich hinsichtlich ihrer Struktur und Funktion unterscheiden und nach je eigenen Gesetzmäßigkeiten bzw. Funktionsprinzipien arbeiten. Die verschiedenen kognitiven Funktionen lassen sich nach modularistischer Auffassung klar voneinander abgrenzen und können im Gehirn bestimmten Arealen zugeordnet werden. Der menschliche Geist funktioniert mithin nach dem **Prinzip der Arbeitsteilung** (vgl. Schwarz 1992: 25). Die Sprache selber wird als ein **autonomes Subsystem** (Modul) der Kognition betrachtet, das nach eigenen Gesetzmäßigkeiten funktioniert, jedoch mit anderen Modulen der Kognition, etwa dem konzeptuellen und dem perzeptuellen System in Beziehung steht und interagiert. Das sprachliche Subsystem ist auf der Intraebene selber in weitere Subsysteme – die grammatische Komponente, die Phonologie, die semantische Ebene – unterteilt. Vor allem im formalen Bereich der Sprache gelten autonome, also sprachspezifische Gesetzmäßigkeiten. Besonders die Grammatik wird als ein eigenständiges Modul konzipiert, dessen Eigenschaften nicht durch die Eigenschaften anderer Kenntnissysteme oder durch das Zusammenspiel unterschiedlicher allgemeiner kognitiver Prinzipien erklärbar sind. Insbesondere die generative Grammatik rückt die grammatische Komponente der Sprache – in extremis in einer **syntaktozentrischen** Konzeption von Sprache – in den Vordergrund ihrer Betrachtung.

Der Holismus betrachtet den menschlichen Geist als ein **unteilbares Ganzes**, das von einer Reihe grundlegender Kognitionsprinzipien (z. B. den Wahrnehmungsprinzipien oder Prinzipien der Kategorisierung von Gegenständen) determiniert wird. Nach dieser Sicht ist die Sprachfähigkeit untrennbar mit den allgemeinen kognitiven Fähigkeiten des Menschen verbunden, so dass die Sprache selber nur als ein Epiphänomen der Kognition anzusehen ist. Die **natürlichen Sprachen** werden als offene Systeme begriffen, die den Einflüssen des kognitiven Verarbeitungssystems sowie kulturellen und sozialen Faktoren unterliegen, denen ein großer Raum in der holistischen Sprachbetrachtung zugestanden wird (s. auch Kap. 2.4.4).

Die besonderen Merkmale und **Eigenschaften der menschlichen Sprache** können (unter anderem in Anlehnung an Olarrea 2010) folgendermaßen zusammengefasst werden:

1. **Arbitrarität:** Das Verhältnis zwischen sprachlichen Zeichen und dem, was sie bezeichnen (außersprachliche Gegenstände und Sachverhalte) ist **arbiträr**, d. h. es gibt keinen tieferen Grund bzw. keine Motivation dafür, dass wir einen Tisch im Deutschen als ›Tisch‹ und im Spanischen als *mesa* bezeichnen. Eine Ausnahme bilden hier lediglich lautmalerische Ausdrücke (Onomatopoetika, *onomatopeyas*), die einen Aspekt des bezeichneten Gegenstandes evozieren. Ein Beispiel hierfür ist die Bezeichnung des Kuckucks, dessen Ruf imitiert wird (*cucu*).

2. **Bezug auf Abstraktes und Intentionalität:** Menschen können mittels der Sprache auf distante Entitäten in Raum (Welten) und Zeit Bezug neh-

men. Menschliche Äußerungen sind **intentional** (absichtsvoll) und nicht lediglich, wie bei Tieren, eine reflexartige Reaktion auf einen Stimulus der unmittelbaren Umwelt. Auch Menschenaffen, die teilweise weit über 100 Zeichenplättchen manipulieren können, beziehen sich stets auf die jeweils aktuelle ›Kommunikationssituation‹.

3. Das Prinzip der doppelten Artikulation, das von dem französischen Linguisten André Martinet beschrieben wurde, ist ein grundlegendes Strukturprinzip von Sprache: Die Sprache konstituiert sich auf der Grundlage von zwei Ebenen: Die erste Ebene ist die Ebene der kleinsten **bedeutungstragenden Einheiten**, bei denen sich Form und Bedeutung verbinden. Martinet nennt diese zeichenhaften Gebilde **Moneme**. Die zweite Ebene umfasst die kleinsten **bedeutungsunterscheidenden Einheiten** (die Phoneme, s. Kap. 4.1). Die Einheiten der ersten Ebene setzen sich aus den Einheiten der zweiten Ebene zusammen. Die Einheiten der ersten Ebene werden durch ihre Kombination zu größeren Einheiten – Wörtern, Phrasen, Sätzen und schließlich Texten bzw. Diskursen – zusammengefügt. Das Prinzip der doppelten Artikulation (oder auch: Gliederung) trägt dem Aspekt der Zeichenhaftigkeit des Sprachsystems Rechnung: Die Elemente der zweiten Ebene (die Phoneme) stellen gewissermaßen die Bausteine für die Schaffung der Zeichen (als den Einheiten der ersten Ebene) zur Verfügung, die dann den Ausdruck unterschiedlicher Ideen oder Konzepte ermöglichen.

4. Digitales System: Im Anschluss an das Prinzip der doppelten Artikulation können wir zudem die Sprache als ein **digitales System** charakterisieren: Sie setzt sich aus diskreten Einheiten zusammen, die symbolischen Charakter besitzen. Die Zeichen- bzw. Körpersprache hingegen stellt ein **analoges System** dar, weil es auf der Ähnlichkeitsbeziehung zwischen dem Zeichen (oder Signal) und dem Bezeichneten beruht. Auch tierische Kommunikationssysteme sind analoge Systeme (ein Tierschrei signalisiert z. B. Gefahr).

5. Produktivität: Die Sprache besitzt eine Reihe von Verfahren, um auf der Grundlage von Regeln aus vorhandenen Elementen neue Elemente zu schaffen. Solche produktiven Regeln sind z. B. Wortbildungsregeln, anhand derer sich neue Wörter kreieren lassen (z. B. neue Adjektive anhand der Regel V + -*able* → *reciclable*). Aber auch Satzbauregeln (sog. Phrasenstrukturregeln) gehören hierzu, mittels derer sich eine beliebige Anzahl neuer Sätze produzieren lässt (z. B. Verbinde eine Nominalphrase und eine Verbalphrase zu einem Satz: *El hombre baila*).

6. Kreativität: Eng mit dem Aspekt der Produktivität und der Intentionalität ist auch die Kreativität verbunden. Die sprachliche Äußerung stellt keine biologisch determinierte Reaktion auf einen externen Stimulus dar, sondern ist das Resultat einer intentionalen und autonomen Erzeugung von Sätzen. Der Aspekt der Kreativität von Sprache hebt vor allem darauf ab, dass die Regeln des Sprachsystems es den Sprechern erlauben, Sätze zu bilden, die sie zuvor noch nie gehört haben und die möglicherweise auch noch nie geäußert wurden. Das Sprachsystem stellt also ein begrenztes Inventar von Einheiten und Regeln zur Verfügung, die es den Spre-

chern erlauben, eine prinzipiell unendliche Anzahl von Sätzen zu bilden
bzw. Äußerungen zu machen.

7. Reflexivität: Die Sprache kann die Sprache zum Gegenstand der Reflexion machen – dies ist Jakobsons metasprachliche Funktion.

8. Alterität: Die Sprache ist stets auf ein ›Du‹ hin ausgerichtet, auf einen
Gesprächspartner, mit dem der Sprecher kooperiert. Allerdings lässt sich
Alterität auch umfassender verstehen, wenn man berücksichtigt, dass der
Sprecher ja auch Selbstgespräche führen bzw. still vor sich hindenken
kann: Sprache erlaubt es, die amorphen und diffusen »Gedanken« in ein
einheitliches – sprachlich-propositionales – Format zu bringen, d. h. sie zu
Konzepten (Zeicheninhalten) und über Kombinationsregeln zu Propositi-
onen (Satzinhalten) zu verdichten. Auf dieses sprachlich-propositionale
Format gebracht sind sie dann auch anderen mitteilbar.

1.2 | Teildisziplinen der Sprachwissenschaft

Die verschiedenen Aspekte bzw. Dimensionen von Sprache (mit den ihnen zugrundeliegenden Sprachbegriffen) machen die Sprachwissenschaft
zu einer ebenso umfassenden wie vielschichtigen, in unterschiedliche
Teildisziplinen ausdifferenzierten Fachwissenschaft. Aus den im voran-
gegangen Kapitel herausgestellten Aspekten der Sprache – die Sprache als
Zeichen- bzw. Kommunikationssystem, die soziale, historische und kulturelle Dimension von Sprache und schließlich die Sprache als kognitives
Phänomen – ergeben sich auch die einzelnen Teilbereiche der Sprachwissenschaft. Im Zentrum der hispanistischen Sprachwissenschaft steht die
spanische Sprache in ihrer Struktur, ihren vielfältigen Manifestationsfor-
men im Raum und in der Gesellschaft sowie in ihrer Geschichte. Hieraus
lässt sich für die spanische Sprachwissenschaft die folgende Fachsystema-
tik entwickeln:

Die Systemlinguistik beschäftigt sich mit dem **Sprachsystem des Spanischen**, d. h. mit den das Sprachsystem ausbildenden Einheiten, seiner
Struktur und seiner Funktionsweise (s. Kap. 3–8). Bei der Behandlung der
unterschiedlichen Ebenen des Sprachsystems werden neben den systema-
tisch-strukturellen auch kognitive Aspekte der Sprache behandelt. Die folgenden Teildisziplinen stehen im Mittelpunkt der Betrachtung:

- Die **Phonetik/Phonologie** behandelt die lautliche Seite der Sprache: Sie *(Bereiche der*
  beschreibt das lautliche Inventar der Sprache und untersucht, wie die *Systemlinguistik)*
  lautlichen Einheiten zum Funktionieren des Zeichen- bzw. Kommuni-
  kationssystems Sprache beitragen.
- Die **Morphologie** richtet ihr Augenmerk auf den Aufbau und die innere
  Struktur von Wörtern. Dabei befasst sie sich sowohl mit der Bildung
  komplexer Wörter, der Wortbildung, als auch mit den grammatischen
  Formen, den Flexionsformen der einzelnen Wortarten. Hierzu gehören
  z. B. die Tempusformen der Verben oder die Pluralendungen der Substantive.

- Die **Syntax** ist die Lehre vom Satzbau, d.h. sie beschreibt, nach welchen Regeln die einzelnen Wörter zu komplexeren Einheiten bis hin zu einem vollständigen Satz kombiniert werden.
- Die **Semantik** beschäftigt sich mit der Bedeutungsseite der Sprache, d.h. sie untersucht sowohl die Bedeutung von Wörtern als auch von Sätzen.
- Die **Pragmatik** untersucht, wie die Sprecher ihre Sprache in konkreten Kontexten bzw. Kommunikationssituationen verwenden, um ihre Intentionen deutlich zu machen.

Die Textlinguistik gehört nicht zur Systemlinguistik. Diese Teildisziplin befasst sich damit, nach welchen Prinzipien und Verfahren die Sprecher größere satzübergreifende kommunikative Einheiten gestalten. Wenngleich die Sprecher hierfür ein zusätzliches Wissen über die Gestaltungsprinzipien von Texten in Anschlag bringen müssen, so bildet das Sprachsystem mit seinen Einheiten und Verfahren die Grundlage der Versprachlichung bzw. der textuellen Gestaltung (s. Kap. 9).

Die historische Sprachwissenschaft bzw. Sprachgeschichte behandelt die Geschichte und die Entwicklung der spanischen Sprache. Zum einen geht es dabei um die Entwicklung der spanischen Sprache in ihrer **Struktur**, so dass ebenso lautliche und grammatische wie lexikalische Aspekte betrachtet werden (interne Sprachgeschichte). Zum anderen interessiert aber auch die Geschichte des Spanischen in seinen **politischen, kulturellen und sozialen Bezügen** (externe Sprachgeschichte). Relevant sind dabei ebenso Kontakte mit anderen sprachlichen Varietäten (**Sprachkontakt**) wie auch Fragen der **Sprachpflege**, der sprachlichen **Normierung** und der **Sprachpolitik**. Wenn wir uns mit der Entwicklung der Sprache befassen, wollen wir aber nicht nur frühere Sprachstufen beschreiben, sondern auch die Gründe und Mechanismen des **Sprachwandels** verstehen. Auch hier können interne und externe Faktoren bedeutsam werden oder sogar ineinandergreifen. Sprachwandel kann durch Veränderungen im System bedingt sein, aber auch auf externe Faktoren wie den Kontakt mit anderen Sprachen, den gesellschaftlichen und kulturellen Wandel oder auch auf eine steuernde Sprachpolitik zurückzuführen sein (s. Kap. 11).

Die Varietätenlinguistik: Bei der Behandlung der verschiedenen Aspekte von Sprache haben wir schon darauf hingewiesen, dass die Einzelsprache, etwa das Spanische, kein homogenes Gebilde ist, sondern aufgrund unterschiedlicher Faktoren variieren kann. Spanischsprecher in Andalusien sprechen eine andere Varietät – einen anderen **Dialekt** – des Spanischen als die in Madrid, Buenos Aires oder Santiago de Cuba. Neben dem **Raum** ist die **Gruppenzugehörigkeit** ein weiterer grundlegender Faktor für sprachliche Variation: Das Spanische eines aus der Andenregion nach Lima zugezogenen Analphabeten ist ein anderes als das eines Limeño aus dem Groß- bzw. Bildungsbürgertum. Ebenso sind das **Alter** und das **Geschlecht** differenzierende Faktoren. Schließlich weist das Spanische je nach **Kommunikationsbereich** bzw. -anlass (in der Familie, mit Freunden, im institutionellen Rahmen, zu einem offiziellen Anlass) eine spezifische Ausprägung auf.

In den letzten Jahren ist noch ein weiterer zentraler Faktor, der für sprachliche Variation verantwortlich ist, in den Mittelpunkt der Betrachtung gerückt worden: In weiten Teilen der hispanophonen Welt steht das Spanische im **Kontakt mit anderen Sprachen** – mit indigenen Sprachen in weiten Teilen Mittel- und Südamerikas, mit dem Katalanischen, dem Galicischen und Baskischen auf der iberischen Halbinsel. Zudem tragen regionale, in jüngster Zeit vor allem aber globale Migrationsbewegungen dazu bei, dass **neue Sprachkontaktsituationen** zwischen dem Spanischen und anderen Sprachen (etwa dem Englischen in den USA), aber auch – und vor allem – zwischen Varietäten des Spanischen (z. B. der Andenvarietäten mit dem Spanischen Limas oder von La Paz) entstehen. Die spanische Sprache ist also als Weltsprache in vielfältigen sozialen, kulturellen, politischen und sprachlichen Konstellationen ein besonders prominenter Untersuchungsgegenstand der variationslinguistischen Forschung.

1.3 | Die spanische Sprache

Das Spanische gehört zu den **romanischen Sprachen**, die ihrerseits Teil der großen Familie der **indoeuropäischen Sprachen** sind. Innerhalb der Romania zählt die spanische Sprache zusammen mit dem Portugiesischen, dem Galicischen und dem Katalanischen zu den **iberoromanischen Sprachen**. Dabei weist das Katalanische – insbesondere seine östlichen Varietäten – eine Reihe von sprachtypologischen Gemeinsamkeiten mit den Sprachen des galloromanischen Raums auf und stand zudem historisch in enger Verbindung zum Okzitanischen. Aus diesem Grunde wird das Katalanische auch als Brückensprache, *lengua puente* (nach Badía Margarit sowie Baldinger), angesehen. Zur schon genannten **Galloromania** sind das Französische, das Frankoprovenzalische und das Okzitanische zu zählen. Die **Italoromania** umfasst neben dem Italienischen, das Sardische, das Rätoromanische und, wiederum als Brückensprache, das mit dem Tode des letzten Sprechers im Jahre 1898 ausgestorbene Dalmatische. Letzteres leitet über zur **Balkanromania**, die vom Rumänischen mit seinen verschiedenen Varietäten (Dakorumänisch, Aromunisch, Meglenorumänisch und Istrorumänisch) gebildet wird.

West- vs. Ostromania

In typologischer Hinsicht ist die Scheidung der romanischen Sprachen in west- und ostromanische Sprachen grundlegend. Die schon bei Friedrich Diez (s. Kap. 2.3) angelegte Unterteilung wurde später von Walther von Wartburg in dem Werk *Die Ausgliederung der romanischen Sprachräume* (1950) systematisiert. Das Spanische erweist sich aufgrund seiner sprachstrukturellen, d. h. lautlichen und morphologischen Merkmale als typischer Vertreter der westromanischen Sprachgruppe. Die beiden bedeutendsten Differenzierungskriterien sind nach von Wartburg:

Die Opposition von -s und -i als Flexionsmorpheme für den Plural (-s: als sigmatische und -i als asigmatische Pluralbildung) sowie für die 2. Person Singular: Während in der Westromania auslautendes -s als Pluralmorphem fungiert, dient in der Ostromania das Morphem -i als Pluralzeichen:

- **Westromania:** ptg. *o trem – os trens*; span. *el tren – los trenes*; kat. *el tren – els trens*: frz. *le train – les trains*
- **Ostromania:** it. *il treno – i treni*; rum. *trenul – trenurii*

Die intervokalische Sonorisierung der stimmlosen Verschlusslaute bzw. ihr Erhalt: Die stimmlosen Verschlusslaute -p-, -t- und -k- haben sich in der Westromania zwischen zwei Vokalen zu den stimmhaften Konsonanten -b-, -d- und -g- entwickelt:

- **Westromania:** ptg. *agudo*; span. *agudo*; kat. *agudo*; frz. *aigu*
- **Ostromania:** it. *acuto*, rum. *acut*

Die Grenze zwischen der West- und der Ostromania verlief quer über die Apenninhalbinsel auf der Linie **La Spezia-Rimini**. Diese schied historisch die norditalienischen Dialekte, die viele strukturelle Gemeinsamkeiten mit den galloromanischen Sprachen aufweisen, von den zentral- und süditalienischen Dialekten. Die norditalienischen Dialekte (hierzu zählen das Piemontesische, das Lombardische, das Ligurische und das Emilianisch-Romagnolische) werden deshalb auch als galloitalische Dialekte bezeichnet.

Kern- und Randromania

Eine weitere Differenzierung der Romania wurde zunächst von dem italienischen Sprachwissenschaftler Matteo Bartoli sowie – hieran anknüpfend – von dem deutschen Romanisten Gerhard Rohlfs (*Romanische Sprachgeographie*, 1971) vorgeschlagen. Sie stellten auf lexikalischer Grundlage eine **innovative Kernromania** (Gallia, Italia) einer **konservativen Randromania** (Iberia, Dacia) gegenüber. Diese Zweiteilung lässt sich historisch begründen: Viele Innovationen seit dem 1. Jh. n. Chr., die von der Hauptstadt des Imperium Romanum ausgingen, gelangten nicht mehr bis zu den weiter entfernten, oftmals verkehrstechnisch schlecht angebundenen Provinzen im Westen und Osten. Diese Auseinanderentwicklung innerhalb des Römischen Reiches spiegelt sich teilweise auch noch im heutigen Kernwortschatz der romanischen Sprachen wider. So besitzen die Sprachen der Italo- und Galloromania teilweise neuere Wortprägungen, wohingegen die Ibero- und Dakoromania ältere Wortformen bewahrt hat. Dies zeigen die folgenden drei Beispiele:

Die **Ibero- und Dakoromania** hat die ältere Komparativkonstruktion mit *magis – más grande /mais grande/mai mare* – bewahrt, die **Italo- und Galloromania** die neuere Konstruktion mit *plus* eingeführt (*più grande, plus grand*). Ebenso geht die jeweilige Bezeichnung für ›finden‹ und für die Eigenschaftsbezeichnung ›schön‹ in den ibero- und dakoromanischen Sprachen auf die ältere Herkunftsform (das Etymon) *afflare* bzw. *formosus* zurück. Die Bezeichnungen der Kernromania stammen demgegenüber von den neueren Lexemen *tropare* bzw. *bellus* ab. Das Katalanische

bildet auch nach dieser Klassifikation einen Übergangsbereich – man
vergleiche:

- ptg. *achar, mais*; span. *hallar, más*; kat. *més*; rum. *a afla, mai* vs.
- it. *trovare, più*; frz. *trouver, plus*; kat. *trobar*

1.4 | Die Verbreitung der spanischen Sprache (hispanophone Länder und Regionen)

Das Spanische ist mit mehr als 450 Mio. Sprechern (vgl. u.a. den durchaus realistischen Bericht des Instituto Cervantes *El español, una lengua
viva* von 2010), die sich über fünf Kontinente verteilen, eine Weltsprache
wie das Chinesische, Englische oder Arabische. Es besitzt in 21 Ländern
dieser Welt einen offiziellen Status und ist zudem eine der fünf Amtssprachen der UNO sowie Amts- bzw. Arbeitssprache verschiedener internationaler Organisationen (der UNESCO, der OAS, der EU sowie des Mercosur).
Genaue Angaben über die Sprecher in den einzelnen Ländern bzw. Regionen sind allerdings nicht ganz unproblematisch. Abgesehen von der mangelnden Zuverlässigkeit offizieller Statistiken (zumindest einiger Länder)
besteht in einer Reihe von Ländern eine Situation der Zweisprachigkeit
oder sogar der Dreisprachigkeit. Hier wird in der Regel nicht danach differenziert, ob das Spanische Erst- oder Zweitsprache ist. Zudem gibt es
in den einzelnen Regionen sehr deutliche Unterschiede hinsichtlich der
Kompetenz von Sprechern, deren Zweitsprache das Spanische ist. Um nur
ein markantes Kontrastbeispiel zu nennen: In Katalonien besitzen fast
alle Sprecher, für die das Spanische Zweitsprache ist, eine quasi primär-
sprachliche Kompetenz. Demgegenüber spricht in Paraguay der Großteil
der Bevölkerung die indigene Sprache Guaraní und die Kompetenz in der
Zweitsprache Spanisch ist vor allem in den ländlichen Gebieten zum Teil
sehr schwach ausgeprägt (vgl. etwa Bossong 2008: 84). In den folgenden
Unterkapiteln wird die Rolle des Spanischen in den einzelnen hispanophonen Ländern und Regionen kurz vorgestellt.

*Das Spanische
als Weltsprache*

*Abb. 3: Die
Verbreitung des
Spanischen in
der Welt (http://
commons.wiki-
media.org/wiki/
File:Hispanidad.
png)*

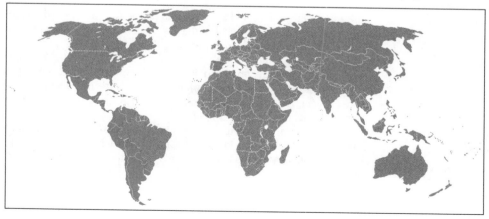

Europa

In Spanien (44,9 Mio. Einwohner) wird das Spanische, die offizielle Sprache des Landes nach der Verfassung von 1978, als Muttersprache oder Zweitsprache gesprochen. Das Katalanische, das Galicische und das Baskische sind zumindest regional (auf der Rechtsgrundlage der Verfassung sowie der Autonomiestatute einiger Autonomer Regionen, (s. Kap. 11.5.3 und 12.8) kooffiziell.

In Andorra ist das Katalanische alleinige Amtssprache, das Spanische fungiert aber als Verkehrssprache. Auf Gibraltar, das zum Britischen Königreich gehört, ist das Englische Amtssprache. Neben dem Englischen wird eine besondere Varietät des Spanischen mit andalusischem Einschlag, das sog. Yanito, gesprochen. Nicht zu vergessen ist zudem, dass das Spanische die Muttersprache größerer spanischsprachiger Migrantengemeinschaften in Europa ist.

Südamerika

- Venezuela (28,6 Mio. Einwohner): In Venezuela, wo das Spanische offizielle Sprache ist, spricht ca. 10% der Bevölkerung eine der 31 indigenen Sprachen; die indigenen Sprachen sind zudem in ihren Gebieten kooffiziell.
- Kolumbien (45,7 Mio.): Das Spanische ist offizielle Sprache, zudem besitzen die indigenen Sprachen Kooffizialität in ihren Gebieten.
- Ecuador (ca. 13,6 Mio.): Neben den Sprechern des Spanischen, das offiziellen Status besitzt, gibt es ca. 2 Mio. Quechua-Sprecher.
- Peru (29,2 Mio.) weist eine hohe Anzahl an Quechua-Sprechern (ca. 5 Mio.) sowie immerhin ca. 0,8 Mio. Aimara-Sprecher auf.
- Bolivien (9,9 Mio.): In Bolivien gibt es ca. 2,8 Mio. Quechua-Sprecher und etwa 2 Mio. Aimara-Sprecher. Die Verfassung von 2009 erklärt alle indigenen Sprachen zu offiziellen Sprachen des Staates (Art. 5.1) und führt insgesamt 36 durch den Verfassungsartikel begünstigte indigene Sprachen explizit auf.
- Paraguay (ca. 6,4 Mio.): In Paraguay sind das Spanische sowie das Guaraní offizielle Sprachen. Fast 95% der Bevölkerung spricht Guaraní, das Spanische beherrschen jedoch nur ca. 75% der Einwohner.
- Argentinien (40,3 Mio.): Neben den Guaraní-Sprechern gibt es eine bedeutende Anzahl von Sprechern der Haupteinwanderersprachen Italienisch, Piemontesisch (ein norditalienischer Dialekt) und Deutsch.
- Chile (17 Mio.): Neben den Spanischsprechern gibt es ca. 200.000 Sprecher der indigenen Sprache Mapuche.
- Weitere Länder und Gebiete, in denen Spanisch gesprochen wird, sind Uruguay (ca. 3,4 Mio.) sowie die zu Großbritannien gehörenden Falklandinseln (Islas Malvinas), auf denen das Englische Amtssprache ist.

Mittelamerika

Guatemala (14 Mio.): Neben dem Spanischen werden zahlreiche indigene Sprachen gesprochen, von denen die meisten zur Maya-Familie gehören.

Auch in Honduras (7,5 Mio.), El Salvador (ca. 6,2 Mio.), Nicaragua (5,7 Mio.), Costa Rica (4,6 Mio.) und Panama (3,5 Mio.) ist das Spanische Muttersprache der meisten Einwohner sowie zudem die Amtssprache dieser Länder. An der Ostküste Nicaraguas werden außerdem neben dem Spanischen teilweise Englisch, zudem ein Englisch basiertes Kreol (**Nicaragua Creole English**), das **Garifuna** (auch **Black Carib** genannt und der arawakischen Sprachfamilie zugehörig) sowie indigene Sprachen gesprochen. Diese Sprachen sind regional (an der Ostküste) kooffiziell. In Panama ist zudem aus historisch-politischen Gründen das Englische als Zweitsprache sehr präsent. In Belize mit der Amtssprache Englisch spricht ungefähr 30% der Bevölkerung das Spanische als Muttersprache.

Nordamerika

Mexiko (109,6 Mio.) (das bis zum Isthmus von Tehuantepec zu Nordamerika gerechnet wird) ist das größte hispanophone Land der Welt; das Spanische ist die offizielle Sprache. Zudem werden die 62 indigenen Sprachen seit 2003 dank der – unter der Regierung Fox verabschiedeten – *Ley General de Derechos Lingüísticos de los Pueblos Indígenas* als Nationalsprachen (*lenguas nacionales*) anerkannt. Das Gesetz sieht den Schutz und die Förderung der indigenen Sprachen durch staatliche Institutionen vor. Neben den Rechten der Sprecher, die diese Sprachen im öffentlichen Leben verwenden können sollen, sieht das Gesetz auch ihre Förderung im Bereich des Schulwesens (bilinguale und interkulturelle Erziehung) vor. Es wird geschätzt, dass etwa 1,6 Mio. Mexikaner monolinguale Sprecher einer indigenen Sprache sind. Die indigenen Sprachen mit den meisten Sprechern sind das **Nahuatl**, das **Otomí**, das **Zapotekische**, das **yukatekische Maya**, das **Mixtekische** sowie weitere Maya-Sprachen wie das **Tzeltal** und das **Tzotzil**.

USA: In den USA gibt es nach den statistischen Erhebungen des U.S. Census Bureau von 2010 rund 37 Mio. Spanischsprecher. In den südwestlichen Staaten (Neu-Mexiko, Texas, Kalifornien, Arizona) besitzt das Spanische aus historischen Gründen – die genannten Staaten gehörten bis Mitte des 19. Jh.s zu Mexiko (s. Kap. 11.4.4 und 12.7) – eine ununterbrochene Präsenz. Auch ist der Immigrantenstrom von Mexiko nach Neu-Mexiko und Texas, von Puerto Rico nach New York sowie von Cuba nach Südflorida (Miami) nie abgerissen. Dadurch wurden die USA zum fünftgrößten spanischsprachigen Land der Welt. In Puerto Rico, das seit 1952 assoziierter Bundesstaat der USA ist, sind das Englische und das Spanische offizielle Sprachen.

Die Verbreitung der
spanischen Sprache

Karibik

Kuba (ca. 11,2 Mio.) und die Dominikanische Republik (ca. 10,9 Mio.) sind die beiden hispanophonen Länder der Karibik. In Trinidad und Tobago ist das Englische offizielle Sprache, das Spanische ist jedoch eine der Verkehrssprachen und als Zweitsprache weit verbreitet.

Afrika

Nordafrika: In den zu Spanien gehörenden Enklaven Ceuta und Melilla ist das Spanische selbstverständlich offizielle Sprache.

In der Westsahara, die nach dem Abzug der ehemaligen Kolonialmacht Spanien (nach dem Tod Francos 1975) von Marokko (1976 und 1979) annektiert wurde, ist das Arabische de facto, das Spanische allerdings noch de jure offizielle Sprache. Die westsaharische Befreiungsbewegung *Polisario*, die zunächst die Kolonialmacht Spanien, später den Okkupator Marokko bekämpfte, propagiert das Spanische als Sprache der Abgrenzung gegenüber Marokko.

In Äquatorialguinea ist das Spanische neben dem Französischen Amtssprache. Von den ca. 680.000 Einwohnern sprechen wohl aber nur ca. 42.000 Sprecher das Spanische. Der Großteil der Bevölkerung spricht eine der afrikanischen Sprachen (die mit Abstand wichtigste unter ihnen ist das Fang). Daneben gibt es Sprecher der Portugiesisch basierten Kreolsprache Annobonesisch sowie eines Pidginenglisch (zum Spanischen in Afrika s. Kap. 12.8.4).

Asien

Ostasien: Auf den **Philippinen** (mit dem Englischen und dem Philippino (oder Tagalog) als offizielle Sprachen) werden zahlreiche Sprachen der malayo-polynesischen Sprachfamilie gesprochen. Mit dem Ende der spanischen Herrschaft (1898) büßte das Spanische viel von seinem Prestige ein. Heute gibt es nur noch eine sehr geringe (offiziell nicht bestimmte) Anzahl von Spanischsprechern. Von größerem Gewicht ist hingegen die Zahl der Sprecher der Spanisch basierten Kreolsprache **Chabacano** (s. Kap. 12.9).

Das Judenspanische: Nicht zu vergessen ist das sog. Judenspanische (*judeo-español*), das die verschiedenen Varietäten der 1492 von den Reyes Católicos vertriebenen Juden umfasst. Das Judenspanische weist (v.a. im Bereich der Phonetik) noch einige Züge des vorklassischen Spanisch auf. Nach dem Holocaust existieren nur noch kleinere **Sephardengemeinden** auf dem **Balkan** (Bosnien und Herzegowina, Bulgarien, Mazedonien), in **Griechenland**, in der **Türkei**, in **Israel**, in **Nordmarokko**, in den **USA** und vereinzelt auch in **Lateinamerika** (u.a. in Argentinien). Die Angaben zu Sprecherzahlen variieren (ca. 150.000 Sprecher?). Durch die starke Assimilation in den einzelnen Ländern ist die Zahl der Sprecher des Judenspanisch in den letzten Jahrzehnten noch einmal deutlich zurückgegangen.

Spanisch basierte Kreolsprachen wie z. B. das Iberoromanisch basierte **Papiamento** auf den niederländischen Antillen (Curação, Aruba, Bonaire mit ca. 185.000 Sprechern), allerdings mit dem Niederländischen als offizielle Sprache; zudem das **Kreolische** von San Basilio de Palenque (Nordkolumbien) sowie das schon genannte **Chabacano** auf den **Philippinen** (s. Kap. 12.9).

Abschließend eine Übersicht über die Bevölkerungszahlen in den einzelnen hispanophonen Ländern: Berücksichtigt man die Ausführungen in den Kurzprofilen sowie die Tatsache, dass es ca. 4,2 Mio. hispanophone Sprecher in nicht-hispanophonen Ländern gibt, so erscheint die eingangs zitierte Angabe des Instituto Cervantes zur Gesamtzahl der Sprecher mit ca. 450 Mio. durchaus realistisch.

Land	Einwohnerzahl
Mexiko	109.610.000
Kolumbien	45.660.000
Spanien	44.900.000
Argentinien	40.280.000
Peru	29.170.000
Venezuela	28.580.000
Chile	16.970.000
Guatemala	14.030.000
Ecuador	13.630.000
Cuba	11.200.000
Dominikanische Republik	10.900.000
Bolivien	9.860.000
Honduras	7.470.000
Paraguay	6.350.000
El Salvador	6.160.000
Nicaragua	5.740.000
Costa Rica	4.580.000
Puerto Rico	3.980.000
Panama	3.450.000
Uruguay	3.380.000
Guinea Ecuatorial	680.000
Gesamt	**416.580.000**
Hispanophone in den USA (Hispanics)	36.305.000
Hispanophone in nicht-hispanophonen Ländern (ohne die USA)	4.215.000* * Instituto Cervantes nach offiziellen Angaben der betreffenden Länder

Tab. 1: Bevölkerungsanteil hispanophoner Länder (Quelle: El Estado del Mundo 2010. Madrid: Akal, zit. nach Instituto Cervantes 2010)

Literatur

Literatur Alonso-Cortés, Ángel (1993): *Lingüística general*. 3. Aufl. Madrid: Cátedra.
Berschin, Helmut/Fernández-Sevilla, Julio/Felixberger, Josef (2005): *Die spanische Sprache – Verbreitung, Geschichte, Struktur*. 3. Aufl. Hildesheim: Olms.
Bossong, Georg (2008): *Die romanischen Sprachen: eine vergleichende Einführung*. Hamburg: Buske.
Bühler, Karl (1934): *Sprachtheorie: Die Darstellungsfunktion der Sprache*. Jena: Fischer. 2. Aufl. 1965. Stuttgart: Gustav Fischer.
Bußmann, Hadumod (2002): *Lexikon der Sprachwissenschaft*. 3. Aufl. Stuttgart: Kröner.
Dietrich, Wolf/Geckeler, Horst (2004): *Einführung in die spanische Sprachwissenschaft: ein Lehr- und Arbeitsbuch*. 4. Aufl. Berlin: Schmidt.
Fromkin, Victoria A. et al. (Hg.) (2000): *Linguistics. An Introduction to Linguistic Theory*. Malden, Mass./Oxford: Blackwell.
Gabriel, Christoph/Meisenburg, Trudel (2007): *Romanische Sprachwissenschaft*. Paderborn: Fink.
Gauger, Hans-Martin/Oesterreicher, Wulf/Windisch, Rudolf (1981): *Einführung in die romanische Sprachwissenschaft*. Darmstadt: Wissenschaftliche Buchgesellschaft.
Glück, Helmut (Hg.) (2010): *Metzler Lexikon Sprache*. 4. Aufl. Stuttgart/Weimar: Metzler.
Hall, Christopher J. (2005): *An Introduction to Language and Linguistics: Breaking the Language Spell*. London: Continuum.
Harris, Martin/Vincent, Nigel (Hg.) (1988): *The Romance Languages*. London: Croom Helm.
Hoffmann, Ludger (Hg.) (1996): *Sprachwissenschaft. Ein Reader*. Berlin/New York: de Gruyter.
Hualde, José Ignacio/Olarrea, Antxon/Escobar, Anna María (2010): *Introducción a la lingüística hispánica*. Cambridge: 2. Aufl. Cambridge University Press.
Hualde, José Ignacio/Olarrea, Antxon/O'Rourke, Erin (2012): *The Handbook of Hispanic Linguistics*. Hoboken: John Wiley & Sons.
Instituto Cervantes (Hg.) (2010): *El español, una lengua viva*. Madrid: Instituto Cervantes.
Jakobson, Roman (1960): Closing statement: linguistics and poetics. In: Sebeok, Thomas Albert (Hg.): *Style in Language*. New York/London: Wiley, S. 350–377.
Kabatek, Johannes/Pusch, Claus D. (2011): *Spanische Sprachwissenschaft: eine Einführung*. 2. Aufl. Tübingen: Narr.
Lindenbauer, Petra/Metzeltin, Michael/Thir, Margit (1994): *Die romanischen Sprachen. Eine einführende Übersicht*. Wilhelmsfeld: Egert.
Mackenzie, Ian (2001): *A Linguistic Introduction to Spanish*. München: Lincom Europa.
Martinet, André (1963): *Grundzüge der allgemeinen Sprachwissenschaft*. Übers. von Anna Fuchs, unter Mitarbeit von Hans-Heinrich Lieb. Stuttgart: Kohlhammer.
Matthews, Peter H. (2003): *Linguistics. A Very Short Introduction*. Oxford: Oxford University Press.
Meibauer, Jörg et al. (2002): *Einführung in die germanistische Linguistik*. Stuttgart/Weimar: Metzler.
Noll, Volker/Dietrich, Wolf/Geckeler, Horst (2012): *Einführung in die spanische Sprachwissenschaft: Ein Lehr- und Arbeitsbuch*. 6. Aufl. Berlin: E. Schmidt.
O'Grady, William/Dobrovolsky, Michael B./Katamba, Francis (1997): *Contemporary Linguistics: An Introduction*. London/Nueva York: Longman.
Olarrea, Antxon (2010): La Lingüística: ciencia cognitiva. In: Hualde et al. (Hg.): *Introducción a la lingüística hispanica*. Cambridge: Cambridge University Press. 2. Aufl. S. 1–44.
Pöckl, Wolfgang/Rainer, Franz/Pöll, Bernhard (2003): *Einführung in die romanische Sprachwissenschaft*. 3. Aufl. Tübingen: Niemeyer.
Pomino, Natascha/Zepp, Susanne (2004): *Hispanistik*. Paderborn: Fink.
Posner, Rebecca (1996): *The Romance Languages*. Cambridge: Cambridge University Press.
Radford, Andrew et al. (1999): *Linguistics. An Introduction*. Cambridge: Cambridge University Press.

Renzi, Lorenzo (1980): *Einführung in die romanische Sprachwissenschaft.* Übers. von Sabine Goebbels. Tübingen: Niemeyer.

Rohlfs, Gerhard (1971): *Romanische Sprachgeographie: Geschichte und Grundlagen, Aspekte und Probleme mit dem Versuch eines Sprachatlas der romanischen Sprachen.* München: Beck.

Schlösser, Rainer (2001): *Die romanischen Sprachen.* München: Beck.

Schwarz-Friesel, Monika (1992, [2]1996, [3]2008): *Einführung in die kognitive Linguistik.* Tübingen: Francke.

Tagliavini, Carlo (1998): *Einführung in die romanische Philologie.* Aus dem Italienischen übertragen von Reinhard Meisterfeld und Uwe Petersen. 2. Aufl. Tübingen: Francke.

U.S. Census Bureau: <www.census.gov/2010census/data/>

Wartburg, Walther von (1950): *Die Ausgliederung der romanischen Sprachräume.* Bern: Francke.

Wesch, Andreas (2001): *Grundkurs Sprachwissenschaft Spanisch.* Stuttgart: Klett.

2 Wissenschaftsgeschichte: Traditionen der linguistischen Betrachtung, linguistische Paradigmen und Schulen

2.1 Antike
2.2 Mittelalter und frühe Neuzeit
2.3 Das 19. Jahrhundert: Von der historisch-vergleichenden Sprachwissenschaft zur Dialektologie
2.4 Das 20. Jahrhundert

2.1 | Antike

2.1.1 | Philosophische Reflexion über Sprache

Schon in der Antike stoßen wir auf eine tiefgründige Sprachreflexion, die um die großen, bis heute gültigen Fragen zur Sprache – ihrem Wesen, ihrer Funktion und Funktionsweise, ihrem Gebrauch und ihrem Stellenwert im ›Kosmos‹ – kreist. Die Sprachbetrachtung der Antike ist **universalistisch** – es geht um die Sprache als menschliches Vermögen in einer Welt, die zunächst von der Universalsprache Griechisch, dann im Zuge der Ausweitung des römischen Imperiums auch vom Lateinischen geprägt ist. Frühe Diskussionen über das Verhältnis von Sprache und Welt (»Ordnung des Kosmos«) lassen zwei Lager erkennbar werden: Die **Konventionalisten** (Demokritos von Abdera, ca. 470–380 v. Chr.) gehen von der Sprache als einer Übereinkunft zwischen Menschen aus und sehen in ihr primär ein soziales Verständigungsmittel. Für die Vertreter der **Natürlichkeitshypothese** (Heraklit, ca. 536–470 v. Chr.) entsprechen die Ordnung des Kosmos und die Struktur der Sprache einander, so dass der Sprache auch eine Darstellungsfunktion zukommt. Die Debatte mündet im ***Kratylos-Dialog des Platon*** (428/427(?)–348/47 v. Chr.), in dem die Problematik durch die Fokussierung auf die Beziehung von sprachlichem Zeichen und außersprachlichem Ding noch zugespitzt wird und zudem alle Parteien in der vielstimmigen Kontroverse zu Wort kommen.

Am Ende steht die Einsicht, dass das sprachliche Zeichen die Dinge nicht »wesenhaft« abbildet und deshalb auch keine Kenntnis der Dinge vermitteln kann. Die Sprachbetrachtung der Antike ist stark philosophisch ausgerichtet. **Aristoteles aus Stagira** (384–322 v. Chr.) befasst sich in seinen Schriften immer wieder mit sprachlichen Aspekten, systematisch in *De interpretatione* und *De poetica*. Er tut dies nicht primär aus linguistischem Interesse, sondern weil die Sprache nun einmal das exklusive Zugangsmittel zu den Gegenständen der philosophischen Reflexion ist und deshalb die Leistungen und die Grenzen dieses Erkenntnismediums durch Überlegungen zu seinem Wesen und seiner Struktur richtig eingeschätzt werden müssen. Auf diese Weise hat Aristoteles grundlegende, für die linguistische Betrachtung relevante Untersuchungsbereiche systematisiert und einige wichtige begriffliche Unterscheidungen vorgezeichnet. Sehr summarisch lassen sich die folgenden Aspekte als Synthese der aristotelischen Sprachreflexion aufzählen (vgl. Ax 1992: 244 f.):

1. **Die Entwicklung eines Zeichenbegriffs:** Das sprachliche Zeichen besteht aus einer **lautlichen** (-Ausdrucks-) und einer **psychischen** (-Inhalts-)**Seite**, deren Beziehung zueinander konventioneller Natur ist; die Wörter (*onoma*) sind Symbole (*symbolon*) der Dinge (s. Kap. 1.1.1 sowie sonstige Zeichenmodelle).

2. **Ein logisch-semantisches Verständnis von Aussagesätzen:** Es besteht eine **logische Relation** zwischen dem Subjekt (*onoma*) des Satzes und dem Prädikat (*rhema*): von einem durch einen Namen (*onoma*) vertretenen Gegenstand wird etwas ausgesagt. Aussagesätzen (*logos apophanticos*) kann ein **Wahrheitswert** zugewiesen werden, d. h. sie können wahr oder falsch sein (s. Kap. 7.8).

3. **Ansätze einer Pragmatik:** Aristoteles grenzt Äußerungstypen, die nicht wahrheitswertfähig sind, von anderen *logoi* – dem *logos pragmaticos* und dem *logos poeticos* – ab, für deren Behandlung die Rhetorik und die Poetik zuständig sind. Beim *logos poeticos* geht es um die stilistisch-rhetorische Sprachverwendung, beim *logos pragmaticos* um den Sprachgebrauch als grundlegende Form des Handelns. Eine **Sprechaktlehre** existiert wohl schon seit Pytagoras (ca. 485–415 v. Chr.), sie wird später von den Stoikern rezipiert und systematisiert (s. Kap. 8.1).

4. **Wortsemantik:** Aristoteles behandelt schon eine Reihe wichtiger **semantischer Relationen**, etwa die **Mehrdeutigkeit** (Polysemie) oder das **Phänomen lexikalischer Lücken** (Anonymie), um bereits in der Wortschatzstruktur angelegte Quellen für Erkenntnismängel und -irrtümer aufdecken zu können (s. Kap. 7.4).

5. **Bedeutungsanalyse:** Der griechische Philosoph operiert – ähnlich wie vor ihm Platon – bei seiner Begriffsarbeit mit **bedeutungsdifferenzierenden Merkmalen** (dihäretische Ausgliederung) und macht damit – *ante litteram* – die **Komponentenanalyse** für die wissenschaftliche Praxis fruchtbar (s. Kap. 7.2).

6. **Analyse sprachlicher Struktur:** Darüber hinaus gelangt Aristoteles zu einer Vielzahl origineller Einsichten in die **phonematische, morphologische und syntaktische Konstituentenstruktur** der Sprache (s. Kap. 4, 5 und 6).

7. **Das Wesen der menschlichen Sprache:** Schließlich erkennt er den **rationalen und ethischen Charakter** als Alleinstellungsmerkmal der menschlichen Sprache, stellt den menschlichen *logos* – verstanden als »bedeutungshafte Sprache« – dem *dialektos*, der artikulierten Sprache, gegenüber (s. Kap. 10.5).

Die Philosophen der Stoa (Zenon, Chrysippos, Diogenes) bemühten sich um eine weitere Systematisierung sprachtheoretischer Aspekte und leisteten dabei einen wichtigen Beitrag zur Synthese des linguistischen Denkens der Antike. Neben einer ausgefeilten Zeichentheorie entwickelten sie eine umfassende Lehre von den fünf Redeteilen. Dabei zogen sie eine klare Linie zwischen der Benennung (und den benennenden Wortarten wie etwa dem Nomen) und der Äußerung bzw. dem Sprechakt, wobei sowohl die Kategorie der Verben (mit ihrem prädizierenden Charakter) als auch verschiedene Äußerungstypen (die *lekta*) unter letzterem Aspekt gefasst wurden. Weitere wegweisende Überlegungen zur Grammatiktheorie gehen in Richtung einer Kasustheorie (Unterscheidung von *casus rectus* (Nominativ) und *casus obliquus* (sonstige Kasus), einer Theorie der Verbmodi (mit den Verbalkategorien Indikativ, Konjunktiv, Optativ, Imperativ etc.) sowie einer Tempustheorie, die schon vollendete (›perfektische‹ wie das Perfekt oder Plusquamperfekt) und unvollendete (›imperfektische‹ wie das Imperfekt) Tempora unterschied.

2.1.2 | Grammatikschreibung

Neben der philosophischen Reflexion über die Sprache (verstanden als menschliches Sprachvermögen) liegen in der Antike auch die Anfänge der Beschreibung einzelsprachlicher Systeme, mithin die Grammatikschreibung. Einer der frühesten Beiträge zur Grammatikographie geht auf den hellenistischen Grammatiker Dionysios Thrax (170–90 v.Chr.) zurück, der eine *technē grammatikē* verfasste und dadurch eine Jahrhunderte lange Texttradition, die **ars grammatica**, begründete. Die *ars grammatica* war keine theoretische, sondern eine praktische Wissenschaft, welche die Funktion erfüllte, Dichtern und Prosaschriftstellern ein solides sprachliches Handwerkszeug für ihre Arbeit zu vermitteln, das sowohl **Sprachwissen** (korrekte Sprachformen) als auch **poetisches Regelwissen** (Verslehre und Metrik) beinhaltete. Die sprachlichen Bereiche, die Dionysios Thrax' Werk abhandelt, umfassen unter anderem die **Laut- und Silbenlehre** (*Prosodie*), die **Etymologie** (über den Ursprung der Wörter) und die **Formenlehre**. Der Grammatiker begründete auch die Tradition einer kategoriellen Einteilung in acht Wortarten (sog. Redeteile), und zwar nach morphologischen Kriterien (v.a. der Flektierbarkeit der Wörter): So besitzt z.B. das Nomen Kasusflexion, das Verb hingegen nicht. Dem Verb werden acht (sekundäre) Kategorien zugeordnet: Tempus (Präsens, Präteritum, Futur), Person, Zahl, Gestalt der Verbform (einfach, zusammengesetzt, doppelt zusammengesetzte Formen), Art der Verbform (einfach, abgeleitet), darüber hinaus fünf Modi (Indikativ, Imperativ, Optativ, Konjunktiv, Infinitiv), drei Aktionsarten (aktiv, passiv, medial) sowie die unterschiedlichen Konjugationen.

Eine erste systematische syntaktische Beschreibung des Griechischen legte der aus Alexandrien stammende **Apollonius Dyskolos** vor, der in der ersten Hälfte des 2. Jh.s v.Chr. lebte. In seinem Werk mit dem Titel

Über Syntax (*peri syntaxeos*) untersucht er die syntaktische Struktur von Sätzen, Zahl und Anordnung der Redeteile und behandelt die Syntax der einzelnen Redeteile.

Die römische Grammatikschreibung übernahm das griechische Modell der Grammatikschreibung im Wesentlichen. Einer der wichtigsten Grammatiker des römischen Reichs war **Marcus Terentius Varro** (116–27 v. Chr.), der die noch erhaltene Schrift *De lingua latina* mit einem klaren Schwergewicht auf der Formenlehre (Flexions- und Derivationsmorphologie) verfasste. **Quintilian** (ca. 35–100 n. Chr.) schuf mit seiner *Institutio oratoria* (ca. 95 n. Chr.) das Modell für die Gattung der Rhetorik, die neben der Vermittlung stilistisch-rhetorischer Fertigkeiten auch die Kenntnis der grammatischen Norm in den Ausbildungskanon für den Redner mit aufnahm.

Ars grammatica:
Lautlehre,
Morphologie und
Rhetorik

In der Spätantike wird die Grammatikographie standardisiert – zur *ars grammatica* gehört von nun an eine Lautlehre, eine Morphologie und eine Rhetorik. Sie wird zudem für den Bereich der Schule konzipiert und als Schulgrammatik in Umlauf gebracht. Das autoritative Werk für zukünftige Schulgrammatiken ist die *Ars maior* des **Aelius Donatus** (ca. 320–380 n. Chr.), eine umfassende Grammatik römischen Typs, die dem skizzierten dreistufigen Modell folgt. Den krönenden Abschluss der antiken Grammatikographie bildet **Priscianus**, ein Grammatiker aus Nordafrika, der mit seiner Behandlung morphologischer und syntaktischer Phänomene in den *Institutiones grammaticae* (526 n. Chr.) »den grammatiktheoretischen Maßstab für das kommende Jahrtausend« (Jungen/Lohnstein 2007: 73) setzte.

2.2 | Mittelalter und frühe Neuzeit

Im Hochmittelalter wurde die Grammatik als Teil des **Triviums**, der erste Abschnitt des Studiums der **sieben freien Künste** (*septem artes liberales*), an den neu entstandenen Artistenfakultäten studiert. War die Grammatik zunächst noch eine **deskriptive Wissenschaft** (*ars grammatica*), die sich im Wesentlichen auf das Studium von Donatus' Werk beschränkte, so wurde sie unter dem Einfluss der arabischen Grammatiktheorie und vor allem durch die Aristoteles-Rezeption zu einer **theoretischen Wissenschaft**, einer Sprachwissenschaft (*scientia*). Einen fundamentalen Beitrag zur Aristoteles-Rezeption leistete der in Córdoba geborene Universalgelehrte **Averroës** (Mohammed Ibn Ruschd, 1126–1198), ohne dessen Aristoteles-Kommentare die modistische Theorie bzw. die *grammatica speculativa* nicht denkbar gewesen wären.

2.2.1 | Die spekulative Universalgrammatik

Die spekulative Universalgrammatik (*grammatica speculativa*) ist, wie ihr Name schon sagt, eine **universalistische Sprachtheorie**, die nach der prägnanten Formulierung eines ihrer Hauptvertreter, **Roger Bacons**

(*Summa grammaticae*), davon ausgeht, dass die Grammatik ihrem Wesen (heute würde man sagen: ihrer Grundstruktur) nach in allen Sprachen gleich ist und nur akzidentell (d. h. in ihrer jeweiligen einzelsprachlichen Ausprägung) variiert (»grammatica una et eadem est secundum substantiam in omnibus linguis, licet accidentaliter varietur«). Diese Auffassung wird damit begründet, dass sich die Ordnung der Welt in der Struktur der Sprache und deren Kategorien widerspiegelt. Aufgrund des behaupteten Widerspiegelungscharakters wird die Grammatiktheorie als spekulativ – nach dem lat. Wort *speculum* ›Spiegel‹ – charakterisiert. Die spekulative Universalgrammatik interessiert sich also nicht für die Spezifika der Einzelsprache, sondern ihr Augenmerk richtet sich darauf, exemplarisch anhand der abendländischen Universalsprache Latein die Grundprinzipien des menschlichen Sprachbaus darzustellen. Wegbereiter dieser neuen sprachtheoretisch ausgerichteten Schule war Petrus Helias, der die Lehre Priscians auf Grundlage der aristotelischen Philosophie, vor allem deren Kategorienlehre, auf ein neues theoretisches Fundament stellte.

Neben Roger Bacon und Johannes de Dacia war vor allem **Thomas von Erfurt** der herausragende Vertreter der neuen linguistischen Schule, deren Sprachdenken er in seinem *Tractatus de modis significandi sive Grammatica speculativa* systematisch darstellte. Die großen Zentren der universalistischen Sprachreflexion waren die **Pariser Sorbonne**, die **Universitäten** zu **Oxford** und zu **Erfurt**. Drei weit in die Zukunft weisende Beiträge der spekulativen Universalgrammatik zur Sprachtheorie sollen hier kurz ausgeführt werden:

1. Die modistische Lehre der sprachlichen Kategorien entfaltete nachhaltige Wirkung: Wie schon angedeutet, vertritt die spekulative Grammatiktheorie die Auffassung, die Sprache spiegele die Realität in einer bestimmten Art und Weise. Um dieses abbildhafte Verhältnis von Sprache und Realität zu charakterisieren, spricht man von »der Ikonizität zwischen den Gegenständen der Welt und der Struktur der Sprache« (Leiss 2009: 61) bzw. von der »Isomorphie von Welt- und Sprachbau« (Jungen/ Lohnstein 2007: 94). So werden grammatische Kategorien als **Bezeichnungsmodalitäten** (*modi significandi*) der Sprache verstanden, d. h. als unterschiedliche ›Hinsichten‹ oder ›Betrachtungsweisen‹, unter denen Aspekte der Wirklichkeit versprachlicht werden. Das Nomen bezeichnet etwa Entitäten unter dem Gesichtspunkt ihrer Substantialität, das Verb hingegen unter der Perspektive der Temporalität oder der Dynamik. Ein und derselbe Sachverhalt der Wirklichkeit kann mithin durch unterschiedliche grammatische Kategorien ausgedrückt bzw. dargestellt werden, z. B. *Pedro llega – la llegada de Pedro*. Die Vorstellung von sprachlichen Kategorien als »Betrachtungsmodi« bzw. »Perspektivierungs- oder Darstellungsweisen« wird auch in späteren universalistischen Grammatikansätzen immer wieder aufgegriffen (s. Kap. 2.2.3) und spielt auch in neueren kognitiven Ansätzen, etwa der *Cognitive Grammar*, eine wichtige Rolle (s. Kap. 2.4.4).

2. Das triadische Zeichenmodell: Die *Grammatica speculativa* greift das bei Aristoteles angelegte dreiseitige (= triadische) Zeichenverständnis in

Modi significandi

der Formel *voces significant res mediantibus conceptibus* (›die Lautformen bezeichnen die außersprachlichen Gegenstände über das Konzept‹) wieder auf: Danach verweist die Lautform nie direkt auf den außersprachlichen Gegenstand (= Referent), sondern die Bezugnahme wird durch die Vorstellung von den Dingen, also durch die abstrakten Begriffe oder Konzepte, vermittelt. Dieser Grundgedanke wurde später, etwa von C. K. Ogden und I. A. Richards, in dem **semiotischen bzw. triadischen Dreieck** (Ogden/Richards 1923) anschaulich dargestellt (s. Kap. 7.1).

3. Syntaktische Beziehungen: Die Grammatiker der spekulativen Universalgrammatik untersuchen auch schon systematisch syntaktische Relationen zwischen sprachlichen Elementen. In diesem Rahmen stellen sie Überlegungen zum Phänomen der **Rektion** (*regere*) an und führen die Unterscheidung zwischen **transitiven** und **intransitiven Konstruktionen** ein (s. Kap. 6).

Die universalistische Sprachbetrachtung wird auch nach der Krise des scholastischen Denkens, das durch die Fundamentalkritik **Wilhelm von Ockhams** in seinen Grundfesten erschüttert worden war, weiter fortgesetzt. Mit Dante Alighieris Entdeckung und früher Apologetik der Muttersprache tritt aber zu der universalistischen Ausrichtung eine konkurrierende einzelsprachlich orientierte Richtung der Sprachbetrachtung hinzu, deren Ziel die Emanzipation der Volkssprachen durch die wissenschaftliche Rechtfertigung (**Apologetik**) sowie die Normierung ihres Gebrauchs ist.

2.2.2 | Einzelsprachliche Sprachbetrachtung und Grammatikographie

Die beiden Schriften Dantes, das *Convivio* und *De vulgari eloquentia* (1303–1307), sind frühe Zeugnisse einer Reflexion über die Eignung und Dignität einer **Volkssprache** als schriftsprachliches Ausdrucksmittel, über die Veränderbarkeit von Sprachen (gemeint sind hier die Volkssprachen) sowie ihre diachrone und diatopische Variation.

Im 16. Jh. entsteht – nach rudimentären Vorversuchen nach dem Muster der *Ars minor* des Donatus (in provenzalischer und französischer Sprache) – eine **nationalsprachliche** Grammatikographie. Sie verbindet den Wunsch nach Emanzipation der Volkssprachen vom Lateinischen mit einem neuen nationalen Sprachbewusstsein, das mit der Konsolidierung und Expansion der Nationalstaaten einherging. Eine herausragende Rolle in der Geschichte der europäischen Grammatikographie spielt **Antonio de Nebrijas** *Gramática de la lengua castellana* (1492) – der ersten gedruckten Grammatik einer romanischen Sprache. Nebrija legte erstmals eine systematische Beschreibung der grammatischen Strukturen und Besonderheiten der kastilischen Sprache vor, wobei er sich der bewährten Methoden der lateinischen Grammatikographie bediente. Zugleich schuf er aber eine angemessene grammatische Terminologie in spanischer Sprache, so Tempuskategorien wie *passado* (Präteritum), *venidero* (Futur), *acabado* (Per-

fekt), *no acabado* (Imperfekt) und *más que acabado* (Plusquamperfekt).
Sein Werk rechtfertigte er in einem Prolog, den er der Königin Isabella I.
von Kastilien widmete, anhand von drei grundlegenden Argumenten:

- **Sprachpflegerische Aspekte:** Es war unumgänglich, der kastilischen
  Sprache eine Norm zu geben, um ihren Fortbestand ähnlich dem des
  Lateinischen und Griechischen zu sichern.
- **Didaktische Gründe:** Die grammatische Kenntnis der Volkssprache
  sollte das Erlernen der Kultur- und Wissenschaftssprache Latein er-
  leichtern.
- **Politisch-ideologische Erwägungen:** Mit Blick auf die weitere Expansion des spanischen Imperiums würde das Spanische als Verwaltungs-
  und Verkehrssprache eine herausragende Rolle spielen und sollte deshalb auch für die unterworfenen Völker zugänglich bzw. erlernbar sein.

Ein weiterer Meilenstein der spanischen Grammatikographie stellt der
Grammatiker Gonzalo Correas dar, der in seiner *Arte de la lengua Española* (1625) den Sprachzustand seiner Zeit höchst präzise und nuanciert,
d. h. unter anderem auch unter Berücksichtigung diastratischer und diatopischer Aspekte, beschreibt. Ihm gelingt eine Synthese aus empirischer
Beschreibung, wissenschaftlicher Vertiefung anhand von logisch-uni-
versalistischen Sprachprinzipien und präskriptiver Orientierung. An die
Tradition Nebrijas knüpfen auch die späteren normativen Grammatiken,
etwa die *Gramática de la lengua castellana* der Real Academia Española
(1771) sowie Andrés Bellos *Gramática de la lengua castellana destinada
al uso de los americanos* (1847, Santiago de Chile) an, wobei Bello selbst
die Tradition der universalistischen Sprachbetrachtung während seines
Europa-Aufenthaltes kennengelernt und gründlich rezipiert hatte.

2.2.3 | Die Universalgrammatik vom 16.–18. Jh.

Die Universalgrammatik des 16. Jh.s richtet ihre Aufmerksamkeit besonders auf **syntaktische Konstruktionen** wie die Ellipse (die Auslassung),
den Pleonasmus (die Hinzufügung), das Hyperbaton (die Trennung eigentlich zusammengehöriger Satzelemente durch einen Einschub) und
die Enallage (die Vertauschung von Satzgliedern). Diese Erscheinungen
werden nicht primär als stilistisch-rhetorische Konstruktionsfiguren
angesehen, sondern als grundlegende syntaktische Verfahren. Für die
weitere Sprachreflexion von großem Interesse ist die sich abzeichnende
Unterscheidung von **Basisstrukturen** und abgeleiteten **Oberflächen-
strukturen**.

Wenngleich es problematisch ist, spätere Grammatikmodelle ›rückzu-
projizieren‹, wird doch konzeptuell die schon vollzogene Scheidung von
Ebenen greifbar. Der spanische Humanist und Grammatiker Francisco
Sánchez de las Brozas (1523–1600), der an der Universität von Salamanca
lehrte, unterschied in seinem Werk *Minerva seu de causis linguae Latinae*
(1587) die *oratio naturalis* von der *oratio figurata*. Wie auch immer man
diese Unterscheidung modelliert, unbestreitbar ist die Tatsache, dass die

Die Universal-
grammatik
vom 16.–18. Jh.

Universalisten des 16. Jh.s wie Thomas Linacre (*De emendata structura Latini sermonis*, 1524), Jules-César Scaliger (*De causis linguae latinae*, 1540) und eben Francisco Sánchez de las Brozas eine abstrakte logisch-semantische Basisebene, auf der die Bedeutungsbeziehungen zwischen den einzelnen Satzelementen sowie die aus ihnen resultierende Gesamtbedeutung angesiedelt sind und eine abgeleitete Ebene der konkreten syntaktischen Realisierung, der linearen Anordnung der Satzelemente, unterschieden.

Gerade diese Unterscheidung zwischen satzsemantischem Gehalt und konkreter Satzanordnung wird auch im 17. Jh. von den Grammatikern des **jansenistischen Klosters Port-Royal** bei Paris in der *Grammaire générale et raisonnée* von 1660 wiederaufgegriffen und nun systematisch auf eine Vielzahl grundlegender syntaktischer Erscheinungen im Französischen und in anderen europäischen Sprachen angewendet. Zudem begründete die Grammatik ein rationalistisches Sprachverständnis, das ebenso von der Philosophie René Descartes wie von Cordemoys sprachtheoretischem Werk *Discours physique de la parole* (1668) geprägt war. Die Grammatiker Arnauld und Lancelot etablierten mit dieser *Grammaire* eine linguistische Denkschule, auf die sich **Noam Chomsky** (erstmals in seinem programmatischen Essay *Cartesian Linguistcs* (Chomsky 1966)) sowie auch andere modularistische Ansätze innerhalb der modernen Kognitionslinguistik berufen sollten (s. Kap. 2.4.3 und Kap. 2.4.4).

Rationalistisches
Sprachverständnis

Das rationalistische Sprachverständnis weist insbesondere den Sprachen innewohnende logisch-semantische Organisations- und Strukturprinzipien auf und begründet hierdurch ihr Postulat einer allen Sprachen zugrundeliegenden Universalgrammatik. Die Sprache wird zudem nicht primär als Kommunikationsmittel verstanden, sondern als Medium des Denkens, das dank seiner Struktur die geordnete (bzw. *algorithmische*) Manipulation sprachlicher Symbole, also der sprachlichen Zeichen, ermöglicht. Eine solche Symbolmanipulation im propositionalen Format wird in diesem Sprachverständnis als Grundlage des Denkens bzw. seiner Grundoperationen begriffen.

Die Universalgrammatik als die systematische Aufdeckung allgemeiner Gesetzmäßigkeiten der Sprache sowie der Prinzipien grammatischer Strukturbildung war ebenfalls eines der großen Projekte der Aufklärung. Zwei bedeutende Grammatiker sind die an der französischen *Encyclopédie* mitwirkenden Gelehrten César Chesneau Dumarsais (1676–1756) und Nicolas Beauzée (1717–1789). Beauzée verfasste zudem eine *Grammaire générale* (1767). Erstmals ins Zentrum der Aufmerksamkeit trat in ihren linguistischen Beiträgen die bis dahin stark vernachlässigte **semantische Relation** zwischen dem Verb (Prädikat) und seinen Mitspielern (den Argumenten) bei der Versprachlichung von Sachverhalten. Besonders aber interessierten Prinzipien der linearen Anordnung (Linearisierung) der Satzglieder und damit auch unterschiedliche Konstruktionstypen des Satzes. Auf der Grundlage von syntaktischen Kriterien teilte Gabriel Girard (1677–1748), l'Abbé Girard, die Sprachen in Klassen ein und leistete damit einen ersten wichtigen Beitrag zur **Sprachtypologie**.

Das 18. Jh.
als Jahrhundert
der Aufklärung

Sprachtypologie: Die Grammatikographie des 18. Jh.s ist in der Romania vielfach von universalistischem Gedankengut geprägt und rezipiert in unterschiedlicher Intensität die Gedanken der Sprachphilosophen der französischen Aufklärung. Den Übergang zum Sprachdenken des 19. Jh.s vollzieht **Wilhelm von Humboldt**, der den Universalismus des 18. Jh.s – die Sprache als angeborene menschliche Fähigkeit und inneres Organ – mit der Vorstellung einer radikalen Individualität der Einzelsprachen verbindet. Universalität, so seine Grundauffassung, kann sich nur in der Individualität der konkreten einzelnen Sprachform realisieren. Dabei stellt jede konkrete Einzelsprache in ihrer Individualität eine eigene, unhintergehbare »Weltansicht« dar (vgl. Humboldts Schrift *Über die Verschiedenheit des menschlichen Sprachbaues und ihren Einfluss auf die geistige Entwicklung des Menschengeschlechts*, 1836). Humboldt verfeinert und vertieft die Sprachtypologie des Abbé Girard und hierarchisiert die Sprachtypen. Dabei stehen die **flektierenden Sprachen**, die grammatische Beziehungen durch Flexionsformen ausdrücken, in der Hierarchie an erster Stelle, da sie als für die Ideenentwicklung am geeignetsten betrachtet werden. Der **sprachvergleichenden Methodik**, die von Humboldt systematisch seinen Forschungen zugrunde legte, kommt im 19. Jh. und auch darüber hinaus eine wegweisende Rolle zu.

2.3 | Das 19. Jahrhundert: Von der historisch-vergleichenden Sprachwissenschaft zur Dialektologie

Historisch-vergleichende Sprachwissenschaft

Die Entstehung der historisch-vergleichenden Sprachwissenschaft ist mit dem Aufkommen der Indogermanistik als universitäre Fachdisziplin eng verbunden. **Franz Bopp** (1791–1867), der den ersten deutschen Lehrstuhl für Allgemeine Sprachkunde inne hatte, legte mit seiner Studie *Ueber das Conjugationssystem der Sanscritsprache in Vergleich mit jenem der griechischen, lateinischen, persischen und germanischen Sprache* (1816) die erste Arbeit zur vergleichenden Grammatik vor.

Auf der Grundlage von Bopp und dem dänischen Sprachforscher **Kristian Rask** (1787–1832) verfasste **Jacob Grimm** (1785–1863) seine *Deutsche Grammatik*. Diese wurde zur methodischen Grundlage für den Bonner Literaturprofessor **Friedrich Diez** (1794–1872), der durch seine wissenschaftlichen Arbeiten zum **Begründer der romanischen Sprachwissenschaft** wurde. Mit der dreibändigen *Grammatik der romanischen Sprachen* (1836–1843) sowie dem *Etymologischen Wörterbuch der romanischen Sprachen* (1854) etablierte er die romanische Sprachwissenschaft als eine Fachdisziplin, die sprachvergleichend arbeitet und ihren Schwerpunkt auf die Betrachtung der Sprachentwicklung legt. Diez, der alle Bereiche des sprachlichen Wandels – den lautlichen, morphologischen und syntaktischen – untersuchte, entdeckte die Regelmäßigkeit der lautlichen Entwicklung der romanischen Sprachen.

Im 19. Jh. beginnt auch die Debatte darüber, ob die Sprachwissenschaft eine Naturwissenschaft oder eine Geistes- bzw. Gesellschaftswissenschaft ist. Der Indogermanist August Schleicher vertrat die Auffassung, die Sprachwissenschaft sei eine **Naturwissenschaft**, die sich an der Biologie orientieren müsse, da ihr Untersuchungsgegenstand selber eine Art Organismus sei, der eigenen autonomen Gesetzmäßigkeiten folge, die dem Willen der Sprecher enthoben seien. Diese naturwissenschaftliche Sprachauffassung lebt im 20. Jh. unter anderem auch in der Sprachtheorie Noam Chomskys wieder auf.

Die junggrammatische Schule

Eine Systematisierung und Radikalisierung des historisch-vergleichenden Ansatzes nehmen die sog. **Junggrammatiker** vor, die die Sprachwissenschaft klar als Kulturwissenschaft verstehen. Einer ihrer Hauptvertreter, Hermann Paul (1846–1921), betont etwa in seinem zum Klassiker gewordenen Werk *Prinzipien der Sprachgeschichte* (1880) die Rolle von psychischen Faktoren und physischen Kräften für sprachlichen Wandel. Hauptvertreter dieser an der Universität Leipzig ansässigen Richtung, die deshalb auch **Leipziger Schule** genannt wird, sind neben dem schon genannten Hermann Paul, Karl Brugmann (1849–1919), Hermann Osthoff (1847–1909), Berthold Delbrück (1842–1922), Eduard Sievers (1850–1936) und Otto Behaghel (1859–1936).

Die junggrammatische Schule ist von der Wissenschaftsströmung des **Positivismus** beeinflusst, d.h. sie bemüht sich um eine Erfassung möglichst aller zugänglichen empirischen Fakten und ist in erster Linie an der exakten Deskription und Dokumentation von sprachlichen Aspekten interessiert, nicht jedoch (zumindest nicht primär) an theoretischen Fragestellungen sowie an Überlegungen zum Wesen der Sprache überhaupt. Ein zentrales Postulat der Junggrammatiker ist die sog. **Ausnahmslosigkeit der Lautgesetze**, d.h. die Vorstellung von einem ›mechanischen‹ Prozess der Lautveränderung in der Sprachgeschichte, der ohne Einfluss von Seiten der Wortbedeutung vonstattengeht. Ausnahmen bei einzelnen Lexemen werden durch das Prinzip der **Analogie** erklärt. Danach kann im Einzelfall – und damit völlig irrelevant für die Aufstellung allgemeiner Gesetze – der Bedeutung bzw. der durch die Sprecher hergestellten semantischen Verbindungen ausnahmsweise eine entscheidende Rolle zukommen.

Der wichtigste Vertreter der junggrammatischen Richtung in der Romanistik ist der Schweizer Romanist Wilhelm Meyer-Lübke (1861–1936), zu dessen herausragenden Beiträgen unter anderem die vierbändige *Grammatik der romanischen Sprachen* (1890–1902) sowie das *REW* (*Romanisches etymologisches Wörterbuch*, 1911–1920) gehören. Einen wichtigen Stellenwert in seiner wissenschaftlichen Arbeit nimmt der Versuch einer Rekonstruktion des gesprochenen Lateins auf der Grundlage der romanischen Sprachen ein. Der Begriff des **Vulgärlateins** für das gesprochene Latein wurde von dem Romanisten Hugo Schuchardt (1842–1927) geprägt, der in seiner Studie *Vokalismus des Vulgärlateins* (1866–1868) durch die Auswertung lateinischer Inschriften die tiefgreifende Umstrukturierung des klassisch-lateinischen Lautsystems nachweisen konnte. Im weiteren Sinne können auch sprachwissenschaftliche Arbeiten des spanischen Philologen und Historikers Ramón Menéndez Pidal (1869–1968), insbesondere sein *Manual de gramática histórica española* (1904), der positivistisch-junggrammatischen Tradition zugerechnet werden, da sie die akribische und umfassende Dokumentation sprachhistorischer Fakten mit einer systematischen Beschreibung lautlicher Entwicklungsgesetze verbinden (s. Kap. 11.2).

Dialektologie bzw. Sprachgeographie

Als eigenständige sprachwissenschaftliche Teildisziplin bildete sich im letzten Drittel des 19. Jh.s die Dialektologie bzw. Sprachgeographie heraus, deren Begründer der italienische Sprachforscher Graziadio Isaia Ascoli (1829–1907) war. Eine der grundlegenden Aufgaben der Sprachgeographie stellt die **Erstellung von Sprachatlanten** dar, welche die Grundlage der wissenschaftlichen Analyse und Interpretation bilden. Ein Pionier auf diesem Gebiet wurde der Sprachwissenschaftler Georg Wenker (1852–1911), der die Grenzen der einzelnen deutschen Dialekte kartographisch erfassen wollte. Einen ersten Band veröffentlichte er 1881 unter dem Titel *Sprachatlas von Nord- und Mitteldeutschland, auf Grund von systematisch mit Hülfe der Volksschullehrer gesammeltem Material aus circa 30000 Orten.*

Sprachatlanten

In Frankreich veröffentlichte Jules Gilliéron unter Mitarbeit von Edmond Edmont den ***Atlas linguistique de la France*** (ALF, 1902–1910), der die kartographierten Antworten auf 1920 Fragen an 639 verschiedenen Orten in Frankreich, Belgien, der Schweiz und im Aostatal abbildet. Die sprachlichen Karten lassen unter anderem die Motivation für lautlichen und lexikalischen Wandel erkennen, der sich nicht aufgrund von Lautgesetzen oder dem Phänomen der Analogie erklären lässt. Die Methodik des *ALF* wurde zum Vorbild für weitere sprachgeographische Großprojekte, z. B. für den *AIS* (*Sprach- und Sachatlas Italiens und der Südschweiz*) von Karl Jaberg und Jakob Jud, den spanischen *ALPI* (*Atlas Lingüístico de la Península Ibérica*) sowie für Regionalatlanten jüngeren Datums wie z. B. den *ALEA* (*Atlas lingüístico y etnográfico de Andalucía*) (s. Kap. 12.4).

2.4 | Das 20. Jahrhundert

Die Sprachwissenschaft des 20. Jh.s wurde maßgeblich von zwei herausragenden Gestalten, dem Genfer Sprachwissenschaftler **Ferdinand de Saussure** sowie dem amerikanischen Linguisten Noam **Chomsky** geprägt.

2.4.1 | Strukturalismus

Ferdinand de Saussure gilt als Begründer des Strukturalismus (*estructuralismo*), dessen linguistisches Denken zur Ausbildung verschiedener strukturalistischer Schulen führte, und zwar der **Genfer Schule**, der **Prager Schule**, der **Kopenhager Schule** sowie zum **amerikanischen Strukturalismus** Bloomfield'scher Prägung. Grundlegend für die Ausbildung dieser unterschiedlichen strukturalistischen Schulen war die Rezeption von Saussures *Cours de linguistique générale* (dt. *Grundfragen der allgemeinen Sprachwissenschaft*), der 1916 posthum von seinen Schülern Charles Bally und Albert Sechehaye in Genf veröffentlicht wurde. Der *Cours* beruht auf studentischen Aufzeichnungen von Vorlesungen de Saussures aus den Jahren 1906 bis 1911. Von besonderer Bedeutung für die Weiterentwicklung der linguistischen Theorie waren die sog. **Saussure'schen Dichotomien** (*las dicotomías saussureanas*), die den Systemgedanken sowie den Wertbegriff mit einschließen. Sprache versteht Saussure dabei als:

- eine **soziale Einrichtung** und hebt damit ihren konventionellen Charakter hervor;
- ein **System von Zeichen, die Ideen ausdrücken**, wobei die Sprache eine besondere Form von Zeichensystem ist;
- ein **System, das auf Grundlage von sprachlichen Oppositionen funktioniert**, womit das grundlegende Funktions- und Organisationsprinzip der Sprache bestimmt ist.

Die Saussure'schen Dichotomien sind nun vor dem Hintergrund dieser Sprachauffassung zu verstehen:

1. **Synchronie** (*sincronía*) – **Diachronie** (*diacronía*): Im Vordergrund der linguistischen Betrachtung soll nicht mehr – wie noch bei den Junggrammatikern – die Beschreibung von sprachlichen Entwicklungen stehen, sondern die Darstellung der **Funktionsweise des Sprachsystems** so wie es für die Sprecher zu einem bestimmten Zeitpunkt für ihre Verständigung relevant ist. Obwohl der *Cours* interessanterweise der diachronischen und der geographischen Sprachwissenschaft zumindest quantitativ mehr Platz einräumt, stellt die **Hinwendung zur Synchronie** und vor allem die Betonung ihres Primats das entscheidende Moment für die wissenschaftsgeschichtliche Wirkung des *Cours* dar.

2. **Langue** (*lengua*) – **parole** (*habla*): Wenn das Augenmerk der wissenschaftlichen Erforschung von Sprache auf der **Funktionalität des Sprachsystems** in der Gegenwart bzw. zu einem bestimmten Zeitpunkt liegt, dann ist auch das Verhältnis zwischen der konkreten und individuellen Realisierung des Sprachsystems, der ***parole*** (*habla*), und der Sprache als konventionelles und abstrakt-funktionales System einleuchtend: Die individuelle und konkrete sprachliche Realisierung interessiert nicht als solche, sondern sie erlaubt als empirische Grundlage Rückschlüsse auf die Funktionsweise des **Sprachsystems** (*langue/lengua*). Das funktionelle und sozial verbindliche System lässt sich nur durch einen Abstraktionsprozess auf der Grundlage der konkreten Sprecheräußerungen ableiten,

der von Individuellem absieht und lediglich das berücksichtigt, was für das Funktionieren des Systems von Relevanz ist.

Valeur –
der Wertbegriff

Im Zusammenhang mit der Funktionalität des Sprachsystems spielt nun der Saussure'sche **Oppositionsgedanke** bzw. **Wertbegriff** eine zentrale Rolle. Bei der Beschreibung der einzelnen Elemente des Sprachsystems auf den unterschiedlichen Ebenen (etwa der Laut- oder der Bedeutungsebene) ist es irrelevant, diese Elemente für sich aufzuzählen und zu beschreiben. Relevant ist vielmehr die Erfassung der Merkmale, durch die diese Elemente in Opposition zueinander stehen, weil nur durch diese Oppositionsbeziehungen die Verständigung zwischen den Sprechern gewährleistet wird. Das Sprachsystem funktioniert also ausschließlich anhand von Differenzen zwischen den Elementen und nur diese Differenzen sind auch für die Beschreibung des Sprachsystems und seiner Funktionsweise von Interesse. Umgekehrt ergibt sich der Stellenwert eines sprachlichen Elements ausschließlich aus seinen Oppositionsbeziehungen zu anderen Elementen des Sprachsystems. Dies entspricht Saussures Verständnis von der Sprache als »ein[em] System von bloßen Werten« (vgl. Saussure 2001: 132).

Beispiel

Der Wertbegriff am Beispiel des Vergleichs von Vergangenheitszeiten im Englischen und Spanischen

Diese etwas abstrakt anmutende Charakterisierung des **Oppositions- und Wertbegriffs** bekommt einen konkreten Charakter und wird anschaulich gemacht in den Kapiteln dieses Buches zur Phonologie (s. Kap. 3) sowie zur lexikalischen Semantik (s. Kap. 7). Ein illustratives Beispiel soll aber schon an dieser Stelle gegeben werden: Nehmen wir z. B. die Vergangenheitstempora im Englischen und Spanischen. Das Englische verfügt, wie bekannt, u. a. über eine past- (*I went*) und eine perfect-Form (*I have gone*). Das Spanische besitzt ein Indefinido (*fui*), ein Pasado Compuesto (*he ido*) und ein Imperfecto (*iba*). Allein die unterschiedliche Anzahl der Vergangenheitsformen macht deutlich, dass der **Wert** (*valor*) der Tempusformen in jedem Sprachsystem unterschiedlich sein muss, weil die Formen jeweils verschiedene **Oppositionsbeziehungen** ausbilden: Im Spanischen existiert sowohl die Opposition zwischen dem Pasado Compuesto und dem Indefinido als auch zwischen dem Indefinido und dem Imperfecto. Das spanische Indefinido kann also nicht einfach mit dem englischen Past gleichgesetzt werden, sondern sein Wert ergibt sich aus dem Gesamtsystem der Vergangenheitstempora, und zwar in Abgrenzung zu den anderen Tempusformen. Es sind diese Oppositionsbeziehungen, die einzig und allein relevant sind für das Funktionieren des Tempussystems.

3. Das sprachliche Zeichen: *signifié* (*significado*) – *signifiant* (*significante*): Das sprachliche Zeichen ist eine psychische Einheit, die aus dem **Lautbild**, dem **psychischen Eindruck des Lauts** und dem **Vorstellungsbild** besteht. Die beiden Seiten des sprachlichen Zeichens sind wie die Seiten eines Blatts Papier untrennbar miteinander verbunden:

»Die Sprache ist ferner vergleichbar mit einem Blatt Papier; das Denken ist die Vorderseite und der Laut die Rückseite; man kann die Vorderseite nicht zerschneiden, ohne zugleich die Rückseite zu zerschneiden; ebenso könnte man in der Sprache weder den Laut von Gedanken noch den Gedanken vom Laut trennen.« (Saussure 2001: 134)

Das sprachliche Zeichen *coche* verbindet also die Vorstellung (das Konzept) von einem Auto, das die Sprecher haben, mit der Lautvorstellung von diesem Zeichen. Das sprachliche Zeichen charakterisiert Saussure als **arbiträr** (*arbitrario*), verstanden als ›unmotiviert‹ – d. h. es gibt keinen Grund dafür, dass in einer Sprache einem sprachlichen Inhalt ein bestimmter sprachlicher Ausdruck zugeordnet ist. Die Diskussion des arbiträren Charakters des Zeichens ist ein später Nachhall des *Kratylos*-Dialogs.

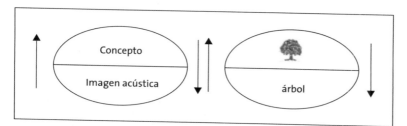

Abb. 1: Das sprachliche Zeichen nach Saussure (1955: 129)

4. **Syntagmatische – paradigmatische Ebene:** Saussure zeigt, dass Relationen zwischen sprachlichen Zeichen auf zwei Ebenen bestehen. Zum einen existieren Relationen zwischen aufeinanderfolgenden Zeichen. Diese Relationen *in praesentia* sind auf der horizontalen, d. h. **syntagmatischen** Ebene (*nivel sintagmático*), angesiedelt. Zum anderen stellen sich Beziehungen zwischen Zeichen ein, die innerhalb eines Paradigmas untereinander ausgetauscht werden können. Diese **paradigmatischen Beziehungen** (*relaciones paradigmáticas*) bestehen *in absentia*, d. h. sie sind assoziativer Natur und beruhen auf der Art und Weise, wie unser sprachliches Wissen organisiert ist. Diese beiden Relationen sind fundamental für die Beschreibung von Aspekten des sprachlichen Systems: Im Hinblick auf die syntagmatische Betrachtungsebene sind die **Kombinationsregeln** von sprachlichen Zeichen von Interesse, so bei der Bildung von größeren syntaktischen Einheiten (wie den Satzkonstituenten oder einem vollständigen Satz) oder auch bei Fragen der Kompatibilität und Kombinatorik von Wörtern, die miteinander auftreten (s. Kap. 7.6). Die paradigmatische Ebene spielt eine zentrale Rolle bei der **Organisation des Wortschatzes** (s. Kap. 7.4) oder auch bei der Beschreibung des Inventars **grammatischer Kategorien** (s. Kap. 5.3). Ein Beispiel:

Abb. 2: Syntagmatische und paradigmatische Beziehungen

(1)   Pedro come una manzana.

In **syntagmatischer Hinsicht** lassen sich verschiedene Beziehungen erkennen: Das Verb passt sich im Numerus an das Subjekt an, der Artikel im Numerus und Genus an das direkte Objekt, das Verb *comer* und *una manzana* passen bedeu-

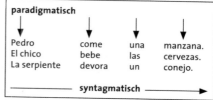

paradigmatisch

Pedro	come	una	manzana.
El chico	bebe	las	cervezas.
La serpiente	devora	un	conejo.

syntagmatisch →

tungsmäßig zusammen. **Paradigmatisch betrachtet**, könnte man statt *una manzana* auch ein anderes direktes Objekt wählen – andere essbare Dinge wie *una pera*, *un bocadillo*, *un chicle*. Man könnte aber auch *una manzana* durch *las manzanas* oder *la manzana* ersetzen. Auch das Verb *comer* ließe sich durch andere Konsumationsverben (wie *beber*, *tragar*) ersetzen.

2.4.2 | Die strukturalistischen Schulen

Die Saussure'schen Grundgedanken führten zu einer wahren Revolution in der Linguistik, die im 20. Jh. ihre theoretischen Grundlagen, ihre Methoden und ihre Forschungsfelder stark erweiterte und eine Vielzahl von spezialisierten Subdisziplinen ausbildete. Im Folgenden sollen die strukturalistischen Schulen nur kurz skizziert werden, ausführlicher werden sie in den einzelnen Kapiteln zu den Teildisziplinen behandelt.

Die Genfer Schule setzte mit ihren Vertretern Charles Bally, Albert Sechehaye und Henri Frei das Werk Saussures fort und steuerte neue Aspekte zu einer **Theorie der Modalität**, der **Aktualisierung** (etwa zur Frage: Wie werden die virtuellen Signifikate in der *parole* aktualisiert?) und zu Aspekten der **Semantik** (etwa der Polysemie) bei.

Die Prager Linguistenschule bildete sich gegen Ende der 1920er Jahre – zunächst als **Prager Linguistenkreis** (*Cercle Linguistique de Prague*) – und präsentierte erstmals ihre Vorstellungen thesenartig auf dem Slavistenkongress von 1928 in Den Haag. Die Mitglieder des Prager Kreises entpsychologisierten den Saussure'schen Ansatz, stellten hingegen **funktionelle Aspekte der Sprache**, also ihre Funktion als gesellschaftliches Kommunikationsmittel, in den Vordergrund. Vor allem aber wendeten sie den Systemgedanken konsequent bei der Beschreibung der einzelnen sprachlichen Ebenen an und entwickelten auf diese Weise die sprachwissenschaftlichen Teildisziplinen grundlegend weiter. Zu den Hauptvertretern gehörten Josef Vachek, Nikolaj Trubetzkoy, Villém Mathesius, Bohuslav Havránek, Bohumil Trnka und **Roman Jakobson**.

Die Mitglieder der Prager Linguistenschule und allen voran Roman Jakobson arbeiteten in den verschiedenen linguistischen Teilbereichen. Besondere Würdigung verdienen unter anderem ihr Beitrag zur **Entwicklung der modernen Phonologie** (Trubetzkoy, Jakobson) (s. Kap. 3), zur **Syntax** (Entwicklung einer Theorie der funktionalen Satzperspektive durch Mathesius und Firbas) (s. Kap. 6.6), zur **Kommunikationstheorie** (Jakobson) und zu Fragen der **Stilistik** (Firbas, Jakobson). – Als unabhängiger Vertreter des Funktionalismus, der aber den Gedanken der Prager Schule nahe stand, ist der französische Linguist **André Martinet** (*Éléments de linguistique générale*, 1960) zu nennen.

Die Kopenhagener Schule, die 1931 von Viggo Brøndal und Louis Hjelmslev begründet wurde, bezeichnete ihren Ansatz als **Glossematik**. Die Glossematik löste die Sprachbetrachtung völlig von sozialen und kommunikativen Aspekten und konzentrierte sich alleine auf die als autonom betrachtete **innere Struktur** der Sprache auf lexikalischer und grammatischer Ebene. Insbesondere Hjelmslev hat sich mit den Konzepten der Inhalts- und Ausdrucksform um eine rein systemimmanente Sprachbetrachtung bemüht.

Wichtigster spanischer Vertreter der strukturalistisch-funktionalistischen Sprachwissenschaft war der in Oviedo lehrende Philologe Emilio Alarcos Llorach (1922–1998), dessen *Fonología española* (1950) durch die phonologische Theorie der Prager Schule geprägt war, der sich aber in seiner *Gramática estructural* (1951) der Glossematik zuwandte. Spätere Werke, die *Estudios de gramática funcional del español* (1970) und die *Gramática de la lengua española* (1994), waren wiederum stark von den Vorstellungen André Martinets beeinflusst.

Der **amerikanische Strukturalismus** wurde vor allem von Leonard Bloomfield (1887–1949) vertreten, dessen bekanntestes Werk *Language* 1933 erschien. Bloomfield, der maßgeblich von der behavioristischen Psychologie beeinflusst war, vertrat eine **empiristisch-mechanistische Ausrichtung**, die die linguistische Untersuchung auf sinnlich wahrnehmbare Daten beschränken wollte und Bedeutungsphänomene als nicht der direkten Beobachtung zugängliche Aspekte aus der Sprachbetrachtung ausklammerte. Weitere Vertreter wie unter anderem Zellig Harris beschrieben sprachliche Elemente auf der Grundlage ihrer Verteilung (**Distributionalismus**) im Satz, wobei sie hierarchisch, von unten (der Ebene der kleinsten lautlichen Einheiten) nach oben (zur Wort-, dann Satzebene) vorgingen. Dieses rein formale Vorgehen eignete sich für die Dokumentation und linguistische Analyse von amerikanischen Indianersprachen, über deren spezifische Bedeutungsstrukturen die Forscher zunächst kaum Informationen besaßen (s. Kap. 6).

2.4.3 | Noam Chomsky – Generativismus

Universalgrammatik und Spracherwerb

Noam Chomsky (*1928), Schüler von Zellig S. Harris, wurde mit seiner **These von einer angeborenen Universalgrammatik** sowie einem **generativen Sprachverständnis** zum zentralen Referenzpunkt der zeitgenössischen Linguistik. In schroffer Abkehr vom behavioristischen Sprachverständnis Burrhus Frederic Skinners sowie des amerikanischen Strukturalismus vertritt Chomsky eine radikal mentalistische Sprachauffassung. Menschen verfügen über eine **angeborene Sprachfähigkeit**, die Teil ihrer biologischen Ausstattung ist. Diese Sprachfähigkeit versetzt jedes Kind in die Lage, in einer bestimmten ›kritischen Phase‹ (etwa vom 2.–6. Lebensjahr) die Grammatik seiner Muttersprache auf der Grundlage des sprachlichen Inputs seiner Umgebung vollständig zu erwerben. Die generative Sprachwissenschaft führt in diesem Zusammenhang eine Reihe von **Besonderheiten des menschlichen Spracherwerbs** als Beweis für die Richtigkeit ihrer These einer angeborenen Universalgrammatik an: So produzieren Kinder Äußerungen, die sie noch nie zuvor gehört haben und somit auch nicht über die Imitation sprachlicher Strukturen erworben haben können. Vor allem aber verfolgen sie bestimmte mögliche Hypothesen im Spracherwerb nicht, obwohl diese eigentlich aus dem sprachlichen Input ihrer Umgebung ableitbar wären. Und schließlich weist der Spracherwerb eine bestimmte **innere Ordnung** auf, d.h. bestimmte Strukturen können zeitlich nicht einfach vor anderen Strukturen erworben werden, sondern nur im Rahmen einer festen Reihenfolge. Aus diesen Beobachtungen ziehen die Anhänger der generativen Theorie den Schluss, dass grundlegende sprachliche Strukturprinzipien, mithin eine angeborene Kompetenz, vorliegen müssen, die von vornherein die Anzahl möglicher syntaktischer Strukturen und damit auch die möglichen ›Irrwege‹ beim Spracherwerb einschränken.

Interne und externe Sprache

Chomsky unterscheidet zwischen einer I-Sprache (**interne Sprache**, *internal language*) und einer E-Sprache (**externe Sprache**, *external language*). Die **I-Sprache** entspricht den im Kognitionssystem der Individuen verankerten Sprachstrukturen. Die **E-Sprache** hingegen umfasst Unterschiedliches und ist deshalb nach Auffassung der Generativisten auch kein kohärenter Bereich der wissenschaftlichen Betrachtung, nämlich: Zum einen die konkreten Daten der externen, direkt beobachtbaren Sprache, zum anderen aber auch die durch Normen und Konventionen determinierten Einzelsprachen und Dialekte (als »soziale Objekte«). Gegenstand der Sprachbetrachtung ist die I-Sprache, das mental verankerte Sprachwissen des einzelnen Sprechers. Diese I-Sprache kann im engeren Sinne als ein Dispositiv zur sprachlichen Strukturbildung, also ein **komputationelles Regelsystem** zur systematischen Kombination von Zeichensymbolen angesehen werden – Chomsky spricht von dem *internal computational system* oder auch dem *processing device*. Im weiteren Sinne verstanden, gehören zur I-Sprache auch das **senso-motorische** und das **konzeptuell-intentionale System** (Hauser/Chomsky/Fitch 2002: 1500 f.; s. Kap. 6.2).

Sprache und Grammatik

Jede Sprache ist ein **mental verankertes System von Regeln** (Regeln zur Erzeugung von sprachlicher Struktur), das die Sprecher in die Lage versetzt, auf der Grundlage des mentalen Lexikons eine unendliche Anzahl von Äußerungen zu produzieren. Da der Ansatz Chomskys das internalisierte Regelwissen der Sprecher beschreibt, das diese von ihrer Muttersprache besitzen müssen, um grammatisch korrekte Sätze in prinzipiell unbegrenztem Umfang zu erzeugen (›generieren‹), ist er von seinem Grundcharakter her **generativ**. Dementsprechend handelt es sich bei dem generativen Grammatikmodell, in dessen Mittelpunkt das Regelwissen des Sprechers steht, um eine **Theorie der Kompetenz**. Unter der **Performanz** versteht Chomsky im Gegensatz dazu die Anwendung dieser Sprachkompetenz des Sprechers in der konkreten Sprachäußerung. Die generative Theorie unterscheidet zwischen den allgemeinen Prinzipien, die universeller Natur sind und den sprachspezifischen Parametern, bei denen es sich um einzelsprachliche Ausprägungen bzw. Wertbelegungen dieser allgemeinen Prinzipien handelt.

Die für eine Sprache relevanten Parameter werden im Spracherwerbsprozess aufgrund des sprachlichen Inputs, dem das Kind ausgesetzt ist,
eingestellt (›instanziiert‹). Ein wichtiger Parameter ist etwa der sog. **pro-
drop-Parameter**. Dieser Parameter betrifft die Frage, ob das Subjekt in
einer Sprache immer lexikalisch realisiert werden – und sei es auch ›nur‹
durch ein Pronomen oder Füllwort (ein ›Expletivum‹) – oder nicht. Der
Sprecher, der das Spanische als Muttersprache lernt, kann aus den sprachlichen Daten, die er hört, ableiten, dass in seiner Sprache das Subjekt nicht
immer explizit realisiert werden muss (der pro-drop-Parameter ist positiv
aktiviert). Lernt ein Kind das Deutsche als Muttersprache, so wird es aus
den ihm zugänglichen Sprachdaten ableiten, dass hier der pro-drop-Parameter negativ eingestellt ist. Man vergleiche:

(2)   Es regnet. / Er singt.

(3)   Llueve. / Canta.

Methodik

Die generative Grammatik geht in ihrer Erforschung der Sprachkompetenz
deduktiv vor: Sie formuliert Hypothesen über das menschliche Sprachwissen. Den sprachlichen Daten kommt die Funktion zu, diese Hypothesen zu überprüfen (genauer: zu falsifizieren). Besonders relevant sind dabei Sprecherurteile: Da die Sprecher ein unbewusstes Sprachwissen von
ihrer Muttersprache besitzen, können sie intuitiv die Grammatikalität von
Sätzen oder morphologischen Strukturen beurteilen. Beispielsweise weiß
jeder deutsche Muttersprachler, dass der Satz *Susanne den Mann sieht
ungrammatisch ist.

Die generative Theorie hat seit ihrer ersten Fassung in Chomskys *Syntactic Structures* von 1957 eine Vielzahl von Reformulierungen und Neumo-
dellierungen erfahren, wobei jedoch die mentalistische Grundausrichtung
unverändert geblieben ist. Wichtige Meilensteile der Theorieentwicklung
waren nach den *Syntactic structures*: die sog. **Standardtheorie** (*Aspects of
the Theory of Syntax*, 1965), die **Prinzipien-und-Parameter-Theorie** (*Lec-
tures on Government and Binding*, 1981) und das **minimalistische Programm** (*The Minimalist Program*, 1995; s. Kap. 6.5).

2.4.4 | Kognitionslinguistik/kognitive Linguistik

Die Kognitionslinguistik entstand als **Gegenbewegung zum Behaviorismus** und dessen zentraler Vorstellung, dass sich über die Arbeitsweise
des ›menschlichen Geistes‹ keine Aussagen machen lassen, der ›menschliche Geist‹ mithin eine **black box** sei. Chomskys eigene Sprachauffassung
sowie sein Forschungsprogramm, das darin besteht, die Prinzipien und
Regeln der Universalgrammatik aufzudecken, machen die generative Linguistik seit den 1950er Jahren zur Kognitionslinguistik par excellence. Allerdings vertreten Chomsky und die Vertreter der generativen Grammatik
einen radikal modularistischen Ansatz.

Modularismus
vs. Holismus

Der **Modularismus** (mit Jerry Alan Fodor als seinem theoretischen Hauptvertreter) geht davon aus, dass die Sprache ein **autonomes Subsystem** (Modul) der Kognition ist, das nach eigenen Prinzipien und Gesetzmäßigkeiten funktioniert. Das schließt allerdings nicht aus, dass das sprachliche Modul mit anderen Modulen der Kognition interagiert, etwa dem konzeptuellen sowie dem perzeptuellen System. Das sprachliche Subsystem ist seinerseits in weitere Subsysteme untergliedert, und zwar die **Grammatik**, die **Phonologie** und die **semantische Ebene**. Jedes dieser Subsysteme oder Komponenten besitzt Eigenschaften, die modulspezifisch sind und sich nicht durch allgemeine kognitive Prinzipien erklären lassen.

Gegen diese modularistische Sprachauffassung wendet sich die kognitive Linguistik im engeren Sinne (die häufig auch als *Cognitive Grammar* bezeichnet wird) und vertritt eine prononciert holistische Grundposition im Hinblick auf die menschliche Kognition im Allgemeinen und die Sprache im Besonderen: Der **Holismus** begreift den menschlichen Geist als ein unteilbares Ganzes, das von einer Reihe grundlegender Kognitionsprinzipien – insbesondere von den Wahrnehmungsprinzipien, wie sie von den Gestaltgesetzen beschrieben werden, zudem von **Prinzipien der Konzeptbildung** (Konzeptualisierung und Kategorisierung) – determiniert wird. Die menschliche Sprache ist also untrennbar mit den kognitiven Fähigkeiten des Menschen verbunden. Die natürlichen Sprachen werden als **offene Systeme** begriffen, die den Einflüssen des kognitiven Verarbeitungssystems sowie kulturellen Faktoren unterworfen sind (Schwarz-Friesel 2008).

Grundauffassungen der kognitiven Linguistik: Linguistische Phänomene werden mithilfe psychologischer Prinzipien erklärt und die Bedeutung angeborener Aspekte der menschlichen Sprache deutlich relativiert. Im Einzelnen lassen sich die folgenden grundlegenden Vorstellungen erkennen:

- Ablehnung einer rein formalen Analyse von Sprache und Betonung ihrer Funktion, d. h. ihrer **kognitiven Zweckgebundenheit**.
- Betonung des **symbolischen Charakters der Sprache:** Alle sprachlichen Einheiten werden als Form-Bedeutungs-Paare angesehen, d. h. die grammatischen Strukturen einer Sprache können nicht autonom betrachtet werden, weil sie von ihrer Bedeutung bzw. Funktion nicht zu trennen sind. Mehr noch: Syntaktische Phänomene werden grundlegend von semantisch-konzeptuellen und funktionalen Prinzipien bestimmt.
- **Sprechen und Denken ist körpergebunden** (*embodiment*), d. h. unsere kognitiven Fähigkeiten sind in motorischer und perzeptueller Erfahrung verankert.
- Grammatik und Lexikon werden als das Resultat komplexer Konzeptualisierungsprozesse betrachtet; sie erfüllen **repräsentationale Funktionen**, d. h. sie verweisen auf Gegenstände, Relationen und Sachverhalte in der außersprachlichen Wirklichkeit.
- Grammatik und Lexikon sind nicht als Antipoden zu verstehen, sondern es existiert ein Kontinuum zwischen grammatischen Konstruktionen (mit abstrakterer Bedeutung) und lexikalischen Elementen.

- Eine strikte Trennung von Semantik und Pragmatik ist ebenso wenig möglich, wie eine Trennung von sprachlicher Bedeutung und unserem Weltwissen.

Zur Vertiefung

Aspekte der Kognitionslinguistik

Auf der Grundlage dieser Vorstellungen haben die Vertreter der kognitiven Linguistik, von denen vor allem Charles Fillmore, George Lakoff, Mark Johnson, Ronald Langacker, Leonard Talmy und William Croft besonders hervorgetreten sind, unterschiedliche kognitionslinguistische Aspekte behandelt. Zur kognitiven Linguistik gehören:

Die kognitive Semantik

- **Prototypen**- (Rosch, Berlin/Kay, Lakoff, Geeraerts), **Frame**- (Fillmore) und **konzeptuelle Semantik** (Jackendoff) (s. Kap. 7.3.3).
- Die **Theorie der Metapher** (Lakoff/Johnson): Die Metapher wird hierbei als grundlegendes Verfahren der menschlichen Kognition verstanden, vor allem im Rahmen der Konzeptualisierung; in diesem Zusammenhang werden auch die konzeptuelle Metonymie sowie das Phänomen des *blending* (als der Verschmelzung von Konzeptualisierungen) behandelt (s. Kap. 7.4.5).
- **Bildschemata und mentale Modelle** (Gilles Fauconnier) als Verfahren der elementaren, wahrnehmungsbezogenen sowie der komplexen und abstrakten Konzeptualisierung.

Grammatiktheorien:

- **Kognitive Grammatik:** Langacker: *Foundations of Cognitive Grammar* (1987, 1991)
- **Konstruktionsgrammatik** nach Lakoff und Goldberg (Goldberg: *Constructions: A Construction Grammar Approach to Argument Structure*, 1995)
- **Radikale Konstruktionsgrammatik:** Croft: *Radical construction grammar. Syntactic theory in Typological Perspective* (2001)

Die kognitive Linguistik (im umfassenden Sinne) stellt sich als eine dynamische und auch in Zukunft vielversprechende Forschungsrichtung dar, die – je nach Ausrichtung ihrer Schulen – im stetigen Dialog mit anderen Disziplinen der Kognitionswissenschaften steht, so der Psycholinguistik, der Künstlichen Intelligenz, der evolutionären Anthropologie und der Neurobiologie.

Albrecht, Jörn (2000): *Europäischer Strukturalismus: ein forschungsgeschichtlicher Überblick*. 2. Aufl. Tübingen/Basel: Francke.

Auroux, Sylvain et al. (Hg.) (2001): *History of the Language Sciences: an International Handbook on the Evolution of the Study of Language from the Beginnings to the Present / Geschichte der Sprachwissenschaften: ein internationales Handbuch zur Entwicklung der Sprachforschung von den Anfängen bis zur Gegenwart*. Berlin/New York: de Gruyter.

Ax, Wolfram (1992): Aristoteles. In: Dascal, Marcelo et al. (Hg.): *Sprachphilosophie: ein internationales Handbuch zeitgenössischer Forschung*. Halbband 1. Berlin/New York: de Gruyter, S. 244–259.

Literatur

Literatur

Borsche, Tilman (1996): *Klassiker der Sprachphilosophie: von Platon bis Noam Chomsky.* München: Beck.

Bossong, Georg (1990): *Sprachwissenschaft und Sprachphilosophie in der Romania: von den Anfängen bis August Wilhelm Schlegel.* Tübingen: Narr.

Chomsky, Noam (1957): *Syntactic Structures.* S'-Gravenhage: Mouton.

– (1966): *Cartesian Linguistics: A Chapter in the History of Rationalist Thought.* New York: Harper & Row.

Coseriu, Eugenio (2003): *Geschichte der Sprachphilosophie: von den Anfängen bis Rousseau,* neu bearbeitet und erweitert von Jörn Albrecht. Tübingen/Basel: Francke.

Croft, William (2001): *Radical Construction Grammar: Syntactic Theory in Typological Perspective.* Oxford: Oxford University Press.

–/**Cruse, David Alan** (2004): *Cognitive Linguistics.* Cambridge: Cambridge University Press.

Fillmore, Charles (1977): Scenes-and-frames semantics. In: Zampolli, Antonio (Hg.): *Linguistic Structures Processing, proceedings of the third international summer school on computational and mathematical linguistics, Pisa, August-September 1974.* Amsterdam: North-Holland Publishing, S. 55–81.

Gauger, Hans-Martin/Oesterreicher, Wulf/Windisch, Rudolf (1981): *Einführung in die romanische Sprachwissenschaft.* Darmstadt: Wissenschaftliche Buchgesellschaft.

Geeraerts, Dirk (2010): *The Oxford Handbook of Cognitive Linguistics.* Oxford: Oxford University Press.

Goldberg, Adele E. (1995): *Constructions: A Construction Grammar Approach to Argument Structure.* Chicago/London: University of Chicago Press.

Hauser, Marc D./Chomsky, Noam/Fitch, W. Tecumseh (2002): The faculty of language: What is it, who has it, and how did it evolve? In: *Science* 298, S. 1569–1579.

Jungen, Oliver/Lohnstein, Horst (2007): *Geschichte der Grammatiktheorie: von Dionysios Thrax bis Noam Chomsky.* München: Fink.

Langacker, Ronald W. (1987/1991): *Foundations of Cognitive Grammar.* 2 Bände: Band 1: *Theoretical Prerequisites;* Band 2: *Descriptive Application.* Stanford: Stanford University Press.

– (1991): *Concept, Image, and Symbol: the Cognitive Basis of Grammar.* Berlin: Mouton de Gruyter.

– (2000): *Grammar and Conceptualization.* Berlin/New York: Mouton de Gruyter.

– (2008): *Cognitive Grammar: a Basic Introduction.* Oxford: Oxford University Press.

Law, Vivien Ann (2003): *The History of Linguistics in Europe: from Plato to 1600.* Cambridge: Cambridge University Press.

Leiss, Elisabeth (2009): *Sprachphilosophie.* Berlin: de Gruyter.

Ogden, Charles/Richards, Ivor (1923): *The Meaning of Meaning: A Study of the Influence of Language upon Thought and of the Science of Symbolism.* New York: Harcourt, Brace & World.

Rickheit, Gert/Weiss, Sabine/Eikmeyer, Hans-Jürgen (2010): *Kognitive Linguistik: Theorien, Modelle, Methoden.* Tübingen/Basel: Francke.

Saussure, Ferdinand de (1955): *Curso de lingüística general.* Publicado por Charles Bally y Albert Sechehaye con la colaboración de Albert Riedlinger; traducción, prólogo y notas de Amado Alonso. 2. Aufl. Buenos Aires: Editorial Losada (franz. 1916).

– (2001): *Grundfragen der allgemeinen Sprachwissenschaft.* Hg. von Charles Bally und Albert Sechehaye unter Mitwirkung von Albert Riedlinger. Übers. von Hermann Lommel, mit einem Nachwort von Peter Ernst. 3. Aufl. Berlin/New York: de Gruyter.

Schwarz-Friesel, Monika (2008): *Einführung in die kognitive Linguistik.* 3. Aufl. Tübingen: Francke.

Seuren, Peter A.M. (1998): *Western Linguistics: An Historical Introduction.* Oxford: Blackwell.

Taylor, John R. (2002): *Cognitive Grammar.* Oxford: Oxford University Press.

3 Phonetik

3.1   Artikulatorische Phonetik
3.2   Konsonanten
3.3   Vokale
3.4   Graphie und Orthographie
3.5   Akustische Phonetik

3.1 | Artikulatorische Phonetik

Die artikulatorische Phonetik beschreibt die Erzeugung der verschiedenen Sprachlaute im **Vokaltrakt** (*tracto vocal*), der auch als **Ansatzrohr** bezeichnet wird. Das Ansatzrohr reicht von der Stimmritze (der Glottis), die von den im Kehlkopf sitzenden Stimmbändern (auch: Stimmlippen) ausgebildet wird, bis zur Mundöffnung. Mit den oberen Larynxräumen, der Rachen-, Nasen- und Mundhöhle schließt der Vokaltrakt vier Resonanzräume ein, in denen die bei der Lautbildung erzeugten Schallwellen verstärkt werden.

Die Atmung dient primär der Sauerstoffversorgung des Organismus, sekundär ermöglicht sie uns das Sprechen. Beim Einatmen (Inspiration) senkt sich das Zwerchfell und die Zwischenrippenmuskulatur zieht sich zusammen. Dadurch erweitert sich der Brustkorb und in den beiden Lungenflügeln kommt es zu einem Unterdruck, mit der Folge, dass Luft durch die Luftröhre (Trachea) in die Lungen einströmt. Beim Ausatmen (Exspiration) hebt sich das Zwerchfell, und der Brustkorb senkt sich. Dadurch verengt sich der Brustraum, und die Luft wird aus den Lungen gepresst. Der Luftstrom gelangt durch den Kehlkopf (Larynx) in den Rachen- und Mundraum, wo er dann durch den Mund und/oder die Nase entweicht. Bei der sog. **Ruheatmung** beträgt das zeitliche Verhältnis zwischen dem Ein- und dem Ausatmen ca. 40% : 60%. Bei der **Sprechatmung** jedoch kann der Anteil des Ausatmens bis zu 90% des Atemzyklus ausmachen. Die Artikulation von Sprechlauten macht einen gleichbleibenden subglottalen Luftdruck erforderlich. Auch muss die Ausatmung für die Bildung von längeren Lautketten bzw. Äußerungen verlangsamt werden. Hierfür ist ein kontrolliertes und äußerst komplexes Zusammenspiel der Atmungsmuskulatur erforderlich.

Die Stimmbildung/Stimmtonerzeugung (Phonation) findet im **Kehlkopf** (*laringe*) statt. Hier sitzen die **Stimmlippen** (*cuerdas vocales*), die einen Spalt, die **Stimmritze** oder **Glottis**, ausbilden. Die Stimmlippen sind hinten an Stellknorpeln befestigt, welche die Spannung der Stimmlippen sowie die Öffnung der Stimmritze verändern können. Bei der Atmung wird die Glottis ganz geöffnet und die Luft strömt durch die Stimmbänder. Beim Flüstern sind die Stimmbänder nur am hinteren Ende zwischen den Stellknorpeln geöffnet, wo ein sog. Flüsterdreieck entsteht, durch das die

Luft entweichen kann. Bei der Produktion stimmloser Laute ist die Glottis geöffnet, und die Luft streicht ungehindert vorbei. Bei den **stimmhaften Lauten – den Vokalen** (*vocales*) und den **stimmhaften Konsonanten** (*consonantes sonoras*) – vibrieren die Stimmlippen, d.h. die gespannten Stimmlippen werden bei verengter Stimmritze durch die ausströmende Atemluft in **periodische Schwingungen** versetzt. Der sog. **Knacklaut** (Glottisverschlusslaut oder **glottal stop**) wird dadurch gebildet, dass die zunächst fest verschlossene Stimmritze plötzlich geöffnet wird. Im supraglottalen Bereich eröffnen die schon genannten Resonanzräume sowie unterschiedliche Hindernisse eine große Variation an Artikulationsmöglichkeiten (zu den Artikulationsorten s. Kap. 3.2.1).

3.2 | Konsonanten

Konsonanten (*las consonantes*) entstehen, wenn der aus dem Kehlkopf kommende Luftstrom in den Resonanzräumen – der Rachen-, Mund- oder Nasenhöhle – behindert wird. Die Artikulationsorgane (**aktive Artikulatoren**) modifizieren die Resonanzräume so, dass die verschiedenen Konsonanten entstehen. Je nachdem, ob die Stimmbänder in periodische Schwingungen versetzt worden sind oder nicht, sind Konsonanten entweder **stimmhaft** oder **stimmlos**.

Im Folgenden soll nun die Erzeugung der verschiedenen, für das Spanische relevanten Konsonanten anhand von Artikulationsmerkmalen beschrieben werden. Diese Artikulationsmerkmale werden auch später, bei der phonologischen Analyse der einzelnen Laute eine wichtige Rolle spielen. Die deskriptive Arbeit der artikulatorischen Phonetik ist die Voraussetzung für die phonologische Analyse bzw. Klassifikation der Laute.

Die verschiedenen Konsonanten lassen sich anhand von **drei Kriterien** artikulatorisch bestimmen:

- danach, ob sie **stimmhaft** oder **stimmlos** sind, also unter Mitwirkung der Stimmlippen gebildet werden oder nicht;
- nach ihrem **Artikulationsort** und
- nach ihrer **Artikulationsart**.

Artikulationsort

Der Artikulationsort (*punto de articulación*) ergibt sich aus dem Zusammenspiel der Artikulationsorgane, den beweglichen Teilen (*articuladores activos*) des Ansatzrohres, und den unbeweglichen Artikulationsstellen. **Artikulationsorgane** (auch *aktive Artikulatoren* genannt) sind das **Zäpfchen** (*úvula*), die **Zunge** mit ihren drei Teilzonen – der Zungenspitze (*ápice de la lengua*), dem Zungenrücken (*dorso*) und der Zungenwurzel (*raíz*) – sowie die **Unterlippe**. Die **unbeweglichen Artikulationsstellen** (*passive Artikulatoren/articuladores pasivos*) sind die **Zähne** (*dientes*), die **Alveolen** (*alvéolos*), der **harte Gaumen** (*paladar*), der **weiche Gaumen** (*velo*) sowie die **Oberlippe**.

Die einzelnen Laute lassen sich nun danach klassifizieren, wie die Artikulationsorgane mit den Artikulationsstellen zusammenwirken. Wird z.B. ein Laut dadurch gebildet, dass Unterlippe und Oberlippe zusammenwirken (wie bei den Lauten [p]: *puedo*, [b]: *bueno* und [m]: *mesa*), so spricht man von einem **bilabialen Laut**. Es lassen sich neben den bilabialen **labiodentale** (Unterlippe an die oberen Schneidezähne, *labiodental*) wie [f] (*fase*), **interdentale** (Zungenspitze zwischen den Zähnen wie der [θ]-Laut in *cero*) und **apiko-dentale** (Zungenspitze an den Alveolen, *ápicodental*) – [d] und [t] – Laute unterscheiden. Das Spanische kennt unterschiedliche, regional verteilte **s-Laute**, die sich hinsichtlich ihrer Artikulationsorte unterscheiden: Im Norden Spaniens wird der s-Laut **apiko-alveolar** (also mit der Zungenspitze), im Süden und in weiten Teilen Lateinamerikas wird er **prädorsal** (am vorderen Zungenrücken) realisiert. Weitere apikoalveolare (*ápico-alveolar*) Laute sind [n], [l] und [r] (wie in *nuevo, Luis, rico*). Bei dem spanischen [ɲ]-Laut wie in *España* handelt es sich um einen **palatalen**, [k] (*casa*), [g] (*grande*) und [χ] (*jungla*) sind **velare** Laute. Abbildung 1 illustriert die verschiedenen Artikulationsorgane sowie die Artikulationsstellen.

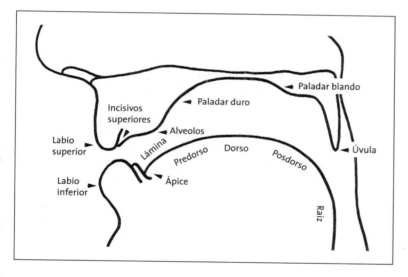

Abb. 1: *Órganos articulatorios* (aus Martín Vide/ Argente Giralt 1996: 81

Artikulationsart

Das dritte Differenzierungskriterium, die Artikulationsart (*modo de articulación*), bestimmt die Laute nach der Art und Weise, wie sie realisiert werden. Im Einzelnen werden die folgenden Unterscheidungen gemacht:

- **Verschlusslaute** (**Okklusive**, *oclusivas* oder auch **Plosiva**, *plosivas*): Bei diesem Lauttyp wird in einer ersten Phase ein Verschluss (*oclusión/cerrazón*) zwischen Artikulationsorgan (der Zunge oder den Lippen) und

Artikulationsstelle geschaffen (**Implosionsphase**), der im Anschluss rasch ›gesprengt‹ wird (zweite Phase: **Explosionsphase** (*explosión*), deshalb die Bezeichnung Plosive); Okklusivlaute sind [b] (*bueno*), [p] (*Pedro*), [d] (*diente*), [t] (*tesoro*), [g] (*gris*) und [k] (*costa*).

- **Approximanten:** In der spanischen Phonetik werden die bilabialen Laute [β],[ð],[γ], die im Spanischen z. B. zwischen Vokalen auftreten, etwa in *saber*, *nadar* und *regar*, als Approximanten charakterisiert, weil sich jeweils der Artikulator der Artikulationsstelle nur annähert, aber keinen richtigen Verschluss bildet, so dass der Luftstrom nicht unterbrochen wird.
- **Reibelaute** (**Frikative**, *fricativas*): Der Artikulator nähert sich der jeweiligen Artikulationsstelle an und verengt dabei den entweichenden Luftstrom, der an der Artikulationsstelle ›entlang reibt‹; z. B. [θ] (*césped*), [s] (*casa*), [f] (*fuera*) und [χ] (*gente*).
- **Affrikata** (*africadas*) stellen eine Kombination aus einem Verschlusslaut und einem Reibelaut dar; im heutigen europäischen Spanisch existiert nur der Affrikat [tʃ] (*mucho*).
- **Nasal:** Bei den Nasalen wird der gebildete Verschlusslaut in Implosivstellung angehalten, gleichzeitig wird der Nasenraum (Nasenhöhle, *cavidad nasal*) durch Senkung des Gaumensegels (*velum*) freigegeben, so dass der Luftstrom durch diesen entweicht; z. B. [m] (*mesa*), [n] (*nuera*), [ɲ] (*reñir*), [ŋ] (*tengo*).
- **Laterale:** Die Luft entweicht bei den Lateralen zu beiden Seiten der die Alveolen berührenden Zungenspitze: [l] (*Luis*), [ʎ] (*calle*).
- **Vibranten:** Der Artikulator – die Zunge oder das Zäpfchen – wird in Schwingungen versetzt; bei der multiplen Variante [r] (*perro*) vibriert die Zunge gegen die Alveolen; das Spanische kennt neben dem mehrfach gerollten Zungenspitzen-r (**Trill**) auch einen einfachen Vibranten, bei dem die Zungenbewegung nur einmal erfolgt (*caro*); da es sich dabei nicht wirklich um einen Vibranten handelt, charakterisiert man den Laut auch als geschlagenen Laut (**Tap/Flap**) (span. *aleteo*).

Laterale und Vibranten werden als **Liquide** (*líquidas*) zusammengefasst. Die Okklusiva, Frikativa und Affrikata bilden zusammen die **Obstruenten** (*obstruyentes*). Alle übrigen Laute, bei denen keine durchgehende Verengung im Ansatzrohr auftritt, werden als **Sonoranten** (*sonorantes*) bezeichnet.

3.3 | Vokale

Bei den Vokalen (*las vocales*) passiert der Luftstrom das Ansatzrohr ohne Hindernisse. Die Stimmbänder öffnen und schließen sich periodisch, und ihre Vibration wird in den **Resonatoren**, den Resonanzräumen wie dem Rachen-, Mund- und gegebenenfalls auch dem Nasenraum, durch Eigenschwingung verstärkt. Die spezifische Klangfärbung eines jeden Vokals entsteht dadurch, dass die relevanten Artikulatoren den Resonanzraum jeweils so formen, dass bestimmte Frequenzbereiche im Verhältnis zu anderen deutlich verstärkt werden. Die Bereiche verstärkter Resonanzfrequenzen heißen **Formanten**. Bei den Vokalen können vier bis fünf Formanten (*formantes vocálicos*) nachgewiesen werden, wobei die ersten beiden Formanten F1 und F2 für die Wahrnehmung der einzelnen Vokale von entscheidender Bedeutung sind. Dabei korreliert **F1** mit dem **Öffnungsgrad des Mundes** und F2 mit der **Zungenstellung** (vordere vs. hintere Position). Für die Formung des Ansatzrohrs und – damit verbunden – die Charakterisierung der Vokale sind die folgenden Parameter relevant:

- **Hebung der Zunge bzw. Grad der Kieferöffnung** (*grado de abertura*): Unterscheidung des Öffnungsgrades von Vokalen, von **offenen** bzw. **tiefen** (*vocales abiertas/bajas*) bis zu **geschlossenen** bzw. **hohen Vokalen** (*vocales cerradas/altas*); [a] ist ein tiefer Vokal, [e] und [o] sind mittlere Vokale und [i] und [u] sind hohe Vokale.
- **Lage der Zunge: vordere** oder **hintere Vokale**; die Vokale [e] und [i] sind vordere (oder auch **palatale**) Vokale, die Vokale [o] und [u] hintere bzw. **velare** Vokale.
- **Stellung der Lippen:** Die Lippen können **gerundet** (*vocal redondeada*) bzw. **gespreizt** (*vocal no redondeada*) sein; dieses Merkmal ist im Spanischen redundant (/i/, /e/ und /a/ sind gespreizt, /o/ und /u/ sind gerundet), spielt aber für das französische Vokalsystem eine zentrale Rolle, da es in dieser Sprache Vokale gibt, die sich nur in eben diesem Merkmal unterscheiden, vgl. etwa die Opposition zwischen [i] (*riz*: Reis) und [y] (*rue*: Straße).
- **Stellung des Velums:** Bei den Nasalvokalen ist das Velum gesenkt, wodurch der Resonanzraum durch die Nasenhöhle erweitert wird, ansonsten ist es gehoben. Dieses Merkmal ist im Spanischen, anders als im Französischen, nicht distinktiv.
- **Grad der Muskelspannung:** Der Vollständigkeit halber genannt werden soll das für die spanische Sprache ebenfalls nicht relevante Beschreibungskriterium der Muskelspannung (mit dem Gegensatz **gespannt** vs. **ungespannt**). Er spielt im Deutschen bei der Unterscheidung von langen und kurzen Vokalen eine wichtige Rolle (z. B. *bitten* vs. *bieten*, *Ofen* vs. *offen*)

Vokale können je nach Komplexitätsgrad des Vokalsystems in Form eines Dreiecks oder Trapez dargestellt werden, in dem die einzelnen Artikulationsorte in horizontaler und vertikaler Richtung nach der Zungenposition geordnet sind. Abbildung 2 stellt das spanische Vokalsystem dar.

Halbvokale bzw. Halbkonsonanten: Eine Zwischenstellung zwischen Vokalen und frikativen Konsonanten nehmen die **Halbvokale** (*semivocales*) [i̯] und [u̯] bzw. die **Halbkonsonanten** (*semiconsonantes*) [j] und [w] ein. Bei ihrer Artikulation nähert sich die Zunge, genauer der Zungenrücken, der entsprechenden Artikulationsstelle (dem Palatum bzw. dem Velum) an, ohne dass aber die Engebildung zu einem typisch frikativen Geräusch

	anterior	central	posterior
alta	e		u
media	i		o
baja		a	
	no redondeado		redondeado

führt. Die Halbkonsonanten bzw. Halbvokale werden aus diesem Grund ebenfalls als **Approximanten** bezeichnet.

Diphthonge: Die Halbvokale bzw. Halbkonsonanten treten üblicherweise in den Diphthongen (*diptongos*) auf. Diphthonge sind Verbindungen von zwei vokalischen Elementen, einem Vokal und einem Halbvokal bzw. Halbkonsonant, innerhalb einer Silbe. Man unterscheidet **fallende** (*diptongo decreciente*) von **steigenden Diphthongen** (*diptongo creciente*). Bei letzteren steigt die Verbindung zum vokalischen Kern hin auf (z.B. *viene* [je], *hueso* [we]), bei ersteren fällt sie zum Halbkonsonant ab wie in *hay* [aj] oder *deuda* [ew]. Möglich ist auch die Aufeinanderfolge von drei vokalischen Elementen, die dann einen **Triphthong** (*triptongo*) bilden, bei dem der vokalische Silbengipfel von einem vorangehenden Halbvokal und einem nachfolgenden Halbkonsonant umrahmt wird (z.B. *aliviáis*).

Hiat: Von einem Hiat sprechen wir, wenn zwei Vokale, die unterschiedlichen Silben angehören, aufeinandertreffen. Dies ist der Fall bei Wörtern wie *feo*, *leer*, *maestro*. In diesem Zusammenhang ist auf eine wichtige orthographische Regel des Spanischen hinzuweisen. Der hohe Vokal i muss mit einem Akzent versehen werden, sofern er den Wortakzent trägt, z.B. *río*. Kein Akzent wird allerdings gesetzt, wenn er mit dem ebenfalls hohen Vokal u zusammentrifft wie in *huida* oder *construir*. – In der spanischen Lyrik werden Hiate bisweilen aus metrischen Gründen zu einer einzigen Silbe zusammengefasst. Dieses Phänomen wird als ***contracción silábica*** bezeichnet.

Bei der **Sinaloephe** (*sinalefa*) werden die Vokale aufeinandertreffender Wörter verschliffen. Dabei wird einer der beiden Vokale, in der Regel der höhere, in einen Halbvokal verwandelt. Bei identischen Vokalen wird die Realisierungsdauer auf die eines einzigen Vokals reduziert, z.B. *mi amigo, te acomoda, lo aguardaba*.

Consonants (Pulmonic)	The International Phonetic Alphabet (revised to 2005)										
	Bilabial	Labio-dental	Dental	Alveolar	Post-alveolar	Retro-flex	Palatal	Velar	Uvular	Pharyn-geal	Glottal
Plosive	p b			t d		ʈ ɖ	c ɟ	k g	q ɢ		ʔ
Nasal	m	ɱ		n		ɳ	ɲ	ŋ	ɴ		
Trill	ʙ			r					ʀ		
Tap or Flap		ⱱ		ɾ		ɽ					
Fricative	ɸ β	f v	θ ð	s z	ʃ ʒ	ʂ ʐ	ç j	x ɣ	χ ʁ	ħ ʕ	h ɦ
Lateral fricative				ɬ ɮ							
Approximant		ʋ		ɹ		ɻ	j	ɰ			
Lateral approximant				l		ɭ	ʎ	ʟ			

Abb. 3: Transkription der Laute nach der Lautschrift der IPA (http://www.langsci.ucl.ac.uk/ipa/pulmonic.html)

Bei der Synärese (*sinéresis*) wird ein Hiat im Wortinneren aufgelöst, indem die beiden jeweils silbenbildenden Vokale zusammengezogen werden (*contracción silábica*), z. B. *em.pe.o.ra.ba, to.a.lla, le.e.re.mos, pe.le.ar* werden zu *em.peo.ra.ba, toa.lla, lee.re.mos, pe.lear*.

Transkription: Lautsprachliche Äußerungen können durch eine phonetische Transkription wiedergegeben werden. Dazu hat die *International Phonetic Association* (bzw. *Association Phonétique Internationale*) ein internationales Transkriptionssystem entwickelt, das **IPA-System** (*International Phonetic Alphabet*), das jeden Laut berücksichtigt, der in irgendeiner Sprache dieser Welt distinktive Funktion besitzt. Die Übersicht auf S. 46 fasst das Inventar der Konsonanten in der Transkription des IPA-Systems (span. *API: Alfabeto Fonético Internacional*) zusammen.

3.4 | Graphie und Orthographie

Von Graphie spricht man ganz allgemein, wenn es um die schriftliche Realisierung von Wörtern geht. Dieser Realisierungsmodus im Medium der Schrift ist gegenüber der lautlichen Realisierung, **der Phonie**, sekundär. Die Herausbildung von Schriftsystemen in der Geschichte der Menschheit stellt eine gewaltige kulturelle Errungenschaft dar, die die Fixierung und Tradierung sprachlicher Äußerungen möglich gemacht hat (vgl. Fuhrhop/ Peters 2013).

Die Orthographie befasst sich mit den **normativen Regeln zur Verschriftung von Sprache** und setzt eine entsprechende normgebende Instanz voraus, die diese Regeln zur Vereinheitlichung der Verschriftungspraxis formuliert und gegebenenfalls auch durchsetzt (im Bereich des Bildungssystems). In linguistischer Hinsicht ist vor allem das Verhältnis zwischen den distinktiven lautlichen Einheiten, den **Phonemen**, und den sie repräsentierenden **Graphemen**, die als distinktive Einheiten eines ***Grapheme*** Schriftsystems definiert werden können, von Bedeutung. Die Grapheme, die abstrakten Einheiten des Schriftsystems, werden als Buchstaben oder Kombinationen von Buchstaben, welche auch **Graphe** genannt werden, realisiert.

In einem idealen orthographischen System entspricht jeweils ein Graphem einem Phonem und umgekehrt. Allerdings wird gegen das **Prinzip der Eineindeutigkeit** in vielen Bereichen des orthographischen Systems verstoßen. So wird der spanische Velarkonsonant /χ/ z. B., je nach Kontext, durch die Graphien ⟨j⟩ (*jesuita*), ⟨g⟩ (*general*) und ⟨x⟩ (*México*) verschriftet. Ein weiteres Prinzip der Gestaltung orthographischer Systeme ist das **phonographische Prinzip**, das eine möglichst systematische Korrespondenz von Phonem und Graphem anstrebt. Wörter werden also, einfach gesagt, so geschrieben, wie sie gesprochen werden. Dies ist etwa der Fall bei einem Wort wie *rosa*, bei dem jedes Phonem mit einem lateinischen Buchstaben wiedergegebenen wird. Aber vielfach weist die Orthographie **etymologische Züge** auf, d. h. sie bewahrt Buchstaben, die auf die Herkunft verweisen bzw. einen älteren Sprachzustand graphisch kon-

servieren. Zum Beispiel repräsentiert der Buchstabe h in *hablar* keinen
Laut mehr. Er weist aber darauf hin, dass ursprünglich am Wortanfang
ein aspirierter Laut realisiert wurde. Auch die Buchstabenverbindungen
-*nv*- und -*mb*- in den beiden Wörter *conversar* und *combatir* besitzen heute
die gleiche Aussprache [-mb-], verweisen aber auf die jeweilige Herkunft
des Wortes (*conversar* > lat. *conversari*). Die spanische Orthographie folgt
überwiegend dem phonographischen Prinzip.

3.5 | Akustische Phonetik

Die akustische Phonetik gehört zur Disziplin der Akustik, der **Lehre vom
Schall**. Ihre Aufgabe ist es, Sprachlaute physikalisch zu beschreiben. Der
Schall besteht aus Schallwellen, die sich in einem Medium (z. B. Luft oder
Wasser) fortpflanzen. Schallwellen entstehen durch schwingende Körper,
z. B. eine Gitarrenseite oder eine Stimmgabel.

Die Schallwellen lautsprachlicher Äußerungen, also der Sprachschall, entstehen durch den Prozess der Phonation. Bei der **Phonation,
der Stimmbildung** bzw. **Stimmtonerzeugung**, werden die Stimmlippen in periodische Schwingungen versetzt. Das akustische Resultat der
Stimmlippenschwingungen bezeichnet man als **Anregungssignal**. Der
Vokaltrakt (das Ansatzrohr), den wir schon als Resonanzraum, der von
der Glottis bis zu den Lippen reicht, beschrieben haben, verstärkt bzw.
schwächt bestimmte Frequenzen des Anregungssignals ab. Er fungiert
also als **akustischer Filter**, der durch die selektive Verstärkung bestimmter Frequenzen, die sog. **Resonanzfrequenzen**, dem Anregungssignal seine spezifische Klangqualität verleiht.

Der Sprachschall lässt sich anhand der folgenden Charakteristika analysieren. Relevante Eigenschaften des Sprachschalls sind die **Frequenz**,
die **Intensität**, die **Klangfarbe** und die **Dauer**:

- Die **Frequenz** lässt sich als **Anzahl der Schwingungen pro Sekunde**
  bestimmen und wird in Hertz (Hz, Zahl der Schwingungszyklen pro
  Sekunde) gemessen. Je höher die Frequenz ist, desto höher ist der erzeugte Ton. So liegt die durchschnittliche Frequenz von Frauenstim-
  men bei ca. 230 Hz und von Männerstimmen bei ca. 120 Hz.
- Die **Intensität** wird durch die Stärke des Ausschlags bzw. die **Schwin-
  gungsweite** (Amplitude) bestimmt. Eine hohe Amplitude entspricht
  einer hohen und durchdringenden Lautstärke. Die Intensität wird in
  Dezibel (dB) gemessen.

Schallwellen entsprechen komplexen Schwingungen unterschiedlicher
Frequenz. Sind diese komplexen Schwingungen periodisch, so entstehen
Klänge, sind sie nicht-periodisch, sprechen wir von **Geräuschen**. Eine
komplexe Welle besteht aus einem **Grundton** (*fundamental*) mit der
Grundfrequenz F_0 (die der Frequenz der Stimmlippenschwingungen entspricht) und **Obertönen** (*harmonics*), deren Frequenzen ein Mehrfaches
der Frequenz des Grundtons ausmachen. Bei periodischen Schwingungen

handelt es sich zudem um ein ganzzahliges Mehrfaches. Das Verhältnis von Grundton und Obertönen lässt sich gut anhand der komplexen Bewegung einer Gitarrensaite illustrieren: Diese schwingt sowohl in ihrer gesamten Länge als auch in allen ihren Teilen, also etwa in ihrer halben, drittel, viertel Länge und so fort. Diese Teilabschnitte schwingen mit doppelter, dreifacher, vierfacher usw. Geschwindigkeit. Die Schwingung der Saite in ihrer ganzen Länge erzeugt den Grundton (bzw. den **ersten Partialton**), die Teilsaiten jeweils die übrigen Partialtöne, also die Obertöne.

Klangfarbe: Durch die Veränderung der Form des Ansatzrohrs mithilfe von Artikulatoren – vor allem durch die Bewegung der Zunge, des Kiefers, der Lippen etc. – können die selektiv verstärkten Frequenzen, die **Resonanzfrequenzen**, und damit die Filterwirkung variiert werden. Das Anregungssignal erhält auf diese Weise seine besondere Klangfarbe. Die maximal verstärkten Frequenzbereiche werden als Formanten bezeichnet. Die Vokale weisen bis zu fünf Formanten (F1–F5) auf, wobei F1 und F2 für die Wahrnehmung der verschiedenen Vokale besonders wichtig sind. Die Formanten werden nach ihrer Frequenz durchnummeriert.

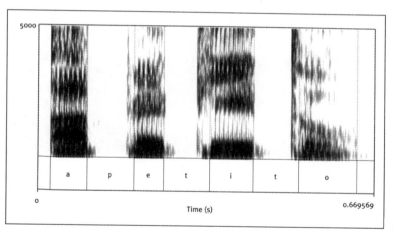

Abb. 4: Formanten
(aus Hualde
2005: 62)

Oszillogramme und Spektrogramme (= Sonagramme) können den Sprachschall für die akustische Analyse aufzeichnen, erfassen aber jeweils unterschiedliche Aspekte.

Im **Oszillogramm** wird der Schalldruck (die Amplitude = y-Achse) über die Zeit (Zeitachse = x-Achse) abgetragen. Auf diese Weise wird der Schwingungsverlauf des Schallereignisses in seiner variierenden Intensität erkennbar. Es zeigt sich, dass die Vokale jeweils die größte Intensität aufweisen. Heute können solche Oszillogramme dank des Sprachanalyseprogramms Praat (www.praat.org) am eigenen Rechner erstellt werden.

Spektrogramme stellen – wiederum in der Zeit (x-Achse) – die Frequenzen des Schallereignisses von unten nach oben (auf der y-Achse) dar. Die Amplitude ist zudem anhand des Schwärzungsgrades ersichtlich. Spektrogramme zeigen insbesondere sehr schön die unterschiedliche Frequenzverteilung der einzelnen Vokale anhand jeweils charakteristischer balkenförmiger Schwärzungen in bestimmten Frequenzbereichen. Diese besonders hervortretenden (salienten) Frequenzbereiche entsprechen den Formanten, die als Resonanzgipfel für die Wahrnehmung der Qualität des jeweiligen Vokals maßgeblich sind. Ein kostenlos herunterladbares Programm, mit dem sich einfach Spektrogramme erstellen lassen, ist der SpeechAnalyzer (www.sil.org).

Literatur zu Phonetik und Phonologie finden Sie nach Kapitel 4.

4 Phonologie

4.1 Grundbegriffe
4.2 Merkmale und phonologische Prozesse
4.3 Generative Phonologie: Prozessphonologie
4.4 Optimalitätstheorie
4.5 Suprasegmentale (Prosodische) Phonologie

Phonetik und Phonologie: Geht es bei der Phonetik um die physikalischen Eigenschaften der Laute, so beschäftigt sich die Phonologie mit der **Funktion der lautlichen Einheiten im sprachlichen System**. Mit seinem Werk *Grundzüge der Phonologie* (1939) legte der russische Sprachwissenschaftler Nikolai Trubetzkoy, einer der führenden Vertreter der Prager Linguistenschule, den Grundstein für diese moderne Disziplin der Sprachwissenschaft (vgl. Fuhrhop/Peters 2013). Wie oben ausgeführt, verband die Prager Schule den Saussure'schen Systemgedanken mit einem kommunikationstheoretisch fundierten Funktionalismus, der die Sprache primär als ein **funktionierendes Kommunikationssystem** verstand. Diese Grundgedanken wandte Trubetzkoy erstmals auf einen Teilbereich der Sprache, das Lautsystem, an und entwickelte für diesen Bereich eine systematische Begrifflichkeit. Während sich aber Trubetzkoy am einzelsprachlichen System, der *langue*, orientierte, erweiterte Jakobson die Perspektive auf die universelle Ebene und formulierte ein Inventar allgemeiner, sprachübergreifender phonetisch-phonologischer Merkmale. Diese Überlegungen bildeten wiederum den Ausgangspunkt für generative und optimalitätstheoretische Ansätze, die weniger an der einzelsprachlichen Funktionalität von Lauten als vielmehr an allgemeinen, letztlich kognitiv begründeten Regularitäten und Prinzipien der lautlichen Seite von Sprache interessiert sind.

4.1 | Grundbegriffe

Wendet man Saussures Systemgedanken auf die Lautebene an, so richtet sich das Interesse in erster Linie auf solche Laute, die tatsächlich für das Funktionieren des Sprachsystems von Bedeutung sind. Berücksichtigt man zudem die Grundauffassung der Prager Linguisten, nach der die Kernfunktion sprachlicher Strukturierung in der Ermöglichung von Kommunikation besteht, so gelangt man zum Grundbegriff des **Phonems** (*el fonema*).

Die Phoneme, so kann man definieren, sind kleinste bedeutungsunterscheidende Einheiten der lautlichen Ebene ohne selber bedeutungstragend zu sein.

Ob nun ein Laut tatsächlich funktional relevant ist, also **bedeutungs-unterscheidende Funktion** besitzt, lässt sich anhand sog. **Minimalpaare** (*pares minimales*) ermitteln. Dabei wird von Wörtern ausgegangen, die sich nur in einem einzigen Laut unterscheiden wie dies etwa der Fall für die Wortserie *pata, rata, bata, mata, gata, lata, nata* ist. Wird nun durch den Austausch eines Lautes – man spricht auch von **Kommutation** – die Bedeutung des Wortes verändert, so besitzt dieser Laut **phonematischen Status**, d. h. es handelt sich bei ihm um ein Phonem. Phoneme schreibt man in Schrägstrichen (*barras oblicuas*) – z. B. /pata/. Die phonologische Darstellung abstrahiert von den konkreten Lautmerkmalen, da sie lediglich den phonologischen Status, den der Laut im Rahmen des Lautsystems der Sprache einnimmt, repräsentiert.

Distinktive Merkmale

Ganz in der Tradition Saussures und vor allem unter dem Einfluss des **Wert-Gedankens** (*valeur*) steht Trubetzkoy, wenn er nicht danach fragt, was z. B. das Phonem /d/ bzw. das Phonem /t/ ist. Vielmehr lassen sich die Phoneme in ihrem funktionalen Ertrag nur **oppositiv** – in ihrer bedeutungsunterscheidenden Leistung – und damit **negativ** bestimmen. Es ist also alleine relevant, durch welche Merkmale sich Phoneme voneinander unterscheiden bzw. welches die lautlichen Eigenschaften sind, die eine Bedeutungsdifferenzierung und damit das ›Funktionieren‹ der Phoneme innerhalb eines Sprachsystems ermöglichen. Diese bedeutungsunterscheidenden lautlichen Merkmale werden daher auch als **distinktive Merkmale** bezeichnet. Distinktive Merkmale sind also artikulatorische Merkmale, die für die Bedeutungsdifferenzierung relevant sind. Die artikulatorischen Merkmale, welche die Phonetik ermittelt und beschreibt, sind die Grundlage der phonologischen Analyse. Das heißt: Die Phonologie gründet auf der deskriptiven Arbeit der Phonetik. Wenn wir unsere Minimalpaar-Reihe (*gata-bata-mata*) betrachten, so können wir sagen, dass die Opposition zwischen *gata* und *bata* auf dem distinktiven Merkmal ›velar‹ für /g/ vs. ›bilabial‹ für /b/ beruht und diejenige zwischen *bata* und *mata* auf dem Merkmal ›okklusiv‹ vs. ›nasal‹.

Allophone: Die Laute, die nun keinen Beitrag zur Bedeutungsdifferenzierung leisten, werden als Allophone (*alófonos*), Varianten eines Phonems, bezeichnet. Allophone können danach klassifiziert werden, in welcher lautlichen Umgebung sie vorkommen bzw. stehen können:

1. **Bei identischer Verteilung** treten Allophone in den gleichen Kontexten auf – hier spricht man von **freien Varianten** bzw. von **freier Variation**. Zum Teil haben freie Varianten auch stilistische Konnotationen. Zum Beispiel wird der r-Laut im Deutschen (etwa in *richtig*) üblicherweise als uvularer Vibrant realisiert. Es ist aber auch möglich, den r-Laut zu ›rollen‹ (apiko-alveolarer Vibrant). Da diese Artikulation keinen Einfluss auf die Bedeutung hat, handelt es sich bei der apikoalveolaren Realisierung des r-Lautes um ein Allophon. Allerdings bringt man den gerollten r-Laut mit bestimmten Regionen (etwa dem bayrisch-österreichen Sprachraum,

Schleswig-Holstein und dem Alemannischen) in Verbindung. Er gehörte außerdem lange Zeit einem besonderen Bühnenregister an (vgl. Ramers 2001: 28). Ein Beispiel für die freie Variation im Spanischen ist das Paar ['kabra] vs. ['kaβra]. Die unterschiedliche Realisierung der b-Laute, im ersten Fall als Okklusiv, im zweiten Fall als Approximant, hat wiederum keine Auswirkung auf die Bedeutung. Das Phonem /b/ kann in diesem Vorkommenskontext durch zwei Allophone realisiert werden. Ein Beispiel für eine freie Variation, die allerdings stilistisch markiert ist, stellt die Aspirierung des silbenauslautenden -s wie in *esto*: ['esto] → ['ehto] dar. Die Aspirierung korreliert mit dem Formalitätsgrad, der zwischen den Gesprächspartnern in der konkreten Kommunikationssituation besteht.

2. **Bei komplementärer Verteilung** (**kombinatorischen Varianten**) kommen die jeweiligen Allophone in unterschiedlichen lautlichen Kontexten vor, d. h. sie schließen sich gegenseitig aus. Man spricht dann davon, dass sie **komplementär distribuiert** sind. Ein charakteristisches Beispiel ist die Realisierung des Phonems /s/ als stimmhafter Laut [z] vor stimmhaften Konsonanten wie in *desde, rasgo, islam, mismo*. Diese spezielle Verteilung der stimmhaften Variante des spanischen Phonems /s/ lässt sich anhand eines allgemeinen lautlichen Phänomens, der **Assimilation**, erklären: Der s-Laut nähert sich artikulatorisch jeweils dem nachfolgenden Laut im Hinblick auf das Merkmal der Stimmhaftigkeit an. Man spricht hier von einer **antizipierenden** (bzw. **regressiven**) Assimilation.

3. **Neutralisation:** Es ist möglich, dass eine Opposition zwischen zwei Phonemen in bestimmten Kontexten aufgehoben wird. Ein viel zitiertes Beispiel ist die deutsche Auslautverhärtung. Das Minimalpaar ›baden‹ und ›baten‹ zeigt, dass die beiden okklusiven Laute [d] und [t] im Deutschen jeweils eigene Phoneme sind (/d/ : /t/) und die Phonemopposition im Wortinlaut gut funktioniert. Im Auslaut allerdings werden die Phoneme jedoch in gleicher Weise realisiert, wie das Beispielpaar ›Rad‹/›Rat‹ (beidemal als [t]) zeigt. An dieser Stelle wird die Opposition offenbar aufgehoben bzw. – wie man auch sagt – **neutralisiert**. An die Stelle der beiden Phoneme tritt ein **Rumpfphonem**, das die gemeinsamen Merkmale der beiden Phoneme enthält, wobei das distinktive Merkmal der **Sonorität** aufgehoben ist. In der phonologischen Darstellung wird das **Archiphonem** mit Großbuchstaben dargestellt: Phonetisch [ra:t] entspricht phonologisch /ra:T/. An diesem Beispiel wird nochmals deutlich, dass die phonologische Darstellung von den artikulatorischen Eigenschaften abstrahiert und lediglich die Interpretation des phonologischen Status wiedergibt.

Beispiel 1: Auch im Spanischen gibt es eine Art Auslautverhärtung bei den Okklusiven in silben- oder wortauslautender Position. Wie das Minimalpaar *peso/beso* zeigt, sind die beiden bilabialen Okklusive Phoneme, die durch die Sonoritätsopposition voneinander unterschieden sind. Im Silbenauslaut wird nun aber das distinktive Merkmal der Sonorität aufgehoben, so dass etwa die Opposition zwischen den beiden

Zwei Beispiele für das Phänomen der Neutralisierung im Spanischen

Phonemen in *apto* und *obtener* (/aPto/, /oPtener/) neutralisiert wird. Analoge Neutralisierungen treten bei anderen okklusiven Phonemen wie bei /d/ und /t/ (*adquirir/atlántico*) sowie bei /g/ und /k/ (*signo/pacto*) auf.

Anhand dieses Beispiels können wir einen weiteren Terminus der Prager Schule einführen: An der Neutralisierung sind naturgemäß Phonempaare beteiligt, die sich lediglich in einem distinktiven Merkmal voneinander unterscheiden. So stehen die beiden Phonemgruppen /b, d, g/ und /p, t, k/ durch das Merkmal der Stimmhaftigkeit zueinander in Opposition. Ein Verwandtschaftsverhältnis zwischen Lautpaaren bzw. –reihen, die durch ein und dasselbe distinktive Merkmal voneinander differenziert werden, bezeichnet man als **Korrelation**. Die Phoneme unseres Beispiels sind durch weitere Korrelationen gekennzeichnet: /p, b/ vs. /d, t/ durch das Merkmal ›bilabial ‹ vs. ›dental‹ sowie /d, t/ vs. /g, k/ durch das Merkmal ›dental‹ vs. ›velar‹. Beim Auftreten von mehreren phonologischen Korrelationen spricht man von einem **Korrelationsbündel**. Die Mitglieder solcher Korrelationen verhalten sich oftmals in analoger Weise, unterliegen also den gleichen phonologischen Regeln. Auch diachron können solche Korrelationen von Bedeutung sein, da die beteiligten Phoneme vielfach den gleichen Sprachwandelprozessen unterworfen sind (vgl. etwa die intervokalische Sonorisierung stimmloser Konsonanten in der Westromania; s. Kap. 11).

Beispiel 2: Ein weiteres Beispiel für die Neutralisierung stellt die Aufhebung der zwischen den Nasalphonemen /ŋ/, /n/ und /m/ bestehenden Opposition im Auslaut und die einheitliche Realisierung als alveolarer Nasallaut [n] dar: *álbum, pan, champán*. In diesem Beispiel ist die Distinktivität des Artikulationsortes (bilabial [m] vs. alveolar [n] vs. palatal [ɲ]) aufgehoben (vgl. Gabriel/Meisenburg/Selig 2013: 70).

4.2 | Phonologische Merkmale

Die strukturelle Phonologie, wie sie Trubetzkoy formuliert hatte, ging von den Phonemen als den kleinsten phonologischen Einheiten aus. Die Bezugsebene seiner strukturell-funktionalen Analyse war zudem die Ebene der Einzelsprache, in deren Rahmen die Phoneme ihre Funktion der Bedeutungsdifferenzierung wahrnehmen und damit die Grundlage der sprachlichen Kommunikation bilden.

Eine ganz neue Ausrichtung gab Roman Jakobson der phonologischen Theoriebildung, als er zu der Auffassung gelangte, dass sich die Phoneme weiter in kleinste elementare Eigenschaften bzw. Merkmale zerlegen lassen. Zusammen mit Gunnar Fant und Morris Halle (Jakobson/Fant/Halle: *Preliminaries to Speech Analysis*, 1952 und Jakobson/Halle: *Fundamentals of Language*, 1956) zeigte er, dass die Phoneme aller

Sprachen der Welt aus einem **begrenzten Inventar universeller Merkmale** bestehen, welche **binären Charakter** (die Werte + oder –) besitzen. Hatten Jakobson und seine Mitarbeiter ursprünglich noch in erster Linie mit akustischen Merkmalen operiert, so werden heute nur noch artikulatorische Merkmale verwendet, um die einzelnen Phoneme mithilfe von Merkmalsmatrizen darzustellen.

Die phonologischen Merkmale lassen sich vier grundlegenden Typen von Merkmalen zuordnen: Den Oberklassenmerkmalen, den laryngalen Merkmalen, den Merkmalen der Artikulationsart sowie den Ortsmerkmalen (dazu Kubarth 2009: 122):

1. **Oberklassenmerkmale** teilen in die ›großen‹ Segmentklassen ein, differenzieren aber die traditionelle Opposition zwischen Vokalen und Konsonanten noch weiter aus:
- **silbisch:** trennt die Vokale als natürliche Silbenträger von den nichtsilbischen Gleitlauten;
- **sonorant:** trennt die drei rein stimmhaften Oberklassen ([+ son]: Vokale, Gleitlaute, Liquide und Nasalkonsonanten) von den Obstruenten ([– son]: Okklusive und Frikative);
- **konsonantisch:** Laute, die durch eine Behinderung des Luftstroms im Ansatzrohr entstanden sind: [+ kons]: Obstruenten (Okklusive und Frikative), Liquide und Nasalkonsonanten; [– kons]: Vokale und Gleitlaute.

2. **Laryngale Merkmale** charakterisieren die verschiedenen Stellungen der Stimmbänder, d. h. differenzieren zwischen ›**stimmhaft**‹ (vibrierende Stimmbänder), ›**aspiriert**‹ (gespreizte Stimmbänder) und ›**glottalisiert**‹ (die Stimmbänder bilden einen Verschluss).

3. **Artmerkmale** charakterisieren die Konsonanten nach der Art der Behinderung des Luftstroms:
- **nasal** [± nasal]: Abgrenzung nasaler von oralen Lauten;
- **lateral** [± lateral]: zentrale vs. seitliche Artikulation;
- **kontinuierlich:** Das Merkmal grenzt Plosive, Affrikaten, Nasal- und Lateralkonsonanten von anderen Lauten ab. Das Merkmal [+ kontinuierlich] bedeutet, dass die Luft ausströmt, ohne dass sie aktiv durch Lippen- oder Zungenartikulation gestoppt wird; [– kontinuierlich] beschreibt die vollständige Blockade des Luftstroms im Mundraum;
- **sibilantisch:** Zischlaute, bei denen die Luft durch eine komplexe Engstelle an zwei Oberflächen vorbeistreicht.

4. **Ortsmerkmale:** Charakterisierung der Konsonanten anhand von Artikulationsstellen und der Zungenposition:
- **labial:** Realisierung mit beiden Lippen oder nur mit der Unterlippe;
- **koronal:** Artikulation mit Zungenspitze oder Zungenblatt; [+ koronal] sind z. B. apiko-dentale und apiko-alveolare Konsonanten;
- **anterior** [+ anterior]: verweist auf ein Hindernis im vorderen Teil des Mundraums;
- **apikal** [+ apikal]: Artikulation mit der Zungenspitze;
- **dorsal:** Artikulation mit dem Zungenrücken.

Merkmale und
phonologische
Prozesse

Weitere Merkmale, die v. a. den klassischen Unterscheidungen (wie hoch/ tief, vorne/hinten, gespreizt/gerundet) im Bereich der Vokale entsprechen:
- **hoch** [+ hoch]: Laute mit hoher Zungenlage
- **tief** [+ tief]: Laute mit tiefer Lage
- **hinten:** weiter hinten artikulierte [+ hinten] vs. weiter vorne artikulierte Vokale [– hinten]
- **rund:** Vorhandsein [+ rund] vs. Fehlen der Lippenrundung [– rund]

Stimmbeteiligung und Muskelspannung werden ebenfalls als differenzierende Merkmale berücksichtigt:
- **stimmhaft:** Stimmhaftigkeitsopposition [± stimmhaft]
- **gespannt:** größere oder geringere Muskelspannung (**Fortis-** vs. **Lenis-realisierung**)

Die spanischen Laute (z. B. die Obstruenten) können anhand dieser Merkmale in Form einer phonetischen Merkmalsmatrix dargestellt werden:

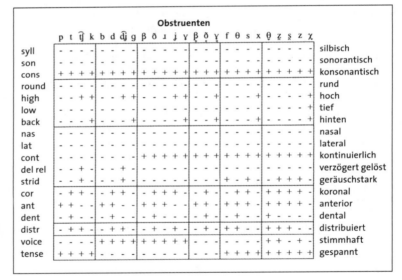

Abb. 1: Phonetische Merkmalsmatrix am Beispiel der spanischen Obstruenten (aus Kubarth 2009: 122)

4.3 | Generative Phonologie: Prozessphonologie

Mit ihrem Buch *Sound Pattern of English* (1968) leiteten Noam Chomsky und Morris Halle eine paradigmatische Wende auch im Bereich der Phonologie ein. Die bislang vorherrschende statisch-funktionelle Sichtweise wurde durch die **generative Perspektive** abgelöst, welche die phonologische Komponente als Teil der generativen Grammatik betrachtet.

Die **phonologische Komponente** ist der Syntax nachgeschaltet, d. h. die im Modul der Kernsyntax erzeugte Struktur wird von der phonologischen Komponente in **Lautketten** überführt. Das im Rahmen der phonologischen Komponente aktivierte Wissen ist eine mental verankerte

Kompetenz zur Bildung phonologisch wohlgeformter Lautketten. Die phonologische Komponente arbeitet dabei folgendermaßen: Sie greift auf die zugrundeliegende Repräsentation bzw. Form zu (die von der syntaktischen Komponente erzeugten Strukturen werden in abstrakter phonologischer Darstellung repräsentiert) und wandelt diese durch die Anwendung phonologischer Regeln in eine konkrete phonetische Repräsentation um. Abgeleitet werden aber nur die vorhersagbaren Eigenschaften, nicht die idiosynkratischen, die im Lexikon verzeichnet sind. Das Augenmerk der Betrachtung liegt aus generativer Perspektive auf der Rolle der Phonologie in der Sprachproduktion als einer der Syntax nachgeordneten Komponente der Grammatik sowie auf den zugrundeliegenden Regeln, die für die Kombination von Phonemen relevant sind.

Mit den phonologischen Prozessen, die durch geeignete Regeln (phonologische Regeln) beschrieben werden sollen, verlagert sich die Betrachtungsperspektive hin auf die Ebene der **Kombinatorik**, also die **syntagmatische Ebene**. Phonologische Regeln besitzen die folgende Form bzw. Struktur: A → B / X___Y. **Phonologische Prozesse**

Sie sind folgendermaßen zu lesen: Der Input A der Regel wird zum Output B in einem bestimmten Kontext (durch den Schrägstrich angezeigt), der von einem vorangehenden Element X und einem nachfolgenden Element Y gebildet wird. Der Unterstrich dient als Platzhalter für die Eingabe, mit dem Dollarzeichen ($) wird die Silbengrenze, mit der Raute (#) die Wortgrenze gekennzeichnet.

Die Struktur einer phonologischen Regel soll am Beispiel der Nasalassimilation im Spanischen veranschaulicht und erläutert werden (vgl. Harris 1969: 12, zit. nach Kubarth 2009: 139):

Beschreibung: Im Spanischen passen sich die Nasalkonsonanten an die Artikulationsstelle des nachfolgenden Obstruenten (Okklusive, Affrikata, Frikative) an: Das Phonem /n/ wird folglich entweder als [m] – so in *un beso* – oder als [ŋ] wie in *rango* artikuliert. Da sich der erste Laut an den zweiten anpasst, spricht man bei diesem typischen phonologischen Prozess von einer **regressiven Assimilation**.

Den phonologischen Prozess können wir zu einer Regel verallgemeinern, die besagt: Geht ein Nasal einem Obstruenten voran, so passt er sich artikulatorisch an den nachfolgenden Obstruenten an. Diese Regel notieren wir nach den oben angeführten Konventionen mithilfe unseres Inventars lautlicher Merkmale (oder **Features**).

Interpretation der Regel: Der Nasallaut erhält das die Artikulationsstelle charakterisierende Merkmal (**Feature**) des nachfolgenden Obstruenten.

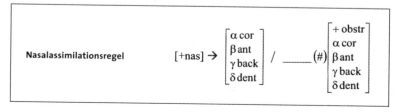

Nasalassimilationsregel

$$[+\text{nas}] \rightarrow \begin{bmatrix} \alpha\,\text{cor} \\ \beta\,\text{ant} \\ \gamma\,\text{back} \\ \delta\,\text{dent} \end{bmatrix} / \underline{\hspace{1cm}} (\#) \begin{bmatrix} +\,\text{obstr} \\ \alpha\,\text{cor} \\ \beta\,\text{ant} \\ \gamma\,\text{back} \\ \delta\,\text{dent} \end{bmatrix}$$

Abb. 2: Nasalassimilationsregel (Harris 1969: 12, zit. nach Kubarth 2009: 139)

Weitere phonologische Prozesse sind die **Dissimilation** (die in einer Verstärkung der artikulatorischen Differenz zwischen zwei Lauten besteht), die **Tilgung von Lauten**, der **Einschub** (Epenthese) **eines Lautsegments in die Lautkette** sowie die **Vertauschung zweier Phoneme** (die Metathese). Diese phonologischen Prozesse spielen auch bei der Entwicklung von Lauten eine zentrale Rolle und werden bei der Behandlung der internen Sprachgeschichte des Spanischen wieder aufgegriffen (s. Kap. 11).

4.4 | Optimalitätstheorie

Die Optimalitätstheorie (OT) wurde durch eine gleichnamige Studie von Alan Prince und Paul Smolensky (*Optimality Theory*, 1993) begründet, die aufzeigen will, wie aus einer angenommenen Eingabeform, dem **Input**, eine bestimmte Ausgabeform (der **Output**) resultiert. Auch in der Optimalitätstheorie geht es um die Ableitung bzw. Generierung der beobachtbaren phonetischen Oberflächenrealisierung aus einer zugrundeliegenden Form. Anders jedoch als bei der generativen Phonologie, die die Oberflächenrealisierung aufgrund von einzelsprachlichen Regeln ableitet, geht die Optimalitätstheorie in ihrer Analyse von einem universell gültigen Repertoire von Wohlgeformtheitsbedingungen bzw. –beschränkungen, sog. **Constraints**, aus. Nun sind diese Beschränkungen oftmals konkurrierend, d.h. sie können nicht gleichzeitig zur Geltung kommen. Deshalb nimmt die Optimalitätstheorie an, dass die Beschränkungen einzelsprachlich unterschiedlich gewichtet, d.h. im Rahmen einer Constraint-Hierarchie (*constraint hierarchy*) nach dem Grad ihrer Wichtigkeit geordnet sind. Die geordnete Menge von Beschränkungen wird auch als **Ranking** bezeichnet.

Grundsätzlich existieren zwei Arten von Beschränkungen: die **Treueprinzipien** (*faithfulness constraints*, *restricciones de fidelidad*) und die **Markiertheitsprinzipien** (*principios de marcación*). Sie repräsentieren gewissermaßen die beiden widerstrebenden Grundtendenzen sprachlicher Strukturbildung: Während die Treueprinzipien auf den Strukturerhalt hinwirken, sorgen Markiertheitsprinzipien dafür, dass sprachliche Strukturen möglichst natürlich sind und auf besonders typische Strukturprinzipien von Sprache konvergieren. Für den phonologischen Bereich bedeutet das Treueprinzip, dass der phonetische Output möglichst dem angenommenen phonologischen Input entsprechen soll, d.h. die Lautketten bzw. die durch sie lautlich realisierten Morpheme erkennbar bleiben. Die Outputsegmente sollten also weder Einschübe noch Tilgungen oder Assimilationen aufweisen. Die Markiertheitsprinzipien sind demgegenüber kontextsensitiv und an allgemeinen, für die lautliche Strukturierung charakteristischen, Prinzipien orientiert.

Optimalitäts-
theorie

Die OT-Grammatik geht von einem **Komponentenmodell** aus:

- **Lexikalische Komponente (Inputform):** Die Eingabeform (der Input), z. B. eine Form wie /in+posible/, ist ein entsprechender Eintrag in der lexikalischen Komponente der OT-Grammatik.
- **Der Generator** erzeugt nun aus der Inputform eine Menge möglicher Outputs.
- **Der Evaluator**, bewertet die Output-Optionen nach den für die jeweilige Sprache relevanten Prinzipien bzw. Beschränkungen der **Constraint-Hierarchie**.

Das Ergebnis der im Evaluationsprozess zur Geltung kommenden Prinzipien bzw. Beschränkungen wird in einem sog. **Tableau** festgehalten. Jeder Verstoß gegen eine Beschränkung wird durch einen Asterisken (*) gekennzeichnet, fatale Verletzungen, die zum Aussortieren einer Option führen, werden durch ein Ausrufezeichen »!« kenntlich gemacht. Eine Option bzw. ein **Kandidat** für den Output wird dann aussortiert, wenn die Beschränkungen, gegen die er verstößt ›höherrangig‹ sind als diejenigen seiner Konkurrenten. Der optimale Kandidat ist am Ende derjenige, der im Vergleich zu den Alternativoptionen die wenigsten (höherrangigen) Beschränkungen verletzt und damit am besten den gewichteten Prinzipien der Constraint-Hierarchie der jeweiligen Einzelsprache entspricht.

Ranking von
Constraints

Dieses Selektionsprozedere soll am Beispiel der Nasalassimilation bei der Präfigierung *imposible* etwas genauer nachvollzogen werden (nach Kubarth 2009: 157 f.):

1. Treueprinzipien (*faithfulness constraints*), die eine möglichst minimale Abweichung von Inputform und Outputform sicherstellen sollen:
- **Max-IO:** Inputsegmente werden im Output repräsentiert.
- **Ons-Id (PA):** Onsetkonsonanten müssen in In- und Output übereinstimmende Ortsmerkmale aufweisen.
2. Markiertheitsbeschränkungen (*markedness constraints*): sorgen für unmarkierte – in den Sprachen der Welt besonders frequente und deshalb als ›natürlich‹ angesehene – Strukturen:
- **Agree (PA):** Gruppen aus einem Nasal und einem Konsonant müssen dieselben Ortsmerkmale aufweisen.
- ***-Cor:** Konsonanten müssen koronal sein.

Das folgende Tableau fasst die Optionen und ihre Verletzung einzelner gewichteter Restriktionsprinzipien zusammen (Kubarth 2009: 158):

/in+posible/	Max-IO	Ons-Id (PA)	Agree (PA)	*-Cor
[in.po.si.βle]			*!	•••
☞ [im.po.si.βle]				•••
[in.to.si.βle]		*!		••
[i.po.si.βle]	*!			••

Abb. 3: Tableau konkurrierender Optionen nach der OT (nach Kubarth 2009: 158)

- **Option 4:** verletzt die wichtigste Beschränkung MAX-IO, die Forderung nach Erhalt der Inputsegmente.
- **Option 1 + 3:** gleichwertige Kandidaten: ONS-ID und AGREE: Option 3 entfällt, weil sie gegen die perzeptuell wichtige Konstanzbedingung für Anlautkonsonanten verstößt.
- **Option 1** verstößt gegen die Ortsassimilation bei Gruppen wie /np/.
- **Option 2** ist der Siegerkandidat der optimalitätstheoretischen Auslese, obwohl er insgesamt mehr nichtkoronale Konsonanten enthält als zwei seiner Konkurrenten.

Die Optimalitätstheorie, die im Bereich der Phonologie entwickelt wurde, ist in den letzten Jahren auf syntaktische und morphologische Fragestellungen angewendet worden. Sie versteht sich heute als ein grundlegendes Modell für die Analyse bzw. Motivierung sprachlicher Strukturen.

4.5 | Suprasegmentale (Prosodische) Phonologie

Die Prosodische Phonologie beschäftigt sich mit Einheiten und Phänomenen, die über die Ebene der einzelnen Lautsegmente hinausreichen (daher suprasegmental). Zu den Untersuchungsgegenständen oberhalb der Phonemebene gehören die **Silbe und ihre Struktur**, die **Akzentstruktur von Wörtern und Sätzen**, die **Quantität von Segmenten**, die **Intonation** (die Satzmelodie) und die **Tonkonturen**. Die Tonkonturen spielen in Tonsprachen wie dem Hochchinesischen und dem Vietnamesischen eine grundlegende phonologische Rolle. Im Spanischen ist die Tonhöhe auf der Ebene des Wortes dagegen phonologisch irrelevant. Ebenfalls phonologisch nicht relevant sind die Quantitäten von Segmenten, die Längenoppositionen, die im Lateinischen noch eine wichtige phonologische Rolle spielten, wie etwa das Minimalpaar *pŏpulus* (›Pappel‹) vs. *pŏpulus* (›Volk‹) zeigt (s. Kap. 11.1). Diese beiden suprasegmentalen Merkmale bleiben deshalb im Weiteren unberücksichtigt.

4.5.1 | Silbe und Silbenstruktur: Silbenkonstituenten, Sonoritätshierarchie

Die **Silbe** (*sílaba*) ist für die Sprecher intuitiv eine zentrale Bezugsgröße: Problemlos können sie Wörter in Silben zerlegen und auch Kinder erwerben diese Fähigkeit schon zu einem sehr frühen Zeitpunkt des Spracherwerbsprozesses. Die Silbe ist offenbar eine kognitiv relevante Einheit, der bei der Planung und Rezeption von lautlichen Äußerungen eine herausragende Bedeutung zukommt (vgl. Ramers 2001: 87). Vor allem aber ist sie die relevante Bezugsgröße für prosodische Eigenschaften und Erscheinungen wie der Wortakzent oder die Intonation.

Die interne Struktur von Silben setzt sich aus den folgenden Konstituenten zusammen: dem **obligatorischen Silbenkern** (*núcleo*) oder **Silbengipfel** sowie der **fakultativen Silbenschale**, die einen **Silbenkopf**

bzw. **Anfangsrand** (*ataque/cabeza*), den **Onset**, sowie einen **Endrand**, die
Koda (*coda*), aufweisen kann. Der vokalische Silbenkern und die Koda
bilden zusammen den **Reim** (*rima*). In Abhängigkeit davon, ob die Koda
besetzt ist, unterscheidet man eine **offene** und eine **gedeckte Silbe** (*sílaba
abierta* vs. *trabada*).

Die Struktur der Silbe lässt sich anhand von *mes* illustrieren:
Sigma (σ) steht dabei für die Silbe, O für den Onset, R für den
Reim bestehend aus dem Nukleus N und der Koda K.

Die silbenbildenden Laute unterscheiden sich hinsichtlich ihrer **Sonorität** als dem Grad ihrer Klangfülle. Silben sind durch
eine auf- und absteigende Klangfülle charakterisiert, wobei der
Silbengipfel ein Maximum an Sonorität aufweist. Die Sonoritätskurve steigt also zum Silbengipfel hin an, um danach wieder bis zum Silbenrand abzufallen. Es lässt sich eine **Sonoritätsskala** aufstellen, die mit den Plosiven als den am wenigsten sonoren
Lauten beginnt, über die Frikative, Nasale, Liquide (erst [l], dann [r])
und Gleitlaute/Halbvokale zu den Vokalen hinführt. Das Wortbeispiel
prey (›Beute‹) verdeutlicht Zunahme und Abnahme der Klangfülle innerhalb der Silbe:

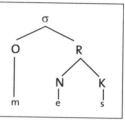

Abb. 4:
Die Struktur
der Silbe

plosives [p] < liquides [r] < Silbengipfel [e] > Abfall hin zum Halbkonsonanten [j].

Die Silbenstruktur: Die Silben können ganz unterschiedliche Strukturen
aufweisen, z. B. nur aus einem Vokal (etwa die satzverknüpfenden Konjunktionen *y* und *o*) bestehen. Sie sind dann **vokalisch**. Den häufigsten
Silbentyp im Spanischen bilden konsonantisch-vokalische Silben (CV-Silben) wie bei *ca-sa* oder *pe-ro*. Möglich sind aber auch komplexere Silbenmuster wie CVC (*pas-mo*) oder CCVC (*tris-te*). Desweiteren sind im Onset
nur bestimmte Lautkombinationen zugelassen: So ist im Spanischen etwa
nur die Verbindung aus Obstruent und Liquid erlaubt (z. B. [fl-]: *flaco*,
[fr-]: *frío*, [pl-]: *pliego*, [pr-]: *prado*), ein komplexer Onset aus dem Frikativ
[s] und einem weiteren Konsonanten ist hingegen (außer in Fremdwörtern) gänzlich ausgeschlossen (vgl. *snob, *sfera, *stress).

Die einfachste Möglichkeit zur Darstellung der silbischen Strukturierung eines Wortes bildet das hierarchische Silbenstrukturmodell, das sog.
Konstituentenstrukturmodell. Es besteht aus drei Ebenen:

- **der Silbenstrukturschicht**, die dem obigen Modell der Silbenstruktur
  entspricht;
- **der Skelettschicht** (= CV-
  Schicht), auf der die silbische (V)
  von unsilbischen Segmenten
  (C) unterschieden werden und
  die
- **Segmentschicht**, also die Ebene der Phoneme.

Abb. 5: Das
Konstituentenstrukturmodell am
Beispiel von *pues*

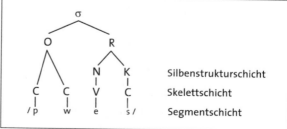

Silbenstrukturschicht

Skelettschicht

Segmentschicht

4.5.2 | Der Wortakzent und das orthographische Akzentzeichen

In der gesprochenen Lautkette wechseln sich **betonte** und **unbetonte Silben** ab. Die für die Akzentuierung relevante Bezugseinheit ist im Spanischen das Wort. Die am stärksten betonte Silbe entspricht dem **Wortakzent** (*acento prosódico*) – man spricht hier auch von einem ›**Prominenzgipfel**‹.

Der Wortakzent ist deshalb eine suprasegmentale bzw. prosodische Größe, weil nicht allein der Vokal innerhalb der prominentesten Silbe hervorgehoben wird, sondern auch die ihn umgebenden Konsonanten der Silbenschale. Unterschieden wird nicht nur zwischen **betonten** und **unbetonten** Silben (*sílaba tónica* vs. *sílaba átona*), sondern auch zwischen **vortonigen** (*sílaba pretónica*) und **nachtonigen Silben** (*sílaba postónica*). Der Status der einzelnen Silbe im Verhältnis zur prominentesten Silbe des Wortes spielt nicht selten eine wichtige Rolle für die lauthistorische Entwicklung (dies zeigt z. B. der Verlust der unbetonten vorletzten Silbe bei der phonologischen Entwicklung von lat. *auricula* zu *oricla* > *oreja*; s. Kap 11.1). Der Wortakzent ist im Spanischen phonologisch relevant, d. h. er besitzt distinktiven Charakter. So hat er z. B. bedeutungsunterscheidende Funktion in dem Minimalpaar *hallo* (Presente: 1. Ps., ›ich finde‹) und *halló* (Indefinido: 3. Ps., ›er fand‹). Wörter müssen aber nicht immer einen Akzent tragen. Es gibt auch Wörter ohne Akzent, wie der bestimmte Artikel, die Präpositionen und einige Pronomina. Die unbetonten Pronomina (*pronombres átonos*) werden auch als **Klitika** (*clíticos*) bezeichnet. Daraus ergibt sich die Opposition zwischen den **betonten Pronomina** (*pronombres tónicos: yo, tú, él, mí, ti etc.*) und den **unbetonten Pronomina** (*pronombres átonos: me, te, lo, la, se*), die jeweils unterschiedliche syntaktische Funktionen besitzen (s. Kap. 5).

Typen des Wortakzents: Im Spanischen können verschiedene Akzentmuster unterschieden werden. In den meisten Fällen wird die vorletzte Silbe eines Wortes, die **Pänultima**, betont. Solche Wörter (etwa *peso* oder *galdosiano*) werden als *palabras llanas* bzw. *paroxítonas* bezeichnet. Üblich sind aber auch Wörter, deren Akzent auf der letzten Silbe liegt, die *palabras agudas* oder *oxítonas* wie z. B. *animal* oder *alfonsí*. Seltener sind Wörter, die auf der drittletzten Silbe betont werden, die *palabras esdrújulas* bzw. *proparoxítonas* (z. B. *legítimo, rígido*). Es gibt sogar einige Fälle, bei denen die Betonung auf der viertletzten Silbe liegt (*palabras sobre-esdrújulas*), was bei Imperativformen mit nachgestellten (enklitischen) Pronomina wie z. B. *dígaselo* oder *pónganselas* der Fall ist. Grundsätzlich gilt im Spanischen, dass der Akzent auf die vorletzte Silbe fällt, wenn das Wort vokalisch endet (mit Ausnahme von n und s: *ponen* ['ponen], *sabes* ['sabes]) und auf die letzte Silbe, wenn es auf einen Konsonanten endet.

Es gibt aber neben den Standardakzentmustern auch seltenere bzw. besonders markierte Akzentmuster: so die **proparoxytone Betonung** bei vokalischer Endsilbe (*energúmeno*), die **paroxytone Betonung** bei Endkonsonant (*lápiz, difícil*) und – als ganz seltenes Muster – die Betonung der letzten, vokalischen Silbe (*jabalí*).

Einige Formen des Verbalparadigmas weisen im Spanischen ebenfalls besondere Akzentmuster auf: Zum einen die Formen der 2. Person Plural Präsens (Pänultima statt Ultima: *canto, cantas* etc., aber *cantáis*), zum anderen das ganze Indefinido-Paradigma mit Betonung der Silbe, die dem Verbstamm folgt (*canté, cantaste, cantó* ...). Bei Futur und Konditional wird schließlich die Silbe betont, die das Tempusmorphem enthält (*cantaré, cantaría*) – wir sprechen in diesem Fall von einem morphologischen Akzent.

Der orthographische Akzent (*acento ortográfico*) besitzt die Funktion, den Wortakzent durch ein graphisches Akzentzeichen zu markieren, sofern der Wortakzent vom unmarkierten Akzentmuster abweicht: So bekommen etwa alle proparoxytonen Wörter einen orthographischen Akzent (*número, régimen*). Paroxytone Wörter erhalten dann einen orthographischen Akzent, wenn sie nicht auf den Konsonanten [-n] oder [-s] auslauten (*césped, mármol, mártir*). Oxytone Wörter werden mit einem Akzentzeichen versehen, wenn sie mehr als eine Silbe besitzen und auf Vokal bzw. die Konsonanten [-n] oder [-s] auslauten: *café, menú, canción, anís*. Regeln der orthographischen Akzentsetzung

Weitere Regeln der Akzentsetzung betreffen Verbindungen aus einem geschlossenen ([i] und [u]) und einem nichtgeschlossenen Vokal: In dieser Hiat-Konstellation erhalten betontes [i] und [u] stets einen Akzent (*maíz, país, baúl*). Fehlt der Akzent, so haben sie den Status eines Halbvokals/ Halbkonsonanten, der zusammen mit dem nachfolgenden Vokal einen Diphthong bildet (*democracia, pues*). Die Aufeinanderfolge von [u] und [i] stellt wiederum einen besonderen Fall dar: Hier wird nicht zwischen Diphthongen (*cuida*) und Hiaten (*huida*) unterschieden.

Schließlich besitzt der orthographische Akzent eine bedeutungsdifferenzierende Funktion bei homonymen Wörtern – hier spricht man von einem **diakritischen Akzent** (*acento diacrítico*), der für die folgenden Kontrastpaare relevant ist: *para mí* (betontes Pronomen) – *mi coche* (Possessivpronomen); *él* (Subjektpronomen) – *el* (bestimmter Artikel); *qué* (Interrogativpronomen) – *que* (Konjunktion); *sí* (Bejahungspartikel) – *si* (Bedingungssatzkonjunktion); *aún* (*todavía*) – *aun* (*incluso*).

4.5.3 Metrische Phonologie

Metrische Phonologie: Akzent-Phänomene werden genauer in einer Teildisziplin der Phonologie, der sog. metrischen Phonologie, beschrieben. Dabei arbeitet die metrische Phonologie mit den Darstellungs- bzw. Analysetechniken der **metrischen Bäume** sowie der **metrischen Gitter** (Liberman 1979). Beide Darstellungsweisen beruhen auf der Vorstellung von dem Akzent als einer hierarchisch organisierten Struktur oberhalb der Segmentkette, die rhythmischen Prinzipien folgt (vgl. Kubarth 2009: 190–196).

Metrische Bäume (*árboles métricos*) stellen das **Akzentmuster** eines Wortes in Form von **binären Verzweigungen** dar. Hierbei ist nun das Prinzip der **Prominenz** von Bedeutung, d. h. immer eines der beiden unter einem Knoten stehenden Elemente (oder **Konstituenten**) ist jeweils – relativ zum anderen – das stärkere. Die stärkere (auch: prominentere) Konstituente wird mit dem Etikett **s** (für *strong*), die schwächere mit **w** (für *weak*) versehen. Der Wortakzent wird nun allerdings nicht direkt mit der Wortsilbe assoziiert, sondern über den **Fuß** (*pie*), der als Verbindungsglied zwischen Silbe und Wort fungiert: Die Silben werden also in metrischen Bäumen zu höheren prosodischen Einheiten, dem **metrischen Fuß**, zusammengefasst. Ein Fuß ist definiert als eine Sequenz aus einer betonten Silbe und nachfolgenden unbetonten Silben.

Wir können das hierarchische Gebilde des Akzentmusters am Beispiel des spanischen Wortes *chocolate* ein wenig genauer illustrieren. Das aus vier Silben bestehende Wort (Ebene der Silbenknoten) weist einen **Neben-** und einen **Hauptakzent** auf, so dass im Rahmen der binären Verzweigungsstruktur jeweils eine stärkere und eine schwächere Silbe (f: *fuerte*, d: *débil*) auftritt. Die Ebene der **Fußknoten** enthält die beiden Füße – *choco* und *late* –, von denen letzterer das stärkere Element ist (angezeigt durch das **Merkmal f**) und den Wortakzent

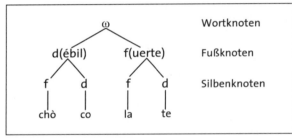

trägt. Diese Analyse ist in Abbildung 6 dargestellt.

Metrische Gitter (*red métrica*) stellen eine alternative Analysemethode dar; sie orientieren sich konzeptionell am **musikalischen Takt** als regelmäßiger Abfolge starker und schwacher Schläge. Die Silben (σ) werden analog als Schläge interpretiert und im metrischen Gitter in ihrer Abfolge dargestellt, wobei ihre unterschiedliche Stärke im Verhältnis zueinander durch eine x-Säule angegeben wird (s. Abb. 7).

4.5.4 | Intonation: Autosegmental-Metrisches Modell, Satzmodus, Intonation des Spanischen

Intonation: Wenn wir Sätze äußern, so tun wir dies nicht auf einer konstanten Tonhöhe – solche Äußerungen würden monoton wirken, wie die eines primitiven Sprachroboters. Wir variieren bei unseren Äußerungen vielmehr zwischen **ansteigenden** und **abfallenden Tonhöhenverläufen** (*subidas y bajadas de tono*). Außerdem können wir ein und denselben Satz einmal als Frage (*¿Pedro te va a ayudar?*) und einmal als Aussage (*Pedro te va a ayudar*) realisieren, ohne dabei seine syntaktische Struktur verändern zu müssen. Wir können uns hierbei ganz auf die **Satzmelodie**, die Intonation stützen, die je nach Äußerungstyp ein charakteristisches

Muster, das sog. **Intonationsmuster**, aufweist. Den charakteristischen Tonhöhenverlauf der einzelnen Satztypen, etwa von Frage- und Aussagesätzen, bezeichnet man auch als **Intonationskontur**.

Die Intonation erlaubt nicht nur die Unterscheidung von verschiedenen Äußerungstypen bzw. Satzmodi wie den Aussage-, den Frage- oder den Aufforderungssatz. Sie leistet vielmehr auch einen wichtigen Beitrag zur **Strukturierung der Satzinformation**, indem sie bestimmte Teile des Satzes als neue oder besonders wichtige Information herausstellt oder auch falsche Information korrigiert. Sie spielt damit eine zentrale Rolle für die **Informationsstruktur** des Satzes. Auch kann die Intonation **demarkative Funktion** erfüllen, wenn sie bestimmte Elemente im Satz als zusammengehörig markiert. Dies ist z. B. der Fall bei Aufzählungen, bei denen die Alternativen jeweils intonatorisch deutlich voneinander abgesetzt sind, wie in (1):

Funktionen
der Intonation

(1)   ¿Adónde quieres viajar, a Roma, a Bruselas o a Londres?

Schließlich besitzt sie auch eine **parasprachliche Funktion (parasprachliche Intonation)**, wenn sie – jenseits von informationellen Aspekten des Satzes – auf den Sprecher zurückweist. Dieser kann sich nämlich auch der Intonation bedienen, um **affektive** und **soziale Inhalte** zu vermitteln. Intonation ist daher auch ein Mittel, um Emotionen wie Begeisterung oder Enttäuschung auszudrücken oder soziale Beziehungen (wie Autorität) zu kennzeichnen.

Die Intonation hat auch **extralinguistische Funktionen**, d. h. sie vermittelt keine grammatische Bedeutung (wie etwa Satztypen), sondern besitzt **symptomale Funktion**, indem sie über die regionale oder soziale Herkunft des Sprechers Auskunft gibt. In jüngster Zeit wendet man sich auch in der Varietätenlinguistik des Spanischen verstärkt der Erforschung intonatorischer Besonderheiten der einzelnen Varietäten des Spanischen (etwa in Andalusien oder Buenos Aires) zu.

Für den Intonationsverlauf (*movimiento tonal*) sind zwei Orientierungsmarken zentral: Zum einen die betonten Silben und damit die Wortakzente, zum anderen die Ränder der Intonationseinheiten. Die Intonationseinheiten werden auch als **Intonationsphrasen** (*frases o grupos prosódicos*) bezeichnet.

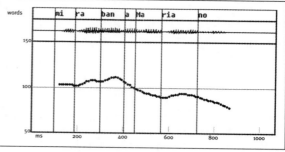

Intonation und Satzmodus im Spanischen: Die Intonation spanischer Aussagesätze (Deklarativsätze) ist dadurch charakterisiert, dass die maximale Tonhöhe erst nach der ersten betonten Silbe, also **posttonisch** (*en sílaba postónica*), erreicht wird. Der Tonhöhenverlauf erreicht noch einmal ein lokales Maximum auf der letzten betonten Silbe, fällt dann aber deutlich ab und endet auf einem tiefen Grenzton. Die Sprecher verzichten allerdings auf einen In-

Abb. 8: Deklarativsatz »Miraban a Mariano« (aus Hualde 2005: 255, Figure 14.1)

Suprasegmentale
(Prosodische)
Phonologie

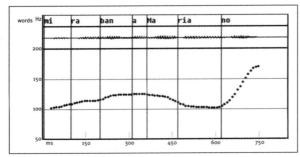

Abb. 9: Absolute
Frage »¿Miraban
a Mariano?« (aus
Hualde 2005: 269,
Figure 14.13)

tonationsabfall nach der letzten betonten Silben, wenn sie signalisieren wollen, dass sie ihre Äußerung fortsetzen.

Das **Intonationsmuster der Fragesätze** weist eigene Besonderheiten auf. Dabei muss zwischen der Intonationskontur von **absoluten Fragen** bzw. **Entscheidungsfragen** (*oraciones interrogativas totales*), die mit »ja« oder »nein« beantworten werden sollen, und der von **partiellen Fragen** (*oraciones interrogativas pronominales*) unterschieden werden. Während Entscheidungsfragen im Standardspanischen durch einen starken finalen Anstieg der Intonationskurve gekennzeichnet sind, besitzen partielle Fragen die gleiche absteigende Kontur wie Deklarativsätze. Varietätenlinguistische Studien konnten zudem zeigen, dass sich die Intonationsverläufe bei Entscheidungsfragen in den einzelnen Varietäten des Spanischen teilweise erheblich hinsichtlich des Grenztons voneinander unterscheiden.

Die **Intonationskontur** (*contorno entonacional*) markiert auch die **Informationsstruktur** eines Satzes, d.h. die Aufteilung seines informationellen Gehalts in bekannte und neue Information. Dabei wird die Information im Satz üblicherweise so angeordnet, dass zunächst an Bekanntes angeknüpft und erst im weiteren Satzverlauf die neue Information eingeführt wird. Dies ist die sog. unmarkierte Satzanordnung.

Bei der **unmarkierten Satzanordnung** liegt das Maximum der Intonationskurve, der Hochton, auf der letzten Silbe des Satzteils, der die bekannte Information enthält. Der Intonationsverlauf fällt dann deutlich im Bereich der neuen Information ab. In Abbildung 10 lässt sich die Aufteilung in bekannte Information (formulierbar etwa als Frage: ¿»Qué miraba María«?) und neue Informationen (die korrespondierende Antwort »la luna«) deutlich erkennen.

Im Falle der **kontrastiven Herausstellung** wird die betonte Silbe des kontrastiv herausgestellten

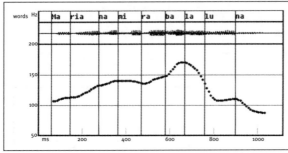

Abb. 10: Bekannte
vs. neue Informa-
tion (aus Hualde
2005: 262,
Figure 14.4)

Elements durch einen deutlichen Anstieg, auf den ein drastischer Tonabfall folgt, auch intonatorisch markiert (s. Abb. 11 mit einer kontrastiven Betonung auf Mariana).

Wie die Beispiele deutlich machen, besitzt jeder charakteristische Kontext seine spezifische **Intonationskontur**. Diese typischen Intonationsmuster korrelieren oftmals auch mit ganz bestimmten syntaktischen Strukturen (s. Kap. 6.6). Sie werden verwendet, um bestimmte Ausdrucksabsichten (**pragmatische Funktionen**) zu realisieren.

Der Bereich der Intonations-
forschung befindet sich mithin
am Schnittpunkt von Phonologie, Syntax und Pragmatik und
verdeutlicht die Komplexität von
sprachlichen Phänomenen, die
sich vielfach nur aus dem Zusammenwirken mehrerer Ebenen des
Sprachsystems zufriedenstellend
erklären lassen.

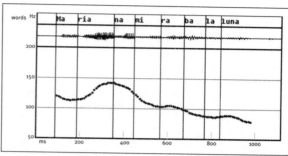

Abb. 11: Kontrastive Herausstellung (aus Hualde 2005: 265, Figure 14.8)

**Das Autosegmental-Metrische
Modell:** Wir haben bislang einige Intonationsmuster anhand des typischen Verlaufs der Intonationskurven charakterisiert. Ein weit verbreite-
tes systematisches Beschreibungsmodell hat die Intonationsphonologin
Janet Pierrehumbert (*The Phonology and Phonetics of English Intonation*, 1980) entwickelt, das (seit Ladd 1996) als Autosegmental-Metrisches
Modell (AM-Modell) bezeichnet wird. Das Besondere an diesem Modell
ist, dass es sich bei der Analyse von Intonationskonturen auf den Grundfrequenzverlauf beschränkt und dabei anhand von wenigen markanten
Merkmalen die charakteristischen Satzkonturen erfassen kann. So berücksichtigt Pierrehumbert lediglich zwei Arten von phonologischen
Tönen, die **tonalen Zielpunkte** (*tonal targets*). Die tonalen Zielpunkte
werden lediglich relativ, also im Verhältnis zu ihrem jeweils vorausgegan-
genen Ton, klassifiziert.

- **H-Töne** (Hochtöne, H für *high*) werden als **Gipfel** und
- **L-Töne** (Tieftöne, L für *low*) als **Täler** im Grundfrequenzverlauf realisiert.

Aus der Lage der Zielpunkte (*tonal targets*) lässt sich durch Interpola-
tion auf Grundlage einer Funktion auch die gesamte Verlaufskurve er-
rechnen. Die tonalen Zielpunkte bilden eine von der segmentalen und
metrischen Ebene geschiedene, ›autonome‹ Ebene, weshalb das Modell
als **autosegmental** bezeichnet wird. Im Rahmen der reduktiven Abstraktion werden auch nur zwei Kategorien von phonologischen Tönen
unterschieden:

- Die Akzenttöne (*accent tones*) bzw. Tonakzente (*pitch accents*), die
  durch das Stern-Symbol (*) gekennzeichnet sind, assoziieren mit
  metrisch starken Silben, d.h. sie werden als Gipfel oder Täler auf der
  akzentuierten Silbe realisiert. Sie können dabei aus einem oder mehreren Zielpunkten bestehen, also **monotonal** oder **bitonal** sein. Mithilfe bitonaler Akzenttöne lassen sich steigende oder fallende Konturen
  angeben. Beispielsweise befindet sich im Falle der Kombination L*H
  der Gipfel der ansteigenden Intonationskurve erst auf der nachtonigen
  Silbe (**spätgipfeliger Akzentton** oder *late peak*). Bei LH* steigt die Kontur innerhalb der betonten Silben bis zum Tonhöhengipfel an (**früh-
  gipfeliger Akzentton**, *early peak*). HL* repräsentiert einen **fallenden
  Akzentton**, auch *fall* genannt, d.h. die Betonung erfolgt erst im Abfall
  der Intonationskurve.

Suprasegmentale
(Prosodische)
Phonologie

- Die **Grenztöne** (*boundary tones*) sind mit den Rändern der Intonationseinheiten (oder **Intonationsphrasen**) verbunden und werden durch das
Prozent-Zeichen (%) markiert. So steht **L%** für einen **tiefen Grenzton**
und **H%** entsprechend für einen **hohen Grenzton.**

Beispiel | **Darstellung des Intonationsverlaufs von Aussage- und Fragesatz im Autosegmental-Metrischen Modell**

```
(L%)          L+H* L%                    H%              L*  H%
 |             |   |                      |               |  |
[Le c o n v i e n e]                   [¿ Le c o n v i e n e ?]
```

(Darstellung nach Kubarth 2009: 249)

Der Aussagesatz ist dadurch hinreichend gekennzeichnet, dass die
Kontur innerhalb der akzentuierten Silbe bis zum Tonhöhengipfel an-
steigt (*early peak*) und auf einem tiefen Grenzton endet. Die Kontur des
Fragesatzes zeichnet hingegen aus, dass die akzentuierte Silbe als lo-
kales Tal realisiert wird, der Tonhöhenverlauf jedoch auf einem hohen
Grenzton ausläuft.

Eine Anwendung des Autosegmental-Metrischen Modells für die
Beschreibung intonatorischer Besonderheiten zentraler Varietäten des
Spanischen bietet die jüngst erschienene Darstellung von Gabriel, Mei-
senburg und Selig (2013).

Literatur | **Alarcos Llorach, Emilio** (1965): *Fonología española*. 4. Aufl. Madrid: Gredos.
Alcoba, Santiago (Hg.) (2000): *La expresión oral*. Barcelona: Ariel.
Chomsky, Noam/Halle, Morris (1968): *The Sound Pattern of English*. New York: Harper
& Row.
Colina, Sonia (2009): *Spanish Phonology. A Syllabic Perspective*. Washington: George-
town University Press.
Fuhrhop, Nanna/Peters, Jörg (2013): *Phonologie und Graphematik*. Stuttgart/Weimar:
Metzler.
Gabriel, Christoph/Meisenburg, Trudel/Selig, Maria (2013): *Spanisch: Phonetik und Pho-
nologie. Eine Einführung*. Tübingen: Narr.
Gussenhoven, Carlos (2004): *The Phonology of Tone and Intonation*. Cambridge: Cam-
bridge University Press.
–/Jacobs, Haike (1998): *Understanding Phonology*. London: Arnold.
Gutiérrez Bravo, Rodrigo/Herrera Zendejas, Esther (Hg.) (2008): *Teoría de la optimali-
dad: estudios de sintaxis y fonología*. México: El Colegio de México.
Hall, T. Alan (2000): *Phonologie: Eine Einführung*. Berlin: de Gruyter.
Harris, James W. (1969): *Spanish Phonology*. Cambridge, Mass.: MIT Press.
– (1975): *Fonología generativa del español*. Traducción del inglés de Aurelio Verde. Bar-
celona: Planeta.
Hualde, José Ignacio (2005): *The Sounds of Spanish*. Cambridge: Cambridge University
Press.
Introno, Francesco d'/Teso Martín, Enrique del/Weston, Rosemary (1995): *Fonética y
fonología actual del español*. Madrid: Cátedra.

Jakobson, Roman/Fant, Gunnar/Halle, Morris (1952): *Preliminaries to Speech Analysis: the Distinctive Features and their Correlates.* 2. Aufl. Cambridge, Mass.: MIT Press.

Jakobson, Roman/Halle, Morris (1956): *Fundamentals of Language.* S'Gravenhage: Mouton.

Kager, René (1999): *Optimality Theory.* Cambridge: Cambridge University Press.

Kubarth, Hugo (2009): *Spanische Phonetik und Phonologie – Segmente, Silben, Satzmelodien.* Frankfurt a.M.: Lang.

Ladd, D. Robert (1996, ²2008): *Intonational Phonology.* Cambridge/New York: Cambridge University Press.

Liberman, Mark Y. (1979): *The Intonational System of English.* New York: Garland.

Malmberg, Bertil (1976): *Einführung in die Phonetik als Wissenschaft.* Übers. von Herbert Bartholmes. München: Fink.

Martín Vide, Carlos/Argente Giralt, Joan A. (Hg.) (1996): *Elementos de lingüística.* Barcelona: Octaedro Universidad.

Martínez Celdrán, Eugenio (1984): *Fonética (con especial referencia a la lengua castellana).* Barcelona: Teide.

–/Fernández Planas, Ana María (2007): *Manual de fonética española: articulaciones y sonidos del español.* Barcelona: Ariel.

Navarro Tomás, Tomás (1977): *Manual de pronunciación española.* 19. Aufl. Madrid: Consejo Superior de Investigaciones Científicas.

Núñez-Cedeño, Rafael A. et al. (1999): *Fonología generativa contemporánea de la lengua española.* Washington: Georgetown University Press.

Odden, David A. (2005): *Introducing Phonology.* Cambridge/New York: Cambridge University Press.

Pierrehumbert, Janet B. (1980): *The Phonology and Phonetics of English Intonation.* Diss. Massachusetts: MIT.

Pompino-Marschall, Bernd (2003): *Einführung in die Phonetik.* 2. Aufl. Berlin: de Gruyter.

Prieto, Pilar (Hg.) (2003): *Teorías de la entonación.* Barcelona: Ariel.

Prince, Alan/Smolensky, Paul (1993): *Optimality Theory: Constraint Interaction in Generative Grammar.* New Brunswick, NJ: Rutgers Center for Cognitive Science, Rutgers University.

Quilis, Antonio (1993): *Tratado de fonología y fonética españolas.* Madrid: Gredos.

– (1997): *Principios de fonología y fonética española.* Madrid: Arco Libros.

Ramers, Karl-Heinz (2001): *Einführung in die Phonologie.* 2. Aufl. München: Fink.

Rivas Zancarrón, Manuel/Gaviño Rodríguez, Victoriano (2009): *Tendencias fonéticas en el español coloquial.* Hildesheim: Olms.

Sosa, Juan Manuel (1999): *La entonación del español: su estructura fónica, variabilidad y dialectología.* Madrid: Cátedra.

Trubetzkoy, Nikolai S. (1939, ⁷1989): *Grundzüge der Phonologie.* Göttingen: Vandenhoeck & Ruprecht.

5 Morphologie

5.1 Klassifikation von Morphemen
5.2 Morphem und Wort
5.3 Flexionsmorphologie
5.4 Wortbildung

Die Morphologie (*morfología*), die traditionell als **Formenlehre** definiert wurde, befasst sich mit dem Aufbau und der inneren Struktur von Wörtern, wobei das **Morphem** – seine Form, Funktion und Verteilung – im Zentrum der Betrachtung steht. Die Morphologie gliedert sich in die beiden größeren Teilbereiche der **Flexions-** und der **Derivationsmorphologie**. Beschäftigt sich erstere mit dem Formeninventar (den Paradigmen) der einzelnen Wortarten, so behandelt letztere die Verfahren zur Bildung neuer Wortschatzeinheiten.

Das **Morphem** (*morfema*) und nicht der Wortbegriff ist die zentrale Bezugsgröße der Morphologie. Es lässt sich definieren als die **kleinste bedeutungstragende Einheit** (Phonem- oder Graphemfolge je nach Realisierung) im System der Sprache. Das Morphem besitzt **Zeichencharakter**, da einer Lautfolge eine Bedeutung bzw. Funktion zugewiesen ist. Ein Beispiel hierfür ist etwa die Flexionsform der 1. Person Singular Präsens, die Flexionsendung -*o* wie in *canto* oder *hago*. Diese verbindet eine lautliche Form mit einer grammatischen Bedeutung, etwa: ›ich‹ als Sprecher. So wie Allophone zum Phonem auf der lautlichen Ebene verhalten sich die **Allomorphe** zum Morphem auf der Zeichenebene.

Allomorphe (*alomorfos*) sind die Varianten eines Morphems, d. h. sie unterscheiden sich hinsichtlich ihrer Form, besitzen aber die gleiche Bedeutung bzw. Funktion. Wie im Bereich der Phoneme können freie und kombinatorische Varianten unterschieden werden.

Freie Varianten, Formen (*Morphe*), die in einem Kontext beliebig ausgetauscht werden können, kommen allerdings auf der Morphemebene sehr selten vor. Eines der wenigen Beispiele ist die Alternation der Suffixe -*mento*/-*miento* im Bereich der Wortbildung. Dort finden wir die Formen *pagamento* und *pagamiento* sowie *apartamento* und *apartamiento*.

Kombinatorische Varianten treten nie gemeinsam auf, denn sie sind **komplementär** verteilt. Zum Beispiel sind die unterschiedlichen Pluralformen im Spanischen die Allomorphe eines abstrakten Pluralmorphems. Die einzelnen Pluralformen, die Allomorphe, treten in den folgenden Kontexten auf:

- **Pluralbildung auf -es** bei Wörtern, die konsonantisch auslauten:
  nación: *naciones*, *léon*: *leones*
- **Pluralbildung auf -s** bei Wörtern, die vokalisch auslauten:
  chica: *chicas*, *hermano*: *hermanos*
- **Gräzismen auf -is:** *análisis*: *análisis*, *crisis*: *crisis*

Alle drei Pluralformen sind kontextuell determinierte Realisierungen ein und desselben abstrakten Morphems, das die Bedeutung bzw. die Funktion ›Plural‹ besitzt. Das Beispiel illustriert aber noch ein weiteres Phänomen: Die Pluralformen der auf *-is* endenden Gräzismen wie z. B. *análisis* entsprechen den Singularformen. Das die Bedeutung ›Plural‹ realisierende Allomorph wird in diesem besonderen Vorkommenskontext nicht durch eine Form mit lautlicher Substanz ausgedrückt. Bei einem Allomorph ohne lautliche (phonische) Substanz sprechen wir von einem **Nullallomorph** (*alomorfo cero*). Die Relevanz von Nullmorphemen, die sich aus dem funktionalen Gegensatz konkurrierender Morpheme ergibt, wird noch am Beispiel der Verbalflexion deutlicher werden.

Das Phänomen der Allomorphie tritt besonders stark bei den sehr häufig verwendeten Basisverben auf. Beispielsweise tritt der Stamm des Verbs *ir* – kontextabhängig – auf dreierlei Weise in Erscheinung. Im Präsens Indikativ und Konjunktiv als *v-*, im Indefinido und den Imperfecto de Subjuntivo-Formen als *fu-* und schließlich in den anderen Kontexten als *i-*:

i-: *ir, iré, iría, iba, ido, yendo*
v-: *voy, vaya*
fu-: *fui, fuese, fuera*

Es kommt auch vor, dass zwei Morpheme miteinander verschmelzen und in einer einzigen Form ausgedrückt werden. Man spricht in diesem Falle von einem **Portmanteau-Allomorph** (*alomorfo portmanteau*). Ein Beispiel hierfür ist die Form *al* (escribo *al* profesor), die aus der Verschmelzung der Präposition *a* mit dem männlichen Artikel *el* resultiert.

5.1 | Klassifikation von Morphemen

Morpheme lassen sich nach ihrer Funktion klassifizieren:

Lexikalische Morpheme (*morfemas léxicos*) gehören zum Wortschatz einer Sprache und bezeichnen Dinge oder Sachverhalte der außersprachlichen Realität. Sie stellen eine **offene Klasse** dar, können also durch **Entlehnungen** aus anderen Sprachen oder durch **Wortbildungsverfahren** erweitert bzw. erneuert werden.

Die grammatischen Morpheme (*morfemas gramaticales*) besitzen innersprachliche Funktionen und bilden eine **geschlossene Klasse**. Zu ihnen gehören Elemente wie Pronomina, Konjunktionen, Präposition und die Affixe.

Die Morpheme lassen sich aber auch nach ihrer Stellung differenzieren.

Freie Morpheme (*morfemas libres*) sind relativ unabhängig realisierbar bzw. weitgehend autonom. Ein Wort wie *casa* kann auftreten, ohne an weitere Elemente gebunden zu sein.

Gebundene Morpheme (*morfemas ligados*) können nicht alleine auftreten, d. h. sie sind immer an andere Morpheme gebunden.

Die Kombination beider Kriterien – lexikalisch vs. grammatisch und frei vs. gebunden – ermöglicht eine Kreuzklassifikation der morphematischen Einheiten, wie sie in der Tabelle dargestellt ist.

	frei	gebunden
lexikalisch	coche, pan	luso-, narco-, -voro, -cida
grammatisch	para, este	-s (Plural), -ción (Suffix)

Präpositionen verbinden lexikalische Morpheme wie z. B. in *estado de derecho*, sind also grammatische Morpheme, können jedoch relativ autonom auftreten.

Wortbildungselemente wie *luso-* (in *lusófono*) können nicht alleine auftreten (ein Lexem *luso* existiert nicht). Sie besitzen aber eine konkrete lexikalische Bedeutung (›auf Portugal bzw. das Portugiesische bezogen‹) im Gegensatz zu Suffixen wie *-ción*, die eine allgemeine bzw. abstrakte Bedeutung aufweisen. So referiert *-ción* etwa generell auf Ereignisse bzw. ihre Resultate (z. B. *limitación*: ›Begrenzung‹).

Das Grundmorphem eines Wortes wird als **Wurzel** bezeichnet. Wurzeln können frei oder gebunden sein (wie *vergonz-*, das nur bei Wortbildungen wie *vergonzoso* auftritt).

Affixe sind gebundene, grammatische Morpheme, die **reihenbildend** sind. Man spricht dann von Reihenbildung, wenn ein Morphem in einer Vielzahl von Wörtern in einer bestimmten Funktion vorkommt. In Abhängigkeit von ihrer Position zur Wurzel lassen sich drei Affixtypen unterscheiden.

- **Präfixe** (*prefijo, prefijación*) gehen ihrer Wurzel voraus wie z. B. *ante-* oder *pre-* in *antesala* bzw. *prenatal*.
- **Suffixe** (*sufijo, sufijación*) folgen der Wurzel, z. B. *-mos – hablamos, -aje – lavaje*.
- **Infixe** sind Suffixe, auf die ein weiteres Morphem folgt – in *salt-it-ar* und *llov-izn-ar* stehen nach dem Infix die Infinitivendungen.

Ein **Interfix** ist ein Fugenelement, das als zusätzliches Element einer Wortbildungsregel auftritt. So hat das Interfix *-i-* in *pelirrojo* oder *puntiagudo* die wichtige Funktion, ein Substantiv mit einem Adjektiv zu einem Adjektiv zu verbinden.

Funktional lassen sich die Affixe unterteilen in Flexionsaffixe und Derivationsaffixe.

Die Flexionsaffixe (*afijos flexivos*) bilden das Paradigma eines Wortes. Verben besitzen charakteristische Suffixe oder Flexionsformen für die Kategorien Tempus, Modus, Person und Numerus. Nomen, Adjektive und Pronomen besitzen Genus und Numerus. Derivationsaffixe dienen zur Ableitung bzw. Neuschöpfung eines Wortes auf der Grundlage einer Basis, etwa: *des-conocer*. Die Flexions- und Derivationssuffixe unterscheiden sich in mehrfacher Hinsicht voneinander: Flexionssuffixe sind hinsichtlich ihrer Position peripherer als Derivationssuffixe (*aparta-miento-s*: Suffix *-miento* + Pluralsuffix *s*).

Derivationssuffixe (*afijos derivativos*) bilden neue Wörter und verändern dabei die Bedeutung der Basis, wohingegen Flexionssuffixe lediglich Wortformen bilden und dabei nicht die Bedeutung der Basis berühren. Derivationssuffixe können die Wortart der Basis ändern (z. B. *amor* (Nomen) → *amor-oso* (Adjektiv)), Flexionssuffixe hingegen nicht (*amigo* (Nomen) → *amigo*-s (Nomen)). Die Flexionsmorphologie besitzt syntaktische Relevanz, nicht aber die Derivationsmorphologie. Die Flexionsmorphologie markiert z. B. die Kongruenz zwischen einem Nomen und seinen Begleitern (etwa *los ojos verdes*) bzw. zwischen einem Substantiv und einem Verb (*las chicas saben*). **Kongruenz** ist ein zentrales syntaktisches Phänomen, durch das syntaktische Relationen gekennzeichnet werden. Die Derivationsmorphologie ist dagegen mit keinerlei morphosyntaktischen Kongruenzphänomenen verbunden.

5.2 | Morphem und Wort

Warum geht die Formenlehre, die Morphologie, bei ihren Untersuchungen nicht vom Wort aus, zumal das Wort eine uns intuitiv gut zugängliche Größe zu sein scheint?

In der **Alltagssprache** wenden wir den Wortbegriff auf verschiedene Phänomene an, er ist also mehrdeutig. Einmal beziehen wir uns auf eine bestimmte **Wortform**, wenn wir etwa jemanden bitten ein bestimmtes Wort in einem speziellen Verwendungskontext zu wiederholen (*¿lo hizo él o lo hicieron ellos?*).

Das Lexem (*lexema*), das lexikalische Wort, ist demgegenüber eine abstrakte Einheit, die in ganz unterschiedlichen Flexionsformen vorkommen kann. Diese abstrakte lexikalische Einheit wird in einer bestimmten Weise, der **Nennform**, zitiert. Beispielsweise wird die abstrakte lexikalische Einheit *hacer* in der Infinitivform zitiert, die konventionelle Nennform der spanischen Verben. Ihr entsprechen **grammatische Formen** (bzw. **grammatische Wörter**) wie *hago*, *hizo*, *hicieras*, *harán* etc. Der Wortbegriff bereitet aber auch in definitorischer Hinsicht Probleme, denn je nachdem, welche Kriterien man zugrunde legt, stehen unterschiedliche Aspekte des Wortverständnisses im Vordergrund, denen in der sprachlichen Realität nicht immer die gleichen Phänomene entsprechen.

Das Wort kann man von einem phonetisch-phonologischen Verständnis ausgehend als die kleinste, durch Wortakzent und Grenzsignale abgrenzbare Lautfolge definieren. Allerdings haben wir schon im Phonologie-Kapitel gesehen, dass nicht alle Wörter einen Akzent tragen – z. B. tragen die unbetonten Pronomina keinen Akzent. Und: Wie behandeln wir kontrahierte Wörter wie etwa *al* (*subir al coche*)? – Unter Zugrundelegung eines orthographischen Kriteriums könnte man das Wort als durch Leerstellen getrennte Einheiten definieren. Was ist dann aber mit Verbindungen wie *comerselas* (*las ciruelas*)?

Morphologisch betrachtet, verstehen wir unter Wörtern die einzelnen grammatischen Formen der Paradigmen wie *hago*, *hizo*, *haré*. Diese Definition umfasst aber viel mehr konkrete Einheiten als die lexikalisch-semantische. Letztere versteht das Wort als Träger einer eigenen bzw. autonomen Bedeutung (der genau ein Konzept entspricht). Wie beurteilen wir dann aber Fälle wie *casco azul* (›Blauhelm‹), eine Bezeichnung, die eben genau einem Konzept entspricht? – Nach dem syntaktischen Kriterium kann das Wort als kleinste verschiebbare und ersetzbare Einheit des Satzes bestimmt werden. Wiederum stellt sich die Frage nach der Einordnung von kontrahierten Wörtern (Portmanteau-Allomorphe wie *al* in *dale al chico*).

Wie wir gesehen haben, hängt die Klassifikation von Einheiten als Wort von den jeweils berücksichtigten Kriterien ab. Die durch die unterschiedlichen Kriterien klassifizierten Mengen konkreter sprachlicher Einheiten decken sich im Kernbereich, führen aber in den Randbereichen zu widersprüchlichen Resultaten. Gerade weil der Wortbegriff der Alltagssprache angehört und dort dank seiner fehlenden Randschärfe gute Dienste in der alltäglichen Kommunikation leistet, ist er als analytische Basiseinheit der Morphologie weniger geeignet. Immerhin hat die **kognitive Sprachforschung** den Wortbegriff insofern wieder rehabilitiert, als sie seine Bedeutung als zentrale kognitive Bezugseinheit im Rahmen des **mentalen Lexikons** herausgestellt und motiviert hat. Nach diesem Verständnis ist das Wort eine Einheit des im Langzeitgedächtnis gespeicherten mentalen Lexikons, in der lautliche, morphologische, semantische und syntaktische Informationen aufeinander bezogen werden (vgl. Schwarz-Friesel 2008; Aitchison 2012).

5.3 | Flexionsmorphologie

5.3.1 | Die Wortarten

Die erste systematische Einteilung der sprachlichen Zeichen in Wortarten (*clases léxicas, partes de la oración*) geht auf Dionysios Thrax zurück, der im 2. Jh. v. Chr. eine Grammatik mit dem Titel *Technē grammatikē* verfasste. In seinem Werk gelangte der in Alexandrien lehrende Grammatiker auf der Grundlage von morphologischen Kriterien (v. a. der Flektierbarkeit) zu einer Einteilung der Wörter in **acht Wortarten**. Diese acht »Redeteile« – **Nomen**, **Verb**, **Partizip**, **Artikel**, **Pronomen**, **Präposition**, **Adverb**, **Konjunktion** – etablierten sich mit geringfügigen Modifikationen als kategorialer Grundbestand der Grammatikographie in ihrer jahrhundertelangen Tradition.

Mit der mittelalterlichen Sprachbetrachtung, vor allem der *grammatica speculativa*, wandelte sich das Verständnis der Wortarten, die als Reflex der Erscheinungsweise von Dingen in der Realität angesehen wurden. Im Vordergrund standen deshalb nun semantisch-konzeptuelle Kriterien: Das Nomen bezeichnet Substanzen, das Verb dynamische Vorgänge in der Zeit – Handeln oder Leiden –, das Adjektiv Eigenschaften, die Präpositionen das Verhältnis der Dinge zueinander etc. Ein Reflex auf diese überwiegend an konzeptuellen Kriterien orientierte Charakterisierung der Wortarten scheint immer wieder bei Bestimmungsversuchen des typischen Nomens, Verbs oder Adjektivs durch. Mittlerweile stehen allerdings morphosyntaktische und distributionelle Kriterien bei der Wortartenklassifikation im Vordergrund, d.h. es wird danach gefragt, in welchen syntaktischen Kontexten eine bestimmte Wortart vorkommt.

Nomen und Nominalflexion

Das Nomen (*nombre*) ist in morphosyntaktischer Hinsicht dadurch gekennzeichnet, dass es ein ihm inhärentes Genus sowie Numerusmerkmale besitzt: *Hijas* ist z.B. ein Nomen, das feminines Genus besitzt und das Numerusmerkmal Plural aufweist. Das Nomen tritt mit seinem Determinanten (z.B. dem Artikel, einem Demonstrativ- oder Possessivpronomen) sowie möglicherweise einem Adjektiv in dem sog. Nominalsyntagma auf (*las hijas simpáticas*). In diesem Rahmen ist es das wichtigste Element, der **Kopf** des Nominalsyntagmas, was sich morphosyntaktisch daran zeigt, dass es die Kongruenzmerkmale anderer Elemente des Nominalsyntagmas (des Artikels und des Adjektivs: *las* bzw. *simpáticas*) bestimmt. Wenn ein Nomen als Subjekt des Satzes auftritt, dann determiniert es auch die Person- und Numerusmarkierung des finiten Verbs (*las hijas simpáticas protestan*).

Nominalsyntagma

Substantive bilden zwei große Gruppen, die syntaktisch relevant sind, nämlich die **zählbaren Substantive** (*sustantivos discontinuos*) wie *coche* oder *casa* und die **nicht-zählbaren Substantive** (*sustantivos continuos*) wie *agua* und *carne*. Sie unterscheiden sich etwa im Gebrauch des Artikels sowie bezüglich ihrer Pluralisierbarkeit. Zählbare Substantive werden in der Regel mit dem Artikel gebraucht, unzählbare Substantive hingegen oftmals nicht (*María compra el coche. Pedro compra carne*). Nur zählbare Substantive sind pluralisierbar (*Aquí venden coches. Aquí venden carne*).

Nominalflexion: Die Substantive flektieren nach Genus und Numerus, allerdings schon in altspanischer Zeit nicht mehr nach Kasus. Die Substantive auf -*o* sind bis auf wenige Ausnahmen (etwa *la radio*) männlich (*masculino*), die auf -*a* endenden Substantive zumeist weiblich (*femenino*). Die wichtigste Gruppe, die hiervon abweicht, sind Lexeme griechischen Ursprungs wie *poema, sintagma, estigma*. Substantive auf -*e* können männlich oder weiblich sein (*el coche, la tarde*).

Adjektive und Adjektivflexion

Das Adjektiv (*adjetivo*) charakterisiert bzw. determiniert das Substantiv. Es kann syntaktisch beim Nomen stehen und besitzt dann die Funktion eines **attributiven Adjektivs** (*adjetivo calificativo-atributivo* bzw. nur *adjetivo atributivo*). Es kann aber auch in Verbindung mit einer **Kopula** (Verben wie *sein, werden, erscheinen, bleiben*) stehen, dann wird es **prädikativ** verwendet (*adjetivo calificativo-predicativo* bzw. nur *adjetivo predicativo*). Im Spanischen verwendet man auch die Bezeichnung *atributo*. Hier muss aber unbedingt beachtet werden, dass in der deutschen grammatischen

Terminologie ›Attribut‹ gerade auf erstere der beiden Funktionen, also die attributive Verwendung wie in »der kleine Prinz«, Bezug nimmt.

Relations- vs. qualifizierende Adjektive: Die Unterscheidung zwischen **Relationsadjektiven** und **qualifizierenden Adjektiven** ist nicht nur in semantischer, sondern auch in syntaktischer Hinsicht relevant. Qualifizierende Aktive wie *triste* oder *viejo* charakterisieren bzw. determinieren ihr substantivisches Bezugswort. Relationsadjektive schreiben es einer durch ihr Basisnomen gegebenen Bedeutungsdomäne zu. Zum Beispiel betrifft *una elección presidencial* das Amt bzw. die Funktion des Präsidenten und *una central nuclear* bezieht sich auf einen Kraftwerkstyp. In syntaktischer Hinsicht unterscheiden sich die beiden grundlegenden Adjektivklassen dadurch, dass Relationsadjektive weder prädikativ verwendet werden können (**esta central es nuclear*) noch graduierbar sind (**una central más nuclear*) und zudem immer nachgestellt werden müssen (**una presidencial elección*).

Die Adjektivflexion: Die Numerus- und Genusmerkmale der Adjektive sind ihnen nicht inhärent, vielmehr handelt es sich bei ihnen um **Kongruenzmerkmale**, die vom Substantiv, auf das sie sich beziehen, bestimmt werden. Adjektive besitzen teilweise maskuline und feminine Formen (*alto – alta*), teilweise sind sie unveränderlich, wenn sie auf *-e* oder auf Konsonant auslauten (*triste, habitual*). Besondere Eigenschaften weisen die **Nationalitätenadjektive** auf, die entweder hinsichtlich des Genus variabel (*-és/esa: francés/francesa*) oder unveränderlich sind (*-a: belga* und *-í: israelí*, vgl. im Plural *israelíes*).

Die meisten qualifizierenden Adjektive sind **graduierbar**. Die Grundform wie *alto* wird als **positiv** bezeichnet. Der **Komparativ** wird gebildet mit dem Adverb *más* + ADJ (*más alto que*), beim **relativen Superlativ** wird noch der Artikel angefügt (*la más alta*), wohingegen der **absolute Superlativ**, der auch als **Elativ** bezeichnet wird, mit dem Suffix *-ísimo* (*altísimo*) ausgedrückt wird. Am Beispiel des Kontrasts von relativem und absolutem Superlativ kann die Unterscheidung zwischen zwei morphosyntaktischen Verfahren zur Bildung grammatischer Kategorien eingeführt und illustriert werden: Der absolute Superlativ wird mithilfe eines Derivationssuffixes gebildet. Die Realisierung einer grammatischen Kategorie durch ein gebundenes grammatisches Morphem bezeichnet man als **syn-**

thetisches Verfahren, die resultierende Form ist eine **synthetische Form** (*forma sintética*). Der relative Superlativ wird hingegen durch einen vom Adjektiv getrennten lexikalischen Ausdruck ›*la más* ADJ‹ gebildet. Bei einem solchen Verfahren, das auf autonome lexikalische Einheiten zurückgreift, sprechen wir von einem **analytischen Verfahren** und im Hinblick auf die Form analog von einer **analytischen Form** (*forma analítica*). (Für die Relevanz dieser Unterscheidung im Rahmen der Sprachgeschichte s. Kap. 11.1 und 11.2).

Es gibt schließlich noch einige **synthetische Komparativ- und Superlativformen**, die auf das klassische Latein zurückgehen und aufgrund ihres häufigen Gebrauchs konserviert wurden wie die Formen *bueno – mejor – óptimo* oder *malo – peor – pésimo*. Die Formen des Vergleichsparadigmas stehen nicht in einer morphologischen Verwandtschaft, lassen sich also nicht von einem gemeinsamen Stamm ableiten. Die Formen *mejor* und *óptimo* sind mitunter aus einem anderen Paradigma ›ausgeliehen‹ worden, weil das bestehende Paradigma lückenhaft bzw. defektiv ist. Stammen Formen aus unterschiedlichen (etymologisch nicht verwandten) Paradigmen, so spricht man in der Morphologie von **Suppletion** bzw. **Suppletivformen**.

Determinanten: Artikel und Demonstrativa

Der **Artikel** bzw. **bestimmter** und **unbestimmter Artikel** (*artículo definido/indefinido*) werden heute zusammen mit den **Demonstrativpronomina**, dem **Possessivartikel** (*los posesivos: mi, tu, su, nuestro/a, vuestro/a, su*) und den **Quantifikatoren** (*cuantificadores: uno, dos, tres,* etc.) aufgrund ihrer semantischen Funktion und ihrer Verteilung zu den Determinanten (*determinantes*) bzw. Determinierern gezählt. In der Nominalgruppe aktualisieren sie das Nomen, das im jeweiligen Äußerungskontext auf bestimmte außersprachliche Dinge bzw. Sachverhalte referiert (s. Kap. 6.4).

Der **bestimmte Artikel** und die **Demonstrativpronomen** besitzen **drei Genera** – neben dem Maskulinum und dem Femininum eine Neutrumform, die sich auf ganze Sachverhalte bezieht (*el, la, lo; este, esta, esto; ese, esa, eso; aquel, aquella, aquello*), z.B. *lo que te dije ayer no es verdad. Lo* substantiviert zudem Adjektive (*lo bueno es que llegamos*) und tritt in der Exklamation auf (*¡lo simpáticos que son tus amigos!*).

Neben den Demonstrativpronomen können weitere Arten von Pronomen unterschieden werden:

- **Possessivpronomen:** Sie können als **unbetonte** (*posesivos átonos*) – *mi/mis, tu/tus, su/sus, nuestro/a/s, vuestro/a/s* und *su/sus* – oder **betonte** (*posesivos tónicos*) – *el mío/la mía/los míos/las mías, el nuestro/la nuestra/los nuestros/las nuestras*) – Formen auftreten.
- **Reflexivpronomen:** *me, te, se, nos, os, se*
- **Indefinitpronomen:** *nadie, alguien, nada, algo*
- **Relativpronomen:** *que, quien, el cual, cuyo.* Letztere verweisen auf das Nomen des Hauptsatzes, das sie im Relativsatz repräsentieren und dessen syntaktische Funktion im Nebensatz sie zudem anzeigen.

Das spanische Pronominalsystem

Pronomen haben die Funktion, ein Nomen zu ersetzen. Anders als die Nomen referieren sie nicht autonom auf außersprachliche Dinge oder Sachverhalte, sondern verweisen entweder auf die außersprachliche Kommunikationssituation (dann haben sie **deiktischen** Charakter) oder auf den vorangegangenen, manchmal auch auf den nachfolgenden sprachlichen Kontext (dann besitzen sie **anaphorischen** Status). Für ihre **semantische Spezifizierung** bzw. **Sättigung** sind sie also auf den außersprachlichen Kontext bzw. den sprachlichen Kotext angewiesen.

Das Pronominalsystem des Spanischen verfügt im Gegensatz zum Nominal- und Adjektivsystem über die grammatische Kategorie **Kasus**. Die **Subjektpronomina** lauten *yo, tu, él/ella, nosotros/as, vosotros/as, ellos/ellas*. Die **Objektpronomina** sind im Akkusativ und Dativ für die meisten Personen gleich: *me, te, nos, os*. Nur in der 3. Person Sg. und Pl. sind sie zwischen dem Akkusativ und dem Dativ differenziert (*lo, la, los, las* vs. *le, les*). In Verbindung mit Präpositionen hat das spanische Pronominalsystem zusätzlich noch die **betonten Formen** (*formas tónicas*) *mí* und *ti* (*para mí, para ti*) in den ersten beiden Personen Singular aufzubieten, in den übrigen Personen entsprechen sie den Formen des Nominativs. Die unbetonten Subjektpronomina verhalten sich wie verbale Morpheme und nicht wie lexikalische Morpheme. Sie bilden eine Einheit mit dem Verb, die lediglich durch andere Formen ihres Typs – klitische Pronomina und die Negationspartikel *no* – erweitert werden kann, z. B. *él no me vio*.

			Caso nominativo	Caso preposicional	Caso acusativo	Caso dativo
1.ª	Sing.		yo	mí, conmigo	me	
	Pl.	m.	nosotros		nos	
		f.	nosotras			
2.ª	Sing.		tú	ti, contigo	te	
	Pl.	m.	vosotros		os	
		f.	vosotras			
3.ª	Sing.	m.	él	lo (le)	le, se	
		f.	ella	la	le (la), se	
		n.	ello	lo	le, se	
	Pl.	m.	ellos	los (les)	les, se	
		f.	ellas	las	les (las), se	
			Formas acentuadas		**Formas inacentuadas**	

Abb. 1: Übersicht über die Personalpronomina im Spanischen (nach RAE 1973: 204)

Loísmo: Eine Besonderheit des Spanischen stellt die Variation des Objektpronomens der 3. Person Singular dar. Viele Sprecher (vor allem auch regionaler Substandards) verwenden das Pronomen *lo* als indirektes Objekt für belebte männliche Referenten, z. B. *A Jaime lo entregué el trabajo*. Man spricht bei diesem Gebrauch von dem Phänomen des Loísmo.

Beim Leísmo (in seiner ›leichten‹ Version) wird das Pronomen *le* auch als Akkusativpronomen verwendet, sofern das direkte Objekt, auf das es sich bezieht, männlich und belebt ist (*A Pedro le ayudé muchas veces*). Diese Form des Leísmo entspricht heute der standardsprachlichen Norm des Spanischen. Eine starke Variante des **Leísmo** besteht in der Verwendung von *le* als Akkusativpronomen für unbelebte direkte Objekte (*el coche le compré*). Sie wird allerdings als nicht normkonform angesehen.

Der Laísmo schließlich besteht in der Verwendung des direkten Objektpronomens *la* in der Funktion eines indirekten Objekts für Personenreferenten (*A Marivel la expliqué el problema*).

Verben und Verbalflexion

Verben (*verbos*) weisen ein komplexes Form- und Funktionssystem auf. **Finite Verbformen** flektieren nach Tempus, Modus, Genus verbi (aktiv, passiv) sowie – in Kongruenz mit dem Subjekt – nach Person und Numerus. Hier lässt sich die schon eingeführte Unterscheidung von analytischen und synthetischen Verfahren bei der Realisierung grammatischer Kategorien wieder aufgreifen.

Bei den **synthetischen Formen** werden die Kategorien wie Tempus und Person durch gebundene grammatische Morpheme, Flexionssuffixe, angezeigt. Eine synthetische Tempusform ist z. B. das Indefinido, dessen Flexionsformen an den Stamm angefügt werden: *cant-é, cant-aste, cant-ó* etc.

Analytische Formen bestehen aus der Kombination freier Morpheme wie im Fall einzelner Tempora sowie des Passivs, die mithilfe von Hilfsverben (Auxiliaren) ausgedrückt werden. So wird das Pasado Compuesto durch die Verbindung des Hilfsverbs *haber* mit dem Partizip Perfekt Passiv des lexikalischen Verbs gebildet, z. B. *he cantado*. Die Passivform setzt sich aus der konjugierten Form des Auxiliars *ser* und dem Partizip Perfekt zusammen (*es visto, fue visto* etc.). Das spanische Futur besitzt sowohl eine analytische als auch eine synthetische Form, *cantaré* und *voy a cantar*. – Letztere Konstruktion bezeichnet man auch als **periphrastische Konstruktion** bzw. **Verbalperiphrase**.

Das Verbalparadigma: Die Formen der **Verbalflexion** (*terminaciones*) bestehen aus drei Morphemen, die an den **Stamm** (*radical*) des lexikalischen Morphems (den **Verbstamm**) angefügt werden:

- **Der sog. Themavokal** (*vocal temática*: *-a-, -e-, -i-*), der die Zugehörigkeit zu den drei Konjugationsklassen anzeigt. Themavokal und Verbstamm bilden zusammen den erweiterten Verbstamm, die **Verbbasis**. Die **1. Konjugationsklasse** auf *-a-* ist die **unmarkierte** Klasse, da ihr nicht nur ca. 90 % der Verben angehören, sondern auch die weitaus meisten Neubildungen sowie lexikalische Übernahmen aus anderen Sprachen.
- **Das TAM-Morphem**, das Informationen über Tempus (Präteritum, Präsens, Futur), Aspekt (perfektiv-imperfektiv, perfekt) und Modus (Indikativ vs. Konjunktiv) enthält; durch das Morphem wird eine Sachverhaltsbeschreibung in der Zeit und in einer Welt verankert.
- **Die Personen- und Numerusmarkierung** ergibt sich aus der Kongruenz mit dem Subjekt und zeigt die enge Beziehung (Prädikationsrelation) zwischen dem Subjekt und dem Verbalkomplex an.

Allomorphie spielt im Bereich der Verbalflexion eine große Rolle. Auf die starke Allomorphie bei unregelmäßigen Verben, deren Verbstamm je nach Kontext variiert (vgl. nochmals *ir*: *i-, v-,* und *fu-*) wurde schon hingewiesen. Typisch sind im Spanischen auch Phänomene wie die **Vokalalternanz** e/i (*pedir, pido*), o/u (*dormir, durmió*), die **Diphthongierung** e/ie (*tener, tiene*), o/ue (*poder/puedo*), der **Konsonantenwechsel** c(e)/g (*hacer/hago*), die **Epenthese** (Einschub eines Lautsegments), etwa c(e)/zc (*conocer/conozco*) sowie n/ng (*venir/vengo*). Es gibt auch einige wenige Fälle von Variation des TAM-Morphems – so bei *voy* und *soy* (anstelle des üblichen

-o für die 1. Person Präsens Singular) – sowie der Personen- und Numerusmarkierung (so beim Imperativ der 1. und 2. Person Plural in Verbindung mit dem jeweiligen Reflexivpronomen: *vamos + nos: vámonos* und *amad + os: amaos*).

Analyse der Flexionsformen von *bailar*

Der **Infinitiv** *bailar* mit seinem charakteristischen Endungsmorphem *-r* ist Ausgangspunkt der Analyse.

Das **Imperfekt** (*Imperfecto*): Die 1. Person Plural *bailábamos* macht idealtypisch die Verteilung der genannten Morpheme deutlich, mit dem Themavokal *-á-*, dem TAM-Marker *-ba-* und der Numerus- und Personenmarkierung *-mos.* Gleiches gilt für die 2. Person Singular sowie für die 3. Person Plural. In der 1. und 3. Person Singular fehlt offenbar eine explizite Personen- und Numerusmarkierung. Hier liegt also ein **Nullmorphem** bzw. eine **Leerstelle** (*casilla vacía*) im morphologischen System vor.

Wurzel (*raíz*)	Themavokal (*vocal temática*)	TAM-Marker	Num./Pers.
bail-	á-	ba-	mos
bail-	a-	ba-	s
bail-	a-	ba-	∅

Auch der **TAM-Marker** für das Imperfekt weist Allomorphie auf. Bei den Verben der 2. und 3. Klasse (also in Verbindung mit den Themavokalen *e-* und *i-*) nimmt das Imperfekt-Morphem die Form *-ía-* (*perdíamos, pedíamos*) an. Wir haben es hier mit einem Fall von komplementärer Verteilung bzw. Allomorphie zu tun.

Futur/Konditional/Konjunktiv II (*Futuro/Potencial/Imperfecto de subjuntivo*): Auch diese Formen sowie die beiden Konjunktiv Imperfektformen lassen sich gut analysieren.

Wurzel (*raíz*)	Themavokal (*vocal temática*)	TAM-Marker	Num./Pers.
bail-	a-	re-	mos
bail-	a-	ría-	mos
bail-	á-	se-	mos
bail-	á-	ra-	mos

Die TAM-Marker für den Konjunktiv Imperfekt sind freie Varianten, d.h. wir können die Flexionsformen beliebig austauschen. Allerdings gibt es eine klare Präferenz für *-ra-* in Lateinamerika und für *-se-* im europäischen Spanisch. Möglicherweise lässt sich das Element *-r-* in den TAM-Markern *-re-, -ría-* und *-ra-* noch weiter analysieren und als ein **Pros-**

pektivitätsmarker interpretieren. Allen drei Verbformen ist gemeinsam, dass sie eine Verbalhandlung ausdrücken, deren Realisierung von einem impliziten Bezugspunkt aus betrachtet in einer zukünftigen Perspektive möglich ist (*si vinieras/vendría/vendrá en el futuro*). Bei *amaría/amara* liegt wiederum ein Nullmorphem bei der Personen- und Numerusmarkierung vor (→ *am-a-ría-Ø*).

Präsens (*Presente de Indicativo*): Vergleicht man die Verbformen der 1. Person *bailo* und *bailamos* mit den bisher behandelten, so wird deutlich, dass bei beiden ein expliziter TAM-Marker für das Präsens fehlt und bei der 1. Person Singular zudem der Themavokal getilgt wurde. Das Präsens Indikativ, Tempus des Sprechers und seines Sprechaktes, ist das Grundtempus des TAM-Systems und muss deshalb nicht explizit durch ein spezifisches Morphem ausgedrückt werden. Die Sprecher verständigen sich überwiegend über aktuelle Dinge und verwenden dann das Präsens. Sie können aber auch dann auf das Präsens zurückgreifen, wenn sie über Vergangenes (*Ayer vamos al centro y sabes ¿a quién vemos?*) oder Zukünftiges (*Mañana volvemos a Roma*) sprechen. Gegenüber dem Präsens als dem Standard- oder Defaultfall werden alle anderen Tempus- und Modusinformationen jeweils durch ein besonderes Morphem explizit gekennzeichnet. Wir sehen hier ein wichtiges Prinzip der morphologischen Kodierung: Der Standard- oder **Defaultfall** muss nicht durch eine morphologische Form kodiert werden (deshalb liegt ein Nullmorphem vor). Morphologisch kodiert wird vielmehr vom Standard- oder Defaultfall abweichende Information. Ganz analog verhält sich auch die Kategorie Numerus. Wir brauchen kein Singularmorphem – Einzahl ist der zugrunde liegende Normalfall – wir markieren vielmehr den spezielleren Fall der Pluralität durch ein eigenes Morphem.

Wurzel (*raíz*)	Themavokal (*vocal temática*)	TAM-Marker	Num./Pers.
bail-	-Ø	-Ø	-o
bail-	-a	-Ø	-s

Indefinido: Die Analyse des Indefinido ist besonders schwierig, was sich historisch aufgrund der verschiedenen lautlichen Kontraktionen der Formen erklärt. So lassen sich für Formen wie *amaron* der Themavokal -*a* sowie die TAM-Markierung -*ro*- und Personen-/Numerusendung -*n* für die 3. Person Plural erkennen. Bei den übrigen Pluralformen lässt sich kein TAM-Marker erkennen, bei der 2. Singular fehlt die Personen- und Numerusmarkierung (wobei die Sprecher interessanterweise die Tendenz zeigen, ein entsprechendes ›regelmäßiges‹ Personen- und Numerus-Morphem -*s* anzufügen, also die Form *amastes* zu bilden). Die Analyse der Formen *amé* und *amó* ist besonders schwierig: Wenn man davon ausgeht, dass die 1. (Ausnahme: *bail-o* im Präsens)

und die 3. Person Singular im Paradigma üblicherweise durch ein Nullmorphem ausgezeichnet ist, so kann man -*é* und -*ó* als TAM-Marker
klassifizieren. Möglicherweise muss man von einer Verschmelzung
von TAM-, Numerus- und Personenmarkierung ausgehen.

Wurzel (*raíz*)	Themavokal (*vocal temática*)	TAM-Marker	Num./Pers.
bail-	-a	-ste	-is
bail-	-a	-ro	-n
bail-	-a	-ste	-Ø/(-s)
bail-		-é/-ó	

Das Indefinido weist eine weitere Besonderheit auf. Bei den **starken
Präteritumsformen** (*pretéritos rizotónicos*) alternieren stamm- und endungsbetonte Formen. Die 1. und 3. Person Singular sind **stammbetont**
(*tuve, tuvo*), die übrigen **endungsbetont** (*tuvimos, tuvísteis, tuvieron*).
Dieses Akzentuierungsmuster ist etymologisch bedingt, denn auch im
lateinischen Perfektsystem alternieren stamm- und endungsbetonte
Formen (vgl. *amavi, amavisti, amavit*).

5.3.2 | Das TAM-System

Die TAM-Marker enthalten Information über **Tempus**, **Aspekt** und **Modus**.

1. **Die Kategorie ›Tempus‹** verankert ein Ereignis im Verhältnis zum
Sprechzeitpunkt, dem *Hier und Jetzt* des Sprechers. Der Sprecher und die
mit ihm verbundenen Variablen Zeit und Ort sind gewissermaßen der
Ausgangs- und Orientierungspunkt, die **Origo**, des Tempussystems. Es
handelt sich deshalb beim Tempus um eine **deiktische Kategorie**.

Einige Tempora, die sog. **absoluten Tempora**, situieren Ereignisse unmittelbar im Verhältnis zum Sprechzeitpunkt. Hierzu zählen das Präsens,
das Präteritum und das Futur, die Ereignisse entweder am Sprechzeitpunkt oder vor bzw. nach dem Sprechzeitpunkt lokalisieren. Die **relativen**
(bzw. **absolut-relativen**) **Tempora** ordnen Ereignisse nur indirekt, nämlich über einen weiteren Referenzpunkt, im Verhältnis zum Sprechzeitpunkt ein. Ein solches Tempus ist das Futur II (*habrá cantado*), das z. B.
ein Ereignis vor einem anderen, als Referenzpunkt dienenden, zukünftigen Ereignis situiert (*Mañana, a esta hora, Pedro ya habrá salido*). Das
Konditional drückt in seiner temporalen Lesart eine Vergangenheit in der
Zukunft aus, d. h. es lokalisiert ein Ereignis nach einem **Ankerpunkt**. Ein
solcher Ankerpunkt ist z. B. eine in die Vergangenheit verschobene Sprecherorigo, die typischerweise in der indirekten Rede auftritt. Hier gibt der
Sprecher die Aussage eines anderen Sprechers wieder, der seine Äußerung

zu einem Zeitpunkt in der Vergangenheit gemacht hat: *Ayer Pedro me dijo que vendría hoy* (s. auch Kap. 7.8.1).

2. Die Kategorie ›Aspekt‹ bezieht sich im Gegensatz zum Tempus, das Ereignisse im Verhältnis zum Sprechzeitpunkt als der Bezugsorigo lokalisiert, auf die **innere Struktur von Ereignissen**. Dabei lässt sich zwischen dem **lexikalischen Aspekt** und dem **grammatischen Aspekt** unterscheiden. Der lexikalische Aspekt ist eigentlich Teil der Verbsemantik. Er soll hier aber doch kurz mitbehandelt werden, da er vielfach mit dem grammatischen Aspekt interagiert.

Der lexikalische Aspekt betrifft die interne temporale Struktur von Situationen bzw. Ereignissen, die von einem Verb und seinen Argumenten charakterisiert wird. Situationen bzw. Ereignisse können sich darin unterscheiden, ob sie **dynamisch** sind (also Entwicklungsphasen durchlaufen) oder **statisch**. Sie können eine **zeitliche Ausdehnung** besitzen (sie sind dann durativ) oder **punktuellen Charakter** haben. Schließlich gibt es Ereignisse, die auf einen inhärenten Zielpunkt zusteuern und solche, die keinen Ziel- oder Kulminationspunkt besitzen. Erstere werden als **telische**, letztere als **atelische Ereignisse** bezeichnet. In Anlehnung an Zeno Vendlers Klassifikation (1967) von Ereignistypen lassen sich vier **Aktionsarten** unterscheiden:

- **Zustände** (*states*, *estados*): Verben wie ›wissen‹ (*saber*) oder ›ähneln‹ (*parecer*) beschreiben Zustände, d. h. Situationen, die sich nicht im Lauf der Zeit verändern. Diese Verben erlauben normalerweise keinen Imperativ, sie bilden keine Verlaufsform und sie lassen sich auch nicht mit Verbalperiphrasen verbinden, die eine Phase eines Ereignisses herausgreifen (*empezar a hacer, acabar de hacer*).

Vendlers Aktionsartenklassifikation

- **Aktivitäten** (*activities*, *actividades*): Verben wie ›tanzen‹ (*bailar*) oder ›arbeiten‹ (*trabajar*) beschreiben Aktivitäten. Aktivitäten sind Ereignisse, die eine innere Struktur aufweisen (beim Tanzen werden z. B. unterschiedliche Bewegungen ausgeführt), jedoch keinen natürlichen Endpunkt aufweisen (man kann irgendwann einfach spontan oder aus Erschöpfung die Aktivität beenden).

- *Accomplishments* (*realizaciones*) und *Achievements* (*logros*): Im Gegensatz zu den atelischen Zuständen und Aktivitäten streben die *achievements* und *accomplishments* auf einen dem Ereignistyp innewohnenden Kulminationspunkt zu. Accomplishments wie ›einen Brief schreiben‹ oder ›einen Kuchen backen‹ sind durativ, d. h. sie benötigen für ihre Realisierung einen längeren Zeitraum. Sie sind – bei erfolgreichem Abschluss – mit einem Resultat (dem verfassten Brief oder dem gebackenen Kuchen) verbunden. Die *achievements* (*logros*) – Verben wie ›fallen‹ oder ›ankommen‹ – sind hingegen punktueller Natur: Sie charakterisieren Ereignisse, bei denen Ereignisrealisierung und Resultatszustand praktisch zusammenfallen: Jemand, der an einen Ort gelangt, ist da und jemand, der fällt, liegt am Boden. Die Sprecher können durch die Verwendung der Verlaufsform einen besonderen Effekt erzielen: Aufgrund des punktuellen Charakters von *achievement*-Verben wird die Vorbereitungsphase in ihrer Entwicklung besonders herausgestellt (*¡estoy llegando!*).

Der grammatische Aspekt hingegen bestimmt die **Perspektive**, unter der ein Ereignis betrachtet bzw. dargestellt wird. Ein Ereignis lässt sich als ganzes betrachten unter Einschluss seines Anfangs- und Endpunktes. Bei einer solchen globalen bzw. – kognitiv betrachtet: holistischen – Perspektive auf ein Ereignis sprechen wir von einem **perfektiven Aspekt** (*aspecto perfectivo*). Der imperfektive Aspekt nimmt lediglich Ausschnitte von Ereignissen in den Blick, greift also den inneren Verlauf heraus, losgelöst von Anfangs- und Endpunkt. Der **imperfektive Aspekt** (*aspecto imperfectivo*) bildet mehrere Lesarten aus, die sich aus dem Zusammenspiel der Aktionsarten, kontextueller Faktoren und unserem Weltwissen ergeben. Besonders typische Imperfektlesarten sind die **habituelle** und die **progressive Lesart**. Bei der habituellen Lesart werden typische Ereignisse beschrieben, z. B. *Susana iba a bailar cada sábado por la noche*. Die progressive Lesart ist dadurch gekennzeichnet, dass ein Ereignis in einem bestimmten Moment seines Verlaufs bzw. seiner Entwicklung fokussiert wird (*En aquel momento, Juan estaba preparando la comida*).

Welche Rolle nun die Kategorie Aspekt (genauer: der grammatische Aspekt) im spanischen Sprachsystem spielt, wird kontrovers diskutiert. Rein **temporal orientierte Ansätze** (wie Bello 1847; Coseriu 1976; Rojo/ Veiga 1999) gehen davon aus, dass die temporale Dimension grundlegend für das spanische Verbalsystem ist und sich die verschiedenen Tempusformen in erster Linie temporal beschreiben lassen. In anderen Ansätzen wird die Kategorie Aspekt als zumindest gleichwertig für das System der Vergangenheitstempora angesehen. Danach ist das Imperfekt eine imperfektive Verbform, die vergangene Ereignisse in ihrem inneren Verlauf fokalisiert, wohingegen das Indefinido – als perfektives Pendant – ein Ereignis in seiner Gesamtheit erfasst (vgl. die Beiträge in García Fernández/ Camus Bergareche 2004).

3. Modus und Modalität: Modalität ist die Dimension der Sprache, die ein Ereignis im Hinblick auf unsere **Bezugswelt** – das, was wir als unsere Realität ansehen – verankert. Ereignisse können sich in unserer Bezugswelt abspielen – sie sind dann **real**. Sie können sich aber auch in anderen – alternativen – Welten vollziehen. Solche alternativen Welten können (von unserem gegenwärtigen Standpunkt aus betrachtet) durchaus noch eintreten – wir sprechen dann von **möglichen** bzw. **hypothetischen Welten**. Es gibt aber auch alternative Welten zu unserer Wirklichkeit, in denen die Dinge völlig anders liegen – ein Spanier namens Jaime könnte auch in London statt in Madrid geboren sein und jetzt James heißen – wir stellen uns dann **kontrafaktische** (oder **irreale**) Welten vor.

Die Sprache stellt verschiedene Verfahren bereit, um Modalität auszudrücken: **Modaladverbien** (*quizás, probablemente*), **Modaladjektive** (*probable, posible*), **Modalverben** (*poder, deber*), aber auch die **Tempora**. Zusätzlich zu ihren temporalen Lesarten können Tempora auch modale Inhalte ausdrücken. Keine Einigkeit besteht hinsichtlich der Frage, ob modale Lesarten der Tempora abgeleitete, also sekundäre Funktionen darstellen oder ob sie kontextuell determinierte Konkretisierungen ein und derselben abstrakten Grundbedeutung sind, die allen Lesarten zugrunde liegt. Das Imperfekt wird z. B. modal verwendet, wenn es ein irreales Ereignis ausdrückt (*casi me caía, pero felizmente tuve suerte*) und mit dem Futur kann der Sprecher ausdrücken, dass er sich hinsichtlich eines Sachverhaltes nicht hundertprozentig sicher ist, seine Aussage folglich eine (plausible) Vermutung ist (*Hay luz en la oficina. Juan estará trabajando*).

Die Modi sind eine besondere Verbalkategorie zum Ausdruck von Modalität (s. Kap. 7.8.2). Sie kommen in zwei Ausprägungen, dem **Indikativ** und dem **Konjunktiv**, vor. Bestimmte Verben, die abhängige Nebensätze – sog. **Komplementsätze** (s. Kap. 6.2.2) – einleiten, werden in der Regel mit einem bestimmten Modus verwendet. So treten Ausdrücke, die in ihrer semantischen Struktur den Bedeutungsaspekt der Notwendigkeit oder Möglichkeit enthalten, mit dem **Konjunktiv** auf:

(1)   Es posible que Carlos nos visite mañana.
(2)   Hace falta/conviene que nos ayudes.

Der **Indikativ** tritt hingegen in Verbindung mit Ausdrücken auf, die einen Sachverhalt als real bzw. wahr herausstellen:

(3)   Pedro piensa que es el mejor actor de la compañía.
(4)   No se ha dado cuenta porque es un despistado.

Das Modussystem ist um einiges komplexer als wir es an dieser Stelle darstellen können. So gibt es eine Reihe von Ausdrücken, bei denen die Modi alternieren können. Beispielsweise können Nebensätze mit *aunque* (obwohl) und *si* (falls) mit dem Indikativ und dem Konjunktiv stehen, je nachdem, als wie real der Sprecher den charakterisierten Sachverhalt darstellt:

(5)   Si viene me voy. (→ das Ereignis wird als reale Annahme eingeführt)
(6)   Si viniera me iría. (→ das Ereignis wird als wenig reale Annahme eingeführt)

Auf die satzsemantische Beschreibung der TAM-Marker werden wir in Kapitel 7.8 genauer eingehen.

5.4 | Wortbildung

5.4.1 | Grundbegriffe der Wortbildung

Die Wortbildungskomponente einer Sprache ist deshalb so bedeutsam, weil sie – neben der Entlehnung und dem Bedeutungswandel (s. Kap. 7.6) – die Erneuerung und Aktualisierung des Wortschatzes einer Sprache ermöglicht. Die unterschiedlichen Wortbildungsverfahren, auch **lexikogenetische Verfahren** (*procedimientos lexicogenéticos*) genannt, sind durch bestimmte Eigenschaften charakterisiert. Eine grundlegende Eigenschaft ist z. B., dass Wortbildungsverfahren nur bestimmte Wortarten als Eingabestruktur zulassen und nur eine bestimmte Wortart ausgeben. Das Suffix *-eza* bildet z. B. Substantive auf der Grundlage von Adjektiven: Adj → N: *bello* → *belleza*.

Wortbildung

Produktivität stellt ein zentrales Konzept im Bereich der Wortbildungslehre dar. Unter der Produktivität eines Wortbildungsverfahrens versteht man seine Fähigkeit, neue Wörter zu bilden. Dabei ist es unerheblich, dass es im Lexikon einer Sprache bereits viele Wörter gibt, die mithilfe eines bestimmten Affixes gebildet wurden. Ein Wortbildungsverfahren bzw. Affix ist nur dann produktiv, wenn die Sprecher immer noch – ganz spontan – neue Wörter auf der Grundlage eines Affixes bilden, ganz unabhängig davon, ob die Neuprägung auch tatsächlich von der Sprachgemeinschaft akzeptiert und in das Lexikon der Sprache aufgenommen (**lexikalisiert**) wird. Ein sehr produktives Verfahren im heutigen Spanisch stellt die Bildung von Verben mit dem Suffix *-izar* (z. B. *feminizar, economizar, catalanizar*) dar. Nicht mehr produktiv ist hingegen das Wortbildungsverfahren auf *-engo* (*abolengo, realengo*). Es gibt eine Reihe von Gründen, die dazu führen, dass Wortbildungsverfahren ihre Produktivität einbüßen.

Neben internen Faktoren wie der **Konkurrenz von Wortbildungsverfahren** (*-e* vs. *-miento*: *derrumbe/derrumbamiento, -anza* vs. *-ancia*: *alabanza/ganancia*) spielt vor allem der **Bezeichnungsbedarf** der Sprecher eine zentrale Rolle. Dieser erlischt, wenn ein Suffix entweder relevante Konzeptbereiche lexikalisch erschlossen hat oder es aufgrund historischer und kultureller Entwicklungen an Relevanz verloren hat. So erscheint das Suffix *-azgo* in Wortbildungen, die Rechtsinstitute (*mayorazgo*) bzw. gesellschaftliche Konventionen (*noviazgo*) bezeichnen, die vormodernen Rechts- und Gesellschaftsordnungen angehören.

Motiviertheit ist ein weiteres Grundkonzept im Rahmen der Wortbildung. Die Gesamtbedeutung eines **komplexen Wortes** ist dann motiviert, wenn sie sich aus den Teilbedeutungen seiner Bestandteile, also den einzelnen Morphemen, ableiten lässt. Ein Wort wie *desarmar* ist völlig **transparent** (man sagt auch ›durchsichtig‹), die Konstituenten *des-* (Umkehren des durch das Verb beschriebenen Prozesses) und *armar* (›bewaffnen‹) bringen ihre Bedeutungsanteile vollständig ein. Wörter wie *preferir* und *conferir* sind im Gegensatz dazu **opak**, da es im Spanischen kein Morphem *ferir* gibt. Für Lateinkundige sind die Verben allerdings motiviert (*ferre* ist im lateinischen ein lexikalisches Morphem und bedeutet ›tragen‹) – d. h. der Motivationsgrad von Lexemen kann auch mit dem Wissensstand der Sprecher variieren. Wenn Sprecher kein Wissen mehr über die Wortbestandteile (bzw. die Herkunft des Wortes) haben oder sich die Bedeutung von Wortbildungen gewandelt hat, so dass sich die semantische Beziehung zu den einzelnen Morphemen verdunkelt, kommt es zur **Demotivierung**.

Die Struktur von komplexen Wörtern ist **hierarchisch**, d. h. die einzelnen Bestandteile (Konstituenten) stehen in unterschiedlichem strukturellem Verhältnis zueinander. Nehmen wir das Wort *increíble*. Es ist klar, dass das Präfix *in-* an das Adjektiv *creíble* affigiert wird, nicht etwa das Suffix *-ble* an *increí-*, da es ein Verb **increer* nicht gibt. Vielmehr ist das Adjektiv *increíble* aus dem Verb *creer* durch Suffigierung gebildet worden und erst anschließend wurde das Präfix an das Wortbildungsprodukt angefügt. Es stehen somit das Adjektiv *creíble* und das Präfix *in-* auf der gleichen strukturellen Ebene, bilden also die unmittelbaren Konstituenten der Wortbildung *increíble*, wohingegen das Suffix *-ble* und das Präfix *in-* nicht in direkter struktureller Beziehung zueinander stehen und deshalb **mittelbare** Konstituenten genannt werden.

Es lassen sich eine Reihe von Prinzipien formulieren, nach denen man die Struktur von Wortbildungen ermitteln und angemessen beschreiben kann. Die Zerlegung eines komplexen Wortes in seine Bestandteile (Konstituenten) soll stets **binär** sein, d. h. es sollen immer nur zwei Konstituenten auf der gleichen Ebene stehen. Ein grundlegendes Zerlegungsprinzip ist semantischer Natur: Die Zerlegung soll den Bedeutungsbeziehungen zwischen den Bestandteilen entsprechen. Schließlich besitzt auch ein systematisches Prinzip grundlegende Relevanz: Die Analysen müssen im Einklang mit dem Gesamtsystem stehen, d. h. sie müssen den produktiven Regeln des lexikogenetischen Systems einer Sprache entsprechen (s. Abb. 2).

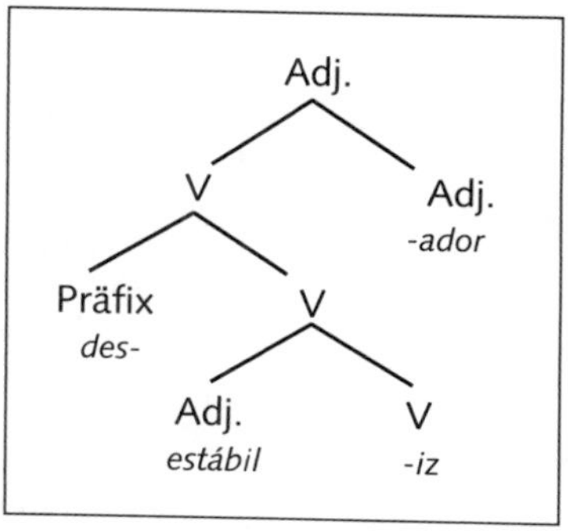

Eine exemplarische Analyse am Beispiel von *desestabilizador*: Abbildung 2 zeigt, dass sich zunächst die allomorphe gebundene Variante *estabil-* mit dem Suffix *-iz-* zu einem Verb verbindet. Das Präfix *des-* denotiert die Umkehr des durch das Basisverb beschriebenen Prozesses (die sog. reversative Lesart). Das Suffix *-dor* macht aus einem Verb ein Adjektiv – deshalb befindet es sich in der Hierarchie an der höchsten Stelle.

Abb. 2: Analyse der morphologischen Struktur von *desestabilizador*

5.4.2 | Derivation

Ein grundlegendes Wortbildungsverfahren stellt die Derivation dar. Bei der Derivation verbindet sich ein lexikalisches Morphem, die **Basis** der Wortbildung, mit einem Affix. Je nachdem, ob das Affix vor oder nach dem lexikalischen Element steht, spricht man von einer **Präfigierung** bzw. einer **Suffigierung**.

Die Suffigierung, die Verbindung eines lexikalischen Morphems mit einem Suffix, ist das komplexeste und in quantitativer Hinsicht bedeutendste Teilsystem der Wortbildungskomponente des Spanischen. Suffigierungsverfahren können anders als die Verfahren der Präfigierung mit einem Wortklassenwechsel verbunden sein (*gloria* (N) → *glorioso* (Adj)). Je nach Wortklassenzugehörigkeit der Basis unterscheidet man zwischen denominalen, deverbalen und deadjektivischen Verfahren. In Abhängigkeit von der Wortartzugehörigkeit des Wortbildungsprodukts, des **Derivats**, spricht man von **Verb-**, **Adjektiv-**, **Adverb-** und **Nomenderivation** (im letzten Falle auch von **Nominalisierung**). Auf dieser Grundlage lassen sich die einzelnen Suffixe bzw. die mit ihnen verbundenen Ableitungsverfahren grob klassifizieren:

Wortbildung

1. **Nomenbildung:**
- **Denominale Nominalisierungsverfahren (N → N):** *-ada* (*animalada* → typisches Verhalten, *muchachada* → Kollektiv, *pedrada* → Schlag), *-aje* (*ropaje*), *-azo* (*martillazo* → Schlagsuffix), *-ero* (*jardinero* → Beruf), *-ería* (*librería* → Ort), *-ista* (*deportista* → Beruf, *izquierdista* → Anhänger), *-ismo* (*fascismo* → Ideologie)
- **Deadjektivische Nominalisierungsverfahren (A → N):** *ez/-eza* (*estupidez*, *belleza*), *-ura* (*gordura*), *-dad/-idad/-edad/-tad* (*crueldad*), *-ería* (*tontería*), *-ia* (*violencia*), *-(i)tud* (*juventud*)
- **Deverbale Nominalisierung (V → N):** *-dor* (*nadador*), *-aje* (*sabotaje*), *-ción* (*creación*), *-ncia/-nza* (*militancia*), *-miento/-mento* (*levantamiento*), *-nte* (*cantante*)
- **Denominales Adjektiv (N → A):** (*lluvia* → *lluvioso*)

2. **Adjektivbildung:**
- **Denominale Adjektivderivation (N → A):** *-al/-ar* (*epistolar*), *-ero* (*casero*), *-il* (*febril*), *-ico* (*genérico*), *-oso* (*vergonzoso*), *-udo* (*barrigudo*)
- **Deverbale Adjektivbildung (V → A):** *-dor* (*prometedor*), *-nte* (*dialogante*), *-ble* (*preferible*), *-(t)ivo* (*permisivo*), *-(t)orio* (*divisorio*)
- **Deadjektivische Adjektivierung (A → A):** *-ecino* (*blanquecino*), *-ito* (*pequeñito*), *-izo* (*rojizo*), *-ento* (*amarillento*), *-ado* (*azulado*), *-ino* (*azulino*), *-oso* (*verdoso*), *-usco* (*verdusco*), *-uzco* (*negruzco*)

3. **Verbbildung:**
- **Denominale Verbbildung (N → V):** *-izar* (*democratizar*), *-ear* (*patear*), *-ificar* (*glorificar*)
- **Deadjektivische Verbbildung (A → V):** *-ar* (*calentar*), *-ear* (*malear*), *-izar* (*virtualizar*), *-ificar* (*simplificar*)
- **Deverbale Verbbildung (V → V):** *-itar* (*dormitar*), *-iznar* (*lloviznar*), *-iquear* (*lloriquear*)

Die Semantik der Suffixe ist zumeist recht abstrakt. Sie bilden im Zusammenspiel mit den lexikalischen Basen verschiedene **Lesarten** aus. Einige Lesarten sind besonders charakteristisch für das Wortbildungssystem und befriedigen offenbar die typischen Bezeichnungsbedürfnisse der Sprecher:
- **Personenbezeichnungen** (*nomina agentis*) sowie die **Instrumentlesart** (*nomina instrumenti*): *jardinero, machista, trabajador, computadora*
- **Ereignis- und Resultatsnominalisierungen** (*nomina actionis*): *conquista, llegada, almacenamiento, emancipación*
- **Eigenschaftsbezeichnungen** (*nomina qualitatis*): *belleza, juventud, tontería, estupidez*
- **Lokativlesart** (*nomina loci*): *olivar, lavandería, monedero*
- **Kollektivlesart**: *muchachada, ropaje*
- **Ethnika** (*gentilicios*): *boliviano, español, mallorquín, danés, marroquí, guatemalteco, uruguayo*

Emotive Suffixe (*sufijos emotivos*) nehmen einen wichtigen Platz im Derivationssystem des Spanischen ein:

- **Diminutivsuffixe** (z. B. *-ito/-cito/-ecito*: *hombrecito, librito*) verkleinern das Konzept der Basis und belegen es oftmals zusätzlich mit wertendaffektiven Merkmalen (Verniedlichung, Verharmlosung, Abschwächung etc.). Die Verwendung der einzelnen Diminutivsuffixe variiert regional, d.h. sie sind stark diatopisch markiert. So ist *-illo* (*librillo*) v.a. in Andalusien und in Teilen Südamerikas geläufig, *-ico* (*librico*) hingegen in Mittelamerika, der Karibik, in Kolumbien, aber auch in der Extremadura und in Aragón. Diminutivsuffixe können sich im Spanischen auch mit Adverbien verbinden, z. B. *ahora* → *ahorita, cerca* → *cerquita*.
- **Augmentativsuffixe** (wie *-ón/a*: *muchachón, mujerona, -azo* (v.a. in Südamerika): *sueldazo* und *-ote* (in Mexiko): *machote*) vergrößern das Basiskonzept und verleihen ihm zudem oftmals negative Züge (Karikierung, Überzeichnung ins Groteske, Ausdruck der Bewunderung, Verachtung usw.).
- **Pejorativa** (*-ucho*: *casucha*; *-acho*: *poblacho*; *-ejo*: *animalejo*; *-aco*: *libraco*; *-astro*: *poetastro*) versehen das Basiskonzept mit einer despektierlichen Bedeutungsnuance.

Adverbien werden üblicherweise im Spanischen mit dem Suffix *-mente* von der weiblichen Form des zugrundeliegenden Adjektivs abgeleitet (Adj → Adv), z. B. *amablemente* oder *francamente*. Oftmals jedoch fungieren die Adjektive zugleich auch als Adverbien, so etwa *duro* (*trabajar duro*), *barato/caro* (*comprar barato*) oder *bajo* (*hablar bajo*). Vielfach werden Adverbien auch durch präpositionale Fügungen gebildet (*a tiempo, con creces, de buena gana, en redondo*).

Beschränkungen: Nicht immer kann ein Wortbildungsverfahren auf eine formal mögliche Basis angewendet werden. Im Einzelfall kommt ein bestimmtes Wortbildungsverfahren nicht zum Zuge, weil bereits ein bedeutungsgleiches Lexem existiert. Man spricht in diesem Fall von **Blockierung**. Zum Beispiel blockiert die Existenz von *ladrón* die Bildung eines Wortes wie **robador*. Es lassen sich aber auch systematische bzw. regelhafte Beschränkungen erkennen, und zwar

- **Phonologische Beschränkungen:** Lexeme wie *gallo* und *pollo* bilden keinen Diminutiv mit dem Suffix *-illo*, da eine Aufeinanderfolge von *-ll-* in benachbarten Silben aus phonotaktischen Gründen nicht möglich ist (**pollillo*).
- **Semantische Beschränkungen:** Eine Wortbildung kann aus semantisch-konzeptuellen Gründen widersinnig sein. Konsumptionsverben wie *comer* oder *beber* versprachlichen Prozesse, die nicht umkehrbar sind. Deshalb sind Ableitung wie **descomer/*recomer* oder **desbeber/*rebeber* – anders als *desforestar* (›abholzen‹) und *reforestar* (›wieder aufforsten‹) – nicht möglich, da die Präfixe *des-* und *re-* die Umkehrung bzw. den Neubeginn eines Prozesses bezeichnen.

Die Präfigierung: Präfixe können die Wortklasse nicht verändern, d.h. Eingabe- und Ausgabeform gehören derselben Wortklasse an. Semantisch lassen sich Präfixe in verschiedene semantische Klassen einteilen. Sie drücken jeweils unterschiedliche semantische Relationen bzw. Grundkonzepte aus:

- **Negation** bzw. **Gegensatzrelationen** wie *in-/im-/i- (imposible, irreal)*, *a- (amoral)*, *anti- (antimarxista)* und *des- (descristianización)*
- **Lokativische** bzw. **temporale Beziehungen,** z. B. *inter-/entre- (interplanetario, entresuelo)*, *pos(t)- (pos(t)franquismo)*, *trans- (transatlántico)*, *ultra- (ultraderecha)*, *sub- (subsuelo)*
- **Quantifizierung und Wertung**: *infra- (infrarrepresentado)*, *mono- (monoparental)*, *bi- (bipartidismo)*, *pluri- (pluricultural)*, *multi- (multinacional)*, *mega- (megapotencia)*, *uni- (unisexual)*
- **Weitere semantische Funktionen** realisieren Präfixe wie *auto- (autoestima)*, *homo- (homoparental)*, *hetero- (heterodoxo)*, *neo- (neoconservador)*, *(p)seudo- (seudo-profeta)*, *re- (redistribuir)*

Die Parasynthese ist ein besonderes Verfahren, bei dem gleichzeitig ein Präfix und ein Suffix an die Derivationsbasis angefügt werden. Parasynthetische Bildungen lassen sich daran erkennen, dass weder die Verbindung des Präfixes mit der lexikalischen Basis (**amotín*) noch die des Suffixes mit der lexikalischen Basis (**motinar*) ein Wortschatzelement des Spanischen ergibt. Die häufigsten parasynthetischen Verfahren sind:

- *des*-N-*ar*:   *desnatar*
- *a*-N-*ar*:   *aburguesar*
- *a*-N-*ec-er*:   *anochecer*
- *a*-Adj-*ar*:   *afear*
- *a*-N-*ado*:   *anaranjado*
- *en*-Adj-*ar*:   *ensuciar*
- *en*-N-*ar*:   *encuadernar*
- *en*-Adj-*ec-er*: *envejecer*

Derivation und Alternanz

Im Bereich der Derivation tritt wie auch in der Flexionsmorphologie das Phänomen der **Allomorphie** auf. Dabei können sowohl die lexikalischen Basen als auch die Affixe alternieren. Die Alternanz kann phonologisch oder morphologisch bedingt sein.

Phonologische Gründe für Allomorphie können **Assimilationserscheinungen** sein. Zum Beispiel passt sich der Konsonant des Negationspräfixes *in-* artikulatorisch an den nachfolgenden Konsonanten an (*irreal, ilegal, imposible, innato*). Aber auch suprasegmentale Aspekte wie die **Betonung** können zu Allomorphie führen. So alternieren lexikalische Stämme mit Diphthong und ohne Diphthong (*ue/o* und *ie/e*), je nachdem, ob der Wortakzent auf den Stamm fällt oder nicht (*puerta – portal, portero; tierra – terreno, enterrar*).

Morphologisch bedingte Alternanz liegt in der Struktur des Wortbildungssystems begründet. Im Spanischen koexistieren bzw. überlagern sich – historisch bedingt und synchron immer noch relevant – **gelehrte** und **volkstümliche Wortbildungsverfahren** (*formaciones cultas* vs. *for-*

maciones populares). Vor allem **lateinische Wortbildungsmuster** wurden in die romanischen Sprachen übernommen und haben sich bis in die Gegenwart erhalten. Dabei korrelieren sie häufig – aber nicht immer – mit einer gelehrten lexikalischen Basis. Nicht selten stehen sich volkstümliche Suffixe, die die lauthistorischen Entwicklungen des Spanischen mitgemacht haben und gelehrte Suffixe, die direkt aus dem Lateinischen entlehnt wurden, gegenüber, wie z. B. *-icie* (*calvicie, planicie*) und *-ez* (*vejez, delgadez*) oder *-zón* und *-ción* (*hinchazón, inflación*). Allerdings lässt sich keine einfache Regel des Typs: Gelehrte Suffixe verbinden sich mit gelehrten Basen und volkstümliche Suffixe mit volkstümlichen Basen aufstellen, wie etwa die Beispiele *humillación* oder *degollación* zeigen. Die vielfältige morphologische Alternanz im Wortbildungssystem lässt aber deutlich die Existenz von zwei – sich allerdings überlagernden – Schichten im lexikalischen System des Spanischen erkennen, einer volkstümlichen und einer gelehrten. Die Überlagerung der beiden Schichten illustriert besonders eindrucksvoll die Wortfamilie von *leche* (mit seinem gelehrten Allomorph *lact-*): *lech-al, lech-ero, lech-ería, lech-oso* vs. *láct-eo, lact-ar, lácti-co*. Weitere Beispiele für Alternanzen im Bereich der Basis sind *mes/mensual, amigo/amical* und *hombro/humeral*.

5.4.3 | Komposition

Die Komposition ist ein Wortbildungsverfahren, bei dem zwei lexikalische Morpheme miteinander verbunden werden. Die zusammengefügten lexikalischen Morpheme kommen in der Regel auch frei vor, es gibt aber besondere Kompositionsmuster, an denen gebundene lexikalische Morpheme bzw. flektierte lexikalische Formen beteiligt sind.

Je nach Wortklassenzugehörigkeit der Komposita können wir von **Nominal-**, **Adjektiv-** und **Verbalkomposita** sprechen.

1. **Nominalkomposita:**
   - **N + N:** *hombre rana, buque escuela, hombre lobo*
   - **V + V:** *chupachupa*
   - **V + N:** *tocadiscos, abrelatas, paraguas, aguafiestas, rascacielos, salvavidas*
   - **N + Adj:** *camposanto, aguardiente, aguafuerte, tiovivo, nochebuena*
   - **Adj + N:** *altavoz, cortocircuito, librepensador, medianoche, mediodía*
   - **Adv + N:** *bienvenida, bienhechor, malhechor*

2. **Adjektivkomposita** (Das Element -i- fungiert jeweils als sog. Fugenelement, das die wichtige morphologische Funktion besitzt, die Kombination der entsprechenden Wortklassen zu ermöglichen):
   - **A + A:** *político-social, hispano-inglés, franco-italiano, greco-romano*
   - **A i A*:** *rojinegro, verdinegro, blanquiazul, rojiazul, agridulce*
   - **N i A*:** *pelirrojo, cabeciduro, pelicorto, cejijunto, ojinegro, boquiabierto, cuellilargo*

Wortbildung

- **A + N:** *verde oliva, amarillo limón, rojo sangre, azul cielo*
- **Adv + A:** *bienaventurado, bien-hadado*

3. **Verbalkomposita:**
- **Adv + V:** *maltratar, maldecir, malgastar, malbaratar, malinterpetar*
- **N i V*:** *maniatar*

In semantischer Hinsicht lassen sich die Komposita in Determinativ- und Kopulativkomposita einteilen.

Bei den Determinativkomposita bestimmt (determiniert) das eine Kompositionselement (das **Determinans**) das andere Kompositionselement (das **Determinatum**) näher. Beispielsweise ist ein *hombre rana* ein Mann (*hombre* als Determinatum), der durch die zweite Konstituente (*rana* als Determinans) näher bestimmt wird. In den romanischen Sprachen – also auch im Spanischen – geht die determinierte Konstituente meistens der determinierenden voran. Das determinierte Element bezeichnet man auch als **Kopf**, weil es der Bezugspunkt der semantischen Interpretation ist (jeder *hombre rana* ist auch ein *hombre*). Bei den romanischen Komposita ist also **Linksköpfigkeit** üblich (vgl. *máquina de coser, niño prodigio*). Man verwendet auch den Terminus der **Postdetermination** (das determinierende Element steht hinter dem determinierten Element). Allerdings gibt es immer mehr Fälle der **Prädetermination** im Bereich der Komposition. Bei der Prädetermination geht die determinierende Konstituente der determinierten voran wie etwa in den Wörtern *auto-escuela* (Kopf: *escuela*) oder *hispanohablante* (Kopf: *hablante*). Dieser Determinationstyp ist für die germanischen Sprachen charakteristisch, weshalb man hier auch vom »**germanischen Bildungstyp**« spricht.

Kopulativkomposita sind dadurch charakterisiert, dass die beiden Kompositionselemente in einem **Koordinationsverhältnis** zueinander stehen. Ihre Teilbedeutungen gehen gleichwertig in die Gesamtbedeutung ein, d.h. sie addieren sich. Ein *actor-guionista* ist zugleich Schauspieler und Drehbuchautor. Weitere Beispiele für Kopulativkomposita sind *sordo-mudo, luso-brasileño, droguería-perfumería, actor-pintor*.

Ein ausgesprochen produktiver Kompositionstyp liegt Bildungen wie *sacacorchos, salvavidas* und *limpiabotas* zugrunde. Bei diesem Muster verbinden sich ein verbales Element und ein nominales Element, das syntaktisch die Funktion eines direkten Objekts bzw. internen Arguments besitzt. Viel Tinte ist geflossen über die Frage, wie das verbale Element zu interpretieren ist: Als Imperativform? Als 3. Person Singular des Indikativ Präsens? Als Verbalthema? Als Nomen agentis, das durch die Umwandlung des verbalen Elements mittels Nullmorphems, das Agentivität ausdrückt, entstanden ist?

limpia$_V$botas$_N$ → limpia$_{(V+\emptyset)N}$botas$_N$, mit Ø als Agenssuffix:
›ein Agens x, das Schuhe putzt‹

Endozentrizität/Exozentrizität ist ein weiteres Begriffspaar, mit dem Komposita charakterisiert werden. Allerdings existieren zwei Arten des Begriffsverständnisses, ein formal-strukturelles und ein semantisches.

Die **formal-strukturelle Interpretation** richtet das Augenmerk auf die morphologischen Eigenschaften des Kompositums, insbesondere auf die Merkmale der Wortart und des Genus. **Endozentrische Komposita** besitzen einen Kopf, der die grammatischen Eigenschaften des Kompositums festlegt, exozentrische Komposita nicht, d. h. ihre formalen Eigenschaften werden von ›außen‹ bestimmt. Die Kompositionsbildung *pez espada* ist endozentrisch, weil *pez* als Kopf fungiert und die morphologischen Merkmale Wortart (Substantiv) und Genus (Maskulinum) festlegt. Im Gegensatz dazu ist das Kompositum *el portavoz* exozentrisch, weil weder das erste noch das zweite Element (*la voz!*) die grammatischen Merkmale (etwa das Genus) des Gesamtwortes festlegen.

Das **semantische Verständnis** der Opposition Endozentrizität versus Exozentrizität richtet sich auf das Verhältnis der Gesamtbedeutung des Kompositums zu den Teilbedeutungen der einzelnen Konstituenten. Ein Kompositum wäre dann unter semantischen Gesichtspunkten als endozentrisch zu charakterisieren, wenn einer der beiden Konstituenten als Kopf fungiert, ansonsten ist es eine exozentrische Bildung. In unserem Beispiel wäre *pez espada* eine endozentrische Bildung (ein *pez espada* ist ein *pez*), *limpiadientes* oder *casco azul* sind jedoch exozentrische Bildungen, denn erstere bezeichnet einen Gebrauchsgegenstand (und nicht etwa bestimmte Zähne) und letzteres einen UN-Soldat und keinen besonderen Helmtyp.

Gelehrte Komposita: Eine besondere Unterklasse stellen die gelehrten Komposita dar, deren Konstituenten nicht autonom auftreten können und die zudem griechischen bzw. lateinischen Ursprungs sind. Dieser gelehrte Wortbildungstyp wird trotz des gebundenen Charakters seiner Morpheme zur Komposition gezählt, weil die griechischen bzw. lateinischen Wortbildungselemente:

- sowohl in erster als auch in zweiter Position auftreten können (also damit weder Präfixe noch Suffixe sind), z. B. *fonólogo, gramófono*;
- selber als Basis in Derivationsbildungen auftreten, wie z. B. *crónico, gráfico, antropoide, ácrata*;
- nicht wie Präfixe und – mehr noch – Suffixe eine eher allgemeine bzw. abstrakte Bedeutung besitzen, sondern eine eindeutig lexikalische (*demo-*: ›Volks-‹, *geo-*: ›Erd-‹, *grafo-*: ›Schreiber‹, *-crata*: ›Herrscher‹, *-filo*: ›Liebhaber‹ etc.).

Die gelehrten Kompositionselemente gehen im heutigen Spanisch, insbesondere in den Fachsprachen sowie der politischen, ökonomischen und sozialen Terminologie der öffentlichen Sprache von Medien und Politik, auch Verbindungen mit nicht-gelehrten Lexemen des Gemeinwortschatzes ein. – Typische gelehrte Kompositionselemente sind z. B.

Agro- (*agroalimentario*), *ántropo-* (*antropofagia*), *bio-* (*biodiversidad*), *-crata/-cracia* (*demócrata*), *-cromo* (*polícromo*), *crono-* (*cronometría*), *demo-* (*democracia*), *-doxo/doxia* (*heterodoxia*), *-fago* (*antropófago*), *filo* (*filósofo, anglófilo*), *fono/fonía* (*fonotáctico, cacofonía*), *geo-* (*geoestrategia*), *-grafo/-grafía* (*fotografía*), *-logo* (*cardiólogo*), *metro* (*cronómetro*), *-sofo/sofía* (*filosofía*), *tele-* (*teletrabajo*), *termo-* (*termodinámico*).

Erwähnt werden sollte auch, dass **Nationalitätsbezeichnungen** in Form von Komposita eine gelehrte Form als Erstglied aufweisen, so z. B. *franco-italiano, italo-americano, luso-español, hispano-francés, teuto-/germano-inglés* etc.

Die sog. **syntagmatischen Komposita** (*composición sintagmática, sinapsia*) sind eine weitere besondere Unterklasse der Komposita, z. B. *oveja negra* oder *mano de obra*. Sie werden auf der Grundlage syntaktischer Verfahren gebildet, d. h. das Nomen und das Adjektiv bzw. die Präpositionalphrase bilden ein Nominalsyntagma aus, bei dem das Adjektiv bzw. die Präpositionalphrase jeweils als Attribut fungiert. Was sie als Wortbildungen qualifiziert, ist die Tatsache, dass sie in semantischer Hinsicht jeweils ein einzelnes Konzept ausdrücken und zudem als konventionalisierte Bildungen Teil des Lexikons geworden sind. Diese semantische Eigenschaft manifestiert sich entsprechend auch im syntaktischen Verhalten der Komposita: Man kann sie nicht koordinieren (z. B. **una oveja negra y salvaje*) und auch kein Adverb zwischen das Nomen und das Adjektiv einfügen ** una oveja totalmente negra*. Wohl kann aber das Kompositum als ganzes modifiziert werden (*una oveja negra desafiadora*). Dieses syntaktische Verhalten ist der Reflex auf die Tatsache, dass eine Bedeutungseinheit als ganze modifiziert werden kann, nicht aber ihre einzelnen Teile.

Weitere Wortbildungsverfahren:

- **Die Konversion** ist eine Derivation mithilfe eines Nullmorphems, das die Wortklassenzugehörigkeit der Basis verändert. So kann durch Konversion das Verb *saber* zum Substantiv *el saber* umgewandelt werden. Weitere Beispiele: *hablar → el hablar, ser → el ser*.
- **Bei der Ellipse** wird eines der beiden Kompositionselemente getilgt und das andere absorbiert dessen Bedeutung: *ciudad capital → la capital, las elecciones generales/autonómicas → las generales, las autonómicas*.
- **Die Wortkürzung** (*acortamiento, truncamiento*) ist ein beliebtes Verfahren, insbesondere der gesprochenen Sprache bzw. ganz spezifischer Register und Sprechstile wie der Jugendsprache. Sehr geläufig ist die Tilgung von Endsilben, **Apokope** genannt, wie bei *foto*(*grafía*), *profe*(*sor*), *cole*(*gio*), *poli*(*cía*), *peli*(*cula*), *bolí*(*grafo*). Recht selten ist dagegen die Kürzung am Wortanfang, die **Aphärese**, die aber bei Eigennamen durchaus geläufig ist, wie die **hypokoristischen Bildungen** (*hipocorísticos*) Berto (Roberto), Fina (Josefina) zeigen.
- **Die Siglenbildung** (*siglas*) ist ein Verfahren, das besonders im 20. Jh. stark an Bedeutung gewonnen hat. Siglen sind Abkürzungen, bei denen ein Mehrwortlexem auf die Anfangsbuchstaben seiner Konstituenten reduziert wird. Wird die Abfolge der Anfangsbuchstaben phonetisch wie ein Wort realisiert, dann spricht man von einem **Akronym**. Bekannte Beispiele für Akronyme sind *ONU* (*Organización de las Naciones Unidas*), *OTAN* (*Organización del Tratado del Atlántico Norte*), *SIDA* (*Síndrome de Inmuno-Deficiencia Adquirida*) und *OVNI* (*Objeto Volador No Identificado*). Akronyme können ihrerseits wiederum zur Basis für Derivationsbildungen werden (*SIDA → sidático, sidoso*). Sie

sind dann so weit in das lexikalische System integriert worden, dass sie unter anderem auch Pluralmorphologie erhalten können (*tres ovnis, muchos Cds*).

- Seltener ist schließlich **die Nominalisierung eines freien Syntagmas**, das dann ebenfalls ein einheitliches Konzept bezeichnet und zu einer Lexikoneinheit konventionalisiert wird. Einige charakteristische Beispiele für diesen marginalen Bildungstyp sind *un sabelotodo, un metomentodo, un hazmerreír* und neuerdings: *el todo vale, el sálvase quien pueda.*

Literatur

Aitchison, Jean (2012): *Words in the Mind: An Introduction to the Mental Lexicon.* 4. Aufl. Malden, Mass.: Blackwell.

Alvar Ezquerra, Manuel (1999): *La formación de palabras en español.* 4. Aufl. Madrid: Arco Libros.

Alvar López, Manuel/Pottier, Bernard (1983): *Morfología histórica del español.* Madrid: Gredos.

Aronoff, Mark/Fudeman, Kirsten A. (2005): *What is Morphology?* Malden, Mass.: Blackwell.

Bauer, Laurie (2003): *Introducing Linguistic Morphology.* 2. Aufl. Edinburgh: Edinburgh University Press.

Bello, Andrés (1847/1988): *Gramática de la lengua castellana: destinada al uso de los Americanos.* Estudio y edición de Ramón Trujillo. Madrid: Arco Libros.

Booij, Geert E. (2005): *The Grammar of Words. An Introduction to Linguistic Morphology.* Oxford: Oxford University Press.

Bosque Muñoz, Ignacio (1989): *Las categorías gramaticales: relaciones y diferencias.* Madrid: Síntesis.

– (Hg.) (1990): *Indicativo y subjuntivo.* Madrid: Taurus Universitaria.

– et al. (Hg.) (1990): *Tiempo y aspecto en español.* Madrid: Cátedra.

–/Demonte Barreto, Violeta (Hg.) (1999): *Gramática descriptiva de la lengua española.* 3 Bände: Band 1: *Sintaxis básica de las clases de palabras*; Band 2: *Las construcciones sintácticas fundamentales: relaciones temporales, aspectuales y modales*; Band 3: *Entre la oración y el discurso: morfología.* Madrid: Espasa.

Bull, William E. (1960): *Time, Tense and the Verb: A Study in Theoretical and Applied Linguistics, with Particular Attention to Spanish.* Berkeley: University of California Press.

Bybee, Joan L. (1985): *Morphology. A Study of the Relation between Meaning and Form.* Amsterdam: Benjamins.

Comrie, Bernard S. (1976): *Aspect. An Introduction to the Study of Verbal Aspect and Related Problems.* Cambridge: Cambridge University Press.

– (1985): *Tense.* Cambridge: Cambridge University Press.

Coseriu, Eugenio (1976): *Das romanische Verbalsystem.* Tübingen: Narr.

Fernández Ramírez, Salvador (1986): *Gramática española.* Band 4: *El verbo y la oración.* 2. Aufl. Madrid: Arco Libros.

García Fernández, Luis/Camus Bergareche, Bruno (Hg.) (2004): *El pretérito imperfecto.* Madrid: Gredos.

Haspelmath, Martin/Sims, Andrea D. (2010): *Understanding Morphology.* 2. Aufl. London: Hodder Education.

Lang, Mervyn F. (1990): *Spanish Word Formation: Productive Derivational Morphology in the Modern Lexis.* London: Routledge.

Lüdtke, Jens (2005): *Romanische Wortbildung. Inhaltlich, diachronisch, synchronisch.* Tübingen: Stauffenburg.

Matthews, Peter H. (1991): *Morphology.* 2. Aufl. Cambridge: Cambridge University Press.

Núñez Cedeño, Rafael A. (1993): *Morfología de la sufijación española.* Santo Domingo: University Press Pedro Henríquez Ureña.

Literatur

RAE (1973): *Esbozo de una nueva gramática de la lengua española*. Madrid: Espasa-Calpe.

Rainer, Franz (1993): *Spanische Wortbildungslehre*. Tübingen: Niemeyer.

– (2005): Semantic change in word formation. In: *Linguistics* 43/2, S. 415–441.

Rojo, Guillermo/Veiga, Alexandre (1999): El tiempo verbal. Los tiempos simples. In: Bosque Muñoz, Ignacio/Demonte Barreto, Violeta (Hg.): *Gramática descriptiva de la lengua española*. Band 2: *Las construcciones sintácticas fundamentales: relaciones temporales, aspectuales y modales*. Madrid: Espasa, S. 2867–2934.

Scalise, Sergio (1994): *Morfología*. Bologna: Il mulino.

Schpak-Dolt, Nikolaus (1999): *Einführung in die Morphologie des Spanischen*. Tübingen: Niemeyer.

Schwarz-Friesel, Monika (1992, ²1996, ³2008): *Einführung in die kognitive Linguistik*. Tübingen: Francke.

Smith, Carlota S. (1991): *The Parameter of Aspect*. Dordrecht/Boston/London: Kluwer.

Spencer, Andrew (1991/2000): *Morphological Theory. An Introduction to Word Structure in Generative Grammar*. Oxford: Blackwell.

Thiele, Johannes (1992): *Wortbildung der spanischen Gegenwartssprache*. Leipzig/Berlin: Langenscheidt.

Varela Ortega, Soledad (1992): *Fundamentos de morfología*. Madrid: Síntesis.

– (Hg.) (1993): *La formación de palabras*. Madrid: Taurus Universitaria.

–/**Fabregat Barrios, Santiago** (2005): *Morfologia léxica: la formacion de palabras*. Madrid: Gredos.

Vendler, Zeno (1967): *Linguistics in Philosophy*. Ithaca: Cornell University Press.

6 Syntax

6.1 Grundbegriffe der Satzbeschreibung
6.2 Konstituentenstruktur und generative X-bar-Theorie
6.3 Bewegung in der Syntaxtheorie
6.4 Determination und DP-Hypothese
6.5 Das minimalistische Modell
6.6 Informationsstruktur

Die **Syntax** (*sintaxis*) ist der Teilbereich der Sprachwissenschaft, der sich mit der **Struktur** bzw. dem **Aufbau von Sätzen** beschäftigt. Konkret auf die spanische Sprache bezogen heißt dies, dass die Prinzipien und Regeln beschrieben werden sollen, mittels derer grammatisch korrekte spanische Sätze gebildet bzw. produziert werden. Die Sprecher einer Sprache können alleine aufgrund ihrer natürlichen Sprachkompetenz beurteilen, ob ein Satz wohlgeformt ist oder nicht. Spanische Muttersprachler würden etwa einen Satz wie (1)

Aspekte der Syntax

(1)   *Pedro a Luis doy el libro.

sofort als ungrammatisch (angezeigt durch den Asterisken) beurteilen. Die Syntaxforschung hat es sich zur Aufgabe gemacht, dieses intuitive Grammatikwissen der Sprecher explizit zu machen, d. h. systematisch die zugrundeliegenden Prinzipien und Regeln zu beschreiben. Diese Beschreibung soll zudem im Rahmen eines möglichst kohärenten, der Vielzahl der tatsächlich realisierten Äußerungsstrukturen gerecht werdenden Beschreibungsmodells geleistet werden.

Sätze (*oraciones*) sind die größte, in sich abgeschlossene und selbständige, syntaktische Einheit. Sie setzen sich aus Satzbausteinen, sog. **Konstituenten** zusammen, die von unterschiedlicher Komplexität sind. Noch grundlegender sind die **grammatischen Kategorien** wie z. B. das Verb, das Adjektiv oder das Nomen. Die einzelnen Satzkonstituenten werden nach bestimmten Regeln zu immer größeren Konstituenten zusammengesetzt, bis schließlich die Ebene des Satzes erreicht wird. Innerhalb des Satzes besitzen die Konstituenten unterschiedliche **syntaktische Funktionen** (s. Kap. 6.1.1): Sie fungieren etwa als Subjekt, als direktes Objekt (auch Komplement genannt) oder als adverbiale Bestimmung. Der Satz ist ein hierarchisches Gebilde, was sich alleine schon daran zeigt, dass die einzelnen Konstituenten nicht beliebig aneinandergefügt werden können, sondern dass die komplexe Satzstruktur schrittweise – von den kleinsten Konstituenten ausgehend, die durch die sukzessive Anwendung von **Satzbauregeln** (**Phrasenstrukturregeln**; s. Kap. 6.1.4) zu immer größeren Einheiten zusammengefügt werden – ›von unten nach oben‹, aufgebaut wird.

Das Verb (*verbo*) spielt eine zentrale Rolle für die Struktur des Satzes, da es aufgrund seiner Bedeutung vorgibt, wie viele ›Mitspieler‹ (**Argumente**) in welcher Weise realisiert werden müssen, damit der Satz eine sinnvolle Einheit bildet (s. Kap. 6.1.3). Ein Satz wie

(2)   *Pedro entrega.

ist natürlich unvollständig, da das Verb *entregar* (›überreichen‹) einen Vorgang bezeichnet, bei dem ein Gegenstand (realisiert als direktes Objekt, z. B. ein Buch, *un libro*) einer anderen Person (als indirektes Objekt, z. B. seinem Vater, *a su padre*) übermittelt wird. Das Verb gibt also einen **Satzbauplan** vor.

Sätze können zudem komplex sein, d. h. wiederum aus untergeordneten (bzw. subordinierten) Sätzen zusammengesetzt sein, die ihrerseits bestimmte Satzfunktionen des übergeordneten Hauptsatzes realisieren (s. Kap. 6.1.2).

Bei Sätzen denken wir zumeist erst einmal an Aussagesätze – sie bilden für uns den Standardfall. Aber natürlich lassen sich noch andere **Satztypen** (man sagt auch **Satzmodi**) unterscheiden: der Fragesatz, der Befehls- oder Imperativsatz, der Ausrufe- oder Exklamativsatz. Stellt der Aussagesatz auch in syntaktischer Hinsicht das Grundmuster der **Satzstruktur** dar, so lassen sich die übrigen Satztypen als abgeleitete, durch sog. **Bewegung** entstandene Satzstrukturen verstehen (s. Kap. 6.3.1).

Die Beschreibung von Sätzen und ihrer Struktur wäre aber unvollständig, wenn nicht berücksichtigt würde, dass sie Informationen (meist über Sachverhalte) vermitteln und dabei an schon eingeführte Information anknüpfen, um diese dann weiterzuentwickeln. Sätze besitzen mithin eine **Informationsstruktur**, und – mehr noch – ihre syntaktische Struktur trägt dazu bei, die Information zu ›portionieren‹, d. h. in schon bekannte und neue Informationseinheiten einzuteilen (s. Kap. 6.6). Neben der üblichen Informationsstrukturierung verfügt das Spanische – wie andere Sprachen auch – über spezielle Strukturmuster, die es erlauben, bestimmte Teile der Satzinformation in besonderer Weise herauszustellen.

6.1 | Grundbegriffe der Satzbeschreibung

6.1.1 | Syntaktische Kategorien und syntaktische Funktionen

Syntaktische Kategorien

Der Satz setzt sich aus kleineren Einheiten zusammen. So lassen sich die einzelnen Wörter eines Satzes wie *Susana escribe rápidamente una pequeña carta para Jaime* den schon oben erwähnten **lexikalischen Kategorien** bzw. **Wortarten**, zuordnen:

- *escribir* als Verb (V, *verbo*)
- *Susana* und *carta* als Substantive bzw. Nomen (N, *sustantivo/nombre*)
- *pequeño* als Adjektiv (A, *adjetivo*)

- *rápidamente* als Adverb (Adv, *adverbio*)
- *para* als Präposition (P, *preposición*)
- *una* als Artikel (Art, *artículo*)

Die einzelnen Wörter fügen sich zu Wortgruppen zusammen, die eine syntaktische Einheit, sog. Phrasen bzw. Syntagmen, bilden. Beispiele für diese **phrasalen Kategorien** sind

- die Nominalphrase (NP) wie *una pequeña carta* (span. *sintagma nominal*) oder
- die Präpositionalphrase (PP), etwa *para Jaime* (span. *sintagma preposicional*).

Das lexikalische Kernelement, nach dem die Phrase benannt ist und das ihre grammatischen Eigenschaften bestimmt, wird als **Kopf** bezeichnet (also *carta* im Falle der Nominalphrase und *para* bei der Präpositionalphrase). Die Phrasen (bzw. Syntagmen) sind die eigentlichen Satzbausteine, die für die Beschreibung der Satzstruktur bzw. die Formulierung von Satzbauregeln relevant sind. Die Satzbausteine werden ganz allgemein auch als **Konstituenten** bezeichnet und sind von unterschiedlicher Komplexität. Mit den lexikalischen Kategorien und den phrasalen Kategorien sind die syntaktischen Kategorien beschrieben. Davon zu unterscheiden sind die **syntaktischen Funktionen**, die die Konstituenten im Rahmen eines Satzes besitzen.

Syntaktische Funktionen

Die traditionelle, auf Aristoteles logisch-semantisches Satzverständnis zurückgehende, Satzanalyse (s. Kap. 2.1.1) basiert auf der fundamentalen Zweiteilung in **Subjekt** (Gegenstand der Satzaussage: Über wen oder was wird etwas ausgesagt?) und **Prädikat** (Was wird über das Subjekt ausgesagt?).

(3)   Pedro regala el coche a su hermana.

In einem Satz wie (3) lassen sich die folgenden Satzfunktionen unterscheiden:

- das **Subjekt** (*sujeto*): *Pedro* (Frage: Wer oder was schenkt das Auto seiner Schwester?)
- das **direkte Objekt** (oder direktes Komplement, *complemento directo*): *el coche* (Wen oder was schenkt Pedro seiner Schwester?)
- das **indirekte Objekt** (*complemento indirecto*): *a su hermana* (Wem schenkt Pedro das Auto?)
- das **präpositionale** (oder auch **oblique**) **Objekt** (*complemento preposicional*) wie in (4) (Von wem oder was träumt Luis?):

(4)   Jaime sueña con Luis.

Grundsätzlich stehen diesen **verbzentrierten Satzstrukturen** die sog. **Kopulasätze** gegenüber. Während erstere die Relation zwischen den Argumenten charakterisieren (etwa, dass Pedro in einer ›Schenkens-Beziehung‹ zu seiner Schwester steht), schreiben letztere dem Subjekt (scheinbare oder tatsächliche) Eigenschaften zu. Typische Kopulaverben sind hierbei *ser, estar, volverse, hacerse, ponerse, resultar* etc. In (5)

(5)   Jaime es médico/alto.

haben das Nomen *médico* bzw. das Adjektiv *alto* die syntaktische Funktion eines sog. Prädikativums oder – wie man auch sagen kann – eines Prädikatsnomens (span. *atributo*).

Das Attribut (nicht zu verwechseln mit dem span. *atributo*!) ist eine Beifügung zum Substantiv oder zum Adjektiv, durch welche diese näher bestimmt werden. Attribute zum Nomen können erscheinen als:

- **Adjektiv** (»attributives Adjektiv«: *una chica espabilada*)
- **Ergänzung** (»attributive Ergänzung«: *un peligro de muerte*)
- **Präpositionalphrase** (*el libro en la mesa*)
- **Relativsatz** (sog. Adjektivsatz: *el coche que me compré*)
- **Apposition** (*mi profesora, una señora sonriente*), eine besondere Form des Attributs

Die adverbiale Bestimmung (nicht zu verwechseln mit dem Begriff des ›Adverbs‹, das auf eine Wortart verweist) bzw. das Adverbial ist eine weitere wichtige syntaktische Funktion. Sie macht zusätzliche Angaben zu den Umständen (Ort, Zeit, Art und Weise etc.) eines beschriebenen Sachverhalts bzw. Ereignisses wie z. B. in (6):

(6)   Pedro conduce el coche los domingos.

6.1.2 | Einfache und komplexe Sätze

Bislang haben wir lediglich einfache Sätze betrachtet, die sich aus einfachen Konstituenten (Nominal- (NP), Verbal- (VP) oder Präpositionalphrasen (PP)) zusammensetzen. Allerdings ist es möglich, Sätze durch Konjunktionen miteinander zu verknüpfen, man spricht dann – wie in (7) – von **koordinierten Sätzen**:

(7)   Jaime es tonto y Susana es lista.

Bei den **koordinativen Satzstrukturen** unterscheidet man:

- **kopulative Sätze** (*copulativas*), die im Spanischen mit den Konjunktionen *y/e* und *ni* eingeleitet werden können
- **disjunktive Sätze** (*disyuntivas*, Konjunktion *o*)
- **adversative Sätze** (*adversativas*, mit den Konjunktionen *más, pero, sino que* etc.)

Subordinative Satzstrukturen

Bei einer weiteren Form komplexer Sätze hängen untergeordnete bzw. subordinierte (Teil-)Sätze (*oración subordinada*) syntaktisch von einem übergeordneten Satz, dem Hauptsatz (*oración principal*), ab. Die untergeordneten Sätze nehmen eine syntaktische Funktion des Hauptsatzes wahr und werden nach dieser Funktion klassifiziert:

1. Komplementsätze (*subordinadas sustantivas o completivas*) realisieren ein Argument des übergeordneten Satzes, etwa die Funktion des
Subjekts (*Me gusta que la gente se divierta*), des direkten Objekts (*Quiero
que me escuches*) oder des präpositionalen Objekts (*Pedro insistió en que
le dieran el premio*).

Hierzu gehören auch die durch Frageverben eingeleiteten **indirekten
Interrogativsätze**: *interrogativas indirectas totales*, z. B. *Te preguntamos si
quieres ayudarnos con el trabajo* bzw. die *interrogativas indirectas parcia-
les*, die durch ein Fragewort (*elemento qu-*) eingeleitet werden: *pregunta-
ron con quién vives*.

2. Adjektivsätze bzw. Relativsätze (*subordinadas adjetivas o de relativo*) übernehmen die Funktion eines Attributs, das sein Bezugsnomen
näher bestimmt:

(8)   Quiero una comida opulenta. Quiero una comida que sea opulenta.

Das **Relativpronomen** (hier *que*) und sein Bezugswort, das **Antezedens**
(*antecedente*), sind **koreferent**, d. h. sie verweisen auf den gleichen außersprachlichen Gegenstand. Aus diesem Grund zeichnen sich das Antezedens und das Relativpronomen durch ihre **Kongruenz** (*acuerdo*), die
Gleichheit ihrer Genus- und Numerusmerkmale, aus. Relativsätze lassen
sich danach unterscheiden, ob sie **restriktiv** oder **explikativ** (*oraciones de
relativo restrictivas* (= *especificativas*) / *explicativas* (= *apositivas*)) sind.
Bei ersteren wird nur auf eine Teilmenge des Nomens Bezug genommen,
in (9) z. B. nur auf die Freunde (NP: *los amigos*), mit denen Jaime auch
gesprochen hat.

(9)   Los amigos con los que habló Jaime salieron.

Im zweiten Fall schränkt der Relativsatz die Geltung der Nominalphrase
(NP: *los amigos*) nicht ein – die Freunde sind weggegangen und Jaime
hat mit allen von ihnen gesprochen. Im Spanischen wird im Übrigen der
Relativsatztyp durch die Orthographie kenntlich gemacht: Explikative Relativsätze werden durch Kommata vom Hauptsatz abgetrennt.

(10)   Los amigos, con los que habló Jaime, salieron.

3. Adverbiale Nebensätze (*subordinadas adverbiales*) übernehmen die
Funktion der adverbialen Bestimmung des Kernsatzes (auch: **Matrixsatzes**). Es lassen sich wieder – je nach Funktion – unterschiedliche Typen
von adverbialen Nebensätzen unterscheiden:

- **Temporalsätze** (*oraciones temporales*) werden eingeleitet durch Kon-
junktionen wie *mientras que, antes de que, desde que, hasta que* etc.
- **Lokativsätze** (*oraciones locativas*) *donde, adonde, por donde, hacia
donde* etc.
- **Modale Nebensätze** (*oraciones modales*) *como que, según que, como si*
- **Kausalsätze** (*causales*) *porque, puesto que, ya que* etc.
- **Finalsätze** (*finales*) *para que, a fin de que, con el fin de que*
- **Konditionalsätze** (*condicionales*) *si, con que, con tal de que, en el caso
de que, a condición de que*

- **Konzessivsätze** (*concesivas*) *aunque, a pesar de que, por mucho que* etc.
- **Komparativsätze** (*comparativas*) *tan*(*to*) *... como, más/menos ... que*
- **Konsekutivsätze** (*consecutivas*) *de modo que, de manera que*

6.1.3 | Syntaktische Strukturbildung: Valenz und Subkategorisierung

Wie wir schon erwähnt haben, besitzt das Verb eine zentrale Rolle für die **syntaktische Strukturbildung**, da es – letztlich in seiner Bedeutung angelegt – vorgibt, wie viele und welche Art von Argumente(n) auftreten müssen, damit ein grammatisch korrekter Satz entsteht bzw. im Rahmen einer Äußerung produziert wird. Diese jedem Verb eigenen und deshalb idiosynkratischen Eigenschaften sind im sog. **mentalen Lexikon**, dem in unserem Langzeitgedächtnis abgespeicherten Wortwissen, verankert. Die für die syntaktische Strukturbildung relevante lexikalische Information wird als **Subkategorisierung** (*subcategorización*) und die spezifische Information für ein bestimmtes lexikalisches Element als **Subkategorisierungsrahmen** (*marco de subcategorización*) bezeichnet.

Ein Beispiel: Das Verb *soñar* ›träumen‹ benötigt, um einen vollständigen Satz zu bilden, zwei Argumente, jemanden, der träumt (den ›Träumer‹) und den Inhalt der Aktivität des Träumens (der ›Trauminhalt‹). Man spricht davon, dass das Verb *soñar* ein zweiwertiges Verb ist.

Die Wertigkeit oder Valenz eines Verbs gibt an, wie viele **Argumentstellen** (oder auch ›Leerstellen‹) es ›mitbringt‹ (bzw. ›eröffnet‹), die in einem Satz realisiert bzw. ›saturiert‹ werden müssen, damit ein vollständiger Satz entsteht. Das Verb gibt also die Argumentstruktur des Satzes vor. Der eigentlich ursprünglich aus der Chemie stammende Begriff der Valenz wurde von **Lucien Tesnière** im Rahmen seiner *Dependenzgrammatik* (*Éléments de syntaxe structurale*, 1959) eingeführt und entwickelte sich zu einem Grundbegriff der modernen Syntaxtheorie. Verben können sein:

- **0-wertig** wie *llover* (›regnen‹)
- **1-wertig** wie typischerweise **intransitive Verben** (*bailar*: ›tanzen‹, *morir*: ›sterben‹)
- **2-wertig: transitive Verben** wie *comer* (›essen‹)
- **3-wertig: ditransitive Verben** wie *entregar* (›überreichen‹)

Von den Argumenten, die Tesnière auch als **Aktanten** bezeichnet hatte, sind die **Angaben** bzw. **Adjunkte** zu unterscheiden, die auch weggelassen werden können, ohne dass der Satz dadurch ungrammatisch wird. So lässt sich die Präpositionalphrase *en el palacio* in dem Satz

(11)   El Rey baila salsa en el palacio.

als Adjunkt identifizieren, da der Satz nicht dadurch ungrammatisch wird, dass man die Präpositionalphrase tilgt (*El Rey baila salsa*). Die gleiche Präpositionalphrase entpuppt sich jedoch als nicht weglassbares Argument in Verbindung mit dem Verb *residir* (im Sinne von ›seinen Wohnsitz haben‹), das obligatorisch eine Ortsangabe als Argument erfordert, um einen sinnvollen Satz zu ergeben.

(12)   El Rey reside en el palacio. – Aber: *El Rey reside.

Abgesehen von dem Kriterium der Weglassbarkeit unterscheiden sich die Adjunkte (oder Angaben) von den Argumenten auch durch ihre **relative positionelle Flexibilität**. Während Argumente positionsgebunden sind, können Adjunkte an mehreren Positionen im Satz auftreten. Vergleiche (13a) und (13b):

(13a)   *En el palacio el Rey reside.
(13b)   (En el palacio) el Rey baila salsa (en el palacio).

Nun gibt das Verb nicht nur die Anzahl der Argumente vor, sondern bestimmt auch deren **syntaktische** und **semantische Eigenschaften**. In syntaktischer Hinsicht wählt (oder selegiert) unser Beispielverb *soñar* entweder eine Präpositionalphrase, die durch die Präposition *con* eingeleitet wird, oder einen Komplementsatz als sein Objekt-Komplement. Vergleiche (14a) und (14b):

(14a)   Pedro sueña con Luisa.
(14b)   Pedro sueña que su perro le detesta.

Der Subkategorisierungsrahmen, der angibt, welche Unterkategorien das Verb als seine Komplemente auswählen kann, wird in folgender Weise dargestellt, wobei PP für eine Präpositionalphrase steht und CP für einen Komplementsatz:

soñar, V, [_____ PP(*con*)] / [_____ CP].

Semantische Eigenschaften: Verben geben aber auch bestimmte semantische Eigenschaften vor, welche die Argumente erfüllen müssen. So muss das Komplement von *beber* (›trinken‹) die Eigenschaft [+ flüssig] besitzen – **beber un coche* macht z. B. wenig Sinn – und das Komplement von *dispersar* (›auseinandertreiben‹, etwa in *dispersar una manifestación*) das Merkmal [+ kollektiv/bestehend aus mehreren Individuen]. Solche sehr allgemeinen semantischen **Selektionsrestriktionen** wie [belebt]/[unbelebt], [menschlich], [homogen], [flüssig] oder [kollektiv] spielen auch in der strukturellen Semantik als sog. **Klasseme** eine wichtige Rolle.

Semantische Rollen: Das Verb bestimmt aber auch, welche semantischen Rollen die Argumente in einem Satz spielen. Wenn man davon ausgeht, dass jeder Satz eine bestimmte Situation bzw. einen Sachverhalt beschreibt, dann ergibt sich daraus, dass die Argumente hieran jeweils mitwirken und in einem ganz bestimmten Verhältnis zueinander stehen. Diese typischen Relationen bzw. Rollen der Argumente sind zu einem begrenzten und sehr allgemeinen Rollen-Inventar, den sog. **thematischen Rollen** oder **Theta-Rollen**, zusammengefasst worden. Einige grundlegende Rollen sind:

- **Das Agens** (*el agente*), bei dem es sich typischerweise um ein absichtsvoll handelndes Individuum handelt, das ein bestimmtes Ereignis herbeiführt bzw. kontrolliert, z. B. *Nuria abrió la puerta*.

Inventar thematischer Rollen

- **Das Thema** (*el tema*): ist von einem Ereignis (einer Handlung oder einem Prozess) betroffen (affiziert) oder wird erst hierdurch hervorgebracht (effiziert), z. B. *Larisa construyó una casa*. Wenn menschliche bzw. belebte Teilnehmer von einem Ereignis betroffen sind, klassifiziert man die Rolle als Patiens (*el paciente*) wie z. B. in dem Satz: *Le hirieron a Jaime*.
- **Der Experiencer** (*experimentante*) ist ein Individuum, das bewusst etwas erlebt bzw. erfährt, also gewissermaßen als ›psychologisches Subjekt‹ fungiert; z. B. *María se asustó con el ruido*.
- **Empfänger und Benefizient** (*recipiente/beneficiario*): der ›Mitspieler‹, der einen Gegenstand im Rahmen eines Transfervorganges erhält bzw. der von einem Ereignis profitiert; z. B. *María recibe un paquete. Le regalaron flores a Jaime*.
- **Lokation** (*locativo*) und **Zeitangabe** (*temporal*): *Hace mucho calor en Ginebra en el verano*.
- **Quelle** (*fuente*) und **Ziel** (*destino*): Ausgangspunkt und Zielpunkt eines Bewegungspfades wie in: *Pedro fue de Santiago a Roma*.
- **Instrument** (*instrumento*) und **Ursache** (*causa*): dient als Hilfsmittel zur Realisierung einer Handlung bzw. ist die Ursache für ein Ereignis; z. B. *Esta llave abre la puerta secreta. La lluvia provocó el accidente*.

Interessanterweise lassen sich auch Korrelationen zwischen einer bestimmten Theta-Rolle und ihrer bevorzugten syntaktischen Realisierung feststellen. Die Agens-Rolle wird üblicherweise als Nominalphrase (NP) realisiert, die sog. **kanonische Realisierung** der Instrument-Rolle erfolgt in Form einer Präpositionalphrase (PP).

Wir können für jedes Verb ein sog. **Theta-Raster** bestimmen. Unser Beispielverb *soñar con* weist etwa eine Argumentstruktur mit zwei Argumenten auf, wobei das erste Argument als Experiencer und das zweite als Thema fungiert (Theta-Raster: Arg 1: Experiencer, Arg. 2: Thema). Diese sich aus der Semantik des Verbs ergebenden Theta-Rollen müssen auch in der Satzstruktur ihren Niederschlag finden, sonst ist der Satz ungrammatisch. Die Tatsache, dass die in der Verbsemantik angelegte lexikalische Information auch syntaktisch abgebildet werden muss, wird als **Projektionsprinzip** bezeichnet. Dieses Prinzip operiert am Schnittpunkt von Semantik und Syntax und garantiert die Abbildung der durch das Verb eingebrachten semantischen Information (vor allem der Beziehung zwischen den ›Mitspielern‹) auf der Ebene der Satzstruktur. Das Verb, sein Theta-Raster und die mit ihm verbundene Argumentstruktur geben also die Kernstruktur des Satzes vor. Sie stellen das verklammernde Moment zwischen Satzsemantik einerseits und syntaktischer Grundstruktur anderseits dar.

6.1.4 | Konstituenz und Konstituentenanalyse

Eine zentrale Aufgabe der Syntax ist es, die Struktur von Sätzen zu beschreiben bzw. – in einer dynamischen Perspektive – die Regeln für die Erzeugung grammatikalisch korrekter Sätze explizit zu machen.

Der Satz (s. Kap. 6.2.1) ist ein hierarchisches Gebilde, dessen Bausteine die sog. **Konstituenten** sind. Dass es wenig sinnvoll ist, die lineare Abfolge der Wörter zu beschreiben, macht folgendes Beispiel deutlich: Es ist eine zentrale Stellungsregel im Deutschen, dass das konjugierte Verb in Hauptsätzen an zweiter Stelle steht (der sog. Verb-Zweit-Parameter, s.u.). Nun gilt diese Regel ebenso für Sätze wie

(15a) Paul lacht.
(15b) In den letzten Jahren lachte Paul viel.
(15c) Der kleine Junge lacht laut.

Das Verb ist – linear betrachtet – einmal das 2., dann das 5. und schließlich das 4. Wort im Satz. Offenbar ist also nicht das einzelne Wort in seiner linearen Abfolge relevant, sondern die ausschlaggebende Größe für Satzbauregeln sind die Konstituenten. Wenn nun aber *Paul* in (15a), *in den letzten Jahren* (15b) und *der kleine Junge* jeweils eine Konstituente bilden, dann können die einzelnen Elemente dieser Konstituente nicht alle gleichwertig sein, sondern müssen in irgendeinem hierarchischen Verhältnis zueinander stehen.

Konstituentenanalyse

Die für die syntaktische Analyse grundlegende Konstituentenanalyse wurde vom **amerikanischen Strukturalismus**, unter anderem von seinem Hauptvertreter, **Leonard Bloomfield** (*Language*, 1933), entwickelt. Dabei ging es Bloomfield, wie überhaupt dem amerikanischen Strukturalismus, vor allem darum, die Verteilung der sprachlichen Elemente im Satz zu beschreiben, weshalb der amerikanische Strukturalismus auch als **Distributionalismus** bezeichnet wird. In diesem Zusammenhang entwickelte Bloomfield auch die sog. **Konstituententests**. Mithilfe dieser Konstituententests lassen sich die Satzbausteine ermitteln (s. 16):

(16) Las niñas beben un suco con una pajita.

1. **Ersetzungstest oder Substitutionstest:** Hier wird eine Konstituente durch ein geeignetes Pronomen ersetzt: *Las niñas beben un suco con una pajita. Las niñas lo* (= *el suco*) *beben con una pajita. Las niñas beben un suco con una pajita. Ellas beben un suco con una pajita.*
   → *el suco* ist also eine Konstituente des Satzes.
   → *las niñas* bildet auch eine Konstituente des Satzes.
2. **Umstellungstest oder Permutationstest:** Konstituenten lassen sich verschieben.
   Con una pajita, las niñas beben un suco.
   → *con una pajita* ist ebenfalls eine Konstituente des Satzes.

3. **Fragetest:** Man kann oftmals nach Konstituenten fragen.
   ¿Qué hacen las niñas con una pajita? Beben un suco.
   → auch *beben un suco* ist damit als Konstituente identifiziert.
4. **Koordinationstest:** Dieser kann bisweilen auch zur Identifizierung von Konstituenten herangezogen werden, z. B. lässt sich die Wortfolge *un suco* mit einer anderen Wortfolge koordinieren:
   Las niñas beben un suco y un Kas de limón con una pajita.
   → auch *un suco* ist eine Konstituente.
5. **Weglassprobe:** In bestimmten Kontexten sind Konstituenten weglassbar. Wir sprechen dann von elliptischen Konstruktionen (bzw. von engl. *gapping*):
   Las niñas compran [...] et beben un suco.
   → Der Test bestätigt den Konstituentenstatus von *un suco.*

Aufbau einer Konstituentenstruktur

Um nun die Konstituentenstruktur aufzubauen, also die zusammengehörenden kleineren Einheiten zu größeren zusammenzufassen, um aufsteigend zum ganzen Satz zu gelangen, gehen wir folgendermaßen vor: Wir fassen immer jeweils zwei Elemente, die nach den Tests eine Konstituente bilden, zu einer übergeordneten Konstituente zusammen. Graphisch stellen wir das Resultat in Form eines **Baumdiagramms** (oder **Phrasenstrukturbaums**) dar. Im Einzelnen:

- Wir verbinden *las* und *niñas*, die nach unseren Tests (etwa dem ersten; möglich wäre aber auch die Anwendung des Fragetest: *¿Quién bebe un suco?*) eine Konstituente (eine Nominalphrase oder ein Nominalsyntagma) bilden.
- Ebenfalls zu einer Konstituente – wiederum zu einer Nominalphrase – lassen sich *un* und *suco* verbinden.
- Das Verb *beber* und das Nominalsyntagma *un suco* lassen sich zu der übergeordneten Konstituente *beber un suco* (Konstituente nach Test 3) zusammenfassen und bilden eine Verbalphrase (VP → V + NP).
- Die Nominalphrase *las niñas* schließlich lässt sich mit der Verbalphrase *beber un suco* zu einem vollständigen Kernsatz zusammenfassen. Die Präpositionalphrase (PP) *con una pajita* – nach Test 2 eine eigene Konstituente – gehört als Adjunkt nicht zum Kernsatz. Sie beschreibt die Verbalhandlung *beber un suco* etwas näher und wird deshalb an die Verbalphrase (VP) adjungiert.

Der Strukturbaum (*diagrama arbóreo*) macht die syntaktischen Beziehungen zwischen den einzelnen Konstituenten deutlich, deren Relationen zueinander mithilfe von Verwandtschaftsbegriffen sowie dem Konzept der **Dominanz** beschrieben werden.

Die Punkte, an denen die Verästelungen, die **Zweige** (*ramas*), binär auseinanderlaufen, werden als **Knoten** (*nodos*) bezeichnet. Elemente, die auf der gleichen Ebene, d.h. unter einem gemeinsamen Knoten angesiedelt sind, werden als Schwestern (die Knoten entsprechend als **Schwester-**

Konstituenz und
Konstituenten-
analyse

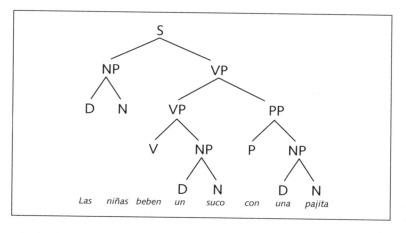

Abb. 1: Struktur-
baum von *las niñas
beben un suco con
una pajita*

knoten) bezeichnet. Beispielsweise sind die Subjekt-Nominalphrase (*las niñas*) und die Verbalphrase (*beben un suco*) Schwestern, da sie beide von dem gleichen Knoten, dem **Satzknoten (S)**, dominiert werden. Von **Dominanz** (*dominio*) spricht man, um das Verhältnis eines Knotens (hier des Satzknotens S) zu allen tieferliegenden Knoten im Strukturbaum (etwa dem NP- oder dem VP-Knoten, aber auch dem N- und dem V-Knoten) zu charakterisieren.

Die Endsymbole im Strukturbaum, die den traditionellen Wortarten entsprechen (V, N, P, D) bezeichnet man als **Terminalsymbole** (*símbolos terminales*) und die entsprechenden Wörter als **Terminale**. Die Konstituentenanalyse dient der Bestimmung der Satzstruktur, d. h. der einzelnen Konstituenten unterschiedlichen Komplexitätsgrades und ihrer hierarchischen Beziehungen zueinander.

In einer dynamischen – sprachproduktionsorientierten – Perspektive ist nun aber von Interesse, wie die einzelnen Sätze generiert werden. Formuliert werden sollen also Regeln, die angeben, wie jeweils übergeordnete Konstituenten aus elementareren Konstituenten gebildet werden. Sind wir bei der Konstituentenanalyse von ›unten nach oben‹ vorgegangen, so beschreiben wir die Erzeugung von Sätzen ausgehend vom höchsten Knoten, dem Satzknoten.

Phrasenstrukturregeln (*reglas de reescritura sintagmática*) sind die Regeln zum Aufbau grammatischer Struktur. Sie weisen das folgende Grundmuster auf: Auf der linken Seite steht das Symbol für die komplexere Konstituente, auf der rechten Seite die Symbole für die elementareren Konstituenten, aus denen sich die komplexere Konstituente zusammensetzt. Das Pfeilsymbol → bedeutet dabei ›besteht aus‹. In Klammern werden fakultative Elemente notiert. Für den Beispielsatz *las niñas beben un suco con una pajita* können wir folgende Phrasenstrukturregeln angeben:

1. **S → NP VP**: Der Satz wird gebildet durch das Zusammenfügen bzw. die Verbindung von Nominalphrase (*las niñas*) und Verbalphrase (*beben un suco con una pajita*) in der angegebenen Abfolge.

Konstituenten-
struktur und genera-
tive X-bar-Theorie

2. **VP → VP PP**: Die Verbalphrase (*beben un suco con una pajita*) setzt sich aus einer Verbalphrase (*beben un suco*) und einer Präpositionalphrase (*con una pajita*) zusammen.
3. **VP → V NP**: Die Verbalphrase (*beben un suco*) wird aus einem Verb (*beben*) und einem Nominalsyntagma (*un suco*) gebildet.
4. **PP → P NP**: Die Präpositionalphrase (*con una pajita*) besteht aus einer Präposition (*con*) und einem Nominalsyntagma (*una pajita*).
5. **NP → D N**: Die Nominalphrase (*una pajita*) setzt sich aus einem Determinanten (*una*) und einem Nomen (*pajita*) zusammen.

Rekursivität (*recursividad*): Die 2. Regel zeichnet sich nun dadurch aus, dass sowohl auf der linken als auch auf der rechten Seite das gleiche Symbol (VP) auftaucht. Es handelt sich hierbei um eine Regel, die die Modifikation der Verbalphrase (*bebe un suco*) durch ein Adjunkt (*con una pajita*) beschreibt. Solche Regeln wie die Adjunktionsregel heißen **rekursive Regeln**, weil wir sie prinzipiell unendlich oft anwenden können. So ließen sich problemlos weitere Adjunkte wie *de buen humor, sin sus hermanos, hasta más no poder, todos los días, antes de la cena* etc. an die VP anfügen. Rekursivität, die theoretisch unbegrenzte Wiederholbarkeit der Anwendung von Phrasenstrukturregeln, ist für die Vertreter der generativen Theorie ein grundlegendes Prinzip sprachlicher Strukturbildung und ein wesentliches Moment sprachlicher Kreativität.

6.2 | Konstituentenstruktur und generative X-bar-Theorie

Struktur von Konstituenten: Betrachtet man die Struktur von Konstituenten etwas genauer, so stellt man zwischen den zentralen Konstituentenklassen, der Nominalphrase (NP), der Verbalphrase (VP), der Präpositionalphrase (PP), der Adjektivphrase (AP) und der Adverbphrase (AdvP), strukturelle Übereinstimmungen fest: Es wurde schon darauf hingewiesen, dass die Phrasen einen **obligatorischen Kopf** (*cabeza* oder *núcleo*) besitzen, nach dem die Phrase benannt ist und der die spezifischen Eigenschaften der gesamten Phrase bestimmt (in generativer Terminologie: »der seine Eigenschaften auf die gesamte Phrase projiziert«).

Zudem können Phrasen ein **Komplement** (*complemento*) besitzen, was sich daraus ergibt, dass auch syntaktische Kategorien wie das Nomen, das Adjektiv, das Adverb sowie die Präpositionen Valenz besitzen, also Argumentstellen eröffnen können. So nimmt ein Kopf-Nomen wie *conquista* das Komplement *de la ciudad* bzw. *fidelidad* das Komplement *a los reyes*. Gleiches gilt für Adjektive, vgl. etwa *ávido de lucro* oder *fácil de reconocer*, die Adverbien (*independientemente de las críticas*) und die Präpositionen (*por encima de la mesa*).

Die Phrasen können zudem einen **Spezifizierer** (*especificador*) aufweisen – im Fall der Nominalphrase handelt es sich um den Determinierer

6.2

Syntax

Konstituenten-
struktur und genera-
tive X-bar-Theorie

(wie z. B. den bestimmten oder unbestimmten Artikel: *un amigo, el chico*), bei der Adjektivphrase um ein Adverb (*muy fiel, particularmente ávido*), ebenso wie bei der Präpositionalphrase (*casi sin dinero*) und der Adverbialphrase (*muy rápidamente*).

X-bar-Theorie: Die generative Theorie hat nun eine generelle und universell ausgerichtete Theorie der Konstituentenstruktur entwickelt, die sog. X-bar-Theorie (*la teoría de X-con-barra*). Im Rahmen dieser Theorie wird nicht nur die Auffassung vertreten, dass alle Phrasen bzw. Syntagmen einheitlich aufgebaut sind – und zwar in allen Sprachen gleich –, sondern dass auch der Satz als komplexeste Konstituente diesem einheitlichen Satzbauplan folgt. Somit entspräche das **X-bar-Schema der Konstituentenstruktur** einem allgemeinen und universellen Prinzip syntaktischer Strukturbildung, das – in der Vorstellung der generativen Sprachtheorie – letztlich die Funktionsweise des mental verankerten syntaktischen Prozessors widerspiegelt. Die X-bar-Theorie ist in dieser Weise betrachtet ein zentrales Element einer universalistischen Grammatikkonzeption, die von **universellen Generierungsregeln syntaktischer Struktur** ausgeht, die letztlich in unserem mental verankerten und in spezifischer Weise funktionierenden universellen Sprachvermögen angelegt sind. Beschreiben wir die Hauptaspekte der X-bar-Theorie noch ein wenig genauer:

Jede Konstituente besitzt drei Strukturebenen. Der **Kopf** (*cabeza*), auf der **Basisebene** X^0 angesiedelt, kann sich mit einem **Komplement** (*complemento*) verbinden, so dass sich die **Konstituente X′ (X′-Ebene)** formiert, die mit einem potentiell vorhandenen **Spezifizierer** (*especificador*) die Phrase, d.h. die **maximale Projektion (X″ oder X^{max})** bildet. Der allgemeine Bauplan für Phrasen, das X-bar-Schema, lässt sich folgendermaßen zusammenfassen:

XP → (Spezifikator) + X′
X′ → X + (Komplement)

Am Beispiel der Präpositionalphrase *casi sin riesgo* können wir das X-bar-Schema auch graphisch darstellen (s. Abb. 2).

In dem X-bar-Schema haben wir allerdings bislang keine **Adjunkte** (*adjuntos*), berücksichtigt, die nicht zur Kernstruktur des Satzes gehören (s. Kap. 6.1.3), weil sie nicht vom Kopf des jeweiligen Syntagmas (der jeweiligen Phrase) subkategorisiert werden. Wie wir an unserem Beispiel *las niñas beben un suco con una pajita* gesehen haben, können Adjunkte beliebig an der entsprechenden Strukturposition angefügt (adjungiert) werden. In den meisten Fällen lässt sich die Adjunktion als ein wiederholtes Aktivieren der Zwischenebene (also von X′) analysieren, so auch in dem folgenden Beispiel, das wir als Baumstruktur wiedergeben:

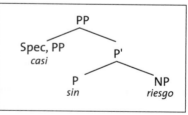

Abb. 2: X-bar-Schema am Beispiel von *casi sin riesgo*

Konstituenten-
struktur und genera-
tive X-bar-Theorie

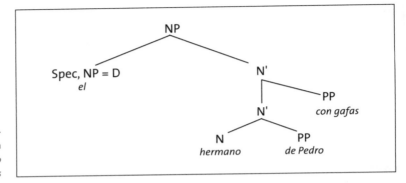

Abb. 3: Struktur-
baum von
*el hermano
de Pedro con gafas*

Kopf-
Komplement-
Relation

Die Kopf-Komplement-Relation ist eine zentrale strukturelle Konfiguration in der generativen Syntaxtheorie und soll deshalb hier noch ein wenig
genauer betrachtet werden.

Das **strukturelle Verhältnis**, das zwischen dem Kopf und seinem –
hierarchisch auf der gleichen Strukturebene befindlichen – Komplement
besteht, wird als **Rektion** (*rección*) bezeichnet. Diese strukturelle Konstellation zwischen Kopf und Komplement ist die Voraussetzung dafür,
dass der Kopf dem Komplement bestimmte Eigenschaften zuweisen
kann. Beispielsweise vergibt der Kopf im Rahmen des **Rektionsverhält-
nisses** eine bestimmte Theta-Rolle an sein Komplement. Außerdem weist
es seinem Komplement einen bestimmten Kasus, nämlich den Akkusativ, zu:

(17)   Jaime lee un libro. → Jaime lo lee.

Die generative Theorie geht davon aus, dass jede Nominalphrase, hier also
die Objekt-NP, *un libro*, einen Kasus trägt, auch wenn dieser morphologisch nicht angezeigt wird. Man spricht in diesem Falle von **abstraktem
Kasus**, da das Spanische – anders als das Lateinische oder Deutsche – keine morphologische Realisierung der Kasusunterscheidung für Substantive kennt. Dass allerdings tatsächlich ein Akkusativkasus zugewiesen
wird, kann anhand des spanischen Pronominalsystems nachgewiesen
werden, das seinerseits sehr wohl Kasusunterscheidungen kennt. So können wir in unserem Beispielsatz die Objekt-NP nur durch das Akkusativpronomen *lo* ersetzen.

Struktureller
Kasus

Der Akkusativkasus ist zudem ein sog. **struktureller Kasus**, weil er
in einer bestimmten **strukturellen Konfiguration**, nämlich der hier herausgestellten Kopf-Komplement-Relation zwischen dem Verb und der
direkten Objekt-NP zugewiesen wird. Die generative Theorie hat diese
besondere Kopf-Komplement-Relation mithilfe des sog. c-Kommandos
(*mando-c*) genauer beschrieben. Man spricht dann von einer Rektionsbe-
ziehung, wenn das Komplement (als regiertes Element) vom Kopf (dem
Regens) c-kommandiert (*mandar-c*) wird. Eine Konstituente α (der Kopf,
in unserem Beispiel etwa das Verb *leer*) c-kommandiert eine Konstituente
β (das Komplement, hier: *el libro*), wenn der Knoten, der α unmittelbar do-

6.2

Syntax

Konstituenten-
struktur und genera-
tive X-bar-Theorie

miniert, auch β dominiert. Eine solche Konfiguration liegt hier natürlich vor, da der VP-Knoten, der das Verb *leer* unmittelbar dominiert, auch die Komplement-NP (*el libro*) dominiert. Das Verb V und die Komplement-NP sind ja Schwesterknoten.

Der Nominativkasus ist ebenfalls ein struktureller Kasus und wird über **Spezifikator-Kopf-Kongruenz** vergeben. Dabei weisen die finiten Flexionsmerkmale (INFL, von engl. *inflection*) dem Subjekt des Satzes den Nominativkasus zu. Dies zeigt sich sehr schön daran, dass nicht-finite Sätze wie Infinitivsätze (in der Regel) keinen Nominativ zulassen. Ein Infinitivsatz wie **Pedro leer un libro* ist deshalb ungrammatisch.

Die generative Theorie unterscheidet zwischen dem behandelten strukturellen Kasus und dem sog. **inhärenten Kasus**. Im Gegensatz zum strukturellen Kasus, der in einer bestimmten strukturellen Konfiguration wie der Kopf-Komplement-Relation vergeben wird, ist der inhärente Kasus **lexemspezifisch** und damit Teil des Subkategorisierungsrahmens des entsprechenden Lexems. Dabei hängt der inhärente Kasus von der Theta-Rolle des jeweiligen Arguments ab. So besitzt das 3. Argument des Verbs *entregar* (jemandem etwas aushändigen, z. B. *entregar un trabajo al profesor*) die Theta-Rolle des Benefizienten und ihm wird deshalb der dativische Kasus zugewiesen. Dies zeigt sich im Spanischen wiederum an der Form des Personalpronomens, dem Dativpronomen *le* (*le entrega un trabajo al profesor*).

Inhärenter Kasus

Die X-bar-Theorie wird aber auch auf die größte Konstituente, den gesamten Satz, angewendet. Danach ist nämlich auch der Satz, als maximale Konstituente, selbst nach dem einheitlichen X-bar-Schema aufgebaut. Wie kann man sich aber eine solche X-bar-Struktur für den Satz vorstellen, zumal wir den Satz bislang als Verbindung von zwei Konstituenten, der Nominal- und der Verbalphrase, analysiert haben?

Die Satzebene

Dazu muss man sich klar machen, dass ein Satz, der – semantisch betrachtet – eine Ereignis- bzw. Sachverhaltsbeschreibung leistet, nicht nur aus einer Subjektnominalphrase (*las niñas*) und einer Verbalphrase (*beber suco*) – satzsemantisch: einem Subjekt der Beschreibung und dem Inhalt der Beschreibung, der Prädikation – besteht, sondern dass er nur dann ein vollwertiger Satz ist, wenn er finit ist, d. h. eine **finite Verbform** (*beben*) enthält.

Die **finite** bzw. **flektierte Verbform** *beben* markiert zum einen die **Kongruenz** zwischen dem Subjekt und dem Verb, die in den morphologischen Merkmalen Person und Numerus übereinstimmen. Kongruenz zeigt die besondere Aufeinanderbezogenheit von Elementen im Satz, etwa von Subjekt und Verb an. Satzsemantisch gesprochen, wird hier über die »Mädchen« prädiziert, dass sie »Saft trinken«. Zum anderen aber verankern die **Flexionsmerkmale** des Verbs – genauer: die in der Flexionsform enthaltenen Informationen zu Tempus und Modus – den Satz bzw. die in ihm ausgedrückte Sachverhaltsbeschreibung in der Zeit und in einer bestimmten Welt. Unser leicht modifizierter Satz

(18) A las 10, las niñas beben suco con una pajita.

Konstituenten-
struktur und genera-
tive X-bar-Theorie

verortet die Sachverhaltsbeschreibung, dass ›Mädchen Saft mit einem Strohhalm zu sich nehmen‹ zu einer bestimmten Uhrzeit (nämlich 10 Uhr) in der realen Welt.

Die Flexionsmerkmale (mit ihrer Information zu Person, Numerus, Tempus, Aspekt und Modus) machen also aus einer allgemeinen Sachverhaltsbeschreibung *las niñas: beber suco con una pajita* einen spezifischen Sachverhalt, der ›welt-zeitlich‹ bestimmt ist. Nur ein solcher ›welt-zeitlich‹ verankerter Satz kann autonom für sich stehen und ist folglich ein selbständiger Satz. Es sind also die Finitheits- bzw. Flexionsmerkmale, die aus einer allgemeinen Sachverhaltsbeschreibung erst einen selbständigen Satz machen, der auf einen ganz bestimmten Sachverhalt bzw. ein Ereignis in der außersprachlichen Welt verweist. Folglich ist der selbständige Satz nichts anderes als eine Projektion der Finitheits- bzw. Flexionsmerkmale – symbolisiert durch **INFL** (*inflection*) oder kurz **I**. Die Flexionsmerkmale INFL bzw. I sind der Kopf des Satzes, die Verbalphrase das Komplement und die Subjekt-NP der Spezifikator. Das generative Analysemodell entspricht damit ganz der logischen Satzanalyse: Eine Sachverhaltsbeschreibung besteht darin, dass von einem Subjekt etwas ausgesagt (›prädiziert‹) wird, und diese Beschreibung wird in der Zeit und in einer Welt verankert.

Die generative Syntaxtheorie kennt damit neben den **lexikalischen Kategorien** (wie V, N, P, A), mit denen wir uns bislang befasst haben, auch **funktionale Kategorien** wie die Flexionskategorien (mit den Merkmalen: Person, Numerus, Tempus, Modus, gegebenenfalls Kasus) oder die Funktionswörter wie die Konjunktionen und Determinanten.

Zur Illustration soll der Satz *Las niñas beben un suco* als Projektion von INFL/I dargestellt werden (s. Abb. 4).

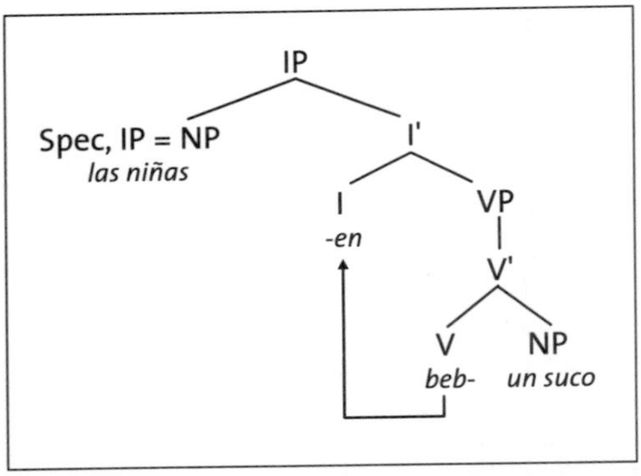

Komplementiererphrase: Abschließend soll noch eine letzte Konstituente, die sog. Komplementiererphrase (CP), deren Kopf durch den Komplementierer in der **C°-Position** (C für engl. *complementizer*, span. *el complementador* oder *el complementante*) gebildet wird, eingeführt werden. Typische Komplementierer sind die Konjunktion *que*, die Komplementsätze – subordinierte Nebensätze, die die syntaktische Funktion eines Arguments des Hauptsatzes (= Matrixsatzes) realisieren – einleitet sowie die Konjunktion *si*, durch die indirekte Fragesätze eingeführt werden.

Abb. 4: Struktur-
baum des Satzes
*Las niñas beben
un suco*

(19) Juan cree que las niñas beben un suco.

(20) Juan quiere saber si Pedro le puede ayudar.

Integrieren wir die Komplementiererphrase (CP) noch in unser Baumdiagramm, um eine maximal komplexe Satzstruktur zu veranschaulichen:

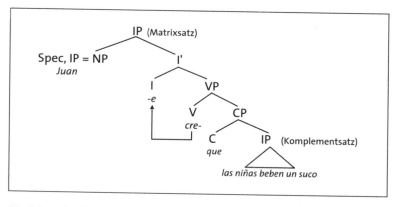

Abb. 5: Struktur-
baum zu *Juan
cree que las niñas
beben un suco*

Die folgende Gesamtübersicht über alle Konstituenten und ihre charakteristischen Bestandteile verdeutlicht die strukturellen Gemeinsamkeiten
zwischen den Konstituenten.

Syntagma (*sintagma*)	Spezifikator (*especificador*)	Kopf (*núcleo, cabeza*)	Komplement (*complemento*)	Adjunkte (*adjuntos*)
NP (SN)	el	mapa	de Europa	interesante sobre la mesa
	una	lucha	por la demo-cracia	multisecular en Europa
AP (SAdj)	muy	fiel	a sus principios	desde siempre sin vacilaciones
VP (SV)	Jaime	escuchar	la música	con interés, a regañadientes
IP (SFLEX)	Jaime	-ó, -aba	VP: escuch-la música	ayer, en Roma
CP (SCOMP)	siempre, desde, muchas veces	que	IP: Pedro está en casa	con Bea

Tab. 1: Parallele
X-bar-Strukturen:
Ein Bauplan für
alle Phrasen/
Syntagmen

6.3 | Bewegung in der Syntaxtheorie

Eine besondere Annahme der generativen Syntaxtheorie ist die Überlegung, dass sich bestimmte Konstituenten aus einer bestimmten Basisposition in eine andere Position bewegen. Dabei werden unterschiedliche
Typen von Bewegung angenommen, die eine Bewegungsanalyse auf unterschiedliche Weise motivieren. Theorieneutral ist die Intuition, dass
bestimmte grundlegende Satzstrukturen in syntaktischer Hinsicht miteinander ›verwandt‹ sind bzw. ineinander überführbar sind, wobei die eine
Struktur als Default- oder **Basisstruktur** anzusehen ist und die andere
aus dieser Basisstruktur gewissermaßen ›ableitbar‹ ist. So stellen Aktiv-
sätze das Grundmuster des Aussagesatzes (des Deklarativsatzes) dar, und

Passivsätze lassen sich anhand einer Regel, durch die das direkte Objekt (bzw. das Thema-Argument) des Aktivsatzes in die Subjektposition des Passivsatzes gelangt sowie das lexikalische Verb in eine *sein* + Partizip-Perfekt-Konstruktion umgewandelt wird, erzeugen.

Subjekt	**Verb**	**direktes Objekt**
Pedro	escribe	una carta.

Subjekt	*ser* + **Verb im PPP**	**por-Präpositionalphrase**
Una carta	es escrita	por Pedro.

Ebenso setzen Fragesätze (z. B. partielle Fragesätze wie *¿A quién has visto?*) den kanonischen Aussagesatz als primäre Struktur voraus und lassen sich ebenfalls mithilfe einer Regel, durch die etwa das – die Satzkonstituente erfragende – Fragepronomen (*a quién*) in die Initialposition des Satzes gebracht wird, ableiten. Es bestehen also syntaktische Beziehungen zwischen bestimmten Konstituenten des Satzes und den entsprechenden strukturellen Positionen. Ging die generative Theorie in ihrer ›klassischen‹ Version davon aus, dass die abgeleiteten Strukturen durch Transformationsregeln (etwa die Passivtransformation) erzeugt werden, so wird in den jüngeren Versionen (ab der *Government-and-Binding-Theorie*) eine **allgemeine Bewegungsregel**, »**move-α**«, angenommen.

Verschiedene Bewegungstypen

Verbbewegung: Wie wir gesehen haben, macht es Sinn, die **Verbalphrase**, in der die lexikalische Information des Verbs nach dem Projektionsprinzip syntaktisch abgebildet wird, von der **Flexionsphrase**, welche die Flexionsmerkmale (Tempus, Aspekt, Modus, Personen- und Numerusmerkmale) enthält und dadurch die welt-zeitliche Verankerung des Satzes (bzw. seines semantischen Gehalts) leistet, zu trennen. Allerdings müssen lexikalisches Verb (bzw. der Verbstamm) und die Flexionsmerkmale zusammengeführt werden. Dies wird in der generativen Modellierung dadurch erreicht, dass das Verb sich vom Kopf der Verbalphrase (VP) in die Kopfposition der Flexionsphrase (IP) bewegt. Da es sich bei der Ausgangs- und der Zielposition jeweils um einen syntaktischen Kopf handelt, bezeichnet man diesen Bewegungstyp auch als **Kopfbewegung** (*head-movement*). Das bewegte Element hinterlässt eine **Spur t** (engl. *trace*, span. *huella*), die den gleichen Index wie das bewegte Verb trägt und auf seine ursprüngliche Position hinweist. Ein – von analytischen Erwägungen – unabhängiges Argument für Verbbewegung, dem man häufig in der generativen Literatur begegnet, sind Stellungsunterschiede bei den Adverbien im Englischen und Spanischen (vgl. u. a. Zagona 2002: 167). Im Spanischen stehen VP-Adverbien wie z. B. *frecuentemente* stets nach dem lexikalischen Verb, im Englischen hingegen davor. Vergleiche

Kopfbewegung

(21) Juan bebió frecuentemente zumo de naranja.
John often drank orange juice.

Die generative Grammatik erklärt diesen Unterschied damit, dass das lexikalische Verb im Englischen in seiner **Basisposition (V⁰)** verbleibt, während es sich im Spanischen in die **I⁰-Position** bewegt. Motivieren lässt sich dieser Unterschied anhand einer typologischen Erklärung: Das Englische verfügt – anders als die romanischen Sprachen – nur über schwache Flexionsmerkmale (lediglich die 3. Person Singular wird durch die Endung *-s* angezeigt, die Vergangenheitsform nur durch die Endung *-ed*), so dass in dieser Sprache keine Bewegung notwendig ist. Diese Erklärung mag sehr ad hoc erscheinen, und auch die Orientierung am Englischen als Referenzsprache kann man durchaus kritisch bewerten.

Bei der Passivkonstruktion wird davon ausgegangen, dass das direkte Objekt des Aktivsatzes *una carta* zunächst in seiner ursprünglichen Position (als Komplement des Verbs) in der VP basisgeneriert wird und hier auch seine thematische Rolle (als Thema) zugewiesen bekommt. Die Konstituente wird anschließend in die Subjektposition bewegt und erhält dort über Spezifikator-Kopf-Kongruenz den Nominativkasus. Der Agens *Pedro* kann mithilfe einer Präpositionalphrase, die durch die Präposition *por* eingeleitet wird (*por Pedro*), fakultativ hinzugefügt werden. Der hier beschriebene Typ von Bewegung aus einer Argumentposition (direkte Objektposition) in eine andere Argumentposition (Subjektposition) wird als **Argumentbewegung (A-movement)** bezeichnet.

Argument-
bewegung

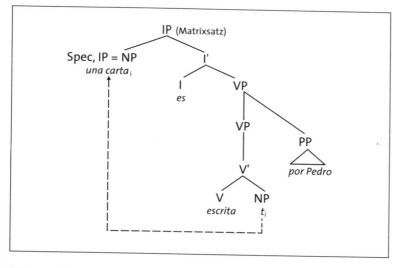

Abb. 6: Passiv-
bewegung
(*una carta es
escrita por Pedro*)

Wh-Bewegung: Ein weiterer Typ syntaktischer Bewegung tritt bei **Interrogativsatzstrukturen** auf, wobei wir uns hier auf die partiellen Fragen (span. *interrogativas parciales/pronominales*) beschränken wollen, mit denen bestimmte Satzkonstituenten erfragt werden, z. B.:

(22) ¿Qué entregó Pedro? (Frage nach dem direkten Objekt)

Das Fragepronomen (auch **wh-Pronomen**, nach den mit wh-anlautenden englischen Fragewörtern benannt) steht zunächst in der Position der Konstituente, die es erfragt (also in der Komplementposition zu V). Hier erhält es seine Theta-Rolle sowie den Akkusativkasus. Dass sich das Fragepronomen in den Bereich der Komplementiererphrase bewegen muss, zeigt der Parallelismus zwischen dem Komplementsatz (mit dem Komplementierer *que*) und den indirekten Fragesätzen (eingeleitet durch den Komplementierer *si* bzw. das Fragepronomen *¿qué?*)

	C-Domäne	I-Domäne
Sé	que	Pedro entregó el libro.
Me pregunto	si	Pedro entregó el libro.
Me pregunto	qué$_j$ entregó$_i$	Pedro t$_i$ t$_j$

Wie aus dem Strukturvergleich deutlich wird, bewegt sich das Fragepronomen aus der Basisposition an den Satzanfang, in die **Spezifikatorposition der Komplementiererphrase** (*SpecCP*) und hinterlässt eine Spur (t für *trace*) mit dem **Index j** in der Ausgangsposition. Diese **Spur** (*huella*) macht die strukturelle Beziehung zwischen Ausgangs- und abgeleiteter Struktur deutlich und erlaubt eine Rekonstruktion der Ausgangsstruktur. Das Verb *entregó*, das auf das Fragepronomen folgt und vor dem Subjekt steht, bewegt sich entsprechend in die Komplementiererposition C^0 und hinterlässt ebenfalls eine Spur (t$_i$) in der Ausgangsposition. Wir können die wh-Bewegung folgendermaßen darstellen:

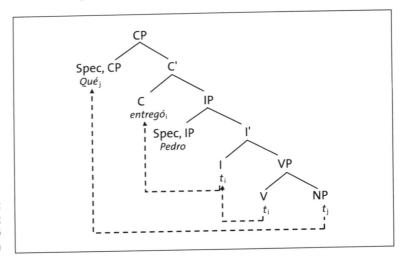

Abb. 7: Darstellung
der wh-Bewegung
(*¿Qué entregó
Pedro?*)

Bei der wh-Bewegung handelt es sich um eine sog. **A-bar-Bewegung** (*A-bar-movement*), bei der eine Konstituente aus einer **Argumentposition** in eine **Nichtargumentposition** bewegt wird.

Die wh-Bewegung macht noch einmal die Rolle der **CP-Domäne** im Gegensatz zur **IP-** und **VP-Domäne** deutlich: Wird in der VP-Domäne die lexikalische Information syntaktisch via Projektionsprinzip abgebildet, so sind für die IP-Domäne die Flexionsmerkmale des Satzes und – damit verbunden – seine welt-zeitliche Verankerung (bzw. die seines propositionalen Gehaltes) relevant. Die CP-Domäne schließlich wird aktiviert im Zusammenhang mit dem Satzmodus – so etwa bei der Realisierung von Frage- und Imperativsätzen (¡*Qué no me vengas con tonterías!*) – sowie bei der Kennzeichnung des Status eines Satzes. Wird die C-Position nicht belegt, so handelt es sich um einen autonomen Satz (einen Aussage- bzw. Deklarativsatz), ansonsten (etwa bei Belegung durch die Komplementierer *que* oder *si*) haben wir es mit einem abhängigen Komplementsatz zu tun (für eine weitere Funktion der CP-Domäne, nämlich ihre Bedeutung für die Organisation der Informationsstruktur von Sätzen, s. Kap. 6.6).

6.4 | Determination und DP-Hypothese

Zu den Determinanten (*determinantes*) – auch **Determinierer** genannt – zählen

- der **Artikel** (*artículo*: *el, la, los, las*),
- die **Demonstrativpronomina** (*este/esta, ese/esa, aquel/aquella*),
- der sog. **Possessivartikel** (*posesivos*: *mi, tu, su, nuestro/a, vuestro/a, su*) und
- die **Quantifikatoren** (*cuantificadores*: *uno, dos, tres*, etc.).

Referenz: Die Funktion der Determinanten ist es, Referenz herzustellen, d. h. den Bezug zur außersprachlichen Wirklichkeit (s. Kap. 7.3.1). So verweist das Nomen *mesa* nur auf das Konzept eines Tisches, während sich das Nominalsyntagma *esta mesa* auf einen spezifischen Tisch bezieht. Insbesondere die Demonstrativpronomina (wie etwa *esta*) verweisen auf Gegenstände, die in der Kommunikationssituation präsent sind, ja sie sind mit einer Zeigegeste auf das konkrete Bezugsobjekt (den Referenten) verbunden. Man nennt sie deshalb **Deiktika** (*deícticos*) (s. Kap. 8). Die Determinanten stellen unterschiedliche Arten von Referenz her:

- Bei der **generischen Lesart** (*referencia genérica*) wird auf die Klasse der Individuen des Typs N verwiesen – so in dem Beispiel *el tiranosaurio vivió a finales del período Cretácico* (N = *tiranosaurio*).
- Bei der **spezifischen Lesart** (*referencia específica*) wird auf einen Referenten Bezug genommen, dessen Existenz vorausgesetzt wird und der sich identifizieren lässt, z. B. der Freund (»ein bestimmter Freund«) in dem Satz: *Un amigo entró en la tienda*.
- Bei der **unspezifischen Lesart** (*interpretación inespecífica*) bezieht sich der Sprecher nicht auf einen konkreten Referenten, sondern auf einen möglichen, hypothetischen oder gar inexistenten. Wenn er sich ein Haus mit 20 Zimmern wünscht (*Quiero una casa que tenga 20 habitaciones*), so ist gar nicht ausgemacht, ob es ein solches Haus auch tatsächlich in der Realität gibt.

Zur Vertiefung

Die DP-Hypothese

Im Zuge der Fortentwicklung der generativen Theorie hat Abney (1987) dafür plädiert, die Determinanten nicht mehr als Spezifikator der Nominalphrase zu interpretieren, sondern als Kopf einer eigenen funktionalen Kategorie, der Determiniererphrase (DP-Hypothese). Nach dieser Analyse wäre dann das jeweilige Nomen, z. B. *mesa* in *esta mesa*, Komplement des Determinierers *esta*, der zugleich Kopf der Phrase ist. Diese Betrachtungsweise lässt sich – ebenso wie die Annahme einer eigenen Flexionsphrase (IP) – gut analytisch begründen. Wie die Flexionsphrase, die den Aussagehalt des Satzes welt-zeitlich verankert, stellt auch die DP den Bezug des jeweiligen Nomens zur außersprachlichen Wirklichkeit her (die Referenz). Die DP besitzt für den Nominalbereich folglich die gleiche Funktion wie die IP für den Verbalbereich. Aber auch strukturelle Gründe lassen sich für eine solche Analyse anführen: So können Determinanten sowohl in **prä-** als auch in **postnominaler Position** stehen (*el libro ese*). Auch kann sich mehr als ein Determinant in pränominaler Position befinden (*todos esos libros, unos tres libros*). Die Kombination dieser Elemente, aber auch der Ausschluss einer Struktur wie **libro ese* (ohne den pränominalen bestimmten Artikel, der offenbar die Verbindung *todos los libros* erst grammatikalisch ermöglicht, ›lizensiert‹), sprechen für eine komplexere Konstituente mit dem Determinierer als Kopf, der zudem funktionalen Charakter besitzt, weil er erst strukturelle Verbindungen mit dem Nomen möglich macht (bzw. dieses ›lizensiert‹).

6.5 | Das minimalistische Modell

Wir haben eine Reihe grundlegender Begriffe auch der generativen Syntaxtheorie eingeführt, weil sie mittlerweile weitgehend zum Allgemeingut der syntaktischen Analyse gehören und für die aktuelle Forschungsdiskussion höchst relevant sind. Die generative Theorie hat sich in allen ihren Entwicklungsetappen stets bemüht, ein vollständiges, möglichst vollkommen kohärentes Grammatikmodell bzw. analytisches Beschreibungsmodell zu entwickeln. Es ist hier nicht der Ort, die verschiedenen Etappen der Theorieentwicklung mit den ihnen jeweils eigenen Modellbildungen nachzuzeichnen. Es soll abschließend lediglich ein kurzer Ausblick auf die aktuelle Theoriephase, die durch das sog. **minimalistische Programm** bestimmt ist, gegeben werden.

In seiner ausformulierten Version hatte das vorangegangene Paradigma, die sog. **Rektions- und Bindungstheorie** (Government-and-Binding-Theory, GB), vier verschiedene Ebenen bzw. Module der sprachlichen Beschreibung angenommen:

- **eine Tiefenstruktur** (D-Struktur, *deep-structure*), in der die lexikalischen Informationen der einzelnen Satzelemente syntaktisch abgebildet werden;

- **eine Oberflächenstruktur** (S-Struktur, *surface-structure*), die über die X-bar-Regeln sowie die sich daran anschließende weitere Transformation nach der allgemeinen Bewegungsregel move-α erzeugt wird;
- **die Logische Form** (LF, *Logical Form*), welche die semantische Interpretation der Oberflächenstruktur leistet und
- **die Phonetische Form** (PF, *Phonetic Form*), die der Oberflächenstruktur eine Lautrealisierung zuweist.

Im Rahmen des minimalistischen Modells werden nur noch die Ebenen der Phonetischen Form (PF) und der Logischen Form (LF) beibehalten. Sie stellen die Schnittstellen zum artikulatorisch-perzeptiven System bzw. zum konzeptuell-intentionalen System dar. Zentral für die Erzeugung (Derivation) der syntaktischen Strukturen ist zum einen das Lexikon, das ein Inventar bereits flektierter Elemente für den Strukturaufbau bereitstellt sowie – zum anderen – die eigentliche Kernkomponente bzw. das Kernmodul syntaktischer Strukturbildung, ein sog. **Verarbeitungssystem** (*computational system*). Diese Strukturbildungskomponente – oder auch **Kernsyntax** (*narrow syntax*) – fügt die einzelnen lexikalischen und funktionalen Elemente nach Entnahme aus dem Lexikon zu komplexeren Ausdrücken zusammen. Die Operation der Elementenauswahl aus dem Lexikon wird dabei als *select*, die des Aufbaus einer Phrasenstruktur als *merge* und diejenige der Schaffung grammatischer Kongruenz als *agree* bezeichnet.

Kernsyntax

Die Bewegung von Konstituenten wird im Rahmen des minimalistischen Programms auf neuartige Weise motiviert: Die schon voll flektiert aus dem Lexikon übernommenen Elemente müssen auf ihre grammatische Korrektheit – konkret: ihre formalen Merkmale – hin überprüft werden, was in einem entsprechenden **Prozess der Merkmalüberprüfung** (*Feature-Checking*) geschieht. Bewegung ergibt sich in diesem Modell nun daraus, dass die lexikalischen Elemente mit ihren Flexionsmerkmalen (z. B. für Numerus und Kasus bei Nomen oder für Tempus- und Kongruenzmerkmale bei Verben) zu der jeweils relevanten funktionalen Projektion hinbewegt werden (*move-Operation*), um ihre Merkmale abzugleichen.

Neben diesen – in der Kernsyntax – ablaufenden **offenen** (overten) **Bewegungen**, gibt es auch Bewegungen, die **covert** erfolgen, also nicht mehr an der syntaktischen Oberfläche sichtbar sind. Sie finden an einem bestimmten Punkt der Derivation, nach dem sog. **Spell-Out**, auf der **Ebene der Logischen Form** für logisch interpretierbare Merkmale statt. Ob Bewegung overt (vor *Spell-Out*) oder covert (auf LF) erfolgt, hängt in dem neuen Modell unter anderem von der Stärke der funktionalen Merkmale ab.

Bewegungen unterliegen zudem expliziten **Ökonomieprinzipien** (*economy principles*), d. h. sie sollen nur dann erfolgen, wenn sie absolut unerlässlich für den Strukturaufbau sind. Die nach **Spell-Out** an die **PF** (Phonetische Form) übermittelte Struktur wird von der phonologischen Komponente in Lautketten überführt. Von PF bzw. LF gelangen die jeweiligen Informationen an das artikulatorisch-perzeptuelle (A-P) bzw. konzeptuell-intentionale (C-I) System, die als externe Schnittstellen das

Informations-
struktur

»Fenster zur Performanz« (Gabriel/Müller 2008: 85), also der konkreten Sprachproduktion, bilden. Es bleibt abzuwarten, ob das minimalistische Programm seinen Anspruch einlösen kann, ein Grammatikmodell zu sein, das eine beschreibungs- und erklärungsadäquate Modellierung auf der Grundlage minimaler notwendiger Annahmen leistet.

6.6 | Informationsstruktur

Thema-Rhema-Gliederung: Sätze besitzen idealerweise einen informativen Gehalt. Die antike Betrachtung des Satzes, die sich in Platons systematischer Unterscheidung von *onoma* (›Nennwort‹) und ***rhema*** (›Aussagewort‹) bereits andeutete und von Aristoteles zu einem logischen Analysemodell des Aussagesatzes ausgebaut wurde, war im Wesentlichen noch (satz-)semantisch ausgerichtet. Sie implizierte aber bereits eine Zweiteilung des Satzes in den – schon bekannten – Satzgegenstand und die eigentlich neue Aussage, die über diesen Gegenstand getroffen wird.

Diese Zweiteilung wurde von der Prager Linguistenschule aufgegriffen und insbesondere von V. Mathesius seit den ausgehenden 1920er Jahren zu einer funktional-syntaktischen Theorie, der sog. **funktionalen Satzperspektive**, entwickelt. Dieser Ansatz ging ganz wesentlich von der engen Aufeinanderbezogenheit von kommunikativer Funktion einer Äußerung und ihrer syntaktischen Struktur aus, verklammerte also die syntaktische Betrachtung mit kommunikationspragmatischen Aspekten.

Thema-Rhema-
Gliederung

Ausgangspunkt der Betrachtung ist dabei die sog. Thema-Rhema-Gliederung des Satzes als seine informationelle Grundstruktur. Dabei stellt das **Thema** (*el tema*) die schon bekannte Information, das **Rhema** (*el rema*) hingegen die neue Information dar. Diese zunächst dichotomische Scheidung wurde in späteren Weiterentwicklungen, so etwa bei Firbas (1964), durch eine **graduelle Sichtweise** ersetzt, nach der die einzelnen Konstituenten sich hinsichtlich ihres Mitteilungsgrades im Rahmen der kommunikativen Dynamik unterscheiden.

Der Begriff der Informationsstruktur kann nun so verstanden werden, dass die in einem Satz enthaltenen Informationen in einer bestimmten Weise ›arrangiert‹ bzw. ›portioniert‹ werden – Chafe (1976) hat hierfür die eingängige Metapher des *packaging of information* geprägt –, so dass sie den kommunikativen Bedürfnissen der Gesprächspartnern in optimaler Weise entsprechen. Dies schließt die angemessene Verteilung von bereits bekannter und neuer Information ebenso mit ein wie die besondere Herausstellung einzelner, in informationeller Hinsicht besonders relevanter Konstituenten. Die syntaktische Strukturierung des Satzes bzw. bestimmte besonders markierte Satzkonstruktionen leisten hierzu einen wesentlichen Beitrag.

In jüngerer Zeit sind die Konzepte zur Beschreibung der Informationsstruktur von Sätzen verfeinert worden (vgl. u.a. Lambrecht 1994). Anstelle der alten Scheidung in ›bekannte‹ und ›neue‹ Information lassen sich in-

formationsstrukturelle Aspekte differenzierter durch drei grundlegende
Begriffspaare charakterisieren.

1. Neu (*new*) vs. bekannt (*given*): Zunächst wird nicht mehr pauschal in
›neue‹ und ›bekannte‹ Information geschieden, sondern Diskursreferenten
können entweder **neu** (*new*) in den Diskurs eingeführt werden oder schon
bekannt (*given*) bzw. wenigstens **aktivierbar** oder aufgrund von semantischen Beziehungen oder Weltwissen **erschließbar** sein (zu diesem – eher
diskurslinguistischen – Aspekt s. Kap. 9.2).

2. Topik und Kommentar (*tópico* und *comentario*): Das Topik (*topic*) gibt
an, worüber gesprochen wird (*aboutness*), der Kommentar (*comment*) entspricht dem, was über das Topik ausgesagt wird. Man kann sich das Topik als eine Karteikarte zu einem Referenten vorstellen, auf der die neuen
Informationen über diesen eingetragen werden. Das Topik lässt sich auch
mit der Frage »Qué me cuentas de X?« ermitteln. Das Spanische besitzt
eine Reihe von Formeln, die der Nennung des Topiks dienen, so etwa: *en
cuanto a, por lo que se refiere/concierne/atañe/toca a* und andere mehr.
Auch besitzt das Spanische spezielle syntaktische Konstruktionen, um
das Topik am Satzanfang bzw. Satzende besonders herauszustellen.
Eine – gerade auch in der gesprochenen Sprache beliebte – Strategie ist das
sog. ›lose‹ Thema (*tema vinculante*) wie in (23):

(23)   La bicicleta, parece que los frenos le fallan cada dos por tres.

Besonders geläufig ist auch die **Segmentierung** bzw. **Links-** oder **Rechtsversetzung** (*dislocación a la izquiera/dislocación a la derecha*), z. B.:

(24)   A sus amigos, María les entregó los regalos.

Bei der **Links-** oder **Rechtsversetzung** wird wie auch beim losen Thema
die an den Satzanfang bzw. – bei der Rechtsversetzung – an das Satzende
gestellte Satzkonstituente im Kernsatz durch ein entsprechendes Pronomen wieder aufgenommen. Während aber bei der **Dislokationskonstruk-
tion** die syntaktische Funktion der links- oder rechtsversetzten Konstituente markiert wird (etwa der Dativ durch die Präposition *a*, z. B. *a sus
amigos – les*), wird beim losen Thema lediglich die als Topik fungierende
Konstituente genannt, also als Nominalsyntagma vorangestellt (*la bicicleta – le*). In der generativen Analyse wird davon ausgegangen, dass die
entsprechende Konstituente des Kernsatzes, z. B. das indirekte Objekt *a
sus amigos*, in die CP-Domäne, d. h. in die **linke Satzperipherie**, bewegt
wird. Die CP-Domäne besitzt also auch Relevanz im Rahmen der Informationsstruktur des Satzes.

3. Fokus/Hintergrund: Einen zentralen Stellenwert für die Charakterisierung der Informationsstruktur von Sätzen nimmt der Begriff des **Fokus**
ein. Er präzisiert und spezifiziert die mit dem alten Rhema-Begriff verbundene Vorstellung von ›neuer Information‹ und verankert ihn in einem
dynamischen Kommunikationsmodell. Die Gesprächsteilnehmer kommunizieren miteinander auf der Grundlage einer **gemeinsamen Wissensbasis** (dem sog. gemeinsamen Redehintergrund). Sinn der kommunikativen Interaktion ist es, die gemeinsame Wissensbasis zu erweitern, d. h.

Links-/Rechts-
versetzung

neue, von den Gesprächspartnern geteilte, Information in den gemeinsamen Redehintergrund einzuschreiben. Bei ihren Äußerungen knüpfen
die Gesprächspartner an bekannte (entweder als bekannt vorausgesetzte
bzw. schon ›ausgehandelte‹) Information an. Die als schon bekannt vorausgesetzte Information des Satzes, die Teil der gemeinsamen Wissensbasis (des gemeinsamen Redehintergrundes) ist, wird als **Hintergrund** oder
auch **Präsupposition** bezeichnet. Die neu eingeführten Informationsan-
teile des Satzes werden hingegen als Fokus bezeichnet. Der Fokus lässt
sich als Antwort auf die implizite Frage, die durch den Satz geklärt werden soll, verstehen. Satz (25)

(25)   Pedro entregó su trabajo.

lässt jeweils unterschiedliche **Fokus-Hintergrund-Gliederungen** zu, je
nachdem welche implizite Frage durch den Satz beantwortet werden soll.

(26a)   ¿Qué pasó? [$_F$Pedro entregó su traBAjo]
(26b)   ¿Qué hizo Pedro? Pedro [$_F$entregó su traBAjo]
(26c)   ¿Qué entregó Pedro? Pedro entregó [$_F$su traBAjo]

Das Beispiel macht deutlich, dass der Fokus, also der jeweils tatsächlich
neue Informationsbeitrag, dahingehend variiert, welche Informations-
anteile des Satzes als schon bekannt vorausgesetzt werden bzw. welche
Konstituenten jeweils als Antwort auf die dem Satz zugrundeliegende implizite Frage zu interpretieren sind. Der Fokus wird durch das **Subskript
F** angezeigt, die jeweils relevante **Fokusdomäne** durch eckige Klammern.
Umfasst die Fokusdomäne lediglich eine Satzkonstituente, wie im Fall der
Objekt-Nominalphrase, so spricht man von **engem Fokus**. Bei mehreren
Satzkonstituenten liegt ein Fall von **weitem Fokus** vor. Aber auch der Satz
als ganzer kann als Fokus fungieren (sog. *all-in-focus*-Sätze), etwa als Ant-
wort auf die Frage: Was ist geschehen?

Die Großschreibung zeigt jeweils den Satzakzent, der auch als **Nuklearakzent** bezeichnet wird, an. Er ist der Akzent mit der größten Prominenz,
entspricht also der Silbe mit der stärksten Betonung. Der neutrale Satzakzent (bzw. Nuklearakzent) liegt im Spanischen stets am Satzende, auf der
letzten betonten Silbe der melodischen Gruppe. Damit ist aber verbunden,
dass es nicht möglich ist, den neutralen Satzakzent auf eine präverbale
Subjektkonstituente zur Markierung ihres Fokus-Status fallen zu lassen
– der Satz

(27)   *[$_F$JuaNIto] ha preparado la comida

als Antwort auf die Frage *¿Quién ha preparado la comida?* (›Wer hat das
Essen vorbereitet?‹) ist mithin ungrammatisch. Syntaktisch bleibt nur die
Möglichkeit, die Subjekt-Konstituente an das Satzende zu verschieben, so
dass der neutrale Satzakzent auf die den Fokus bildende Subjekt-Konstituente fallen kann. Im Spanischen ist also grammatisch korrekt:

(28)   Ha preparado la comida [$_F$JuaNIto]

Der bisher behandelte Fokustyp, der im Rahmen des unmarkierten Aussagesatzes die jeweils relevante neue Information (d. h. die Antwort auf die

in der konkreten Kommunikationssituation im Raum stehende Frage) herausstellt, wird als **neutraler Fokus** oder **Informationsfokus** (*foco neutro/ informativo*) bezeichnet. Davon ist der sog. **Kontrastfokus** (*foco contrastivo*) zu unterscheiden, der anders als der neutrale Fokus frei positioniert werden kann. So lässt sich beim Kontrastfokus etwa auch die präverbale Subjektkonstituente herausstellen wie in (29)

(29)   [$_F$PEDRO] entregó su trabajo (y no Jaime).

Aber auch andere Satzkonstituenten können satzinitial stehen, was dann mit einer **Subjektinversion** einhergeht wie in

(30)   [$_F$PERAS] compró María.

Der **Kontrastfokus** kann ganz unterschiedliche Teilfunktionen wahrnehmen:

- Er kann eine Aussage richtigstellen (er ist dann ein **korrektiver Fokus**).
- Er kann eine Aussage emphatisch bestätigen (**konfirmativer Fokus**) – etwa im Sinne von: »natürlich Pedro und kein anderer«.
- Er kann eine Auswahl aus einer beschränkten Anzahl von Alternativen thematisieren – z. B. hat »Pedro« und nicht etwa ein anderes Mitglied der Arbeitsgruppe die besagte Arbeit abgegeben. Diese Spielart des Kontrastfokus wird auch als **identifizierender Fokus** bezeichnet (vgl. Zubizarreta 1999: 4229).

Eine weitere Möglichkeit, bestimmte Satzkonstituenten in den Fokus zu rücken, stellen die sog. **Spalt-** (*frases escindidas*) bzw. **Sperrsatzkonstruktionen** (*frases pseudo-escindidas*) dar, bei denen es sich um besondere syntaktische Strukturen handelt, die eine Kopulakonstruktion mit eingebetteter Fokuskonstituente und die Relativsatzstruktur miteinander kombinieren (s. 31 und 32):

Spalt-/Sperrsatz-Konstruktionen

(31)   Fue [$_F$PEDRO] quien ha entregado el trabajo.

(32)   El que/Quien ha entregado el trabajo es [$_F$PEDRO].

Literatur

Abney, Steven P. (1987): *The English Noun Phrase in its Sentential Aspect*. Diss. Cambridge: MIT.

Ágel, Vilmos et al. (Hg.) (2006): *Dependenz und Valenz: ein internationales Handbuch der zeitgenössischen Forschung*. 2 Bände. Berlin/New York: de Gruyter.

Alarcos Llorach, Emilio/Real Academia Española (1994): *Gramática de la lengua española*. Madrid: Espasa-Calpe.

Alcina Franch, Juan/Blecua, José Manuel (1982): *Gramática española*. 3. Aufl. Barcelona: Ariel.

Bloomfield, Leonard (1933): *Language*. New York u. a.: Holt, Rinehart and Winston.

Bosque Muñoz, Ignacio (1989): *Las categorías gramaticales: relaciones y diferencias*. Madrid: Síntesis.

–/Demonte Barreto, Violeta (Hg.) (1999): *Gramática descriptiva de la lengua española*. 3 Bände: Band 1: *Sintaxis básica de las clases de palabras*; Band 2: *Las construcciones sintácticas fundamentales: relaciones temporales, aspectuales y modales*; Band 3: *Entre la oración y el discurso: morfología*. Madrid: Espasa.

–/Gutiérrez Rexach, Javier (2009): *Fundamentos de sintaxis formal*. Madrid: Akal.

Bruyne, Jacques de (2002): *Spanische Grammatik*. Übers. von Dirko-J. Gütschow. 2. Aufl. Tübingen: Niemeyer.

Burunat, Silvia/Estévez, Ángel L./Ortega, Aleksín H. (2010): *El español y su sintaxis.* 2. Aufl. New York: Peter Lang.

Campos, Héctor R. (1993): *De la oración simple a la oración compuesta: curso superior de gramática española.* Washington: Georgetown University Press.

Chafe, Wallace L. (1976): Givenness, contrastiveness, definiteness, subjects, topics, and point of view. In: Li, Charles N. (Hg.): *Subject and Topic.* New York: Academic Press, S. 25–55.

Dürscheid, Christa (2010): *Syntax: Grundlagen und Theorien.* 5. Aufl. Göttingen: Vandenhoeck & Ruprecht.

Eguren Gutiérrez, Luis Javier/Fernández Soriano, Olga Margarita (2004): *Introducción a una sintaxis minimalista.* Madrid: Gredos.

Fant, Lars (1984): *Estructura informativa en español: estudio sintáctico y entonativo.* Stockholm: Almqvist &Wiksell.

Fernández Leborans, María Jesús (2003): *Los sintagmas del español. 1. El sintagma nominal.* Madrid: Arco Libros.

Firbas, Jan (1964): On defining the theme in functional sentence analysis. In: *Travaux Linguistiques de Prague* 1, S. 267–280.

Gabriel, Christoph/Müller, Natascha (2008): *Grundlagen der generativen Syntax. Französisch, Italienisch, Spanisch.* Tübingen: Niemeyer.

Gili Gaya, Samuel (1972): *Curso superior de sintaxis española.* 10. Aufl. Barcelona: Biblograf.

Grewendorf, Günther (2002): *Minimalistische Syntax.* Tübingen/Basel: Francke.

Gutiérrez-Ordóñez, Salvador (2000): *Temas, remas, focos, tópicos y comentarios.* 2. Aufl. Madrid: Arco Libros.

Hernanz Carbó, Maria Lluïsa/Brucart, José María (1987): *La sintaxis.* Barcelona: Editorial Crítica.

Introno, Francesco d' (2001): *Sintaxis generativa del español: evolución y análisis.* Madrid: Cátedra.

Jacobs, Joachim (1988): Fokus-Hintergrund-Gliederung und Grammatik. In: Altmann, Hans (Hg.): *Intonationsforschungen.* Tübingen: Niemeyer, S. 89–134.

Klenk, Ursula (2003): *Generative Syntax.* Tübingen: Narr.

Lambrecht, Knud (1994): *Information Structure and Sentence Form. Topic, Focus and the Mental Representations of Discourse Referents.* Cambridge: Cambridge University Press.

Müller, Natascha/Riemer, Beate (1998): *Generative Syntax der romanischen Sprachen: Französisch, Italienisch, Portugiesisch, Spanisch.* Tübingen: Stauffenburg.

Pafel, Jürgen (2011): *Einführung in die Syntax: Grundlagen, Strukturen, Theorien.* Stuttgart/Weimar: Metzler.

Philippi, Jule/Tewes, Michael (2010): *Basiswissen generative Grammatik.* Göttingen: Vandenhoeck & Ruprecht.

Pomino, Natascha/Zepp, Susanne (2008): *Hispanistik.* 2. Aufl. Paderborn: Fink.

Ramers, Karl Heinz (2000): *Einführung in die Syntax.* München: Fink.

Rodríguez Ramalle, Teresa María (2005): *Manual de sintaxis del español.* Madrid: Castalia.

Seco, Rafael (1975): *Manual de gramática española.* 10. Aufl. Madrid: Aguilar.

Tesnière, Lucien (1959): *Éléments de syntaxe structurale.* Paris: Klincksieck.

Zagona, Karen (2002): *The Syntax of Spanish.* New York: Cambridge University Press.

– (2006): *Sintaxis generativa del español.* Madrid: Visor Libros.

Zubizarreta, María Luisa (1999): Las funcions informativas: tema y foco. In Bosque Muñoz, Ignacio/Demonte Barreto, Violeta (Hg.): *Gramática descriptiva de la lengua española.* Band 3: *Entre la oración y el discurso: morfología.* Madrid: Espasa, S. 4215–4244.

7 Semantik

7.1   Wortsemantik
7.2   Die Strukturelle Semantik: Wortfeldtheorie
       und Merkmalsemantik
7.3   Kognitive Semantik
7.4   Semantische Relationen (Paradigmatik)
7.5   Bedeutungswandel
7.6   Syntagmatische Relationen
7.7   Das mentale Lexikon
7.8   Satzsemantik
7.9   Temporal- und Modalsemantik

Die Semantik (*semántica*), die Bedeutungslehre, befasst sich mit der Bedeutung einfacher oder zusammengesetzter sprachlicher Ausdrücke wie Wörtern, Phrasen, grammatischen Formen und Sätzen. Je nach Schwerpunkt der Beschreibung lassen sich unterschiedliche Schwerpunkte der Semantik als sprachwissenschaftliche Disziplin unterscheiden:

- **Die lexikalische Semantik** beschäftigt sich mit der Bedeutung von Wörtern (i.e. lexikalischen Einheiten) unter theoretischen (Bedeutungsmodelle) und praktischen (Bedeutungsbeschreibung) Gesichtspunkten.
- **Die kompositionale Wortsemantik** (oder auch Wortbildungssemantik) befasst sich mit der Bedeutung von Wörtern, die nach Wortbildungsregeln gebildet werden.
- **Die Satzsemantik** beschreibt die Regeln, die festlegen, wie die Bedeutungen der einzelnen Komponenten in einem komplexen Ausdruck (einem Satz) zusammenwirken.

Im Rahmen des Satzes spielt die **Semantik grammatischer Formen**, etwa des Artikels oder der Kategorien Tempus und Modus eine wichtige Rolle. Je nachdem, welche grammatische Kategorie im Zentrum der Beschreibung steht, kann man von einer **Temporalsemantik** bzw. einer **Modalsemantik** sprechen.

In diesem Kapitel wollen wir schwerpunktmäßig Begriffe und Modelle der lexikalischen Semantik vorstellen. Allerdings werden in einem eigenen Unterkapitel auch die Grundbegriffe der Satzsemantik sowie der Temporal- und Modalsemantik eingeführt.

7.1 | Wortsemantik

Wörter lassen sich danach unterscheiden, welche semantische Funktion sie übernehmen. Mit den Autosemantika wie *coche, mesa, casa* können die Sprecher auf außersprachliche Gegenstände und Sachverhalte Bezug nehmen.

Wortsemantik

Die **Synsemantika** sind grammatische Wörter, die lexikalische Einheiten zu größeren Bedeutungseinheiten verbinden, z.B. Präpositionen (wie *de, a, para* etc.) oder Konjunktionen (*porque, para que* etc.).

Die **Deiktika** hingegen verorten Dinge in einer konkreten Sprechsituation und zwar in Orientierung am Sprecher, der im Zentrum der zeitlichen, räumlichen und personalen Konstellationen der Äußerungssituation steht. Beispielsweise kann mit dem deiktischen Ausdruck *esta mesa* darauf verwiesen werden, dass sich ein ganz bestimmter Tisch in räumlicher Nähe zum Sprecher befindet, wohingegen bei *esa mesa* deutlich wird, dass der Tisch – vom Sprecher aus betrachtet – in der Nähe seines Gesprächspartners steht. In einem weiteren Sinne verstanden, fallen auch anaphorische Ausdrücke unter den Begriff der deiktischen Ausdrücke, weil sie nämlich Beziehungen zwischen den Teilen der Rede bzw. des Texts herstellen, der gewissermaßen als ein eigener ›Textraum‹ erscheint (zu Anaphorik/Kataphorik s. Kap. 9.1.1).

Das Saussure'sche Zeichenmodell: Ausgangspunkt der Beschäftigung mit der Wortbedeutung ist der **Zeichenbegriff** des Genfer Linguisten **Ferdinand de Saussure**. Saussure ging dabei von dem Zeichen als einer zweiseitig organisierten psychischen Größe aus, die aus zwei untrennbar miteinander verbundenen Seiten, dem **Signifikat** (*el significado*) und dem **Signifikanten** (*el significante*) besteht. Dabei entspricht das Signifikat der Bedeutung bzw. dem Konzept eines sprachlichen Ausdrucks, etwa der Vorstellung von einem ›Baum‹, die in unserem Gedächtnis hervorgerufen wird, wenn wir das Wort hören. Der Signifikant umfasst die Lautvorstellung, das **Lautbild** (*la imagen acústica*), das wir von der sprachlichen Einheit ›Baum‹ gespeichert haben.

Das semiotische Dreieck: Eine lange historische Tradition weist das semiotische Bedeutungsverständnis auf (s. Kap. 2.2.1). Dieses geht davon aus, dass das sprachliche Zeichen stellvertretend für etwas steht (*aliquid stat pro aliquo*) und es dem Sprecher erlaubt, Gegenstände und Sachverhalte in der außersprachlichen Welt zu benennen. Im Zentrum dieses Bedeutungsverständnisses steht mithin die Bezeichnungsleistung des sprachlichen Zeichens. Die einzelnen Teilaspekte und -relationen haben Ogden/Richards (1923/1974) in ihrem **triadischen semiotischen Dreieck** anschaulich gemacht (s. Abb. 1).

Nach diesem Modell bezieht sich der Sprecher mittels einer **Lautform** auf einen außersprachlichen Gegenstand oder

Abb. 1: Das semiotische Dreieck (nach Ogden/ Richards 1974: 18)

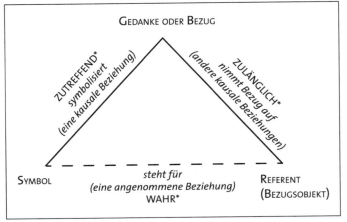

GEDANKE ODER BEZUG

ZUTREFFEND*
symbolisiert
(eine kausale Beziehung)

ZULÄNGLICH*
nimmt Bezug auf
(andere kausale Beziehungen)

SYMBOL

steht für
(eine angenommene Beziehung)
WAHR*

REFERENT
(BEZUGSOBJEKT)

Sachverhalt. Dabei ist die Beziehung zwischen Lautform und außersprachlichem Gegenstand nicht direkt, sondern wird durch das Konzept – also unsere Vorstellung von dem Gegenstand oder Sachverhalt – vermittelt. Beispielsweise kann ich im Spanischen mit der Lautform [mesa] auf einen bestimmten Tisch Bezug nehmen, jedoch stets über die Vorstellung, die ich von Tischen im Allgemeinen habe bzw. auf der Grundlage meines Wissens darüber, wie Tische typischerweise aussehen bzw. beschaffen sind.

Wir können auch die Beziehungen zwischen den einzelnen Ecken des Dreiecks ein wenig genauer bestimmen: Das Verhältnis zwischen Lautform und Konzept beruht auf **sprachlicher Konvention** – es gibt keinen tieferen Grund dafür, dass das Konzept ›Tisch‹ im Spanischen durch die Lautform [mesa], im Deutschen hingegen durch [tiʃ] ausgedrückt wird. Allerdings sollte der Sprecher auf die entsprechende Wortform seiner Sprache zurückgreifen, wenn er von seiner Sprachgemeinschaft verstanden werden will.

Die Relation zwischen Konzept und Referent beruht auf der **referentiellen Adäquatheit**. Das Konzept ist gewissermaßen ein abstraktes Vorstellungsbild von dem typischen Tisch, in das die gemeinsamen Merkmale aller konkreten Tische, mit denen es der Sprecher in seiner Interaktion mit der Umwelt zu tun hatte, eingegangen sind. Die Beziehung zwischen der Lautform und dem Referenten beruht auf einer **arbiträren Bezeichnungsbeziehung**, denn es lässt sich kein ursächlicher Grund dafür anführen, dass eine Sprache einen gewissen Gegenstand mit einer ganz bestimmten und keiner anderen Wortform belegt.

Grundbegriffe der semantischen Beschreibung: In Anlehnung an das semiotische Dreieck können einige wichtige Grundbegriffe der semantischen Beschreibung eingeführt werden:

- **Der Referent** ist der **außersprachliche Gegenstand** oder **Sachverhalt**, auf den ein sprachliches Zeichen verweist bzw. den es benennt. Referenten können Personen, Objekte, Eigenschaften, komplexe Sachverhalte, ja sogar Zeitpunkte und Zeitintervalle, sein. In unserem Beispiel ist der Referent des Ausdrucks *esta mesa* der ganz konkrete Tisch, der sich in der Sprechsituation nahe beim Sprecher befindet.
- **Die Denotation** eines sprachlichen Ausdrucks umfasst alle Dinge (oder Sachverhalte), auf die durch ein Wort potenziell referiert werden kann. Dabei beinhaltet die Denotation von *mesa* nicht nur alle realen Tische dieser Welt, sondern auch zukünftige oder fiktive Tische – also die offene Menge aller Dinge, die so beschaffen sind, dass man sie getrost mit dem Wort *Tisch* bezeichnen kann. – In diesem Zusammenhang ist auch die Unterscheidung von **Extension** und **Intension** sinnvoll, die auf die französischen Grammatiker Arnauld und Lancelot (*Grammaire générale et raisonnée*, 1660) zurückgeht.
- **Die Extension** eines Ausdrucks entspricht seinem **Bedeutungspotential**, d. h. der Menge aller potenziellen Referenten, die durch ihn bezeichnet werden können. Denotation und Extension entsprechen also einander.

Wortsemantik

- **Die Intension** eines sprachlichen Ausdrucks umfasst diejenigen Merkmale bzw. Eigenschaften, mit denen wir das Konzept eines sprachlichen Ausdrucks bestimmen bzw. definieren können. Die Intension, also die **Summe der konzeptrelevanten Merkmale** erlaubt es uns, jeweils zu entscheiden, ob ein bestimmter Gegenstand tatsächlich als – zum Beispiel – *mesa* bezeichnet werden darf. Oder anders ausgedrückt: Dank der Intension können wir bestimmen, wie ein potenzieller Referent beschaffen sein muss, damit er zur Kategorie der Tische gehört.
- **Die Konnotation:** Sprachliche Ausdrücke können neben ihrer konzeptuellen Bedeutung auch noch eine Konnotation besitzen. Konnotationen sind kollektive, kulturell und sozial geprägte, **Vorstellungen** bzw. **Wertzuschreibungen**, die einem Wort ›anhaften‹. Sie sind zumeist mit mehr oder weniger starken Emotionen belegt. Solche wertbehafteten ›Mitbedeutungen‹ spielen in der politischen Sprache und in der Werbesprache häufig eine nicht zu unterschätzende Rolle. So sind z. B. Lexeme wie *naturaleza* oder selbst ein Fachterminus wie *sostentibilidad* (›Nachhaltigkeit‹) dank des allgemeinen Umweltbewusstseins der Gegenwart positiv konnotiert.

Der Begriff der Bedeutung wird in verschiedenen semantischen Ansätzen in einer je eigenen Weise bestimmt. Diese unterscheiden sich insbesondere dahingehend, wie sie das Verhältnis von Konzepten und sprachlicher Bedeutung bestimmen.

Die **strukturelle Semantik** (s. Kap. 7.2) zieht eine strikte Trennlinie zwischen der einzelsprachlichen Bedeutung von Wörtern (Lexemen) und den Konzepten, die als übereinzelsprachlich angesehen werden und zudem Wissenselemente enthalten, die unserem allgemeinen Weltwissen über die Dinge – dem sog. enzyklopädischen Wissen – angehören. Mit anderen Worten: Sprecher gleich welcher Sprache besitzen ein und dasselbe Konzept von ›Tisch‹ und wissen zudem alles Mögliche über Tische (etwa, dass man an ihnen Mahlzeiten einnimmt oder dass man auf ihnen Gegenstände deponieren kann).

Nach der Sichtweise **kognitionslinguistischer Bedeutungsansätze** (s. Kap. 7.3) fallen Konzept und sprachliche Bedeutung zusammen. Die Wortform ›Stuhl‹ verweist also auf die **mentale Repräsentation**, in die unser Wissen über typische Merkmale der Objektklasse STUHL eingegangen sind. Eine zwischen diesen beiden Positionen vermittelnde Sichtweise hebt darauf ab, dass die Bedeutung eines sprachlichen Ausdrucks lediglich die Informationen des konzeptuellen Kernbereichs umfasst, wohingegen darüber hinausgehende konzeptuelle Aspekte dem Bereich des enzyklopädischen Wissens angehören und nur in besonderen sprachlichen Kontexten aktiviert werden können. So würde etwa die Dimension der Höhe eines Tisches aktiviert, wenn der Sprecher von seiner kleinen Tochter Susana berichtet, die den Tisch an den Schrank gestellt hat, um auf ihn hinaufzuklettern.

7.2 | Die Strukturelle Semantik: Wortfeldtheorie und Merkmalsemantik

Der Ausgangspunkt der strukturellen Semantik ist der **Wert**-(*valeur/ valor*)-**Begriff** Ferdinand de Saussures. Der Genfer Linguist ging von der Beobachtung aus, dass man zwar ein Wort einer Sprache – etwa französisch *mouton* – durch ein bedeutungsgleiches Wort einer anderen Sprache – in diesem Fall durch englisches *sheep* – wiedergeben könne, der Wert der beiden Wörter (hier von *mouton* und *sheep*) aber nicht gleich ist. Der Wert jedes Wortes ergibt sich ausschließlich aus den Bedeutungsbeziehungen innerhalb eines bestimmten Sprachsystems. So deckt das französische *mouton* einen Bedeutungsbereich ab, der im englischen durch zwei Wörter wiedergegeben werden muss, nämlich einmal *mouton* als Tier (›Schaf‹) durch engl. *sheep* und zum anderen *mouton* als Fleisch (›Hammelfleisch‹) durch die englische Entsprechung *mutton*. Die Wörter *mouton* und *mutton* besitzen also innerhalb ihres Sprachsystems jeweils einen eigenen Stellenwert, der sich ausschließlich negativ, aus ihren Beziehungen zu den benachbarten Worten, bestimmt. Innerhalb einer Sprache begrenzen sich also die Wörter, die verwandte Vorstellungen ausdrücken, gegenseitig.

Um noch ein weiteres Beispiel zu nennen: Im Deutschen lässt sich der besondere Bedeutungswert der Einstellungsverben (auch epistemische Verben genannt) *denken*, *meinen* und *glauben* nur durch ihre Gegenüberstellung bzw. Abgrenzung voneinander bestimmen (vgl. die Beispiele in Saussure 2001: 138). Würde es z. B. das Wort *meinen* nicht geben, so würde sein ganzer Inhalt seinen Konkurrenten zufallen. So betrachtet, müssen also im Vergleich zum Deutschen die Einstellungsverben *creer* und *pensar* einen eigenen – quer zur Einteilung im Deutschen liegenden – Stellenwert besitzen (und entsprechend verwendet werden).

Die Wortfeldanalyse

Der *valeur*-**Begriff** Saussures deutet schon die Vorstellung an, dass Worte bzw. ihre Bedeutung im Rahmen von Feldern, sog. **Wortfeldern**, organisiert sind. Solche Wortfelder decken einen bestimmten Bedeutungsbereich, einen »Sinnbezirk«, wie es Jost Trier in seiner Studie zum *Deutschen Wortschatz im Sinnbezirk des Verstandes* (1931) genannt hat, ab. Trier hat in seiner Untersuchung erstmals untersucht, wie sich die Aufteilung eines Bedeutungsbereichs – am Beispiel der Verstandesbegriffe zwischen 1200 und 1300 – im Zuge einer durch Bedeutungswandel hervorgerufenen Umstrukturierung des Wortfeldes veränderte. Damit hatte Trier den Grundstein für eine zentrale Methodik im Bereich der Bedeutungsanalyse, die sog. Wortfeldanalyse, gelegt. Diese Methodik wurde nach dem Zweiten Weltkrieg im Rahmen der europäischen **Strukturellen Semantik** weiterentwickelt: Louis Hjelmslev, Algirdas Greimas, Bernard Pottier, Eugenio Coseriu, Horst Geckeler, John Lyons sind hier als wichtigste Vertreter zu nennen.

Leo Weisgerber überhöhte den Ansatz sogar sprachphilosophisch, indem er die Auffassung vertrat, die Erforschung der Strukturierung von Wortfeldern sei der »Schlüssel für das Aufdecken des sprachlichen Weltbildes« (Weisgerber 1964: 71). Er knüpfte damit an die **Humboldt'sche Tradition** (vor allem Humboldts Abhandlung *Über die Verschiedenheit des menschlichen Sprachbaues*, das sog. Kawi-Werk) an und näherte sich Überlegungen zur »**sprachlichen Relativität**« an, wie sie unabhängig in den USA von Benjamin Lee Whorf und Edward Sapir (vgl. etwa Whorfs Hauptwerk *Sprache, Denken, Wirklichkeit. Beiträge zur Metalinguistik und Sprachphilosophie*, 1963) aufgeworfen worden waren.

Vertreter wie Bernard Pottier, Algirdas Greimas und Eugenio Coseriu wandten sich von einem philosophischen Wortfeldverständnis ab und entwickelten ein begrifflich und methodisch gut fundiertes Inventar zur Beschreibung der Bedeutung von lexikalischen Einheiten im Rahmen von Wortfeldern. Dabei machten sie Grundüberlegungen der strukturellen Phonologie (v.a. Trubetzkoys und Jakobsons) für die semantische Analyse nutzbar. Sie gingen dabei von dem Leitgedanken aus, die Lexeme eines Wortschatzbereichs seien hinsichtlich ihrer Bedeutung lediglich **differenziell**, also durch ihre **Oppositionsbeziehungen** zueinander bestimmt.

Bei der semantischen Beschreibung und Analyse geht es nun um die Frage, welche **distinktiven Merkmale** für die Differenzierung der einzelnen Wortbedeutungen relevant sind und dadurch zur Strukturierung des Wortschatzes beitragen. Im Zentrum der semantischen Analyse steht dementsprechend die sog. **Semanalyse**, die im Rahmen von Wortfeldern

Das Wortfeld durchgeführt wird. Ein Wortfeld wird nach Coseriu als ein lexikalisches Paradigma verstanden, dessen Einheiten, also die einzelnen Lexeme, durch distinktive Bedeutungsmerkmale zueinander in Opposition stehen. Die Bedeutungen der Lexeme eines Bedeutungsbereichs sind also durch diese distinktiven Merkmale, die **Seme**, voneinander geschieden. Sie spiegeln die spezifisch einzelsprachliche Strukturierung des Wortschatzes bzw. eines Wortschatzbereichs wider. Zusammenfassend lässt sich festhalten, dass Seme einzelsprachlich bestimmt sind und einen differenziellen Charakter besitzen, d. h. sie unterscheiden Bedeutungen, konstituieren aber nicht »positiv« ein bestimmtes Wortkonzept.

Semantische Analyse

Im Rahmen der semantischen Analyse geht man nun so vor, dass man zunächst zu einem übergeordneten Konzept oder Bedeutungsbereich wie etwa SITZGELEGENHEITEN alle Lexeme ermittelt, die solche Sitzgelegenheiten bezeichnen. Dieses Vorgehen vom Konzept zu den einzelnen sprachlichen Bezeichnungen, also den Wörtern bzw. Lexemen, nennt man **onomasiologisch**. In einem zweiten Schritt werden dann die einzelnen Lexeme dadurch voneinander abgegrenzt, dass man ihre **distinktiven Bedeutungsmerkmale (Seme)** bestimmt, durch die sie sich in bedeutungsmäßiger Hinsicht voneinander unterscheiden. Es wird also nicht positiv gefragt: Was ist ein Stuhl (*una silla*) bzw. was ist ein Sessel (*un sillón*), sondern es werden lediglich die unterscheidenden Bedeutungsmerkmale der Wörter *una silla* und *un sillón* ermittelt. Ein solches Vorgehen von den Bezeichnungen, also den Lexemen, zu den Bedeutungsmerkmalen bezeichnet man als **semasiologisch**. Als klassisches Beispiel einer Semanalyse lässt sich Bernard Pottiers Analyse der Transportmittel anführen, die sich besonders für die didaktische Illustration eignet:

	sobre el suelo	sobre raíl	dos ruedas	indi-vidual	de pago	4 a 6 pers.	urbano	transporte de personas
coche	+	–	–	+	–	+	∞	+
taxi	+	–	–	∞	+	+	∞	+
autobús	+	–	–	–	+	–	+	+
autocar	+	–	–	–	+	–	–	+
metro	+	+	–	–	+	–	+	+
tren	+	+	–	–	+	–	–	+
avión	–	–	–	∞	+	∞	–	+
moto	+	–	+	+	–	–	∞	+
bicicleta	+	–	+	+	–	–	∞	+

Abb. 2: Wortfeld ›Transportmittel‹ (*medios de transporte*) (nach Pottier 1977: 64)

Grundbegriffe der Semanalyse

Werden die bedeutungsunterscheidenden Merkmale eines Wortfeldes (z. B. *sobre el suelo, sobre raíl, dos ruedas, individual* etc.) als **Seme** bezeichnet, so nennt man die Gesamtheit der bedeutungsunterscheidenden Merkmale das **Semem**, das der Bedeutung eines Wortes (Lexems) im Verständnis der strukturellen Semantik entspricht. Die Bedeutung von *coche* lässt sich also durch die folgenden Seme bestimmen: {+ *sobre el suelo,* – *sobre raíl,* – *dos ruedas,* + *individual,* – *de pago,* + *4 a 6 personas, urbano,* + *transporte de personas*}.

Die Wortschatzeinheiten eines Wortfeldes sind aber auch über gemeinsame Merkmale, die das Wortfeld als solches konstituieren, miteinander verbunden. Diese gemeinsamen Merkmale werden als **Archiseme** bezeichnet, in unserem Beispiel ist das Merkmal {+ *medio de transporte*} ein solches Archisem. Die Gesamtheit der Archiseme bezeichnet man analog als **Archisemem**. Einem Archisemem kann manchmal auch ein Wort, das sog. **Archilexem**, entsprechen. Der durch das Archisemem bestimmte Bedeutungsinhalt wird in diesem Beispiel lediglich durch den zusammengesetzten Ausdruck *medio de transporte* wiedergegeben. Das Archilexem ist gewissermaßen der Oberbegriff, das **Hyperonym**, zu den einzelnen Wortschatzeinheiten des Wortfeldes, die zueinander in einem **kohyponymischen Verhältnis** stehen.

Es gibt auch Merkmale, die wortfeldübergreifend gelten, weil sie sehr allgemeiner Natur sind. Solche Merkmale wie [+/– menschlich], [+/– belebt], [+/– homogen] oder [+/– flüssig] werden als **Klasseme** bezeichnet. Wir haben sie schon im Syntaxkapitel kennengelernt, denn sie fungieren zum Teil auch als wichtige Selektionsrestriktionen bei der Kombination von Wortschatzeinheiten. So z. B. bei den Verben, deren Argumente bisweilen besondere semantische Anforderungen erfüllen müssen (s. Kap. 6.1.3).

Kritikpunkte an der Wortfeldtheorie

Es erweist sich in der Praxis als schwierig, die Wortfelder richtig abzugrenzen, d. h. jeweils alle relevanten Lexeme eines Wortfeldes zu erfassen. Das ist deshalb kein triviales Problem, weil mit der Aufnahme weiterer Lexeme (etwa *transbordador* oder *canoa*) die Struktur und damit auch Anzahl und Art der Seme verändert wird, was wiederum Auswirkungen auf die Analyse der **Bedeutungs**- bzw. **Semem-Struktur** der einzelnen Lexeme hat. Auch gewinnt man bei den Wortfeldanalysen nicht selten den Eindruck, dass die Bedeutungsmerkmale nicht alleine aufgrund der sprachlichen Strukturierung eines Wortfeldes gewonnen werden, sondern oftmals schlichtweg Objekteigenschaften (wie [+ *dos ruedas*] oder [+ *sobre raíl*]) wiedergeben. Auch kann die strukturelle Bedeutungsanalyse nicht wirklich der Tatsache gerecht werden, dass Wörter mehrere Bedeutungen haben, die zudem eng miteinander verwandt sind wie z. B. im Fall metaphorischer Bedeutungserweiterungen (vgl. etwa *el brazo*: ›Körperteil: Arm‹ und *el brazo del río*: ›geologische Erscheinung: Flussarm‹). In diesen Fällen werden die einzelnen Bedeutungen stets nur im Rahmen ›ihres Wortfeldes‹ betrachtet, obwohl uns die Bedeutungsrelationen zwischen einzelnen Teilbedeutungen eines Wortes assoziativ höchst präsent sind und auch in unserem mentalen Lexikon, wie wir heute wissen, eng miteinander verbunden sind (s. Kap. 7.3). Schließlich – und hier liegt vielleicht das größte Problem des Ansatzes – haben wir sehr wohl eine ganzheitliche Vorstellung davon, wie ein Ding aussieht und wie es beschaffen sein muss, damit wir es als *coche* oder *bicicleta* bezeichnen können. Dieser **holistische** Charakter von Bedeutungen, ja ihre ›Positivität‹, ist ganz wesentlich kognitiv motiviert, weil wir offenbar unsere Bedeutungsvorstellungen in der Regel durch unsere Erfahrungen mit den – durch die sprachlichen Zeichen benannten – Referenten gewinnen, und zwar über einen Abstraktionsprozess, bei dem von individuellen Unterschieden abgesehen wird und bei dem lediglich wiederkehrende und konstante Merkmale herausgefiltert und als Konzept abgespeichert werden.

Es bleibt abschließend aber festzuhalten, dass trotz aller Kritik an der Konzeption der Semanalyse diese doch ein beschreibungsstarker, in der wissenschaftlichen Praxis gut handhabbarer Ansatz für die Bedeutungsanalyse bleibt. Über die theoretischen Probleme und Grenzen sollte man sich bei seiner Anwendung allerdings im Klaren sein.

7.3 | Kognitive Semantik

Kognitive Bedeutungstheorien nehmen ihren Ausgang bei den **Konzepten**, den »Bausteine[n] unseres Kognitionssystems« (Schwarz-Friesel 1996: 87). Sie sind das Ergebnis eines Abstraktionsprozesses unserer Erfahrungen mit den durch ein bestimmtes Wort bezeichneten Gegenständen. Dabei werden diejenigen Eigenschaften der Dinge herausgefiltert, die allen bzw. den typischen **Gegenstandsexemplaren** gemeinsam sind.

Das Konzept bzw. seine Merkmale lassen sich als eine Art **Klassifikationsregel** verstehen, die es uns erlaubt, die Gegenstände unserer Erfahrung nach bestimmten Merkmalen in Klassen einzuteilen und uns auf diese Weise in unserer Umwelt zurechtzufinden. Sehen wir z. B. das Gerippe eines alten Volkswagens, so erlaubt uns das *coche*-Konzept zu entscheiden, ob wir es tatsächlich mit einem Exemplar der Kategorie *coche* zu tun haben oder nicht. Nun zeigt sich an diesem Beispiel schon ein Problem hinsichtlich der Zuordnung von konkreten Gegenständen (den individuellen Objekt-Exemplaren) zu Konzepten. Kann man denn einen alten Volkswagen, von dem nur noch die Karosserie übrig geblieben ist, wirklich dem *coche*-Konzept zuschreiben? Hier setzt nun die neuere Diskussion darüber ein, wie Konzepte bzw. Kategorien bestimmt sind.

Die klassische Konzepttheorie geht davon aus, dass Gegenstände eine bestimmte Anzahl von Eigenschaften erfüllen müssen, um zu einer Kategorie zu gehören bzw. einem Konzept zugewiesen werden zu können. Diese Menge von Eigenschaften bzw. Merkmalen wird als **hinreichend** und **notwendig** angesehen, ist also abgeschlossen: Trifft eine der Eigenschaften nicht zu (besitzt z. B. unser Volkswagengerippe keine vier Räder), kann es nicht mehr der Kategorie *coche* zugeordnet werden (das *coche*-Konzept ist durch seine notwendigen Merkmale bestimmt). Zugleich braucht aber unser ausrangierter Volkswagen keine zusätzlichen Merkmale zu erfüllen – er muss z. B. keinen Airbag besitzen, um als *coche* klassifiziert zu werden (die das Konzept bestimmenden Merkmale sind hinreichend).

Gegen dieses klassische Kategorien- bzw. Konzeptverständnis hat sich eine einflussreiche neuere Semantiktheorie, die Prototypensemantik, gewendet und dabei auf interessante psychologische Experimente verweisen können.

7.3.1 | Die Prototypensemantik

Die Prototypensemantik wurde zunächst anhand von Experimenten zu Farbbezeichnungen in verschiedenen Sprachen entwickelt. Die Psychologen Brent Berlin und Paul Kay sowie Eleanor Rosch konnten zeigen, dass sich bestimmte Farbschattierungen eines Farbtons aufgrund ihrer Helligkeit und anderer physikalischer Eigenschaften deutlich von den übrigen Farbschattierungen eines bestimmten Farbtons abheben. Diese besonders markanten (**salienten**) Farbabstufungen werden als **Fokalfarben** bezeich-

Der Prototyp

net. Sie werden vorrangig durch Einwortbezeichnungen (*rojo, verde, azul, blanco*) versprachlicht und von den Sprechern sehr schnell abgerufen.

Es folgten weitere Experimente zu Gegenstandsbezeichnungen, darunter das bekannt gewordene **Tassenexperiment** Labovs (1973), anhand dessen er zeigen konnte, dass zum einen die Kategorien TASSE und BECHER in einem Übergangsbereich kaum eindeutig voneinander abzugrenzen sind und zum anderen bestimmte Wahrnehmungsmerkmale (etwa das Verhältnis von Höhe und Breite des Gefäßes oder das Vorhandensein oder das Fehlen eines Henkels) ausschlaggebend dafür waren, ob ein Gegenstand als Tasse oder als Becher klassifiziert wurde. Das Experiment machte deutlich, dass die Kategorisierung von Dingen nach bestimmten **Wahrnehmungsprinzipien** erfolgt, wobei perzeptuell besonders hervortretende Merkmale, sog. **saliente Merkmale** eine zentrale Rolle hierbei spielen. Das Tassenexperiment zeigte auch, dass die Kategorisierung bzw. die Zuordnung zu Konzepten nicht nach einem abgeschlossenen Inventar notwendiger und hinreichender Merkmale erfolgt und dass diese Merkmale zudem auch nicht die gleiche Wertigkeit besitzen. Schließlich machte es deutlich, dass die Grenzen zwischen den Kategorien fließend sind, es mithin einen Übergangsbereich der Klassifizierung gibt, dessen Grenzen offenbar verschwommen sind.

Die sog. **Prototypentheorie**, eine neue Theorie der Kategorisierung, erwuchs aus diesen Erkenntnissen in der Kognitionspsychologie. Diese Theorie illustriert Kleiber (1995) am Beispiel der Kategorie VÖGEL. Danach organisieren sich Kategorien um einen zentralen Vertreter der Kategorie, den sog. **Prototyp**. Die prototypischen Vertreter einer Kategorie zeichnen sich dadurch aus, dass sie schneller erkannt, leichter gelernt, besser behalten und häufiger verwendet werden. Prototypen vereinen die meisten und vor allem die besonders typischen Merkmale der Kategorie in sich. Die ursprüngliche Version der Prototypentheorie verband mit dem Prototyp noch die konkrete Vorstellung von einem besten Vertreter der Kategorie – in unserem Vogelbeispiel wäre das der Spatz oder die Amsel. Dieser Prototyp dient als Bezugspunkt und gewissermaßen normativer Maßstab für die übrigen Vertreter der Kategorie, die radial – als bessere und schlechtere Vertreter – um den Prototyp herum angeordnet werden, und zwar in Abstufung danach, wie sehr sie ihm ähneln bzw. nahekommen.

Die prototypische Organisation von Kategorien zeigt sich sprachlich

Heckenausdrücke auch an den sog. **Heckenausdrücken** (*hedges*, span. *cercas semánticas*), die den Platz eines Kategorienvertreters im Rahmen der Kategorienstruktur herauszustellen bzw. ihm einen solchen Platz in der **Kategorienhierarchie** zuschreiben. Beispielsweise können wir die zentrale Position der Amsel im Rahmen der Kategorie VOGEL herausstellen und sagen: »Die Amsel ist ein typischer Vogel.« Andererseits können wir die marginale Stellung des Wals als Vertreter der Säugetiere betonen: »Strenggenommen ist der Wal ein Säugetier, auch wenn er im Meer lebt« (vgl. Blank 2001: 49).

In einer abstrakteren, merkmalsemantisch (und damit deutlicher linguistisch) akzentuierten Version, lässt sich der Prototyp auch als **Summe der besonders charakteristischen (und salienten) Merkmale** einer Kategorie (bzw. eines Konzepts) verstehen. Ein typisches Beispiel für ein besonders salientes Merkmal des Vogelkonzepts ist die ›Flugfähigkeit‹. Wir assoziieren Vögel mit ihrer Flugfähigkeit, was sich unter anderem auch sehr schön an stereotypen bzw. konventionellen Vergleichen, wie wir sie etwa in Liedtexten wiederfinden (*Como un pájaro libre de libre vuelo, como un pájaro libre así te quiero*, Mercedes Sosa), zeigt. Nun müssen aber nicht alle Vertreter der Kategorie VOGEL das Merkmal der Flugfähigkeit aufweisen. Den Vogelstrauß würde man nicht gerade mit einer beeindruckenden Flugfähigkeit in Verbindung bringen, ebenso wenig ein Küken und erst recht nicht einen Pinguin. Jedoch ist es nicht erforderlich, dass alle Vertreter der Kategorie das besonders charakteristische – **prototypische** – Merkmal der Flugfähigkeit teilen: Anders als im aristotelischen Konzeptverständnis müssen die Vertreter einer Kategorie eben nicht eine abschließend bestimmte Anzahl von notwendigen und hinreichenden Bedingungen aufweisen, um unter das Konzept zu fallen.

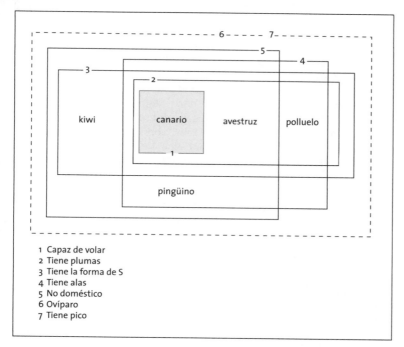

1 Capaz de volar
2 Tiene plumas
3 Tiene la forma de S
4 Tiene alas
5 No doméstico
6 Ovíparo
7 Tiene pico

Abb. 3: Analyse der Kategorie VOGEL in der Prototypensemantik (nach Kleiber 1995: 55)

Die Prototypentheorie berücksichtigt aber nicht nur die **horizontale Kategorienorganisation** – also die Frage: Wie sind die einzelnen Vertreter der Kategorie angeordnet? –, sondern auch die **vertikale Ebene**, d. h. die Kategorisierungshierarchie (etwa: Rotkehlchen – Vogel – Tier). Von herausragender Bedeutung für unsere Wahrnehmung wie für unser Sprechen über Referenten in unserer Bezugswelt ist die mittlere Kategorisierungsebene, die sog. **Basisebene**. Auf dieser Ebene nehmen wir die Referenten noch als ganzheitliche – **holistische** – Gestalten wahr (wir haben ein klares Vorstellungsbild von Vögeln, nicht aber von Tieren). Zum anderen ist es aber auch die Ebene, die für die Interaktion mit unserer Umwelt am relevantesten ist. Hier stellen sich auch die **Prototypizitätseffekte** ein: Es macht Sinn über typische Vögel, Früchte, Transportmittel und Sitzgelegenheiten zu sprechen, nicht aber über typische Amseln, Äpfel, Busse etc. Auch werden wir im Alltag gewarnt vor einem »bissigen Hund«, nicht aber vor einem bissigen Tier oder einer bissigen Dogge. Bei den Wörtern der Basisebene handelt es sich zumeist um **Simplizia**, also um einfache und nicht um zusammengesetzte Wörter.

Die erweiterte Version der Prototypensemantik: Eine wesentliche Neuerung der Prototypentheorie stellt die Verschiebung der Gewichte weg vom Prototyp als dem besten Vertreter einer Kategorie hin zum **Prinzip der Familienähnlichkeit** dar, das eine neue Grundlage für die innere Organisation von Strukturen abgibt. Mit dem Prinzip der Familienähnlichkeit wird insbesondere der innere Kategorienzusammenhalt auf neue Weise motiviert. Kategorien sind danach nicht mehr um einen konkreten Prototyp, verstanden als den besten Vertreter einer Kategorie, organisiert, sondern nach dem Prinzip der Familienähnlichkeit. Dieses Prinzip veranschaulichte der Sprachphilosoph Ludwig Wittgenstein (1889–1951) in seinen *Philosophischen Untersuchungen* (1958) am Beispiel der Gesellschaftsspiele: So wie die verschiedenen Gesellschaftsspiele – die Brettspiele, Kartenspiele, Ballspiele, Kampfspiele usw. – kein gemeinsames Merkmal (kein Archisem in der Terminologie der strukturellen Semantik) besitzen, sondern nur über Merkmale, die einzelne von ihnen untereinander teilen, miteinander verkettet sind, so sind auch die verschiedenen Vertreter einer Kategorie über lokale Merkmalübereinstimmungen zu einer Kategorie verbunden. Beispielsweise teilen der Pinguin und der Vogelstrauß immerhin das Merkmal ›besitzt Flügel‹. Letzterer ähnelt wiederum dem Küken in der gemeinsamen s-förmigen äußeren Erscheinung. Mit der Verschiebung der Gewichte hin zum Prinzip der Familienähnlichkeit wird die Vorstellung vom Prototyp als dem besten Vertreter einer Kategorie aufgelöst zu einem reinen Effekt. **Prototypische Effekte** entstehen dann, wenn bestimmte idealtypische Konzepte auf eine weniger typische oder gar atypische Referenzsituation angewendet werden.

Idealisiertes Kognitives Modell: In diesem Zusammenhang ist auch das von George Lakoff entwickelte *Idealized Cognitive Model* (ICM) zu sehen (vgl. Lakoff 1987). Ein Idealisiertes Kognitives Modell umfasst, zumeist gesellschaftlich und kulturell determinierte, stereotype Vorstellungen über komplexe Gegenstände oder Sachverhalte. Ein besonders eingängiges Beispiel ist Lakoffs **Bachelor**-(Junggesellen)-**Beispiel**: Das ICM von *soltero* beruht etwa auf typischen gesellschaftlichen Vorstellungen von monogamer Ehe, die bis zu einem bestimmten Alter eingegangen wird. Das ICM berücksichtigt aber ebenso wenig die Modelle anderer Kulturkreise wie alternative Formen des Zusammenlebens. Prototypische Effekte ergeben sich nun daraus, dass das ICM angewendet wird auf **Referentenklassen** bzw. **Referenzsituationen**, die in unterschiedlichem

*Familien-
ähnlichkeit*

Grad von dem Modell abweichen: Unverheiratete heterosexuelle Paare, Tarzan, ein homosexueller alleinlebender Mann, ein homosexuelles Paar, der Papst usw. Es gibt mithin mehr oder weniger prototypische Fälle von »Bachelorhood«, je nach Grad der Abweichung vom Idealisierten Kognitiven Modell.

Semasiologische Wendung: Die Standardversion der Prototypentheorie hatte die Problematik der Kategorisierung und damit der Bezeichnung von Dingen der außersprachlichen Wirklichkeit in den Vordergrund gerückt, war also in erster Linie onomasiologisch orientiert. Über die Frage nach der Kategorienorganisation sowie der Relevanz und vor allem der unterschiedlichen Gewichtung (der **Prominenz**) von Merkmalen war sie zu einem neuen Konzept- bzw. Bedeutungsverständnis gelangt: Die erweiterte Version der Prototypentheorie geht vom **Einzellexem** einer Sprache aus, das als eine (lexikalische) Kategorie interpretiert wird und untersucht alle mit dem Lexem verbundenen Konzepte bzw. Lesarten. Ziel ist es dabei, die **Verwandtschaftsrelationen** zwischen den einzelnen, mit einem Lexem verbundenen Konzepte bzw. Lesarten – konkret: die Merkmalüberlappungen im Sinne des Prinzips der Familienähnlichkeit – herauszuarbeiten und die konzeptuelle Organisation der lexikalischen Kategorie als ganze zu beschreiben. So lässt sich die lexikalische Kategorie Vogel als ein Konzeptverbund mit der zentralen Lesart – Vogel als Tier mit den unter die Kategorie fallenden mehr oder weniger prototypischen Vertretern – sowie peripheren Lesarten – Vogel als metaphorische Bezeichnung für »Flugzeug« und Vogel in der typischen Verbindung »komischer Vogel« als eine metaphorische Bezeichnung für einen menschlichen Sonderling – beschreiben. Im Rahmen der erweiterten Version der Prototypentheorie werden damit auch Bedeutungsrelationen wie die **Mehrdeutigkeit (Polysemie)** sowie **metaphorische** und **metonymische Erweiterungen** (s. Kap. 7.4) erfasst und ins Zentrum der semantischen Analyse gerückt. Diese Betrachtungsweise, die Gleichbenanntes unter ein und dieselbe Kategorie einordnen möchte, ist in der semantischen Forschung allerdings kritisiert worden (vgl. Kleiber 1998 und Blank 2001: 53).

Kritik: Die Prototypentheorie sah sich in der Folgezeit starker Kritik – vor allem von Anhängern der strukturellen Semantik – ausgesetzt. Grundsätzlich ist ihr vorgeworfen worden, sie sei zu sehr an primär psychologischen Aspekten der Wahrnehmung und Kategorisierung von Objekten, also außersprachlichen Größen, interessiert und gehe deshalb zu wenig auf die autonome einzelsprachliche Strukturierung von Bedeutungsbereichen ein. Der Vorwurf der »Sprachferne« der Prototypentheorie wird allerdings dadurch entkräftet, dass heute eine experimentelle Semantik und Pragmatik immer wieder zeigen kann, wie eng Sprache und Kognition miteinander – letztlich untrennbar – verwoben sind, dass also ein realistischer Bedeutungsbegriff nicht an unserer Kognition und deren Funktionsweise ›vorbeikommt‹. Letztlich muss eine semantische Theorie auch eine überzeugende Antwort auf die Frage geben können, wie die Bedeutungen eigentlich ›in unseren Kopf‹ gelangen.

7.3.2 | Frame-Semantik

Die von dem amerikanischen Linguisten Charles Fillmore begründete Frame-Semantik geht von der Ausgangsüberlegung aus, dass unsere Konzepte nicht isoliert organisiert sind, sondern im Verbund mit anderen Konzepten komplexe Wissensstrukturen ausbilden, die unsere typischen Erfahrungen mit unserer alltäglichen Bezugswelt repräsentieren. Ein Frame stellt eine Art Situationsschema dar, das unser Wissen über typische, weil in ähnlicher Form wiederkehrende, Situationen bzw. Ereignisse abbildet.

Frames als »kohärente Schematisierungen unserer Erfahrungen« (Fillmore 1985: 223) sind **abstrakt** und zudem **stereotyp**, d. h. sie sind auf eine Vielzahl von konkreten Einzelsituationen, die **Instanziierungen** des Frames, anwendbar. Eine besondere Ausprägung von Frames sind die sog. **Skripte**, die eine stereotype Abfolge von Ereignissen repräsentieren. So verfügen wir z. B. über ein Skript der typischen Abläufe eines Restaurantbesuchs, etwa das Ordern der Speisekarte, die Bestellung einer Vor- und einer Hauptspeise, die Hinterlegung eines Trinkgeldes für gute Bedienung etc. Frames sind mit bestimmten **Rollen** (in unserem Restaurantbeispiel mit der Rolle des Gastes, des Kellners), **Requisiten** (Speisekarte, Speisen und Getränke, Zahlungsmittel) und **typischen Eigenschaftszuschreibungen** (der Kellner sollte eine bestimmte Berufskleidung tragen und möglichst höflich sein) verbunden. Die Frame-Semantik ist in der Linguistik in mehrfacher Hinsicht von Interesse.

Bedeutung der Frame-Semantik in der Linguistik

- Sie ist besonders geeignet, die **Bedeutung von Verben** zu charakterisieren und insbesondere ihre Konzeptualisierungsleistungen deutlich zu machen. Dabei zeigt sich, dass Verben ein und denselben Sachverhalt durch unterschiedliche Fokussierung oder Ausblendung von Rollen des zugrundeliegenden Situationsschemas darstellen bzw. elaborieren können. So stellt z. B. das Transaktionsverb *kaufen* in dem Satzbeispiel *John erwirbt ein Fahrrad* die Rolle des Käufers sowie des Kaufgegenstandes besonders heraus, blendet aber die Rolle des Verkäufers und des Transaktionsmittels aus. Demgegenüber stellt das Verb *verkaufen* in *Peter verkauft John sein Fahrrad* die Rolle des Verkäufers in den Vordergrund.
- Die Frame-Semantik ist aber auch für die **Textlinguistik** (s. Kap. 9) von Bedeutung, weil Verfasser von Texten in der Regel durch unterschiedliche sprachliche Verfahren ganz bestimmte Skripte evozieren. Allein eine Überschrift oder der Aufruf typischer Rollen und Requisiten kann ein bestimmtes Skript im Bewusstsein aufrufen, ohne dass alle Aspekte einer stereotypen Situation explizit genannt bzw. ausführlich beschrieben werden müssen. Die Rezipienten können alleine aufgrund ihres Skriptwissens zu Standardsituationen fehlende Informationen (durch sog. **Default-Instanziierungen**) vervollständigen. Beispielsweise kann ein Leser bzw. Gesprächspartner – sofern keine Zusatzinformation gegeben wurde – davon ausgehen, dass Gäste eines Restaurants aus einer hinreichend variationsreichen Speisekarte auswählen können.

- Die Frame-Semantik ermöglicht schließlich auch die **Einbeziehung kulturwissenschaftlicher Aspekte** in die semantische Betrachtung: Die Bedeutung einer lexikalischen Einheit wird im Rahmen der Frame-Semantik als die **Profilierung** (*profiling*) eines bestimmten Konzepts vor dem Hintergrund eines größeren enzyklopädischen Zusammenhangs, eben eines Frames, verstanden. So könnte etwa die Bedeutung des spanischen Wortes *honor* im Siglo de Oro auf der Grundlage eines spezifischen Frames analysiert werden, das grundlegende Aspekte wie die *limpieza de sangre*, den Status des *cristiano viejo* sowie bestimmte Beziehungen zwischen den sozialen Gruppen sowie den Geschlechtern beinhaltet.

7.3.3 | Jackendoffs *semantic structures*

Ray Jackendoffs semantischer Ansatz gehört zu den **generativen Ansätzen**, unterscheidet sich jedoch insofern deutlich von Chomskys Sprachbeschreibung, als Jackendoff sich explizit gegen ein »syntaxzentriertes« Sprachverständnis wendet. Sein Ansatz kann aber den kognitiven Ansätzen zugerechnet werden, da er von einem **vorsprachlichen, mental verankerten, konzeptuellen System** ausgeht, das lexikalischen Strukturen zugrunde liegt und einen universellen Charakter besitzt. Die konzeptuelle Information ist an sprachliche Einheiten und Strukturen gebunden. Dabei besteht aber keine 1:1-Relation zwischen Konzept- und Bedeutungsinformation, da die einzelnen Sprachen konzeptuelle Information in je eigener Weise an sprachliche, also lautliche und syntaktische, Strukturen binden (vgl. Jackendoff 1990, 2002).

Die **universelle konzeptuelle Struktur** wird nach Auffassung Jackendoffs nicht durch die Einzelsprache vorstrukturiert (in diesem Punkt unterscheidet er sich fundamental von den Vorstellungen der strukturellen Semantik), sondern die Einzelsprachen stellen vielmehr die lautlichen und syntaktischen Formen und Strukturen bereit, um die konzeptuelle Struktur zu realisieren, also gewissermaßen zu ›externalisieren‹. Jackendoffs zentrale These ist nun, dass sich lexikalische Konzepte aus elementaren semantischen Einheiten, den **Primitiva**, zusammensetzen. Diese Grundbausteine werden auf der Grundlage einer begrenzten Anzahl von Kombinationsprinzipien zu unterschiedlichen lexikalischen Einheiten zusammengesetzt. Diese Kombinationsprinzipien stellen für Jackendoff eine »angeborene Grammatik« lexikalischer Konzepte dar. Die Vorstellung, dass sich mithilfe einer begrenzten Anzahl von lexikalischen Generierungsregeln eine theoretisch unbegrenzte Anzahl an lexikalischen Konzepten schaffen lassen, macht Jackendoffs Ansatz zu einer generativen Theorie.

Zur Vertiefung

Konzeptuelle Struktur

Die konzeptuelle Struktur setzt sich aus grundlegenden **konzeptuellen Konstituenten** zusammen, die so elementaren ontologischen Einheiten wie DING, ZUSTAND, EREIGNIS, ORT, PFAD, EIGENSCHAFT, ART UND WEISE usw. entsprechen. Diese grundlegenden »konzeptuellen Konstituenten« sind eingebettet in ein – ebenfalls begrenztes – Inventar konzeptueller Grundschemata, den sog. **Funktion-Argument-Strukturen**, die auf den schon erwähnten semantischen Primitiva wie GO, TO, BE, CAUSE usw. beruhen und bestimmte Argumentstellen eröffnen. So lässt sich ein Fortbewegungsereignis, bei dem sich ein DING X auf einem PFAD Y bewegt, durch die zweistellige **konzeptuelle Funktion** GO(X,Y) repräsentieren. Die Pfadkomponente Y entspricht ihrerseits wieder einer konzeptuellen Funktion PFAD (PATH) mit den Argumenten DING und ORT.

An diesem Beispiel wird deutlich, dass das generative Prinzip der Rekursivität auch für den Aufbau konzeptueller Strukturen Anwendung findet. Neben Basisfunktionen wie BE, STAY, GO oder EXT (EXT steht für ›nicht-zeitliche Ausdehnung‹) führt Jackendoff auch aspektuelle Funktionen – INCH (*inchoativity* steht für beginnende Ereignisse) und PERF (*perfect* für abgeschlossene Ereignisse) – und verschiedene kausative (Ereignisse verursachende) Funktionen, wie z. B. CAUSE (Verursachung eines Ereignisses) oder LET (Nichteinwirkung auf ein Ereignis), ein.

Mit Hilfe dieses konzeptuellen Beschreibungsinventars lassen sich die einzelsprachlichen lexikalischen Strukturen kompositional aus elementaren, ihrem Status nach universellen, konzeptuellen Strukturen ableiten. Ein Satz wie *Juan entró en la habitación*, der um das zentrale Verb *entrar* konstruiert ist, kann konzeptuell in folgender Weise (mithilfe der GO-Funktionen) dekomponiert werden:

$$[_{Event} \text{ GO } ([_{Object} \text{ X}], [_{Path} \text{ TO } ([_{Place} \text{ IN } ([_{Object} \text{ Y}])])])]_i$$

Das Verb *entrar* lässt sich also mithilfe der Bewegungs- in Kombination mit der Pfad-Funktion beschreiben. Die mittels konzeptueller Primitiva elementarisierte Struktur zeigt auch, wie die Argumente X (*Juan*) und Y (*habitación*) in die konzeptuellen Struktur integriert werden.

7.4 | Semantische Relationen (Paradigmatik)

Die lexikalische Semantik interessiert sich besonders für Bedeutungsbeziehungen auf der **paradigmatischen Ebene**, also zwischen einzelnen Einheiten des Wortschatzes. Die paradigmatischen Bedeutungsrelationen kennzeichnen nicht nur die Wortschatzstrukturen eines bestimmten semantischen Bereichs, sondern sie entsprechen, wie wir heute wissen, auch der Art und Weise, wie Wörter in unserem Langzeitgedächtnis gespeichert sind. Bestimmte Wortschatzbereiche (etwa Tierbezeichnungen bzw. auch grundsätzliche Fachterminologien) sind hierarchisch strukturiert, d. h. es gibt Ober- und zugeordnete Unterbegriffe. Solche Bedeutungsrelationen bezeichnet man als **taxonomisch**.

Hyperonymie und Hyponymie

Bei der Hyperonymie (*hiperonimia*) besteht ein **Einschlussverhältnis** (ein Inklusionsverhältnis) zwischen einem Unterbegriff und seinem Oberbegriff. Die Rose (*rosa*) gehört als **Hyponym** (*hipónimo*) – neben anderen Blumenarten wie der Nelke (*el clavel*), einem **Kohyponym** – zur Klasse der Blumen, wobei die Bezeichnung *flor* als **Hyperonym** (*hiperónimo*) fungiert. Merkmalsemantisch betrachtet, enthält das Hyponym (etwa *rosa*) die Bedeutungsmerkmale des Hyperonyms und zusätzlich spezifische Merkmale (z. B. + *con espinas*). Der größeren Intension (also einer größeren Menge an Merkmalen) entspricht eine kleinere Extension (mit dem Wort ›Rose‹ lassen sich weniger Dinge bezeichnen als mit dem Wort ›Blume‹). Die Klasse der Rosen ist in der Klasse der Blumen eingeschlossen, aber nicht umgekehrt. Diese einseitige Ableitungsrichtung – wenn etwas eine Rose ist, ist es auch eine Blume, aber nicht umgekehrt – bezeichnet man auch als **Implikationsrelation**. Weitere Beispiele für Inklusionsbeziehungen sind: *rosa, clavel, tulipán, margarita* → *flor*; *labrador, salchicha, dálmata, pastor* → *perro*.

Meronymie

Bei der Meronymie (*meronimia*) geht es um eine Teil-von-Beziehung zwischen zwei Lexemen – z. B. bezeichnet das Wort ›Rad‹ (*rueda*) einen Bestandteil des ›Fahrrads‹ (*bicicleta*). Letzteres fungiert als **Holonym** der Teil-von-Beziehung.

Synonymie

Von Synonymie (*sinonimia*) spricht man bei bedeutungsähnlichen Wörtern. Wirkliche Bedeutungsgleichheit gibt es in der Sprache ganz selten (allenfalls vielleicht bei grammatischen Wörter wie *aunque* und *si bien que*). Zumeist sind aber synonyme Wörter nicht beliebig austauschbar, da sie unterschiedliche Konnotationen, pragmatische Funktionen oder diasystematische (also diaphasische, diastratische oder diatopische) Markierungen besitzen. Dies illustrieren die Synonymenpaare *fingir/simular* – *simular* impliziert anders als *fingir* eine positive Absicht – und *eligir/escoger*, bei dem nur das erste der beiden Lexeme auch im politischen Bereich Verwendung findet (Travis 2010, 345). Synonymie ist eine Relation auf der Bedeutungsebene. Demgegenüber handelt es sich bei der **Äquivalenz** um eine Erscheinung auf der Denotatsebene: Äquivalente Ausdrücke wie ›eine Frau‹ und ein ›weiblicher Mensch‹ haben identische **Denotate**, bezeichnen also die gleiche Klasse von Dingen. Bei der Äquivalenzbeziehung besteht im Gegensatz zur Implikationsbeziehung eine zweiseitige Ableitungsrichtung: Immer wenn jemand ›ein weiblicher Mensch‹ ist, handelt es sich um ›eine Frau‹ und umgekehrt.

Antonymie

Antonymie (*antonimia*) ist der Oberbegriff für unterschiedliche Gegensatzrelationen, die je nach strukturellen Gegebenheiten des jeweiligen
Bedeutungsbereichs unterschiedliche Ausprägungen annehmen können:

- Eine **kontradiktorische Opposition** (*antonimia complementaria*) besteht dann, wenn die Negation des einen Wortes das andere Wort impliziert und umgekehrt, weil es kein Drittes gibt (*tertium non datur*).
  Beispielsweise impliziert ›nicht tot‹ (*no muerto*) notwendigerweise ›le-
  bendig‹ (*vivo*) und ›nicht-lebendig‹ (*no vivo*) entsprechend ›tot‹ (*muerto*).
  Kontradiktorische Oppositionen sind: *presente/ausente, macho/hem-
  bra, posible/imposible*.
- Ein **konträres** oder **graduelles Gegensatzpaar** (*antonimia gradual*)
  zeichnet sich dadurch aus, dass es noch weitere alternative Lexeme auf
  einer Eigenschaftsskala gibt, die eben unterschiedliche Abstufungen
  kennt, z. B. *caliente/frío* mit weiteren Alternativen wie *templado, hela-
  do* oder *hirviente*. Bei einer konträren Relation können die Eigenschaften nicht zugleich auftreten (es kann nicht gleichzeitig ›heiß‹ und ›kalt‹
  sein). Es ist aber möglich, dass beide Eigenschaften gleichermaßen
  nicht zutreffen – es kann weder ›heiß‹ noch ›kalt‹ sein, weil es ›lauwarm‹
  ist. Weitere konträre Gegensatzpaare sind *alto/bajo, rápido/lento* und
  guapo/feo.
- Eine **konverse Opposition** (*antonimia recíproca*) setzt eine zweistellige Relation voraus, die von unterschiedlichen Seiten her betrachtet
  werden kann: Die Lexeme ›Lehrer‹ (*profesor*) und ›Schüler‹ (*alumno*)
  sind die beiden Rollen in einer Lernbeziehung (oder in einem ›Lernen‹-
  Frame). Es gilt: wenn X ›Lehrer‹ von Y ist, dann ist Y automatisch ›Schüler‹ von X. Oppositionspaare sind: *padre/hijo, vender/comprar, doctor/
  paciente, prestar/pedir prestado*.
- Die **direktionale Opposition** (*oposición direccional*) ist gekennzeichnet durch die Gerichtetheit der Relation von einem Bezugspunkt hin
  oder weg: So unterscheiden sich ›ankommen‹ (*llegar*) und ›weggehen‹
  (*salir*) hinsichtlich der Direktionalität der Bewegung, wohingegen bei
  ›erfahren‹ (*saber*) und ›vergessen‹ (*olvidar*) auf einer impliziten Mess-
  skala Wissenszugewinn bzw. Wissensverlust im Verhältnis zu einem
  fiktiven Ausgangspunkt markiert werden. Weitere Beispiele: *antes de/
  después de, bajar/subir*.
- Eine **äquipollente Opposition** bzw. **Inkompatibilität** (*incompati-
  bilidad*) liegt vor, wenn es sich bei den betrachteten Lexemen um
  gleichwertige Einheiten eines Wortfeldes (*campo semántico*) handelt.
  Äquivalent sind z. B. die Beziehungen zwischen den verschiedenen
  Farbbezeichnungen (*rojo* im Verhältnis zu *verde* oder *azul*).

Homonymie und Polysemie

Eine weitere Gruppe von semantischen Relationen bezieht sich auf das Verhältnis von Ausdrucks- (Signifikant) und Inhaltsseite (Signifikat):

Zwei lexikalische Einheiten sind **homonym** (*homónimo*), wenn sie hinsichtlich ihrer Lautung (Ausdrucksseite) (*homofonía*) und ihrer Graphie (*homografía*) übereinstimmen. Typische Beispiele im Spanischen sind *duelo* (Duell, Trauer), *banco* (Sitzbank, Geldinstitut) und *cura* (Priester, Behandlung/Pflege).

Im Spanischen gibt es auch einige wenige Fälle von **Homophonie** ohne **Homographie** wie bei *te*, dem Pronomen, etwa in *te quiero* und dem Lexem *té* (im Sinne von *infusión*).

Bei der **Polysemie** (*polisemia*) kommt zur Übereinstimmung im Bezug auf die lautliche Seite (also des Signifikanten) auch die semantische Beziehung zwischen den Signifikaten, die motiviert ist, hinzu. So sind z. B. der Fuß (*el pie*) als Körperteil und der Fuß eines Berges (*el pie de la montaña*) über die semantische Relation der konzeptuellen Ähnlichkeit, also metaphorisch (s.u.), miteinander verbunden. Bei der Polysemie haben wir es mit verwandten Bedeutungen ein und desselben Wortes zu tun. Für die synchrone Sprachbetrachtung unerheblich, aber als historisches Kriterium oftmals brauchbar, ist die Etymologie der jeweils betrachteten Lexeme. Homonyme lexikalischer Einheiten gehen auf unterschiedliche **Herkunftswörter** (Etyma) zurück, polyseme Lexeme dagegen auf ein einziges Etymon. Etymologisches Wissen, Wissen um die Herkunft der Wörter, kann auch im Lauf der Zeit verlorengehen, so dass in der diachronen Entwicklung Polysemie in Homonymie umschlagen kann. Beispiele für Polysemie: *rico*: *adinerado* (*un comerciante rico*), *gustoso* (*una comida rica*); *brazo*: *del cuerpo*, *del río*.

Metapher und Metonymie

Die Metapher und die Metonymie hatten als sog. Tropen traditionellerweise ihren Platz in der **Rhetorik** und in der **Stilistik**. Sie wurden als **Ersetzungsfiguren** verstanden, bei denen ein eigentlicher Ausdruck durch einen uneigentlichen Ausdruck ersetzt wird (**Substitutionsrelation**). Eine völlig andere Sichtweise wurde im Rahmen der Kognitionslinguistik entwickelt. George Lakoff und Mark Johnson zeigen in ihrer Epoche machenden Arbeit *Metaphors we Live by* (1980), dass der **Metapher** eine zentrale Rolle in der menschlichen Kognition zukommt. Das »Denken in Metaphern«, d.h. die Fähigkeit, Ähnlichkeiten zwischen zwei unterschiedlichen Konzeptbereichen, einem in der Regel eher konkret-physischen Quellbereich und einem anderen, komplex-abstrakten Zielbereich, zu erkennen und zu versprachlichen, erscheint danach als ein grundlegendes Verfahren der menschlichen Kognition. Die Sprecher erkennen etwa in der baulichen Grundstruktur eines Schlosses mit seinen symmetrischen Seitenkomplexen die anatomische Gestalt eines Vogels und übertragen einen Aspekt des anatomischen Quellbereichs, den Flügel (*el ala*), auf den architektonischen Zielbereich, *las alas de un castillo*. Die Metapher beruht also auf dem **Prinzip der Ähnlichkeit** zwischen Konzepten aus unterschiedlichen Domänen, die miteinander in Bezug gesetzt werden. Die von den Sprechern wahrgenommene Ähnlichkeit kann dabei auf der Übereinstimmung physischer (bzw. perzeptueller) Merkmale, funktionaler Eigenschaften oder struktureller Beziehungen beruhen. Weitere Beispiele für Metaphern stellen die folgenden Verwendungen dar: *el cuello de una botella, el ojo de la aguja, el diagrama arbóreo, el ratón del computador, la alta sociedad/la clase baja*.

Die **Metonymie** wird traditionellerweise in der Stilistik als eine Ersetzungsfigur verstanden, bei der ein Ausdruck durch einen anderen ersetzt wird, der in einem kausalen, räumlichen oder zeitlichen Verhältnis steht. In der kognitionslinguistischen Perspektive wird wiederum darauf abgehoben, dass bei der Metonymie Konzepte zueinander in Beziehung gesetzt werden, die sachlich zusammengehören, also in einer **Kontiguitätsrelation** stehen. Die zueinander in Beziehung gesetzten Konzepte gehören ein und demselben Frame an und können in diesem auf irgendeine Weise (zeitlich, räumlich, kausal etc.) miteinander verknüpft sein. Ein typisches Beispiel für die Metonymie ist der Ausdruck *tomar una copa*, bei dem das Gefäß für den (meist alkoholischen) Inhalt steht.

7.5 | Bedeutungswandel

Ursachen des Bedeutungswandels: Metapher und Metonymie haben nicht nur in der Kognitionslinguistik einen zentralen Stellenwert erhalten, sondern auch in der Sprachwandeltheorie, wo sie als zwei grundlegende Mechanismen des Bedeutungswandels angesehen werden. Bedeutungen wandeln sich aus ganz unterschiedlichen Gründen: **Neue Referenten**, die in der außersprachlichen Wirklichkeit auftauchen, weil neue technische Verfahren entwickelt wurden, wissenschaftliche Entdeckungen gemacht wurden oder sich die gesellschaftlichen und kulturellen Vorstellungen einer Gesellschaft wandeln, müssen angemessen versprachlicht werden können. Neben der Ausschöpfung der im Wortbildungssystem angelegten Möglichkeiten einer **Neubildung von Wörtern** (Neologismenbildung), erneuern die Sprecher in ihrem Bestreben nach einer möglichst effizienten und zugleich ausdrucksökonomischen Kommunikation die Inhaltsseite, das Signifikat, schon existierender sprachlicher Zeichen. Auch das Bedürfnis, möglichst abstrakte Konzepte anschaulich zu machen sowie die schon erwähnte kognitive Fähigkeit, Beziehungen zwischen Konzepten zu erkennen, führen zu einer Veränderung (bzw. Erweiterung) des Bedeutungsinhaltes von sprachlichen Zeichen. Ebenso wird die kommunikative Wirksamkeit entweder drastisch-ausdrucksstarker oder euphemistisch-verschleiernder Wörter für den Bedeutungswandel relevant, wenn sich ihre Expressivität im Lauf der Zeit abschwächt, weil sie regelmäßig verwendet werden. Sie werden dann zum geläufigen Ausdruck für bestimmte Referenten bzw. Sachverhalte (vgl. lat. *infirmus* ›schwach‹ > span. *enfermo* ›krank‹).

Die historische Semantikforschung hat versucht, die verschiedenen Formen des Bedeutungswandels zu systematisieren (vgl. Ullmann 1962 und Blank 1997, 2001). Vier grundlegende Verfahren sollen hier kurz vorgestellt werden:

Beim metaphorischen Bedeutungswandel führt die erkannte Ähnlichkeit zwischen Konzepten zu einer Übertragung des Zeichenausdrucks auf das in Verbindung gebrachte Konzept. Wenn sich diese Übertragung bei den Sprechern der Sprachgemeinschaft durchsetzt (›habitualisiert‹), dann spricht man davon, dass es zu einer **Lexikalisierung des Konzepts** gekommen ist. Ein Beispiel für einen metaphorischen Bedeutungswandel ist die Bedeutungsentwicklung von lat. *pensare* (›abwiegen‹) zu span. *pensar* (›denken‹), wobei die Sprecher offenbar den mentalen Prozess des Abwägens von Argumenten mit dem physischen Prozess des Abgleichens von Gewichten in Verbindung gebracht haben.

Metonymischer Bedeutungswandel: Bei der Metonymie verschieben sich hingegen die konzeptuellen Schwerpunkte im Rahmen eines Frames. So geht spanisch *boda* (›Hochzeit‹) auf lat. *vota* (Pl. von *votum* ›Gelübde‹) zurück. Hier spielt nun offenbar ein religiös geprägtes Ehe-Frame eine zentrale Rolle für die Bedeutungsentwicklung: Der religiöse Kerngehalt und die Gesamtzeremonie stehen in diesem Beispiel in einem engen konzeptuellen Verhältnis zueinander.

Bei der **Volksetymologie** handelt es sich um ein Reanalysephänomen: Da den Sprechern das Wissen über die **Herkunft** (Etymologie) eines bestimmten Wortes abhanden gekommen ist, bringen sie es in Verbindung mit einem ähnlich lautenden Wort. Zugleich remotivieren die Sprecher die ausdrucksseitige Ähnlichkeit durch die Herstellung einer assoziativen Brücke, die auf ihrem Weltwissen beruht. Ein schönes Beispiel ist das Wort *nigromancia*. Aus dem griechischen *nekromanteía* abgeleitet, bedeutete es ursprünglich die ›Anrufung der Toten‹. Die des Griechischen nicht kundigen Sprecher des Spanischen brachten das Wort in Verbindung mit ›schwarzer Magie‹ und sprachen es deshalb *nigromancía* bzw. *nigromancia* aus. Das Wort hat sich in dieser neuen Bedeutung etabliert (Menéndez Pidal 1994, §70: 191). Ein wichtiger Effekt der Volksetymologie ist es, dass die Sprecher durch die remotivierende, formseitige Annäherung an bekannte Wörter ›verwaiste‹ Lexeme an bestehende Wortschatzstrukturen anbinden und diese dadurch kognitiv festigen. Dies erhöht die Motiviertheit und den Integrationsgrad des Wortschatzes einer Sprache.

Ellipse/lexikalische Absorption: Ebenfalls ausdrucksseitig ist das Phänomen der Ellipse oder lexikalischen Absorption bedingt, das bei **zusammengesetzten Ausdrücken** (komplexen Lexien) auftritt. Hierbei wird eines der beiden Wörter getilgt, wobei das andere die Gesamtbedeutung der ursprünglich komplexen Lexie in sich aufnimmt (›inkorporiert‹). Zum Beispiel hat das spanische Wort für Laptop, *portátil*, die ursprüngliche Bedeutung der komplexen Lexie *un ordenador portátil* übernommen. Das Verfahren der Ellipse liegt oftmals auch dem Suffixwandel zugrunde. Zum Beispiel können Suffixe mit einer sehr allgemeinen Bedeutung wie etwa lat. *-arius*, das systematisch in zusammengesetzten Berufsbezeichnungen des Typs *faber ferrarius* (›Eisenarbeiter‹) auftrat, die Bedeutung des charakteristischen Nomens absorbieren. Das Suffix *-arius* > *-ero* dient heute unter anderem zur Bezeichnung von Berufen wie im Falle von *herrero* (›Schmied‹), *panadero* (›Bäcker‹), *carpintero* (›Tischler‹) usw. (vgl. Rainer 2005: 425).

Weitere Verfahren: Schließlich lassen sich als weitere wichtige Verfahren die **Generalisierung** (Bedeutungserweiterung) sowie die **Spezialisierung** (Bedeutungsverengung) anführen. So entwickelte sich lat. *passer* (›Spatz‹) zu ›Vogel‹ (*pájaro*), d. h. die Bezeichnung für den prototypischen Vertreter der Kategorie wird zur Bezeichnung für die Kategorie selber. In einer strukturell-semantischen Betrachtungsweise lässt sich die Entwicklung als Tilgung der spezifischen Seme beschreiben, so dass nur noch die Gattungsmerkmale erhalten bleiben.

7.6 | Syntagmatische Relationen

Traditionell weniger im Zentrum des lexikalischen Interesses standen und stehen Bedeutungsbeziehungen zwischen aufeinanderfolgenden Wortschatzeinheiten, also auf der **syntagmatischen Ebene**.

Eugenio Coseriu hatte in Anknüpfung an Porzigs Beitrag zu den »wesenhaften Bedeutungsbeziehungen« (Porzig 1934) die unterschiedlichen syntagmatischen Relationen, die im Sprachsystem angelegt sind, systematisiert. Bei seiner Klassifizierung dieser sog. **lexikalischen Solidaritäten** (Coseriu 1967) hatte er sich des Begriffsinventars der strukturellen Semantik bedient. Beispielsweise kann man ›wiehern‹ (*relinchar*) nur von Pferden aussagen, d. h. in dem Verb *relinchar* steckt das Lexem *caballo* als unterscheidender Zug (Sem). Für eine solche syntagmatische Beziehung hatte Coseriu den Begriff der **Implikation** geprägt. Während diese syntagmatischen Relationen im lexikalischen System einer Sprache angelegt sind, handelt es sich bei den **Kollokationen** um eine Erscheinung der Norm.

Der Kollokationsbegriff wurde von John Rupert Firth (1957) eingeführt und bezieht sich auf den Umstand, dass Wörter typischerweise zusammen mit bestimmten anderen Wörtern auftreten. Es handelt sich bei den Kollokationen um usuelle Wortverbindungen, die aber nicht als besonderer, sondern einfach als typischer Sprachgebrauch eingestuft werden. Kollokationen, die man auch als **affine Kombinationen** – Verbindungen, die die Neigung haben, kombiniert aufzutreten – charakterisiert hat, sind z. B. Ausdrücke wie ›Hass schüren‹, ›peinlich genau‹, ›eingefleischter Junggeselle‹. Hausmann (1984) hat die Kollokationen als »Halbfertigprodukte« der Sprache bestimmt, weil sie als charakteristische Verbindungen aus dem Gedächtnis abgerufen werden. Die Kollokationen spielen folglich neben den paradigmatischen Relationen eine zentrale Rolle für die kognitive Organisation unseres mentalen Lexikons (Aitchison 2012).

Eine Kollokation wie ›Hass schüren‹ besteht aus der **Basis**, in diesem Fall dem Substantiv ›Hass‹ und dem typischen **Kollokator**, hier das Verb

›schüren‹. Die Basis behält in der Regel ihre übliche Bedeutung bei, wohingegen die Bedeutung des Kollokators mehr oder weniger modifiziert werden kann. Beispiele für spanische Kollokationen sind Verbindungen wie *caer en la trampa, sacar una muela, cultivar patatas* (›Kartoffeln ziehen‹). Die Bedeutung von Kollokationen für das Erlernen einer Fremdsprache wurde erst in jüngerer Zeit erkannt. Besonders für fortgeschrittene Lerner und im Hinblick auf spezialisierte Fachterminologie stellen die Kollokationen einer zu erlernenden Fremdsprache bisweilen eine ziemliche Herausforderung dar. Dies zeigt sich z. B. an den folgenden spanischen Entsprechungen der deutschen Komposita des Typs Handels- + Nomen: Handelsbeziehungen *relaciones comerciales*, Handelsbank *banco comercial*, Handelsregister *Registro Mercantil* und Handelspreis *precio de venta*. Sowohl für die Lexikographie als auch die Fremdsprachendidaktik bleibt eine stärkere Berücksichtigung von Kollokationen ein zentrales Desiderat für die Zukunft.

Idiome sind ein weiterer Typ von Wortverbindungen, die anders als die Kollokationen sehr stark fixiert und nur in sehr engen Grenzen formal veränderbar sind. Ihre Bedeutung ergibt sich nicht kompositional, also aus den Teilbedeutungen der beteiligten Lexeme, sondern ist für den Gesamtausdruck vollständig konventionalisiert. Der Gesamtausdruck erscheint mithin als Signifikant, dem ein nicht weiter analysierbares Signifikat zugeordnet ist. Beispiele für Idiome sind die Ausdrücke *entre Pinto y Valdemoro* (›zwischen allen Stühlen‹) und *revolver Roma con Santiago* (›Himmel und Hölle in Bewegung setzen‹). Die starke Fixierung der Idiome zeigt sich unter anderem auch darin, dass sie nur in äußerst begrenztem Maße syntaktische Umformungen erlauben: So kann das Verb der Redewendung *revolver Roma con Santiago* weder durch ein Adverb modifiziert (**revolver profundamente/ligeramente Roma con Santiago*) noch kann die Konstruktion einer Passivtransformation unterzogen werden (**Roma ha sido revuelta con Santiago*). Auch Idiome sollten mehr als bisher Gegenstand des Fremdsprachenunterrichts sein.

7.7 | Das mentale Lexikon

Die in den beiden vorangegangenen Unterkapiteln behandelten syntagmatischen und paradigmatischen Relationen spielen, wie schon angedeutet, auch für die Organisation unseres Wortwissens im Gehirn eine entscheidende Rolle. Das im Langzeitgedächtnis abgespeicherte Wortwissen wird als ›mentales Lexikon‹ bezeichnet. Die Lexikoneinträge zu den einzelnen Wörtern sind durch die **Lexem-Lemma-Struktur** gekennzeichnet. Das **Lexem** umfasst die Informationen zur Ausdrucksseite eines Wortes, also die Lautgestalt sowie die graphische Realisierung des Wortes. Das **Lemma** beinhaltet die morphologischen (Wortklasse, Genus), syntaktischen (Subkategorisierungseigenschaften) und vor allem die semantischen Wort-Informationen (Konzept). Dabei sind die Wortform (Lexem) und die Wortbedeutung (Lemma) aber nicht – wie noch von Saussure angenom-

Lexem-Lemma-
Struktur

men – als voneinander untrennbare Einheiten abgespeichert, sondern unabhängig voneinander. Dies zeigen sog. **Tip-of-the-Tongue-Phänomene**, bei denen der Sprecher zwar die Bedeutungsvorstellung (die Inhaltsseite) ›vor Augen‹ hat, nicht aber auf die Wortform (die Ausdrucksseite) zugreifen kann. Aber auch **Sprachstörungen** (Aphasien) und **Versprecher** wie »Gib' mir die Gabel« anstelle von »Gib' mir den Löffel« geben uns interessante Einblicke in Art und Weise, wie die Bedeutungsinformation im Gehirn gespeichert wird: Nach Aitchison (2012) ist die semantische Information nach syntagmatischen und paradigmatischen Grundprinzipien organisiert:

- **taxonomisch** (Hyperonym-/Hyponymrelationen)
- **koordinativ** (im Rahmen von Wortfeldern)
- nach **semantischer Äquivalenz** (Synonymie, Antonymie, Meronymie)
- nach charakteristischen **syntagmatischen Beziehungen** (Kollokationen, Redewendungen und sprachlichen Stereotypen)

7.8 | Satzsemantik

Die Satzsemantik befasst sich mit der Bedeutung von Sätzen. Was aber heißt es, einen Satz zu verstehen? Nehmen wir das Beispiel:

(1)   Pedro, el bajito, quiere a Susana.

Bei einem kognitivistischen Satzverständnis würde man danach fragen, wie das mentale Bild einer Situation aussieht, in dem ein kleinwüchsiger Mann eine Frau namens Susana liebt. Wir könnten ein sehr reichhaltiges Bild ›zeichnen‹, das aber für eine präzise linguistische Beschreibung wenig handhabbar ist. Wir abstrahieren also von den Details einer reichen mentalen Repräsentation und fragen danach, welche Charakteristika denn minimal zutreffen müssen, damit wir unseren Beispielsatz mit Recht behaupten können. Wir gelangen auf diese Weise zu einer Art ›Skizze‹ der besprochenen Situation, die einer wahrheitssemantischen Perspektive auf Sätze entspricht. In einer wahrheitswertsemantischen Perspektive gehen wir davon aus, dass der Sprecher, der unseren Beispielsatz äußert, die Bedingungen kennen muss, die erfüllt sein müssen, damit der Satz wahr ist und auch sein mentales Bild, das er von der besprochenen Situation hat, zutrifft. Der Schlüssel für das Verständnis eines Satzes liegt also in den sog. Wahrheitsbedingungen, die angeben, wie denn eine Situation (bzw. ›Welt‹) – die Realität oder irgendeine imaginäre Situation (bzw. ›alternative Welt‹) – beschaffen sein muss, damit der geäußerte Satz auch tatsächlich zutrifft. Die **wahrheitsfunktionale Semantik** wurde 1944 von Alfred Tarski begründet.

Versuchen wir, die Wahrheitsbedingungen unseres Beispielsatzes zu paraphrasieren:

- Es muss ein männliches Individuum namens Pedro geben, auf das die Eigenschaft, dass es ziemlich klein ist, zutrifft.
- Es muss ein weibliches Individuum namens Susana existieren.

- Das männliche Individuum muss in einer Relation des Liebens zu dem weiblichen Individuum stehen.
- Der beschriebene Sachverhalt muss – das zeigt das Präsens an – zu dem Zeitpunkt gelten, an dem der Satz geäußert wird.

Kompositionalitätsprinzip: Diese Bedeutungsbeschreibung anhand von Wahrheitsbedingungen beruht auf einem grundlegenden semantischen Prinzip, das von dem Sprachphilosophen Gottlob Frege (1848–1925) erstmals formuliert wurde, das sog. Kompositionalitätsprinzip. Nach diesem Prinzip lässt sich die Bedeutung eines Satzes kompositionell bestimmen, d.h. aus den Bedeutungen seiner einzelnen lexikalischen (Wortbedeutung) und grammatischen (Flexionsformen) Bestandteile sowie der Art ihrer syntaktischen Verknüpfung. Die Vorstellung, dass ein komplexer Ausdruck aus der Bedeutung seiner Teile und ihrer syntaktischen Verknüpfung bestimmt werden kann, wird nach ihrem ›Entdecker‹ auch als **Fregeprinzip** bezeichnet.

Nach dem Kompositionalitätsprinzip können wir uns nun die einzelnen Ausdrücke des Satzes anschauen und ihren Bedeutungsanteil an dem Gesamtausdruck, also dem Satz, bestimmen. In einer wahrheitsfunktionalen Perspektive fragen wir bei jedem Ausdruck, welches Denotat ihm in der außersprachlichen Wirklichkeit entspricht. Wir bestimmen also die Denotation eines jeden Ausdrucks, d.h. sein Bezeichnungspotential, das der Klasse derjenigen Referenten entspricht, die auf ihn zutreffen. Betrachten wir die einzelnen Ausdrücke des Satzes:

- Die Denotation von Eigennamen wie *Pedro* und *Susana*, die auch als **Individuenkonstanten** bezeichnet werden, entspricht den realen Individuen in der Wirklichkeit, also in unserem Fall den Personen Pedro und Susana.
- Die Denotation von Lexemen, den **Autosemantika** wie ›Tisch‹, ›Stuhl‹, ›Tasse‹, ist jeweils die Klasse aller (realen oder potenziellen) Gegenstände (Referenten), die als ›Tisch‹, ›Stuhl‹ oder ›Tasse‹ bezeichnet werden können. Die Autosemantika besitzen den Status von **Individuenvariablen**.
- Ein einstelliges Prädikat wie ›tanzen‹ (wie in dem Satz ›Pedro tanzt‹) oder ›klein‹ denotiert alle diejenigen Individuen, die tanzen bzw. klein sind; Prädikate sind **Klassifikatoren**, d.h. durch sie wird die Welt in solche Individuen eingeteilt, die z.B. ›tanzen‹ bzw. ›nicht tanzen‹. Das Adjektiv *bajito* unseres Beispielsatzes teilt Individuen danach ein, ob sie ›ziemlich klein‹ sind oder nicht.
- Ein zweistelliges Prädikat wie ›lieben‹ (in unserem Beispiel *Pedro quiere a Susana*) denotiert die Menge der geordneten Paare, auf die das Prädikat zutrifft; so denotiert in unserem Beispiel das Prädikat *querer* <Pedro, Susana>, da Pedro Susana liebt, aber nicht <Susana, Pedro>, da wir ja nicht wissen, ob Susana Pedros Liebe auch erwidert. Es kommt also auf die Richtung der Relation an – wer zu wem in der beschriebenen Relation steht. Aus diesem Grunde spricht man davon, dass die Paare **geordnet** sind.

Satzsemantik

- Ein Satz schließlich denotiert seinen **Wahrheitswert**. Er ist wahr (angezeigt durch die Zahl 1), wenn der Sachverhalt, den er beschreibt, tatsächlich zutrifft; er ist falsch (gekennzeichnet durch die Zahl 0), wenn der Sachverhalt, den er beschreibt, nicht zutrifft.

Was nützt es uns aber, wenn wir wissen, dass ein einstelliges Prädikat alle diejenigen Individuen denotiert, die tanzen? Wir wollen ja wissen, ob ein bestimmter Satz auf eine bestimmte Situation zutrifft. Deshalb interessieren uns nicht die Verhältnisse auf der ganzen Welt oder womöglich auch noch in imaginären Welten, sondern wir betrachten nur den durch den sprachlichen Kontext festgelegten Weltausschnitt. Wir bestimmen also die Denotation der einzelnen Ausdrücke des Satzes **im Hinblick auf ein Modell** (= M). Ein Modell repräsentiert einen kleinen – kontextuell relevanten – Weltausschnitt. Es besteht aus zwei Elementen:

- Zum einen aus der **Diskursdomäne D**. Diese umfasst die Menge der Individuen (unter Individuen versteht man dabei Personen, Gegenstände, Orte etc.), über die gesprochen wird, die also Gegenstand einer Prädikation sind.
- Zum anderen aus einer **Funktion F**, die jedem sprachlichen Ausdruck des Satzes eine oder mehrere Referenten des Weltausschnitts zuweist.

Konstruieren wir nun ein solches Modell, das einem Realitätsausschnitt, über den wir gerade sprechen, entspricht: Wir gehen in unserem Modell, das die Beziehungsverhältnisse von Pedro und Susana beschreibt, davon aus, dass es drei Personen gibt: Pedro, Susana und Jaime. Pedro und Jaime lieben Susana, Susana liebt Jaime. Wir können nun unser kleines Modell M – der Wirklichkeitsausschnitt um Pedro, Susana und Jaime – folgendermaßen ausformulieren:

1. Das Diskursuniversum D besteht aus Pedro, Susana und Jaime: D = {Susana, Pedro, Jaime}.
2. Die Denotatsfunktion F kann folgendermaßen bestimmt werden: Das Denotat des Eigennamens »Susana« ist in unserem Modell das Individuum des Diskursuniversums mit dem Namen Susana. So können wir für alle Eigennamen vorgehen und das entsprechende Denotat bestimmen:

$F(Susana) = [[Susana]]^M$ (das Superskript M verweist auf ein bestimmtes Modell): $F(Pedro) = [[Pedro]]^M$ etc.

Die Prädikate, ›klein‹ (*bajito*) und ›lieben‹ (*querer*) haben, wie wir gesagt haben, die Funktion von Klassifikatoren. Im Rahmen unseres Modells teilen sie die Individuen des Diskursuniversums etwa danach ein, ob sie in einer Liebesrelation zueinander stehen oder zu den ›kleinwüchsigen Menschen‹ gehören. Das Denotat von *bajito* entspricht also den Individuen des Diskursuniversums, auf die es zutrifft – und das ist in unserer kleinen Modellwelt nur Pedro. Das Denotat von *querer* ist die Menge der geordneten Liebespaare:

$F(bajito) = [[bajito]]^M = \{[[Pedro]]^M\}$
$F(querer) = [[querer]]^M = \{<[[Pedro]]^M , [[Susana]]^M>, <[[Jaime]]^M , [[Susana]]^M>, <[[Susana]]^M , [[Jaime]]^M>\}$

Wir können nun die Wahrheitsbedingungen des Beispielsatzes *Pedro, el bajito, quiere a Susana* im Rahmen unseres Modells genauer bestimmen und unsere zunächst noch intuitive Beschreibung in eine präzisere formalsemantische Schreibweise bringen. So können wir z. B. die Bedingung formulieren, dass Pedro, kleinwüchsig sein muss, damit der Satz wahr ist. Auch muss das geordnete Paar <Pedro, Susana> zur Menge derjenigen geordneten Paare gehören, die in einer Liebesrelation zueinander stehen. Dies lässt sich auch in einer formalen Notation ausdrücken, wobei das Symbol ∈ (ʾist Element vonʿ) die Zugehörigkeit zu einer Menge angibt:

$[[Pedro]]^M ∈ [[bajito]]^M$
$<[[Pedro]]^M, [[Susana]]^M> ∈ [[querer]]^M$

In einem letzten Schritt wollen wir nun zeigen, wie die satzsemantische Interpretation eines Satzes aussieht. Dazu muss die Satzstruktur (Phrasenstruktur) mit ihren Kombinationsregeln in semantische Kombinationsregeln übersetzt werden. Wir gehen wieder von unserem – allerdings etwas vereinfachten – Beispielsatz *Pedro quiere a Susana* aus und zeigen, wie sich die Bedeutung des Satzes aus der Bedeutung der Satzteile und den sie verbindenden syntaktischen Kombinationsregeln ergibt. Dabei gehen wir von ʾunten nach obenʿ, also beginnend mit den Terminalen, vor (s. Abb. 4):

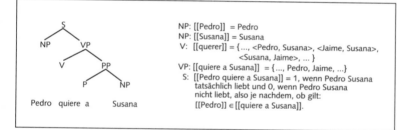

NP: [[Pedro]] = Pedro
NP: [[Susana]] = Susana
V: [[querer]] = { ..., <Pedro, Susana>, <Jaime, Susana>, <Susana, Jaime>, ... }
VP: [[quiere a Susana]] = { ..., Pedro, Jaime, ... }
S: [[Pedro quiere a Susana]] = 1, wenn Pedro Susana tatsächlich liebt und 0, wenn Pedro Susana nicht liebt, also je nachdem, ob gilt:
[[Pedro]] ∈ [[quiere a Susana]].

Abb. 4: Satzsemantische Interpretation von *Pedro quiere a Susana*

Die Denotate der Nominalphrasen (NP) sind – wie gehabt – die Individuen, auf die die Eigennamen *Pedro* und *Susana* zutreffen. Das Verb *querer* (die Konstituente V) denotiert entsprechend alle geordneten Paare <x, y> für die gilt: x liebt y. Aufgrund unseres Modells wissen wir, dass <Pedro, Susana> Teil der Denotation von *querer* ist. Die Verbalphrase (VP) *quiere a Susana* denotiert ihrerseits alle x, für die gilt: x liebt Susana. Wie wir wissen, gehört Pedro in der kleinen Welt unseres Modells zur Menge der ʾSusana-Liebendenʿ dazu. Bei dem syntaktisch der VP entsprechenden Ausdruck *quiere a Susana* handelt es sich um ein einstelliges Prädikat: Offen ist hierbei nur die Variable x, die den Liebenden ausweist. Der Ausdruck ist durch sog. **funktionale Applikation** des zweistelligen Prädikats *querer* (*querer* (x, y)) auf das syntaktische Objekt, also die Konstituente *Susana*, entstanden. Durch funktionale Applikation des entstandenen einstelligen Prädikats auf das Subjekt-Argument gelangen wir zur Ebene des Gesamtsatzes. Dieser ist nun genau dann wahr (= 1), wenn das durch die Subjekt-Konstituente denotierte Individuum tatsächlich Susana liebt, ansonsten ist er falsch. In unserer kleinen Welt, die durch das Modell beschrieben wird, trifft das auf Pedro tatsächlich zu. Eine solche Funktion, die einem Individuum den Wert 1 zuweist, wenn es die durch das Verb bzw. die Verbalphrase zugeschriebene Eigenschaft aufweist und den Wert 0, wenn das Individuum die Eigenschaft nicht erfüllt, wird als **charakteristische Funktion** bezeichnet. Sie gibt folglich an, ob ein Sachverhalt im Hinblick auf ein bestimmtes Individuum der Fall ist oder nicht.

Wir sehen also, wie wir über die immer komplexer werdenden Konstituenten und den ihnen entsprechenden Denotaten schrittweise zur Gesamtbedeutung des Satzes ›aufsteigen‹. Durch schrittweise funktionale Applikation der Prädikate auf die Argumente, gelangen wir schließlich zur charakteristischen Funktion, die angibt, ob der prädizierte Sachverhalt auf das der Subjekt-Konstituente entsprechende Individuum zutrifft oder nicht.

7.9 | Temporal- und Modalsemantik

Bei der Frage nach der Bedeutung von Sätzen haben wir bislang Sätze betrachtet, die Sachverhalte beschreiben, die in der Gegenwart angesiedelt sind. Die Verbalflexion trägt unter anderem dazu bei, Sachverhalte etwa in der Vergangenheit oder in der Zukunft zu verorten. Möglicherweise machen Adverbien wie *ayer*, *pasado mañana* oder adverbiale Ausdrücke wie *en el siglo pasado* genauere Angaben darüber, wann ein bestimmter Sachverhalt, etwa ein Ereignis, stattgefunden hat. Welches ist nun aber genau der Bedeutungsbeitrag der Verbalflexion zur zeitlichen Verankerung von Sachverhalten bzw. Ereignissen?

7.9.1 | Temporalsemantik

Tempus: Die in der **Verbalflexion** ausgedrückte Kategorie **Tempus** situiert Ereignisse im Hinblick auf den Sprechzeitpunkt, der gewissermaßen der absolute Bezugspunkt, also der ›Nullpunkt‹ für die sprachliche Organisation einer temporalen Ordnung ist. Der Sprecher legt mit dem ›Hier und Jetzt‹ seiner sprachlichen Äußerung den Ursprung (die **Sprecherorigo**) eines temporalen Systems fest, das der raum-zeitlichen Einordnung der geäußerten Sachverhalte bzw. Ereignisse dient. Tempus ist mithin eine **deiktische Kategorie**, da sie an den Sprecher als der **personalen Origo** sowie an den Äußerungszeitpunkt einer Aussage, also die **temporale Origo**, gebunden ist.

Im Verhältnis zum Sprechzeitpunkt, der temporalen Origo, lassen sich Ereignisse sprachlich einordnen:

- Das Präsens zeigt an, dass sich ein Ereignis zum Sprechzeitpunkt ereignet (bzw. mit dem Sprechzeitpunkt überlappt).

- Das Präteritum macht deutlich, dass ein Ereignis bzw. Sachverhalt vor dem Sprechzeitpunkt (der Origo) liegt.
- Das Futur weist auf Ereignisse, die in Zukunft, also nach dem Sprechzeitpunkt (der Origo), stattfinden werden.

Diese drei Tempora werden auch als **absolute Tempora** bezeichnet, weil sie Ereignisse bzw. einen Sachverhalt jeweils im Verhältnis zur Origo, dem Sprechzeitpunkt als dem absoluten Orientierungspunkt der temporalen Ordnung, situieren. Auch im Spanischen gibt es Tempora, die typischerweise ein Ereignis an der Origo, so das Präsens, vor der Origo, das Indefinido und nach der Origo, das Futur, verorten: **Absolute Tempora**

(2)   En este momento, Pedro vive en Madrid.

(3)   Ayer Jaime se rompió una pierna.

(4)   Mañana me compraré un nuevo ordenador.

Es existieren auch Tempora, die Ereignisse im Verhältnis zu anderen Ereignissen situieren. Beispielsweise liegt in dem Satz

(5)   Ayer después de que habíamos cenado, Jaime volvió a casa.

das Ereignis des Abendessens vor der Rückkehr Jaimes. Beide Ereignisse liegen aber in der Vergangenheit, fanden am Vortag der Äußerung durch den Sprecher statt.

Das Plusquamperfekt (*habíamos cenado*) lokalisiert ein Ereignis in der Vergangenheit vor einem weiteren vergangenen Ereignis. Dieses Ereignis – hier die Rückkehr Jaimes – wird im Verhältnis zur Origo eingeordnet (also absolut), das Ereignis im Plusquamperfekt (Pluscuamperfecto) – das Abendessen – aber im Verhältnis zu Jaimes Rückkehr, also relativ. Man spricht deshalb auch davon, dass das Pluscuamperfecto ein **absolut-relatives Tempus** ist. **Absolut-relative Tempora**

Reichenbachs Ansatz: Der Logiker und Philosoph Hans Reichenbach (1891–1953) hat in seinem Buch *Elements of Symbolic Logic* (1947) ein einfaches Beschreibungssystem für die Tempora entwickelt, das auch heute noch den meisten temporalsemantischen Beschreibungsansätzen zugrunde liegt. Er unterscheidet im Rahmen seines Beschreibungssystems:

- den **Sprechzeitpunkt**, die Origo, die man als t_0 (temporaler Nullpunkt) notieren kann;
- den **Ereigniszeitpunkt**, also der Zeitpunkt t, an dem ein bestimmtes Ereignis stattfindet;
- den **Referenzzeitpunkt** als den Zeitpunkt t_R, der einen weiteren Orientierungspunkt darstellt und im Verhältnis zu dem Ereignisse lokalisiert werden.

Für die Beschreibung der Tempora in Sprachen sind nach Reichenbach nun zwei **temporale Relationen** ausschlaggebend. Zum einen das Verhältnis zwischen dem Referenzzeitpunkt t_R und dem Sprechzeitpunkt t_0 sowie, zum anderen, die Relation zwischen dem Referenzzeitpunkt t_R und dem Ereigniszeitpunkt t. Der Ereigniszeitpunkt t wird also stets über sein Verhältnis zum Referenzzeitpunkt t_R charakterisiert, er wird nie direkt ins Verhältnis zum Sprechzeitpunkt t_0 gesetzt.

Temporal- und
Modalsemantik

Reichenbachs Ansatz ist vielfach kritisiert worden, vor allem, weil er nicht alle Tempusformen, etwas das Imperfekt, angemessen erfassen kann, aber doch grundlegender Ausgangs- bzw. Bezugspunkt für temporalsemantische Beschreibungen geblieben.

Das recht einfache Beschreibungsmodell erlaubt es uns nun auch, einen Satz wie

(6)   Jaime ya había encontrado a Susana

zu interpretieren. Wir müssten wiederum die Wahrheitsbedingungen formulieren, die erfüllt sein müssen, damit der durch den Satz beschriebene Sachverhalt wahr ist. Wir wollen uns aber hier darauf beschränken, nur den Bedeutungsanteil der Tempusform *había encontrado* zu beschreiben. Wir können jetzt auf der Grundlage des Reichenbach'schen Ansatzes sagen, dass Jaime Susana zu einem Zeitpunkt getroffen haben muss, der vor einem Referenzpunkt t_R lag. Dieser Referenzpunkt, der sprachlich durch das Adverb *ya* angedeutet wird, liegt selber aber vor dem Sprechzeitpunkt (s. Abb. 5):

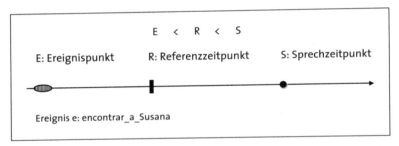

Abb. 5: Bedeutung des Plusquamperfekts (nach Reichenbach 1947: 290)

Wir können die Wahrheitsbedingungen folgendermaßen formulieren: Der Satz *Jaime ya había encontrado a Susana* ist in einem Modell M und zum Äußerungszeitpunkt wahr, wenn es einen Ereigniszeitpunkt t gibt, so dass gilt: $t < t_R < t_0$ und Jaime Susana zu diesem Ereigniszeitpunkt t tatsächlich getroffen hat. Das Symbol < ‹liegt vor› zeigt die Relation des Vorausgegangenseins (der Präzedenz) an. Damit haben wir die Wahrheitsbedingungen, so gut es geht, für den Satz samt seiner Flexionsmerkmale bestimmt.

Die Charakterisierung des Satzes können wir aber auch noch ein wenig anders akzentuieren und darauf abheben, dass dem Satz eine Sachverhaltsbeschreibung zugrunde liegt – hier der Sachverhalt, dass Jaime Susana trifft. Diese allgemeine Sachverhaltsbeschreibung, die für alle möglichen Situation zutreffen könnte, in denen Jaime Susana getroffen hat, wird dank der Flexionsmorphologie an einem bestimmten Ereigniszeitpunkt t lokalisiert. Die dem Satz zugrundeliegende allgemeine Sachverhaltsbeschreibung, die für viele Situation gelten kann, wird auch als **Proposition** bezeichnet. Die Proposition wird dank der Flexionsmorphologie des Satzes an einem bestimmten Zeitpunkt t verankert – man sagt hier auch: Die Proposition wird an einem Zeitindex t **instanziiert**.

Proposition

7.9.2 | Modalsemantik

Ereignisse müssen sich aber nicht in der Realität ereignet haben. Wir können uns auch Sachverhalte bzw. Ereignisse vorstellen, die gar nicht stattgefunden haben oder nur vielleicht stattfinden können. Wenn z.B. jemand feststellt

(7)   quizás llueva mañana

kann man sich für den morgigen Tag zwei Alternativen vorstellen: In der günstigen Alternative regnet es nicht (und man kann z.B. eine Wanderung machen), im anderen Fall regnet es (und bei der Regen-Alternative bleibt man besser zu Hause). Immer wenn Alternativen (man sagt auch: **alternative Welten**) zu unserer Realität ins Spiel kommen, wir also über das reden, was sein könnte oder auch nicht sein könnte, dann betreten wir die Domäne der **Modalität**. Die Modalitäten erlauben uns also von Dingen zu sprechen, die keine Sachverhalte bzw. Ereignisse unserer realen Welt sind. Nun können solche Sachverhalte aber unterschiedliche Bereiche betreffen. Es lassen sich mindestens zwei grundlegende solcher Bereiche, d.h. zwei Arten von Modalität, unterscheiden:

Epistemische Modalität

Sprecher können ihr Wissen zum Gegenstand der Äußerung machen bzw. auf der Grundlage dieses Wissens Urteile darüber abgeben, für wie wahrscheinlich sie einen bestimmten Sachverhalt bzw. dessen Eintreten halten. Sie können in ihrer Einschätzung Zweifel äußern, Vermutungen anstellen und bestimmte Wahrscheinlichkeitsannahmen machen. Beispielsweise kann ein Sprecher realistisch einschätzen, ob er um 23 Uhr noch einen Zug von Köln nach Hamburg bekommt. Sein Weltwissen hinsichtlich des Fahrplans der Deutschen Bahn lässt ihn zu der Einschätzung kommen, dass es wohl nicht sehr wahrscheinlich ist, um 23 Uhr einen entsprechenden Zug zu bekommen. Seine Einschätzung kann er nun auf unterschiedliche Weise ausdrücken, z.B.:

- mithilfe eines **epistemischen Verbs** wie *dudar*: *Dudo de que todavía haya un tren para Hamburgo*;
- durch ein **epistemisches Adjektiv** (*improbable*): *Es improbable que todavía salgan trenes para Hamburgo*;
- unter Verwendung eines **Modalverbs** (*deber*) und der Negation: *A estas horas ya no debe de haber un tren para Hamburgo*.

Die Einschätzung der Wahrscheinlichkeit von Ereignissen bzw. Sachverhalten, die der Sprecher oder andere Individuen auf der Grundlage ihres mehr oder weniger vollständigen bzw. unvollständigen Wissens über die Verhältnisse in der realen Welt abgeben, wird als epistemische Modalität bezeichnet. Der Sprecher bzw. ein anderes Individuum macht mit seiner Einschätzung deutlich, ob und bis zu welchem Grad er sich für einen Sachverhalt – dessen Richtigkeit oder Realisierungswahrscheinlichkeit – verbürgen möchte. Die epistemische Modalität ist stark mit der Kategorie der Subjektivität verbunden, da der Sprecher bzw. ein Individuum, das einen Sachverhalt einschätzt, zumeist auf der Grundlage seines eigenen Wissens und seiner eigenen Überzeugungen argumentiert.

Deontische Modalität

Hier geht es nicht um die Einschätzung der Wahrscheinlichkeit von Sachverhalten und das daraus resultierende Sprecherengagement, sondern darum, was geboten oder erlaubt ist, also um **Regeln, soziale Konventionen** und **Gesetze**. In einer etwas anderen Betrachtungsweise kann man auch sagen, dass die deontische Modalität **ideale Welten** beschreibt, in denen nur Ereignisse und Sachverhalte stattfinden, die sich mit den Regeln, Gesetzen oder Konventionen, die durch eine normgebende Instanz festgelegt worden sind, im Einklang befinden. Als normgebende Instanz kann man sich einen Gesetzgeber, Gott, eine kollektive Institution oder soziale Gruppen, aber auch den Willen oder die Absicht eines einzelnen Individuums vorstellen. Es gibt verschiedene sprachliche Möglichkeiten, die deontische Modalität auszudrücken, etwa:

- mithilfe von Verben wie *querer, mandar, ordenar*, die Welten thematisieren, in denen Ereignisse stattfinden und Sachverhalte bestehen, die (noch) nicht real sind, aber den Wünschen und Vorstellungen der normgebenden bzw. bestimmenden Instanz entsprechen, z. B. *El rey ordena que ningún ciudadano abandone el país.*
- in bestimmten Kontexten auch durch das spanische Futur wie in ¡*No matarás*!
- mittels Modalverben wie *deber* oder *tener que*, die eine Verpflichtung statuieren: *Pedro tuvo que ayudar a sus padres.*

Die Modalverben wie z. B. *poder* können sowohl epistemische als auch deontische Modalität ausdrücken. Die epistemische Lesart von *poder* zeigt an, dass ein bestimmter Sachverhalt nach dem, was wir wissen, in mindestens einer der Alternativen, die wir uns vorstellen können, eintritt. In der deontischen Lesart markiert *poder*, dass es den Regeln gemäß ist, wenn jemand in wenigstens einer möglichen Welt in einer bestimmten Weise handelt.

(8) epistemisch: Puede que Susana vuelva esta tarde.

(9) deontisch: Susana puede cenar con nosotros. Sus padres lo permitieron.

Einen kurzen Hinweis wollen wir noch auf die modalsemantische Interpretation von Sätzen geben. Wir können nämlich auch die Wahrheitsbedingungen eines Satzes wie *Quizás Pedro encuentre Susana* bestimmen.

Den semantischen Beitrag des Adverbs *quizás* können wir so beschreiben, dass der Sprecher sich nicht dafür verbürgen kann oder möchte, dass der Sachverhalt tatsächlich Realität wird, also Pedro Susana wirklich trifft. Vielmehr werden durch das Adverb verschiedene Möglichkeiten oder Alternativen eingeführt. In wenigstens einer Alternative trifft Pedro Susana tatsächlich, in den anderen Alternativen oder Fällen trifft er sie nicht. Es sei darauf hingewiesen, dass die Unsicherheit des Sprechers auch durch die Flexionsform mit konjunktivischer Morphologie (*encuentre*) signalisiert wird. Wir können also sagen, dass der Satz

(10) Quizás Pedro encuentre Susana

in einem Modell M und einer Welt w wahr ist, wenn für diese Welt w gilt: Sie ist eine mögliche Alternative zur aktuellen Welt, die dem entspricht, was der Sprecher über Pedro und Susana und die Wahrscheinlichkeit ihres Zusammentreffens weiß und in dieser alternativen Welt w treffen sich Pedro und Susana tatsächlich. Analog zu dem, was wir über die temporale Verankerung von Sätzen gesagt haben, können wir hier feststellen, dass die allgemeine Sachverhaltsbeschreibung, also die Proposition, dass Pedro Susana trifft, in der Welt w verankert (also am Weltindex w ›instanziiert‹) wird (vgl. Becker im Druck).

Literatur

Aitchison, Jean (2012): *Words in the Mind: An Introduction to the Mental Lexicon.* 4. Aufl. Malden, Mass.: Blackwell.
Baldinger, Kurt (1970/²1977): *Teoría semántica: hacia una semántica moderna.* Madrid: Alcalá.
Becker, Martin (im Druck): Modus und Modalität. In: Dipper, Stefanie/Klabunde, Ralf/ Rothstein, Björn (Hg.): *Linguistik. Eine Einführung in die Sprachwissenschaft für Germanisten, Romanisten und Anglisten.* Berlin: Springer.
Blank, Andreas (2001): *Einführung in die lexikalische Semantik für Romanisten.* Tübingen: Niemeyer.
Caro Cedillo, Ana (2004): *Fachsprachliche Kollokationen: Ein übersetzungsorientiertes Datenbankmodell Deutsch-Spanisch.* Tübingen: Narr.
Chierchia, Gennaro/McConnell-Ginet, Sally (2000): *Meaning and Grammar. An Introduction to Semantics.* 2. Aufl. Cambridge, Mass.: MIT Press.
Coseriu, Eugenio (1967): Lexikalische Solidaritäten. In: *Poetica* 1, S. 293–303 (auch in: Geckeler, Horst (Hg.) (1978): *Strukturelle Bedeutungslehre.* Darmstadt: Wissenschaftliche Buchgesellschaft, S. 239–253).
– (1970): *Einführung in die strukturelle Betrachtung des Wortschatzes.* Übers. von Erich Brauch und Gisela Köhler. Tübingen: Narr.
Croft, William/Cruse, David Alan (2004): *Cognitive Linguistics.* Cambridge: Cambridge University Press.
Cuenca, Maria Josep/Hilferty, Joseph (1999): *Introducción a la lingüística cognitiva.* Barcelona: Ariel.
Dietrich, Rainer (2002): *Psycholinguistik.* Stuttgart/Weimar: Metzler.
Escandell Vidal, María Victoria (2003): *Fundamentos de semántica composicional.* Barcelona: Ariel.
Evans, Vyvyan/Green, Melanie C. (2006): *Cognitive Linguistics: An Introduction.* Edinburgh: Edinburgh University Press.
Fillmore, Charles J. (1977): Scenes-and-frames semantics. In: Zampolli, Antonio (Hg.): *Linguistic Structures Processing.* Proceedings of the third international summer school on computational and mathematical linguistics, Pisa, August-September 1974. Amsterdam: North-Holland Publishing, S. 55–81.
– (1985): Frames and the Semantics of Understanding. In: *Quaderni di Semantica* 6/2, S. 222–254.
Firth, John Rupert (1957): Modes of meaning. In: *Papers in Linguistics 1934–1951.* Oxford: Oxford University Press, S. 190–215.
Frege, Gottlob (1892): Über Sinn und Bedeutung. In: *Zeitschrift für Philosophie und philosophische Kritik* NF 100, S. 25–50.
Gutiérrez Ordóñez, Salvador (2002): *De pragmática y semántica.* Madrid: Arcos Libros.

Literatur

Hausmann, Franz Josef (1984): Wortschatzlernen ist Kollokationslernen. Zum Lehren und Lernen französischer Wortverbindungen. In: *Praxis des neusprachlichen Unterrichts* 31, S. 395–406.

Heim, Irene/Kratzer, Angelika (1998, ²2007): *Semantics in Generative Grammar.* Malden, Mass.: Blackwell.

Jackendoff, Ray S. (1990): *Semantic Structures.* Cambridge: MIT Press.

– (2002): *Foundations of Language. Brain, Meaning, Grammar, Evolution.* Oxford/New York: Oxford University Press.

Kay, Paul/McDaniel, Chad K. (1978): The linguistic significance of the meanings of basic color terms. In: *Language* 54, S. 610–646.

Kleiber, Georges (1995): *La semántica de los prototipos. Categoría y sentido léxico.* Traducción: Antonio Rodríguez Rodríguez. Madrid: Visor Libros.

– (1998): *Prototypensemantik. Eine Einführung.* 2. Aufl. Tübingen: Narr.

Klein, Wolfgang (1994): *Time in Language.* London: Routledge.

Konerding, Klaus-Peter (1993): *Frames und lexikalisches Bedeutungswissen. Untersuchungen zur linguistischen Grundlegung einer Frametheorie und zu ihrer Anwendung in der Lexikographie.* Tübingen: Niemeyer.

Labov, William (1973): The boundaries of words and their meanings. In: Bailey, Charles James N./Shuy, Roger W. (Hg.): *New Ways of Analyzing Variation in English.* Washington: Georgetown University Press, S. 340–373.

Lakoff, George (1987): *Women, Fire and Dangerous Things. What Categories Reveal about the Mind.* Chicago: University of Chicago Press.

–/**Johnson, Mark L.** (1980): *Metaphors We Live By.* Chicago: University of Chicago Press.

Lee, David (2001): *Cognitive Linguistics. An Introduction.* Oxford: Oxford University Press.

Löbner, Sebastian (2003): *Semantik. Eine Einführung.* Berlin: de Gruyter.

Lohnstein, Horst (2011): *Formale Semantik und natürliche Sprache.* 2. Aufl. Berlin: de Gruyter.

Lyons, John (1995): *Linguistic Semantics. An Introduction.* Cambridge: Cambridge University Press.

Maienborn, Claudia/Heusinger, Klaus von/Pörtner, Paul (Hg.) (2011): *Semantics: an International Handbook of Natural Language Meaning.* Berlin: Mouton de Gruyter.

Menéndez Pidal, Ramón (²²1994, ²³1999): *Manual de gramática histórica española.* Madrid: Espasa-Calpe.

Moreno Cabrera, Juan Carlos (2000): *Curso universitario de lingüística general.* 2 Bände: Band 1: *Teoría de la gramática y sintaxis general*; Band 2: *Semántica, pragmática, morfología y fonología.* 2. Aufl. Madrid: Síntesis.

Ogden, Charles Kay/Richards, Ivor Armstrong (1974): *Die Bedeutung der Bedeutung. Eine Untersuchung über den Einfluß der Sprache auf das Denken und über die Wissenschaft des Symbolismus.* Übers. von Gert H. Müller. Frankfurt a.M.: Suhrkamp (engl. *The Meaning of Meaning: A Study of the Influence of Language upon Thought and of The Science of Symbolism*, 1923).

Palmer, Frank R. (2001): *Mood and Modality.* 2. Aufl. Cambridge: Cambridge University Press.

Pöll, Bernhard (2002): *Spanische Lexikologie. Eine Einführung.* Tübingen: Narr.

Portner, Paul (2009): *Modality.* Oxford/New York: Oxford University Press.

Porzig, Walter (1934): Wesenhafte Bedeutungsbeziehungen. In: *Beiträge zur Geschichte der deutschen Sprache und Literatur* 58, S. 70–97.

Pottier, Bernard (1970): *Lingüística moderna y filología hispánica.* Madrid: Gredos.

Pustejovsky, James (1995): *The Generative Lexicon.* Cambridge, Mass.: MIT-Press.

Quer, Josep (1998): *Mood at the Interface.* The Hague: Holland Academic Graphics.

Rainer, Franz (2005): Semantic Change in Word Formation. In: *Linguistics* 43/2, S. 415–441.

Reichenbach, Hans (1947): *Elements of Symbolic Logic.* New York: Macmillan.

Rosch, Eleanor (1973): Natural categories. In: *Cognitive Psychology* 4/3, S. 328–350.

– (1978): Principles of categorization. In: Dies./Lloyd, Barbara B. (Hg.): *Cognition and Categorization.* Hillsdale, NJ: Erlbaum, S. 27–48.

Saussure, Ferdinand de (2001): *Grundfragen der allgemeinen Sprachwissenschaft.* Hg. von Charles Bally und Albert Sechehaye unter Mitwirkung von Albert Riedlinger.

Übers. von Hermann Lommel, mit einem Nachwort von Peter Ernst. 3. Aufl. Berlin/ New York: de Gruyter.

Schwarz, Monika/Chur, Jeanette (1996): *Semantik. Ein Arbeitsbuch.* 2. Aufl. Tübingen: Narr.

Schwarz-Friesel, Monika (1992, ²1996, ³2008): *Einführung in die kognitive Linguistik.* Tübingen: Francke.

Stechow, Arnim von/Wunderlich, Dieter (Hg.) (1991): *Semantik. Ein internationales Handbuch der zeitgenössischen Forschung.* Berlin/New York: de Gruyter.

Talmy, Leonard (2000): *Toward a Cognitive Semantics.* 2 Bände: Band 1: *Concept Structuring Systems*; Band 2: *Typology and Process in Concept Structuring.* Cambridge, Mass.: MIT Press.

Tarski, Alfred (1944): The semantic conception of truth and the foundations of semantics. In: *Philosophy and Phenomenological Research 4/3*, S. 341–376.

Travis, Catherine E. (2010): El estudio del significado: semántica y pragmática. In: Hualde et al. (Hg.): *Introducción a la lingüística hispánica.* 2. Aufl., S. 340–390.

Trier, Jost (1931): *Der deutsche Wortschatz im Sinnbezirk des Verstandes. Die Geschichte eines sprachlichen Feldes.* Band 1: *Von den Anfängen bis zum Beginn des 13. Jahrhunderts.* Heidelberg: Winter.

Ullmann, Stephen (1962): *Semantics. An Introduction to the Science of Meaning.* Oxford: Blackwell.

Ungerer, Friedrich/Schmid, Hans-Jörg (1996): *An Introduction to Cognitive Linguistics.* London: Longman.

Vega, Manuel de/Cuetos, Fernando (Hg.) (1999): *Psicolingüística del español.* Madrid: Trotta.

Weisgerber, Leo (1964): *Das Menschheitsgesetz der Sprache als Grundlage der Sprachwissenschaft.* 2. Aufl. Heidelberg: Quelle & Meyer.

Whorf, Benjamin Lee (1963): *Sprache, Denken, Wirklichkeit. Beiträge zur Metalinguistik und Sprachphilosophie von Benjamin Lee Whorf.* Hg. und Übers. von Peter Krausser. Reinbek: Rowohlt.

Wittgenstein, Ludwig (1958): *Philosophische Untersuchungen/Philosophical investigations.* Translated by Gertrude E.M. Anscombe. 2. Aufl. Oxford: Blackwell.

8 Pragmatik

8.1   Die Sprechakttheorie
8.2   Kooperationsprinzip und die Konversations-
        maximen
8.3   Die Relevanztheorie
8.4   Konversationsanalyse
8.5   Sprachliche Höflichkeit

Die Pragmatik (*pragmática*) ist die Teildisziplin der Linguistik, die sich mit der **Verwendung von Sprache in konkreten Kommunikationssituationen** befasst. Unter pragmatischer Perspektive werden sprachliche Äußerungen als kommunikative Handlungen von intentionsgeleiteten Sprechern in konkreten Äußerungskontexten verstanden. Diese erste, sehr allgemeine Annäherung an die Pragmatik schließt mehrere Aspekte ein und macht eine Reihe von Abgrenzungen erforderlich.

Die kommunikative Verwendung von Sprache, die sich in situationsspezifischen Äußerungen manifestiert, besitzt einen Handlungsaspekt, der innerhalb der Pragmatik insbesondere von der **Sprechakttheorie** behandelt wird. Zugleich ist damit auch eine Abgrenzung der Pragmatik von der Semantik impliziert: Während die Semantik sich mit der kontextunabhängigen Bedeutung von Wörtern und Sätzen befasst, liegt das Augenmerk der Pragmatik auf dem **kommunikativen Sinn**. Der kommunikative Sinn ist mehr als die Bedeutung der sprachlichen Zeichen in einem konkreten Kontext (dies ist die Äußerungsbedeutung von sprachlichen Zeichen). Er entspricht vielmehr dem, was ein Sprecher in einer konkreten Sprechsituation mit seiner Äußerung tatsächlich meint. Die Pragmatik versucht zu zeigen, welches die Mechanismen, Strategien und Prinzipien sind, die es den Kommunikationsteilnehmern erlauben, von der wörtlichen Bedeutung von Äußerungen zum intendierten Sinn zu gelangen, also zu dem Bedeutungsgehalt, der der Intention des Sprechers entspricht. Machen wir das an einem Beispiel deutlich:

In einem Arbeitszeugnis schreibt der Personalchef über einen Mitarbeiter: »Besondere Verdienste erwarb sich der Mitarbeiter bei der Gestaltung des sozialen Lebens im Betrieb.« Der Satz beinhaltet eine positive Bewertung der Mitwirkung des Mitarbeiters am Betriebsleben. Das ist zwar schön, aber irgendwie haben wir den Eindruck, dass der Arbeitgeber keine wirkliche Empfehlung für seinen ehemaligen Mitarbeiter ausgesprochen hat. Wieso haben wir aber diesen Eindruck? Eigentlich erwarten wir von einem Arbeitszeugnis eine (möglichst positive) Beurteilung der beruflichen Kompetenzen einer Person und nicht ihrer sozialen Kompetenzen, die allenfalls von sekundärem Interesse sind. Hier wurde also gewissermaßen das Thema verfehlt – und dennoch unterstellen wir dem Personalchef, dass seiner Formulierung eine klare Intention zugrundelag.

Die Sprecher besitzen also eine **pragmatische Kompetenz,** wenn sie Äußerungen produzieren oder interpretieren. Produzieren sie Äußerungen, wie das Arbeitszeugnis, dann wissen sie, wie sie ihre Äußerung situationsadäquat gestalten müssen, um ihre Intention zu erreichen. Interpretieren sie Äußerungen, so müssen sie in der Lage sein, geeignetes kontextuelles und kontextrelevantes Wissen in Anschlag zu bringen, um den intendierten kommunikativen Sinn zu erschließen. Sie bedienen sich hierbei bestimmter Prinzipien und Verfahren, die es ihnen erlauben, pragmatische Schlüsse aus der expliziten sprachlichen Information zu ziehen, und zwar auf dem Hintergrund umfangreicher kontextueller und kontextrelevanter Wissensbestände. Die pragmatische Kompetenz umfasst also sowohl die Beurteilung der Angemessenheit einer Äußerung als auch die Fähigkeit, geeignete Verfahren anzuwenden, um den Sinn einer Äußerung adäquat zu interpretieren. Von zentraler Bedeutung sind dabei Prozesse der Schlussziehung (sog. **inferentielle Prozesse**), bei denen die wörtliche Information mit zusätzlicher, aus dem Kontext ableitbarer Information angereichert wird.

Der Kontextbegriff ist noch ein wenig verschwommen geblieben. Wenn wir vom ›Kontext‹ sprechen, verstehen wir darunter zunächst den **unmittelbaren Äußerungskontext.** Dieser wird vom Sprecher der Äußerung, dem Adressaten, dem Zeitpunkt der Äußerung, dem Ort sowie den unmittelbar gegebenen, im direkten Zusammenhang mit der Äußerung stehenden Fakten bestimmt. Darüber hinaus spielt **kontextrelevantes Wissen** eine wichtige Rolle. Hierzu gehört z.B. unser Wissensbestand über Dinge und Sachverhalte unserer physischen, sozialen und kulturellen Bezugswelt. Neben diesem **konzeptuell-enzyklopädischen Wissen** besitzen wir auch Kenntnisse über typische Situationen und Handlungsabläufe (**Skripts**). Das Beispiel des Arbeitszeugnisses zeigt zudem, dass wir auch Vorstellungen und Erwartungen hinsichtlich bestimmter Versprachlichungsformen im Rahmen von Textsorten haben. Wir würden deshalb erwarten, dass sich der Arbeitgeber bzw. Personalchef primär über die beruflichen Leistungen des Mitarbeiters auslässt und nicht über dessen Beitrag zum sozialen Leben des Unternehmens. Auf der Grundlage dieses Wissens über die inhaltliche und formale Gestaltung der Textsorte »Arbeitszeugnis« können wir entsprechende Schlüsse (**Inferenzen**) über die Aussageintention des Verfassers ziehen.

Referenz: Mit ihren Äußerungen beziehen sich Sprecher auf Personen, Gegenstände und Sachverhalte der außersprachlichen Welt. Diese Bezugnahme auf Dinge der außersprachlichen Wirklichkeit wird als ›Referenz‹ bezeichnet. Sie kann mithilfe von Wörtern, die eine konstante Bedeutung (wie etwa ›Baum‹ oder ›Tisch‹) haben, erfolgen. Sie werden als **Autosemantika** bezeichnet. Wir können aber auch Wörter verwenden, deren Bedeutung gänzlich vom Kontext abhängt – die **Deiktika.** Diese besondere Form des Referierens auf die außersprachliche Wirklichkeit wird als **Deixis** bezeichnet. Ein Beispiel für einen deiktischen Ausdruck ist das Zeitadverb *heute,* dessen Referenz vollkommen vom Äußerungskontext abhängt. Wenn jemand verspricht, heute zu kommen, dann referiert das

Adverb *heute* auf den 12.10.1880, wenn die Äußerung an diesem Tag gemacht wurde oder auf den 12.10.2012, wenn es am Tag der Niederschrift
dieses Satzes geäußert wurde.

Verschiedene Arten der Deixis lassen sich unterscheiden:

Formen der Deixis

- **Die personale Deixis** (*deixis personal*) bezieht sich auf die **Identität
  der Gesprächspartner** sowie auf **die zwischen ihnen bestehenden
  Beziehungen**. Sie wird im Spanischen durch Personalpronomina sowie durch die Verbalflexion ausgedrückt. So verweisen *yo, me, para
  mí* auf den Sprecher (*el hablante*), *tú/vos* (*te, para ti*) und *usted* auf den
  Gesprächspartner (*el interlocutor*) und *él/ella/ellos/ellas* auf Dritte, die
  nicht an dem Gespräch teilnehmen (weder Sprecher noch Gesprächspartner sind). Die Personalpronomina (wie z. B. *tu/vos* und *usted*) werden auch zum Ausdruck sozialer Nähe oder Distanz verwendet und
  betreffen die sprachliche Dimension der Höflichkeit. Levinson (1983:
  89) bezeichnet diese Erscheinungsform der Deixis auch als **Sozialdei-
  xis**, weil durch die entsprechenden sprachlichen Ausdrücke soziale
  Beziehungen gekennzeichnet werden.
- **Die temporale Deixis** (*deixis temporal*) leistet die **zeitliche Orientierung**, situiert also Ereignisse und Sachverhalte, die Gegenstand der
  sprachlichen Äußerungen sind. Der **absolute Referenzzeitpunkt** (die
  Origo) ist der Sprechzeitpunkt (*el momento de habla*), zu dem der
  Äußerungsakt (*acto de habla*) stattfindet. Die temporale Deixis kann
  durch Adverbien (*ahora, ayer*) oder adverbiale Bestimmungen (*el año
  pasado*) ausgedrückt werden. Sie spielt auch im Rahmen des Tempussystems eine wichtige Rolle (s. Kap. 7.8).
- **Die Lokaldeixis** (*deixis espacial*) betrifft die **Orientierung der Gesprächspartner im Raum**. Sie wird vor allem von den Demonstrativpronomina (*los demostrativos*) sowie den Lokaladverbien (*aquí, ahí,
  allá*) geleistet. Das System der räumlichen Deixis ist im Spanischen
  dreigliedrig strukturiert, und zwar mit den Werten **Sprechernähe**
  (*este, aquí*), **Hörernähe** (*ese, ahí*) und **Sprecher-Hörer-Distanz** (*aquel,
  allá*).
- **Text-/Diskursdeixis** (*deixis textual*): Die textinterne Deixis, also die
  Verweisbeziehungen zwischen Elementen im Text, werden im Rahmen der Textlinguistik (Kap. 9.1.1) behandelt.

8.1 | Die Sprechakttheorie

Bei der Gegenstandsbestimmung der Pragmatik ist deutlich geworden,
dass ihr Interesse an sprachlichen Äußerungen auf dem Handlungsaspekt
von Kommunikationsakten beruht. Die Überzeugung, dass Sprechen
Handeln ist und die Sprache nicht nur eine logische, semantische und
abbildende Funktion (*función representativa*) besitzt, sondern auch eine
performative Dimension, die an die illokutionäre Kraft des Sprechakts ge-
koppelt ist, geht auf den Sprachphilosophen John Austin zurück. Dieser
weitete Vorüberlegungen des späten Wittgensteins zur Vielfalt der Sprach-

verwendungen zu einer systematischen **Sprechakttheorie** aus. Sie wurde 1962 posthum unter dem Titel *How to do Things with Words* veröffentlicht.

Performative Sprechakte

Austin stellt insbesondere den Handlungsaspekt des Sprechens ins Zentrum seiner sprachphilosophischen Überlegungen. Sein Interesse richtet sich dabei auf ganz bestimmte Sprechakte (*actos de habla*), solche nämlich, die alleine dadurch, dass man sie äußert, neue Sachverhalte schaffen. Diese Sprechakte mit wirklichkeitskonstituierender Kraft werden als **performative Sprechakte** bezeichnet. Sie werden durch sog. **performative Verben** (*verbos performativos/realizativos*) vollzogen. Typische performative Verben sind *declarar, sentenciar, ofrecer, prometer, ordenar, pedir* und *rogar* (s. 1–3):

(1)   Los declaro marido y marido. (Standesbeamtin in Madrid, 2011)

(2)   Lo sentencio a doce años de cárcel. (Richter in einer Gerichtsverhandlung)

(3)   Te prometo que voy a devolver el dinero.

In den Beispielen wird durch die Äußerung jeweils der durch das Verb benannte Akt vollzogen – eine Eheschließung, eine Verurteilung und ein Versprechen. Allerdings genügt es nicht, dass hier die performativen Verben auftreten. Typischerweise müssen sie in der 1. Person Singular sowie im Präsens verwendet werden, sonst besitzen sie keine performative Wirkung. Auch müssen die Sprechakte eine Reihe institutioneller, sozialer und sonstiger Voraussetzungen erfüllen, die sich aus ihrem gesellschaftlichen bzw. institutionellen sowie stark konventionalisierten Charakter ergeben. Nur ein Standesbeamter kann eine Zivilehe schließen, nur ein Richter nach dem Durchlaufen eines ordnungsgemäßen Prozedere ein rechtskräftiges Urteil fällen. Auch sind dazu Orte, bestimmte Personenkonstellationen und rechtliche Regelungen erforderlich. Performative Sprechakte kann man dadurch identifizieren, dass man ihren performativen Charakter durch das Adverb ›hiermit‹ herausgestellt. Alle Sprechakte, die keinen Handlungscharakter haben, werden von Austin als **konstative Sprechakte** (*actos constatativos*) bezeichnet.

Charakterisierung von Sprechakten

Der amerikanische Philosoph John R. Searle (*1932) baute Austins Ansatz in verschiedenen Beiträgen, unter anderem der Schrift *Speech Acts* von 1969, zu einer umfassenden **pragmatischen Sprachtheorie** aus. Seine Charakterisierung von Sprechakten erweiterte die ursprünglichen Überlegungen Austins. So geht Searle davon aus, dass sich Sprechakte (*actos de habla*) aus vier Teilakten zusammensetzen:

1. **Der lokutionäre Akt** (*acto locutivo/locucionario*) entspricht dem eigentlichen Äußerungsakt, also der Artikulation sprachlicher Einheiten nach den grammatischen Regeln des Sprachsystems.

2. **Der propositionale Akt** (*acto proposicional*) verbindet das Referieren (*referir*), die Bezugnahme auf Objekte der außersprachlichen Wirklichkeit und das Prädizieren (*predicar*), d.h. die Zuschreibung von Eigenschaften. Die Proposition ist der logisch-semantische Gehalt, den ein Satz ausdrückt und entspricht einem bestimmten Sachverhaltstyp.

3. **Der illokutionäre Akt** (*acto ilocutivo/ilocucionario*) entspricht dem Sprechakttyp, den der Sprecher vollziehen möchte bzw. mit seinem Sprechakt vollzieht, z.B. eine Frage stellen, eine Feststellung treffen, einen Vorschlag unterbreiten. Illokutionäre Akte lassen sich nach Searle anhand von sog. **illokutionären Indikatoren** identifizieren. Solche illokutionären Indikatoren sind die schon erwähnten performativen Verben, die Satztypen (bzw. die **Satzmodi** wie Frage-, Aufforderungs-, und Aussagesatz), der Verbmodus, Modalverben und Satzadverbien (die letzten drei sind typische Realisierungsformen der Kategorie Modalität, s. Kap. 7.7.2) sowie die Intonation.

4. **Der perlokutionäre Akt** (*acto perlocutivo/perlocucionario*) wird mit der Wirkung bzw. Konsequenz gleichgesetzt, die ein Sprechakt hat. Beispielsweise kann ein Sprechakt einschüchtern, überzeugen, umstimmen oder auch beleidigen. Der perlokutionäre Akt hängt nicht vom Sprecher, sondern vom Adressaten ab.

Searle hat Austins traditionelle Einteilung in **konstative** und **performative Sprechakte** durch eine umfassendere Sprechakttypologie überwunden. So hat er in seinem Beitrag *A Taxonomy of Illocutionary Acts* (1975) eine differenzierte Klassifikation der illokutionären Akte vorgelegt, die auf zehn Kriterien beruht.

Drei Kriterien sind für die Charakterisierung der identifizierten fünf Sprechakttypen besonders zentral:

- **die Intention des Sprechers**, die dem Sprechakt zugrunde liegt;
- **die Ausrichtung von Welt und Wort** (*dirección de ajuste entre las palabras y el mundo*), d.h. die Frage, ob ein Sprechakt den Weltverhältnissen entspricht, diese also repräsentiert (Wort-auf-Welt-Ausrichtung) oder ob er auf die Weltverhältnisse einwirken möchte, also einen veränderten Zustand anstrebt (Welt-auf-Wort-Ausrichtung);
- **der psychologische Zustand des Sprechers** (*estado psicológico*), sein innerer Einstellungszustand.

Fünf Sprechakttypen kristallisieren sich auf dieser Grundlage heraus:

1. **Assertive** (*asertivos/representativos*): Der Sprecher legt sich darauf fest, dass die Proposition, die durch die Äußerung ausgedrückt wird, wahr ist. Die Wörter sind auf die Welt ausgerichtet (**Wort-auf-Welt-Ausrichtung**) und der Einstellungszustand des Sprechers kann als Glaube (an die Richtigkeit des propositionalen Gehalts des Sprechakts) charakterisiert werden. Zu den typischen assertiven Sprechakten gehören das Behaupten sowie das Feststellen. Spanische Verben: *aseverar, afirmar, describir, opinar, explicar*.

2. **Direktive** (*directivos*): Der Sprecher möchte den Adressaten dazu bringen, etwas zu tun (**Welt-auf-Wort-Ausrichtung**). Der psychische Zustand ist der des Wollens bzw. Wünschens. Direktive Sprechakte sind:
   Bitten, Befehlen, Auffordern, Erbitten, Fordern und Fragen. Spanische
   Verben: *pedir, mandar, ordenar, suplicar, rogar.*
3. **Kommissive** (*conmisivos*): Der Sprecher legt sich auf ein bestimmtes
   Verhalten fest (**Welt-auf-Wort-Ausrichtung**). Psychischer Zustand:
   Absicht. Typische Sprechakte: Versprechen, Drohung, Anbieten. Spanische Verben: *prometer, comprometerse, jurar, amenazar.*
4. **Expressive** (*expresivos*): Der Sprecher äußert einen inneren Zustand.
   Der psychische Zustand ist variabel. Beispiele: Danken, Sich-Entschul-
   digen, Beileid-Aussprechen und Gratulieren sind typische Expressive.
   Spanische Verben: *felicitar, disculparse, agradecer, dar el pésame, dar la
   bienvenida, despedirse, saludar.*
5. **Deklarationen** (*declaraciones*): Der Sprecher erreicht mit dem erfolgreichen Vollzug einer Deklaration, dass die ausgedrückte Proposition der
   Welt entspricht. Bei den Deklarationen besteht sowohl eine **Wort-auf-
   Welt**- als auch eine **Welt-auf-Wort-Ausrichtung**. Es handelt sich um die
   typischen performativen Sprechakte Austins, bei denen die Äußerung
   des Sprechakts mit dem Vollzug der Handlung zusammenfällt, sofern
   dieser erfolgreich ist. Es wird kein psychischer Zustand zum Ausdruck
   gebracht. Beispiele sind die bekannten Sprechakte wie Taufen, Kündi-
   gen, Den-Krieg-Erklären, Verheiraten etc. Spanische Verben: *bendecir,
   excomulgar, casar, declarar* (*la guerra*), *despedir* (*del trabajo*), *arrestar,
   sentenciar, condenar.*

Ein besonderes Anliegen Searles ist es, das implizite Wissen, das Sprecher
über die angemessene Realisierung von illokutionären Akten besitzen,
explizit zu machen, also die **pragmatische Kompetenz der Sprecher** systematisch zu beschreiben. Dazu hat er für unterschiedliche illokutionäre
Akte jeweils ein umfassendes Inventar an notwendigen Voraussetzungen,
den sog. **Glückensbedingungen** (auch **Gelingensbedingungen**), erarbeitet. Zum Beispiel sollte ein Versprechen sich auf die Zukunft beziehen und
im Interesse des Hörers sein. Der Sprecher sollte sich zudem (idealerweise) auf die Realisierung des Versprechens verpflichten.

Theorie der indirekten Sprechakte

Schließlich hat Searle auch eine Theorie der indirekten Sprechakte entwickelt und damit den Beschreibungsradius der Sprechakttheorie noch
deutlich erweitert. Ein indirekter Sprechakt (*acto de habla indirecto*) ist
ein Sprechakt, dessen gemeinte Illokution eine andere ist als die wörtlich
ausgedrückte (vgl. Meibauer 2001: 102). Wir alle kennen typische Beispiele aus unserer alltäglichen Kommunikationspraxis: Wenn wir jemanden auffordern wollen, die Tür zu schließen, formulieren wir dies häufig
in Form einer Frage: »Könntest Du bitte die Tür zumachen?« Die gemeinte
Illokution, also die Aufforderung, wird auch als **primäre Illokution** be-

zeichnet, die tatsächlich ausgedrückte, die Frage, als **sekundäre**. Searle ist hier wiederum daran interessiert, den Schlussfolgerungsprozess, den der Hörer auf der Grundlage von **Prinzipien konversationaler Kooperation** und sprechakttheoretischem Wissen leisten muss, um zur tatsächlich gemeinten Illokution zu gelangen, genau zu erfassen. Wiederum geht es Searle also um die Rekonstruktion der pragmatischen Kompetenz des Sprechers. Bleibt noch zu erwähnen, dass es auch **konventionale indirekte Sprechakte** gibt, die sich im Sprachgebrauch habitualisiert haben wie die als Frage realisierte Aufforderung *¿Me podrías pasar la sal, por favor?*

8.2 | Kooperationsprinzip und die Konversations- maximen

Der englische Philosoph H. Paul Grice (1913–1988) hat eine **Kommunikationstheorie** (unter anderem in seiner 1967 an der Harvard-University gehaltenen und berühmt gewordenen Vorlesung *Logic and Conversation*) entwickelt, welche die zentrale Fragestellung klären soll, warum Gesprächspartner in der Lage sind, im Rahmen einer Konversation aus dem wörtlich Gesagten das Gemeinte abzuleiten. Seine Kommunikationstheorie geht von der Prämisse aus, dass Kommunikation eine Form von zielgerichtetem, kooperativem und rationalem Handeln ist, bei dem die Beteiligten gewissen rationalen Prinzipien und Maximen folgen. Grice formuliert eine übergeordnete Supermaxime, das **Kooperationsprinzip** sowie vier spezielle Maximen, und zwar der Qualität, der Quantität, der Relation (auch Relevanz) und der Modalität.

Das **Kooperationsprinzip** (*principio de cooperación*) formuliert Grice folgendermaßen:

»Mache deinen Beitrag zur Konversation genau so, wie es der Punkt der Konversation, an dem er erfolgt, erfordert, wobei das, was erforderlich ist, bestimmt ist durch den Zweck oder die Richtung des Gesprächs, in dem du dich befindest.« (Grice 1989. Übersetzung nach Meibauer 2001: 25).

Dieses sehr allgemeine Prinzip legt den Gesprächspartnern nahe, in einer Weise zusammenzuwirken, die auf die gemeinschaftliche Realisierung des Gesprächszwecks gerichtet ist, und zwar in einer für jede Gesprächsetappe angemessenen Form.

Vier speziellere Konversationsmaximen werden diesem Grundprinzip an die Seite gestellt:

Maxime der Quantität (*máxima de cantidad*):

- Mache deinen Beitrag so informativ wie erforderlich! (*Proporcione tanta información como sea requerida*)
- Mache deinen Beitrag nicht informativer als erforderlich! (*No proporcione más información de la que sea requerida*)

Maxime der Qualität (*máxima de calidad*): Die Maxime der Wahrhaftigkeit; Obermaxime: Versuche einen wahren Gesprächsbeitrag zu machen!

- Sage nichts, was du für falsch hältst! (*Trate de que su contribución sea verdadera, no afirme lo que crea falso*)
- Sage nichts, wofür du keine adäquate Evidenz hast! (*No afirme algo de lo que no tenga pruebas*)

Maxime der Relation (*máxima de relación*): Sei relevant! (*Sea pertinente*)
Maxime der Modalität (*máxima de modalidad*): Obermaxime: Drücke dich deutlich aus! (*Sea claro*)

- Vermeide dunkle Ausdrücke! (*Evite la oscuridad*)
- Vermeide mehrdeutige Ausdrücke! (*Evite las ambigüedades*)
- Fasse dich kurz! (Vermeide unnötige Weitschweifigkeit!) (*Sea breve*)
- Gehe geordnet vor! (*Sea ordenado*)

Die Maximen, die keine präskriptiven Normen sein wollen, sondern **Regeln** bzw. **Prinzipien rationalen Handelns**, betreffen die grundlegenden Dimensionen von Redebeiträgen der an der Kommunikation beteiligten Gesprächspartner. Diese Redebeiträge erfüllen bestimmte qualitative und quantitative inhaltliche Anforderungen und sind sowohl thematisch wie in der sprachlichen Gestaltung angemessen. Der Witz der Maximen besteht allerdings weniger darin, dass sie das Verhalten rationaler Sprecher charakterisieren, als vielmehr darin, dass sie die Grundlage für Schlussprozesse sind, die die Gesprächspartner von dem, was wörtlich gesagt wurde, zu dem, was tatsächlich gemeint ist, also dem kommunikativen Sinn, führen. Entscheidend für diesen Prozess ist entweder die Anwendung des Kooperationsprinzips und der Konversationsmaximen oder ihre bewusste Verletzung (*violación de las máximas conversacionales*). Machen wir zwei Beispiele:

(4)   Pedro: Wie spät ist es?
       Susana: Draußen ist es schon dunkel.

(5)   Pedro: Wie findest Du meine neue Frisur?
       Susana: Mensch, Du hast ja tolle Schuhe!

In (4) enthält die wörtliche Bedeutung von Susanas Äußerung die Information, dass es draußen schon dunkel ist. Geht Pedro davon aus, dass Susana dem Kooperationsprinzip gefolgt ist und sich zudem von der Maxime der Qualität (Versuche, einen wahren Gesprächsbeitrag zu machen!) hat leiten lassen, dann kann er den Schluss ziehen, dass Susana selber nicht so genau weiß, wie spät es ist, aber doch so gut es geht, kooperieren möchte. In (5) verletzt Susana die Maxime der Relation, denn sie äußert sich nicht zu dem Thema, das Pedro vorgegeben hat. Pedro kann aus dieser Verletzung der Relevanzmaxime den Schluss ziehen, dass Susana seine Frisur nicht so gelungen findet, dass sie ihm das direkt sagen könnte. In beiden Fällen kommt also zu der wörtlichen Bedeutung (dem propositionalen Gehalt der Äußerung) noch eine zusätzliche Bedeutung hinzu. Diese zusätzliche Bedeutung lässt sich anhand des Kontexts der Äußerung erschließen und wird deshalb **konversationelle Implikatur** (*implicatura conversacional*) genannt.

Kooperationsprinzip
und die Konversa-
tionsmaximen

Konversationelle Implikaturen

Konversationelle Implikaturen sind **pragmatische Inferenzen**, Schlussfolgerungen, die sich lediglich aus dem Kontext ableiten lassen. Die Grundlage für solche Inferenzprozesse sind nach Grice das Kooperationsprinzip bzw. die Konversationsmaximen. Konversationelle Implikaturen können ausgelöst werden durch die Beachtung oder die Verletzung dieser Maximen, wie unsere beiden Beispiele gezeigt haben. In der Sprache verfügen wir übrigens mit den sog. **Heckenausdrücken** (*cercas semánticas*) über sprachliche Elemente, die dazu dienen sollen, die Verletzung von Konversationsmaximen zu moderieren, z. B. *que yo sepa* (Maxime der Qualität), *no puedo decir más* (Maxime der Qualität), *no quiero cambiar de tema, pero* Relevanzmaxime), *no sé si me explico bien* (Modalität).

Konversationelle Implikaturen zeichnen sich dadurch aus, dass sie **annullierbar** (*cancelable*) sind, d. h. problemlos aufgehoben werden können, wenn der entsprechende Kontext erweitert wird. Zum Beispiel könnte die naheliegende Implikatur in dem Beispielkontext (2) annulliert werden durch den Nachsatz – *aber Deine Frisur toppt alles.* – Grice unterscheidet:

Partikularisierte
vs. generalisierte
konversationelle
Implikatur

- **Partikularisierte konversationelle Implikaturen** (*implicaturas conversacionales particularizadas*) hängen von den spezifischen Kontexten ab, in denen die zugrundeliegende Äußerung getan wurde – sie sind also gewissermaßen singulärer Natur.
- **Generalisierte konversationelle Implikaturen** (*implicaturas conversacionales generalizadas*) erwachsen hingegen aus der üblichen Interpretation von sprachlichen Ausdrücken in Normalkontexten und sind auf bestimmte allgemeine Interpretationsprinzipien oder heuristische Regeln, die die Sprecher verinnerlicht haben, zurückzuführen. Zum Beispiel spielen Standardannahmen über Dinge und Sachverhalte eine wichtige Rolle für unsere Schlussfolgerungen. So gehen wir z. B. davon aus, dass sich Dinge in der üblichen bzw. bekannten Weise verhalten, wenn wir nichts Besonderes darüber aussagen. Umgekehrt vermuten wir, dass ein besonderer Fall vorliegt, wenn von Dingen in einer Weise gesprochen wird, die unüblich ist (s. 6):

(6)   Pedro brachte das Fahrrad doch noch zum Halten.

Der Satz **implikatiert** (Symbol: +>), dass Pedro das Fahrrad nicht oder nicht ausschließlich durch die Betätigung seiner Bremsen zum Halten gebracht hat. Der sprachliche Ausdruck ›zum Halten bringen‹ wurde offenbar vom Sprecher gewählt, um deutlich zu machen, dass es sich in dem Fall nicht um die übliche Bremsprozedur handelte. Wie jede Implikatur ist auch diese aufhebbar. Der Sprecher könnte hinzufügen ›Pedro brachte das Fahrrad doch noch zum Halten – dank seiner guten Bremse‹.

Die Implikaturen beruhen auf **pragmatischen Inferenzen**, sind also stets kontextbezogen bzw. kontextabhängig. Eine wichtige Rolle bei der Generierung von Informationen spielen aber auch semantische Inferenzen. **Semantische Inferenzen**, die auch als semantische Implikationen bezeichnet werden, betreffen die **Wahrheitsbedingungen von Sätzen** und beruhen ausschließlich auf der Bedeutung der die Äußerung konstituierenden Ausdrücke. Die semantischen Inferenzen, für die sich auch die englische Bezeichnung **entailment** eingebürgert hat, ergeben sich aus der Bedeutungsstruktur der Wörter sowie aus ihren semantischen Relationen zueinander.

(7)   Susana hat den Einkaufswagen geschoben. $\models$ Susana hat den Einkaufswagen berührt.

(8)   Susana hat Pedro eine Rose geschenkt.

Aus Sätzen wie (7) und (8) können wir ableiten (*entailment*-Symbol: $\models$), dass Susana mit dem Einkaufswagen in physischem Kontakt stand und dass sie eine Blume verschenkt hat. Die semantische Implikation in (7) beruht auf den semantischen Merkmalen des Verbs schieben – ›schieben‹ beinhaltet das semantische Merkmal des ›physischen Kontakts‹. In (8) ist der Schluss vom Unter- auf den Oberbegriff dank der zwischen den Lexemen bestehenden **Hyperonymierelation** möglich.

Einen breiten Raum in der pragmatischen Forschung nimmt das Phänomen der **Präsupposition** ein. Es haben sich allerdings in der Forschung zwei Präsuppositionsbegriffe herausgebildet, von denen der eine eher **semantisch** und der andere deutlich **pragmalinguistisch** ausgerichtet ist.

Das semantische Präsuppositionsverständnis

Die Aussage, die in einem Satz getroffen wird, besteht aus der **Assertion** und der **Präsupposition**. Die Assertion als der Teil des Satzes, der eine Behauptung aufstellt, ist wahrheitswertfähig, d. h. er kann als wahr oder falsch beurteilt werden. Der Behauptungsteil des Satzes ist damit Teil des Aushandlungsprozesses zwischen Gesprächspartnern, über das, was wahr ist, also den Tatsachen entspricht bzw. was nicht der Fall ist. Der Gesprächspartner kann den assertierten Teil einer Aussage z. B. stets bestreiten (s. 9):

(9)   A: Peter hat gestern den ganzen Tag gearbeitet.
        B: Das ist Blödsinn. Peter hat gestern den ganzen Tag vor dem Fernseher gehangen.

Die Präsupposition ist nun der Teil der Aussage, der als wahr vorausgesetzt wird und deshalb nicht mehr Gegenstand des Gesprächs – verstanden als Aushandlungsprozess – ist. Wenn Präsuppositionen aber als wahr vorausgesetztes Wissen enthalten, so kann ihr Wahrheitsgehalt auch nicht davon berührt werden, dass der assertierte Teil des Satzes verneint oder in Frage gestellt wird (s. 10):

(10)   Alle freuen sich, dass Susana und Pedro heiraten.

Der Satz präsupponiert (Symbol: $\gg$), dass Susana und Pedro heiraten – dieser Teil der Satzinformation steht gar nicht zur Debatte, sondern wird vorausgesetzt. Der assertierte Teil des Satzes, dass sich nämlich alle freuen, kann aber bestritten (durch Negation) oder in Frage gestellt werden wie in:

Kooperationsprinzip
und die Konversa-
tionsmaximen

(11) Stimmt doch gar nicht – Jaime freut sich nicht, dass Susana und Pedro heiraten.

(12) Freuen sich wirklich alle, dass Susana und Pedro heiraten?

Es zeigt sich also, dass die Präsupposition – dass nämlich Pedro und Susana heiraten – unter Negation und in Fragesatzkontexten unangetastet bleibt. Die Präsupposition lässt sich semantisch folgendermaßen definieren:

»Ein Satz p präsupponiert einen Satz q, genau dann wenn gilt: aus dem Satz p folgt der Satz q und aus seiner Negation (also nicht-p) folgt q.« (Meibauer 2001: 45).

Im Vordergrund des semantischen Präsuppositionsverständnisses stehen sog. **präsuppositionsauslösende Elemente**, die aufgrund ihrer Semantik dazu geeignet sind, Präsuppositionen entstehen zu lassen. Die Forschung (Levinson 1983; 1994; Yule 1996) hat auf der Grundlage solcher präsuppositionsauslösenden Elemente verschiedene Präsuppositionstypen identifiziert und Vorschläge für eine Klassifikation gemacht. Einige grundlegende Präsuppositionstypen sind die

Verschiedene
Arten von
Präsuppositionen

1. **Existenzpräsupposition:** Sie setzt die Existenz der Person oder des Gegenstandes voraus, über den eine Aussage getroffen wird (der Gegenstand der Assertion ist). Typische Auslöser der Existenzpräsupposition sind der bestimmte Artikel, Quantitätsangaben oder partielle Fragesatz-Konstruktionen (wh-Fragen), z. B. *Wer hat das Auto aufgebrochen?* >> *Jemand hat das Auto aufgebrochen. Der spanische König hat seinen Staatsbesuch in Mexico beendet.* >> *Spanien hat einen König.*

2. **Faktive Präsuppositionen** erwachsen aus faktiven Verben wie *wissen, bereuen, sich freuen, glücklich sein, dass, traurig sein, dass* etc.: *Susana ist froh, dass Pedro sein Auto verkauft hat.* >> *Pedro hat sein Auto verkauft.*

3. **Lexikalische Präsuppositionen**, die sich aus der Semantik bestimmter lexikalischer Ausdrücke ergeben. Dies können Verben sein, die einer speziellen Verbklasse angehören oder bestimmte Typen von Adverbien. Besonders charakteristisch ist die Klasse der **implikativen Verben** (schaffen, vergessen) sowie der **Aspektverben** (aufhören, beginnen), aber auch **Gradpartikeln** wie *nur, auch* und *sogar. Susana hat aufgehört, Pedro zu kritisieren.* >> *Susana hat Pedro (eine zeitlang) kritisiert.*

4. **Strukturelle Präsuppositionen** erwachsen aus bestimmten syntaktischen Konstruktionen. **Spaltsatzkonstruktionen** und **deskriptive Relativsätze** sind solche Beispiele: *Es war Jaime, der nicht gekommen ist.* >> *Jemand ist nicht gekommen.*

5. **Kontrafaktische Präsuppositionen** sind an den **irrealen Bedingungssatz** gebunden. Ein irrealer Bedingungssatz zeichnet sich dadurch aus, dass der Vordersatz (die **Protasis**) des Bedingungssatzes in der Realität gerade nicht zutrifft, also immer falsch ist, z. B. *Wenn Pedro Susana nicht kennen würde, hätte er sie nicht geheiratet.* >> *Pedro kennt Susana.*

Abgrenzung zur Implikation und Implikatur: Präsuppositionen unterscheiden sich klar von den semantischen Implikationen, die nicht unter

Negation oder in Fragesätzen erhalten bleiben: *Susana hat Pedro keine Rose gekauft* impliziert nicht automatisch, dass Susana Pedro keine Blume gekauft hat – sie kann z. B. ein Veilchen gekauft haben.

Die Abgrenzung der Präsupposition zur **Implikatur** ist ein wenig problematischer: Wenn Präsuppositionen letztlich semantisch bedingt sind, können sie – im Gegensatz zu den Implikaturen – nicht annulliert werden. Es sind in der Forschung aber Fälle diskutiert worden, in denen es doch möglich ist, Präsuppositionen aufzuheben, z. B.:

(13) Pedro braucht wenigstens nicht zu bereuen, durch das Examen gefallen zu sein. Er hat es nämlich klugerweise gleich auf das nächste Semester verschoben.

Wir können solche Fälle im Rahmen der Einführung nicht ausführlicher diskutieren. Wenn sich solche Beispiele nicht aus der Semantik der beteiligten Ausdrücke ableiten lassen, so spielen **Kontextfaktoren** doch eine Rolle, und die Präsupposition müsste als pragmatisches Phänomen diskutiert werden. Dann müssten aber auch die Grenzen zur Implikatur neu gezogen werden.

Von vorneherein pragmatisch orientiert ist ein Präsuppositionsverständnis, das den informationellen Status von Äußerungen im Rahmen der kommunikativen Interaktion zwischen den Gesprächspartnern in den Vordergrund stellt. Danach ist eine **pragmatische Präsupposition** die Annahme eines Gesprächspartners, dass die seiner Äußerung zugrunde liegende Proposition zum etablierten, d. h. allgemein anerkannten Wissensbestand der Gesprächspartner, gehört. Ein solcher allgemein akzeptierter gemeinsamer Wissensbestand wird auch als **gemeinsamer Redehintergrund** (*common ground*) bezeichnet. Dieser setzt sich aus Propositionen zusammen, die nicht mehr Gegenstand des kommunikativen Aushandlungsprozesses sind. Die Gesprächspartner können also von diesem gemeinsamen Hintergrund ausgehen, wenn sie sich über neue Sachverhalte verständigen, wobei am Ende dieses Verständigungsprozesses die Aufnahme (oder Nicht-Aufnahme) neuer Propositionen in den Redehintergrund steht. Ein solches Präsuppositionsverständnis eignet sich auch für die Beschreibung der Informationsstruktur von Sätzen. Der präsuppositionale Teil entspricht dann der vorausgesetzten Satzinformation und der assertive Teil der neu eingeführten Satzinformation.

8.3 | Die Relevanztheorie

Konkurrierend zum Grice'schen Ansatz entwickelten Sperber/Wilson (1986) die sog. Relevanztheorie. Die Relevanztheorie versucht auf die Frage, wie die Sprecher aus der wörtlichen Bedeutung, den kommunikativen Sinn ableiten, eine neue, kognitionstheoretisch fundierte Antwort zu geben. Anders als Grice gehen Sperber/Wilson nicht von einem gesellschaftlich begründeten Handlungsprinzip, dem Kooperationsprinzip aus, sondern von einem allgemeinen, kognitiv verankerten, Prinzip der Informationsverarbeitung. Danach besitzen Menschen die – letztlich evo-

lutionär begründete – allgemeine kognitive Fähigkeit, relevante Reize aus
der Umwelt herauszufiltern und hieraus ein Maximum an Relevanz zu
erzeugen. Das **kognitive Relevanzprinzip** (*principio cognitivo de relevancia*) ist folglich das treibende Prinzip der Inferenzziehungsprozesse und
damit der Erzeugung von Sinn. Im Hinblick auf die menschliche Kommunikation formulieren Sperber/Wilson (1986: 158) das kommunikative
Relevanzprinzip, wonach gilt:

»**Principle of Relevance:** Every act of ostensive communication communicates the
presumption of its own relevance. (Principio Comunicativo de Relevancia: Todo
estímulo ostensivo conlleva una presunción de su relevancia óptima propia.«

Dieses Prinzip ist so zu verstehen, dass jede Äußerung als ein sichtba-
res (›ostensives‹) Signal von Seiten des Sprechers zu verstehen ist, etwas
Relevantes mitzuteilen zu haben. Relevanz bestimmen Sperber/Wilson
als eine Funktion des **Verarbeitungsaufwandes** (*processing effort*) und
dem **positiven kognitiven Effekt** (*positive cognitive effect*). Die menschliche Kognition arbeitet nun so, dass sie versucht, mit einem Minimum an
Verarbeitungsaufwand ein Maximum an kognitiven Effekten zu erzielen.
Eine maximal relevante Äußerung vermittelt eine größtmögliche Menge
an Information bei kleinstmöglichem Verarbeitungsaufwand. Diese Relation lässt sich gut an folgenden drei Beispielsätzen illustrieren:

(14)   Susana und Pedro wohnen in einer großen Wohnung.

(15)   Susana und Pedro wohnen in einer 2^6 m^2 großen Wohnung.

(16)   Susana und Pedro wohnen in einer zwischen 60 und 70 m^2 großen Wohnung.

Die erste Äußerung ist einfach zu verarbeiten, aber auch nicht besonders
informativ (zumindest im Vergleich zu den beiden anderen Äußerungen).
Die zweite Äußerung ist zwar maximal informativ, verlangt aber einen
viel zu hohen Verarbeitungsaufwand (wer beherrscht schon die Potenz-
rechnung?) Die dritte Äußerung ist optimal im Hinblick auf das Verhältnis
von Information und benötigtem Verarbeitungsaufwand.

Für den Interpretationsprozess sind nach Sperber/Wilson verschiedene
Schlussprozesse (Inferenzziehungsprozesse) von Relevanz, und zwar:
1. **Die Explikatur** besteht in der möglichst vollständigen Rekonstruktion
   der Gesamtproposition, die der Sprecher ausdrücken wollte. Die Äußerungen, mittels derer die Sprecher Propositionen ausdrücken, sind
   vielfach unterspezifisch, d. h. sie sind nicht explizit genug und müssen
   deshalb mithilfe von Schlussprozessen angereichert werden. Ein Beispiel: *Er hat vergessen, zur Bank zu gehen.* Um zur Explikatur zu gelangen, muss der Hörer zum einen die Person identifizieren, auf die durch
   das Pronomen »er« referiert wird; zum anderen muss er das homonyme
   Wort »Bank« disambiguieren. Die Explikatur wäre in diesem Fall: *Pedro
   hat vergessen, sich zu einem Geldinstitut zu begeben.*
2. **Die Implikaturen** einer Äußerung werden auf der Grundlage der Explikatur, kontextueller Annahmen und dem Relevanzprinzip ermittelt.

Die Implikaturen, die in Form zusätzlicher Propositionen explizit gemacht werden können, gehören nach Sperber/Wilson zum Kontext. Sie können nach dem Grad ihrer Stärke unterschieden werden.

8.4 | Konversationsanalyse

Seit den 1970er Jahren erfreut sich die Konversationsanalyse gleichermaßen in der Pragmatik wie in der Textlinguistik großer Beliebtheit. Ziel der Konversationsanalyse ist es, die **alltägliche mündliche Kommunikation** im Hinblick auf ihre Struktur, die Interaktionsregeln der Gesprächspartner sowie die Besonderheiten der sprachlichen Gestaltung zu untersuchen. Empirische Grundlage der Konversationsanalyse bilden authentische Gespräche in unterschiedlichen Alltagskontexten, die für die linguistische Beschreibung transkribiert wurden. Gespräche lassen sich zunächst hinsichtlich ihrer **Makrostruktur** charakterisieren (Moreno Fernández 1998: 166).

Folgende Sequenzabschnitte lassen sich unterscheiden:

- **Die Anbahnung** (*preparación*) dient der Kontaktaufnahme mit dem Gesprächspartner und kann mithilfe von Formeln wie ¡*oye!*, der Anrede des Adressaten (¡*Susana!*) oder auch durch Gesten (Zuwinken) erfolgen.
- **Die Gesprächseröffnung** (*apertura*) dient der Etablierung des sozialen Kontakts durch Grußformeln (*hola*) sowie konventionalisierte Standardfragen zur Lebenssituation (¿*Cómo te van las cosas?*). Sie hat vielfach auch die Funktion, das soziale Verhältnis zwischen den Gesprächspartnern im Sinne einer Symmetrie (*relaciones de solidaridad*) oder Asymmetrie (*relaciones de poder*) festzuschreiben.
- **Die thematische Hinführung** (*orientación*) kann in unterschiedlicher Weise erfolgen, etwa als **Frage** (¿*Qué te parece el nuevo gobierno?*), als **Bitte** (*dime lo que opinas de lo que ha pasado*) oder auch in Form eines **Kommentars** (*El nuevo presidente no me cae bien*).
- **Die Behandlung des thematischen Schwerpunktes** (*objeto de la conversación*) stellt den Kern der kommunikativen Interaktion dar und wird naturgemäß durch das Thema bzw. die Themen der Konversation bestimmt. Die thematische Entfaltung mündet in ein **Gesprächsergebnis** (*conclusión*) ein.
- **Der Abschluss des Gesprächs** (*terminación*) gliedert sich in eine **Vorbereitungsphase** (*preparación de la despedida* wie *nos vemos esta tarde*) und dem eigentlichen **Abschluss der kommunikativen Interaktion**.
- **Begrüßungs- und Verabschiedungssequenzen** werden durch sprachliche Routinen, also formelhafte Wendungen wie *hasta luego* oder *adiós*, realisiert. Diese verleihen der Interaktion zwischen den Gesprächspartnern einen stark ritualisierten Charakter. Die Sozialpsychologie (Goffmann 1991) spricht deshalb auch im Zusammenhang mit der Kontaktaufnahme zwischen Sprechern von **Interaktionsritualen** (*rituales de acceso*).

Sequenz-
abschnitte

Die Makrostruktur von Konversationen erwächst vielfach aus der Struktur des Interaktionstyps, sie kann sich aber auch aus stark konventionalisierten Gesprächsmustern ergeben. Eine wichtige Rolle für die kommunikative Interaktion sind **Paarsequenzen** (*pares de adyacencia, turnos emparejados*). Solche zweigliedrigen Sequenzen mit Sprecherwechsel sind charakteristisch für Interaktionstypen wie **Frage-und-Antwort** (*pregunta-respuesta*), **Dank-und-Abschwächung** (*agradcimiento-minimización*), **Ruf-und-Antwort** (*llamada-respuesta*), **Angebot-Annahme/Ablehnung** (*ofrecimiento-aceptación/rechazo*), **Vorwurf- Rechtfertigung** (*recriminación-justificación*).

Mikrostruktur: Auf der Ebene der Mikrostruktur ist die Abfolge der Redebeiträge (*turn, turno*) der Gesprächspartner relevant. Dabei liegt das Augenmerk der Untersuchung besonders auf den Übergangszonen (*zona de transición*) zwischen Redebeiträgen bzw. den übergaberelevanten Passagen. Hier spielen sprachliche Kennzeichnungsverfahren lexikalischer oder intonatorischer Natur eine wichtige Rolle, vor allem aber konventionalisierte Regeln des Sprecherwechsels: Der Sprecher kann einen Nachredner auswählen; tut er das nicht, können sich andere Sprecher selbst ins Spiel bringen; verzichten sie ihrerseits darauf, kann der Sprecher fortfahren, und das Prozedere beginnt erneut an einer anderen übergaberelevanten Passage.

Gespräche sind zumeist spontan und relativ ungeplant. Sprecher können unkonzentriert sein, sich versprechen, nicht das geeignete Wort auswählen, eine grammatische oder idiomatische Struktur nicht richtig memorieren. Aus diesem Grund spielen **Reparaturstrategien** eine wichtige Rolle in der mündlichen Interaktion. Sprecher können sich selber korrigieren (**Selbstreparaturen**) oder Gesprächspartner können Korrekturen vornehmen (**Fremdreparaturen**). Zudem unterscheiden sich Reparaturen darin, ob sie selbst- oder fremdinitiiert sind. Typische Reparatursignale wie »*äh, mm, beziehungsweise*« kennt jeder aus seiner eigenen Kommunikationspraxis.

Diskursmarker

Auf den Bereich der Textlinguistik verweisen die sog. Diskursmarker (*marcadores del discurso*). Der Terminus ›Diskursmarker‹ ist ein Oberbegriff für ganz unterschiedliche Gruppen von sprachlichen Ausdrücken, die der Organisation von Diskursen dienen (für eine vollständige Klassifikation und Charakterisierung spanischer Diskursmarker vgl. Martín Zorraquino/Portolés 1999).

- **Die Gliederungssignale** (*estructuradores de la información*): Die von Gülich (1970) eingeführte Kategorie bezeichnet eine Klasse von Diskursmarkern, die der Strukturierung bzw. der **makrostrukturellen Organisation von Diskursen** bzw. Texten dienen. Beispiele hierfür sind sprachliche Ausdrücke wie *en primer lugar, por un lado, luego, pues* etc.
- **Konnektoren** (*conectores*) verbinden semantisch und pragmatisch ein Element des Diskurses mit einem vorangehenden und steuern Infe-

renzen zwischen den miteinander verbundenen diskursiven Gliedern. Konnektoren können **additiven** (*además, encima, incluso*), **konsekuti-ven** (*por consiguiente, entonces, pues*) und **kontra-argumentativen** (*en cambio, por el contrario*) Charakter besitzen. Letztere kehren gewisser-maßen die Argumentationsrichtung um.

- **Die Reformulatoren** (*reformuladores*) dienen der **Korrektur** (*reformu-ladores de rectificación* wie *mejor dicho, más bien*), der **Präzisierung** bzw. **Erläuterung** (*reformuladores explicativos* wie *o sea, es decir*) des vorangegangenen Diskursgliedes.

- **Argumentative Operatoren** stellen den argumentativen Wert eines Diskursglieds gegenüber anderen Diskurselementen heraus (*operado-res de refuerzo argumentativo* wie *en realidad, en el fondo, de hecho*) oder signalisieren, dass das Diskursglied der Exemplifizierung oder der Generalisierung des Gesagten (*operadores de concreción* wie *por ejemplo, en particular*) dient.

Gesprächsmarker (*marcadores conversacionales*) bilden eine besondere Unterklasse, die speziell für die Organisation der dialogischen Kommuni-kation von Bedeutung sind:

- **Phatische Marker** (*marcadores fáticos*) fungieren als **Kontaktsignale** zwischen den Gesprächspartnern und zeigen das Interesse am Ge-spräch bzw. die Zugewandtheit dem Gesprächspartner gegenüber an. Sie stellen einen wichtigen Bestandteil des allgemeinen **Gesprächsma-nagements** (*gestión de la conversación*) dar, da sie den Kommunikati-onskanal offen halten. Die phatischen Marker lassen sich in Sprecher-signale (*eh, no, verdad, venga, sabes, mira, oye, fíjate*) und Hörersignale (*hm, sí, ya, vale, claro, verdad, no me digas*) einteilen.

- **Turn-taking-Signale** (*marcadores de turno de palabra*) wie *mire usted, eh* kennzeichnen übergaberelevante Passagen und organisieren den Übergang des Turns auf den Gesprächspartner.

- **Modalpartikeln** drücken die Einstellung der Gesprächspartner zum propositionalen Gehalt der Äußerung aus. Gemäß der Grobeinteilung von Modalität in epistemische und deontische Modalität werden un-terschieden:

  Epistemische Modalpartikeln (*marcadores de modalidad epistémica*) drücken den Gewissheitsgrad aus, den der Sprecher hinsichtlich eines in der Äußerung behaupteten Sachverhalts besitzt. Sie können darüber hinaus **evidentiellen** Charakter besitzen, also die Wissensquelle und damit die Grundlage für die Einschätzung des Sprechers explizit ma-chen. Beispielsweise drücken die Partikeln *claro* und *sin duda alguna* aus, dass der Sprecher sich hinsichtlich der Geltung eines Sachverhal-tes ganz sicher ist. Die Partikel *por lo visto* fokussiert im Gegensatz dazu auf die Wissensgrundlage der Einschätzung, die eigene Anschau-ung, und fungiert damit als **Evidentialitätsmarker**.

(17) Claro/sin duda alguna, Pedro nos ha contado un cuento chino.

(18) Cometieron muchos errores. Por lo visto, no han comprendido el problema.

Deontische Diskurpartikeln (*marcadores de modalidad deóntica*) kennzeichnen die Bewertung eines Sachverhalts durch den Sprecher. Dabei ist das charakterisierende Adjektiv ›deontisch‹ im weiten Sinne zu verstehen, bezieht sich also auf die wertende Einstellung des Sprechers, die in irgendeiner Weise **axiologisch**, d. h. durch ein Werte- bzw. Bewertungssystem motiviert ist. Zu den typischen lexikalischen Ausdrücken dieser Klasse von Diskurspartikeln zählen *bueno, vale* oder *de acuerdo*.

(19)   Pedro todavía no está. Bueno, no importa.

8.5 | Sprachliche Höflichkeit

Ein weiteres Untersuchungsfeld der Pragmatik, das in enger Beziehung zur Konversation steht, ist das Phänomen der sprachlichen Höflichkeit. Sprachliche Höflichkeit ist eine wesentliche Grundlage für soziale Interaktionen und bestimmt deshalb auch maßgeblich die Gestaltung der einzelnen Turns im Verlauf der Konversation. Höflichkeit ist aber auch ein Motiv für indirekte Sprechakte, welche die primäre Illokution durch eine sekundäre Illokution abmildern.

Seit den 1970er Jahren sind eine Reihe von Ansätzen zur Beschreibung verbaler Höflichkeit entwickelt worden. Diese Ansätze haben vielfach ein finales Verständnis von Höflichkeit, etwa im Sinne einer **Strategie der Konfliktvermeidung** oder der **Minimierung von Spannungen** zwischen Kommunikationspartnern. Robin Lakoff knüpft bei seinem Ansatz, den er in einem Beitrag mit dem Titel *The Logic of Politeness, or Minding P's and Q's* (1973) dargestellt hat, an die Grice'schen Konversationsmaximen an, denen er drei **Höflichkeitsmaximen** beifügt. Sie lauten:

1. Don't impose (*no impongas*)
2. Give options (*da opciones*)
3. Make A (the receiver) feel good (*haz que el interloctur se sienta bien*)

Ebenfalls an Grice knüpft Geoffrey Leech (1983) an, der das Kooperations- und das Höflichkeitsprinzip auf der gleichen Relevanzstufe verortet. Höflichkeit wird dabei als **Takt** verstanden und mit **Konfliktvermeidung** gleichgesetzt.

Der *face*-Begriff: Die wohl einflussreichste Theorie zur Höflichkeit haben allerdings Brown/Levinson (1987) formuliert. Sie gründen ihren eigenen Ansatz auf den face-Begriff des Sozialpsychologen Erving Goffman (1967). Das Gesicht – *face* – eines Gesprächspartners lässt sich ganz im Sinne der antiken Tradition des persona-Begriffs als die öffentliche Repräsentation einer Person, also ihr öffentliches Image, verstehen. Jede Person hat ein negatives (*faz negativa o amenazadora*) und ein positives (*faz positiva*) Gesicht, wobei die Adjektive nicht wertend zu verstehen sind.

Ein **positives Face** ist mit aktiver **Imagearbeit** (*face-work*) verbunden. Die Arbeit am positiven Gesicht hat den Zweck, sich die Akzeptanz und

Wertschätzung der Mitglieder der sozialen Bezugsgemeinschaft zu sichern. Das **negative Gesicht** besteht darin, die eigene Unabhängigkeit und Handlungsfreiheit zu wahren und Angriffe hierauf notfalls abzuwehren. Auf dieser Basis des face-Begriffs ist positive Höflichkeit nun als das Bemühen zu verstehen, das Gesicht des anderen in der kommunikativen Interaktion zu schützen. Dies leisten **gesichtsbeschützende Akte** (*face saving acts*). Solche gesichtsbeschützenden Akte können darin bestehen, den Gesprächspartner in seinem Handeln zu bestärken, ihn zu ermutigen, sich mit ihm zu solidarisieren, besonderes Interesse zu signalisieren, Gemeinsamkeiten zu betonen, Unterschiede herunterzuspielen und Optimismus zu zeigen. Zugleich ist jede Form von **gesichtsbedrohenden Akten** (*face threatening acts*) möglichst zu vermeiden. **Negative Höflichkeit** besteht im Gegenzug darin, den Gesprächspartner so wenig wie möglich einzuengen, also seine Handlungsfreiheit und persönliche Autonomie so gering wie möglich zu tangieren. Geeignete Strategien sind hier indirekte Sprechakte, die Minimierung von Zumutungen, die Entschuldigung für gesichtsbedrohende Akte, das Ausweichen auf allgemeine und unpersönliche Adressierungsstrategien.

Das Höflichkeitsmodell von Brown/Levinson erlaubt es, eine Vielzahl von diskursiven Erscheinungen (von Anredeformen über Heckenausdrücke bis zu indirekten Sprechakttypen) zu erklären. Es ist zudem eine gute Grundlage für eine soziolinguistische Motivierung von Sprachwandel, wie er sich etwa in der Umstrukturierung des **Allokutionssystems** im Spanischen manifestiert, und eignet sich auch für die Analyse von Textsorten, die stark auf den symbolischen Wert von Allokutionsformen fokussieren, wie dies z. B. bei den Barock-Komödien des spanischen Siglo de Oro der Fall ist.

Literatur

Austin, John L. (1962): *How to do Things with Words.* Oxford: Clarendon Press.
Brown, Penelope/Levinson, Stephen C. (1987): *Politeness. Some Universals in Language Usage.* Cambridge: Cambridge University Press.
Bühler, Karl (1934, ²1965): *Sprachtheorie – Die Darstellungsfunktion der Sprache.* 2. Aufl. Stuttgart: Gustav Fischer.
Cosenza, Giovanna (Hg.) (2001): *Paul Grice's Heritage.* Turnhout: Brepols.
Escandell Vidal, María Victoria (2005): *Introducción a la pragmática.* 2. Aufl. Barcelona: Ariel.
Goffman, Erving (1967): *Interaction Ritual: Essays on Face-to-Face Behavior.* New York: Doubleday.
– (1991): *Interaktionsrituale: über Verhalten in direkter Kommunikation.* Übers. von Renate Bergsträsser und Sabine Bosse. 2. Aufl. Frankfurt a.M.: Suhrkamp.
Grice, Paul H. (1989): *Studies in the Way of Words.* Cambridge, Mass.: Harvard University Press.
Gülich, Elisabeth (1970): *Makrosyntax der Gliederungssignale im gesprochenen Französisch.* München: Fink.
Horn, Laurence R./Ward, Gregory L. (Hg.) (2004): *The Handbook of Pragmatics.* Oxford: Blackwell.
Lakoff, Robin (1973): The logic of politeness, or minding your p's and q's. In: Corum, Claudia/Smith-Stark, T. Cedric/Weiser, Ann (Hg.): *Papers from the Ninth Regional Meeting of the Chicago Linguistic Society.* Chicago: Chicago Linguistic Society, S. 292–305.
Lastra de Suárez, Yolanda (1992): *Sociolingüística para hispanoamericanos.* México: Colegio de México.

Leech, Geoffrey N. (1983): *Principles of Pragmatics*. London: Longman.

Levinson, Stephen C. (1983): *Pragmatics*. Cambridge: Cambridge University Press.

– (1990, ²1994): *Pragmatik*. Übers. von Ursula Fries. Tübingen: Niemeyer.

– (2000): *Presumptive Meanings: the Theory of Generalized Conversational Implicature*. Cambridge, Mass.: MIT Press.

Martín Zorraquino, María Antonia/Portolés Lázaro, José (1999): Los marcadores del discurso. In: Bosque Muñoz, Ignacio/Demonte Barreto, Violeta (Hg.): *Gramática descriptiva de la lengua española*. Band 3: *Entre la oración y el discurso: morfología*. Madrid: Espasa, S. 4051–4215.

Meibauer, Jörg (1999, ²2001): *Pragmatik. Eine Einführung*. Tübingen: Stauffenburg.

Moreno Fernández, Francisco (1998): *Principios de sociolingüística y sociología del lenguaje*. Barcelona: Ariel.

Portolés, José (2001): *Marcadores del discurso*. 2. Aufl. Barcelona: Ariel.

– (2004): *Pragmática para hispanistas*. Madrid: Síntesis.

Recanati, François (2004): ›What Is Said‹ and the Semantics/Pragmatics Distinction. In: Bianchi, Claudia (Hg.): *The Semantics/Pragmatics Distinction*. Standford: CSLI Publications, S. 45–64.

Searle, John R. (1971): *Sprechakte. Ein sprachphilosophischer Essay*. Aus dem Englischen von R. u. R. Wiggershaus. Frankfurt a.M.: Suhrkamp (engl. 1969).

– (1975): A taxonomy of illocutionary acts. In: Gunderson, Keith (Hg.): *Language, Mind and Knowledge*. Minneapolis: University of Minnesota Press, S. 344–369.

– (1982): *Ausdruck und Bedeutung. Untersuchungen zur Sprechakttheorie*. Übers. von Andreas Kemmerling. Frankfurt a.M.: Suhrkamp.

Silva-Corvalán, Carmen (2001): *Sociolingüística y pragmática del español*. Washington: Georgetown University Press.

Sperber, Dan/Wilson, Deirdre (1986, ²1995): *Relevance. Communication and Cognition*. Oxford: Blackwell.

Stalnaker, Robert C. (1974): Pragmatic presuppositions. In: Munitz, Milton K./Unger, Peter K. (Hg.): *Semantics and Philosophy*. New York: New York University Press, S. 197–213.

Wilson, Deirdre/Sperber, Dan (1992): On Verbal Irony. In: *Lingua* 87, S. 53–76.

Yule, George (1996): *Pragmatics*. Oxford: Oxford University Press.

9 Textlinguistik

9.1 Textualitätskriterien
9.2 Organisation der textlichen Information –
Textentwicklung
9.3 Klassifikation von Texten
9.4 Diskurstraditionen
9.5 Mündlichkeit und Schriftlichkeit: Medium
und Konzeption

Der Text, zentraler Untersuchungsgegenstand der Textlinguistik (*lingüística textual*), gehört ähnlich wie das Wort zu den grundlegenden, scheinbar intuitiv zugänglichen, Bezugsgrößen unseres sprachlichen Alltags. Der Versuch einer wissenschaftlichen Definition des Texts und der Beschreibung seiner konstitutiven Elemente erweist sich jedoch als wesentlich schwieriger und vielschichtiger. Gerne wird auf die lateinische Etymologie **textus** (von lat. *texere* ›weben, flechten‹), Gewebe, hingewiesen, die ein anschauliches, unserem intuitiven Zugang gemäßes Verständnis von einem Text entspricht. – Ein Text ist demnach eine zusammenhängende, formal begrenzte **kommunikative Einheit**, die eine wohlgefügte **interne Struktur** aufweist.

Die Überlegung, dass es sich bei einem Text um eine kommunikative Einheit handelt, lässt sich pragmatisch begründen, indem man auf die Sprechsituation, die kommunikative Intention des Sprechers und die Hörererwartung verweist. Aspekte der internen Strukturierung lassen sich als vielfältige **Vertextungsstrategien** beschreiben, die zur Schaffung einer konsistenten, satzübergreifenden und einheitlich-integrativen Struktur beitragen. Zudem sind einzelne Texte konkrete Realisierungen, sprich: Exemplare, von typisierten Vertextungsformen, den Textsorten bzw. Texttraditionen. Die hier angedeuteten Aspekte des Textbegriffs werden anhand der sog. **Textualitätskriterien** operationalisiert, die eine wissenschaftlich präzisere Beantwortung der Grundfrage ermöglichen sollen – »Was ist ein Text?«

9.1 | Textualitätskriterien

Die Bestimmung von sieben Textualitätskriterien geht auf R.-A. de Beaugrande und W.U. Dressler (1981: 3 f.) zurück. Danach zeichnen einen Text die folgenden Merkmale aus:

1. **Die Kohäsion** umfasst alle grammatischen Elemente, die dazu beitragen, satzübergreifende Verbindungen im Text zu schaffen und damit die Einheit des Textes auf struktureller Ebene zu garantieren.

Kohäsionsstiftende Mittel sind also explizite form- bzw. ausdrucksseitige sprachliche Elemente, die an der **Gestaltung eines einheitlichen Oberflächentextes** mitwirken. Solche Elemente sind pro-Formen (Pronomina), satzverknüpfende Konnektoren, aber auch die mittels der Verbalflexion ausgedrückten Kategorien Tempus und Aspekt. Letztere kennzeichnen die Relationen, die zwischen temporal geordneten Ereignissen bestehen.

2. **Kohärenz** betrifft im Gegensatz zur Kohäsion diejenigen Aspekte eines Textes, die für seine **Einheitlichkeit auf der Inhaltsebene** relevant sind. Es geht folglich um die Gesamtheit der einem Text zugrundeliegenden Sinnbeziehungen. Geht man vom Produktionsprozess aus, so richtet sich das Augenmerk auf die zentrale Frage, wie es dem Textproduzenten gelingt, Sinnkontinuität herzustellen.

3. **Intentionalität:** Mit diesem Kriterium wird die sprechakttheoretische, d. h. **pragmatische**, **Dimension** von Texten erschlossen. Texte als sprachliche Äußerungen sind Handlungen, die mit Sprecher-Intentionen verbunden sind.

4. **Akzeptabilität:** Das Kriterium bezieht den Adressaten mit ein und richtet sich auf dessen Erwartungshaltung. Es geht also um die Einstellung des Text-Rezipienten, »einen kohäsiven und kohärenten Text zu erwarten, der für ihn nützlich oder relevant ist« (Beaugrande/Dressler 1981: 9).

5. **Informativität:** Das Merkmal trägt der Vorstellung Rechnung, der Text als makro-informationelle Einheit müsse einen Informationswert besitzen bzw. – denken wir an die Überlegungen von Sperber/Wilson (s. Kap. 8.3) – tatsächlich kognitive Effekte erzeugen.

6. **Situationalität:** Texte sollen situationsangemessen sein, d. h. so gestaltet sein, dass sie für eine bestimmte Kommunikationssituation relevant sind.

7. **Intertextualität:** Texte stehen nie isoliert dar, sondern sind in Beziehung zu anderen, vorher schon produzierten Texten, zu sehen. Für die Texte, die in einem inhaltlichen Zusammenhang stehen, also im Rahmen eines gemeinsamen übergeordneten Themas aufeinander bezogen sind, hat sich der **Diskursbegriff** eingebürgert. Äußern sich z. B. mehrere Texte zur Frage der Autonomie oder Unabhängigkeit Kataloniens, so kann man von einem Autonomiediskurs sprechen.

Die Textualitätskriterien sind in der textlinguistischen Forschung kontrovers diskutiert worden. Während die Merkmale der Kohäsion und der Kohärenz allgemein akzeptiert werden, stellt sich bei anderen Kriterien die Frage, ob sie sich unter andere subsumieren lassen beziehungsweise tatsächlich elementarer Natur sind (etwa: Wieso müssen Texte situationsadäquat sein? Inwiefern ist Intertextualität nicht einfach eine Folge bestimmter thematischer Konstellationen?).

9.1.1 | Kohäsion

Wichtige sprachliche Mittel zur expliziten Kennzeichnung von Zusammenhängen zwischen Einheiten im Text wurden schon genannt: **Pro-Formen** (*pro-formas*), **satzverknüpfende Elemente**, die **Konnektoren**, die Kategorien **Tempus** und **Aspekt**.

Bei den pro-Formen handelt es sich um grundlegende diskursgrammatische Mittel, um textliche Zusammenhänge explizit zu kennzeichnen. Dabei lassen sich zwei grundlegende Verwendungsweisen von pro-Formen differenzieren: Wenn sie explizit auf Elemente des Äußerungskontexts verweisen, dann besitzen sie **deiktische Funktion** im engeren Sinne (s. Kap. 8). Man spricht bei diesem Verweis auf den situativen Kontext auch von **exophorischer Referenz**. Wird hingegen auf ein Element im Text selber hingewiesen, also auf den Kotext Bezug genommen, liegt **endophorische Referenz** vor. Bisweilen wird diese Form der Bezugnahme auch als **Textdeixis** bezeichnet.

Anaphorik bzw. – als konkretes sprachliches Element – eine **Anapher** liegt dann vor, wenn das sprachliche Element auf ein anderes Element im Text zurückverweist. Mögliche anaphorische Elemente sind Personalpronomen, Possessivpronomen, Demonstrativpronomen sowie der Identitätsausdruck *lo mismo*.

(1)   Pedro quiere a Susana.

(2)   (Él) le ha regalado un libro.

Kataphorik: Bei Vorverweisen auf noch folgende sprachliche Elemente spricht man von Kataphorik. Ein kataphorischer Ausdruck des Spanischen ist *lo siguiente*:

(3)   A mí me ocurrió lo siguiente: Hacía un sol de justicia y Susana estaba leyendo su libro ...

Eine besondere Form der Anaphorik ist die **assoziative Anapher**. Hierbei erfolgt die Wiederaufnahme eines lexikalischen Elements durch ein anderes lexikalisches Element, das in einem direkten sachlichen Bezug zu diesem steht, also ein zentrales Element des durch das erste Element gegebenen Frames ist.

(4)   Susana recibió una carta de Pedro. El sobre llevaba las letras »Te quiero«.

In diesem Fall stehen die Lexeme *carta* und *sobre* in einer **meronymischen** Beziehungen ›X ist Teil von Y‹, wobei *sobre* ein wichtiger Bestandteil des *carta*-Frames ist, ähnlich wie *sello, destinatario, remitente* oder *buzón*.

Konnektoren sind ein weiteres Mittel, um Beziehungen zwischen Sätzen explizit zu machen. Es lassen sich eine Vielzahl von Relationen durch Konjunktionen oder adverbiale Ausdrücke anzeigen, so z. B. **adversative** (*pero, sin embargo*), **kausale** (*porque, por eso*), **konzessive** (*aunque, con todo eso*), **finale** (*para que*) und **temporale** (*después, al final*) **Relationen** zwischen Sätzen.

9.1.2 | Kohärenz – Isotopie und konzeptuelle Einheiten

Ein klassischer Ansatz zur Bestimmung von Kohärenz in Texten stammt von dem französischen Linguisten Algirdas Julien Greimas (1966/71). Kohärenz, also Sinnkontinuität, ergibt sich danach aus einem **Netz von Bedeutungsrelationen**, die zwischen den Lexemen eines Textes bestehen. Die Bedeutungsrelationen zwischen den Lexemen werden von Greimas als **Isotopie** bezeichnet, das entsprechende Netz semantischer Beziehungen als **Isotopienetz**. Die zwischen den Lexemen bestehenden Bedeutungsrelationen beruhen auf der semantischen Äquivalenz, d. h. die textrelevanten Lexeme teilen sich gemeinsame semantische Merkmale (Seme). In diesem strukturell-semantisch geprägten Ansatz ist mithin die **Semrekurrenz**, das wiederholte Auftreten bestimmter gemeinsamer Seme, wesentliches Bestimmungskriterium für die Kohärenzbeziehungen in einem Text. **Äquivalenzbeziehungen** umfassen alle bekannten semantischen Relationen: Die einfache Wiederholung eines Lexems, die Wiederaufnahme eines Lexems durch Synonyme oder Hyperonymie, Relationen wie die Antonymie, Meronymie und Metonymie.

Neuere kognitionslinguistische Ansätze charakterisieren hingegen Kohärenzbeziehungen anhand von **konzeptuellen Relationen** bzw. grundlegenden Konzepteinheiten, die für die mentale Organisation unseres Wissens- bzw. Kenntnissystems relevant sind. Die Konzepte sind die Grundbausteine unseres Wissenssystems (s. Kap. 7.3). Konzepte stehen dabei nicht isoliert, sondern werden zusammen mit anderen Konzepten abgespeichert (Klix 1984). So bestehen unterschiedliche Relationen zwischen Konzepten, z. B. das Verhältnis von **Unter-, Über-** und **Gleichordnung** (Rabe – Vogel – Adler), **Kontrast-** (groß – klein) und **Eigenschaftsbeziehungen** (Zitronen – gelb) usw. Auch **Rollenbeziehungen** zwischen Konzepten haben für die Organisation unseres Wissens eine wichtige Bedeutung wie etwa die **Agensrelation** (z. B. stehlen – Dieb), die **Lokalisationsrelation** (lernen – Schule), die **Instrumentrelation** (kochen – Herd), die **Objektrelation** (schreiben – Buch) und andere mehr. Aus den konzeptuellen Relationen lassen sich **Wissensnetze** über miteinander verbundene Textkonzepte rekonstruieren, die im Textverlauf teilweise aktiviert werden (aber auch implizit bleiben können).

Schemata Besonders wichtig ist in diesem Kontext auch der auf Bartlett (1932) zurückgehende **Schemabegriff**. Schemata sind Ausschnitte aus dem konzeptuellen Netzwerk unseres Wissenssystems, die typische Zusammenhänge eines Wirklichkeitsbereichs repräsentieren. Sie stellen konzeptuelles Hintergrundwissen von Texten dar, das auf verschiedene Weise aktiviert werden kann. Eine solche Aktivierung leisten z. B. Überschriften (»Das Leben auf dem Campus«) oder die Nennung typischer Rollen (Student, Professor, Hörsaal, Klausur). Eine zentrale Funktion von Schemata ist es, am Textverstehen durch die Füllung von Leerstellen (meist mit Default-Werten) mitzuwirken.

Skripts Zudem stellen auch **Skripts**, im Langzeitgedächtnis gespeicherte Repräsentationen über stereotype Handlungssequenzen (z. B. der Einkauf im Supermarkt, der Ablauf eines Seminars), elementare Wissensgrundlagen für die sinnhafte Erschließung von Texten dar.

Schließlich gehören auch alle **Inferenzprozesse**, die auf der Grundlage konzeptueller Wissenseinheiten sowie ihrer Integration zu komplexen Wissensnetzwerken ablaufen, zum Bereich der Kohärenz. Solche auf Mechanismen der Inferenzziehung beruhenden Prozesse der Sinnkonstituierung können kognitiv orientierte Ansätze besser motivieren und beschreiben als traditionelle, die ausschließlich auf der Ebene paradigmatischer und Sem-basierter Bedeutungsbeziehungen argumentieren.

9.2 | Organisation der textlichen Information – Textentwicklung

Texte besitzen einen höchst **dynamischen Charakter** – sie sind durch ihre thematische Entfaltung bzw. Entwicklung gekennzeichnet. Erstmals befasste sich die Prager Linguistenschule im Rahmen ihrer funktionalen Sprachauffassung mit der Mitteilungsperspektive von Äußerungen (s. Kap. 2.4.2). Einer ihrer Hauptvertreter, Mathesius, begründete die **funktionale Satzperspektive** und stellte in diesem Rahmen thematische und rhematische Teile des Satzes einander gegenüber. Während das **Thema** eines Satzes als Ausgangspunkt der Äußerung an schon bekannte Information anknüpft, steuert das **Rhema** neue Information bei, d. h. es prädiziert Neues über einen bereits eingeführten Redegegenstand.

Die **Thema-Rhema-Unterscheidung** entspricht in etwa der schon im Pragmatik-Kapitel (s. Kap. 8.2) eingeführten Trennung zwischen Präsupposition, der vorausgesetzten, schon im gemeinsamen Redehintergrund abgelegten Information, und der Assertion als behaupteter Teil der Aussage, deren Geltung (bzw. Geltungsgrad) noch auszuhandeln ist. Die zunächst dichotomische Scheidung in Thema und Rhema wurde von Firbas (1964) in ein graduell gestuftes Kontinuum aufgelöst, das er als **kommunikative Dynamik** verstand. Erst František Daneš (1970) entwickelte eine **satzübergreifende (transphrastische) Perspektive**, als er die Verteilung thematischer und rhematischer Information im Textganzen untersuchte:

»Die eigentliche thematische Struktur des Textes besteht […] in der Verkettung und Konnexität der Themen, in ihren Wechselbeziehungen und ihrer Hierarchie, in den Beziehungen zu den Textabschnitten und zum Textganzen sowie zur Situation.« (Daneš 1970, 74).

Thematische Progression: Daneš fasste den Textfortschritt als **thematische Progression** auf und erarbeitet eine Typologie unterschiedlicher Arten der thematischen Progression (Die Progressionstypen besitzen natürlich idealtypischen Charakter, d. h. im konkreten Einzeltext liegt meist eine Kombination mehrerer Progressionstypen vor):

- Bei der **linearen Progression** wird das Rhema des ersten Satzes zum Thema des nachfolgenden Satzes.

Arten der
Progression

- Bei der **Progression mit durchlaufendem Thema** wird das im ersten Satz eingeführte Thema in den darauffolgenden Sätzen entfaltet, d. h. fortlaufend mit immer neuen rhematischen Informationen verknüpft.
- Im Falle der **Progression mit abgeleitetem Thema** werden die aufeinanderfolgenden Teil-Themen von einem übergeordneten **Hyperthema** abgeleitet.
- Die **Progression eines gespaltenen Themas:** Das Rhema eines Satzes wird in mehrere Teil-Themen aufgespalten, die sukzessive weiterentwickelt werden.
- **Progression mit einem thematischen Sprung:** In der thematischen Progression wird ein Element der thematischen Kette ausgelassen, weil sich dieses problemlos aus dem Kontext erschließen lässt.

Referentielle Bewegung: Einen ganz anderen analytischen Weg beschreiten Klein und von Stutterheim (1987) mit ihrem Ansatz der referentiellen Bewegung (vgl. auch Vater 2001). Er stellt insofern ein Novum dar, als nicht von der textimmanenten, strukturell verankerten Informationsstruktur ausgegangen wird, sondern von den durch die sprachlichen Ausdrücke evozierten Referenten und ihren Referenzbereichen. Ebenso neu ist die Ausgangsperspektive bei der Untersuchung textueller Dynamik: Klein und von Stutterheim gehen nämlich davon aus, dass der Text die Aufgabe hat, **Quaestio** eine **explizite** oder **implizite Frage**, die sog. **Quaestio** des Textes, zu beantworten. Die einzelnen Äußerungen tragen nun zur Beantwortung dieser zugrundeliegenden Leitfrage bei, wobei ihre Verknüpfung sowie ihr Stellenwert für die Beantwortung der Quaestio von grundlegender Bedeutung sind. Auch Klein und von Stutterheim knüpfen an die traditionelle Thema-Rhema-Gliederung an, fassen diese aber mit den Begriffen **Topik und Fokus** neu: Ein Topik gibt Alternativen vor, die es im Weiteren zu entscheiden gilt. Der Fokus entspricht den Alternativen, die der Sprecher tatsächlich bei seiner Textproduktion auswählt. Zudem muss zwischen textlicher Hauptstruktur, die der Beantwortung der Quaestio dient und Nebenstrukturen, die den Hintergrund des Textes bilden, unterschieden werden.

Grundlegende Referenzbereiche: Jede Äußerung enthält ein Gefüge von Angaben zu verschiedenen fundamentalen Referenzbereichen.

- **die Personenreferenz:** Verweis auf Personen in Ereignissen und Situationen;
- **die Situationsreferenz:** die Bezugnahme des Satzes auf eine Situation, ein Ereignis oder einen Zustand;
- **die Zeitreferenz:** die temporalen Relationen zwischen Situationen bzw. Ereignissen;
- **die Ortsreferenz:** die Lokalisierung von Gegenständen und Ereignissen im Raum;
- **die Referenz auf Umstände:** Angaben wie etwa zu Grund, Zweck und Mitteln;
- **die Modalität:** die Verankerung der Situation bzw. von Ereignissen in einer Welt, der realen oder einer möglichen Welt.

Jede Äußerung behält einen Teil der Information bei und führt andere neu ein. Die Entfaltung der Information von Äußerung zu Äußerung wird als **referentielle Bewegung** bezeichnet. Die referentielle Information wird also schrittweise und im Hinblick auf die zentralen Referenzbereiche in jeweils unterschiedlicher Akzentuierung entfaltet. Die referentielle Bewegung trägt damit sukzessive zur Beantwortung der Quaestio durch den Textproduzenten bei. Sie lässt sich gut in Form von **Netzwerkdarstellungen** veranschaulichen.

9.3 | Klassifikation von Texten

Texte stellen in der Regel **Exemplare von konventionalisierten Vertextungsmustern** dar, die sich auf dem Hintergrund inhaltlich-funktionaler, situativer, sozialer und historischer Faktoren herausgebildet haben.

Der traditionelle Begriff der **Textgattung** bezieht sich in erster Linie auf literarische Kunstformen wie etwa das Drama oder den Roman. Die textlinguistische Forschung, die sich primär auf Gebrauchstexte der Alltagskommunikation konzentriert, hat für die Klassifikation von Texten andere Bezeichnungskategorien entwickelt.

Eine **Makrokategorie** der Textklassifikation ist der **Texttyp**, der »Textklassen mit einem großen Geltungsbereich und einer relativ hohen Abstraktionsstufe« (Heinemann/Heinemann 2002: 142) bezeichnet. Ausgehend von der jeweils dominanten Textfunktion können insgesamt fünf grundlegende Texttypen unterschieden werden: **deskriptive** (beschreibende) Texte, **narrative** Texte (erzählerische Darstellung), **argumentative** Texte, **expositorische** Texte (Darlegung eines Gegenstandes) und **instruktive Texte** (Anweisungen für die Durchführung einer Handlung). Diese grundlegende Klassifikation findet allerdings auch Anwendung bei der Analyse von komplexen Einzeltexten und dient hierbei zur Charakterisierung einzelner Textsequenzen (vgl. Werlich 1975; Adam/Lorda 1999 sowie Smith 2003).

Auf einer niedrigeren Abstraktionsstufe stehen die **Textklassen** (vgl. Adamzik 2004: 72). Der Begriff der Textklasse umfasst einen abgegrenzten, durch situativ-funktionale und soziale Merkmale definierten kommunikativen Bereich, in dem sich die einzelnen Textsorten ausdifferenzieren. Eine typische Textklasse bilden z. B. die massenmedialen Texte (oder auch Medientexte). Kommunikationsbereiche werden dabei situativ und sozial bestimmt, sie entsprechen

»bestimmte[n] gesellschaftliche[n] Bereiche[n], für die jeweils spezifische Handlungs- und Bewertungsnormen konstitutiv sind. Kommunikationsbereiche können somit als situativ und sozial definierte ›Ensembles‹ von Textsorten beschrieben werden« (Brinker/Antos/Heinemann/Sager 2000: XX).

Mit den **Textsorten** gelangt man nun zur elementarsten Ebene der Textklassifikation. Es handelt sich bei ihnen um konkrete Klassen wie das Kochrezept, die Todesanzeige, der Wetterbericht. Textsorten lassen sich systematisieren, indem man die Textklassen weiter ausspezifiziert: Textsorten im Rahmen der Medientexte sind etwa der Bericht, die Meldung, der Kommentar und die Reportage.

Eine noch genauere Klassifikation ergibt sich aus der weiteren Einteilung der Textsorten in **Textsortenvarianten**, z. B. des Kommentars in Pro- und Kontra-Kommentar, Meinungsartikel, Kurzkommentar oder Pamphlet (vgl. Gansel/Jürgens 2007: 65–74).

9.4 | Diskurstraditionen

In der Romanistik hat sich seit den ausgehenden 1990er Jahren der Begriff der Diskurstraditionen (*tradiciones discursivas*) etabliert. Unter Diskurstraditionen versteht man konventionalisierte Text- und Diskursproduktionsregeln, also Diskursnormen, wie sie für die Realisierung typischer, kulturell und historisch tradierter Vertextungsformen kennzeichnend sind (Koch 1997: 45 ff.; Blank 1997: 117 f.). Diskurstraditionen sind immer an soziale und kulturelle Trägergruppen (Berufsgruppen, literarische Strömungen, politische Bewegungen etc.) gebunden und über- oder unterschreiten deshalb hinsichtlich ihres Geltungsbereiches den Radius einer Sprachgemeinschaft (also z. B. die Sprecher der Sprache ›Spanisch‹).

Die Konventionalität von Diskurstraditionen, ihr historischer, kultureller und sozialer Charakter machen sie zu einem **Phänomen der Norm**. Während also sprachliche Regeln (›Sprachregeln‹) zum jeweiligen einzelsprachlichen System, seiner grammatischen oder lexikalischen Komponente, gehören, stellen die Diskurstraditionen sozio-historisch bzw. soziokulturell geprägte Regeln für die Produktion charakteristischer Diskurse bzw. Texte dar. **Diskursproduktionsregeln** können aber die lautliche, syntaktische und lexikalische Ebene der Sprache betreffen. Es ist ein Charakteristikum des Diskursbegriffs, dass er sich auf Versprachlichungsweisen bzw. -formen unterschiedlichen Komplexitätsgrads bezieht.

Der Begriff der ›Diskurstradition‹ umfasst so unterschiedliche Norm-Phänomene der Versprachlichung/Vertextung wie:

Diskurs-
traditionelle
Phänomene

- **Konventionalisierte** bzw. **stereotype Formeln der kommunikativen Praxis**, etwa der Gesprächseröffnung (*¿Cómo te van las cosas?*), Briefformeln, typische Formeln von Textsorten wie etwa dem Märchen (*érase una vez*), einzelne Regeln wie der Metaphern-Gebrauch in bestimmten literarischen Gattungen bzw. Epochen.
- **Komplexere konventionalisierte Formen der Vertextung**, die unter Bezeichnungen wie Textsorten (Telefongespräch, Predigt etc.), Gattungen, rhetorische Genera, Gesprächsformen etc. figurieren.
- Auch **literarische Stile** (Manierismus) und **kohärente Formen des ideologischen Sprechens** (der marxistische, der nationalistische Diskurs) können unter den Begriff der Diskurstradition gefasst werden.

Die Theorie der Diskurstraditionen hat vielfältige Anwendungsfelder im Bereich der romanistischen Sprachwissenschaft gefunden. Sie erlaubt eine **systematische Beschreibung von Kommunikationsformen** (etwa der Chat- und SMS-Kommunikation), aber auch eine Analyse von **Sprachwandelphänomenen**, die hinsichtlich ihrer Entstehung und ihrer Dynamik in spezifischen Diskurstraditionen verortet werden. Ein interessantes

Fallbeispiel ist in diesem Zusammenhang die Entwicklung des Futuro de Subjuntivo im Spanischen. Es lässt sich schlüssig aufzeigen, wie diese Modusform in einem jahrhundertlangen Prozess sukzessive seine Funktion als diskurskonstituierendes Element im Rahmen unterschiedlicher Diskurstraditionen (z. B. wissenschaftlicher, religiöser und rechtlicher Diskurstraditionen) verliert und auf diese Weise allmählich aus dem Sprachgebrauch verschwindet (vgl. dazu Becker 2011).

9.5 | Mündlichkeit und Schriftlichkeit: Medium und Konzeption

Die Mündlichkeit-Schriftlichkeit-Opposition hat sich als eine für die sprachliche Beschreibung individueller Textproduktion sowie konventioneller Kommunikations- und Vertextungsformen höchst bedeutsame Dimension in der Textlinguistik erwiesen. Schon in den 1970er Jahren hatte Ludwig Söll mit der begrifflichen Differenzierung in **Medium** und **Konzeption** das vorwissenschaftliche Verständnis von Mündlichkeit und Schriftlichkeit zu überwinden versucht. Sprachliche Äußerungen können im **grafischen Medium** (geschrieben) oder im **phonischen Medium** (gesprochen) realisiert werden. Mit Blick auf ihre Konzeption kann aber eine Äußerung besonders geplant und sprachlich elaboriert oder eher spontan und umgangssprachlich sein. Eine Festansprache wird mündlich realisiert (**medial mündlich**), aber sie ist inhaltlich und sprachlich sehr ausgearbeitet (**konzeptionell schriftlich**). Die Beschreibung der Konzeption bleibt aber mit Wörtern wie ›elaboriert‹ oder ›umgangssprachlich‹ noch sehr unpräzise. Peter Koch und Wulf Oesterreicher (1990) haben deshalb die Opposition von konzeptioneller Mündlichkeit und Schriftlichkeit durch eine **Theorie der Nähe- und Distanzsprache** (bzw. **Nähe-** und **Distanzkommunikation**) abgelöst, die sich durch folgende Merkmale auszeichnet:

1. Die Konzeption von Äußerungen bzw. von typischen Kommunikations- bzw. Vertextungsformen wird als ein Kontinuum verstanden, dessen Endpunkte durch die beiden Pole der **Distanz** (*distancia*) und der **Nähe** (*inmediatez*) gebildet werden.

2. Die Situuierung von Äußerungen bzw. von Kommunikationsformen lässt sich präziser anhand einer Reihe von Faktoren bzw. Parametern der Kommunikationssituation vornehmen:

- **Raum-zeitliche Nähe** oder **Distanz** der Kommunikationspartner (*inmediatez física – distancia física*)
- **Öffentlichkeit** versus **Privatheit** (*comunicación pública* vs. *comunicación privada*)
- **Vertrautheit** der Kommunikationspartner (*familiaridad* vs. *desconocimiento*)
- **Emotionalität** (*emocionalidad – ninguna emocionalidad*)
- **Situations-** und **Handlungseinbindung** (*anclaje en la situación y acción comunicativas – independencia de la situación y acción comunicativas*)

- **Verhältnis des Referenzbezugs zur Sprecherorigo** (*posible referenciación desde el aquí y el ahora del hablante – imposible referenciación*)
- **Kommunikative Kooperation** (*fuerte cooperación – débil cooperación*)
- **Dialog/Monolog** (*carácter dialógico – carácter monológico*)
- **Spontaneität** (*espontaneidad – alta planificación*)
- **Themenfixierung** (*libertad temática – fijación temática*)

Verschiedene Äußerungen bzw. Äußerungs-/Vertextungsformen lassen sich auf dem Kontinuum zwischen **kommunikativer Nähe** (*inmediatez comunicativa*) und **Distanz** (*distancia comunicativa*) getrennt nach dem Medium der Realisierung anordnen. Sehr deutlich zum Distanzpol hin orientiert sind etwa wissenschaftliche Texte, deutlich zum Nähepol hin tendieren der Chat oder die SMS-Kommunikation.

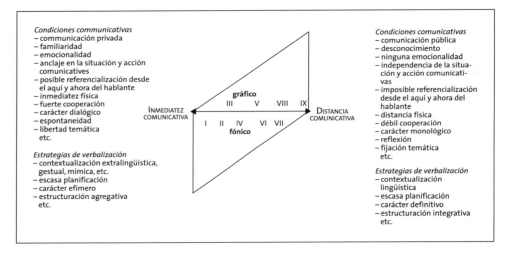

Abb. 1: Nähe-Dis-
tanz-Modell (nach
Koch/Oesterrei-
cher 2007: 34)
Die Relevanz der **Nähe-Distanz-Dimension** für die sprachliche Gestaltung von Texten lässt sich am Beispiel einiger typischer Merkmale der **Nähekommunikation** verdeutlichen (s. Abb. 1).

Universelle Merkmale der Nähekommunikation (nach Koch/Oesterreicher)

Kommunikative
Nähe
Kommunikative Nähe zeichnet sich zunächst durch eine Reihe universeller Merkmale aus, die sich aus den typischen Kommunikationsbedingungen und Versprachlichungsstrategien der Sprecher ergeben, die in spontaner, unmittelbarer und vertrauter kommunikativer Interaktion miteinander stehen. Dieses sind z. B. Überschneidungen der Redebeiträge der Gesprächspartner, Verzögerungsphänomene (*fenómenos de hesitación*) wie Pausen, Wiederholungen, Neustarts und Abbrüche, die schon genannten **Turn-taking-Signale** (*marcadores de turno de palabra*) und **phatische Signale** (*marcadores fáticos*) sowie die häufige Verwen-

dung deiktischer Elemente, welche auf die unmittelbare Kommunikationssituation Bezug nehmen.

Im syntaktischen Bereich sind elliptische Konstruktionen (Auslassung syntaktisch gebotener Elemente), Anakoluthe (Bruch in der syntaktischen Konstruktion), zudem eine Dominanz parataktischer Satzstrukturen zu verzeichnen.

Lexikalisch sind vielfältige Wortwiederholungen (*iteración léxica*)
und die Verwendung von Passe-par-tout-Wörtern (*palabras ómnibus*) üblich.

In lautlicher Hinsicht sind lautliche Längungen (*alargamientos fóni-
cos*) und die sog. Allegro-Formen kennzeichnend – letztere sind verkürzte
Formen, die durch Aphärese oder Apokopierung entstanden sind.

Einzelsprachliche Merkmale

Auf das Spanische und seine sprachlichen Verfahren bezogen, lassen sich
die folgenden nähesprachlichen Charakteristika nennen (vgl. Koch/Oes-
terreicher 2007; Briz Gomez 1998a: 67–104; 1998b: 46–63):

- **Syntaktische Merkmale:** Charakteristische syntaktische Konstruktionen wie das **freie Thema**, die **Rechts-** und die **Linksversetzung** (*dislocación a la izquierda/a la derecha*), **textstrukturierende Thematisato-
  ren** (*tematizadores*) wie z. B. *en cuanto a, en lo tocante a*.
- **Lexikalische Merkmale:** Bestimmte, die Mündlichkeit kennzeichnende Diskursmarker (*marcadores de la organización discursiva*) wie *entonces, luego, ahora, pues* etc.; Passe-par-tout-Wörter wie *cosa, hecho,
  fulano, hacer*; hochfrequenter Gebrauch bestimmter Lexeme wie *sitio*
  (anstelle von *lugar*), *así* (für *de este modo*), *dejar* (*permitir*), *tener ganas*
  (*desear*), *casi* (*apenas*), *a lo mejor* (*quizás*).
- **Lautliche Merkmale:** Lautliche Längungen (*¡Dejaloo! ¡Uff! fumabaaa*);
  Allegro-Formen (*encontrado, tu'el mundo, esto tie(ne) que ser p'al mismo*).
- **Pragmatische Aspekte:** Rückgriff auf lautliche, lexikalische und syntaktische Verfahren zur Abschwächung (*atenuantes*) oder Verstärkung
  (*intensificadores*) sprachlicher Ausdrücke je nach Sprecherintention:

(5)   Es morenito de pie con la nariz larguita / gafitas. Es feíllo.

(6)   ¡Qué requetegilipollas (que) es!

Ein nähesprachlicher Dialog   **Beispiel**

Das folgende authentische Textbeispiel soll die oben genannten Aspekte veranschaulichen (aus: Briz 1998: 66):

C: ¡Joder que aquel día íbamos tan borrachos ↑ que Emiliano decía a
   todas las que nos acercábamos que era Superman → [y nos=
A: [ah sí]

C: = espantó un mogollón de tías → / y luego se puso a bailar con una
rubia ↑ y tú con - tú quedaste con Amparo // y salimos ↑ / y vosotros
las cogisteis de la mano y yo me quedé colgao
A: pobrecillo (RISAS)

Erläuterung der Transkriptionszeichen: / Pause, ↑ steigende Intonation, → gleichbleibende Intonation, [ ] Überlappung der Redebeiträge,
= Sprecher behält den Turn, - Neustart.

Literatur

Adam, Jean-Michel/Lorda Mur, Clara Ubaldina (1999): *Lingüística de los textos narrati-
vos*. Barcelona: Ariel.
Adamzik, Kirsten (Hg.) (2000): *Textsorten, Reflexionen und Analysen*. Tübingen: Stauffenburg.
– (2004): *Textlinguistik. Eine einführende Darstellung*. Tübingen: Niemeyer.
Bartlett, Frederic C. (1932): *Remembering: A Study in Experimental and Social Psychology*.
Cambridge: Cambridge University Press.
Becker, Martin (2011): Tradiciones discursivas y cambio lingüístico – del futurum exac-
tum al futuro de subjuntivo. In: Castillo Lluch, Mónica/Pons Rodríguez, Lola (Hg.): *Así
se van las lenguas variando. Nuevas tendencias en la investigación del cambio lingüístico en español*. Bern: Peter Lang, S. 105–130.
Blank, Andreas (1997): *Prinzipien des lexikalischen Bedeutungswandels am Beispiel der
romanischen Sprachen*. Tübingen: Niemeyer.
Brinker, Klaus (1993): *Textlinguistik*. Heidelberg: Groos.
– et al. (Hg.) (2000): *Text- und Gesprächslinguistik: ein internationales Handbuch zeitgenössischer Forschung*. Berlin: de Gruyter.
Briz Gómez, Antonio (1998a): *El español coloquial en la conversación. Esbozo de pragma-
gramática*. Barcelona: Ariel.
– (1998b): *El español coloquial: situación y uso*. 2. Aufl. Madrid: Arco Libros.
Calsamiglia Blancafort, Helena/Tusón Valls, Amparo (1999): *Las cosas del decir. Manual
de análisis del discurso*. Barcelona: Ariel.
Casado Velarde, Manuel (1993): *Introducción a la gramática del texto del español*. Madrid: Arco Libros.
– (Hg.) (2002): *Análisis del discurso. Lengua, cultura, valores. Actas del I Congreso Internacional (Universidad de Navarra, Pamplona, noviembre de 2002)*. Madrid: Arco Libros.
Charaudeau, Patrick/Maingueneau, Dominique (2005): *Diccionario de análisis del discurso*. Buenos Aires: Amorrortu Ed.
Ciapuscio, Guiomar E. et al. (Hg.) (2006): *Sincronía y diacronía de tradiciones discursivas
en Latinoamérica*. Madrid/Frankfurt a.M.: Iberoamericana/Vervuert.
Coseriu, Eugenio (1994): *Textlinguistik*. Hg. und bearbeitet von Jörn Albrecht. 3. Aufl. Tü-
bingen/Basel: Francke.
Daneš František (1970): Zur linguistischen Analyse der Textstruktur. In: *Folia Linguistica*
4/70, S. 72–78.
De Beaugrande, Robert-Alain/Dressler, Wolfgang Ulrich (1981): *Einführung in die Text-
linguistik*. Tübingen: Niemeyer.
Dijk, Teun A. van (Hg.) (1985): *Handbook of Discourse Analysis*. 4 Bände: Band 1: *Disci-
plines of Discourse*; Band 2: *Dimensions of Discourse*; Band 3: *Discourse and Dialogue*;
Band 4: *Discourse Analysis in Society*. New York: Academic Press.
Firbas, Jan (1964): On defining the theme in functional sentence analysis. In: *Travaux
Linguistiques de Prague* 1, S. 267–280.
Fuentes Rodríguez, Catalina (1999): *La organización informativa del texto*. Madrid: Arco
Libros.
Gansel, Christina/Jürgens, Frank (2007): *Textlinguistik und Textgrammatik: eine Einfüh-
rung*. 3. Aufl. Göttingen: Vandenhoeck & Ruprecht.

García Negroni, María Marta/Tordesillas Colado, Marta (2001): *La enunciación en la lengua: de la deixis a la polifonía*. Madrid: Gredos.

Greimas, Algirdas Julien (1966): *Sémantique structurale: recherche de méthode*. Paris: Larousse.

– (1971): *Semántica estructural: investigación metodológica*. Versión española de Alfredo de la Fuente. Madrid: Gredos.

Grobet, Anne/Filliettaz, Laurent (2000): Die Heterogenität der Texte: Einige Fragen. In: Adamzik, Kirsten (Hg.): *Textsorten. Reflexionen und Analysen*. Tübingen: Stauffenburg, S. 77–90.

Heinemann, Margot/Heinemann, Wolfgang (2002): *Grundlagen der Textlinguistik: Interaktion, Text, Diskurs*. Tübingen: Niemeyer.

Heinemann, Wolfgang/Viehweger, Dieter (1991): *Textlinguistik. Eine Einführung*. Tübingen: Niemeyer.

Herrero Cecilia, Juan (2006): *Teorías de pragmática, de lingüística textual y de análisis del discurso*. Cuenca: Ed. de la Universidad de Castilla-La Mancha.

Klein, Wolfgang/Stutterheim, Christiane von (1987): Quaestio und referentielle Bewegung in Erzählungen. In: *Linguistische Berichte* 109, S. 163–183.

Klix, Friedhart (1984): Über Wissensrepräsentation im menschlichen Gedächtnis. In: Ders. (Hg.): *Gedächtnis, Wissen, Wissensnutzung*. Berlin: Verlag der Wissenschaften, S. 9–73.

Koch, Peter (1997): Diskurstraditionen: zu ihrem sprachtheoretischen Status und ihrer Dynamik. In: Frank, Barbara/Haye, Thomas/Tophinke, Doris (Hg.): *Gattungen mittelalterlicher Schriftlichkeit*. Tübingen: Narr, S. 43–79.

–/Oesterreicher, Wulf (1990): *Gesprochene Sprache in der Romania: Französisch, Italienisch, Spanisch*. Tübingen: Niemeyer.

–/Oesterreicher, Wulf (2007): *Lengua hablada en la Romania – Español, Francés, Italiano*. Versión española revisada, actualizada y ampliada por los autores. Madrid: Gredos.

Loureda Lamas, Óscar (2003): *Introducción a la tipología textual*. Madrid: Arco Libros.

Oesterreicher, Wulf (1997): Zur Fundierung von Diskurstraditionen. In: Frank, Barbara/Haye, Thomas/Tophinke, Doris (Hg.): *Gattungen mittelalterlicher Schriftlichkeit*. Tübingen: Narr, S. 19–41.

Perelman, Chaim (1994): *Logik und Argumentation*. Hg. und Übers. von Freyr Roland Varwig. 2. Aufl. Weinheim: Beltz Athenäum.

Reyes, Graciela (1990): *La pragmática lingüística: el estudio del uso del lenguaje*. Barcelona: Montesinos.

Schlieben-Lange, Brigitte (1983): *Traditionen des Sprechens: Elemente einer pragmatischen Sprachgeschichtsschreibung*. Stuttgart: Kohlhammer.

Serrano, María José (2002): *Aproximación a la gramática del discurso del español*. München: Lincom Europa.

Smith, Carlota S. (2003): *Modes of Discourse: the Local Structure of Texts*. Cambridge: Cambridge University Press.

Söll, Ludwig (1985): *Gesprochenes und geschriebenes Französisch*. Bearbeitet von Franz Josef Hausmann. 3. Aufl. Berlin: Schmidt.

Toulmin, Stephen Edelston (2007): *Los usos de la argumentación*. Traducción de María Morrás y Victoria Pineda. Barcelona: Península.

Vater, Heinz (2001): *Einführung in die Textlinguistik: Struktur und Verstehen von Texten*. 3. Aufl. München: Fink.

Werlich, Egon (1975): *Typologie der Texte: Entwurf eines textlinguistischen Modells zur Grundlegung einer Textgrammatik*. Heidelberg: Quelle & Meyer.

10 Korpuslinguistik

10.1 Korpus-Typologie
10.2 Zur Struktur von Korpora
10.3 Die Annotation
10.4 Anforderungen an Korpora
10.5 Theoretische Fragen der Korpusverwendung
10.6 Korpora des Spanischen

In der Romanistik wurde seit ihren Anfängen als wissenschaftliche Disziplin mit authentischem Sprachmaterial gearbeitet (s. Kap. 2.3). Dank der digitalen Revolution der letzten Jahrzehnte wurde es möglich, gewaltige Mengen authentischer Sprachdaten in Form von Korpora zu sammeln, aufzubereiten und abfragbar zu machen. Maschinenlesbare Korpora stellen heute auch in der Romanischen Sprachwissenschaft ein zentrales Arbeitsinstrument der linguistischen Forschung dar.

Korpora
Korpora bestehen aus einer endlichen Anzahl geschriebener und/oder gesprochener Texte, die in realen Sprechsituationen entstanden sind. Die Zusammenstellung dieser Texte erfolgt nach expliziten Kriterien, welche die thematische Ziel- und Schwerpunktsetzung des Korpus – z. B. die Erfassung und Dokumentation einer bestimmten sprachlichen Varietät (*el andaluz* oder die Jugendsprache Madrids), einer Epoche der Sprachgeschichte (das Mittelspanische) oder einer Textgattung (literarische Texte Spaniens) – erkennbar werden lassen. Korpora sind digital (in elektronischem Format) verfügbar und können mithilfe von Computerprogrammen (Abfragetools) analysiert werden.

Mit dem neuen Arbeitsinstrument, den Korpora, entstand auch eine sprachwissenschaftliche Teildisziplin, die Korpuslinguistik (*lingüística de corpus*). Sie beschäftigt sich mit der Erstellung, Aufbereitung und Verwendung maschinenlesbarer Korpora unter technischen, methodischen und theoretischen Gesichtspunkten.

10.1 | Korpus-Typologie

Unterschiedliche Arten von Korpora können nach den folgenden Kriterien unterschieden werden:

- **Nach der Sprachauswahl:** einsprachige (monolinguale), zwei- oder mehrsprachige (bi-, multilinguale) Korpora; mehrsprachige Korpora können als **Parallelkorpus** (ein Text in einer bestimmten Sprache und seine Übersetzung(en) in eine oder mehrere Sprachen) oder als **Vergleichskorpus** (Texte erscheinen in mehreren Sprachen) angelegt werden.

- **Nach dem Medium:** geschrieben, gesprochen, multimodal. **Multimodale Korpora** verbinden Text und Ton mit stehenden oder bewegten Bildern.
- **Nach der Größe:** große Korpora wie das Korpus des heutigen Spanisch (CREA: *Corpus de Referencia del Español Actual*, s.u.) umfassen z. B. mehr als 150 Mio. Wörter.
- **Nach der Annotation:** Korpora unterscheiden sich danach, welche sprachlichen Informationen zu den einzelnen Ebenen der Sprache gegeben werden. So kann den einzelnen Wörtern morphosyntaktische (Bestimmung der Wortform), semantische (Bedeutung), pragmatische (Funktion im Text) oder auch syntaktische (Stellung innerhalb einer hierarchischen grammatischen Struktur) Information beigefügt werden; in vielen Korpora werden die lexikalischen Einheiten allerdings mit keinerlei sprachlicher Information versehen.
- **Nach der Persistenz:** Die meisten Korpora sind **statische**, d. h. **abgeschlossene Korpora**; es gibt aber auch Korpora, die kontinuierlich weiter ausgebaut werden, so dass sich deren Größe verändert (sog. **Monitorkorpora**).
- **Nach der Zielsetzung:** Ein **Referenzkorpus** dokumentiert bzw. repräsentiert eine Sprache in einem bestimmten Zeitraum möglichst in ihrer Komplexität und Vielschichtigkeit (d. h. unter Berücksichtigung verschiedener Register bzw. Textgenera, in denen sie sich manifestiert); ein **Spezialkorpus** möchte demgegenüber eine spezifische Varietät (z. B. einen Dialekt) bzw. Modalität der Sprache abbilden (vgl. Lemnitzer/Zinsmeister 2010).

10.2 | Zur Struktur von Korpora

Korpora setzen sich zunächst aus den einzelnen – z. B. eingescannten und mittels einer OCR-Software in ein bearbeitbares Format gebrachten – Texten zusammen. Diese einfachen Rohdaten werden auch als **Primärdaten** bezeichnet. Eine erste Form der Bearbeitung dieser Sammlung von Rohdaten ist die Hinzufügung von Informationen zu den einzelnen Texten. Solche Informationen können Angaben zu Autor, Werk, Textsorte/Textgenre, Epoche, Werkausgabe (z. B. bei literarischen Texten) umfassen. Bei Zeitungstexten interessieren zudem zusätzlich Veröffentlichungsdatum und Rubrik. Korpora, die aus transkribierten gesprochenen Texten bestehen, sollten Informationen zu persönlichen (Alter, Geschlecht etc.) und sozialen (Beruf, Bildungsniveau etc.) Daten der Sprecher enthalten. Diese zusätzlichen Informationen zum Entstehungskontext sowie den Entstehungsbedingungen der Texte, die ihre Einordnung erlauben, werden als **Metadaten** bezeichnet.

Die Texte eines Korpus können aber auch mit zusätzlichen Informationen zu Struktur und Gestaltung ausgezeichnet werden. So können Angaben zu Titelzeile, Absatz, Strophe, Seitenzahl, Zitat, aber auch zu Kursiv- oder Fettdruck gemacht werden. Im Rahmen von transkribierten

sprachlichen Interaktionen sind Hinweise auf Sprecherwechsel sowie Re-
aktionen wie Lachen oder Kopfschütteln aufschlussreich. Durch die systematische Vergabe bestimmter Etiketten, sog. *tags*, lassen sich die Korpora
in einheitlicher Weise formatieren.

Ein einheitliches Format für die Auszeichnung von Texten wurde von
der **TEI**, der **Text Encoding Initiative**, entwickelt. Die TEI ist ein Konsor-
tium, das einen Standard in Form von Richtlinien für die Aufbereitung
maschinenlesbarer Texte vor allem für die Geistes- und Sozialwissen-
schaften entwickelt hat (vgl. www.tei-c.org). Die Umsetzung dieser Richtlinien für die Textaufbereitung bzw. die konkrete Textkodierung nach
dem Standard-Format erfolgt in der sog. **Extensible Markup Language
(XML)**, einer aus der **Standard Generalized Markup Language (SGML)**
abgeleiteten Auszeichnungssprache, die es ermöglicht, Dokumente und
Webseiten von einem Rechner zum anderen auszutauschen.

Eine noch speziellere und vor allem für sprachwissenschaftliche Untersuchungen zentrale Auszeichnung sind die sog. **linguistischen Annotationen**. Hier werden die sprachlichen Einheiten analysiert und mit
linguistischen Etiketten versehen. Die verschiedenen Annotationsebenen
entsprechen den verschiedenen Ebenen des Sprachsystems:

**Annotations-
ebenen**

- **Morphosyntax:** Es können morphosyntaktische Informationen wie die
  Wortartenzugehörigkeit in Form von sog. *part-of-speech*-**Tags** (**POS**)
  kodiert werden. Feinere Etikettierungen können zusätzlich Informationen etwa zu den Verbalkategorien (Tempus, Person, Numerus) oder
  Nominalkategorien (Genus und Numerus, ggf. Kasus) erfassen. Zu den
  einzelnen **Wortformen** (*tokens*) können die zugehörigen **Grundformen**
  (*types*), das jeweilige **Lemma** (Plural: die Lemmata), kodiert werden.
- **Syntax:** Möglich sind auch Angaben zur Konstituenten- und Depen-
  denzstruktur von Sätzen.
- **Semantik:** Es können auch konzeptuelle Beziehungen zwischen Wörtern, Über- und Unterordnungsbeziehungen oder die Zugehörigkeit zu
  einem gemeinsamen Konzeptbereich (Frame), angegeben werden.
- **Pragmatik und Diskurs:** Möglich ist auch die Kodierung von Merkmalen der Informationsstruktur oder – satzübergreifend – von Diskurs-
  strukturen.
- **Phonetik und Prosodie:** Angabe phonetischer und prosodischer Merkmale.
- **Sonstiges:** Auch Informationen zu sprachbegleitenden Merkmalen wie
  Mimik und Gestik lassen sich annotieren.

10.3 | Die Annotation

Häufig eingesetzte, im Internet frei verfügbare Annotationsprogramme
(Open-Source-Programme), sind das in der Kooperation der Universitäten
Sofia und Tübingen entstandene **CLaRK**, **WordFreak** und das an der Universität Hamburg entwickelte **EXMARaLDA**, das sich hervorragend für
multi-modale Annotationen eignet.

Die Annotation erfolgt heute vielfach automatisch oder semi-automatisch (d. h. mit manuellen Korrekturen). Aber auch auf rein manuelle Annotationen kann bisweilen nicht verzichtet werden (z. B. besitzen wir für Texte älterer Sprachstufen vielfach noch keine Annotationsprogramme). Die automatische Annotation von Korpora erfolgt mithilfe eines sog. **Taggers** (*etiquetador morfológico*), der jedes Wort mit einem Etikett für die entsprechende grammatische Kategorie versieht. Annotationsprogramme, die Wortartenlabels vergeben, werden auch als **part-of-speech** (**POS**)**-Tagger** bezeichnet. Ein solcher Tagger kann z. B. den Artikel *las* mit der Etikette (art. def. fem. pl.), *padres* mit (sust. masc. pl.) und *pueden* mit (verbo modal ind. 3. p. pl.) auszeichnen.

```
<txt id=t1>
    <s id=s1>
        <w id=w1 pos=ADV lemma=no>No</w>
        <w id=w2 pos=V lemma=saber>sabíamos</w>
        <w id=w3 pos=PUNCT>.</w>
    </s id=s1>
    <s id=s2>
        <w id=w4 pos=DET lemma=el>El</w>
        <w id=w5 pos=N lemma=coche>coche</w>
        <w id=w6 pos=V lemma=estar>estaba</w>
        <w id=w7 pos=ADJ lemma=lleno>lleno</w>
        <w id=w8 pos=PUNCT>.</w>
    </s id=s2>
</txt>
```

Abb. 1: Annotiertes Korpus mit Attribut-Wert-Paaren

Es gibt unterschiedliche Arten von Taggern:

- **Symbolische Tagger** verwenden handgeschriebene, also vom Programmierer selbst definierte Regeln. Zum Beispiel muss ein Tagger das Substantiv *el saber* oder *el poder* von den gleichlautenden Modalverben unterscheiden können, d. h. er muss in der Lage sein, die möglichen Lesarten zu disambiguieren. Eine Regel könnte etwa so aussehen, dass das entsprechende Lexem dann als Substantiv klassifiziert wird, wenn ihm der bestimmte Artikel *el* oder der unbestimmte Artikel *un* vorangeht.

- **Stochastische Tagger** berechnen auf der Grundlage eines kleinen, manuell annotierten Trainingskorpus die Wahrscheinlichkeit für das Auftreten bestimmter Wortformen. Zum Beispiel ist das Vorkommen von *poder* oder *saber* als Modalverb statistisch wahrscheinlicher als das des entsprechenden Nomens.

- **Hybride Tagger**, wie etwa der Brill-Tagger, kombinieren Aspekte symbolischer Tagger, also die Formulierung expliziter Regeln, mit stochastischen und korpusbasierten Methoden (vgl. Lemnitzer/Zinsmeister 2010: 73 f.).

Die automatische Analyse syntaktischer Strukturen erfolgt mittels eines **Parsers**, der die grammatischen Relationen eines Satzes in Form einer graphischen Darstellung, z. B. eines **Baumdiagramms** (*syntax tree*) oder eines **Dependenz-Stemmas** oder auch als Klammerstruktur ausgibt. Das Resultat der syntaktischen Analyse des Satzes *El gato come un ratón* könnte etwa in folgender syntaktischer Annotation ausgegeben werden: *El gato* (GN-Sujeto) *come* (Verbo Principal Transitivo) *un ratón* (GN-Complemento directo).

Das annotierte Korpus muss im Weiteren aber für den Benutzer, den Linguisten, der eine bestimmte Fragestellung untersucht, abfragbar ge-

Die Annotation

macht werden. Um dies zu ermöglichen, wird das aufbereitete Korpus in ein eigenes **Abfragetool** geladen. Üblich sind hier sog. **Konkordanzprogramme**, die es ermöglichen, das Korpus nach bestimmten Zeichenfolgen zu durchsuchen. Konkordanzprogramme wie **WordSmith** (www. lexically.net/wordsmith), **MonoConc** (www.athel.com/mono-html), **AntConc**, **Xaira** und das im **EXMARaLDA**-Paket enthaltene **EXAKT** (www. exmaralda.org/exakt.html) erlauben nicht nur die Suche nach einzelnen Wörtern, sondern auch nach bestimmten Wortmustern anhand von regulären Ausdrücken. Ein Beispiel für einen regulären Ausdruck ist der Sternchenoperator *, der für *kein, ein* oder *beliebig häufiges Auftreten* von Zeichen steht. Ein Abfragemuster wie a*ecer erlaubt die Suche nach den Infinitiven aller parasynthetischen Verbbildungen des Typs a-N-ecer wie etwa *anochecer, amanecer* etc. in dem entsprechenden Korpus.

Bei der Ergebnisausgabe erscheint in der Regel das gesuchte Wort (*key word*) in seinem **Vorkommenskontext** (KWIC: *key word in context*). Weitere Standardfunktionen von Konkordanzprogrammen sind die Erstellung von **Frequenzlisten** (hierarchische Anordnung der Formen nach der Anzahl ihrer *tokens*), die Ausgabe von **typischen Wortkombinationen** (Kollokationen) – hier ist unter anderem auch auf das kommerzielle Programm **ConcGram** (www.edict.com.hk/pub/concgram) hinzuweisen – sowie die **Keyword-Analyse**.

Eine neue Generation von Konkordanz-Werkzeugen zeichnet sich dadurch aus, dass die Suche über ein **Web-Search Interface** stattfindet, d. h. dass die Suchoperationen nicht mehr auf dem lokalen Rechner, sondern über das Web-Interface auf einem leistungsstarken Fernrechner (Server) ablaufen. Diese neue Art der Fernabfrage wird auch als **Client-Server-Model** bezeichnet.

Abb. 2: KWIC-Darstellung. Suchergebnisse der Form »libro« (aus der Tageszeitung *El Mundo* von 2008)

```
KWIC

o tiempo moderno . las enciclopedia clásico , ese  libro  gordo refugio de la sabiduría , haber perder prot
iar derecho . sentado de espalda a el mar leer el  libro  jurisprudencia de la corte supremo de justicia de
ar problema de otro marca . mundo mágico , de el   libro  a la pantalla escapar de uno realidad no demasiad
irigir a los mucho pequeño estar basar en exitoso  libro  . este año que comenzar alguno de este película s
o origen en las crónica de narnia . en dos de los  libro  de la serie escrito por c . s . lewis , prince ca
n bridge to terabithia , leslie lo dar a jess los  libro  de las crónica de narnia para que " aprender a co
ber inventar el nombre hasta el momento en que el  libro  estar casi terminado . " estar seguro de que lo t
ener uno obra que incluir 14 novela , escribir el  libro  para intentar entender la muerte de la bueno amig
 terabithia ser uno de los motivo por los cual el  libro  haber provocar cierta polémico en los estados uni
la argentina vario película para chico , basar en  libro  . en marzo llegar las crónica de spiderwick , dir
e los creador de la era de el hielo , basar en el  libro  horton hears a who , de dr. seuss . junio ser el
unda parte de las crónica de narnia , basar en el  libro  de c . s . lewis . en agosto se poder ver la cont
io de el príncipe , basar en el sexto y penúltimo  libro  de la serie escrito por j . k . rowling . otro e
r otro de suyo frase característico . suyo último  libro  sobre la pelota ser no te ir , campeón , de edito
 modo de concebir y planificar el futuro . en uno  libro  publicar por la academia de educación en octubre
 deber resolver se hoy , antes de el cierre de el  libro  de pase en europa . el delantero ya rechazar ofer
paulo coelho con la nación con casi 100 millón de  libro  vendido en 150 país , paulo coelho lograr acercar
ileño , la nación acercar ahora a suyo lector los  libro  que permitir completar suyo bibliografía . se tra
0 peso . la nuevo colección constar de tres nuevo  libro  de el autor , y la reimpresión de el agotado el p
teca de este autor . coelho , el escritor que más  libro  vendar en suyo país , nacer en 1947 en río de jan
itor musical y periodista . publicar suyo primero  libro  , el peregrino , en 1987 , luego de uno viaje a e
r reconocer por el jornal de letra de portugal el  libro  en portugués mucho vendido de la historia . la ob
```

10.4 | Anforderungen an Korpora

Korpora müssen bestimmten Anforderungen genügen, um verlässliche Aussagen über die Eigenschaften der zu untersuchenden Sprache bzw. die in ihr auftretenden Phänomene zu ermöglichen. Ein wesentliches Erfordernis von Korpora ist ihre **Repräsentativität**. Korpora stellen lediglich einen Ausschnitt bzw. eine Stichprobe aus der sprachlichen Realität dar, die sie abbilden möchten. Nur wenn ein Korpus repräsentativ ist, spiegelt es auch tatsächlich die sprachlichen Verhältnisse in der Realität (statistisch gesprochen: in der Grundgesamtheit) wider und nur dann bildet es das Sprachverhalten einer Kommunikationsgemeinschaft auch tatsächlich ab.

Um dem Ideal der Repräsentativität eines Korpus möglich nahezukommen und damit von den Rechercheergebnissen auf die **Verhältnisse in der sprachlichen Wirklichkeit** schließen zu können, bemühen sich die Forscher um die Erstellung eines möglichst ausgewogenen Korpus (*balanced corpus*). Hierbei muss darauf geachtet werden, dass ein ausgewogenes Verhältnis zwischen den einzelnen Textsorten besteht, verschiedene Register bzw. Formalitätsgrade erfasst werden und mündlich sowie schriftlich realisierte Texte gleichgewichtig vertreten sind. Zudem sollte sichergestellt sein, dass die charakteristischen Phänomene einer bestimmten Textsorte (z. B. von Rechtstexten) in der sie kennzeichnenden Häufigkeit und Verteilung auftreten. Nur auf dieser Grundlage sind für die empirische Sprachforschung verlässliche (*reliable*) Ergebnisse zu gewinnen.

10.5 | Theoretische Fragen der Korpusverwendung

Es gibt heute kaum mehr Sprachforscher/innen, die bei ihrer Arbeit grundsätzlich auf linguistische Korpora verzichten würden. Man kann sicherlich behaupten, dass der Rückgriff auf Korpusdaten bei der Beschreibung und Analyse sprachlicher Phänomene heute zum Standard linguistischer Forschung gehört. Allerdings gibt es je nach theoretischer Ausrichtung und zugrundeliegendem Sprachbegriff deutliche Unterschiede hinsichtlich der Rolle und der Funktion von Korpusdaten für die jeweilige Sprachforschung. Dieses unterschiedliche Verständnis der Rolle und Funktion von korpusbasierter Forschung führt in letzter Konsequenz zu der Grundsatzfrage, ob die Korpuslinguistik eine Methode der Sprachforschung ist oder aber selber eine linguistische Theorie. Diese grundsätzliche Frage steht in enger Verbindung mit der wissenschaftstheoretischen Ausrichtung der jeweiligen Forscher/innen und ihrer Zugehörigkeit zu einer linguistischen Denkschule bzw. Richtung.

Wissenschaftstheoretisch (und wissenschaftsgeschichtlich) stehen sich der **Empirismus** und der **Rationalismus** gegenüber.

Im Zentrum **des Empirismus** steht die wissenschaftliche **Methode der Induktion**, bei der auf der Grundlage der beobachtbaren Daten allgemeine Regeln abgeleitet werden, also die Theoriebildung durch die Verallge-

Empirismus vs.
Rationalismus

meinerung (regelhaft) wiederkehrender Beobachtungen erfolgt (Übergang vom Besonderen zum Allgemeinen).

Der Rationalismus vertritt demgegenüber die **Methode der Deduktion**, die von vorausgesetzten oder bewiesenen allgemeinen Prinzipien ausgeht und hieraus den Einzelfall ableitet (Übergang vom Allgemeinen zum Besonderen). Für die Wissenschaftstheorie der Gegenwart spielt die Verbindung von deduktivem Vorgehen und dem **Falsifikationismus**, wie sie von dem österreichisch-britischen Philosophen Karl Raimund Popper vorgeschlagen wurde, eine zentrale Rolle. Dieser Ansatz geht davon aus, dass wissenschaftliche Erkenntnisfortschritte nur dadurch erzielt werden, dass Wissenschaftler kohärente Theorien (ein System von Prinzipien, Regeln, Gesetzen etc.) formulieren, die so beschaffen sind, dass die aus ihnen logisch ableitbaren Konsequenzen an der Realität (durch Experiment bzw. beobachtbare Fakten) getestet und gegebenenfalls widerlegt werden können.

Die skizzierten wissenschaftlichen Herangehensweisen lassen sich gut am Beispiel der Sprachwissenschaft veranschaulichen: **Induktiv** gehen wir vor, wenn wir z. B. daraus, dass wir auf der Basis von 100 Textbeispielen, in denen ein als direktes Objekt fungierender Eigenname mit der Präposition *a* markiert wird (differentielle Objektmarkierung), die Regel ableiten: Personale direkte Objekte erfordern im Spanischen immer die Präposition *a*. Stellen wir eine komplementäre Regel auf – etwa: Ein sächliches direktes Objekt wird nie mit der Präposition *a* markiert – und stoßen dann auf ein Beispiel wie »El libro electrónico sustituye al papel« (http://www.otrastardes.com/2010/08/05), so wird unsere Regel falsifiziert und wir müssen unsere Theorie zur differentiellen Objektmarkierung modifizieren. **Deduktiv** geht man hingegen vor, wenn man aus der Grundregel ›belebte direkte Objekte‹ werden mit der Präposition *a* markiert, ableitet, die Regel gelte notwendigerweise dann auch für eine Teilmenge, etwa bei Tieren (z. B. *el perro, la serpiente, el conejo*). Dies ist aber, wie Korpusbeispiele zeigen, nicht immer der Fall (*quiero a mi perro*, aber: *quiero esta serpiente*).

Generativismus: Der dem cartesianischen Rationalismus verpflichtete Generativismus lehnt (wie Noam Chomsky selbst) teilweise die Arbeit mit Korpora grundsätzlich ab. Die Anhänger dieser Position vertreten die Auffassung, dass Korpora lediglich den Gebrauch der Sprache, also die Performanz repräsentieren. Es kann mithin aus den Sprachbeispielen nicht auf die Kompetenz, deren Beschreibung das Ziel der generativen Sprachbetrachtung ist, geschlossen werden – denn: Korpora enthalten immer nur eine endliche Anzahl von Realisierungen der Sprachkompetenz und können schon per definitionem nicht alle (weil prinzipiell unbegrenzten) Möglichkeiten der Realisierung der Sprachkompetenz erfassen. Allerdings arbeiten heute auch viele generative Linguisten/innen sowie Vertreter/innen anderer linguistischer Schulen mit Korpora, die verwendet werden, um Hypothesen, Theorien und Konzepte der aktuellen Forschungsdiskussion zu untersuchen, zu überprüfen, zu illustrieren und ggf. auch zu falsifizieren. Das Korpus fungiert hier als zentrales Arbeitsinstrument im

Dienste der empirischen Auseinandersetzung mit linguistischen Theorien, die auf dieser Grundlage modifiziert und weiterentwickelt werden sollen. Werden Korpora in dieser Weise verwendet, so ergänzen sich also linguistische Theoriebildung (die theoretische Linguistik) und Korpuslinguistik (als Methode) gegenseitig. Ein solcher korpuslinguistischer Ansatz, bei dem die Korpuslinguistik als Methode der Weiterentwicklung (Falsifizierung, Modifizierung oder Exemplifizierung) linguistischer Theorien dient, wird als ***corpus-based approach*** bezeichnet.

Der **induktive Ansatz** zeichnet sich hingegen dadurch aus, dass hier die Korpusdaten Grundlage von Generalisierungen mit dem Ziel einer einheitlichen Theoriebildung sind. Anders als bei dem *corpus-based approach* nimmt die Theoriebildung ihren Ausgang bei den Korpusdaten als primärer Quelle der Erkenntnis und geht auch bewusst nicht über das aus den Daten Verallgemeinerbare hinaus. Eine solche korpuslinguistische Ausrichtung wird daher als ***corpus-driven*** bezeichnet. Im Rahmen des induktiven Ansatzes kommt mithin der Korpuslinguistik nicht lediglich die Rolle einer Arbeitsmethode zu, sondern sie reklamiert ihre eigene Theorie der menschlichen Sprache (Tognini-Bonelli 2001). Wesen und Funktionsweise der Sprache – beides fällt hier im Grunde zusammen – manifestiert sich danach vor allem und in erster Linie in (maximal großen) Korpora. Insbesondere britische Korpuslinguisten, allen voran John Sinclair, der ehemalige Chefredakteur des *Collins Cobuild English Dictionary*, haben diese Überlegungen zu einer eigenen Sprachtheorie verdichtet.

Corpus-driven approach

Kontextualismus: Im Zentrum der Sprachbetrachtung steht der Sprachgebrauch, das Auftreten sprachlicher Elemente und Erscheinungen in ihren konkreten Vorkommenskontexten. Die konkrete Verwendung von Sprache ist in dieser kontextualistischen Perspektive nicht einfach, wie etwa im Strukturalismus, Ausgangspunkt für die Rekonstruktion eines dahinterstehenden abstrakten Sprachsystems, sondern sie ist vielmehr die Manifestation der Sprache schlechthin. Deshalb wird die Sprache auch umso besser repräsentiert, je umfangreicher das der Dokumentation und Analyse dienende Korpus ist.

Ganz analog ist auch der Bedeutungsbegriff der britischen Schule: Bedeutung wird nicht als mentales, unabhängig vom konkreten Gebrauch existierendes Phänomen verstanden, sondern im Sinne von Wittgensteins gebrauchstheoretischer Überlegung: »Die Bedeutung eines Wortes ist sein Gebrauch in der Sprache.« Dieser prägnant formulierte Aphorismus wird so operationalisiert, dass die Bedeutung eines Wortes aus seinen typischen Vorkommenskontexten, konkret: den üblicherweise mit ihm auftretenden (ko-okkurrierenden) Begleitwörtern abgeleitet wird. Aus der Vorstellung, dass die Bedeutung eines sprachlichen Elements letztlich nur aus seinen Vorkommenskontexten erschlossen werden kann, erklärt sich auch, dass das Augenmerk der kontextualistischen Sprachbeschreibung auf den folgenden sprachlichen Phänomenen liegt:

- **Kollokationen** sind Wörter bzw. lexikalische Einheiten, die üblicherweise zusammen vorkommen. Dabei muss zwischen dem Kernelement, der Kollokationsbasis (z.B. *un efecto*), und dem typischen

Begleiter, dem Kollokator (z. B. *producir*) unterschieden werden (s. Kap. 7.5).

- **Kolligationen** sind Paare sprachlicher Einheiten, die typischerweise in einer bestimmten syntaktischen Relation miteinander auftreten. Ein bestimmtes lexikalisches Element (auch *node word*) kommt hierbei also in Verbindung mit einer charakteristischen grammatischen Kategorie vor. Beispielsweise erscheint das Wort *libertad* üblicherweise als Kopf einer NP (*la libertad de prensa, la libertad para hacer*) oder das Partizip *preocupado* in Verbindung mit Kopulaverben (*andar, estar, quedarse*).

- **Kookkurrenz** bezeichnet das gemeinsame Vorkommen zweier Wörter in einem gemeinsamen Kotext, wobei die Länge des Kotextes (der Abstand zwischen den gemeinsam vorkommenden Wörtern) als Textfenster (*span*) mit einer bestimmten Länge (z. B. vier Einheiten links und rechts von einem Schlüsselwort) beliebig festgesetzt werden kann.

Die semantischen Prosodie (*semantic prosody*) ist ebenfalls ein Schlüsselkonzept der Richtung (Louw 1993). Darunter wird die Tatsache verstanden, dass die typischen Begleiter einer Wortform diese mit einer bestimmten ›Aura‹ umgeben und ihr damit eine für sie charakteristische Färbung verleihen. Diese geschaffene konnotative Aura verleiht bestimmten Diskursen – z. B. einem politischen oder einem literarischen Diskurs – ihren spezifischen Charakter. Sie erklärt aber auch diskursbasierte Phänomene wie etwa die Ironie.

Im Bereich der Grammatik wird davon ausgegangen, dass den Sprechern bestimmte Muster, *patterns*, zur Verfügung stehen, deren Variablen dann im Diskurs mit den konkreten Werten der Sprechsituation belegt (›instanziiert‹) werden müssen. Diese Vorstellungen im Bereich von Grammatik und Lexik werden in jüngerer Zeit auch mit kognitionslinguistischen Vorstellungen verbunden. Dabei werden mentalistische Ansätze abgelehnt, die das Sprachvermögen modular konzipieren und die Sprachverwendung als regelhafte dynamische Prozesse verstehen, die auf symbolischen Repräsentationen operieren. Mentales Bezugsmodell sind vielmehr **konnexionistische Überlegungen**, denen zufolge die einzelnen sprachlichen Einheiten netzwerkartig miteinander verbunden sind, so dass bei ihrer Aktivierung Ausbreitungsprozesse im Netzwerk stattfinden.

Lexical priming: Entsprechend konsequent ist der ***lexical priming*-Ansatz** Hoeys (2005, 2007), der davon ausgeht, dass die Aktivierung eines bestimmten Wortes A (*matrimonio*) auch die Wörter B (*contraer*) und C (*de conveniencia*) nach sich zieht, die mit dem Wort A mental, d. h. innerhalb des Netzwerks, verbunden sind. Dieses Phänomen wird als **Priming** bezeichnet. Hierbei kommt noch ein weiteres hinzu: Je nach Abstand eines Elements A von einem Element B ist die Aktivierung des Elements B wahrscheinlicher oder unwahrscheinlicher. Die menschliche Sprache funktioniert in dieser Perspektive nach dem **Prinzip der Wahrscheinlichkeit**. Daher werden auch **probabilistische Modellierungen** als wirklichkeitsadäquat betrachtet. Kollokationen geben nun ihrerseits einen zweifachen

Hinweis darauf, wie der Wortschatz mental verankert ist: Zum einen lassen sie erkennen, welche Wörter überhaupt mental in einer Beziehung zueinander stehen; zum anderen zeigt die Häufigkeit (die statistische Frequenz) ihres gemeinsamen Vorkommens an, wie wahrscheinlich die Aktivierung eines Wortes B ist, wenn das Schlüsselwort A aktiviert wird (»collocation is a window into a mind-internal phenomenon«, Hoey zit. nach McEnery/Hardie 2012: 133).

Idiom Principle: Dem Priming im Bereich der Lexik entspricht in der Grammatiktheorie das **Idiom Principle**, wie es von Sinclair (Sinclair 1991: 110) formuliert wurde: Sprachbenutzer greifen auf vorkonstruierte Muster zurück (»semi-preconstructed phrases«, ebd.: 110), die gewissermaßen schon ›halbfertig‹ vorliegen und nicht erst durch Zusammensetzung der einzelnen Elemente (etwa durch eine Operation wie »merge«, wie sie im minimalistischen Ansatz postuliert wird) zusammengefügt werden müssen. Daraus ergibt sich auch das Verhältnis von Lexikon und Grammatik im Rahmen dieses Ansatzes: Im Vordergrund steht eindeutig das Lexikon, aus dem letztlich die Grammatik hervorgeht und damit als abgeleiteter Bereich erscheint. Dementsprechend stehen auch Fragen der Lexikologie, der Lexikographie, der Übersetzungswissenschaft und der Sprachdidaktik im Mittelpunkt des Forschungsinteresses des induktiven bzw. kontextualistischen Ansatzes.

10.6 | Korpora des Spanischen

Neben den Korpora, die unter der Ägide einer Institution wie der spanischen Sprachakademie, der **Real Academia Española** (RAE), entstanden sind, existieren eine Vielzahl von Korpora, die im Bereich der Computerlinguistik arbeitende Forschergruppen, teilweise im Rahmen spezifischer Projekte, erstellt und zugänglich gemacht haben. Bei letzteren ändern sich aber oftmals – bedingt durch den Projektverlauf – Zugangsbedingungen bzw. auch die relevanten Zugangsdaten, so dass Angaben zur URL-Adresse meist nach kurzer Zeit nicht mehr aktuell sind.

Korpora der spanischen Gegenwartssprache

CREA: Das *Corpus de Referencia del Español Actual* (CREA) der spanischen Sprachakademie ist, wie der Name schon deutlich macht, ein Korpus des Gegenwartsspanischen, das aus über 150 Mio. Wörtern besteht. Das Korpus setzt sich nicht nur aus schriftsprachlichen Texten (Belletristik, Fachliteratur, Zeitungsartikel, Zeitschriften), sondern auch aus Dokumenten der Mündlichkeit (vor allem Radio- und Fernsehinterviews) zusammen und deckt den Zeitraum von 1975 bis 2004 ab. Das Webinterface des CREA erlaubt einfache Abfragen – z.B. kann dank des Operators * nach Wörtern mit einem bestimmten Suffix gesucht werden (z.B. *ista) –, entspricht aber leider nicht den Möglichkeiten und dem Komfort anderer Korpora wie z.B. des *Corpus del Español* von Mark Davies (s.u.).

Korpora des
Spanischen

CORPES: Im Jahr 2007 unterzeichnete die Real Academia ein Kooperationsabkommen mit der *Banco de Santander,* das die finanziellen Voraussetzungen für die Schaffung eines ***Corpus del Español del Siglo XXI*** (CORPES) schuf. Dieses ambitionierte Projekt, dessen Abschluss für das Jahr 2014 vorgesehen ist, soll mit einer deutlichen Verschiebung des Schwerpunkts zugunsten des hispanoamerikanischen Sprachraums (was sich in der Textauswahl mit 70% Texten aus Amerika und 30% aus Spanien) manifestiert, dem tatsächlichen Gewicht der Varietäten der hispanophonen Welt deutlich mehr Rechnung tragen. Das Korpus soll aus mehr als 300 Mio. Wörtern bestehen und den Zeitraum von 2000 bis 2011 umfassen.

Das Corpus del Español (www.corpusdelespanol.org) ist eines der unter Leitung von Mark Davies (University of Brigham Young, USA) entwickelten Korpora, das ca. 100 Mio. Wörter umfasst und vom 13. bis zum 20. Jh. reicht. Im Vergleich zu den Korpora der Real Academia besticht es durch recht komplexe Abfragemöglichkeiten, zu denen unter anderem auch die Angabe von Lemmata sowie von morphosyntaktischen Kategorien (POS-Informationen etwa zu spezifischen Verbalkategorien) gehören. Es lassen sich zudem Kollokationen unter Angabe eines Fensters links und rechts des Schlüsselwortes (der Kollokationsbasis) ermitteln. Auch können vergleichende Frequenzlisten erstellt und Abfrageergebnisse graphisch ausgegeben werden.

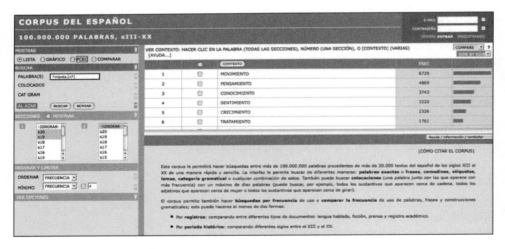

Abb. 3: Corpus del
Español,
Abfragebeispiel
Suffix -*miento*

Von großem Interesse für die Forschung sind auch die von verschiedenen Forschergruppen an spanischen und lateinamerikanischen Universitäten erstellten Korpora, die teilweise für spezifische korpus- bzw. computerlinguistische Fragestellungen bzw. Bedürfnisse geschaffen wurden.

BDS: Die ***Base de Datos Sintácticos del Español Actual*** (BDS) (www. bds.usc.es) der Universität von Santiago de Compostela ist ein manuell annotiertes syntaktisches Korpus, das aus ca. 160.000 Sätzen besteht und das Gegenwartsspanische im umfassenden *Archivo de Textos Hispánicos de la Universidad de Santiago* (**ARTHUS**) repräsentiert.

CORLEC: Die Korpora des *Laboratorio de Lingüística Informática der Universidad Autónoma de Madrid* bestehen auch aus einem Korpus der gesprochenen spanischen Gegenwartssprache, dem CORLEC (***Corpus Oral de Referencia de la Lengua Española Contemporánea*** (www.lllf.uam.es/ESP/Corlec.html). Für die Erstellung dieses Korpus wurden ca. 1,1 Mio. aufgezeichnete Wörter transkribiert, wobei die gesprochenen Texte aus unterschiedlichen Kommunikationsbereichen – der Verwaltung, der Wissenschaft, der Politik, dem Journalismus und dem Freizeitbereich – stammen.

Bwananet des Instituts für Angewandte Linguistik der *Universidad Pompeu Fabra* (http://bwananet.iula.upf.edu) erlaubt den Zugang zu mehreren digitalen Korpora, die von der Forschergruppe dieses Instituts (IULA: *Instituto Universitario de Lingüística Aplicada*) zusammengestellt wurden.

El Grial (www.elgrial.cl) ist ein großes Korpus der Gegenwartssprache, das von der *Escuela Lingüística de Valparaíso* der *Pontificia Universidad Católica* in Chile entwickelt wurde. Das Korpus vereint Texte aus verschiedenen thematischen Bereichen und unterschiedlichen Registern. Die Texte werden differenziert nach dem Kommunikationsmodus (mündlich vs. schriftlich), den sog. Registern (wissenschaftlich, journalistisch, literarisch, dialogisch, politisch, fachsprachlich), den Textsorten (Handbücher, wissenschaftliche Artikel, Romane, Reportagen etc.) und unterschiedlichen Themen (Wirtschaft, Pädagogik, Chemie, Geschichte).

Nicht online zugänglich, sondern als CD-Rom verfügbare Korpora sind:

CUMBRE: Ein repräsentativer Ausschnitt des ca. 20 Mio. Wörter umfassenden Corpus CUMBRE (***Corpus lingüístico del español contemporáneo***), das als Grundlage für die Erarbeitung des *Gran Diccionario de Uso del Español Actual* diente (vgl. Sánchez et al. 1995; Sánchez/Cantos 2001).

C-ORAL-ROM: Das nicht sehr umfängliche spanische Teilkorpus des europäischen Korpusprojekts C-ORAL-ROM. Das sprechsprachliche Korpus ordnet die Texte nach Formalitätsgraden (*informal-privado/informal-público/formal-media*) und Kommunikationssituationen (etwa *deportes, monólogo, diálogo*) an (vgl. Cresti/Moneglia 2005).

PRESEEA (***Proyecto para el Estudio Sociolingüístico del Español de España y América***) ist ein von Francisco Moreno Fernández (Alcalá de Henares) geleitetes Korpusprojekt, das sich die Dokumentation eines repräsentativen Querschnitts der verschiedenen sozialen und geographischen Varietäten des gesprochenen Spanisch in den Städten der gesamten hispanophonen Welt zum Ziel setzt. An dem 1992 initiierten Projekt arbeiten rund 40 Forschergruppen in Spanien und Lateinamerika mit. Die Informanten werden nach drei soziolinguistischen Variablen – dem Geschlecht, Alter und Bildungsgrad – ausgewählt und nehmen an Interviews und Gesprächen über Alltagsthemen teil. Die Aufnahmen werden im SGML-Format sowie nach den Regeln der TEI transkribiert und auf CD-Rom verfügbar gemacht. Zudem existiert eine Projekt-Plattform im Internet unter www.linguas.net/preseea, die über Arbeitsfortschritte unterrichtet und auch vereinzelt Texte verfügbar macht. Das Projekt stellt gewissermaßen eine Fortführung des von Juan Lope Blanch schon in den 1960er Jahren initiierten Projekts zum gehobenen urbanen Sprachgebrauch (*Habla Culta*) in den Städten Spaniens und Lateinamerikas im digitalen Zeitalter dar (*Proyecto de Estudio Coordinado de la Norma Lingüística Culta de las Principales Ciudades de Iberoamérica y de la Península Ibérica*, PILEI). Die Ergebnisse dieses Pionierprojekts erschienen zunächst in Buchform, seit 1998 steht auch eine Auswahl von Transkriptionen aus zwölf Städten auf CD-Rom zur Verfügung (Samper Padilla et al. 1998).

Historische Korpora des Spanischen

CORDE (*Corpus Diacrónico del Español*): Das historische Sprachkorpus der Real Academia, das CORDE, erlaubt einfache Abfragen nach Textsorten (Prosa, Theater etc.) bzw. Sachbereichen (z. B. Naturwissenschaften, Recht, Religion). Das historische Akademiekorpus ist philologisch sorgfältiger aufbereitet worden als das schon genannte *Corpus del Español* von Mark Davies. Auch wird das CORDE derzeit morphosyntaktisch annotiert, so dass in Zukunft komplexere Abfragen – vor allem zu grammatischen Strukturen – möglich sein werden.

ADMYTE: Eine erste Version des ADMYTE-Korpus mit 64 mittelalterlichen Texten wurde zu Beginn der 1990er Jahre veröffentlicht (ADMYTE I). Die deutlich erweiterte Neuausgabe (ADMYTE II) enthält 165 Texte, die auch grundlegende Werke der Renaissance (etwa den *Lazarillo de Tormes*) miteinschließen. Auf das ursprünglich nur auf CD-Rom verfügbare Korpus kann jetzt auch online zugegriffen werden (www.admyte.com).

Biblia Medieval: Besonders interessant für Sprachhistoriker/innen ist das an der Universität der Balearischen Inseln beheimatete Projekt der *Biblia Medieval* (www.bibliamedieval.es). Es umfasst verschiedene mittelalterliche Übersetzungen des Bibeltextes ins Kastilische und kann als Parallelkorpus konsultiert werden, aus dem sich interessante Aufschlüsse über sprachhistorische Aspekte gewinnen lassen.

Literatur

Briz Gómez, Antonio/Grupo Val.Es.Co. (2002): *Corpus de conversaciones coloquiales.* Madrid: Arco Libros.

Caravedo, Rocío (1999): *Lingüística del Corpus. Cuestiones teórico-metodológicas aplicadas al español.* Salamanca: Universidad de Salamanca.

Cresti, Emanuela/Moneglia, Massimo (Hg.) (2005): *C-Oral-Rom. Integrated Reference Corpora for Spoken Romance Languages.* Amsterdam/Philadelphia: Benjamins.

De Kock, Josse et al. (Hg.) (2001): *Gramática española, enseñanza e investigación. 1:7-Apuntes metodológicos: Lingüística con corpus: catorce aplicaciones sobre el español.* Salamanca: Universidad de Salamanca.

Dipper, Stefanie (2008): Theory-driven and Corpus-driven Computational Linguistics, and the use of corpora. In: Lüdeling, Anke/Kytö, Merja (Hg.): *Corpus Linguistics. An International Handbook. Handbooks of Linguistics and Communication Science.* Band 29,1. Berlin: de Gruyter, S. 68–96.

Hoey, Michael (2005): *Lexical Priming: A New Theory of Words and Language.* London: Routledge.

– et al. (Hg.) (2007): *Text, Discourse and Corpora: Theory and Analysis.* London: Continuum.

Instituto Cervantes (1994/1996): *Informe sobre recursos lingüísticos para el español. Corpus escritos y orales disponibles y en desarrollo en España.* 2 Bände. Alcalá de Henares: Instituto Cervantes.

Lemnitzer, Lothar/Zinsmeister, Heike (2010): *Korpuslinguistik: eine Einführung.* 2. Aufl. Tübingen: Narr.

Louw, William Ernest (1993): Irony in the text or insincerity in the writer? The diagnostic potential of semantic prosodies. In: Baker, Mona/Francis, Gill/Tognini-Bonelli, Elena (Hg.): *Text and Technology: In Honour of John Sinclair.* Amsterdam: Benjamins, S. 157–176.

Lüdeling, Anke/Kytö, Merja (Hg.) (2008/2009): *Corpus Linguistics. An International Handbook. Handbooks of Linguistics and Communication Science.* 2 Bände: 29,1/29,2. Berlin: de Gruyter.

McEnery, Tony/Hardie, Andrew (2012): *Corpus Linguistics: Method, Theory and Practice.* Cambridge: Cambridge University Press.

McEnery, Tony/Wilson, Andrew (1996, ²2001): *Corpus Linguistics.* Edinburgh: Edinburgh University Press.

Meindl, Claudia (2011): *Methodik für Linguisten: eine Einführung in Statistik und Versuchsplanung.* Tübingen: Narr.

Parodi, Giovanni (Hg.) (2007): *Working with Spanish Corpora.* London: Continuum.

– (2010): *Lingüística de corpus: de la teoría a la empiria.* Madrid/Frankfurt a.M.: Iberoamericana/Vervuert.

Pusch, Claus/Kabatek, Johannes/Raible, Wolfgang (Hg.) (2005): *Romanistische Korpuslinguistik II: Korpora und diachrone Sprachwissenschaft/Romance Corpus Linguistics II: Corpora and Diachronic Linguistics.* Tübingen: Narr.

Pusch, Claus/Raible, Wolfgang (Hg.) (2002): *Romanistische Korpuslinguistik: Korpora und gesprochene Sprache/Romance Corpus Linguistics: Corpora and Spoken Language.* Tübingen: Narr.

Samper Padilla, José Antonio/Hernández Cabrera, Clara Eugenia/Troya Déniz, Magnolia (Hg.) (1998): *Macrocorpus de la norma lingüística culta de las principales ciudades del mundo hispánico.* Las Palmas de Gran Canaria: Universidad de las Palmas de Gran Canaria.

Sánchez, Aquilino et al. (1995): *Corpus lingüístico del español contemporáneo: fundamentos, metodología y aplicaciones.* Madrid: SGEL.

Sánchez, Aquilino/Cantos, Pascual/Simón Granda, José (2001): *Corpus Cumbre lingüístico: selección de 2.000.000 de palabras del lenguaje oral y escrito.* Madrid: SGEL, CD-Rom.

Sinclair, John (1991): *Corpus, Concordance, Collocation.* Oxford: Oxford University Press.

–/**Carter, Ronald** (Hg.) (2004): *Trust the Text: Language, Corpus and Discourse.* London: Routledge.

Tognini-Bonelli, Elena (2001): *Corpus Linguistics at Work.* Amsterdam: John Benjamins.

Korpora auf der Linguistlist: http://www.linguistlist.org/sp/Texts.html
Corpus Linguistics and Written Language Resources – Bibliography: http://liceu.uab.es/~joaquim/language_resources/lang_res/biblio_corpus.html#Espanol_escritos
La lingüística computacional: http://paginaspersonales.deusto.es/abaitua/konzeptu/cl2.htm

Links zur Korpuslinguistik

WordStat (http://www.simstad.com/wordstat.htm)
WordSmithTools (http://www.lexically.net/wordsmith/)
Corpus Wizzard (http://www2d.biglobe.ne.jp/~htakashi/software/cw2e.htm)
MonoConc (http://www.athel.com/mono.html)
AntConc (http://morphix-nlp.berlios.de/manual/node39.html)

Gängige Konkordanzprogramme

11 Spanische Sprachgeschichte

11.1 Der Ausgangspunkt: Das gesprochene Latein
11.2 Vom Vulgärlatein zu den romanischen Dialekten
auf der Pyrenäenhalbinsel
11.3 Das Altspanische
11.4 Das Spanische in den Siglos de Oro
11.5 Das moderne Spanisch

In diesem Kapitel werden die grundlegenden Aspekte und Probleme der Geschichte der spanischen Sprache vorgestellt. Bei ihrer Behandlung werden zudem Grundbegriffe und Methoden der diachronen Linguistik eingeführt.

11.1 | Der Ausgangspunkt: Das gesprochene Latein

Vulgärlatein: Die spanische Sprache geht auf das Lateinische zurück – nicht auf das geschriebene Latein, das **klassische Latein**, wie es etwa Cicero, Seneca und Catull verwendet haben, sondern auf das gesprochene Latein, das die lateinischen Autoren in ihren Schriften als *sermo plebeius*, *sermo rusticus* oder *sermo vulgaris* bezeichneten. Der Romanist Hugo Schuchardt knüpfte mit seinem Werk *Der Vokalismus des Vulgärlateins* (1866–68) hieran an und etablierte den Terminus ›Vulgärlatein‹. Das Vulgärlatein deckte als das ›Sprechlatein‹ den gesamten nähesprachlichen Bereich ab, diente also der mündlichen, informellen, auf die Bedürfnisse der alltäglichen Lebenswelt gerichteten Kommunikation. Das Vulgärlatein, das häufig auf die als niedrig markierten Varietäten der gesprochenen Sprache der ungebildeten Gesellschaftsgruppen eingengt wird, weist jedoch unterschiedliche diaphasische, diastratische und diatopische Markierungen auf. Es existierte zudem immer schon und setzte in ununterbrochener Kontinuität das Altlatein fort. Das klassische Latein entfernte sich vom gesprochenen Latein vor allem durch den Einfluss des Griechischen sowie die Herausbildung einer schriftsprachlichen Norm.

Diglossie: Das Verhältnis von gesprochenem Latein, Vulgärlatein, und dem geschriebenen, dem klassischen Latein, wird nach Ferguson (1959) auch als **Diglossie-Situation** beschrieben. Unter Diglossie versteht man eine Sonderform von **Zweisprachigkeit (Bilinguismus)**, bei der zwei Varietäten einer Sprache (hier das Vulgärlatein und das klassische Latein, z. B. aber auch das Schweizerdeutsche und das Hochdeutsche) oder genetisch eng verwandte Sprachen (wie das Kreolische und das Französische auf Haiti) in einer Sprachgemeinschaft in funktionaler Hinsicht komplementär verwendet werden. Die beiden Varietäten decken nicht nur unterschiedliche Kommunikationsbereiche ab, sondern zwischen ihnen besteht auch ein deutlicher Unterschied hinsichtlich ihres sozialen Ansehens. Die eine der beiden Varietäten, die sog. *high variety,* wird in formalen Redesituationen und im Bereich der Schriftlichkeit (also als **Distanzsprache**) verwendet. Sie besitzt hohes Prestige und eine kodifizierte Norm, wird in der Schule vermittelt und hat ihren festen Platz im staatlichen Leben (etwa in Verwaltung und Rechtssprechung) eines Landes. Die *low variety* entspricht der informellen Umgangssprache, der **Nähesprache**, die dementsprechend kein Prestige vorweisen kann. Sie ist nicht kodifiziert, aber die eigentliche Muttersprache der Sprecher einer Sprachgemeinschaft.

Der Diglossie-Begriff wurde später von dem Soziolinguisten Joshua Fishman (1967) erweitert und auf zweisprachige Konstellationen angewendet, bei denen zwar zwischen den relevanten Sprachen ein Gefälle hinsichtlich der Funktion und des sozialen Prestiges besteht, diese jedoch nicht genetisch verwandt sind, so z. B. das Spanische im Verhältnis zum Baskischen im Baskenland.

Wenn aber das Vulgärlatein, Ausgangspunkt für die weiteren Entwicklungen hin zu einer Ausgliederung bzw. Herausbildung der romanischen Sprachen, auf den mündlichen Sprachgebrauch beschränkt war, woher wissen wir dann über seine Eigenschaften und Besonderheiten in Gegensatz zum klassischen Latein Bescheid?

Quellen: Wir verfügen über unterschiedliche Quellen, die uns auf indirektem Wege Auskunft über das Vulgärlatein geben können:

- **Inschriften:** Die vielfältigen Inschriften, vor allem Grabinschriften sowie die Graffiti von Pompeji, das durch den Vesuvausbruch im Jahr 79 n. Chr. in eine Lavaschicht gehüllt und deshalb in weiten Teilen konserviert wurde, sind eine wichtige Quelle, zumal die Ersteller (die Steinmetze) die schriftsprachliche Norm in der Regel nicht beherrschten. Die Inschriften des Römischen Reichs sind im **CIL** (*Corpus Inscriptionum Latinarum*) dokumentiert.
- **Literarische Quellen:** Lateinische Autoren verwenden umgangssprachliche Ausdrücke aus stilistisch-expressiven Gründen, etwa um ihre Charaktere bzw. deren soziale Milieus zu kennzeichnen. Beispiele hierfür sind die Komödien des Plautus (244–184 v. Chr.) sowie die *Cena Trimalchonis* in Petrons (gest. 60 n. Chr.) *Satyricon.*
- **Sachprosa:** Auch in der Fachliteratur der angewandten Wissenschaften (wie etwa in der *Mulomedicina Chironis* aus dem 4. Jh. oder Apicius Kochbuch *De re coquinaria*) finden wir nicht-standardsprachliche Elemente, weil die Autoren offenbar nicht mehr mit der klassischen Norm vertraut waren.
- **Christliche Autoren:** Autoren wie Tertullian und Augustinus schreiben für ein breites Publikum und passen sich ihm an, weil sie den Inhalt der christlichen Botschaft für wichtiger erachten als die literarische Elaboriertheit des Textes. Besonders wertvolle Zeugnisse sind die Reisebeschreibung einer Nonne ins Heilige Land (*Itinerarium Egeriae/ Peregrinatio Aetheriae*), die Bibelübersetzungen aus dem Griechischen

ins Lateinische, die *Itala* oder *Vetus Latina* sowie die *Vulgata* des Kirchenlehrers Hieronymus (342–420 n. Chr.).

- **Grammatikerkommentare:** Eine der bedeutendsten Quellen ist die *Appendix Probi*, eine aus 227 Elementen bestehende Wort- bzw. Formenliste, die als Anhang zu einem Traktat des Grammatikers Probus überliefert ist. In der Liste werden die korrekten normsprachlichen Formen den umgangssprachlichen Bildungen nach dem Muster »A non B« gegenübergestellt, z. B. *auris non oricla, tristis non tristus, pauper mulier non paupera mulier.* Das Beispiel *auris non oricla* zeigt sehr schön, dass die romanischen Wörter (*orecchio, oreja, orelha, oreille*) häufig aus einer Diminutivform hervorgehen (hier *auricula* anstelle von *auris*) und zudem schon sehr früh der Diphthong *-au-* monophthongiert sowie die unbetonte drittletzte Silbe von den Sprechern getilgt wurde (Synkopierung der unbetonten Antepaenultima).

- **Frühmittelalterliche Quellen:** Bisweilen geben auch frühmittelalterliche Gesetzessammlungen, Urkunden, Formulare – z. B. die *Lex Salica* der Merowingerkönige im Frankenreich oder die *Lex Visigothorum* der Westgotenkönige in Spanien – Hinweise auf das gesprochene Latein.

- **Rekonstruktion:** Schließlich ist eine Rekonstruktion von nicht-belegten vulgärlateinischen Formen auf der Grundlage des Vergleichs der romanischen Sprachen vielfach möglich. Die Anwendung dieser historisch-vergleichenden Methode ist ein ganz wesentlicher Beitrag der junggrammatischen Forschungsrichtung zur Gewinnung neuer Einsichten in die Ursprünge der romanischen Sprachen.

Das Vulgärlatein unterscheidet sich in einer Reihe grundlegender Merkmale vom Klassischen Latein. Einige zentrale Charakteristika sollen im Folgenden zusammengestellt werden:

Phonetisch-morphologische Merkmale des Vulgärlateins

Vokalismus: Die sicherlich mit Abstand folgenreichste Entwicklung im Vulgärlatein stellt der Übergang von einem Vokalsystem, in dem die Längenoppositionen zwischen Vokalen bedeutungsunterscheidende Funktion besaßen zu einem System, in dem die Öffnungsgrade der Vokale phonologisch distinktiv wurden. So konnte im klassischen System der **Längenoppositionen** (der Vokalquantitäten) zwischen dem Präsens *vĕnit* (›er kommt‹) und dem Perfekt *vēnit* (›er kam‹) dank der Opposition lang:kurz unterschieden werden (ähnlich *pŏpulus* ›Volk‹ versus *pōpulus* ›Pappel‹). Mit dem sog. **Quantitätenkollaps** erlangten nun die Öffnungsgrade der Vokale (span. *el timbre*) phonologisch-distinktiven Charakter, d. h. die Vokalqualitäten wurden im Sinne der Bedeutungsdifferenzierung

Abb. 1: Das
italische System
des Vulgärla-
teins (klassisch-
lateinisches und
italisches System)

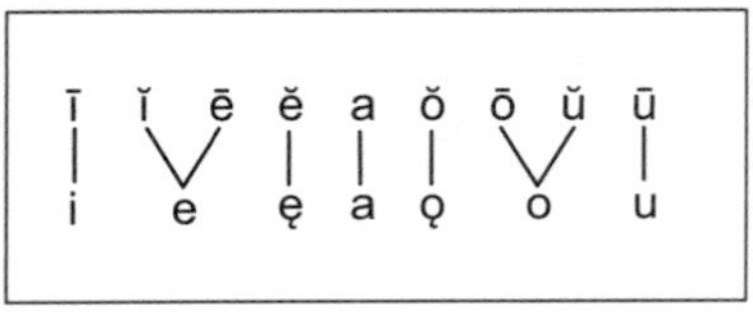

phonologisiert. Das auch für die Herausbildung des Spanischen relevante vulgärlateinische Vokalsystem, das **italische System**, ist in Abbildung 1 dargestellt.

Konsonantismus: Das Phonem h wie auch auslautendes -m waren schon in klassischer Zeit verstummt. Der Nasalkonsonant n wird vor s getilgt (*mensa* >

mesa). Zur Erleichterung der Aussprache fügen die Sprecher ein prothetisches e oder i vor s + Konsonant im Anlaut hinzu. Dies hat sich in der Westromania erhalten können (z. B. *spatha* > *espada*, frz. *épée*) und erweist sich auch heute noch im Spanischen als produktive Regel bei der Entlehnung von Fremdwörtern, vor allem bei Anglizismen (*esnob*).

Von großer Bedeutung sollte die Entwicklung der Vokale e und i im Hiat werden. Sie verloren ihren vokalischen Charakter und verwandelten sich in den Halbkonsonant **yod** [j], der zu einer Reihe von Palatalisierungen in der weiteren Entwicklung führen sollte.

Von einer **Palatalisierung** spricht man, wenn der Artikulationsort eines Lautes (zumeist vom velaren oder dentalen Bereich) in den palatalen bzw. präpalatalen Raum verlagert wird. Beispielsweise wurde zunächst der zwischen zwei Vokalen bestehende Hiat aufgehoben (etwa bei: *venea* > *vinja*, *filia* > *filja*) und im weiteren wurden dann die entstandenen Verbindungen nj und lj zu ɲ (*viña*) und ʎ (hiʎa, später dann im Altspanischen hiʒa) palatalisiert.

Der velare Verschlusslaut k wird vor e, i ebenfalls palatalisiert und verwandelt sich in eine Affrikate /tʃ/ (etwa im Italienischen) bzw. /ts/ in der Iberoromania, z. B. in *centum* oder *civitatem*.

Ein weiteres wichtiges Merkmal betrifft den **Intensitätsakzent** und damit den suprasegmentalen Bereich. Das gesprochene Latein besitzt eine Präferenz für paroxytone Betonungsmuster, eine Tendenz, die oftmals mit dem Ausfall (der **Synkopierung**) der unbetonten Paenultima einhergeht. Ein schönes Beispiel findet sich wiederum in der schon genannten *Appendix Probi* – hier mahnt der Verfasser: *calida non calda*.

Morphologie

Ein tiefgreifender Wandel betrifft die Art und Weise (bzw. die ›Technik‹) der Kennzeichnung grammatischer Funktionen. Grammatische Relationen und Funktionen werden nicht mehr primär durch Flexionsmorphologie (z. B. Akkusativkasus oder Passiv) angezeigt, sondern durch grammatische Funktionswörter wie Präpositionen, Pronomina oder Adverbien, aber auch durch die Wortstellung. Es handelt sich also um einen **Übergang von synthetischen zu analytischen sprachlichen Verfahren**. Zugleich lässt sich eine zweite typologische Tendenz feststellen: Die Auszeichnung der lexikalischen Elemente mit grammatischer Information (also die sog. Determination) erfolgt nicht mehr in erster Linie durch das Anfügen von Endungen an das Lexem (durch **Postdetermination**), sondern durch ein dem Lexem voranstehendes grammatisches Morphem (**Prädetermination**).

synthetisch/
analytisch

Diese beiden Grundtendenzen der sprachlichen Entwicklung – der Übergang zu analytischen sprachlichen Verfahren und die Prädetermination – fanden in unterschiedlichen grammatischen Bereichen ihren Niederschlag.

Nomen: Im Bereich der Nominalflexion (Deklination), die dadurch vereinfacht wurde, dass sich die Anzahl der Deklinationen von fünf auf drei reduzierte und zudem das Neutrum verlorenging, ist eine **Erosion des Kasussystems** feststellbar, die durch die lautlichen Entwicklungen (etwa den Wegfall von auslautendem -m) noch verstärkt wurde. Die durch Kasus markierten grammatischen Beziehungen bzw. Funktionen wurden im Vulgärlatein durch Präpositionen angezeigt. Beispielsweise wurde die Relation *filius regis* durch *filius de rege* oder *filius ad regem* ausgedrückt, das indirekte Objekt (in der Rolle des Benefizienten) durch die Präposition *ad* + Akkusativ (*dat librum ad patrem*). Mit dem **vollständigen Zusammenbruch des lateinischen Kasussystems** auf der iberischen Halbinsel (in der Galloromania stabilisierte sich zunächst noch ein Zweikasussystem) reduzierte sich das Formeninventar der Substantive auf jeweils nur noch eine Form, die in der Regel von der lateinischen Akkusativform abgeleitet war (*homine(m)* > *hombre*). Syntaktische Beziehungen bzw. Satzfunktionen mussten jetzt durch Präpositionen sowie durch eine festgelegte (kanonische) Satzanordnung angezeigt werden. Lediglich im Bereich des Pronominalsystems erhielt sich das Kasussystem (vgl. Nominativ: *él, ella – ellos, ellas*; Akkusativ: *lo, la – los, las*; Dativ: *le – les*).

Adjektivischer und adverbialer Bereich: Der Übergang zu analytischen Verfahren wird aber auch im adjektivischen sowie im adverbialen Bereich deutlich: Der Komparativ und der **Superlativ der Adjektive** wird im Vulgärlatein nicht mehr mittels der Suffixe *-ior* und *-issimus* (*longus, longior, longissimus*) gebildet, sondern durch die Konstruktionen *plus/magis* + Adjektiv (*magis/plus longus*) und *maxime/plurime* + Adjektiv (*maxime/plurime longus*) ausgedrückt.

Auch die **adverbiale Funktion**, die ebenfalls durch Suffixe (*-e*: *longe* und *-iter*: *celeriter*) markiert wurde, wird nun durch die Periphrase Adjektiv + *mente* (*longamente*) realisiert. Dabei ist *mente* die Ablativform des lat. Wortes *mens* (›Geist‹) und drückt die Art und Weise (die Geisteshaltung bzw. mentale Einstellung) aus, in der eine Handlung vollzogen wird. Die Form *mente* verweist aber im Lauf der Zeit nicht mehr nur auf eine bestimmte mentale Einstellung, sondern sie charakterisiert grundsätzlich ein bestimmtes Ereignis (etwa die Art und Weise der Ausführung einer bestimmten Handlung). Mit der Bedeutungsverallgemeinerung auf der Inhaltsseite geht der Funktionswandel der Form einher, die keine lexikalische Einheit mehr ist, sondern – als Adverbmarkierung – eine grammatische. Diesen Vorgang, bei dem eine lexikalische Einheit (ein Lexem) zu einer grammatischen Einheit (grammatisches Morphem) wird, bezeichnet man als **Grammatikalisierung**. Die lexikalische Form *mente* hat sich zur Adverbmarkierung grammatikalisiert.

Verb: Im Bereich der **Verbalmorphologie** ist die Herausbildung gleich mehrerer Verbalkategorien bemerkenswert. So bildet sich ein analytisches Futur aus der Verbalperiphrase *cantare habeo* – Infinitiv des Verbs + Präsens Indikativ von *habere* – heraus, das sich dann auch rasch weiterentwickelt: *cantar + he* > span. *cantaré*. Eine ganz neue Form ist das Konditional, das aus der Verbindung *cantare habebam* – Infinitiv des Verbs + Imperfekt von *habere* – entstanden ist und sich zum spanischen *cantaría* weiterentwickelt. Ebenso bildet sich ein analytisches Passiv aus dem Partizip Perfekt des jeweiligen Verbs und der Form von ›sein‹ (*esse*) heraus, also von synthetisch *laudor* (›ich werde gelobt‹) zu analytischem *laudatus sum*. Schließlich entsteht auch ein analytisches Perfekt aus der Verbindung *habere* + Partizip Perfekt des jeweiligen Verbs: *habeo cantatum* (span. *he cantado*). Bei den vier genannten Entwicklungen handelt es sich jeweils um Beispiele für eine Grammatikalisierung, da sich ein lexikalischer Ausdruck in eine grammatische Konstruktion verwandelt und dabei eine neue Verbalform bzw. Verbalkategorie entsteht. – Eine Grammatikalisierung geht oftmals auch mit einer **Reanalyse** der Ausgangsstruktur einher.

Grammatikalisierung und Reanalyse

Das zeigt die **Herausbildung des Perfekts:** Ursprünglich haben die Sprecher den Ausdruck *habeo scriptas litteras* so interpretiert, dass die Form *scriptas* als prädikative Ergänzung zum Objekt erscheint, was auch die Kongruenz zwischen dem Partizip *scriptas* und dem direkten Objekt *litteras* erklärt. Im Lauf der Jahrhunderte aber **reanalysieren** sie die Konstruktion in der Weise, dass *habeo* und *scriptas* als zusammengehörige Verbform ein neues Tempus, nämlich das Perfekt, ausdrücken. Diese Reanalyse spiegelt sich auch darin wider, dass die Kongruenz zwischen dem Partizip und dem direkten Objekt allmählich verlorengeht (*he escrito*). In semantischer Hinsicht drückt die Verbindung des Auxiliars *habere* und des Partizip Perfekt nicht mehr einen gegenwärtigen Zustand aus (die ursprüngliche Bedeutung entspricht der heutigen spanischen Konstruktion: *tengo cartas escritas*), sondern sie verweist auf vergangene Ereignisse, die einen Gegenwartsbezug besitzen. Die zunehmende Entwicklung der Verbindung *habere* + Partizip Perfekt hin zu einer echten Vergangenheitsform, die dann auch mit dem Indefinido konkurriert, stellt einen Prozess der **Weitergrammatikalisierung** dar. Nach dem Vorbild der Perfekt-Konstruktion sind zudem weitere zusammengesetzte Tempora entstanden, z. B. das analytische Plusquamperfekt (*habebam cantatum* > *había cantado*) oder das Futur Perfekt (*habebo cantatum* > *habré cantado*).

Herausbildung des bestimmten Artikels: Eine weitere wichtige morphologische Entwicklung ist die Herausbildung des bestimmten Artikels aus den Demonstrativpronomina *ille* und *ipse*, die ihren demonstrativen Wert verlieren und zunächst einen schon in den Diskurs eingeführten, d. h. bekannten bzw. identifizierbaren Diskursreferenten besonders herausstellen (*illa(m) muliere(m)* > *la mujer*).

Die Schaffung einer neuen grammatischen Kategorie wie der des bestimmten Artikels oder der Tempusform Konditional wird in der Sprachwandelforschung als **Innovation** bezeichnet. Hierbei wird ein neuer grammatischer Inhalt durch eine neue sprachliche Form ausgedrückt. Dagegen spricht man von **Renovation** (*renouvellement*; Meillet 1975), wenn ein und derselbe grammatische Inhalt durch eine neue Form versprachlicht wird. Diesen Fall haben wir am Beispiel der sich neu herausbildenden Adverbmarkierung *-mente* sowie der analytischen Perfektkonstruktion mit *habere* + Partizip Perfekt kennengelernt.

Innovation vs. Renovation

Satzbau

Wie bereits erwähnt, macht der Verlust der Kasusmarkierung die Herausbildung einer **festen (kanonischen) Satzanordnung** erforderlich. Die Entwicklung verläuft von der klassisch-lateinischen SOV-Anordnung (z. B. *Marcus Petrum videt*) zum heute üblichen SVO-Satzmuster (*Marco compra el coche*). Hinsichtlich des Zeitpunktes, zu dem sich diese neue Satzanordnung herausbildet, ist die Forschung unterschiedlicher Auffassung. Manche Sprachhistoriker glauben, schon im ›biblischen Latein‹ des 4. Jh.s ein dominantes SVO-Modell erkennen zu können (vgl. García de la Fuente 1990), andere (etwa Bossong 2003) verweisen darauf, dass die Entwicklung über die Zwischenetappe einer VSO-Anordnung verlief, die noch auf der Schwelle zum 11. Jh. vorherrschend war und sich in den ältesten volkssprachlichen Texten der iberischen Halbinsel (z. B. den *Glosas Emilianenses*, s.u.) nachweisen lässt.

Die Subordiation: Im Bereich der Syntax ist zudem auf die grundlegende Restrukturierung des Systems der syntaktischen Unterordnung (Subordination) zu verweisen. Im Bereich der Komplementsatzstrukturen gehen die **ACI** (= *accusativus-cum-infinitivo*)-Konstruktionen unter, und die Konjunktion *quod* wird zum generellen Komplementierer – mehr noch: zu einer allgemeinen subordinierenden Konjunktion. Im Lauf der Zeit bilden sich aber spezifischere Konjunktionen heraus, die kausale (*porque*), konzessive (erst *maguer*, später *aunque*), finale (zunächst *porque* + Konjunktiv, dann *para que*) und andere Adverbialsätze einleiten.

Wortschatz

Die gesprochene Sprache greift gerne auf expressive, anschauliche und transparente Ausdrücke zurück. Dies gilt auch für das Vulgärlatein, das gerade im Bereich des Grundwortschatzes zahlreiche klassisch-lateinische Wörter durch **expressive Lexeme** oder **analytische Umschreibungen** ersetzt. So werden die klassisch-lateinischen Bezeichnungen für ›essen‹ (*edere*), ›weinen‹ (*flere*) sowie für die Eigenschaft ›schön‹ (*pulcher*) in der gesprochenen Sprache durch *comedere* (> *comer*) bzw. *manducare* (> *manger*), durch *plorare* (> *llorar*) und durch *formosus* (> *hermoso*) ersetzt.

Auch analytische Umschreibungen, die für die Sprecher ›durchsichtig‹ sind, werden anstelle der einfachen Ausdrücke verwendet. Zum Beispiel wird das Adverb *nunc* durch *hac hora* (> *agora*, *ahora*) und das Substantiv *hiems* durch motiviertes *hibernum tempus* (> *invierno*) ersetzt. Von dem Wunsch nach Expressivität bestimmt ist ebenfalls der – auch in der *Appendix Probi* monierte – Rückgriff auf **Diminutiva**, vor allem in besonders lebensnahen Bereichen: Hierzu gehören etwa die Bezeichnungen von Körperteilen (*auris* > *auricula* > *oreja*) oder von Tieren (*apis* > *apicula* > *abeja*). Auch der Ausdruck **abstrakter Konzepte** der psychischen und intellektuellen Domäne durch Bezeichnungen für konkrete physische Aktivitäten kennzeichnet das gesprochene Latein. Solche **metaphorischen Übertragungen** sind besonders beliebt im Bereich der kognitiven Verben,

Einfluss auf das
hispanische Latein

z. B. *comprehendere*: von ›anfassen, ergreifen‹ zu ›verstehen‹ und *sapere*: von ›schmecken‹ (auch noch im Spanischen!), ›riechen‹ zu ›wissen‹ und ›verstehen‹.

Mit der zunehmenden Verbreitung und öffentlichen Präsenz des Christentums seit der Mitte des 3. Jh.s dringt auch verstärkt der **Wortschatz des christlichen Lebens** ins Vulgärlatein ein, z. B. die Lexeme *ecclesia* (> *iglesia*), *clericus* (> *clérigo*) und *baptizare* (*bautizar*). Lateinische Wörter gewinnen bisweilen auch eine religiöse Lesart hinzu, so die Lexeme *pietas* (›Frömmigkeit + Barmherzigkeit, Mitleid‹), *parabola* (›Beispiel, Gleichnis, Parabel‹ > ›Wort Christi‹ > ›Wort‹).

11.2 | Vom Vulgärlatein zu den romanischen Dialekten auf der Pyrenäenhalbinsel

11.2.1 | Die Substrate und die Diskussion um ihren Einfluss auf das hispanische Latein

Die sprachhistorische Forschung interessiert sich ebenfalls für die Frage, aufgrund welcher Faktoren sich aus dem Vulgärlatein ganz unterschiedliche romanische Sprachen entwickelt (bzw. ›ausgegliedert‹) haben. Das Vulgärlatein war offenbar keineswegs homogen im Römischen Reich:

Zum einen trat das Lateinische in Kontakt mit ganz verschiedenen Sprachen, die jeweils von der Bevölkerung der eroberten Gebiete gesprochen wurden. Diese Sprachen gingen in der Regel unter, weil die eroberten Völker nach einer längeren Übergangszeit der Zweisprachigkeit ihre autochthonen Sprachen aufgaben. Eine solche, im Zuge einer Eroberung untergegangene autochthone Sprache wird – im Verhältnis zur Sprache der Eroberer – als **Substrat** bezeichnet. Auf der Pyrenäenhalbinsel gab es vor der Eroberung durch die Römer eine Reihe von Völkern, die jeweils eigene Sprachen besaßen.

Substrat und
Adstrat

- Die **Iberer** (abgeleitet von **Iberus**, antike Bezeichnung für den Fluss Ebro), die beidseits der Pyrenäen lebten sowie die Basken sprachen nicht-indoeuropäische Sprachen.
- Die **Basken**, deren Gebiet sich im Norden bis an die Garonne und im Süden von Navarra bis zum Ebro erstreckte, bewahrten ihre Sprache auch nach der römischen Eroberung, so dass das **Baskische** (*Euskera*) als **Adstrat** (= benachbarte Sprache oder Varietät) auch weiterhin im Norden Einfluss auf das Vulgärlatein ausüben konnte.

Neben den Iberern und den Basken spielten vor allem die **Kelten**, die im Zentrum sowie im Westen lebten, eine bedeutende Rolle. Sie vermischten sich in den Kontaktzonen mit den Iberern und verschmolzen dort zur Gruppe der **Keltiberer** (*celtíberos*). Weitere Völker, die sich auf der Pyrenäenhalbinsel ansiedelten, waren die **Lusitaner** im Westen, die **Turdetaner** im Guadalquivir-Becken und in Südportugal sowie die **Phönizier** (auch als **Karthager** bezeichnet), die Handelskolonien an der Mittelmeerküste (etwa Málaka) gründeten und sich nach ihrer Niederlage gegen die Römer im 1. Punischen Krieg ganz auf der Pyrenäenhalbinsel etablieren wollten und deshalb auch die Stadt Cartagena als Hauptstadt ihrer hispanischen Besitzungen gründeten. Auch die Griechen hatten an der Mittelmeerküste Kolonien gegründet, besonders bedeutsam waren Massalia (Marseille) und Emporion (Ampurias/Empáries).

Die Forschung hat bislang keine Einigkeit darüber erzielen können, welche Bedeutung den Substraten für die Herausbildung von Besonderheiten im regionalen Vulgärlatein bzw. in den einzelnen romanischen Volkssprachen zukommt. Besonders in der Diskussion standen zwei Erscheinungen:

1. Der Übergang von lateinisch f- zu h- (wie in *fabulari* oder *ficatu(m)*) zu h- im Kastilischen (*hablar*, *hígado*) ist ein besonderes Charakteristikum des Kastilischen. Bei dem Versuch, diese besondere Entwicklung zu motivieren, stehen sich zwei Erklärungsansätze gegenüber:

Die Anhänger der Substrathypothese (Menéndez Pidal 1964) gehen davon aus, dass sich die Entwicklung auf den Einfluss der Substratsprachen zurückführen lässt. Begründet wird dies damit, dass der Konsonant f im Baskischen in der Zeit der römischen Herrschaft unbekannt war und die zweisprachigen Sprecher deshalb den Konsonanten durch andere, ihnen bekannte Konsonanten (h-, p-, b- sowie Ø) ersetzten. Aber auch in anderen Substratsprachen wie dem Iberischen, dem Turdetanischen und dem Keltischen war der f-Laut unbekannt. Denkbar ist aber auch, dass das Baskische erst später, und zwar als Adstrat, wirksam wurde und den Wandel von f- zu h- herbeiführte. Mit der Reconquista breitete sich das kastilische Merkmal dann nach Süden aus, wo es in einigen Regionen wie der Extremadura und im westlichen Andalusien noch erhalten ist, wohingegen es im kastilischen Sprachraum geschwunden ist.

Die alternative Erklärung (vor allem Penny 1972 und 2002 und Wright 1996) geht von einer autonomen internen Entwicklung des lateinischen Sprachsystems aus. Danach hat sich für bestimmte Kontexte eine Variante des Phonems /f/, nämlich das Allophon [φ] (> h), ausgebildet. **Eine vermittelnde Position** erklärt den Wandel damit, dass die interne Entwicklung (die Ausbildung einer Variante für bestimmte lautliche Umgebungen) von zweisprachigen Sprechern verstärkt und generalisiert worden ist, weil sie dem Lautsystem ihrer Muttersprache (dem Substrat) entsprach.

2. Die Sonorisierung der intervokalischen Verschlusslaute ist ein Phänomen, das für die gesamte Westromania (also unter anderem auch das Katalanische, das Französische und das Okzitanische) kennzeichnend ist. So entwickelte sich z. B. der intervokalische Verschlusslaut -p- in *sapere* (›wissen‹) in der gesamten Westromania zu einem stimmhaften Laut, z. B. *saber* (span., ptg.), *saveir > savoir* (frz.). Die Verfechter einer Substraterklärung verweisen auf den Einfluss des keltischen Substrats, zumal weite Teile der Westromania von den Kelten besiedelt worden waren. Aber auch für dieses Phänomen ist eine interne Erkärung vorgeschlagen worden: Ausgelöst durch eine **Vereinfachung der Doppelkonsonanten (Geminaten)** im westlichen Sprachraum fiel ein distinktives Merkmal der Bedeutungsunterscheidung [+/– Geminate] weg und machte die Ausbildung neuer bedeutungsdifferenzierender distinktiver Merkmale erforderlich. Dies führte zu einer Kettenreaktion, bei der die einfachen Konsonanten sonorisiert und die sonorisierten Konsonanten noch weiter differenziert (d. h. spirantisiert) wurden oder ganz wegfielen (vgl. Tovar 1982; Penny 2002, aber auch Weinrich 1969).

Unstrittig ist der Substrateinfluss allerdings im Bereich der Lexik. Dort haben vor allem das Baskische (*pizarra, boina, izquierda*) und das Keltische (*cerveza, camisa, carro*) dauerhafte Spuren hinterlassen.

Ansätze, die interne Entwicklungen des Vulgärlateins als Voraussetzung für die Herausbildung unterschiedlicher romanischer Volkssprachen geltend machen, können auf die unterschiedlichen **Romanisierungsphasen** verweisen, die einen Zeitraum von mehreren Jahrhunderten umfassen: So geriet Sardinien schon im Jahr 238 v. Chr. nach dem 1. Punischen Krieg unter römische Herrschaft, wohingegen Dakien erst im Zuge der Dakerkriege Trajans (106 n. Chr.) erobert wurde. In diesen Jahrhunderten hatte sich das gesprochene Latein natürlich weiterentwickelt.

Für das Latein der Pyrenäenhalbinsel spielten zwei Faktoren eine wichtige Rolle: Teile der Pyrenäenhalbinsel wurden schon sehr früh romanisiert, was sich in der Bewahrung zahlreicher konservativer sprachlicher Merkmale niederschlug. Zudem erfolgte die Romanisierung in zwei unterschiedlichen Schüben, wobei sich Art und Qualität der Romanisierung unterschieden und zu unterschiedlichen Differenzierungsprozessen führten.

11.2.2 | Die Romanisierung der iberischen Halbinsel

Schon im 2. Punischen Krieg (218–201 v. Chr.) verdrängten die Römer den Rivalen Karthago von der Pyrenäenhalbinsel und begründeten im Jahre 197 v. Chr. die Provinzen **Hispania Citerior** (die **Tarraconensis**, welche die Küstengebiete von den Pyrenäen bis zur Stadt Almería umfasste) und **Hispania Ulterior** (das heutige Andalusien). Es folgte die Unterwerfung des Ebrobeckens sowie der **Baetica** im Süden. In einem erneuten Feldzug wurden die Keltiberer unterworfen und die Stadt Numantia 133 v. Chr. eingenommen und zerstört. Caesar gelang in seinem Feldzug gegen die Lusitani und die Galaeci (49–45 v. Chr.) die Eroberung Hispaniens bis zum Atlantik. Abgeschlossen wird die Eroberung der iberischen Halbinsel durch die kantabrischen Feldzüge des Augustus (29–19 v. Chr.). Die Romanisierung schreitet in unterschiedlichem Tempo und unterschiedlicher Qualität voran: Die Hispania Ulterior und die Baetica, also der westliche Teil der Pyrenäenhalbinsel, wird schneller und tiefgreifender romanisiert, wohingegen die Romanisierung der Hispania Citerior (Ebrobecken) oberflächlich bleibt, zumal auch hier keine römische Stadtkultur entsteht.

Welchen Einfluss diese unterschiedlichen Romanisierungsströme auf die Differenzierung des Vulgärlateins und letztendlich auf die Heraus-

Vom Vulgärlatein
zu den romanischen
Dialekten

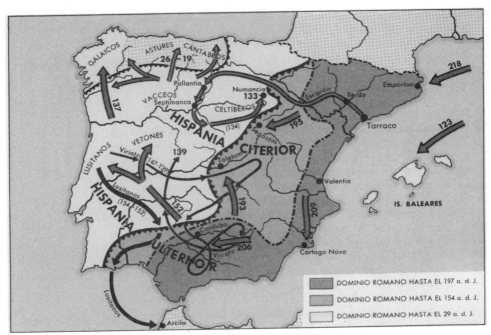

Abb. 2: Phasen der
Romanisierung der
iberischen Halb-
insel (aus Vicens
Vivens 1991, Mapa
XVIII)

bildung unterschiedlicher romanischer Varietäten gehabt haben – diese
Frage bleibt allerdings offen: Harri Meier (1930) und Ramón Menéndez
Pidal (1964) sehen im Gegensatz einer durch die antike Stadt- und Bildungskultur geprägten Baetica und einer Tarraconensis, deren soziales Leben ganz wesentlich von Händlern, Soldaten und Kolonisten aus
Süditalien bestimmt wurde, den Keim für die spätere Scheidung in eine
konservative und eine **innovativere Iberoromania** gelegt. Danach hätte
die Bildungskultur der Baetica im Sinne einer Bewahrung konservative-
rer sprachlicher Züge, wie sie dann auch für das Portugiesische und das
Astur-Leonische kennzeichnend sind, gewirkt. Demgegenüber haben die
soziale Struktur der Tarraconensis sowie ihre Orientierung nach Westen
(Gallien und Italien) die Aufnahme innovativer Elemente, wie sie später
für den aragonesisch-katalanischen Sprachraum prägend sind, begünstigt. Die jüngere Forschung (Wright 1989, 1996; Banniard 1992) geht hingegen von einer weitgehenden **Einheit des Sprechlateins** bis zum 7. Jh.
aus, was aber eine vielfältige Variation in diachronischer, diatopischer,
diastratischer und diaphasischer Hinsicht nicht ausschließt.

Mit dem frühen Romanisierungsbeginn wird auch der im Vergleich
zur übrigen Romania relativ **konservative Charakter** des hispanischen
Lateins erklärt. Dieser manifestiert sich z. B. in einer Reihe von Archaismen wie den Lexemen *cova* (> *cueva*) und *capitia* (> *cabeza*), aber auch
dem Erhalt des Genetivpronomens *cuius* (*cuyo*). Zudem konservierte das
Latein der iberischen Halbinsel (ähnlich wie im Osten das der Provinz

Dakien) ältere Wörter, wohingegen sich im Zentrum der Romania – in Italien und Gallien – **Innovationen in Lexikon und Grammatik** verbreiteten. Beispielsweise erhielten sich in der Peripherie die Lexeme *fervere* (> span. *hervir*, ptg. *ferver*, rum. *a fierbe*) und *afflare* (> span. *hallar*, ptg. *achar*, rum. *a afla*), während sich in den zentralen Provinzen schon die Innovationen *bullire* (> frz. *bouillir*, it. *bollire*) und *tropare* (> frz. *trouver*, it. *trovare*) durchsetzten. In der Peripherie bewahrte sich auch die ursprüngliche synthetische Plusquamperfektform *cantaveram* (> *cantara*) sowie das Futur II *cantavero*, das sich (eventuell unter dem Einfluss des Konjunktiv Perfekts *cantaverim*) zum spanischen und portugiesischen Futuro de Subjuntivo (> span. *cantare*, ptg. *cantar*) entwickeln sollte. Ein weiteres Spezifikum der iberischen Halbinsel ist der Erhalt eines **dreistufigen Systems der Demonstrativa**, das in der übrigen Romania auf ein zweigliedriges reduziert wurde. So wird jeweils unterschieden:

*accu iste > span./ptg. *este*, kat. *aquest*
*accu ipse > span. *ese*, ptg. *esse*, kat. *aqueix*
*accu ille > span. *aquel*, ptg. *aquele*, kat. *aquell*

11.2.3 | Germaneneinfälle und germanisches Superstrat

Neben dem Einfluss der Substratsprachen, unterschiedlicher Romanisierungsphasen und interner Entwicklungsprozesse des Vulgärlateins werden auch Superstratsprachen als Einflussfaktoren für die Differenzierung des regionalen Lateins und die spätere Herausbildung verschiedener romanischer Volkssprachen genannt. Eine **Superstratsprache** ist die Muttersprache eines Eroberervolkes, die meist nach einer Phase der Zweisprachigkeit zugunsten der lokalen Sprache des eroberten Volks aufgegeben wird, allerdings nicht ohne in dieser ihren sprachlichen Einfluss hinterlassen zu haben. So gerät das Lateinische mit den Germaneneinfällen ab dem 3. Jh. in direkten Kontakt mit den germanischen Sprachen der Eroberer.

Für die weitere sprachliche und historisch-politische Entwicklung auf der Pyrenäenhalbinsel sollten die **Westgoten** prägend werden: Der aus dem Donauraum kommende ostgermanische Stamm eroberte zunächst Rom und zog dann nach Südfrankreich weiter, wo er 419 n. Chr. das sog. Tolosanische Reich (mit der Hauptstadt Toulouse) gründete. Nach der vernichtenden Niederlage gegen die Franken bei Vouillé (507 n. Chr.) verlegten die Westgoten ihren Herrschaftsmittelpunkt auf die Pyrenäenhalbinsel und machten 568 n. Chr. Toledo zu ihrer Hauptstadt. Die Romanisierung der Westgoten beginnt mit der epochemachenden Entscheidung König Rekkareds, vom Arianismus zum Katholizismus zu konvertieren. Die Integration der Westgoten führte im 7. Jh. zum Verlust der gotischen Sprache. Das Westgotische hat allerdings nur wenige Spuren hinterlassen: Neben einer Reihe von Lexemen wie *ganso, ganar, sacar*, Personen- und Ortsnamen (Alfonso, Gonzalo) sowie das auf Rechtsgüter referierende Suffix *–ingo* (> *-engo*), wie in *realengo* (›Krongut‹).

Superstrat

11.2.4 | Die Arabisierung

Die Eroberung durch die Araber im Jahre 711 n. Chr. stellte einen Markstein in der Geschichte der iberischen Halbinsel dar und führte zu einer Jahrhunderte andauernden Sprachkontaktsituation mit dem Arabischen. Zugleich schaffte die schrittweise **Eroberung** (*Reconquista*) durch die christlichen Teilreiche und die anschließende **Wiederbesiedlung** (*repoblación*) durch Siedler aus unterschiedlichen Regionen eine linguistische Situation, die sprachliche Entwicklungen beschleunigte und zu einer Reihe von markanten sprachlichen Innovationen führte, die dem Kastilischen sein spezifisches Gepräge geben sollten.

Die arabische Herrschaft auf der Pyrenäenhalbinsel durchlief unterschiedliche Phasen: Entstand zunächst das Emirat von Córdoba, das ab 929 n. Chr. von einem Kalifat abgelöst wurde, so führten Rivalitäten und Streitigkeiten im 11. Jh. zur Zersplitterung in Kleinkönigreiche (**Reinos de Taifas**). Die **Almoraviden**, eine berberische politisch-religiöse Reformbewegung, eroberten, von dem Herrscher von Sevilla um Hilfe gerufen, den moslemischen Teil der iberischen Halbinsel und verwandelten ihn in eine Provinz ihres nordafrikanischen Reiches. Eine zweite berberische politisch-religiöse Bewegung, die **Almohaden**, unterwarfen 1147 Al-Andalus. Die schon 722 (Schlacht von Covadonga) einsetzende Reconquista, erreicht mit der Eroberung Toledos durch Alfons VI. von Kastilien (1085) einen ersten Höhepunkt. Weitere Meilensteine sind der Sieg der vereinten Heere von Kastilien, Aragón und Navarra bei Navas de Tolosa (1212) gegen die Almohaden, die Eroberung von Córdoba (1236) und Sevilla (1248), des Königreichs von Murcia (1266) und schließlich die Eroberung Granadas (1492).

Arabismen: Die Bedeutung des Arabischen auf dem Gebiet der verschiedenen Wissenschaften, vor allem der Medizin, der Alchimie, der Astronomie und der Mathematik, fand ihren Niederschlag im fachsprachlichen Wortschatz. Aber auch in anderen lexikalischen Bereichen hinterließ das Arabische seine Spuren. Von den ca. 850 Arabismen im spanischen Wortschatz haben sich bis heute allerdings nur ca. 36 hochfrequente Wortschatzeinheiten halten können.

Charakteristische Arabismen – nach Sachbereichen zusammengestellt – sind z. B. (vgl. Kontzi 1998: 336 ff.; Kiesler 1994):

Charakteristische
Arabismen

- **Kriegswesen:** *atalaya* (›Wachturm‹), *tambor* (›Trommel‹)
- **Ackerbau:** *noria* (›Schöpfrad‹), *zanahoria* (›Möhre‹), *berenjena* (›Aubergine‹), *aceituna* (›Olive‹), *azafrán* (›Safran‹)
- **Handwerk:** *jarra* (›Krug‹), *azulejo* (›Fliese‹), *alfiler* (›Brosche‹)
- **Handel:** *tarifa de aduana* (›Zollgebühr‹), *arancel* (›Zoll‹), *almacén* (›Lagerhaus‹)
- **Architektur:** *arrabal* (›Vorstadt‹), *aldea* (›Dorf‹)
- **Institutionen:** *alcalde* (›Bürgermeister‹), *alguacil* (›Gerichtsvollzieher‹)
- **Mathematik:** *algoritmo* (›Algorithmus‹), *cero* (›null‹)
- **Alchimie:** *alambique* (›Destillierkolben‹)

Auffällig ist der agglutinierte arabische Artikel *al* am Wortanfang zahlreicher hispanischer Arabismen – ein typischer Fall von **Reanalyse**, bei dem die Sprecher den Artikel als Bestandteil der lexikalischen Einheit interpretiert haben.

Bezeichnenderweise sind nur wenige nicht-substantivische Lexeme in den kastilischen Wortschatz eingedrungen – Adjektive wie *mezquino* und *baladí*, das Verb *halagar*, das Adverb *ojalá*, zudem das Substantiv *fulano*. Ein einziges Suffix (-*í*), das vor allem Ethnika aus der arabischen Welt (*israelí*, *marroquí*) bezeichnet, hat sich im spanischen Wortbildungssystem etablieren können.

11.2.5 | Die ersten schriftlichen Zeugnisse auf der iberischen Halbinsel

Die Diglossie-Situation wie sie für die Zeit des Römischen Reiches kennzeichnend war, setzte sich auch mit der Herausbildung der romanischen Sprachen aus dem Vulgärlatein weiter fort. Auf der einen Seite stand als *high variety* bzw. Distanzsprache das **geschriebene Latein**, das zunächst vollständig den Bereich der Schriftlichkeit abdeckte. Das jeweilige regionale **Romance**, auf der anderen Seite, nahm die Funktion der auf die Nähekommunikation beschränkten *low variety* wahr. Glossen

Im Zuge der karolingischen Reform unter Karl dem Großen bemühten sich um 800 n. Chr. Gelehrte des Frankenreichs, allen voran Alkuin von York, um eine Wiederannäherung des geschriebenen Lateins an die klassische Norm. Dadurch wurden den Zeitgenossen die Diglossie-Situation und die damit einhergehende ungeheuerliche Distanz zwischen dem geschriebenen Latein und der gesprochenen Sprache bewusst.

Im iberoromanischen Sprachraum treten die ersten Zeugnisse erst wesentlich später als in der Italo- und Galloromania in Erscheinung. Der erste volkssprachliche Text ist hier wohl die *Nodicia de kesos* aus dem Kloster San Justo y Pastor (Rozuela bei León), eine gegen Ende des 10. Jh.s im lokalen Romance abgefasste Inventarliste der Käselaibe des Klosters. Sprachhistorisch bedeutsamer sind allerdings die *Glosas Emilianenses* sowie die *Glosas Silenses* (aus dem Kloster Santo Domingo de Silos), deren Datierung zwischen dem letzten Drittel des 10. Jh.s und der ersten Hälfte des 11. Jh.s schwankt.

Bei Glossen handelt es sich generell um Erläuterungen der Lexik oder einzelner grammatischer Formen, die dem zugrundeliegenden lateinischen Text als ›Verständnishilfen‹ beigefügt wurden. Die Glossen treten überall in der Romania auf (ein frühes Beispiel sind die *Reichenauer Glossen* aus dem 9. Jh.), und sie sind ein deutliches Zeichen dafür, dass die lateinischen Texte den Lesern zum Teil sprachlich nicht mehr zugänglich waren.

Die *Glosas Emilianenses* wurden den liturgischen Texten eines aus dem Kloster San Millán de la Cogolla stammenden lateinischen Kodex beigefügt. Dieser lateinische Kodex wird heute in der Real Academia de la Historia aufbewahrt. Das Besondere der *Glosas Emilianenses* sind allerdings nicht die einzelnen Worterläuterungen in romanischer Sprache, sondern

Vom Vulgärlatein
zu den romanischen
Dialekten

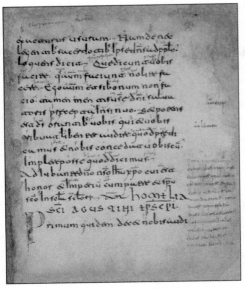

– neben zwei baskischen Glossen – grammatische Anmerkungen und sogar Analysen sowie ein über die lateinische Textvorlage hinausgehender autonomer Gebetstext, der faktisch die erste Textproduktion in einem iberoromanischen Romance darstellt. Die Angaben zur Satzabfolge nach romanischem Muster sowie die Hinzufügung von Kleinbuchstaben, die die Satzfunktionen angeben, zeigen, dass der Text vermutlich eine **didaktische Funktion** besaß. Geben die Worterläuterungen insbesondere einen Einblick in den romanischen Wortschatz (z. B. *repente*: *lueco*, *suscitabi*: *lebantai*, *pudor*: *uerecundia*, *donec*: *ata quando*, *in ruinam uertaris*: *tornaras*), so werden in dem hinzugefügten Gebetstext eine Reihe markanter lautlicher und morphosyntaktischer Merkmale deutlich. Er soll hier zitiert und kurz kommentiert werden:

Abb. 3: Faksimile
der *Glosas
Emilianenses*

Cono aiutorio <de> nuest[ro] dueno dueno Christo dueno salbatore qual dueno get ena honore e qual duenno tienet ela mandatione cono Patre cono Spiritu Sancto enos sieculos delo (sic !) sieculos. Facanos Deus omnipotens tal serbitio fere ke denante ela sua face gaudioso (sic !) segamus. Amen. (zit. nach Hernández Alonso 1993, 211).

(Mit der Hilfe unseres Herrn, Herrn Christus, Herrn (und) Retters, welcher Herr ist in der Ehre, und welcher Herr die Macht hat, mit dem Vater, mit dem Heiligen Geist, in alle Ewigkeit. Lasse uns Gott der Allmächtige solchen Dienst tun, dass wir vor seinem Antlitz fröhlich seien. Amen)

Lautliche Charakteristika des dem Text zugrundeliegenden Romance (vgl. Bustos Tovar 2005: 299 f.):

- Diphthongierung der offenen Vokale e und o: offenes o > [wá, wé]: *homine* > *uamne*, *uemne* und offenes ě > [jé]: *herba*(m) > *jerba*
- Diphthongierungen, die vor allem für das Aragonesische kennzeichnend sind: ět > *jet*, ěst > *jest*, *sědeant* > *siegan*.
- Monophthongierung bzw. Erhalt des Diphthongs [ai]: *lebanta*[u]*i*, aber: *-airo* > *-eiro* > *-ero*: *tertiariu* > *terzero*
- Vokalisierung von ct [kt] > it: *factum* > *feito* und von ult > uit: *multum* > *muito*
- Entwicklung von cs [ks] > is > ʃ: *laxare* > *laisces*
- Bewahrung von initialen Konsonanten f- und g-: *jectare* > *geitat*
- Schwankungen bezüglich der Sonorität von intervokalischen Verschlusslauten: *bergudian* (< *verecundia*), aber: *lueco*

Morphosyntaktische Aspekte:

- Herausbildung des unpersönlichen *se*
- assimilierte Artikelformen sind für die Rioja und das Aragonesische üblich: *elo, eno, cono*
- analytisches Futur, das aus dem Infinitiv und den lautlich reduzierten Präsensformen von *habere* gebildet wird; aufgrund des relativ autonomen Status der Konstruktion kann das Pronomen zwischen den beiden Konstituenten in Mittelposition (Mesoklise) stehen: *nafregarsan* (*se ahogarán*)

Berücksichtigt man diese sprachlichen Merkmale, so stellt sich die Frage, ob wir es bei den *Glosas Emilianenses* mit dem ersten Dokument der spanischen Sprache zu tun haben. War die Antwort für den Dichter und Philologen Dámaso Alonso (1958) noch ein klares »Ja«! – ganz bildlich sprach er von den ersten Schreien eines Neugeborenen (»primer vagido de la lengua española«) –, so zeichnete die spätere Forschung ein vielschichtigeres Bild: Einige Sprachwissenschaftler ordnen die *Glosas* dem aragonesischen Dialekt zu, andere einer eigenständigen Varietät, die in der Rioja gesprochen wurde (**el riojano**) und sowohl Merkmale des Kastilischen als auch des Aragonischen aufwies. Die *Glosas* lassen sich in jedem Falle als erstes schriftliches Zeugnis einer iberoromanischen Varietät charakterisieren, die in der Übergangszone zwischen Kastilien und Aragón gesprochen wurde (zur Diskussion vgl. Wolf 1991; García Turza/Muro 1992; García Turza 1994).

11.2.6 | Die romanischen Varietäten der Pyrenäenhalbinsel im Mittelalter

Mit der arabischen Eroberung großer Teile der Pyrenäenhalbinsel und der daraufhin einsetzenden Reconquista entwickelte sich eine sehr differenzierte Varietätenlandschaft. Diese sich aus dem Vulgärlatein herausbildenden frühen iberoromanischen Dialekte werden auch als **Primärdialekte** (*dialectos primarios*) bezeichnet. Sie werden von den **Sekundärdialekten** (*dialectos secundarios*) unterschieden, die sich – wie z. B. das Andalusische – unter den besonderen Sprachkontaktbedingungen in den wiedereroberten Gebieten des Südens aus dem Kastilischen gebildet haben. Die Primärdialekte der Pyrenäenhalbinsel treten im Vergleich zu den italienischen und galloromanischen Varietäten deutlich später, erst am Ende des 10. Jh.s, in schriftlichen Zeugnissen hervor. Die folgenden Primärdialekte können unterschieden werden:

Das Mozarabische (*romance andalusí*) war die romanische Varietät, die in dem unter arabischer Herrschaft stehenden Teil der Pyrenäenhalbinsel gesprochen wurde und deshalb von den Arabern auch als *aljamía* (›Fremdsprache‹) bezeichnet wurde. Es setzte das im Westgotenreich gesprochene **Frühromanische** (*primitivo romance*) fort und wurde zunächst nicht nur von den Christen, sondern auch von den zum Islam konvertier-

Primärdialekte

ten **Muladíes** sowie den meisten Arabern gesprochen. Jedoch drang das Arabische zunehmend mehr in den nähesprachlichen Bereich vor, wohingegen das Mozarabische an Prestige verlor. Mit dem Voranschreiten der Reconquista (einen Wendepunkt markierte die Eroberung Toledos im Jahr 1085) sowie dem Exodus der mozarabischen Christen nach Norden, die sich unter den Almoraviden und den Almohaden einem immer christenfeindlicheren Klima ausgesetzt sahen, verlor das Mozarabische drastisch an Einfluss und Bedeutung.

Unsere Kenntnisse über das Mozarabische verdanken wir im Wesentlichen den sog. **Jarchas**, den im romanischen Dialekt verfassten Schlussstrophen arabischer und hebräischer Gedichte (**Muwaschaha**) des 11. bis 13. Jh.s. Sie wurden in arabischer oder hebräischer Schrift überliefert und deshalb erst 1948 von Samuel S. Stern entdeckt. Da die Niederschrift ohne Vokale erfolgte, ist die Rekonstruktion des romanischen Textes zum Teil problematisch. Auffällig ist der besonders konservative Charakter der mozarabischen Varietät: Zwar werden die offenen Vokale e und o diphthongiert (*fonte(m)* > *fuente, oc(u)lu* > *uelyo*); initiales f- (*filias* > *filyas*) sowie die Verbindungen (Nexus) ge- (*genariu* > *yenair*), pl-, kl-, fl- (*plantain*) bleiben aber ebenso erhalten wie die Kombinationen -nd- und -mb- (*polombina*). Die Nexus -ct- und -ult, die etwa im Kastilischen zu markanten lautlichen Veränderungen führten, werden lediglich zu -jt- (*electu* > *eleyto*) und -χt- (*nocte* > *noχte*) vereinfacht.

Das Galicisch-Portugiesische bildete zunächst eine sprachliche Einheit, die sich allerdings durch die politischen Entwicklungen lockerte (1139 wird die Grafschaft Portucale zum unabhängigen Königreich Portugal, Galicien ist Teil des 1230 begründeten Königreichs Kastilien-León) und sich mit der Herausbildung des Portugiesischen als einer eigenständigen Sprache in den darauffolgenden Jahrhunderten auflöste. Das Galicisch-Portugiesische fungierte bis zur Mitte des 14. Jh.s als **Sprache der Lyrik** auf der iberischen Halbinsel. Typische lyrische Gattungen waren die *Cantigos de amigo* (Frauenklagen), die *Cantigas de amor* (Minnelieder), *Cantigas de escarnho e maldizer* (satirische Spott- und Rügelieder). Auch König Alfons der Weise (Alfonso X), die zentrale Leitfigur der kastilischen Prosa des 13. Jh.s, verfasste die *Cantigas de Santa María* in diesem Idiom.

Das Astur-Leonische wurde in den zentralen Gebieten des Königreichs León gesprochen, das in der ersten Phase der Reconquista federführend war. Die Initiative ging aber im weiteren Verlauf auf Kastilien über, dessen Varietät mit der erfolgreichen Expansion immer weiter nach Süden, aber auch in die benachbarten Regionen (die Rioja, das Königreich León, das Baskenland und das Königreich Aragón) vordrang. Das Kastilische sollte sich aufgrund der komplexen Sprachkontaktsituation mit den benachbarten romanischen Varietäten und dem Baskischen sowie unter den besonderen Bedingungen in den wiedereroberten Gebieten, wo häufig ganz unterschiedliche Varietäten mit dem Kastilischen interagierten, als **die innovativste Varietät der iberischen Halbinsel** erweisen.

Das Navarro-Aragonesische wurde im Osten gesprochen, in einem Gebiet, das in der Zeit seiner größten Ausdehnung die Rioja sowie Teruel und Segorbe umfasste. Heute ist es auf ein kleineres Restterritorium beschränkt, das sich von einigen Pyrenäentälern im Norden bis in den Nordosten der Provinz Huesca erstreckt.

Das Katalanische bildete sich ganz im Osten in den Grafschaften der Spanischen Mark heraus und besaß ab dem 9. Jh. sein Zentrum in der Grafschaft Barcelona, wobei dem Kloster Ripoll in kultureller und geistiger Hinsicht eine besondere Bedeutung zukam. Das Katalanische besaß nicht zuletzt aufgrund der politischen Beziehungen der Krone von Aragón, zu der das Fürstentum Katalonien (neben Valencia, das 1238 zum Königreich hinzukam) gehörte, enge Kontakte zum okzitanischen Sprachraum. König Jaime I (*1208) machte schließlich das Katalanische zur Verwaltungssprache in Aragón. Das Prestige des Katalanischen als **Literatur- und Wissenschaftssprache** begründete der im 13. Jh. lebende Schriftsteller und Philosoph **Ramon Llull** (1232/33–1315/16).

Die dialektale Differenzierung der iberischen Halbinsel im Mittelalter wird anhand einiger markanter sprachlicher Charakteristika deutlich, die auch als Maßstab dafür dienen können, ob eine Varietät eher konservative oder eher innovative Züge besitzt. – Die folgenden Merkmale sind für eine diatopische Einteilung besonders relevant:

1. **Vokale:**

- **Monophthongierung:** Monophthongieren ai und au?
- **Die Diphthongierung:** Diphthongieren offenes e und offenes o unter dem Haupton?

Tab. 1: Merkmale
der einzelnen
romanischen Varietäten (vgl. Lapesa
1981: 171–187)

	Mozarab.	Galicisch-Portugiesisch	Astur-Leonesisch	Kastilisch	Navarro-Aragonesisch	Katalanisch
ai, au	carraira, febrair	querrei, mouro	carrera/carreira, coto/couto	carrera, moro	terzero, carnero	reclosa
e, o abierto	oc(u)lu > uelyo	amarelo, porta	podiu > pueyo, hodie > uey, ué	hortu > huerto, huorto,huarta; siella, sialla;	teneat > tiengat	vor yod: podiu > puig lectu > llit
f-	filyolo/ filyuelo	fariña/ farinha	farina	harina	farina	farina
pl-, kl-,fl-	plantain	chan, chao, chama	chano, chosa, chama	llano, llama	clamar, flama	clamar, flama
-ct-, -ult-	truxta	troita/truita/ truta, feito	trueita, feito	trucha, hecho	leite, feito/feto	truita, fet
lj, c'l, g'l	mulleres, uelyo	muller/ molher ollo/olho	muller> muyer uello>ueyo	mujer, ojo	muller, uello > güello	muller, ull
l-	yengua	lugar	llogar	lugar	llogares	lloc, llengua
-mb-	polombina	pomba	palomba	paloma	paloma	coloma

2. Konsonanten und Konsonantenverbindungen:

- Initiales f-: Bleibt initiales lateinisches f- erhalten oder wird es aspiriert?
- Die Verbindungen pl-, fl-, cl- am Wortanfang: Erhalt oder Palatalisierung?
- Die Verbindung -ct-: Vokalisierung von -c- oder Palatalisierung des Nexus?
- Die Verbindungen lj, c'l und g'l: Weiterentwicklung durch Delateralisierung und Palatalisierung?
- Wird l- am Wortanfang palatalisiert?
- Wird die Verbindung -mb- assimiliert?

Tabelle 1 zeigt, dass das Kastilische im Vergleich zu anderen Varietäten besonders innovative Entwicklungen aufweist, z. B. die Monophthongierung von ai und au (*carrera, moro*), die Diphthongierung von offenem e und o (*cielo, fuego*), die Palatalisierung von pl-, cl- und fl- (*llano, llamar, llama*), die Aspiration von initialem f- (*hizo*), die Entwicklung der Verbindungen c'l, g'l und l + yod zu ʒ und die Entwicklung von -ct- und -ult- zu palatalem tʃ (*hecho, leche*).

11.3 | Das Altspanische

11.3.1 | Ausbau des Kastilischen und Überdachung der übrigen Dialekte

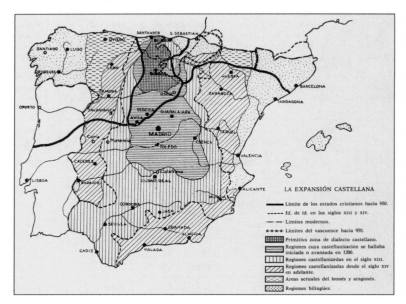

Abb. 4: Vordringen des Kastilischen im Mittelalter (aus Lapesa 1981: 192)

Das Ursprungsgebiet des Kastilischen, das sich im Zuge der Reconquista über Burgos zunächst in ganz Kastilien (*castilla* < lat. *castella* (›Burgen‹), dann weiter nach Süden ausbreitete, lag im kantabrischen Gebirge. Nach einer ersten Vereinigung mit dem Königreich León 1037 konstituiert sich im Jahr 1230 definitiv das Königreich Kastilien-León. Unter Ferdinand III wird das Kastilische zur offiziellen Kanzleisprache zunächst in Kastilien, nach der Vereinigung auch in Léon. Es erscheint in den königlichen Rechtsdokumenten in der Bezeichnung *romanz*, *lenguaje de Castiella*, *castellano* und *lenguaje castellano*. Mit dem Eindringen des Castellano in den Distanzbereich ist die Entscheidung für das Kastilische als Basis für eine zukünftige Standardsprache gefallen. Das Castellano ›überdacht‹ die anderen diatopischen Varietäten aufgrund seiner funktionalen Aufwertung, zudem wird es in zweierlei Hinsicht ausgebaut:

1. **Externer Ausbau:** Durch die spektakulären **Erfolge Kastiliens in der Reconquista** breitet sich das Kastilische auf Kosten der benachbarten Dialekte aus. Zudem entsteht aus der besonderen Sprachkontaktsituation, in der das Kastilische sich mit anderen Varietäten in den wieder besiedelten Gebieten des Südens befindet, ein sekundärer Dialekt, das Andalusische.

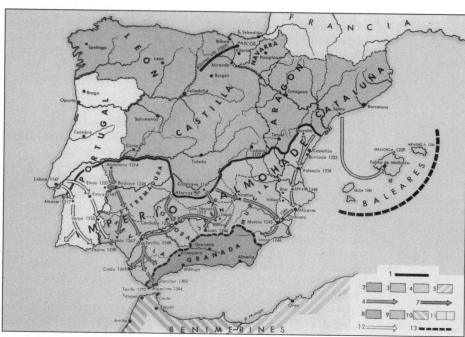

2. **Interner Ausbau:** Das Kastilische dringt im Lauf des 13. Jh.s in neue Funktions- bzw. **Diskursbereiche** (›Diskurstraditionen‹) vor. Es steigt dabei nicht nur zur **Literatursprache** (*El poema de Mio Cid*, Gonzalo de Berceo: *Milagros de Nuestra Señora*), sondern auch zur **Wissenschafts-**

Das Altspanische

sprache auf (s. Kap. 11.3.3). Zum internen Ausbau des Kastilischen gehört auch der mit der Ausweitung seiner Verwendungsbereiche verbundene **sprachliche Ausbau**: Das Kastilische wird im Bereich von **Wortschatz** (Entlehnungen, Wortbildungsverfahren) und **Grammatik** (komplexe syntaktische Konstruktionen) weiter entwickelt, um neuen Ausdrucksanforderungen in unterschiedlichen Diskursbereichen bzw. -traditionen (z. B. der Wissenschaftsprosa oder der Historiographie) gerecht zu werden.

11.3.2 | Anfänge des Kastilischen als Literatursprache

Mester de juglaría

Mit dem *Poema de Mio Cid* tritt das erste literarische Werk in kastilischer Sprache in Erscheinung. Es ist in einer fragmentarischen Handschrift des frühen 14. Jh.s überliefert (3730 Laissen in assonierenden Reimen) und erzählt das wechselvolle Schicksal des Rodrigo Díaz de Vivar, einem Vasall des kastilischen Königs Alfons VI, der in Ungnade fällt, sich aber dank seiner Heldentaten, vor allem der Eroberung von Valencia, wieder rehabilitieren kann. Das *Poema de Mio Cid* gehört zur **Gattung der Heldenepen**, die von Spielleuten (den *juglares*) auf Jahrmärkten und bei bestimmten kirchlichen Anlässen vorgetragen wurden (*mester de juglaría*). Der anonyme Autor war ein gebildeter Mann aus Burgos, vielleicht ein Jurist oder Kleriker, der unter anderem im Bereich des Rechts und der rechtlichen Terminologie bewandert war. Die Datierung des ersten literarischen Werks in kastilischer Sprache bleibt weiterhin ungeklärt. Die von dem Philologen Ramón Menéndez Pidal vorgeschlagene Datierung auf das Jahr 1140 wird zwar heute allgemein verworfen, allerdings bleibt die explizite Datierung der Handschrift einziger Hinweis auf die Entstehungszeit, wobei nicht klar ist, ob das genannte Jahr 1207 dem Zeitpunkt der Abfassung des Werks oder dem der Abschrift entspricht.

Mester de clerecía und Auto de los Reyes Magos

Mester de clerecía: Weitere wichtige literarische Werke aus der ersten Hälfte des 13. Jh.s gehören der Gattung der **gelehrten Dichtung**, dem *mester de clerecía* an. Die Autoren dieser Gattung hatten eine solide Ausbildung im *Estudio General* an der Universität von Palencia, der ersten in Spanien, erhalten. Ihre Werke zeichnen sich durch die typische Strophenform, die *cuaderna vía* aus. Dabei handelt es sich um vier alexandrinische Verse (deshalb auch *tetraestrofas monorrimas*) mit konsonantischem Endreim. Die Werke behandeln entweder das Leben eines Heiligen bzw. einer Heiligen oder eines herausragenden Helden der Antike wie z. B. das Alexanders des Großen. Oftmals stehen moralische Aspekte des Handelns der Protagonisten im Vordergrund, d. h. die Werke besaßen vor allem eine pädagogische bzw. didaktische Funktion. Der bekannteste Vertreter dieser Richtung war der Kleriker und Notar des Klosters San Millán de la Cogolla, **Gonzalo de Berceo** (1198–1264), der unter anderem **Heiligen**- (*Vida de San Millán*, *Vida de Santo Domingo de Silos*, *Poema de Santa Oria*) und **Mariendichtung** (*Milagros de Nuestra Señora*) verfasste. Auch sind Fragmente einer weiteren Gattung, des Theaters, von Ende des 12. Jh.s über-

liefert, und zwar das ***Auto de los Reyes Magos***, das für die Aufführung im
Gottesdienst am Dreikönigstag bestimmt war.

11.3.3 | Alfons der Weise und die Emanzipation des Kastilischen

Die Epoche Alfons des Weisen stellt einen ersten Höhepunkt in der Entwicklung des Kastilischen dar. Unter Alfons X., dessen Hof in Toledo zum
kulturellen Mittelpunkt der iberischen Halbinsel im Mittelalter werden
sollte, tritt das Kastilische nicht nur an die Stelle des Lateinischen im Bereich von Recht und Verwaltung, sondern es steigt – ein absolutes Novum
in jener Zeit! – in den Rang einer **Wissenschaftssprache** auf. Den Gelehrten des Königreiches sollte nicht nur das Wissen der Zeit zugänglich
gemacht werden, sondern die Volkssprache sollte überhaupt zu einem
Instrument der königlichen Herrschaft und ihrer Legitimation gemacht
werden. Das Kastilische war zusammen mit den verschiedenen rechtlichen, administrativen und politischen Maßnahmen des Königs ein Mittel
der Vereinheitlichung und Zentralisierung, der Instruktion der Unterta-
nen sowie der Rechtfertigung der Stellung des Herrschers und seiner vielfältigen Aktivitäten.

Alfons der Weise war nicht Autor der Werke im heutigen Sinne, also ihr
Verfasser, sondern er war für ihre Konzeption und die Überwachung der
sachgerechten Durchführung auf der Grundla-
ge seiner Instruktionen zu Struktur und Inhalt
verantwortlich. Ebenso legte er die Darstellun-
gen und Illustrationen der Werke fest. Ein Vorwort erläutert jeweils den Entstehungskontext
und die inhaltliche Zielsetzung des Werkes
und betont dabei die besondere Rolle des Königs als Impulsgeber und Initiator.

**Die Textproduktion am Hof Alfons des Wei-
sen** umfasste mehrere Bereiche der Wissenschaftsprosa bzw. der gelehrten Prosa.

1. **Juristische Werke:** Hauptwerke sind in diesem Diskursuniversum der ***Fuero real*** (ca.
1254), vor allem aber die ***Siete partidas***, ein
Rechtskodex in sieben Teilen, der das im
Zuge der Bolognesischen Renaissance wie-
derentdeckte geschriebene römische Recht
sowie das spanisch-westgotische Gewohn-
heitsrecht enthält. Der auf die vollkomme-
ne Vereinheitlichung und Monopolisierung
der königlichen Rechtsetzung abzielende ***El
espéculo*** blieb allerdings ein unvollendetes
Projekt.

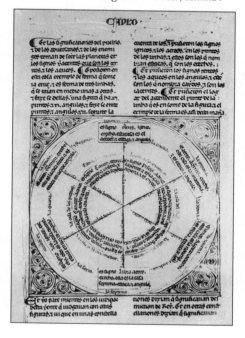

Abb. 6: Alfonso el
Sabio: *Libro de las
Cruzes*, Lamina I

Das Altspanische

2. **Wissenschaftsprosa zur Astrologie und Astronomie:** Die *Libros del saber de astrología* (1276/77) enthalten einen Sternenkatalog sowie verschiedene Bücher über astronomische Instrumente. Das *Libro de las taulas alfonsíes* (1263–1272), die Alfonsinischen Tafeln, sind ein Tabellenwerk für die Berechnung der Himmelsposition der Planeten auf Grundlage des ptolemäischen Planetensystems. Zu nennen sind auch das *Lapidario* (1250) sowie das *Libro de astromagia* (ca. 1280).

3. **Historiographische Werke:** Die **Geschichte Spaniens** (*Estoria de España*), die allerdings erst unter Alfons Nachfolger Sancho VI beendet wird; ein monumentales Unternehmen ist die Redaktion einer **Universalgeschichte**, die von der Schöpfung bis zur Zeit Alfons angelegt war, allerdings bei der Geburt Marias abbricht (*General e gran estoria*, ca. 1270–1280).

Alfons X. verfasste auch **Marienlyrik** (*Cantigas de Santa María*), die jedoch in dem für die Gattung charakteristischen Idiom, dem Galicisch-Portugiesischen, abgefasst wurde.

Kodifikation des Kastilischen: Zum Aspekt des intensiven Ausbaus des Kastilischen, das nun auch in die Bereiche der Wissenschaftsprosa vordringt, kommt noch ein weiteres Moment hinzu: Die **wissenschaftliche Produktion** sowie die **Übersetzungstätigkeit** am Hof König Alfons X. wirkt im Sinne einer Kodifikation des Kastilischen. Die Textproduktion besitzt Vorbildcharakter im Hinblick auf sprachliche Aspekte wie den Wortschatz und syntaktische Konstruktionen. Sie fungiert damit de facto als Modell, ohne allerdings eine explizite sprachliche Norm vorzugeben bzw. umzusetzen. Vielmehr konkurrieren in der Mitte des 12. Jh.s ein toledanisches Kastilisch, das am Hof Alfons gesprochen wurde und die Norm von Burgos, also des ursprünglichen Kernlandes, die maßgeblich an der Herausbildung einer überregionalen kastilischen Standardvarietät (**Koiné**) am Königshof mitwirkte.

Die **Textproduktion in kastilischer Sprache** machte eine Auswahl von Graphemen und die Systematisierung ihres Gebrauchs erforderlich. Damit bildete sich faktisch eine orthographische Norm, die als ***ortografía alfonsí*** bezeichnet wird. Sie ist durch ihren stark phonetischen Charakter gekennzeichnet, orientiert sich also an der lautlichen Realisierung der Wörter. Beispielsweise werden palatales l [ʎ] und n [ɲ] als <ll> und <nn> verschriftet, die dentalen Affrikaten als <z> (*dezir*), <ç> (*braços*) und – genauso wie heute – <c> (vor e und i wie in *cero*), der präpalatale Reibelaut [ʃ] als <x> (*dixo*) und das stimmlose s als <ss> (*pas-*

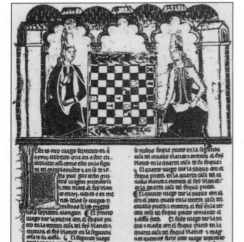

Abb. 7: *Libro de los Juegos*

sar). Verwendet werden auch die Digraphe <ph> und <th>, die in Lexemen auftreten, die aus dem Griechischen entlehnt wurden (z. B. *peripathético*).

Die systematische Entwicklung einer Wissenschaftsprosa am Hof Alfons des Weisen wirkte aber nicht nur im Sinne einer faktischen Normierung bzw. Kodifizierung des Kastilischen, sondern war das **Medium des internen Ausbaus der Sprache**, deren angelegtes Potential in einer Weise ausgeschöpft und konkretisiert werden musste, damit völlig neue und höchst komplexe Inhalte ausgedrückt werden konnten.

Der Ausbau der Ausdrucksmöglichkeiten in spezifischen fachwissenschaftlichen Bereichen machte die Schaffung einer **Fachterminologie** bzw. eines umfassenden **Fachdiskurses** erforderlich. So war es unerlässlich, einen angemessenen fachwissenschaftlichen Wortschatz, eine Fachsprache der einzelnen Disziplinen wie des Rechts, der Medizin, der Philosophie oder der Naturwissenschaften zu schaffen. Ein solcher Fachwortschatz ließ sich auf zweierlei Weise konstituieren, zum einen durch **Entlehnungen aus den Kulturadstraten**, den Wissenschafts- und Bildungssprachen Latein, Griechisch und dem Hocharabischen, zum anderen durch die systematische Ausschöpfung des lexikogenetischen (also wortschatzschöpfenden) Potentials der unterschiedlichen Wortbildungsverfahren.

- **Rechtsterminologie:** Die im 13. Jh. noch ausgebaute Rechtsterminologie wurde vor allem vom Lateinischen geprägt, wie grundlegende Termini, z. B. *fideicomiso, compensación, acta, adulterio* und *negligente* zeigen.
- **Die historische Terminologie** umfasst gleichermaßen Latinismen und Gräzismen, z. B. *anfiteatro, catacumbas, coliseo, monarquía, tribuno, plebe, dinastía*.
- **Das mathematische und medizinische Vokabular** rekrutiert sich insbesondere aus griechischen, aber auch aus arabischen Entlehnungen, z. B. *tóssigo, migránea, cáncer, (a)morroidas, diámetro, cero, cifra* etc.

Wortbildungsverfahren, die eine besondere Rolle bei der Prägung neuer Termini spielten, waren vor allem:

- Das Suffix -*adgo* (< -*aticus*) bildete Bezeichnungen für Steuern aus (*portadgo, montadgo*).
- Das ›Entlehnungssuffix‹ -*aje* ermöglichte Übernahmen aus dem galloromanischen und dem katalanischen Wortschatz in das spanische Wortschatzsystem (*lenguaje, pelegrinaje*).
- Die Suffixe -*ança*/-*ancia* (*dubdança, significancia, remembrancia*), -*dad*/-*tad* (*poridad, qualidad*) und -*ción*/-*tión* (*acusación, constelación*) prägten Latinismen.
- Mit den Suffixen -*ura* und -*dumbre* (*negrura* und *dulcedumbre*) ließen sich Eigenschaftsbezeichnungen (*nomina qualitatis*) bilden.
- Das Suffix -*mento* (mit der Variante -*miento*) stellte eine Art Default-Verfahren der Nominalisierung dar, durch das sich beliebig neue Termini prägen ließen. Die alfonsinische Prosa wimmelt nur so von Bildungen des Typs *abondamiento, castigamiento, menguamiento, ascondimiento, descendimiento* etc.

Grammatischer Ausbau: Von Bedeutung für die Herausbildung des wissenschaftlichen Diskurses ist auch der Ausbau **komplexer syntaktischer Strukturen**. So wurde das **System der Satzkonnektoren** erweitert, mit deren Hilfe die semantischen Beziehungen zwischen den einzelnen Satzpropositionen explizit gemacht werden können. Zum bereits etablierten Bestand der Konjunktionen wie *quando, por que, ca* und *como* kamen weitere hinzu, die aus der Verbindung einer Präposition mit der subordinierenden Konjunktion *que* entstanden – z.B. die temporalen Konnektoren *ante que, desque* und *fasta que*. Im 13. Jh. lexikalisierten sich dann neue Konzessivkonjunktionen wie *comoquier que, empero que, por mucho que* und *aunque*.

Darüber hinaus hatten **kataphorische Konstruktionen** die Funktion, Verweisrelationen zwischen Sätzen herzustellen. Besonders charakteristisch war in den Texten des Hochmittelalters die sog. *catáfora paratáctica*, die vor allem in kausalen Kontexten auftrat. Sie kündigte durch ein vorausweisendes Element im Hauptsatz eine nachfolgende Erklärung an, die im Nebensatz entfaltet wurde, wie z.B.:

(1) Et por esso los llaman assi, por que por su uista se han de endereçar e de meiorar las cosas que fallaren en ellos mal paradas (*Siete partidas* I, 57 zit. nach Elvira 2005).

Zudem griff die Prosa des 13. Jh.s mit der **absoluten Partizipial-** sowie der **absoluten Gerundialkonstruktion** beliebte syntaktische Muster der lateinischen Syntax wieder auf. Beide Konstruktionstypen erlaubten es, Informationen sowohl zu verdichten als auch zu gewichten, d.h. den informationellen Gehalt als im Verhältnis zum Hauptsatz sekundär zu kennzeichnen. Ein Beispiel für die absolute Partizipialkonstruktion aus der *General Estoria*:

(2) Acabado otrossi esse otro anno, murio Pausonias.
(*General Estoria*-IV, 185 zit. nach Elvira 2005: 455)

11.3.4 | Sprachliche Merkmale des Altspanischen

Phonetik und Phonologie

Das Altspanische weist eine Reihe neuer Phoneme auf, die im klassischen Latein nicht existent waren und in der späteren Entwicklung teilweise wieder aufgegeben wurden. Tabelle 2 verdeutlicht (farblich hervorgehoben) die hinzugekommenen Konsonanten, wobei vor allem auffällt, dass sich sechs Palatalvokale herausgebildet haben sowie neben der palatalen Affrikate /tʃ/ zwei weitere, dento-alveolare, Affrikaten (/ts/ und /dz/).

Ein besonders auffälliger Aspekt des altspanischen Konsonantensystems, der für die spätere Entwicklung von Bedeutung werden sollte, ist die Existenz von drei Sibilantenpaaren, die zueinander in Opposition stehen und, wie die Darstellung anschaulich zeigt, sich hinsichtlich ihrer Artikulation im mittleren Bereich des Mundraums (dento-alveolare bzw. palatale Zone) konzentrieren. So stehen sich also gegenüber:

- /ts/ und /dz/: *fuerça, braço* (Graphie <ç>) vs. *dezir, razón* (Graphie: <z>)
- /s/ und /z/: *señor, osso* (›Bär‹) vs. *oso* (›ich wage‹), *casa*
- /ʃ/ und /ʒ/: *dexar, baxo*, Graphie <x> vs. *ojo, gente, muger* (Graphie: <j>, <g>)

	Labial	Dento-alveolar	Palatal	Velar
Stimmlose Okklusiva	/p/	/t/		/k/
Stimmhafte Okklusiva	/b/	/d/		/g/
Stimmlose Affrikaten		/ts/	/tʃ/	
Stimmhafte Affrikaten		/dz/		
Stimmlose Frikativa	/f/	/s/	/ʃ/	/h/
Stimmhafte Frikativa	/β/		/ʒ/ /ʝ/	
Nasale	/m/	/n/	/ɲ/	
Laterale		/l/	/ʎ/	
Vibranten		/r/ /ɾ/		

Tab. 2: Phoneme
im Altspanischen
(neu entstandene
Konsonanten sind
in Orange darge-
stellt; vgl. Penny
2002: 96)

Das altspanische Lautsystem war zudem durch die phonematische Opposition von /b/, das immer als bilabialer Verschlusslaut realisiert wurde und /β/, das entweder labiodental [v] oder als bilabialer Reibelaut [β] realisiert wurde, gekennzeichnet. So bildeten die Wörter *bienes* (›Güter‹) und *vienes* (›du kommst‹) ein Minimalpaar, d. h. die Anlaute standen jeweils in Opposition zueinander.

Anlautendes f- in Wörtern des lateinischen Erbwortschatzes wurde (vielleicht durch Sprachkontakt mit dem Baskischen, s. Kap. 11.2) zunächst im nördlichen kastilischen Sprachraum, dem Ursprungsgebiet, aspiriert (entspricht dem Phonem /h/) und verstummte später in diesem Raum ganz, wohingegen im Süden (Andalusien) die Aspirierung noch länger (und teilweise bis heute) bewahrt wurde. Der aspirierte Laut wurde aber in den altspanischen Dokumenten noch nach seiner etymologischen Herkunft als <f> verschriftet.

Lautliche Entwicklungen im Altspanischen: Das Phänomen der Palatalisierung

Zur Vertiefung

Neben der schon behandelten **Sonorisierung**, die für die gesamte lautliche Entwicklung in der Westromania von zentraler Bedeutung sein sollte, spielte für das Kastilische vor allem die **Palatalisierung von Konsonanten** eine herausragende Rolle für die Herausbildung des Lautsystems. Palatalisierungsprozesse, also die Verlagerung des Artikulationsortes v.a. vom velaren oder dentalen Bereich in den palatalen bzw. prä-palatalen Raum, betrafen vor allem die Konsonanten k und t. Die beiden Verschlusslaute, die von dem nachfolgenden Halbvokal j beeinflusst wurden, näherten sich diesem artikulatorisch an. Dieser Halbvokal, der auch als **yod** bezeichnet wird, bewirkte aber auch die Palatalisierung der Konsonanten /l/ und /n/. Auf die Palatalisierung der Konsonantenverbindungen pl-, fl-, cl- im Wortanlaut als einer Besonderheit des Kastilischen wurde im Zusammenhang mit der Herausbildung

Das Altspanische

der mittelalterlichen iberoromanischen Varietäten hingewiesen (s. Kap. 11.2.4). Besonders typische Palatalisierungspfade sind:

- $c^{e,i}$ – /k/ > /ts/: *kentu* (*centum*: ›hundert‹) > *tsjento*
- -ct- /kt/ > /jt/ > /tʃ/: *nocte, nojte, noche*
- -x- /ks/ > /js/ >/ʃ/: *dixi* > *dixe*
- -cul- > -cl- > /ʒ/: *oculu* > *ojo*
- t + [j] bzw. /k/+ [j] > /ts/: *puteu* > *pozo, bracchiu* > *braço*
- n + [i, e] > /ɲ/: *vinea* > *viña*
- Palatalisierung von l + j > /ʎ/ > /ʒ/: *muliere* > *mujer*
- Palatalisierung von initialem pl-, cl-, fl- > /ʎ/: *pluvia* > *lluvia; clamare* > *llamar; flama* > *llama.*

Phonologische Prozesse des Lautwandels: Die Palatalisierung ist ein Beispiel für den phonologischen Prozess der **Assimilation.** Bei der Assimilation nähert sich ein Laut in seinen artikulatorischen Eigenschaften einem benachbarten Laut an. Die Assimilation ist **regressiv** (bzw. **antizipatorisch**), wenn sich der vorangehende Laut in seinen lautlichen Eigenschaften annähert – dies ist in den obigen Beispielen zur Palatalisierung der Fall. Bei der **progressiven Assimilation** nimmt der nachfolgende Laut lautliche Merkmale des vorangegangenen Lauts an, wie bei *palumba* > *palomma* > *paloma.*

Die **Dissimilation** bezeichnet den entgegengesetzten phonologischen Prozess, d. h. einander ähnliche Laute werden in ihren lautlichen Merkmalen unähnlicher, dies ist z. B. der Fall bei: *rotundo* > **rotondo* > *redondo.*

Die **Metaphonie** ist eine Art **Fernassimilation** bei Vokalen. Hierbei wird ein vorangehender Vokal in Anpassung an einen höheren nachfolgenden Vokal bzw. Halbvokal assimilatorisch geschlossen, z. B. /e/ > /i/: *feci* > *hice* sowie /ɔ/ > /o/: *hoja.*

Weitere lauthistorisch relevante phonologische Prozesse sind die **Epenthese**, die Einfügung eines Übergangslautes zwischen zwei (meist recht unterschiedlichen) Lauten, z. B. bei *humeru* > *hombro* sowie die **Metathese**, eine Vertauschung von Segmenten, die eine Neuordnung der Silbenstruktur nach sich zieht. Beispiele für die Metathese in der Geschichte des Kastilischen sind: *crepare* > *quebrar, basium* > *beso* (über *bajso* > *bejso*, vgl. ptg. *beijo*).

Morphologie und Syntax

Das altspanische Verbalsystem besitzt einige Besonderheiten, die vielfach noch die Herkunft von morphosyntaktischen Strukturen erkennen lassen. Wie schon erwähnt, gingen das neu geschaffene analytische Futur sowie das Konditional auf die periphrastische Konstruktion Infinitiv des Verbs + Präsens bzw. Imperfektform von *habere* zurück. Da die beiden Bestandteile zunächst noch als autonom interpretiert wurden, war es auch möglich, ein klitisches Pronomen zwischen ihnen einzufügen, das in diesem Fall in **mesoklitischer** Position stand, z. B. *si yo bivo, doblarvos he la* *soldada*! (›Wenn ich am leben bleibe, werde ich euch den Sold verdoppeln‹, Cid, I, Vers 80).

Das Perfekt (Pasado Compuesto) zeichnet sich ebenfalls im Altspanischen noch durch einige Besonderheiten aus, die auf seine Entstehungsgeschichte bzw. die Ausgangskonstruktion hinweisen. So bilden im Altspanischen einige Verben das Perfekt nicht mit dem Auxiliar *haber*, sondern mit *ser*, so wie es auch heute noch bei bestimmten Verben im Italienischen (*sono nato*) oder Französischen (*je suis né*) der Fall ist. Das Auxiliar *ser* wurde in der Regel in Verbindung mit reflexiven Verben (*se era alçado*) und **inakkusativen Verben** – einer Untergruppe der intransitiven Verben, deren erstes Argument sich syntaktisch wie ein direktes Objekt verhält – verwendet. Sie gehen teilweise auf die lateinischen Deponentien (etwa *mori*) zurück, die ihr Perfekt mit *esse* bildeten (*mortuus sum*). Besonders charakteristisch ist die Verwendung des Auxiliars *ser* bei Bewegungsverben wie etwa *ir* (*son idos*), *llegar* (*fue llegado*), *exir* (*exidos somos*), *venir* (*son venidos*), *entrar* (*eran entrados*).

Eine weitere Besonderheit des Pasado Compuesto ist die bis zum Ende des 15. Jh.s deutlich abnehmende Kongruenz zwischen dem Partizip und dem direkten Objekt in Verbindung mit dem Auxiliar *haber*. Diese ebenfalls im Französischen und Italienischen auftretende Erscheinung ist ein Reflex auf die ursprüngliche enge syntaktische Beziehung zwischen dem direkten Objekt und dem Partizip. Nachfolgend ein Beispiel für die fakultativ auftretende Kongruenz aus dem *Poema de Mio Cid*:

(3) Al Rey Yúcef tres colpes le ovo dados (Cid, II, 1725).

Das Futuro de Subjuntivo ist im Altspanischen eine sehr vitale Verbalform, die vor allem in Bedingungssätzen, unbestimmten Relativsätzen und Temporalsätzen in Erscheinung tritt. Die Verbalform drückt die reine Möglichkeit aus, dass ein bestimmtes Ereignis bzw. ein Sachverhalt in der Zukunft eintritt (kontingente Möglichkeit). Besonders charakteristisch ist das Vorkommen des Futuro de Subjuntivo in den Diskurstraditionen der **rechtlichen Domäne**, z. B. in Urkunden, Gesetzessammlungen und königlichen Verfügungen, in denen zukünftige Eventualitäten mit rechtlicher Relevanz geregelt werden. Nochmals ein Beispiel aus dem *Poema de Mio Cid*:

(4) Si vós assí lo fiziéredes e la ventura me fuere conplida (Cid, I, 223).
     (›Wenn Ihr es so macht und wenn mir das Glück hold ist‹)

Die Stellung der Pronomina weist im Altspanischen ebenfalls einige Besonderheiten auf. Auf die besondere Mittelstellung (die Mesoklise) der Pronomina beim Futur und Konditional wurde schon hingewiesen. Eine weitere Eigenheit des Altspanischen besteht darin, dass die Pronomina im Aussagesatz in der Regel nach dem Verb, also in **enklitischer** Position, stehen. Die **Enklise im Hauptsatz** wurde erst allmählich zugunsten der Voranstellung (**Proklise**) aufgegeben und tritt heute lediglich beim bejahten Imperativ (*dímelo, hágalo*) sowie beim Gerundium (*haciéndolo*) auf.

(5) Exiénlo ver mugieres e varones (Cid, I, 16b).
     (›Frauen und Männer kamen heraus, um ihn zu sehen‹)

Das Altspanische

Differentielle Objektmarkierung: Das Spanische besitzt im Bereich der Kennzeichnung von Objekten eine Eigenschaft, die es zumindest teilweise von den benachbarten Sprachen der iberischen Halbinsel unterscheidet. Das Spanische markiert nämlich belebte direkte Objekte mit der Präposition *a* (*veo a un señor con gafas*). Man bezeichnet diese besondere Art der Kennzeichnung des direkten Objekts mit einer Präposition als **differentielle Objektmarkierung (DOM)**. Im Altspanischen gab es diese Art der Auszeichnung von direkten Objekten auch schon. Allerdings war die differentielle Objektmarkierung nur obligatorisch bei Personalpronomina und Eigennamen. Lediglich fakultativ war sie bei menschlichen direkten Objekten, die zudem spezifisch und definit sein mussten. Mit anderen Worten: Das direkte Objekt musste sich auf eine Person beziehen, die tatsächlich existierte (spezifischer Charakter) und zudem dem Sprecher und seinem Hörer bekannt war (definiter Charakter). In (6)

(6)   reciba a mios yernos, commo él pudier mejor (Cid, III, 2637).
        ›er soll meine Schwiegersöhne empfangen wie es ihm am besten möglich ist‹

sind die Schwiegersöhne des Cid dem Leser bzw. den Hörern bestens bekannt. Die differentielle Objektmarkierung sollte in den nächsten Jahrhunderten langsam auch auf indefinite und nicht-menschliche, aber belebte Objekte ausgeweitet werden.

Lexik

Durch das kontinuierliche Einströmen von Latinismen, zunächst im Rahmen der gelehrten Dichtung (*mester de clerecía*) und der fachwissenschaftlichen Prosaproduktion am Hof Alfons des Weisen, später durch die Rezeption des in Italien entstandenen Humanismus, bildete sich ein geschichtetes Wortschatzsystem mit fließenden Grenzen heraus, das sich – idealtypisch gesprochen – aus drei Bereichen zusammensetzt:

- **Dem Erbwortschatz**, dessen Einheiten, die **Erbwörter** (*palabras patrimoniales*), auf die Zeit des Vulgärlateins zurückgehen und alle lautlichen Entwicklungen mitgemacht haben, z. B. *bracchium > braço* oder *speculum > espejo*.
- **Den halbgelehrten Wörtern** (*palabras semicultas*), die ebenfalls in ununterbrochener Kontinuität tradiert wurden, aber durch den Einfluss der schriftsprachlichen lateinischen Formen, die in den Dokumenten der autoritativen Institutionen im Bereich der Kirche, der Verwaltung und der Wissenschaft auftraten, nur teilweise den Lautgesetzen unterworfen waren. Deshalb entwickelte sich *regula* zu *regla* (neben *reja*), *saeculum* zu *siglo* (anstelle von **sejo*) und *miraculum* zu *milagro* (und nicht **mirajo*).
- **Den Buchwörtern bzw. gelehrten Wörter** (*cultismos*). Sie sind **direkte lateinische Entlehnungen**, die nur geringfügig an die lautliche und morphologische Struktur des Spanischen adaptiert worden sind, so etwa *regulare(m) > regular, missione(m) > misión, beatitudo > beatitud*.

Dubletten: Bisweilen existieren auch sog. Dubletten, d.h. eine volkssprachliche und eine gelehrte Form, die auf die gleiche lateinische Ausgangsform (**Etymon**) zurückgehen, sich allerdings zumeist in semantischer Hinsicht differenziert haben. Solche Dubletten sind:

- *estricto* (›strikt‹) / *estrecho* (›eng‹) von *strictu(m)*
- *artículo* (›Artikel‹) / *artejo* (›Knöchel‹) von *articulum*
- *operar* (›operieren‹) / *obrar* (›arbeiten‹) von *operare*
- *recitar* (›rezitieren‹) / *rezar* (›beten‹) von *recitare*
- *delgado* (›schlank‹) / *delicado* (›fein, zierlich‹) von *delicatu(m)*

Die auf unterschiedlichen Eingangs- bzw. Entwicklungswegen – Schriftlichkeit bei den gelehrten Wortschatzelementen, Mündlichkeit bei den Erbwörtern – beruhenden Wortschatzschichten spielen auch für das spanische Wortbildungssystem, das von starker Allomorphie geprägt ist, eine grundlegende Rolle. So alternieren hier erbwörtliche Wortstämme mit solchen, die dem gelehrten Strat angehören, z.B.:

(7)   diente/dental, cabello/capilar, agua/acuático, noche/nocturno, hija/filial

Galloromanische Einflüsse: Neben den genannten Kulturadstraten beeinflussten aber auch die Adstrate des **galloromanischen Sprachraums**, das Okzitanische (*langue d'oc*) und das Französische (*langue d'oïl*), den Wortschatz des Kastilischen nachhaltig. Dieser Einfluss erklärt sich aufgrund einer Reihe historischer Faktoren. Hervorzuheben ist v.a.:

- die Rolle des **französischen Pilgerwegs** (*camino francés*) nach Santiago de Compostela als Verkehrs- und Kommunikationsweg, entlang dessen sich viele Händler und Pilger aus dem galloromanischen Raum ansiedelten;
- enge **dynastische Beziehungen** zwischen Kastilien, Burgund und Portugal;
- die Bedeutung der **provenzalischen Troubadour-Lyrik** sowie der ihr eigenen höfischen Kultur.

Zahlreiche Gallizismen aus dem Bereich der Rechts- und Sozialordnung, insbesondere des Lehnwesens (*homenaje, doncel/doncela, paraje, peaje*), des kirchlichen bzw. monastischen Lebens (*fraile, monje, preste*), aber auch des intellektuellen Lebens (*follía, sage, sen* (›Verstand‹), *ligero, salvaje*) gelangten aufgrund der genannten Einflüsse in den Wortschatz des Kastilischen.

11.4 | Das Spanische in den Siglos de Oro

Die Siglos de Oro umfassen das 16. und das 17. Jh., eine Epoche, während der das habsburgische Spanien nach der Vereinigung der Königreiche von Kastilien und Aragón unter Isabella und Ferdinand (1479) zu einer europäischen Großmacht ersten Ranges und mit der Entdeckung Amerikas sogar zur Weltmacht aufstieg. Dieser politische Aufstieg Spaniens war der äußere Rahmen einer kulturellen Blütezeit, die von den großen europäischen Kulturströmungen der Zeit, zunächst der Renaissance und dem

Das Spanische
in den Siglos
de Oro

Abb. 8: Der
amerikanische
Kontinent in der
Kolonialzeit (aus
López Morales
1998: Figura 5).

Humanismus, im 17. Jh. dann vom Barockzeitalter geistig und kulturge-
schichtlich bestimmt wurde.

Die zahlreichen herausragenden Autoren und Werke, die diese Epoche
in den verschiedenen Bereichen des intellektuellen und literarischen Lebens hervorbrachte, können hier nicht einzeln aufgeführt werden. Exemplarisch mögen Namen wie Garcilaso de la Vega, Fray Luis de León, Lope
de Vega, Luis de Góngora, Miguel de Cervantes, Francisco de Quevedo,
Pedro Calderón de la Barca und Baltasar Gracián stehen.

Das philosophische und theologische Denken der Zeit erhielten ganz neue Impulse durch das Wirken des Erasmus von Rotterdam, dessen humanistische Ideen von Antonio de Nebrija rezipiert und nach Spanien getragen wurden und die später in den Schriften Juan Luis Vives fruchtbar werden sollten. Zugleich spielte naturrechtliches, in der thomistischen Tradition stehendes Denken, wie es von Francisco de Vitoria vertreten wurde, eine wichtige Rolle in der Diskussion um die rechtlichen und ethischen Konsequenzen der Eroberung des neuen Kontinents. Mit dem Konzil von Trient (1545–1563) wurde die **Gegenreformation** (*contrarreforma*) zum bestimmenden Moment und prägenden Motiv der religiösen Auseinandersetzung und ihres Reflexes im kulturellen Leben.

Sprachgeschichtlich sind die Siglos de Oro nicht minder einschneidend: Die Epoche ist geprägt von der endgültigen Emanzipation des Kastilischen vom Latein und seinem Aufstieg zur Sprache eines Reichs, ›in dem die Sonne niemals untergeht‹. Der **Überdachungsprozess** der anderen diatopischen Varietäten durch das Kastilische – die Kastilianisierung Aragóns und Leóns – war um 1500 abgeschlossen. Das Prestige des Kastilischen zeigt sich vor allem auch daran, dass es zu *der* Literatursprache der iberischen Halbinsel wird, sich also auch viele Autoren ihrer bedienen, die aus Katalonien (etwa Boscán) und Valencia (Timoneda, Guillén de Castro) stammen. Selbst portugiesische Autoren wie Gil Vicente, Sá de Miranda und sogar Luis de Camões fassen einen Teil ihrer Werke in spanischer Sprache ab.

Die literarische und sprachpolitische Bedeutung des Kastilischen, das in den offiziellen Dokumenten nun endgültig als ›Spanisch‹ (*lengua española*) in Erscheinung tritt, geht einher mit seiner **normativen Fixierung** und **Kodifizierung** in grammatikographischen und lexikographischen Werken.

Auch in sprachinterner Hinsicht erweist sich die Zeit zwischen 1450 und 1650 als eine Phase des Übergangs und – in einigen Teilbereichen des Sprachsystems auch – eines tiefergreifenden Wandels, an dessen Ende die Grundzüge des modernen Sprachzustands erkennbar werden.

11.4.1 | Kodifikation des Spanischen: Grammatikographie und Lexikographie

Antonio de Nebrija: Das Jahr 1492 ist als ***annus mirabilis*** in die Annalen der spanischen Geschichte eingegangen: Neben dem erfolgreichen Abschluss der Reconquista durch die Eroberung Granadas und der Entdeckung Amerikas durch Christoph Columbus gehört auch das Erscheinen der ersten gedruckten Grammatik einer romanischen Sprache zu den bedeutenden Ereignissen dieses Jahres. Antonio de Nebrijas ***Gramática de la lengua castellana***, die allerdings von den Zeitgenossen wenig beachtet wurde, stellt erstmals systematisch und umfassend die Strukturen und Besonderheiten der spanischen Sprache dar, wobei die lateinische Schulgrammatik in Aufbau und methodischer Vorgehensweise als Mo-

Gramática de la lengua castellana

Das Spanische
in den Siglos
de Oro

Abb. 9: Die
*Gramática de la
lengua castellana*

dell dient. Die *Gramática* besteht aus fünf Büchern bzw. Teilen, und zwar je einem Abschnitt zu Orthographie, Metrik und Prosodie sowie zu Etymologie und Syntax. Das letzte Buch stellt eine Art Sprachlehrwerk für Nichtmuttersprachler (*De las introducciones de la lengua castellana para los que de estraña lengua querrán deprender*) dar. Nebrija bemühte sich um eine angemessene grammatische Terminologie in spanischer Sprache zur Bezeichnung der verschiedenen morphologischen Kategorien. So prägte er die Termini *acabado* als Bezeichnung für das Perfekt, *no acabado* für das Imperfekt und *más que acabado* für das Plusquamperfekt. Er stellte – im Vergleich mit dem Lateinischen – die vielfältigen analytischen (Passiv, Perfekt, Plusquamperfekt) und ihrer Entstehung nach periphrastischen Verbalformen (Futur und Konditional) heraus, die er unter den Begriff *circunloquios del verbo* fasste und als *x dice por rodeo* charakterisierte.

Sprachverständnis/-ideologie Nebrijas: Ebenso interessant ist das Sprachverständnis, ja die Sprachideologie, die Nebrija mit Blick auf die Entwicklung, den Status und die Bestimmung der spanischen Sprache entwickelte. Er knüpfte dabei an zwei zentrale Leitgedanken an, die für die Sprachreflexion der Renaissance kennzeichnend waren: Zum einen die Idee der Geschichtlichkeit der Sprache und zum anderen die Vorstellung von einem Wettstreit, in den die Sprachen miteinander treten.

Das Spanische seiner Zeit sah er am Höhepunkt der Entwicklung. Damit einher ging die stetig wachsende externe Bedeutung des Spanischen als Sprache einer Nation, die sich in ständiger imperialer Expansion befand. Obwohl Nebrija nicht wissen konnte, wie aktuell seine berühmten Worte von der »Sprache als Begleiterin des Imperiums« im Jahr der Entdeckung Amerikas werden sollten, so ließen sie doch eine Sprachideologie erkennen, die das Spanische als ein Instrument imperialer Herrschaft sowie als ein Verständigungsmittel von internationaler Geltung und Rang verstand. So schreibt Nebrija in dem Prolog zu seiner Grammatik:

»Que después que vuestra Alteza metiesse debaxo de su iugo muchos pueblos bárbaros y naciones de peregrinas lenguas: y con el vencimiento aquellos ternían necessidad de recebir las leies: quel vencedor pone al vencido y con ellas nuestra lengua: entonces por esta mi Arte podrían venir en el conocimiento della como agora nos otros deprendemos el Arte de la Gramática latina para deprender el latín. y cierto assí es que no sola mente los enemigos de nuestra fe que tienen ia necessidad de saber el lenguaje castellano: mas los vizcaínos. navarros. franceses. italianos. y todos los otros que tienen algún trato y conversación en España y necessidad de nuestra lengua: si no vienen desde niños a la deprender por uso: podrán la más aína saber por esta mi obra.« (*Gramática de la lengua castellana*, Prólogo).

Die Aufgabe der Grammatik war es nun, durch eine **normative Fixierung** den Sprachzustand am Höhepunkt der Entwicklung fest- und fortzuschreiben. Nur so war es möglich, den Niedergang, der eine lauernde Gefahr jeder sprachlichen Entwicklung ist, zu verhindern und die bedeutenden sprachlichen Werke (gewissermaßen das kollektive Gedächtnis) späteren Generationen zu überliefern. Bezugspunkt und Leitmodell blieb für Nebrija stets das Lateinische – die Sprache der Dichter und Denker und des römischen Weltreiches. Ihre Pflege und ihre Kultivierung (zu diesem Zweck verfasste er seine *Introducciones latinas* sowie zwei Wörterbücher) brachten ihm – mehr als seine *Gramática* – die Anerkennung seiner Zeitgenossen ein.

Auch zur **Orthographie** äußerte sich Nebrija in den *Reglas de orthographía* (1517) und propagierte hier ein phonographisches System. Als Ideal erstrebte er eine eineindeutige Beziehung zwischen Laut und Graphem, d. h. jedes Graphem sollte nur einen Laut repräsentieren. So sollte z. B. das Phonem /k/ nur durch das Graphem <c> realisiert werden, die Buchstaben <k> und <q> sollten wegfallen. Noch konsequenter phonographisch war der Ansatz des Grammatikers Gonzalo Correas, wie alleine schon der Titel seines Traktats, der *Ortografia kastellana nueva i perfeta*, die er 1630 veröffentlichte, verrät.

Gonzalo Correas trat vor allem als Autor der wichtigsten Grammatik des 17. Jh.s hervor, seiner 1625 publizierten *Arte de la lengua Española*. Die Grammatik knüpft einerseits an Nebrijas Modell der einzelsprachlichen Beschreibung an, entwickelt dieses jedoch dank einer tiefgreifenden linguistischen Reflexion sowie einer umfassenderen und präziseren Darstellung von grammatischen Besonderheiten des Spanischen weiter. Zum Beispiel stellt sie die verschiedenen, nebeneinander existierenden Lesarten der Verbalform *creara* zusammen und kommentiert sie ausführlich: So ist die Form *cantara* ein ***imperfecto subjuntivo*** wie in dem von Correas zitierten Beispiel *No había nada en el mundo, antes que Dios lo criara*. Es besitzt zudem aber sowohl die Lesart eines Irrealis der Gegenwart (Correas spricht hier von einem **optativo** wie in *Yo de buena gana estudiara i leyera*) als auch die eines Irrealis der Vergangenheit (*Si en la mozedad trabajara, no se hallara en la vejez perdido*).

Zum anderen aber rezipiert die *Arte* die universalistische Sprachreflexion des ebenfalls in Salamanca wirkenden Latinisten Francisco Sánchez de las Brozas, der mit seiner *Minerva* ein Schlüsselwerk der rationalistisch-universalistischen Sprachbetrachtung im 16. Jh. verfasste. Correas' Beschreibung des Spanischen bleibt zwar konsequent an der Einzelsprache orientiert, operiert aber vor allem im syntaktischen Teil mit universellen Kategorien wie z. B. dem Kasus, der, je nach Sprache morphologisch oder eben – wie im Spanischen – durch Präpositionen ausgedrückt werden könne. Correas ist im Übrigen der erste Grammatiker, der das Phänomen des präpositionalen Akkusativs (d. h. der differentiellen Objektmarkierung) im Spanischen eingehend gewürdigt hat. Ein rationalistisches Motiv, das in Correas Beschreibung der Satzanordnung des einfachen spanischen Aussagesatzes wieder auftritt, ist die Vorstellung von der SVO-Anordnung als na-

Gonzalo Correas:
*Arte de la lengua
Española*

Das Spanische
in den Siglos
de Oro

türlicher, dem Fortschreiten des Gedankens entsprechender Worstellung. Solche Überlegungen, die syntaktische Muster und die logische Struktur des Denkens in direkte Beziehung zueinander setzen, wurden dann in der linguistischen Reflexion im Frankreich des 17. Jh.s wieder aufgenommen.

Diálogo
de la lengua

Juan de Valdés: Der ***Diálogo de la lengua*** von Juan de Valdés hat nicht die Form einer Grammatik, sondern beschäftigt sich mit dem **angemessenen Sprachgebrauch** und der **Sprachpflege**, die auch eine weitere Bereicherung und Verfeinerung der Sprache mit einschließt. Das Werk war primär an seine adeligen italienischen Freunde in Neapel gerichtet und schrieb sich daher in die italienische Tradition der **Sprachdialoge** ein, die sich mit der Frage der Beschaffenheit einer angemessenen literatursprachlichen Varietät befassten. In dem *Diálogo de la lengua* wird in stetem Bezug zum konkurrierenden Italienisch sowie zum Lateinischen die Frage nach dem Sprachideal diskutiert, wobei auch vielfältige Einzelaspekte zu Orthographie und Grammatik, vor allem aber zum Wortgebrauch bzw. zur Stilistik thematisiert werden. Angestrebt wird ein Sprachideal, das sich an Prinzipien wie der Klarheit, der Prägnanz und der Verständlichkeit orientiert. Valdés sah diese Prinzipien in der **Sprache des Volkes** (*vulgo*) verwirklicht und zwar vor allem in den treffenden Sprichwörtern und Redewendungen, den *refranes*.

Ursprung der spanischen Sprache: Auch in einer weiteren Debatte seiner Zeit bezog Valdés Stellung, nämlich der höchst kontrovers diskutierten Frage nach dem Ursprung der spanischen Sprache. – In dieser Diskussion standen sich im 16. Jh. drei Positionen gegenüber:

- **Die These einer Abstammung des Spanischen vom Baskischen**, die von Autoren wie Esteban Garibay und Andrés Poga vertreten wurde.
- **Die urkastilische Theorie:** Nach dieser biblisch inspirierten Theorie ist das Urkastilische von Tubal, dem Enkel Noahs, nach dem Turmbau von Babel auf die iberische Halbinsel getragen worden; ihr eifrigster Verfechter war Gregorio López Madera, mit dessen Position auch ein Grammatiker vom Format eines Gonzalo Correas sympathisierte.
- **Die Korruptionstheorie**, die sowohl von Juan de Valdés als auch von Bernardo de Aldrete vertreten wurde. Danach stammte das Spanische vom Lateinischen ab, wurde dann aber durch die Westgoten korrumpiert. Während Valdés als zusätzlichen Faktor den Einfluss des Arabischen anführt, verweist Bernardo de Aldrete in seinem Werk *Del origen, y principio de la lengua castellana* von 1606 auf die grundlegende, den Sprachen innewohnende Tendenz zum Wandel.

Die Erstellung von Wörterbüchern, die Lexikographie ist ein weiterer Bereich der sprachlichen Kodifizierung, bei dem der Wortschatz einer Sprache möglichst vollständig erfasst werden soll. Das erste spanische Wörterbuch ist Nebrijas zweisprachiges ***Diccionario latino español***, das sich als studentisches Arbeitsmittel großer Beliebtheit erfreute und deshalb mehrfach aufgelegt wurde. Es diente zudem als Modell für die Erstellung von Wörterbüchern für einzelne Indianersprachen.

Das erste **einsprachige Wörterbuch** war der *Tesoro de la lengua castellana o española* (1611) von Sebastián de Covarrubias. Es enthält nicht nur

Worterläuterungen zu den einzelnen Lemmata, sondern viele darüber hinausgehende enzyklopädische Informationen. Das Werk kann auch online konsultiert werden (unter http://www. cervantesvirtual.com/obra/ tesoro-de-la-lengua-castellana-o-espanola). Es sollte eine wichtige Quelle für das erste **Akademiewörterbuch**, das *Diccionario de Autoridades* (1726–1739), werden.

11.4.2 | Interne Entwicklungen: Vom ›vorklassischen‹ Spanisch zum modernen Spanisch

Wandelprozesse im Lautsystem: Die Periode zwischen dem 15. und dem 17. Jh. ist durch verschiedene Wandelprozesse im Lautsystem, vor allem im Bereich der Zischlaute, der sog. **Sibilanten**, gekennzeichnet. Die Veränderungen nahmen ihren Ausgang im Norden und breiteten sich im weiteren Verlauf gegen Süden, zunächst nach Madrid, dann Toledo und schließlich Sevilla, aus. Die Ausdehnung der lautlichen Veränderungen wurde noch dadurch gefördert, dass Philipp II. seine Residenz von Toledo zunächst nach Valladolid, später dann nach Madrid verlagerte. Die Sprache des königlichen Hofes, der lange Zeit noch die traditionelle, zunehmend archaisierend wirkende Norm von Toledo befolgt hatte, geriet mit der Verlagerung nach Norden unter altkastilischen Einfluss, da viele der nach Madrid Hinzugezogenen aus dem altkastilischen Raum kamen und deshalb auch die sprachlichen Neuerungen mitbrachten.

Eine besonders markante Neuerung war z. B. die Entwicklung von lateinisch f- im Anlaut zu aspiriertem [h], das ab dem 15. Jh. zunächst im Norden verstummt war. Dieser **Lautschwund** erfasste daraufhin auch Madrid und Neukastilien (*Castilla la Mancha*). Ganz ähnlich waren die Verhältnisse bei der sowieso in funktionaler Hinsicht nur sehr schwach ausgelasteten Opposition zwischen den Phonemen /b/ und /v/: Sie neutralisierte sich ebenfalls in jener Zeit und führte dazu, dass es nur noch ein Phonem /b/ mit den komplementär verteilten Allophonen [b] (am Wortanfang) und [β] (intervokalisch) gab (vgl. *bueno* vs. *saber*).

Die Reorganisation des Sibilantensystems, eine wahre *revolución fonológica*, führte maßgeblich zur Differenzierung der Varietätenlandschaft in der hispanophonen Welt.

Das Sibilantensystem (*la revolución fonológica*)

Wie in dem Abschnitt zum altspanischen Sibilantensystem (Kap. 11.3.4) deutlich wurde, unterschieden sich die sechs Sibilanten durch die **Stimmhaftigkeitsopposition**, die **Artikulationsart** (Frikative vs. Affrikaten) und den **Artikulationsort** (dental-alveolar-präpalatal). Das Sibilantensystem strukturierte sich also folgendermaßen:

- **Dentale Affrikate** (*africada ápicodental sorda/sonora*):
  /ts/ : /dz/; *decir, dezir*

- **Alveolare Frikative** (*fricativa ápicoalveolar sorda/sonora*):
  /s/, /z/; *espesso, espeso*
- **Präpalatale Frikative** (*fricativa prepalatal sorda/sonora*):
  /ʒ/, /ʃ/; *fijo, dixo*

Die Umstrukturierung des Sibilantensystems hin zum modernen Zustand
dauerte etwa vom Ende des 14. Jh.s (früheste Zeugnisse) bis zur Mitte des
17. Jh.s. Sie vollzog sich in drei Schritten:

1. Zunächst, und zwar vor allem im 15. Jh., wurden die beiden Affrikaten
   zu Frikativen vereinfacht (**Entaffrizierung**): ts/, /dz/ > /s/, /z/.

2. Im 16. Jh. erfolgte dann die **Aufhebung der Sonoritätsopposition**
   zwischen den stimmhaften und den stimmlosen Konsonanten, die
   Desonorisierung. Dieser Prozess erklärt sich vor allem aus der geringen funktionalen Auslastung der Sonoritätsopposition. Am Ende des
   Prozesses existierten folglich nur noch drei Phoneme, das dentale /s/,
   das apikale /s/ sowie der präpalatale Laut /ʃ/. Der phonologische Wandel lässt sich anhand der vielfachen orthographischen Schwankungen
   und Verwechslungen aufzeigen, die aus der Aufhebung der lautlichen
   Oppositionen resultierten. An der Sonoritätsopposition wurde der Gegensatz zwischen der **konservativen Norm von Toledo**, welche die
   stimmhaften Phoneme noch bewahrte und der **innovativen Norm von
   Madrid** besonders greifbar. Die vermutlich zunächst in den Kontakt-
   regionen mit dem Baskischen erfolgte Desonorisierung der stimmhaften Phoneme drang vom Substandard in die innovative Norm vor und
   konnte sich dank der demographischen Umwälzungen im Zuge der
   Neubesiedlung der eroberten Gebiete im Süden rasch durchsetzen.

3. Aufgrund der Verwechslungsmöglichkeit der drei Phoneme, die in einem gemeinsamen Artikulationsraum, der von der dentalen bis zur prä-
   palatalen Zone reichte, realisiert wurden, kam es zur **Differenzierung**
   und vor allem **Verlagerung der Artikulationsstellen**. Diese dritte Phase war im Wesentlichen bis ca. 1650 abgeschlossen. Der dentale Sibilant /s/ (*decir, dezir*) wurde weiter nach vorne verlagert und schließlich
   interdental, also als /θ/, realisiert. Die **Interdentalisierung** war allerdings erst gegen Ende des 17. bzw. zu Beginn des 18. Jh.s abgeschlossen.
   Der präpalatale Frikativ (/ʃ/ wie in *hijo, caxa*) wurde weiter nach hinten verschoben und zunächst mediopalatal – wie heute noch in einigen
   Gebieten Lateinamerikas, etwa in Chile – realisiert und schließlich in
   die velare Zone verlagert, verwandelte sich also in den velaren Reibelaut /x/.

Der Seseo/Ceceo: Gleichzeitig liegen in diesen Entwicklungen auch die
Wurzeln für die **Herausbildung des meridionalen** (südspanischen) und
– dank der vor allem von Sevilla ausgehenden überseeischen Expansion –
kanarischen sowie **lateinamerikanischen Seseo**. Im Süden förderte die
besondere sprachliche Situation, das Aufeinandertreffen verschiedener
Varietäten der aus unterschiedlichen Regionen stammenden Neusiedler,
weitere **Vereinfachungs- bzw. Nivellierungstendenzen**. Es kam im 16.
Jh. zunächst zur Verwechslung der Sibilanten, bevor diese dann entso-
norisiert wurden. Die Desonorisierung wurde im Süden der iberischen

Halbinsel also erst im Verlauf des 17. Jh.s abgeschlossen, wie die systematischen Orthographiefehler in den Dokumenten dieses Sprachraums zeigen. Am Ende des Prozesses stand der Zusammenfall der vier Phoneme, der beiden apiko-alveolaren s-Laute (/s/ und /z/) sowie der beiden prädorso-dentalen s-Laute (/s/ und /z/), zu einem einzigen Phonem. In den nördlichen Teilen Andalusiens wird – grob gesprochen – ein prädorso-dentaler s-Laut [s], der sog. **Seseo**, realisiert (so bei *cocer, coser, caza, casa*). An der Küste von Almería bis zur portugiesischen Grenze sowie in den Städten Cádiz, Málaga und Granada erscheint das Phonem als interdentaler Reibelaut /θ/, als **Ceceo**.

Ab dem 17. Jh. entwickelte sich der präpalatale Frikativ /ʃ/ zu laryngalem /h/, so dass *hija* bzw. *mejor* als /'iʰa/ und /me'ʰor/ realisiert wurden.

Die Herausbildung der beiden Großraum-Varietäten des Spanischen im 16. und 17. Jh.:

- **Der nördliche Teil des Königreichs Kastilien** (mit Toledo und Murcia sowie den Gebieten Westandalusiens, die etwa ein knappes Drittel Andalusiens ausmachen) verfügt über ein System von drei Sibilanten, und zwar /θ/, /s/, /χ/.
- **Der größere Teil Andalusiens, die kanarischen Inseln und Lateinamerika** besitzen lediglich zwei Phoneme, /s/ und /h/, wobei letzteres drei Allophone, nämlich [ç], [χ] [h] aufweist.

Als weitere Entwicklungen, die für das **meridionale Spanisch** prägend waren, sind zu nennen:

- Der **Yeísmo**, d.h. der Zusammenfall (die **Dephonologisierung**) der Opposition zwischen den beiden Phonemen /λ/ und /j/ (*pollo/poyo*), die aufgrund ihres mangelnden ›funktionalen Ertrags‹ (*rendimiento fonológico*) im Hinblick auf die Bedeutungsdifferenzierung ebenfalls aufgegeben wurde. Diese Entwicklung vollzog sich auch über die Jahrhunderte und war bis Anfang des 17. Jh.s abgeschlossen.
- Die **Neutralisierung der Phoneme /-r/ und /-l/ im Silben- und Wortauslaut**: *leartad/ lealtad*, eine Entwicklung, die sich seit dem 15. Jh., vor allem in Andalusien, nachweisen lässt.
- Die **Aspirierung von -s im Silben- oder Wortauslaut** sowie die **Abschwächung und der Ausfall von intervokalischem -d-** (*-ades > -ais*), eine Tendenz, die auch schon seit dem 14. Jh. nachweisbar ist und sich dann im 16. Jh. deutlich ausbreitete.

Morphologie und Syntax

Die Sprachentwicklung zwischen dem 15. und dem 17. Jh. ist ebenfalls im morphosyntaktischen Bereich mit einer Reihe von wichtigen Veränderungen verbunden.

Flexion des Verbs:

- **Abbau von Allomorphie** im Bereich der Verbalflexion. Die Alternanz zwischen unregelmäßigen Verbformen etwa bei *aver* (mit *hemos/avemos, heis/avéis*) und *ir* (*vamos/vayamos, vais/vayáis*) wird bis zu Beginn des 17. Jh.s zugunsten der heutigen Formen aufgegeben. Durch Analogiebildung werden unregelmäßige Formen der 1. Person Singular vereinheitlicht, die Formen *so, do, vo, estó* werden zu *soy, doy, voy* und *estoy*.

- **Das intervokalische -d-** schwindet bis Mitte des 15. Jh.s in den Formen der 2. Person Plural (*amades > amaes*). In der ersten Hälfte des 16. Jh.s alternieren die Formen *amaes, amáis* sowie kontrahiertes *amás*. Während sich in Spanien und weiten Teilen Lateinamerikas die Form *amáis* durchsetzt, behauptet sich in Mittelamerika und am Río de la Plata (d. h. in den Voseo-Gebieten) die als vulgär geltende kontrahierte Form *amás*.

Verbalkategorien:

- **Auxiliare:** Das Hilfsverb *aver* wird im Lauf des 16. Jh.s zum alleinigen Auxilar für die Bildung der zusammengesetzten Zeiten. Es verliert zugleich seine lexikalische Bedeutung, also seine Fähigkeit, Possession auszudrücken. Diese Funktion wird nun ausschließlich von *tener* übernommen.
- **Die Mesoklise**, d. h. die Einfügung eines Pronomens zwischen Infinitiv und jeweiliger Flexionsform des Futurs bzw. des Konditionals, ist im 17. Jh. nicht mehr möglich (*te veré* statt *ver te he*), d. h. der Grammatikalisierungsprozess der ursprünglich analytischen Formen ist abgeschlossen. Sie werden nunmehr als synthetische Formen interpretiert.
- **Die Verbalform auf -ra** (*amara*), die ursprünglich auf das lateinische Plusquamperfekt Indikativ zurückgeht (*amaverat*) entwickelt sich von einem Irrealis der Vergangenheit (mit der heutigen Entsprechung *habría/hubiera amado*) zu einem Imperfecto de Subjuntivo und wird damit zu einer echten Konkurrenzform zu *-ase* (*cantase*) (Anfang des 17. Jh.s).
- **Das Futuro de Subjuntivo** ist spätestens seit Mitte des 16. Jh.s aus der Mündlichkeit verdrängt worden. Es spielt aber noch bis ins 18. Jh. eine wichtige Rolle in distanzsprachlichen Textgattungen (Literatur, Wissenschaftsprosa, Historiographie, religiöse Prosa) und hält sich bis zum Ende des 20. Jh.s in Rechts- bzw. Gesetzestexten.

Pronominalsystem:

1. **Subjektpronomen:** Die Formen **nosotros** (*nos + otros*) und **vosotros** (*vos + otros*) verlieren ihren betonenden Charakter und setzen sich gegenüber *nos* und *vos* durch.

2. **Das Anredesystem** (*los pronombres de tratamiento*) wandelt sich tiefgreifend, so dass es zu einer variationellen Differenzierung des Pronominalsystems in der hispanophonen Welt kommt, die durch den Gegensatz von **Tuteo** und **Voseo** bestimmt wird. Ausgangspunkt ist das mittelalterliche System, in dem *tú* als die vertrauliche und *vos* als die höfliche bzw. respektvolle Anrede (*tratamiento deferencial*) einander gegenüberstehen. *Vos* verliert aber seit dem 15. Jh. seinen gehobenen Status zunehmend und konkurriert zwischen dem 16. und dem 18. Jh. mit *tú*. Komplementär zu

dieser Entwicklung werden ab dem 15. Jh. neue Formen wie *Vuestra Alteza*, *Vuestra Señoría*, *Vuestra Merced* für die höfliche bzw. respektvolle Anrede geprägt. Durch ihre alltägliche Verwendung bilden sich **Kurzformen** (**Allegroformen**) wie *vuesarced*, *vuesasté*, *voacé*, *vucé*, *vusted* und *usted* heraus. Mit der Angleichung von *tú* und *vos* entsteht in der hispanophonen Welt eine bunte Gemengelage:

- Gebiete, in denen sich *vos* gegenüber *tú* durchsetzt (**Voseo** unter anderem in Argentinien, Uruguay und Paraguay);
- **Tuteo-Regionen** wie in México, Perú, Bolivien und im karibischen Raum und
- Zonen, in denen *tú* und *vos* konkurrieren bzw. unterschiedlich soziolinguistisch markiert sind (wie im Falle von Chile, Ecuador und Kolumbien).

3. Die Klitika: Auch im Bereich der Objektpronomina kommt es zu einer variationellen Differenzierung in der hispanophonen Welt. Während im Süden (Andalusien) und Osten (Aragón) das Pronomen *lo* stets als Ersatz für ein maskulines direktes Objekt verwendet wird, dringt von Norden her das Pronomen *le* für menschliche, maskuline direkte Objekte bis ins Zentrum vor. Der **Loísmo**, also die Verwendung des Klitikums *lo* für das direkte Objekt, repräsentiert das **etymologische System**, das – auf das Lateinische zurückgehend – die syntaktischen Funktionen unterscheidet.

Im Falle des **Leísmo** dominiert hingegen das **referentielle Prinzip**, d. h. bestimmte Eigenschaften des direkten Objekts (+/- menschlich) sind hier unterscheidendes Merkmal: *Le veo a Juan* vs. *lo veo* (*mi coche*). Die nördlichen Dialekte haben dieses referentielle Prinzip insofern noch weiter ausgebaut, als sie das Merkmal der Zählbarkeit zum ausschlaggebenden Kriterium für die Wahl von *lo* bzw. *le* machen (*este coche no hay que comprarle*). Die jeweils starken Versionen des **Leísmo** (Verwendung von *le* für nicht-menschliche Objekte), **Loísmo** (Verwendung von *lo* für Dativobjekte: *lo* (= *a Jaime*) *doy el regalo a Jaime*) und **Laísmo** (*la* ebenfalls in dativischem Gebrauch: *la di el libro a tu hermana*) treten ebenfalls in verschiedenen Varietäten auf, sind aber stark markiert, weil sie eindeutig dem **Substandard** angehören.

Bei der **Stellung der Objektpronomina im Aussagesatz** kommt ebenfalls ein grundlegender Wandel im 17. Jh. zum Abschluss. Von diesem Zeitpunkt an können die Pronomina nicht mehr enklitisch, also nach dem konjugierten Verb, stehen. Damit treten die Pronomina im Spanischen mit Ausnahme von Imperativ-, Gerundial- und Infinitivsätzen grundsätzlich in proklitischer Stellung auf.

Die Entwicklung des Wortschatzes

Antike: Die Wiederentdeckung der antiken Kultur und ihrer Schriftzeugnisse sowie die damit verbundene Kultivierung des klassischen Griechisch und Latein führen zu einem Einstrom von lateinischen und griechischen Wortschatzelementen in die spanische Sprache. Diese Tendenz wird noch verstärkt durch literarische Strömungen wie den *culteranismo*,

der durch bewusste Auswahl griechischer und lateinischer Wortschatzelemente sowie den Ausbau gelehrter Wortbildungsverfahren (etwa Suffi-
gierungen auf -*ista* bzw. -*ía* oder Präfigierungen mit *anti-, semi-, poli-* etc.)
eine erhabene, alltagsferne künstlerische Sprache schöpfen möchte. Der
lateinische Wortschatz steuert Lexeme wie *conversar, oratoria, severo,
crédito, imbécil, replicar* bei. Beispiele für typische **Gräzismen** sind *antí-
doto, crítico, enciclopedia, filología, frase, análisis, hipótesis, método* und
problema.

Italien: Die intensiven kulturellen und politischen Kontakte nach Itali-
en (das Königreich Neapel gehörte von 1442 bis 1714 zur spanischen Krone) findet auch im Wortschatz ihren Niederschlag. Aus dem Bereich der
Kunst und Architektur stammen *comediante, fachada, madrigal*, aus der
militärischen Domäne *asalto, centinela, bastión*. Die Lexeme *bancarrota*
und *contrabando* verweisen auf das **Wirtschaftsleben** und *cortejar* sowie
cortesano auf die **höfische Kultur**.

Frankreich: Im 17. Jh. gewinnt die französische Krone und mit ihr die
französische Geisteskultur deutlich an Strahlkraft, was sich an dem Eindringen von **Gallizismen** (wie *barricada, recluta, chapeo, perruca/peluca*)
in die europäischen Sprachen zeigt.

Übersee: Schließlich gelangen auch Wortschatzelemente von Übersee,
Amerikanismen aus den verschiedenen indigenen Sprachen des neuen
Kontinents, auf die iberische Halbinsel. Besonders bekannte Beispiele
sind *huracán, hamaca, cacique, batata, maíz, caimán* (aus dem **karibi-
schen Raum**) sowie *chocolate, coyote, tomate, cacao, cacahuete* (aus dem
Nahuatl) und *pampa* bzw. *cóndor* (aus dem **Quechua**).

11.4.3 | Das Judenspanische

Die 1492 aus Spanien vertriebenen Juden, die **Sepharden**, trugen die spanische Muttersprache ins osmanische Reich, wo sie sich vor allem im Balkanraum, in Griechenland, an der kleinasiatischen Mittelküste sowie in
Nordafrika niederließen.

Ladino/Djudezmo

Die Sephardengemeinschaften im Balkanraum wurden im 20. Jh. zunächst stark assimiliert und durch den Holocaust fast ganz ausgelöscht.
Unterschieden werden müssen zwei **Varietäten des Judenspanischen**,
nämlich das **Ladino** – die für religiöse Zwecke verwendete Literatursprache, die stark vom Hebräischen beeinflusst war – und das **Djudezmo**, die
im Alltag verwendete gesprochene Varietät. Das Judenspanische konservierte eine Vielzahl von Merkmalen des vorklassischen Spanisch im Bereich der Phonologie und der Morphologie – so z. B. ältere Formen des Verbalparadigmas wie *so* und *do* (anstelle von *soy* und *doy*) sowie *vido* und
truxo (im modernen Spanisch: *vio* und *trajo*) (s. auch Kap. 1.4.1).

11.4.4 | Ausdehnung und Differenzierung des Spanischen: Die Anfänge des Spanischen in Lateinamerika

Die Entdeckung Amerikas durch Christoph Kolumbus (1492) eröffnet ein neues Kapitel in der Geschichte des Spanischen, das durch die Eroberung (*conquista*) des neuen Kontinents zu einer Weltsprache aufsteigt. Die Eroberung erfolgt in drei Phasen:

Von 1502–1519 konzentriert sich die Conquista auf die karibischen Inseln (Antillen), auf Hispaniola wird die erste Kolonialverwaltung etabliert.

1519–1549 ist der Zeitraum, in den die Eroberung der großen indigenen Reiche und Hochkulturen fällt: Die Eroberung des Aztekenreichs durch Hernán Cortés (1519–1521), die sukzessive Eroberung der Maya-Gebiete (von der Eroberung Guatemalas durch Pedro de Alvarado bis zur Eroberung Chiapas am Ende des 16. Jh.s), die Eroberung der Andenhochländer durch Francisco Pizarro (1531–1533), Boliviens (1538), des Chibcha-Reichs in Kolumbien durch Gonzalo Jiménez de Quesada (1536–1538), sodann Chiles durch Pedro de Mendoza (1536), Venezuelas und Kolumbiens (1550). Am Ende dieser Eroberungen stehen die Errichtung des **Vizekönigreichs Neu-Spanien** (1535) in Mittelamerika sowie des **Vizekönigreichs Peru** (1542) in Südamerika.

Ab 1550 beginnt die Phase der internen Eroberungen sowie der inneren Durchdringung des lateinamerikanischen Kontinents. In dieser Zeit finden weitere Eroberungen statt, wie die Neu-Mexikos, Floridas und Costa Ricas. Auch werden zukünftig bedeutende Zentren wie Santa Fe (1573) und – nach dem gescheiterten Versuch von 1536 – endgültig auch Buenos Aires gegründet. Im Zuge einer administrativen Neuorganisation werden im 18. Jh. die **Vizekönigreiche Neu-Granada** (1717/1739 mit Kolumbien, Panama, Ecuador und Venezuela) sowie **Río de la Plata** (1776), das die späteren Staaten Argentinien, Uruguay, Paraguay und Bolivien einschließt, geschaffen. In jener Zeit werden auch Texas und Kalifornien dem spanischen Imperium einverleibt.

Varietätenlinguistische Differenzierung in Lateinamerika: Die Kolonisierungsphasen, die Herkunft der Siedler, der Einfluss der Vizekönighöfe in México und Lima, später in Bogotá und Buenos Aires, die unmittelbare Nähe zu Verwaltungs-, Bildungs- und Kulturzentren, aber auch unterschiedliche Sprachkontaktbedingungen mit den indigenen Sprachen führen zu einer **vielschichtigen varietätenlinguistischen Landschaft** in Lateinamerika. Vor allem die **Vizekönighöfe in México und Lima** sind maßgeblich für die Durchsetzung bestimmter Merkmale der Madrider Norm (etwa des Tuteo), da sie sich sprachlich am Madrider Hof orientieren. Auch die großen Verwaltungs- und Bildungszentren mit ihren Universitäten (Universitätsgründungen in Santo Domingo, 1538, México und Lima, 1551, später Guatemala, Caracas, la Habana, Quito und Tucumán) stärken normsprachliche Züge oder – wie im Falle von Buenos Aires – tragen maßgeblich zur Herausbildung eines regionalen Standards bei. Die sprachliche Situation in der Karibik und im Antillenraum wird durch die frühe Kolonisierung und vor allem durch den stetigen Kontakt mit den

Das moderne
Spanisch

Häfen Andalusiens sowie der südlichen Metropole Sevilla geprägt. Hier setzen sich – anders als die an den Vizekönighöfen propagierte Madrider Norm – die sprachlichen Züge des andalusischen bzw. meridionalen Spanisch durch. In den von äußeren Einflüssen stark abgeschotteten Gebieten wie in Chile, in weiten Teilen Argentiniens, in Mittelamerika und Paraguay (letzteres weist zudem dank der Zweisprachigkeit Spanisch-Guaraní eine ganz besondere sprachliche Physiognomie auf) sorgen die fehlende Anbindung an größere Zentren sowie die allgemein recht prekäre soziale Situation für eine Verfestigung von meridionalen und, vor allem, von substandardsprachlichen Merkmalen.

Indigene Sprachen: Das Panorama wäre nicht vollständig, wenn nicht kurz die großen indigenen Sprachen, das **Nahuatl**, **Quechua**, **Aimara** und **Guaraní**, erwähnt würden, mit denen das Spanische in vielfältigem Kontakt stand. Vor allem das Nahuatl und das Quechua hatten zwar mit dem Sieg der Conquistadores über die Reiche der Inca und der Azteken ihr historisches und soziales Prestige verloren. Sie wurden aber zu den wichtigsten *lenguas generales*, zu **Verkehrssprachen**, die im Dienst der Evangelisierung standen. Dadurch dehnten sie ihren Wirkungsradius weit über den Bereich hinaus aus, in dem sie ursprünglich als Muttersprachen ihrer Sprachgemeinschaften fungierten.

11.5 | Das moderne Spanisch

Die bourbonische
Sprachpolitik

Der Übergang zur Epoche des modernen Spanisch wird allgemein 1713 mit der Thronbesteigung des Bourbonen **Philipp von Anjou**, einem Enkel Ludwigs XIV., angesetzt. Der Tod des letzten, kinderlosen, habsburgischen Herrschers, stürzte das Land in einen langwierigen Erbfolgekrieg, in dem sich die Erbansprüche der österreichischen Linie der Habsburger und die Prätentionen der französischen Bourbonen gegenüberstanden. Am Ende konnte sich der Bourbone Philipp von Anjou gegenüber dem Habsburger Karl von Österreich durchsetzen, der von Katalonien, Aragón und Valencia unterstützt wurde. Diese Parteinahme sollte die katalanischsprachigen Regionen teuer zu stehen kommen.

Durchsetzung des Kastilischen: Nachdem Philipp von Anjou im Einklang mit den Bestimmungen des Friedensschlusses von Utrecht den spanischen Thron besteigen konnte, strafte er die ehemaligen Gegner unter anderem auch durch sprachpolitische Maßnahmen ab: Mit dem **Dekret von Nueva Planta** (1716) wurde das Kastilische auch in den katalanischsprachigen Regionen als einzige offizielle Sprache durchgesetzt. Das Katalanische verlor den Status einer Schriftsprache und wurde zumindest im öffentlichen Leben diskriminiert. Mit seiner vollständigen Zurückdrängung auf den Bereich des privaten Lebens dialektalisierte es sich zunehmend. Auch die literarische Produktion kam weitgehend zum Erliegen (*Decadència*). Aber die **bourbonische Sprachpolitik** entsprach nicht nur ›revanchistischen‹ Motiven, sondern sie übertrug das Modell des absolutistischen Zentralismus, wie es sich in Frankreich seit dem 16. Jh.

herausgebildet und im 17. Jh. unter dem Sonnenkönig Ludwig XIV. seinen Höhepunkt erreicht hatte, einfach auf das Nachbarland.

Akademiegründungen: In diesem Zusammenhang steht auch die Gründung der **Real Academia de la Lengua** im Jahr 1713, der im Lauf des 18. Jh. weitere Gründungen von Akademien der Künste und der Wissenschaften folgten. Die Real Academia de la Lengua steht wie ihr französisches Vorbild, die **Académie Française**, im Dienst der Kultivierung der nationalen Einheitssprache und ihrer Pflege. Wichtigstes Instrument ihrer sprachpflegerischen Aktivitäten war und ist die Kodifizierung der Sprache in Form von Grammatiken, orthographischen Regelwerken und Wörterbüchern.

Rexurdimento und *Renaixença*: Der bourbonische Zentralismus bleibt auch für das 19. Jh., das durch die Auseinandersetzung zwischen Liberalismus und Konservatismus um die Rolle von Parlament und Monarchie geprägt ist, bestimmend. Allerdings erstarken im Lauf des 19. Jh.s regionalistische Bewegungen im Bereich von Politik und kulturellem Leben. Galizien und Katalonien erleben eine Wiedergeburt (*rexurdimento/renaixença*) ihrer Sprache und Kultur, die zunächst im Zeichen der Romantik und ihrer Wiederentdeckung des Mittelalters steht, im letzten Drittel des 19. Jh.s aber immer stärker von regionalistischen und nationalistischen politischen Kräften, die große Breitenwirkung entfalten, getragen wird. Zu Beginn des 20. Jh.s entstehen Institutionen, die die Minderheitensprachen normieren und kodifizieren. In diesem Zusammenhang ist besonders auf die Tätigkeit des **Institut d'Estudis Catalans** (1907) und der **Euskaltzaindia** (Real Academia de la Lengua Vasca, 1919) hinzuweisen.

Die Unabhängigkeitskriege in Amerika, die mit der Ausrufung neuer unabhängiger Staaten enden, sind eine weitere einschneidende Entwicklung zu Beginn des 19. Jh.s: Auf Argentinien, Venezuela, Kolumbien und Chile folgen bis 1828 alle überseeischen Besitzungen Spaniens, mit Ausnahme von Kuba, Puerto Rico und den Philippinen. Die letztgenannten überseeischen Gebiete verliert Spanien schließlich am Ende des 19. Jh.s im **spanisch-amerikanischen Krieg** von 1898. Die Unabhängigkeitsbewegungen und die Neugründung der südamerikanischen Republiken führen zu einer grundlegenden und durchaus leidenschaftlich geführten Debatte über die kulturelle und sprachliche Emanzipation vom ehemaligen Mutterland. Hierbei wird besonders die Frage nach Einheit und Vielfalt der spanischen Sprache und damit verbunden nach den normgebenden Zentren und Institutionen gestellt.

Im 20. Jh. gewinnt die Frage nach dem **rechtlichen Status** und der **gesellschaftlichen Stellung der Sprachen** eine herausragende politische und symbolische Bedeutung. Dabei wechseln sich Phasen einer autoritärzentralistischen Sprachpolitik, die auf die völlige Verdrängung der Minderheitensprachen aus dem öffentlichen Leben Spaniens gerichtet ist, und einer pluralistischen, ihrer historischen, sozialen und kulturellen Bedeutung Rechnung tragenden Politik ab. Nach einer repressiven Politik unter der **Diktatur Miguel Primo de Riveras** (1923–1930) werden die Rechte und der Status der Minderheitensprachen in der **2. Republik** (1931–1939) erstmals überhaupt verfassungsrechtlich verbrieft.

Das moderne Spanisch

Nach dem Ende des **Spanischen Bürgerkriegs** (1936–1939), der mit der Errichtung der **Diktatur General Francos** (1939–1975) endet, werden alle Rechte der Minderheitensprachen aufgehoben und das Spanische zur alleinigen Nationalsprache erklärt. Erst mit der Verfassung von 1978, die den Prozess der **Demokratisierung** (*Transición Democrática*, 1975–1978) erfolgreich abschließt, wird der Status der Minderheitensprachen verfassungsrechtlich abgesichert und zudem ein Prozess eröffnet, der es den **drei historischen Nationalitäten** (*nacionalidades históricas*) Galizien, Katalonien und dem Baskenland ermöglicht, die öffentliche Stellung ihrer angestammten Sprachen (der *lenguas propias*) in Autonomiestatuten festzuschreiben und eine Politik der **Normalisierung** (*normalización*) zu initiieren, die der Regionalsprache konsequent alle Bereiche des öffentlichen Lebens (Verwaltung, Medien, Bildungssektor) erschließt.

11.5.1 | Die Real Academia de la Lengua Española

Die Real Academia de la Lengua Española wurde 1713 auf private Initiative unter der Schirmherrschaft des Königs Philipp V. gegründet. Als Vorbild dienten ihr die 1635 gegründete Académie Française sowie die florentinische Accademia della Crusca (gegründet 1582). In Kapitel 1 der vom König gebilligten Statuten werden der Gründungszweck und die Ziele der Real Academia genauer beschrieben:

> »Del intento, y motivo de la fundación de la Academia: Siendo el fin principal de la fundación de esta Académia cultivar, y fijar la puréza y elegancia de la léngua Castellana, desterrando todos los erróres que en sus vocablos, en sus modos de hablar, ò en su construcción han introducido la ignorancia, la vana afectación, el descuido, y la demasiada voluntad de innovar: será su empléo distinguir los vocablos, phrases, ò construcciones extranjeras de las própias, las anticuadas de las usadas, las baxas y rústicas de las Cortesanas y levantadas, las burlescas de las serias, y finalmente las própias de las figuradas.« (Zit. nach López Morales 2005: 920. Die Statuten werden zu Beginn des »Diccionario de Autoridades« (Bd. I, XXIII) angeführt).

Abb. 10: Titelseite der Statuten der Real Academia Española (1715)

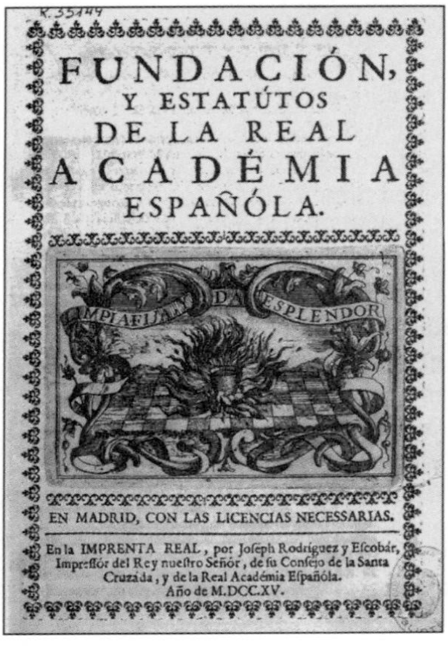
FUNDACIÓN, Y ESTATÚTOS DE LA REAL ACADÉMIA ESPAÑÓLA.

EN MADRID, CON LAS LICENCIAS NECESSARIAS.

En la IMPRENTA REAL, por Joséph Rodríguez y Escobár, Impressór del Rey nuestro Señór, de su Consejo de la Santa Cruzada, y de la Real Académia Españóla. Año de M.DCC.XV.

Ziele: Die in Kapitel 1 hervortretenden sprachpflegerischen Zielsetzungen werden in dem Akademiemotto »*Fija, limpia y da esplendor*« verdichtet und durch das Sinnbild eines glühenden Schmelztiegels veranschaulicht: Die vornehmste Aufgabe der Akademie besteht darin, ›edle‹ sprachliche Elemente von ›schlechten‹ zu trennen und in dieser Weise über die Norm der spanischen Sprache in ihrer Dynamik zu wachen. Die drei Prädikate *fija*, *limpia* und *da esplendor* verweisen zudem auf drei grundlegende Motive des normativen Sprachdiskurses. Das Ideal der *limpieza* wendet sich gegen die Schaffung und Verbreitung ›willkürlicher‹ Wortneubildungen (Neologismen), wie sie am Ende des Barockzeitalters zu beklagen waren. Der Wunsch nach Fixierung (*fija*) des Sprachzustandes an seinem Höhepunkt, der nach Auffassung der Zeitgenossen mit den großen Werken der Autoren des Siglo de Oro erreicht worden war, resultiert aus der Befürchtung eines nachfolgenden sprachlich-kulturellen Niedergangs. Der Anspruch, dem Spanischen Glanz zu verleihen (*da esplendor*), macht deutlich, dass man es im Wettbewerb der europäischen Sprachen dem Französischen gleichtun wollte, das mit dem Sonnenkönig Ludwig XIV. ein unerhörtes Prestige erlangt hatte und dank seiner kulturellen und diplomatischen Bedeutung zur ersten Sprache des Kontinents aufgestiegen war.

Ihre zentrale Aufgabe, Hüterin der Norm zu sein, nimmt die Akademie seither durch die Publikation von kodifikatorischen Werken, Wörterbüchern, Orthographietraktaten und Grammatiken wahr.

Wörterbücher der Real Academia

Das *Diccionario de Autoridades*: Die Real Academia veröffentlichte zwischen 1726 und 1739 das aus sechs Bänden bestehende *Diccionario de Autoridades* (eigentlich: *Diccionario de la lengua castellana en que se explica el verdadero sentido de las voces, su naturaleza y calidad, con las phrases o modos de hablar, los proverbios o refranes, y otras convenientes al uso de la lengua*). Die Einträge (ca. 38.000) des *Diccionario* definieren nicht nur die einzelnen Wörter, sondern führen auch deren Etymologie an und – eine Besonderheit – illustrieren den richtigen Wortgebrauch anhand von Verwendungsbelegen, die aus den Werken der großen Autoren des Siglo de Oro (v.a. Quevedo, Cervantes, Lope) stammen. So lautet beipielsweise der Eintrag zu *honra*, in dem u. a. auf Lopes Dorotea verwiesen wird:

»Reveréncia, acatamiento y veneración que se hace à la virtud, autoridad ò mayoría de alguna persona. Viene del Latino *Honor, oris*, que significa esto mismo [...]. Lop, Dorot. f. 26. No toda la *honra* está sujéta à leyes. La que no está sujeta à ellas no es *honra*.« (*Diccionario de Autoridades*, »Honra«, Bd. 4 (G-M), 1734, S. 173).

Abb. 11: Das *Diccionario de Autoridades*

Anders als sein französisches Pendant nahm das *Diccionario* auch fachsprachliche Wörter, ja sogar Regionalismen und Wörter der *germanía*, der Gaunersprache, auf.

Das *Diccionario de la Real Academia*: Das Projekt der Akademie, eine verbesserte Neuauflage des *Diccionario de Autoridades* zu schaffen, scheiterte. Deshalb wurde das Wörterbuch neu konzipiert, und die 1. Auflage des *Diccionario de la Real Academia* (*DRAE*) von 1780 enthält keine literarischen Zitate und Hinweise zur Etymologie mehr. Das Akademiewörterbuch erschien 2001 in der 22. Auflage. Diese beruht auf der Zusammenarbeit mit den unterschiedlichen **korrespondierenden Akademien** (s.u.) und berücksichtigt in weitaus stärkerem Maße als bislang **Amerikanismen** und **Philippinismen**. Die Bedeutungseinträge wurden aktualisiert und teilweise mit neuen **diasystematischen Etikettierungen** (also mit

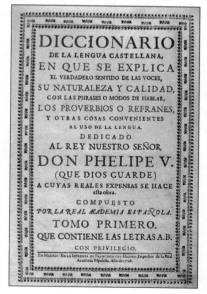

Angaben zur regionalen Verbreitung der Wörter bzw. ihrer sozialen und stilistischen Verwendung) versehen. Eine weitere Neuauflage ist für das Jahr 2013, dem dreihundertsten Jahrestag der Akademiegründung, vorgesehen.

Ein weiteres Wörterbuch, das *Diccionario panhispánico de dudas* (2005) behandelt sprachliche Zweifelsfälle der hispanophonen Sprachgemeinschaft in einer normativen Perspektive. Dabei werden auch Fragen der geographischen, soziolinguistischen und stilistischen Markiertheit berücksichtigt. Auslöser für die Erarbeitung des Wörterbuchs waren die vielfachen Anfragen zu sprachlichen Problemfällen, die jedes Jahr an die einzelnen Sprachakademien gerichtet werden und den Bedarf an einem normativen Nachschlagewerk erkennbar werden ließen. Das jüngste lexikographische Werk der Real Academia ist das *Diccionario de americanismos* (2010), ein ebenfalls aus der Zusammenarbeit der Sprachakademien hervorgegangenes Wörterbuch, das in Ergänzung zum DRAE die Amerikanismen in ca. 70.000 Einträgen dokumentiert.

Orthographía Española: Die spanische Orthographie weist zu Beginn des 18. Jh.s noch deutliche etymologische Züge auf. So wird noch in der ersten Stellungnahme der Real Academia zur Frage der Orthographie, dem *Discurso proemial de la orthographía de la lengua castellana*, der den 1. Band des Wörterbuchs einleitete, die Verwendung der Buchstaben <y>, <ph>, <th>, <ch> und <rh> in Wörtern griechischer Herkunft (Gräzismen wie *metaphora, theología, choro, rheuma*) sowie von <qu> in Wörtern, die ein entsprechendes lateinisches Etymon besaßen (*quatro*), propagiert. Die erste Ausgabe ihrer 1741 herausgegebenen Orthographie (*Orthographía Española*) stellt schon eine deutliche Entwicklung in Richtung auf eine phonologische Orthographie dar. So wird die gesonderte Graphie für Hellenismen aufgegeben, die von da an wie alle übrigen Wörter des Wortschatzes nach ihrem phonologischen Wert verschriftet werden. Allerdings bleibt die etymologische Schreibweise in einer Reihe von Fällen erhalten: Die Schreibung von <h> (bei Wörtern mit einem lateinischen Etymon auf f- wie *hacer* (< lat. *facere*), die ebenfalls lediglich historisch gerechtfertigte Unterscheidung von <b> und <v> (vgl. *beso* (< lat. *basium*), *verde* (< lat. *viridis*)) sowie von interdentalem <c^{e,i}> (vgl. *ciento* (lat. < *centum*)).

Die *Ortografía* von 1754 stellt einen weiteren Schritt hin zu einer **Schreibung nach phonologischen Prinzipien** dar. Die Digrapheme ch, ll, ñ werden als eigenständige Buchstaben in das spanische Alphabet aufgenommen. 1763 wird endlich auch der Digraph <ss> aufgegeben, dem auf phonologischer Ebene schon längst kein eigener Lautwert mehr zukam. Mit der 8. Auflage der *Ortografía*, die noch einmal kleinere Modifikationen einführt, erreicht die spanische Orthographie praktisch ihren heutigen Zustand. Der königliche Erlass Isabels II. macht die Orthographieregeln der Akademie im Jahr 1844 zur offiziellen spanischen Norm, wodurch sie auch für den Schulunterricht einen absolut verbindlichen Charakter erlangen (*Prontuario de ortografía de la lengua castellana, dispuesto por real órden para el uso de las escuelas públicas, por la real Academia española, con arreglo al sistema adoptado en la novena edición de su Diccio-*

nario). Damit wird auch allen Versuchen, alternative Reformvorschläge (v.a. des Venezolaners A. Bellos, s.u.) zur Grundlage einer gemeinsamen hispanischen Orthographie zu machen, ein Riegel vorgeschoben. Die 1959 erlassenen *Nuevas normas de prosodía y ortografía*, die 1974 noch einmal aktualisiert wurden, heben die Akzente auf *fue* und *dio* auf und erlauben zudem eine Vereinfachung der Gruppen <ps->, <mn->, und <gn-> am Wortanfang zu <s> bzw. <n>, also: *sicología, nemotecnia, nomo* etc. Die jüngste Version der *Ortografía* von 1999 wurde gemeinsam mit den Sprachakademien Lateinamerikas erarbeitet und modifiziert nur geringfügige Details, etwa die Akzentsetzung bei enklitischen Pronomen wie in *cayose* (anstelle des bisher üblichen *cayóse*).

Gramática de la lengua castellana: Der dritte Bereich der Kodifikationsleistung der Real Academia, die Publikation einer Grammatik, wurde 1771 mit der *Gramática de la lengua castellana* eingelöst. Die im Jahr 1780 von Karl III. als offizielle Grammatik der spanischen Sprache anerkannte Grammatik setzt die grammatikographische Tradition Nebrijas und Correas', die noch weitgehend von der lateinischen Schulgrammatik beeinflusst blieb, fort. So beschreibt sie zunächst die Wortarten mit ihren grammatischen Kategorien (Flexionsmorphologie), Aspekte des Satzbaus sowie besondere syntaktische Konstruktionen (»figurative Konstruktionen«). Allein im 18. Jh. erschienen drei weitere Auflagen der Grammatik ([2]1772, [3]1781, [4]1796), im Jahr 1959 die letzte. Die *Gramática* wurde 1973 durch den *Esbozo de una nueva gramática de la lengua española* abgelöst, ein neues grammatikographisches Werk, das sich um eine Verbindung deskriptiver und normativer Aspekte bemüht und stärker an modernen linguistischen Beschreibungsmethoden orientiert ist. Zudem berücksichtigt es erstmals sprachliche Varianten sowie lateinamerikanische Besonderheiten.

Die unter Leitung von Ignacio Bosque und Violeta Demonte entstandene dreibändige *Gramática descriptiva de la lengua española* wurde 1999 ebenfalls von der Real Academia herausgegeben. Es handelt sich bei dieser Grammatik zwar um keine offizielle Akademiegrammatik, jedoch werden die verschiedenen Aspekte der grammatischen Struktur des Spanischen von führenden Linguisten abgehandelt. Seit 2009 erscheint die *Nueva gramática de la lengua española*, die den programmatischen Untertitel *El español de todo el mundo* trägt. Diese unter Leitung von Ignacio Bosque von den 22 Sprachakademien der hispanophonen Welt erarbeitete Grammatik dokumentiert die grammatischen Strukturen des Spanischen in seiner Einheit und Vielfalt. Die Grammatik besitzt zugleich einen **deskriptiven** und **präskriptiven Anspruch**: Sie beschreibt die Vielfalt der im Sprachgebrauch zu beobachtenden Phänomene auf der Grundlage zeitgenössischer Studien und aktueller linguistischer Methoden. Zusätzlich bewertet sie aber auch den jeweiligen Sprachgebrauch und spricht eine normative Empfehlung für oder wider die Verwendung einer bestimmten grammatischen Konstruktion aus.

Das moderne
Spanisch

11.5.2 | Das Spanische in Lateinamerika und sein Verhältnis zum europäischen Spanisch

Die neu entstandenen lateinamerikanischen Republiken strebten nach einer eigenen nationalen Identität. Bei dem Prozess der Schaffung bzw. Konstruktion einer solchen nationalen Identität spielte die Frage einer nationalen Literatur, insbesondere aber die Problematik einer **nationalen Sprache** (*lengua nacional*) eine fundamentale Rolle. In der Sprachenfrage standen sich zwei grundlegende Positionen oftmals unversöhnlich gegenüber: Auf der einen Seite die Anhänger eines **sprachlichen Nationalismus** (*nacionalismo lingüístico*), auf der anderen die Verteidiger einer **sprachlichen Einheit** mit dem ehemaligen spanischen Mutterland.

Die Normdiskussion in Lateinamerika

Der sprachliche Nationalismus, der eine deutlich antispanische Stoßrichtung besaß, dominierte die Diskussion in **Argentinien**. Die antispanische Haltung (*antiespañolismo*) zeigte sich nicht nur an der klaren Ablehnung der geistigen und literarischen Traditionen Spaniens und der Propagierung einer **kulturellen Orientierung an Frankreich**. Sie manifestierte sich vor allem an der Einstellung zum Kastilischen wie es durch die Akademienorm festgeschrieben worden war. Ein solches Sprachideal – daran ließ der argentinische Schriftsteller und Politiker Domingo Faustino Sarmiento (1811–1888) nicht den geringsten Zweifel aufkommen – gehe völlig an der nationalen Realität vorbei. Zudem sei es gänzlich ungeeignet für eine kulturelle Erneuerung des Landes sowie für die Ausbildung eines **lateinamerikanischen Standards**. Es stand für Sarmiento außer Frage, dass ein solcher lateinamerikanischer Standard völlige Gleichwertigkeit beanspruchen könne. Die nationale Sprache sollte sich aus der »argentinischen Volkssprache«, so wie sie in den ländlichen Gebieten und in Buenos Aires gesprochen wurde, speisen, also sprachliche Elemente der Pampa (*habla gauchesca*) sowie **Archaismen** und **Gallizismen** in sich aufnehmen. Später kam als lexikalische Quelle noch das **Lunfardo**, die Sprache der kriminellen Milieus und marginalisierten Gruppen in der rasch anwachsenden Metropole Buenos Aires, hinzu. Auch nachdem die Debatte um die *lengua nacional* längst abgeebbt war, meldeten sich noch Vertreter zu Wort, die dem argentinischen Spanisch den Status einer eigenen Sprache verleihen wollten – so der Franzose Abeille (*El idioma nacional de los argentinos*) sowie der aus Buenos Aires stammende Vicenti Rossi mit vielfältigen Beiträgen zum *idioma nacional rioplatense*.

Der sprachliche Purismus: Der renommierteste Verfechter einer sprachlichen Einheit mit Spanien war der venezolanische Intellektuelle (Dichter, Philosoph, Linguist und Rechtswissenschaftler) und Diplomat **Andrés Bello** (1781–1865), der 1847 die *Gramática de la lengua castellana destinada al uso de los hispanoamericanos* veröffentlichte. Bellos Grammatik besitzt eine zweifache Bedeutung: Sie ist zum einen die – für ihre Zeit vom theoretischen Anspruch her modernste – linguistische Beschreibung der

*Domingo Faustino
Sarmiento*

Andrés Bello

spanischen Sprache und ihrer Funktionsweise. Sie nimmt dabei deutliche Anleihen an der französischen Tradition der Universalgrammatik, zeigt mithin logisch-semantische Beziehungen in der grammatischen Struktur der Sprache auf. Zum anderen besitzt sie eine pädagogische Ausrichtung, da sie sich mit der Absicht an die gebildeten Hispanoamerikaner wendet, diesen die peninsulare Norm zu vermitteln, wobei der **buen uso** der Gebildeten bzw. die **habla culta** als Orientierung dienen sollte. Bellos zentrales Augenmerk war aber darauf gerichtet, die Aufspaltung des Spanischen in eine Vielzahl von auseinanderdriftenden Dialekten zu verhindern und durch eine alle Varietäten einende Norm einer drohenden Sprachspaltung zu entgehen. Damit stand Bello in seiner Zielsetzung, die Einheit und Reinheit der spanischen Sprache zu wahren, in schroffem Gegensatz zu all denjenigen lateinamerikanischen Intellektuellen, die wie etwa Sarmiento die Schaffung einer Nationalsprache bzw. eines unabhängigen lateinamerikanischen Standards propagierten.

In seinen *Advertencias sobre el uso de la lengua castellana* spricht sich Bello deshalb vehement sowohl gegen den Seseo als auch gegen den Voseo aus. Ebenso propagiert er die Wiedereinführung der 2. Person Plural (*vosotros os levantáis*) anstelle des für das lateinamerikanische Spanisch charakteristischen *ustedes* (*ustedes os levantan*). Auch im Hinblick auf den Wortschatz bemüht sich Bello um die Ausmerzung von Amerikanismen bzw. Regionalismen. Bellos Empfehlungen, die ihn zum Hauptexponenten des **sprachlichen Purismus** (*purismo lingüístico*) machen, gehen zwar vollkommen an den sprachlichen Realitäten vorbei, sie zeugen aber von dem Bestreben, um jeden Preis eine Zersplitterung der hispanophonen Welt und – in letzter Konsequenz – ihre Auflösung durch eine ›Ausgliederung‹ von lateinamerikanischen Varietäten zu verhindern. Die ungeheuerliche Resonanz seiner Grammatik zeigt sich nicht zuletzt daran, dass sie bis 1860 allein in fünf Auflagen erschienen war.

Weitere Mitstreiter, die eine puristische Lösung ›von oben‹ favorisierten, waren der Kolumbianer **Miguel Antonio Caro** sowie dessen Landsmann **Rufino José Cuervo**. Caro nennt in seiner Schrift *Del uso en sus relaciones con el lenguaje* (1881) ganz explizit die spanischen Autoren sowie die Real Academia als normgebende Instanzen und spricht dem *uso*, dem tatsächlichen Sprachgebrauch, jedwegliche normative Relevanz ab.

Rufino José Cuervo: Eine dezidiert sprachwissenschaftliche Position nahm der Philologe und Linguist Cuervo ein, der eine Bestandsaufnahme der sprachlichen Situation in Lateinamerika auf der Grundlage der linguistischen Methodik und Theorie seiner Zeit, die stark vom Empirismus und Positivismus geprägt waren, vorlegte. Seine *Anotaciones a la gramática de Bello* stellen den Versuch einer Aktualisierung von Bellos Grammatik auf Grundlage der sprachwissenschaftlichen Untersuchungen seiner Zeit dar. Bellos Besorgnis um die Einheit der spanischen Sprache untermauert er mit einer naheliegenden sprachhistorischen Analogie, der Ausgliederung der romanischen Sprachen aus dem gesprochenen Latein. Die Entwicklungsbedingungen des Spanischen im Lateinamerika seiner Zeit – die Wegorientierung vom ehemaligen Mutterland, starke demographische

Verschiebungen durch Einwanderungswellen aus nicht-hispanophonen Ländern, fehlende regionale Normen, die Rezeption ›exotischer‹ literarischer bzw. kultureller Strömungen – waren Faktoren, die den Verhältnissen im späten Römischen Reich nicht unähnlich schienen und die reale Gefahr einer Fragmentierung bzw. Auflösung der sprachlichen Einheit in sich bargen. Diesen zentrifugalen Tendenzen ließ sich nach Cuervos Auffassung nur durch eine Orientierung an der peninsularen **norma culta** entgegensteuern, die zur Bezugsnorm aller gebildeten Spanischsprecher (*hispanohablantes*) werden sollte.

Seine *Apuntaciones críticas sobre el lenguaje bogotano con frecuente referencia al de los países de Hispanoamérica* (1867–1872) waren zunächst als Handreichung des guten Stils (*manual de buenas maneras de expresarse*) gedacht, sollten faktisch aber zu einer ersten größeren Studie zum Spanischen in Lateinamerika werden. Die wissenschaftliche Beschäftigung Cuervos mit den sprachlichen Realitäten in Lateinamerika führte allerdings schließlich dazu, dass der Linguist **der Unabhängigkeit des lateinamerikanischen Spanisch** immer positiver gegenüberstand, so dass er um die Jahrhundertwende in eine lebhafte Auseinandersetzung mit dem spanischen Schriftsteller Juan Valera geriet (1899–1903), dessen eurozentrische, ausschließlich an der Real Academia orientierte Einstellung zur Normproblematik er scharf ablehnte. – Die Protagonisten der lateinamerikanischen Debatte um die Zukunft der spanischen Sprache in Lateinamerika meldeten sich auch in der Frage der Orthographiereform zu Wort.

Orthographiediskussion: Sarmiento verfolgt in seiner *Memoria sobre ortografía americana* (1843) eine streng phonographische Konzeption, die aufgrund ihrer ausschließlichen Orientierung an den lateinamerikanischen Aussprachegewohnheiten eine deutliche antispanische Spitze trägt. So tritt er für eine konsequente Verschriftung des Seseo wie *sielo*, *sapato*, *corasón* ein, eine Lösung, die auf eine Eliminierung des Graphems <z> hinausläuft. Zudem soll das lediglich etymologisch gerechtfertigte Graphem <x> durch den Digraphen <cs> ersetzt werden (also *ecsamen* anstelle von *examen*).

Bellos Orthographievorschlag, den er schon 1824 in den *Indicaciones* niedergelegt hatte, weist demgegenüber einen deutlich gemäßigteren Charakter auf. Dieser orientiert sich ebenfalls am Ideal einer Eineindeutigkeit von Laut und Graphem, lehnt aber selbstverständlich jegliche Konzession an lateinamerikanische Sonderentwicklungen im Bereich der Aussprache ab. Die Universität von Chile griff Bellos Reformvorschläge auf und legte 1844 eine *Ortografía chilena* vor, die als offizielle Rechtschreibung Chiles bis 1927 Gültigkeit haben sollte. Diese sah unter anderem die Schreibung von <j> anstelle von <g^{e,i}> in Wörtern wie *general* (*jeneral*) sowie die Verwendung von <s> für etymologisch bedingtes <x> in Wörtern wie *estraño* und *espresar* vor.

Sprachliche Einheit und Vielfalt in der hispanophonen Welt – die Rolle der Sprachakademien

Die auf die Wahrung der sprachlichen Einheit gerichtete Politik der Real Academia durchlief seit ihrer Gründung verschiedene Phasen. In einer ersten Phase beschränkte sich diese Politik auf die **Aufnahme besonders herausragender lateinamerikanischer Persönlichkeiten** als Ehrenmitglieder (*miembros honorarios*) sowie als ordentliche Mitglieder (*miembros de número*). So wurden der Mexikaner Manuel de Lardizábal y Uribe (1775) sowie der Peruaner Diego de Villegas y Saavedra Quevedo (1783) Mitglieder der Akademie und José Gómez de la Cortina (1840) und Andrés Bello (1851) Ehrenmitglieder der Institution. Später erhielten Bello (1861) und der Chilene José Victoriano Lastarria (1870) den Status von *miembros correspondientes*.

RAE – Phasen der
Sprachpolitik

Monozentrisch orientierte Sprachpolitik: Ab 1870 trat die Politik zur Wahrung der sprachlichen Einheit in eine neue Phase ein: Die Real Academia schuf die rechtlichen Voraussetzungen für die **Aufnahme assoziierter Sprachakademien,** die ab 1870 in den verschiedenen lateinamerikanischen Ländern mit dem Ziel gegründet wurden, zur Verbreitung eines letztlich an der peninsularen Norm orientierten Spanisch beizutragen. Mit der Gründung von lateinamerikanischen Tochterakademien, die den Status von **Academias Correspondientes** besaßen, wurde eine weitgehend **monozentrisch orientierte Sprachpolitik** institutionalisiert. Die Initiative zur Gründung der ersten *Academia Nacional Correspondiente*, der kolombianischen Akademie, im Jahre 1871 ging unter anderem von Miguel Antonio Caro und Rufino José Cuervo aus. Es folgten die Gründungen der Academia Ecuatoriana (1874), der Academia Mexicana (1875), der Academia Salvadoreña (1876), der Academia Venezolana (1883), der Academia Chilena (1885), der Academia Peruana (1887) und der Akademie Guatemalas (1888). Eine neue Gründungswelle setzte in den 1920er Jahren mit der Gründung der Akademien Boliviens (1920), Costa Ricas (1923), der Philippinen (1924), Cubas (1926), Panamás (1926), der Dominikanischen Republik (1927) und Paraguays (1927) ein. Selbst Argentinien (1931) und Uruguay (1943) schlossen sich – freilich zunächst lediglich als assoziierte Akademien – an. Es folgten Honduras (1948), Puerto Rico (1953) und schließlich sogar die USA (*Academia Norteamericana de la Lengua*, 1985).

Die Asociación de Academias de la Lengua Española: Die Initiative beim Übergang in die dritte Phase der sprachlichen Beziehungen zwischen dem ehemaligen Mutterland und den lateinamerikanischen Ländern lag bei einem der lateinamerikanischen Länder, Mexiko, dessen Staatspräsident Alemán die Akademie seines Landes aufforderte, ein Treffen aller Academias de la Lengua Española einzuberufen, um in einem gemeinsamen Aktionsprogramm die sprachliche Einheit der hispanophonen Welt, allerdings unter Berücksichtigung der sprachlichen Realitäten, zu verteidigen. So sollten

- der Wortschatz vereinheitlicht werden, allerdings unter Berücksichtigung von usuellen Amerikanismen;

- die Amerikanismen in einer Neuauflage des Akademiewörterbuchs aktualisiert und lexikographisch angemessen erfasst werden;
- die Gründung neuer Akademien in denjenigen hispanophonen Ländern initiiert werden, die bislang noch keine Sprachakademie besaßen und
- in sichtbarer Weise die Einheit der hispanophonen Welt zelebriert werden.

1951 trafen sich die Vertreter von 16 Academias Correspondientes in México City und beschlossen auf ihrem Kongress die Schaffung einer **Asociación de Academias de la Lengua Española** mit einer Comisión Permanente, die Resolutionen zu weiteren Schritten der sprachpolitischen Zusammenarbeit – der Publikation von Werken zur spanischen Sprache, der Erstellung gemeinsamer Wörterbücher, Maßnahmen zur Bewahrung der sprachlichen Einheit – beschließen sollte. Mit der Begründung einer Asociación de Academias de la Lengua Española ging die Phase des Monozentrismus und damit die Vorrangstellung der Madrider Real Academia zu Ende.

Plurizentrische Sprachpolitik: Die vorerst letzte Phase, der Übergang zu einer erklärtermaßen plurizentrischen Sprachpolitik, wurde mit den Akademiestatuten von 1993 eingeleitet. Darin öffnet sich die Real Academia einem plurizentrischen Normverständnis, das von der Existenz verschiedener normgebender Zentren bzw. regionaler Standards in der hispanophonen Welt ausgeht. Sie rückt damit dezidiert von ihrer bis dahin vertretenen Europazentriertheit ab. Die plurizentrische Konzeption ihrer Sprachpolitik konkretisiert sich sowohl in ihren sprachlichen Stellungnahmen wie auch in ihren sprachnormierenden Publikationen.

Im Hinblick auf den erstgenannten Aspekt ist vor allem die Akzeptanz des in der Mehrheit der hispanophonen Länder üblichen Yeísmo und Seseo zu erwähnen. Was die orthographischen, lexikographischen und grammatikographischen Werke anbelangt, so wurde die plurizentristische Tendenz der neuesten Publikationen schon herausgestellt und soll noch einmal kurz in Erinnerung gerufen werden: die Veröffentlichung

- einer im Konsens mit allen Sprachakademien erarbeiteten panhispanischen *Ortografía de la lengua española* (1999),
- einer Neuauflage des *Diccionario de la Real Academia* (22. Auflage, 2001), die auf der Zusammenarbeit mit den Academias Correspondientes beruht und neben den Amerikanismen auch Philippinismen berücksichtigt,
- einer *Nueva gramática de la lengua española* (2009), die die grammatischen Strukturen des Spanischen in seiner ganzen Vielfalt in der hispanophonen Welt dokumentiert und
- ein *Diccionario panhispánico de dudas* (1998), das grammatische Erscheinungen des Spanischen in ihrer gesamten Breite einordnet und kommentiert.

Auf dem **2. Internationalen Kongress der Spanischen Sprache** in Valladolid 2001 (*II Congreso Internacional de la Lengua Española*) wurde die Idee eines *Observatorio del neologismo* vorgestellt, das Wortneuschöpfun-

gen (Neologismen) dokumentieren und sich mit der Frage ihrer Aufnahme in das Akademiewörterbuch befassen soll.

Die Real Academia bemüht sich seit den 1990er Jahren mit einer stärke-
ren Öffentlichkeitsarbeit sowie verschiedenen Kontakten zu den Schulen
und den Massenmedien um eine größere öffentliche Präsenz. 1994 griff
sie gar in die politische Debatte um die Rolle des Kastilischen in Katalonien ein und kritisierte dessen zunehmende ›Diskriminierung‹. Diese
sprachpolitische Parteinahme brachte ihr erwartungsgemäß nicht nur
Lob ein.

11.5.3 | Die Minderheitensprachen Spaniens und Aspekte der Sprachpolitik

Historischer Rückblick

Der Sieg der Bourbonen im spanischen Erbfolgekrieg bedeutete nicht nur
den Beginn des administrativen Zentralismus, sondern auch die Imple-
mentierung einer Sprachpolitik, die das Spanische im gesamten Königreich als Sprache der Verwaltung, Rechtsprechung und des Schulwesens
durchsetzte. Den Auftakt setzten die Dekrete von Nueva Planta (*Decretos
de Nueva Planta*, 1707–1716), durch die Philipp V. die angestammten Institutionen und Sonderrechte der ehemaligen Territorien der Krone von
Aragón abschaffte, weil diese sich im Erbfolgekrieg auf die Seite seines Rivalen, des Erzherzogs von Österreich, geschlagen hatten. So wurde diesen
Regionen – Aragón, Valencia, Mallorca und Katalonien – die kastilische
Verwaltungsstruktur auferlegt sowie das Spanische als offizielle Verwal-
tungs- und Rechtssprache eingesetzt.

Diese zentralistische Politik wurde im Lauf des 18. Jh.s unter aufkläre-
rischen Vorzeichen fortgesetzt – das Spanische, so propagierte es auch der
Aufklärer **Gaspar Melchor de Jovellanos** (*Bases para la formación de un
plan general de instrucción pública*, 1809), sollte eine Schlüsselrolle bei der
Verbreitung und dem Ausbau der wissenschaftlichen Kenntnisse wahrnehmen. Der aufgeklärte Monarch Karl III. dekretierte 1768 in der *Real
Cédula* von Aranjuez, dass der Unterricht der Primar- und Sekundaraus-
bildung alleine auf Spanisch zu erfolgen habe – eine Maßnahme, die sich
primär gegen den Unterricht der Orden in lateinischer Sprache richtete.

Einen Höhepunkt der zentralistischen Sprachpolitik bildete die *Real Cédula* von 1770, die eine Kastilianisierung sowohl der Kolonien als auch der
nicht-kastilischsprachigen Regionen der iberischen Halbinsel anstrebte
und auch ihre klare Stoßrichtung gegen die Minderheitensprachen nicht
verheimlichte (»para que de una vez se llegue a conseguir el que se extin-
gan los diferentes idiomas de que se usa en los mismos dominios, y sólo se
hable el castellano, como está mandado por repetidas leyes, Reales cédulas
y órdenes expedidas en el asunto«). Es folgten weitere königliche Gesetzge-
bungsmaßnahmen, die das Kastilische als Sprache der Buchführung (Kgl.
Dekret von 1772) festschrieben und es selbst für Theateraufführungen ver-

Etappen der
Sprachpolitik
seit dem
18. Jahrhundert

Das moderne
Spanisch

pflichtend machten (Kgl. Dekret von 1779). Das Kastilische, das mittlerweile nur noch unter dem Namen *lengua española* figurierte, sollte zur ›Sprache der Einheit‹ des spanischen Reiches, zum *idioma nacional*, werden.

19. Jh.: Nach dem Ende der absolutistischen Ära wurde ab 1833 auch unter liberalem Vorzeichen die Unifizierungspolitik des Absolutismus fortgesetzt. Die **Ley de Instrucción Pública** (*Ley Moyano*, 1857) schuf erstmals die rechtlichen und organisatorischen Grundlagen für ein einheitliches öffentliches Schulwesen. Die präskriptive Akademienorm wurde für den Schulunterricht verbindlich gemacht und damit die Kastilianisierung der sprachlichen Minderheiten durch das Schulsystem weiter vorangetrieben. Ein Gesetz von 1862 legte fest, dass alle offiziellen Dokumente auf Spanisch verfasst sein müssen, d.h. das Kastilische sollte auch eine Monopolstellung im alltäglichen Rechtsverkehr der Bürger erlangen. Fünf Jahre (1867) später wurde erneut das Verbot eingeschärft, Theaterstücke in einer anderen Sprache als dem Spanischen aufzuführen.

Das Zeitalter der Restauration (1874–1902) war durch ein **Wiedererstarken des politischen Regionalismus** gekennzeichnet, der sich zunehmend dem staatlichen Zentralismus widersetzte. So enstanden regionale politische Bewegungen, aber vor allem auch Institutionen, die sich der Pflege der Minderheitensprachen verschrieben. Hierzu gehörte nicht nur die Wiederentdeckung und Förderung der Literatur, sondern vor allem auch die Normierung und die Kodifizierung der Minderheitensprachen, die wieder dazu befähigt werden mussten, allen Ausdrucksbedürfnissen im öffentlichen Leben und in der Wissenschaft auf der Höhe der Zeit gerecht zu werden. In der Entwicklung besonders voran ging Katalonien, dessen durch die Industrialisierung erstarktes Bürgertum sich um den Aufbau eigener Erziehungs- und Bildungsinstitutionen bemühte.

Von ganz herausragender Bedeutung war allerdings die Gründung sprachnormierender Institutionen: die **Real Academia Galega**, die 1906 unter Leitung von Manuel Murguía, ihrem ersten Präsidenten, gegründet wurde sowie das auf Initiative des Politikers und Schriftstellers Enric Prat de la Riba ins Leben gerufene **Institut d'Estudis Catalans** und die im Baskenland 1919 unter Alfons XIII. geschaffene **Euskaltzaindia** (Real Academia de la Lengua Vasca).

Im 20. Jh. schwankt die Sprachpolitik des spanischen Staates zwischen einer rigurosen zentralistischen Politik, die mit repressiven Mitteln gegen die Minderheitensprachen vorgeht und einer ausgleichenden Politik, die dem Plurilingualismus in Spanien in vollem Umfang Rechnung tragen möchte. Noch zu Beginn des 20. Jh.s müssen Lehrer, die sich einer anderen Unterrichtssprache als des Kastilischen bedienen, durch den *Real Orden* von 1902 mit Sanktionen rechnen. Die Diktatur Miguel Primo de Riveras (1923–1930) ist auch in sprachpolitischer Hinsicht repressiv: Die Monopolstellung des Kastilischen wird in allen Bereichen (v.a. im Bereich der Bildung und der Verwaltung) bekräftigt und allen Amtspersonen die Verwendung einer anderen Sprache als des Spanischen für öffentliche Anlässe (*actos de carácter nacional*) untersagt (Dekret von 1923, das 1930 wieder aufgehoben wird).

Die II. Republik (1931–1939) markiert einen tiefen Einschnitt. In der Verfassung von 1931 (*Constitución de la República Española* vom 9.12.1931) wird erstmals der rechtliche Status des Kastilischen überhaupt in einem Verfassungsdokument explizit festgeschrieben (die Verfassung von Cádiz aus dem Jahr 1812 hatte das Spanische nur als *lengua nacional* erwähnt). Der Artikel 4 verbürgt die Stellung des Kastilischen als einzige offizielle Sprache der Nation (»El castellano es el idioma oficial de la República«).

Die Verfassung sieht das Recht auf Bildung **autonomer Regionen** (*región autónoma*) vor, die in begrenztem Umfang eigene Angelegenheiten in einem Statut (*Estatuto* nach Art. 12) regeln können. Das Autonomiestatut Kataloniens von 1932 erhebt das Katalanische in den Rang einer regionalen Amtssprache, die gleichberechtigt neben dem Kastilischen steht – in Art. 2 heißt es: »El idioma catalán es, como el castellano, lengua oficial en Cataluña«. Auch die Autonomiestatuten Galiziens und des Baskenlandes, die erst 1936 auf den Weg gebracht werden, sehen die **Kooffizialität** der jeweiligen Regionalsprache vor. Da sich Spanien jedoch mit dem Staatsstreich General Francos schon im Sommer 1936 im Bürgerkrieg befindet, treten die *Estatutos* entweder nicht mehr in Kraft oder werden kurz darauf aufgehoben (so im Fall des katalanischen Autonomiestatuts). Der Sieg der franquistischen Kräfte bedeutet auch das Aus einer pluralen Sprachpolitik. So hebt das Dekret vom 16.12.1939 die Kooffizialität des Katalanischen auf. Die katalanischsprachige Presse wird verboten. Radiosender dürfen, sofern sie überhaupt zugelassen sind, nur noch in spanischer Sprache senden. Plätze, Straßen, Orte und Institutionen werden umbenannt, ja selbst Vornamen von spanischen Bürger/innen werden nur noch in spanischer Form beurkundet. Das Kastilische besitzt in den Jahren von 1936 bis 1969 ein absolutes Monopol im öffentlichen Leben sowie im nationalen Erziehungswesen. Erst das Erziehungsgesetz von 1970 erlaubt in beschränktem Umfang eine Verwendung von Minderheitensprachen im Unterricht.

Die Demokratisierung ab 1975/76 (*Transición Democrática*, 1975–1978) stellt einen erneuten Wendepunkt dar, die mit dem Inkrafttreten der Verfassung von 1978 ihren glücklichen Abschluss findet. Die Verfassung von 1978 bestimmt nun – anders als ihre Vorgängerin von 1931 – den Status der verschiedenen Sprachen des spanischen Staatsverbandes. Der Artikel 3 der Verfassung entwickelt ein dreistufiges System:

- **Das Kastilische** ist die **offizielle Sprache** des spanischen Staatsverbands und hat als nationale Amtssprache eine klare Vorrangstellung (Art. 3.1: »El castellano es la lengua española oficial del Estado. Todos los españoles tienen el deber de conocerla y el derecho de usarla«).
- **Das Katalanische, das Galicische und das Baskische**, die Sprachen der historischen Autonomien, sollen durch besondere Autonomiestatuten den Status von **kooffiziellen Sprachen** auf dem Gebiet der jeweiligen Autonomen Gemeinschaft (*Comunidad Autónoma*) erlangen (Art. 3.2: »Las demás lenguas españolas serán también oficiales en las respectivas Comunidades Autónomas de acuerdo con sus Estatutos«).
- **Die sonstigen Minderheitensprachen** werden als **kulturelles Erbe** anerkannt und von der Verfassung geschützt, ohne dass aber im Ein-

zelfall eine Verpflichtung zu konkreten Maßnahmen besteht (Art. 3.3.: »La riqueza de las distintas modalidades lingüísticas de España es un patrimonio cultural que será objeto de especial respeto y protección«). **Die Verfassung von 1978**, die Spanien als ein im Grundsatz einsprachiges Land mit regionaler Zwei- bzw. Mehrsprachigkeit konzipiert, eröffnet aber den Weg für Autonomiestatute, die es den Autonomien ermöglicht, eine aktive Sprachpolitik in der jeweiligen *Comunidad Autónoma* zu verfolgen. Von dieser Möglichkeit hat vor allem Katalonien seit 1978 Gebrauch gemacht und mithilfe einer konsequenten Sprachgesetzgebung die Sprachlandschaft in Katalonien zugunsten der katalanischen Sprache verändert. Aber auch andere autonome Gemeinschaften haben die Position ihrer jeweiligen Regionalsprache in den letzten Jahrzehnten sehr gestärkt.

Sprachpolitik in den Autonomías

Kataloniens Autonomiestatut von 1979 (*Ley Orgánica* 4/1979, 18.12.1979) stellt in dem Sprachartikel (Art. 3 des *Estatuto de Autonomía*) zunächst den identitätsstiftenden Charakter des Katalanischen heraus – die katalanische Sprache ist *lengua propia* (Art. 3.1: »La lengua propia de Cataluña es el catalán«). Sodann wird die **Kooffizialität** des Katalanischen in Katalonien festgelegt (Art. 3.2: »El idioma catalán es el oficial de Cataluña, así como también lo es el castellano, oficial en todo el Estado español«).

Die **katalanische Regierung** (*La Generalitad*) garantiert des Weiteren den Gebrauch der beiden offiziellen Sprachen Kataloniens sowie die Schaffung der nötigen gesetzlichen Voraussetzungen für die Gewährleistung der tatsächlichen Kooffizialität der beiden Sprachen im öffentlichen Leben (Art. 3.3: »La Generalitad garantizará el uso normal y oficial de los dos idiomas, adoptará las medidas necesarias para asegurar su conocimiento y creará las condiciones que permitan alcanzar su plena legalidad en lo que se refiere a los derechos y los deberes de los ciudadanos de Cataluña«).

Auch die Autonomiestatute anderer Comunidades Autónomas – z.B. das **galicische Autonomiestatut** von 1981 (*Ley Orgánica* 1/1981, 6.4.1981) sowie das **baskische Estatuto de Guernica** (*Ley Orgánica* 3/1979, 18.12.1979) – sehen ähnliche Regelungen für die jeweilige Regionalsprache vor: Die Bestimmung ihres Charakters als *lengua propia*, ihre Kooffizialität, das Recht, die *lengua propia* zu kennen und zu benutzen, die Verpflichtung der regionalen staatlichen Instanzen, der *lengua propia* durch geeignete Maßnahmen zur vollen Geltung und Entfaltung zu verhelfen, ein Diskriminierungsverbot für die Verwendung der Regionalsprache, aber auch die Garantie des Rechts, das Kastilische gleichwertig in der jeweiligen *Comunidad Autónoma* verwenden zu können.

Normalisierungspolitik (*normalización*): Auf der Grundlage der Autonomiestatuten, welche die rechtlichen Voraussetzungen für eine aktive Sprachpolitik geschaffen haben, entwickeln die Regionalregierungen eine **Normalisierungspolitik**, die darauf gerichtet ist, die bis dahin bestehende

Diglossiesituation, bei der das Kastilische das öffentliche Leben dominiert und die jeweilige Regionalsprache auf den privaten Bereich beschränkt ist, zu beseitigen. Dazu ist es notwendig, durch sprachpolitische Maßnahmen den Regionalsprachen nicht nur den Zugang zu allen Bereichen des öffentlichen Lebens zu sichern, sondern auch ihre Präsenz zu stärken und dauerhaft zu verankern. Es müssen also Voraussetzungen und Bedingungen geschaffen werden, die zur Verbreitung der Regionalsprachen, ihrer tatsächlichen Kenntnis und Verwendung, beitragen.

Das **sprachliche Normalisierungsgesetz** (*Ley de normalización lingüística*) Kataloniens von 1983 (*Ley* 7/1983, 18.4.1983) stellt vor allem die sprachlichen Rechte der Bürger heraus, d. h. das Recht aller Bürger, das Katalanische zu kennen und sich in dieser Sprache auszudrücken. Das Gesetz von 1983 legt das Augenmerk auf die Beziehung zu den staatlichen Organen der **Comunidad Autónoma**, d. h. es betont das Recht der Bürger, mit den Verwaltungsbehörden sowie anderen öffentlichen Organismen in katalanischer Sprache zu kommunizieren. Zudem soll das Katalanische eine gleichberechtigte Stellung im Schulsystem erlangen. Es werden ebenfalls die Grundlagen für die Schaffung einsprachig katalanischer Radio- und Rundfunksender gelegt. – Die 1980 eingerichtete **Direcció General de Política Lingüística** soll die Normalisierungspolitik umsetzen und weitere Konzepte für eine aktive Sprachpolitik in Katalonien entwickeln.

Sollte das Gesetz von 1983 vor allem die Gleichberechtigung des Katalanischen gesetzlich verbürgen, so geht das Sprachgesetz vom 7. Januar 1998 deutlich weiter: Das Katalanische erhält als *lengua propia* Kataloniens einen besonderen Status, was sich daran zeigt, dass es üblicherweise (*normalmente* wie es in den einzelnen Bestimmungen zu den verschiedenen öffentlichen und halb-öffentlichen Verwendungsbereichen heißt) Verwendung finden soll. Zudem wird die Stellung des Katalanischen auch im Wirtschaftsleben (als Kommunikationsmittel in den Unternehmen, in der Werbung und der Produktinformation) gestärkt. In den Medien wird eine mindestens 50%-ige Präsenz durch eine Quotierung sichergestellt. Auch im Bereich des Bildungswesens kommt dem Katalanischen als *lengua propia* ein Vorrang zu, und seine sichere Beherrschung (neben dem Kastilischen) wird als zentrales Ziel des Sprachunterrichts verankert. Das teilweise stark umstrittene Gesetz, das unter anderem auch von der Real Academia sowie den spanischsprachigen Printmedien kritisiert wird, sichert dem Katalanischen eine deutliche Vorrangstellung gegenüber dem Kastilischen und fügt sich in eine allgemeine **Rekatalanisierungspolitik** der katalonischen Autonomieregierung ein.

Das **2. Autonomiestatut Kataloniens** (*Ley Orgánica* 6/2006, 19.7.2006) bildet einen vorläufigen Abschluss der katalanischen Sprachpolitik. Es wurde 2010 vom spanischen Verfassungsgerichtshof zumindest in Teilen für verfassungswidrig erklärt. Der Artikel 6 (*La lengua propia y las lenguas oficiales*) stärkt noch einmal die Rolle des Katalanischen: Es ist nun nicht mehr nur »normale«, sondern präferierte (vgl. 6.1.: »de uso normal y preferente«) Sprache des öffentlichen Lebens und seine Kenntnis wird neben der des Kastilischen verpflichtend gemacht (Art. 6.2 schreibt ein »deber de conocerlas« fest). Daraus werden weitere Handlungskompetenzen der öffentlichen Hand zur Durchsetzung dieser Verpflichtung abgeleitet (Art. 6.2: »Los poderes públicos de Cataluña deben establecer las medidas necesarias para facilitar el ejercicio de estos derechos y el cumplimiento de este deber«).

Das **Aranesische**, eine Außenvarietät des Gaskognischen und selber Minderheitensprache in Katalonien, erlangt mit Art. 6.5 ebenfalls den Status einer offiziellen Sprache Kataloniens (das damit nun drei offizielle Sprachen besitzt) sowie den einer *lengua propia* des Val d'Aran. Schließlich möchte das reformierte Autonomiestatut auch die Präsenz des Katalanischen in den Institutionen der Europäischen Union stärken. Ob mit dem neuen Autonomiestatut von 2006 dem Katalanischen nun endlich faktische Gleichrangigkeit mit dem historisch und strukturell begünstigten Kastilischen verschafft wurde, wie seine Befürworter meinen, oder ob das Kastilische im Zuge einer monolingualen Katalanisierungspolitik langfristig aus Katalonien verdrängt werden soll, wie die Gegner behaupten, ist eine Streitfrage, die teilweise heftig und emotional in Politik, Medien und der öffentlichen Debatte diskutiert wird.

Die Sprachpolitik in anderen autonomen Regionen erweist sich als weniger einschneidend bzw. folgenreich:

1. In **Valencia** sieht das Autonomiestatut von 1982 (*Estatuto de Autonomía de la Comunidad Valenciana*, *Ley Orgánica* 5/1982) analoge Regelungen wie in Katalonien vor. Auch die *Ley de uso y enseñanza del valenciano* (Ley 4/1983, 23.11.1983) strebt eine Normalisierung des Katalanischen an. Allerdings ist ihr letztlich der Erfolg versagt geblieben, da nur etwa 40% der Mitglieder der Comunidad Valenciana das Katalanische als Muttersprache besitzen.

2. Die **Balearen** schreiben das Katalanische ebenfalls in ihrem Autonomiestatut von 1983 (*Ley Orgánica* 2/1983), das durch die *Ley Orgánica* 3/1999 reformiert wird, als »lengua propia de las Islas Baleares« fest. Ein entsprechendes **Normalisierungsgesetz** (*Ley de normalización lingüística*, Ley 3/1986) bemüht sich, mittels zahlreicher konkreter Maßnahmen die Stellung des Katalanischen zu verbessern.

3. **Val d'Aran:** Das Aranesische, eine Außenvarietät des Gaskognischen, besitzt seit 1990 neben dem Katalanischen und dem Kastilischen den Status einer Amtssprache im Val d'Aran. Wie erwähnt, ist es durch die Reform des Autonomiestatuts von 2006 in den Rang einer offiziellen Sprache Kataloniens erhoben worden.

4. In **Galizien** schafft die *Ley de Normalización Lingüística* (Ley 3/1983) die Grundlagen für die Durchsetzung der öffentlichen Präsenz des Galicischen in Verwaltung, Schule und den Medien. Ein besonderes Problem des Galicischen, das von über 90% der Bevölkerung verstanden wird, war es lange Zeit, dass ihm aufgrund seiner starken Beeinflussung durch das Kastilische eine verbindliche Norm fehlte. Hier werden seit den 1980er Jahren verstärkt Normierungsanstrengungen unternommen, die allerdings nicht immer im Konsens erfolgen. Im Bereich

der Orthographie stehen sich z. B. die *lusistas*, die eine Reintegration (deshalb auch *reintegracionistas*) in die lusophone Sprachgemeinschaft anstreben, und die *aislacionistas* (auch *autonomistas*), die auf die Eigenständigkeit des Galicischen pochen und für eine Orientierung an der kastilischen Orthographie plädieren, gegenüber. Die von der **Real Academia Galega** sowie dem **Instituto da Lingua Galega** (das der Universität von Santiago angegliedert ist) unterstützten Orthographievorschläge der ›Autonomisten‹ konnten sich in der Debatte durchsetzen und wurden per Dekret offizialisiert.

5. Auch im Baskenland versuchten die politischen Institutionen, dem Baskischen in einem Normalisierungsgesetz, der **Ley básica de normalización del uso del euskera** (*Ley* 10/1982), öffentliche Geltung und Verbreitung zu verschaffen. Allerdings trifft das Gesetz aufgrund der relativ geringen Zahl von Baskischsprechern (ca. ein Viertel der Bevölkerung des Baskenlandes) auf eine geringe öffentliche Akzeptanz. Hinzu kommen die starke dialektale Zersplitterung des Baskischen sowie das Fehlen einer schriftsprachlichen Tradition. Die baskische Sprachakademie, die **Euskaltzaindia**, war federführend bei der Entwicklung einer einheitlichen Schriftsprache, das *euskera batua* (›Einheitsbaskisch‹), und leitet zur Zeit verschiedene Standardisierungprojekte, etwa ein Wörterbuch und eine Grammatik des Baskischen sowie einen Sprachatlas.

6. In der Comunidad Autónoma von Navarra erlangte das Baskische durch die *Ley de Reintegración y Amejoramiento del Régimen Foral* (*Ley Orgánica* 13/1982) kooffiziellen Status in den baskischsprachen Regionen Navarras, also im nördlichen Teil der Autonomen Gemeinschaft. Es wird zudem durch die *Ley Foral* 18/1986 als *lengua propia* des baskischsprachigen Teils Navarras (aber nur hier) anerkannt.

7. Asturien: Ein Beispiel für eine – wenngleich begrenzte – Sprachpolitik zugunsten einer sog. sprachlichen Modalität ist der rechtliche Schutz der *lengua asturiana* (auch als *bable* bezeichnet) durch die Regionalregierung der **Autonomen Gemeinschaft von Asturien**. Erwähnenswert sind ebenfalls die Normierungsbestrebungen der 1981 ins Leben gerufenen **Academia de la Llingua Asturiana**, unter deren Federführung eine Orthographie, ein Wörterbuch und eine Grammatik des *Asturianu* veröffentlicht wurden. Wenig Rückhalt hingegen hat die *Fabla Aragonesa*, die trotz Erwähnung ihrer »verschiedenen sprachlichen Modalitäten« im Autonomiestatut, zurückgedrängt auf ihr einstiges Ursprungsgebiet, ganz auszusterben droht.

11.5.4 | Interne Entwicklungen seit dem 18. Jh.

Morpho-Syntax

Das Pronominalsystem: Im Bereich der Pronomina setzte sich der **Leísmo** bei Personen (*Le vi a Juan*) zumindest in der Standardsprache Spaniens immer weiter durch, während in weiten Teilen Lateinamerikas der **Loísmo** dominiert (*Lo vi a Juan*). Damit stehen sich ein referentielles und ein etymologisches Pronominalsystem gegenüber, d. h. im peninsularen Spanisch ist die Eigenschaft [+/- menschlich] des Referenten das ausschlaggebende Kriterium, wohingegen im lateinamerikanischen Spanisch (bis auf Ecuador, Paraguay und den Nordosten Argentiniens) die auf das Lateinische zurückgehende Kasusunterscheidung zwischen Akkusativ (*lo* > *illum*) und Dativ (*le* > *illi*) relevant ist. Auch im andalusischen Spanisch hat sich das etymologische System noch bewahrt. Die Real Academia lässt in ihrer Grammatik von 1854 *le* und *lo* gleichermaßen für das direkte Objekt zu und verurteilt auch den *leísmo de cosa* nicht ausdrücklich. Nicht akzeptiert werden aber der **Laísmo** (*La doy el libro a la chica*) sowie der **Loísmo** (*Lo doy la carta al chico*).

Verbalsystem: Die Verwendung des **Futuro de Subjuntivo** (*cantare*) geht im 18. Jh. auch in den deutlich distanzsprachlichen Diskurstraditionen (etwa dem Wissenschaftsdiskurs oder der Historiographie) stark zurück und beschränkt sich zunehmend auf religiöse und rechtliche Diskurstraditionen. Heute tritt er sporadisch in rechtlichen Diskurstraditionen auf, etwa in Verfassungstexten wie der *Constitución Española*, z. B.:

»Art. 59.2 (Constitución de 1978): Si el Rey se *inhibilitare* para el ejercicio de su autoridad y la imposibilidad *fuere* reconocida por las Cortes Generales, entrará a ejercer inmediatamente la Regencia el Príncipe heredero de la Corona [...].«

Im lateinamerikanischen Spanisch vollzieht sich der Rückgang dieser Form langsamer, die auch noch häufiger im 20. Jh. auftritt.

Die Form *cantara*, die sich aus der lateinischen Plusquamperfektform *cantaverat* im Lauf der Jahrhunderte zu einer zweiten Imperfecto de Subjuntivo-Form entwickelt hatte, konkurriert seither mit der Form *cantase*, wobei sich stilistische und diatopische Präferenzen erkennen lassen. Die Form *cantara* wird vor allem in Lateinamerika verwendet, wohingegen *cantase* den gehobeneren Registern zugeordnet wird. Eine erstaunliche Entwicklung ist die Wiederbelebung der ursprünglichen Plusquamperfekt-Lesart im europäischen Spanisch, die allerdings auf ganz spezielle Kontexte (Relativ- und Temporalsätze) sowie besondere Textgattungen (in erster Linie journalistische Prosa) beschränkt ist. Allerdings ist die Interpretation der Form in der Forschung nicht unumstritten (vgl. Hermerén 1992: 131–139; Veiga 1996: 95–97 vs. Quer 1998: 157–162). Das folgende Beispiel illustriert die für die Pressesprache typische Verwendung der Form in einer Plusquamperfekt-Lesart:

»Y, al final, besó la bandera roja y gualda que hace treinta años besara su padre el Rey [...] y que un día bordara su tatarabuela la Reina doña María Cristina.« (Hola, 26-10-1985, zit. nach Veiga 1996: 180).

Das **Pasado Compuesto** hat in den verschiedenen Teilen der hispanophonen Welt in unterschiedlichem Ausmaß die ursprüngliche resultative Bedeutung (*habeo scriptas litteras* = *tengo escritas las cartas*) weiterentwickelt. Im iberischen Spanisch wird die Form typischerweise bei abgeschlossenen Ereignissen mit Gegenwartsrelevanz verwendet, wobei der aktuelle Tag als Bezugsintervall der Äußerung dient (sog. *hodiernale* (von lat. *hodie*: ›heute‹) Kontexte). Ein Beispiel:

(8)   Hoy me he levantado a las ocho de la mañana.

In Madrid und in einigen anderen Teilen Spaniens, vor allem in der Region von Alicante, wurde das Pasado Compuesto sogar weitergrammatikalisiert und fungiert dort als Vergangenheitsform in **prähodiernalen Kontexten** (angezeigt durch Angaben wie *ayer, hace tres días, esta semana* etc.) (vgl. Squartini/Bertinetto 2000: 415 ff.). Möglich sind nunmehr Verwendungen wie:

(9)   Ayer hemos comprado un coche.

Auf den kanarischen Inseln, im mexikanischen Spanisch sowie in anderen Teilen Hispanoamerikas (wie in Puerto Rico, in Kolumbien, in Buenos Aires) hat sich die Tempusform auf eine andere Lesart spezialisiert und wird charakteristischerweise verwendet, um bis zum Sprechzeitpunkt andauernde (**durative**) oder sich wiederholende (**iterative**) **Ereignisse** zu kennzeichnen. Diese Lesart des Pasado Compuesto war vor allem im vorklassischen und klassischen Spanisch üblich und hat sich auch im Portugiesischen durchsetzen können. Ein typischer Vorkommenskontext aus dem mexikanischen Spanisch:

(10)   Pero ¿Cómo? ¿Tú con lentes? – Pues claro: yo siempre los he usado.
        (Lope Blanch 1961: 135 zit. nach Bertinetto/Squartini 2000: 411).

Syntax: Dequeísmo

Auch in der Syntax lässt sich eine besondere Tendenz im gegenwärtigen Spanisch ausmachen, nämlich die überflüssige Verwendung der Präposition *de* in Verbindung mit der unterordnenden Konjunktion *que*. In dem Satz *pienso de que es difícil salir de esta situación* ist die Präposition z. B. überflüssig, da das Verb *pensar* keine Präposition selegiert. Die Erklärungen für diese Erscheinung sind vielfältig: Die meisten Sprachwissenschaftler gehen davon aus, dass es sich um einen Fall von Analogie handelt: Die Präposition der nominalen Ausdrücke (*tener la esperanza de que*) wird auf das entsprechende Verb übertragen (z. B. *esperar de que*). In einer anderen Interpretation wird die Erscheinung auch als **Hyperkorrektismus** interpretiert, der besonders in Sprachkontaktsituationen auftritt. So verwenden zunächst vor allem zweisprachige Sprecher (katalanischsprachige Sprecher in Cataluña und Valencia) ganz bewusst die Präposition *de*, da sie wissen, dass im Kastilischen – anders als im Katalanischen, wo nie eine Präposition nach diesen Verben auftritt – die Präposition *de* üblich ist. Eine pragmatische Deutung des Phänomens verteten diejenigen, die in der Präposition *de* eine Distanzmarkierung des Sprechers sehen, der nicht für den Inhalt des untergeordneten Nebensatzes bürgen möchte, diesen also gewissermaßen nur als Information einer anderen Quelle wiedergibt (zur Diskussion vgl. Gómez Torrego 1999: 2105–2148).

Wortschatz

Das Lateinische und das Griechische bleiben auch zwischen dem 18. und dem 20. Jh. wichtige Gebersprachen für Entlehnungen im Bereich des gelehrten Wortschatzes bzw. der wissenschaftlichen Terminologie. Dabei kommt gelehrten Wortbildungsverfahren eine wachsende Bedeutung zu. Hierunter fallen sowohl typische **Entlehnungssuffixe** wie *-ción* (*ilustración, proyección*), *-ismo* (*humanismo, posibilismo*) und *-izar* (*cristianizar, anarquizar*) als auch **gelehrte Präfixe** (etwa *ultra-, neo-, auto-, micro-/macro-, mono-/bi-/pluri-/omni-, hiper-/hipo-, peri-*) und **Kompositionselemente** (mit *tele-, socio-, demo-* als erste Konstituente und *-arquía, -cida, -cracia, -doxo, -filia, -fobia, -grafía, -logía, -manía, -sofía* als zweite Konstituente). Die aktuellen Diskurse in Politik und Medien werden von den typischen reihenbildenden Morphemen wie *eco-* (*ecodesarrollo*), *socio-* (*sociopolítico*), *euro-* (*eurocrisis*), *bio-* (*biodiversidad*) geprägt, mittels derer die großen Themen und Phänomene der Gegenwart auf Schlagwörter gebracht bzw. zu Termini der öffentlichen Diskussion verdichtet werden.

Weitere Gebersprachen sind zunächst vor allem das **Französische** sowie, seit Mitte des 18. Jh.s zunehmend, und heute dominierend, das **Englische**.

Geläufige Gallizismen des 18. und 19. Jh.s stammen aus den Bereichen

- **Militär** (*jefe, brigada, bayoneta, cadete, fusil*)
- **Mode** (*pantalón, corsé, chaqueta, blusa*)
- **politisches Leben** (*burocracia, finanzas, patriota, complot*)
- **technische Entwicklungen** (*tren, avión*)

Einen Einfluss des Französischen verraten auch zwei im Spanischen mittlerweile häufig auftretende Konstruktionen: Zum einen die Möglichkeit, das Gerundium auch attributiv zu verwenden (*una solución ofreciendo muchas ventajas*, eigentlich: *que ofrece*), zum anderen die modale Verwendung der Präposition *a* in der Verbindung Nomen + *a* + Infinitiv (*un problema a resolver*, eigentlich: *un problema que x tiene que resolver*).

Anglizismen haben vielfach zunächst über das Französische Eingang in die spanische Sprache gefunden. Sie treten in verschiedenen Wortschatzdomänen auf: Im **Bereich der Politik und des öffentlichen Lebens**, in denen der englische Parlamentarismus mit seinen Institutionen als Referenzpunkt diente (*mitin, líder, bloqueo, boicoteo*), des **Gesellschaftslebens** (*club, (e)snob*) und der **Freizeit** (mit neuen Sportarten wie *fútbol, tenis, béisbol*) sowie bei **technischen Neuerungen** (*tranvía, yate, vagón*).

Lehnprägungen nach englischem Vorbild wie *alta fidelidad* (*high fidelity*), *aire acondicionado* (*air conditioning*) und *supermercado* (*supermarket*) sind ebenso bedeutsam wie die Übernahme bzw. Entlehnung einer zusätzlichen Bedeutung aus dem Englischen (*calco semántico*), die durch die Ähnlichkeit der Ausdrucksseite begünstigt wird, z. B. *serio* (neben ›ernst‹ auch ›wichtig‹), *crucial* (›kreuzförmig‹ und ›entscheidend‹), *asumir* (›übernehmen‹ und ›vermuten‹). Allerdings darf nicht vergessen werden, dass zahlreiche internationale Anglizismen (wie etwa *sustainability*, im Spanischen *sostenibilidad*) auf das gemeinsame lateinische Kulturadstrat (*sustenere*) zurückgehen, also letztlich einer gemeinsamen sprachlich-kulturellen Wurzel entstammen.

Allgemeine Übersichtswerke

Bollée, Annegret/Neumann-Holzschuh, Ingrid (2003): *Spanische Sprachgeschichte.* Stuttgart: Klett.
Cano Aguilar, Rafael (1992): *El español a través de los tiempos.* 2. Aufl. Madrid: Arco Libros.
– (Hg.) (2005): *Historia de la lengua española.* 2. Aufl. Barcelona: Ariel.
Company Company, Concepción (Hg.) (2006/2009): *Sintaxis histórica de la lengua española.* 2 Bände: Band 1: *La frase verbal*; Band 2: *La frase nominal.* Mexiko: Universidad Nacional Autónoma de México, Fondo de Cultura Económica.
Echenique Elizondo, María Teresa/Martínez Alcalde, María José (2000): *Diacronía y gramática histórica de la lengua española.* Valencia: Tirant lo Blanch.
Ernst, Gerhard et al. (Hg.) (2003–2008): *Romanische Sprachgeschichte: ein internationales Handbuch zur Geschichte der romanischen Sprachen/Histoire linguistique de la Romania: Manuel international d'histoire linguistique de la Romania.* HSK Band 23.1–3. Berlin: de Gruyter.
Lapesa, Rafael (1981): *Historia de la lengua española.* 9. Aufl. Madrid: Gredos.
Moreno Fernández, Francisco (2005): *Historia social de la lenguas de España.* Barcelona: Ariel.
Neuschäfer, Hans-Jörg (Hg.) (2011): *Spanische Literaturgeschichte.* 4. Aufl. Stuttgart/Weimar: Metzler.

Latein und die Entstehung der romanischen Sprachen

Banniard, Michel (1992): *Viva voce. Communication écrite et communication orale du IVe siècle au IXe siècle en Occident latin.* Paris: Institut des Études Augustiniennes.
Bossong, Georg (2003): La sintaxis de las Glosas Emilianenses en una perspectiva tipológica. In: Bustos Tovar, José Jesús de/Girón Alconchel, José Luis (Hg.): *Actas del VI Congreso Internacional de Historia de la Lengua Española. Madrid, Septiembre 2003.* Madrid: Arco Libros 2006, S. 529–544.
Coseriu, Eugenio/Bertsch, Hansbert (Hg.) (2008): *Lateinisch – Romanisch: Vorlesungen und Abhandlungen zum sogenannten Vulgärlatein und zur Entstehung der romanischen Sprachen.* Tübingen: Narr.
Díaz y Díaz, Manuel C. (1960): El latín de la Península Ibérica: rasgos lingüísticos. In: Alvar, Manuel et al. (Hg.): *Enciclopedia Lingüística Hispánica.* Band I: *Antecedentes. Onomástica.* Madrid: CSIC, S. 153–197.
Ferguson, Charles A. (1959): Diglossia. In: *Word* 15, S. 325–340.
Fishman, Joshua A. (1967): Bilingualism with and without diglossia, diglossia with and without bilingualism. In: *Journal of Social Issues* 23/2, S. 29–38.
García de la Fuente, Olegario (1990): *Introducción al latín bíblico y cristiano.* Madrid: Ediciones Clásicas.
Herman, József (1997): *El latín vulgar, traducción de María del Carmen Arias Abellán.* Barcelona: Ariel.
Kiesler, Reinhard (1994): *Kleines vergleichendes Wörterbuch der Arabismen im Iberoromanischen und Italienischen.* Tübingen: Francke.
Kontzi, Reinhold (1998): Artikel 473: Arabisch und Romanisch/L'arabe et les langues romanes. In: Holtus, Günter et al. (Hg.): *Lexikon der romanistischen Linguistik (LRL).*

Teilband VII: *Kontakt, Migration und Kunstsprachen*. Tübingen: Niemeyer, S. 328–347.

Lleal, Coloma (1990): *La formación de las lenguas romances peninsulares*. Barcelona: Barcanova.

López García, Ángel (2000): *Cómo surgió el español: introducción a la sintaxis histórica del español antiguo*. Madrid: Gredos.

Lüdtke, Helmut (2005): *Der Ursprung der romanischen Sprachen. Eine Geschichte der sprachlichen Kommunikation*. Kiel: Westensee-Verlag.

Meier, Harri (1930): *Beiträge zur sprachlichen Gliederung der Pyrenäenhalbinsel und ihrer historischen Begründung*. Hamburg: Friederichsen.

Meillet, Antoine (1975): Le renouvellement des conjonctions. In: Ders.: *Linguistique historique et linguistique générale* [1915/16]. Paris: Champion, S. 159–174.

Menéndez Pidal, Ramón (1926): *Orígenes del español: estado lingüístico de la Península Ibérica hasta el siglo XI*. Madrid: Hernando.

– (1964): *Orígenes del español: estado lingüístico de la Península Ibérica hasta el siglo XI*. 5. Aufl. Madrid: Espasa-Calpe.

Müller-Lancé, Johannes (2012): *Latein für Romanisten: ein Lehr- und Arbeitsbuch*. 2. Aufl. Tübingen: Narr.

Penny, Ralph J. (1972): The reemergence of /f/ as a phoneme of Castilian. In: *Zeitschrift für romanische Philologie* (ZRP) 88, S. 463–482.

Pinkster, Harm (1988): *Lateinische Syntax und Semantik*. Übers. von Friedrich Heberlein und Thomas Lambertz. Tübingen: Francke.

Schuchardt, Hugo (1866–1868): *Der Vokalismus des Vulgärlateins*. 3 Bände. Leipzig: Teubner.

Tovar, Antonio (1982): La sonorisation et la chute des intervocaliques: phénomène du latin occidental [1951]. In: Kontzi, Reinhold (Hg.): *Substrate und Superstrate in den romanischen Sprachen*. Darmstadt: Wissenschaftliche Buchgesellschaft, S. 252–273.

Väänänen, Veikko (1995): *Introducción al latín vulgar*. Versión española de Manuel Carrión. 3. Aufl. Madrid: Gredos.

Vicens Vives, Jaime (1991): *Atlas de Historia de España*. 15. Aufl. Barcelona: Editorial Teide.

Weinrich, Harald (1969): *Phonologische Studien zur romanischen Sprachgeschichte*. 2. Aufl. Münster: Aschendorff.

Wright, Roger (1989): *Latín tardío y romance temprano en España y la Francia carolingia*. Versión española de Rosa Lalor. Madrid: Gredos.

– (1996): Latin in Spain: early Ibero-Romance. In: Nielsen, Hans-Frede/Schoesler, Lene (Hg.): *The Origins and Development of Emigrant Languages*. Odense: Odense University Press, S. 277–298.

Zamora Vicente, Alonso (1985): *Dialectología española*. 2. Aufl. Madrid: Gredos.

Altspanisch

Alfonso el Sabio (1961): *Libro de las Cruzes*. Edición de Lloyd A. Kasten & Lawrence B. Kiddle. Madrid: Instituto »Miguel de Cervantes«.

Alonso, Dámaso (1958): *De los siglos oscuros al de Oro: notas y artículos a través de 700 años de letras españolas*. Madrid: Gredos.

Baldinger, Kurt (1972): *La formación de los dominios lingüísticos en la Península Ibérica*. Versión española de Emilio Lledó y Montserrat Macau. 2. Aufl. Madrid: Gredos.

Bustos Tovar, José Jesús de (2005): Las Glosas emilianenses y silenses. In: Cano Aguilar, Rafael (Hg.): *Historia de la lengua española*. 2. Aufl. Barcelona: Ariel, S. 291–307.

Clavería Nadal, Gloria (2005): Los caracteres de la lengua en el siglo XIII: el léxico. In: Cano Aguilar, Rafael (Hg.): *Historia de la lengua española*. 2. Aufl. Barcelona: Ariel, S. 473–504.

Eberenz, Rolf (1991): Castellano antiguo y español moderno: reflexiones sobre la periodización en la historia de la lengua. In: *Revista de Filología Española* 71, S. 79–106.

Elvira, Javier (2005): Los caracteres de la lengua: gramática de los paradigmas y de la construcción sintáctica del discurso. In: Cano Aguilar, Rafael (Hg.): *Historia de la lengua española*. 2. Aufl. Barcelona: Ariel, S. 449–472.

Fernández-Ordóñez, Inés (2005): Alfonso X el Sabio en la historia del español. In: Cano Aguilar, Rafael (Hg.): *Historia de la lengua española*. 2. Aufl. Barcelona: Ariel, S. 381–422.

García Turza, Claudio (1994): *Luces y sombras en el estudio de las Glosas*. Logroño: Universidad de La Rioja, Instituto de Estudios Riojanos.

–/Muro, Miguel Ángel (1992): *Glosas emilianenses*. Estudio preliminar por Claudio García Turza y Miguel Ángel Muro. Logroño: Gobierno de La Rioja.

Kabatek, Johannes (2005): *Die Bolognesische Renaissance und der Ausbau romanischer Sprachen: juristische Diskurstraditionen und Sprachentwicklung in Südfrankreich und Spanien im 12. und 13. Jahrhundert*. Tübingen: Niemeyer.

Lathrop, Thomas A. (1989): *Curso de gramática histórica española*. Traducción de Juan Gutiérrez Cuadrado y Ana Blas. 2. Aufl. Barcelona: Ariel.

Lleal, Coloma et al. (Hg.) (2000): *Historia de la lengua española*. Barcelona: Edicions de la Universitat de Barcelona.

Niederehe, Hans-Josef (1975): *Die Sprachauffassung Alfons des Weisen: Studien zur Sprach- und Wissenschaftsgeschichte*. Tübingen: Niemeyer.

– (1987): *Alfonso X el Sabio y la lingüística de su tiempo*. Traducción de Carlos Melches con la colaboración del autor. Madrid: SGEL.

Penny, Ralph (2002): *A History of the Spanish Language*. 2. Aufl. Cambridge: Cambridge University Press.

– (2006): *Gramática histórica del español*. Traducción de José Ignacio Pérez Pascual y María Eugenia Pérez Pascual. 2. Aufl. Barcelona: Ariel.

Wolf, Heinz Jürgen (1991): *Glosas Emilianenses*. Hamburg: Buske.

Das Spanische in Spanien und Amerika von den Siglos de Oro bis zum modernen Spanisch

Aldrete, Bernardo (1606/1970): *Del origen y principio de la lengua castellana ò romance que oi se usa en España* (Nachdruck der Ausgabe Rom: Carlo Vulliet). Hildesheim/New York: Olms.

Alonso, Amado (1953): *Estudios lingüísticos. Temas hispanoamerianos*. Madrid: Gredos.

Bello, Andrés (1847/1988): *Gramática de la lengua castellana: destinada al uso de los Americanos*. Estudio y edición de Ramón Trujillo. Madrid: Arco Libros.

Boyd-Bowman, Peter (1972): *Léxico hispanoamericano del siglo XVI*. London: Tamesis Books.

Caro, Miguel Antonio (1881/1976): *Del uso en sus relaciones con el lenguaje*. Bogotá: Instituto Caro y Cuervo.

Catalán, Diego (1958): Génesis del español atlántico. Ondas varias a través del Océano. In: *Revista de Historia Canaria* 24 (123/124), S. 233–242.

Correas, Gonzalo de (1954): *Arte de la lengua española castellana*. Edición y prólogo de Emilio Alarcos García. Madrid: Consejo Superior de Investigaciones Científicas.

Covarrubias Orozco, Sebastián de (1611): *Tesoro de la Lengua Castellana o Española*. Madrid: Luis Sanchez (edición facsímil, Madrid: Ediciones Turner, 1979; online: http://www.cervantesvirtual.com/obra/tesoro-de-la-lengua-castellana-o-espanola).

Cuervo, Rufino José (1867–1872/1987): *Obras*. Band 2: *Apuntaciones críticas sobre el lenguaje bogotano*. 2. Aufl. Bogotá: Instituto Caro y Cuervo.

– (2004): *El castellano en América: polémica con Juan Valera, edición y prólogo de Mario Germán Romero*. Bogotá: Instituto Caro y Cuervo (ursprünglich: El castellano en América. In: *Bulletin hispanistique* 3 (1901), S. 35–62).

Fontanella de Weinberg, María Beatriz (1992): *El español de América*. Madrid: Mapfre.

Frago García, Juan Antonio (1999): *Historia del español de América. Textos y contextos*. Madrid: Gredos.

Fries, Dagmar (1989): *»Limpia, fija y da esplendor«: la Real Academia Española ante el uso de la lengua (1713–1973)*. Madrid: SGEL.

Granda Gutiérrez, Germán de (1994): *Español de América, español de África y hablas criollas hispánicas*. Madrid: Gredos.

Hernández Alonso, César et al. (Hg.) (1991): *El español de América: actas del III Congreso Internacional de El Español de América: Valladolid, 3 a 9 julio de 1989*. Valladolid: Junta de Castilla y León.

Literatur

– (Hg.) (1992): *Historia y presente del español de América*. Valladolid: Junta de Castilla y León.

– et al. (Hg.) (1993): *Las Glosas Emilianenses y Silenses – edición crítica y facsímil*. Burgos: Ayuntamiento de Burgos.

Lapesa, Rafael (1987): La Real Academia Española: pasado, realidad presente y futuro. In: *Boletín de la Real Academia Española* 67, S. 329–346.

López Morales, Humberto (1998): *La aventura del español en América*. Madrid: Espasa-Calpe.

– (2005): La actuación de las Academias en la historia del idioma. In: Cano Aguilar, Rafael (Hg.): *Historia de la lengua española*. 2. Aufl. Barcelona: Ariel, S. 919–944.

Lüdtke, Jens (Hg.) (1994): *El español de América en el siglo XVI: actas del Simposio del Instituto ibero-americano de Berlín, 23 y 24 de abril de 1992*. Frankfurt a.M./Madrid: Vervuert/Iberoamericana.

Moreno de Alba, José (1988/1991): *El español en América*. México: Fondo de Cultura Económica.

Nebrija, Antonio de (1492/1946): *Gramática castellana*. Texto establecido sobre la edición »princeps« de 1492 por Pascual Galindo Romeo y Luis Ortiz Muñoz. Madrid: Ed. de la Junta del Centenario.

Noll, Volker (2001): *Das amerikanische Spanisch. Ein regionaler und historischer Überblick*. Tübingen: Niemeyer.

Parodi, Claudia (1995): *Orígenes del español Americano*. Band 1: Reconstrucción de la pronunciación. México: UNAM.

R.A.E. (Real Academia Española) (1726–1739): *Diccionario de la lengua castellana, en que se explica el verdadero sentido de las voces, su naturaleza y calidad, con las phrases o modos de hablar, los proverbios o refranes, y otras cosas convenientes al uso de la lengua [...]*. Compuesto por la Real Academia Española. Madrid: Imprenta de la Real Academia Española (online: http://lema.rae.es/drae/).

Ramírez Luengo, José Luis (2007): *Breve historia del español de América*. Madrid: Arco Libros.

Rivarola, José Luis (1990): *La formación lingüística de Hispanoamérica: diez estudios*. Lima: Pontificia Universidad Católica del Perú.

– (2001): *El español de América en su historia*. Valladolid: Universidad de Valladolid.

Sánchez de las Brozas, Francisco (1587/1995): *Minerva o De causis linguae Latinae*. Hg. von Eustaquio Sánchez Salor und César Chaparro Gómez. Edición bilingüe. Cáceres: Instituto Cultural »El Brocense«.

Sánchez Méndez, Juan P. (2003): *Historia de la lengua española en América*. Valencia: Tirant lo Blanch.

Valdés, Juan de (1987): *Diálogo de la lengua*. Edición de Cristina Barbolani. 3. Aufl. Madrid: Cátedra.

Zamora Vicente, Alonso (1999): *Historia de la Real Academia Española*. Madrid: Espasa-Calpe.

Sprachpolitik und das Spanische der Gegenwart

Berschin, Helmut/Felixberger, Josef (2005): *Die spanische Sprache: Verbreitung, Geschichte, Struktur*. 3. Aufl. Hildesheim: Olms.

Bosque Muñoz, Ignacio/Demonte Barreto, Violeta (Hg.) (1999): *Gramática descriptiva de la lengua española*. 3 Bände: Band 1: *Sintaxis básica de las clases de palabras*; Band 2: *Las construcciones sintácticas fundamentales: relaciones temporales, aspectuales y modales*; Band 3: *Entre la oración y el discurso: morfología*. Madrid: Espasa-Calpe.

Brumme, Jenny (1997): *Spanische Sprache im 19. Jahrhundert. Sprachliches Wissen, Norm und Sprachveränderungen*. Münster: Nodos.

– (2005): Las regulaciones legales de la lengua (del español y las otras lenguas de España y América). In: Cano Aguilar, Rafael (Hg.): *Historia de la lengua española*. 2. Aufl. Barcelona: Ariel, S. 945–972.

Castillo Lluch, Monica/Kabatek, Johannes (Hg.) (2006): *Las lenguas de España: política lingüística, sociología del lenguaje e ideología desde la transición hasta la actualidad*. Madrid/Frankfurt a.M.: Iberoamericana/Vervuert.

Elvira, Javier (2005): Los caracteres de la lengua: gramática de los paradigmas y de la construcción sintáctica del discurso. In: Cano Aguilar, Rafael (Hg.): *Historia de la lengua española*. 2. Aufl. Barcelona: Ariel, S. 449–472.

Fernández Ordóñez, Inés (1999): Leísmo, laísmo, loísmo. In: Bosque Muñoz, Ignacio/Demonte Barreto, Violeta (Hg.): *Gramática descriptiva de la lengua española*. Band 1: *Sintaxis básica de las clases de palabras*. Madrid: Espasa-Calpe, S. 1317–1397.

Gómez Torrego, Leonardo (1999): La variación en las subordinadas sustantivas: dequeísmo y queísmo. In: Bosque Muñoz, Ignacio/Demonte Barreto, Violeta (Hg.): *Gramática descriptiva de la lengua española*. Band 2: *Las construcciones sintácticas fundamentales: relaciones temporales, aspectuales y modales*. Madrid: Espasa-Calpe, S. 2105–2148.

Hermerén, Ingrid (1992): *El uso de la forma en »ra« con valor no-subjuntivo en el español moderno*. Lund: Lund University Press.

Herreras García, José Carlos (2006): *Lenguas y normalización en España*. Madrid: Gredos.

Jansen, Silke (2005): *Sprachliches Lehngut im world wide web: Neologismen in der französischen und spanischen Internetterminologie*. Tübingen: Narr.

Lapesa, Rafael (1996): *El español moderno y contemporáneo: estudios lingüísticos*. Barcelona: Crítica.

Lebsanft, Franz (2004): Plurizentrische Sprachkultur in der spanischsprachigen Welt. In: Gil, Alberto/Osthus, Dietmar/Polzin-Haumann, Claudia (Hg.): *Romanische Sprachwissenschaft: Zeugnisse für Vielfalt und Profil eines Faches. Festschrift für Christian Schmitt zum 60. Geburtstag*. Frankfurt a.M.: Peter Lang, S. 205–220.

Lope Blanch, Juan M. (1961): Sobre el uso del pretérito en el español de México. In: *Studia Philologica II (Homenaje ofrecido a Dámaso Alonso por sus amigos y discípulos)*. Madrid: Gredos, S. 373–385 (Nachdruck in: Lope Blanch, Juan M. (1983): *Estudios sobre el español de México*. 2. Aufl. México: UNAM, S. 131–143).

López García, Ángel (2009): *La lengua común en la España plurilingüe*. Madrid/Frankfurt a.M.: Iberoamericana/Vervuert.

López Morales, Humberto (2005): La actuación de las Academias en la historia del idioma. In: Cano Aguilar, Rafael (Hg.): *Historia de la lengua española*. 2. Aufl. Barcelona: Ariel, S. 919–944.

Oesterreicher, Wulf (2000): Plurizentrische Sprachkultur – Der Varietätenraum des Spanischen. In: *Romanistisches Jahrbuch* 51, S. 287–318.

Penny, Ralph (2000): *Variation and Change in Spanish*. Cambridge: Cambridge University Press.

Polzin-Haumann, Claudia (2005): Zwischen unidad und diversidad. Sprachliche Variation und sprachliche Identität im hispanophonen Raum. In: *Romanistisches Jahrbuch* 56, S. 271–295.

Quer, Josep (1998): *Mood at the Interface*. The Hague: Holland Academic Graphics.

R.A.E. (Real Academia Española) (Hg.) (1973): *Esbozo de una nueva gramática de la lengua española*. Madrid: Espasa-Calpe.

R.A.E. (Real Academia Española)/Asociación de Academias de la Lengua Española (Hg.) (2005): *Diccionario panhispánico de dudas*. Madrid: Santillana.

R.A.E. (Real Academia Española)/Asociación de Academias de la Lengua Española (Hg.) (2009ff.): *Nueva gramática de la lengua española*. Madrid: Espasa Libros.

Siguán, Miquel (1994): *España plurilingüe*. Madrid: Alianza.

Squartini, Mario/Bertinetto, Pier Marco (2000): The simple and compound past in romance languages. In: Dahl, Östen (Hg.): *Tense and Aspect in the Languages of Europe*. Berlin: Mouton de Gruyter, S. 403–439.

Veiga, Alexandre (1996): *La forma verbal española »cantara« en su diacronía*. Santiago de Compostela: Universidad de Santiago de Compostela.

Zimmermann, Klaus (1999): *Política del lenguaje y planificación para los pueblos amerindios: ensayos de ecología lingüística*. Madrid/Frankfurt a.M.: Iberoamericana/Vervuert.

12 Varietätenlinguistik

12.1 Sprache und Variation
12.2 Dialekt und Sprache
12.3 Dialektale Variation auf der iberischen Halbinsel
12.4 Sprachgeographie und Sprachatlanten
12.5 Das Spanische in Lateinamerika
12.6 Sprachkontakt in Lateinamerika
12.7 Das Spanische in den USA
12.8 Sprachkontakt in Europa und Afrika
12.9 Spanisch basierte Kreolsprachen
12.10 Soziolinguistik

12.1 | Sprache und Variation

Wenn wir uns mit anderen Sprechern unserer Muttersprache unterhalten, so verständigen wir uns in der Regel mühelos, da wir auf eine gemeinsame Sprache zurückgreifen. Dennoch nehmen wir in der Unterhaltung mit anderen **Unterschiede zu unserem eigenen Sprachgebrauch** wahr: So kann der Gesprächspartner aus einer anderen Region kommen, z. B. aus Bayern oder aus Ostfriesland. Uns fallen dann, wenn wir etwa aus dem Rheinland kommen, bestimmte sprachliche Besonderheiten auf, die es uns erlauben, auf die Herkunft des Gesprächspartners zu schließen. Sprecher können aber auch einer bestimmten sozialen Gruppe angehören – Akademiker unterhalten sich anders als Sprecher aus sog. bildungsfernen Schichten. Auch wir selber passen uns in unserem Sprachgebrauch an die spezifischen Umstände der Sprechsituation an: Im informellen Rahmen, mit Freunden oder in der Familie, sprechen wir anders als in sehr förmlichen Kontexten, z. B. wenn wir eine Zeugenaussage vor Gericht machen oder uns mit Kollegen über berufsbezogene bzw. fachliche Dinge unterhalten.

Wenn wir also von der deutschen oder der spanischen Sprache sprechen, so beziehen wir uns auf eine Abstraktion, auf ein abstraktes Sprachsystem, das ›funktioniert‹ und deshalb die Verständigung bzw. Kommunikation zwischen den kompetenten Sprechern der jeweiligen Sprache ermöglicht. Das umfassende, abstrakte Sprachsystem ist ein **Diasystem** – ein Begriff, den der Linguist U. Weinreich (1953) geprägt hat –, d. h. es besteht aus verschiedenen Subsystemen, den unterschiedlichen **Varietäten**.

Varietäten sind unterschiedliche, in sich kohärente Ausprägungen einer Sprache, die aus ihrer Verankerung in Raum, Gesellschaft und spezifischen Kommunikationssituationen resultieren. Sie können nach vier grundlegenden Dimensionen differenziert werden:

Sprache und
Variation

1. **Die diatopische Variation** (*variación diatópica*) bezieht sich auf die sprachliche **Variation im Raum** und manifestiert sich in unterschiedlichen **Dialekten**. Diatopische Varietäten des Spanischen sind Dialekte wie z. B. das Andalusische (*el andaluz*) oder das Spanische von Buenos Aires (*el bonaerense*).

2. **Die diastratische Variation** (*variación lingüística social, sociolectos*), also **gruppenbedingte Variation**, ergibt sich daraus, dass unterschiedliche gesellschaftliche Gruppen unterschiedliche **Soziolekte** verwenden. Traditionellerweise verbindet man mit dem Begriff der diastratischen Variation die Zugehörigkeit von Sprechern zu einer bestimmten sozialen Schicht, Klasse, Kaste etc., die durch Merkmale wie Einkommen, Bildungsgrad und Lebensstil gekennzeichnet ist (z. B. die Sprache der städtischen Unterschichten). Aber auch weitere gruppendifferenzierende Faktoren sowie bestimmte spezialisierte Kommunikationsbereiche können für die Ausprägung von gruppenspezifischen Varietäten relevant sein. So spielen zum einen Faktoren wie Alter (Jugendsprache, Sprache der Alten), Geschlecht und sexuelle Identität, zum anderen die Zugehörigkeit zu bestimmten Berufs- und Expertengruppen (Fachsprachen bzw. Technolekte) eine wichtige Rolle bei der Ausbildung gruppenspezifischer Varietäten. Aber auch weitere Faktoren der Abgrenzung – der Wunsch nach Exklusivität, Identitätsstiftung (so das Cheli als Szenesprache der Jugendlichen Madrids), die Unverständlichkeit für die Mehrheitsgesellschaft (Gaunersprache) – sind für die Herausbildung von Soziolekten verantwortlich.

3. **Die diaphasische Variation** (*variación lingüística situacional, registros*) bezieht sich auf die Sprachstile bzw. **Register** einer Sprache, die je nach **Kommunikationssituation** verwendet werden. So lässt sich z. B. eine gehobene von einer umgangssprachlichen (*español coloquial*) Varietät des Spanischen unterscheiden.

Varietäten: diatopisch, diastratisch, diaphasisch, Nähe vs. Distanz

---

Die Überlagerung von Varietätendimensionen am Beispiel des *español popular*

Beispiel

Die Grenzen zwischen den genannten **Varietätendimensionen** sind nicht immer klar zu ziehen. Dies zeigt das *español popular*, das zwar im Bewusstsein der Sprecher als eine deutlich konturierte Varietät verankert ist, dessen Merkmale sich aber nicht immer eindeutig der diastratischen bzw. der diaphasischen Dimension zuordnen lassen. Zu seinen charakteristischen Merkmalen zählen unter anderem:

Im lautlichen Bereich: Schwankungen bei der Realisierung von unbetonten Vokalen (e ~ i, o ~ u): *sigún, sepoltura*, Umakzentuierungen (*ráiz, bául*), Vereinfachungen von Konsonantengruppen (*dotor*).

Auf morphosyntaktischer Ebene: die – offenbar auf Analogie beruhende – Anfügung eines -s in der 2. Person Singular des Indefinido (*hicistes, preguntastes*), der **Leísmo de cosa** (*le veo (el coche)*) sowie der **Laísmo** (*la doy el libro (a la chica)*), charakteristische Imperativformen und Pronominalstellung (*¡me traiga una copa de vino!*, *¡márchesen!*), die pluralische Verwendung von *hacer* in *hacen cuarenta años*, aber auch der **Dequeísmo** wie in *oí en el radio de que* (anstelle von *oí que*). (vgl. Koch/Oesterreicher 1990: 222–226).

4. Die diamesische Variation: Die Problematik der Zuordnung von Merkmalen stellt sich ganz besonders bei einer weiteren Dimension: Ursprünglich hatte die italienische Varietätenlinguistik die sog. diamesische Variation als eine vierte Dimension eingeführt (Berruto 1987). Diese Dimension bezieht sich auf das Medium der sprachlichen Realisierung, also auf den Gegensatz von geschriebener versus gesprochener Sprache. Koch und Österreicher haben demgegenüber die von Ludwig Söll (1985) eingeführte Unterscheidung von **Medium** der Realisierung einerseits und **Konzeption** andererseits wieder aufgegriffen und das **Nähe-Distanz-Kontinuum** mit den Polen der Mündlichkeit (oder kommunikativen Nähe) und der Schriftlichkeit (oder kommunikative Distanz) als eigene, vierte, Dimension etabliert. Konzeptionelle Mündlichkeit und Schriftlichkeit ergeben sich dabei aus je spezifischen Kommunikationsbedingungen bzw. Versprachlichungsstrategien seitens der Sprecher (s. Kap. 9.5). Die daraus resultierenden sprachlichen Varietäten lassen sich dementsprechend als Nähe- bzw. Distanzsprache charakterisieren.

Über die Begründung einer eigenen Nähe-Distanz-Dimension hinaus versuchen Koch und Oesterreicher erstmals, auch das Verhältnis der vier Varietätendimensionen zueinander näher zu bestimmen. Ihre Überlegungen veranschaulicht Abbildung 1 (Koch/Oesterreicher 2007: 39):

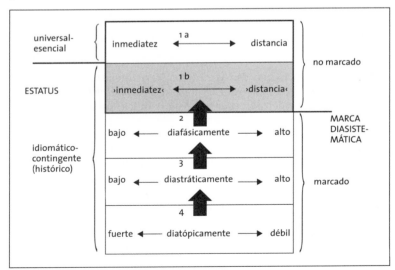

Abb. 1: Die Varietätenkette (nach Koch/Oesterreicher 2007: 39)

Die Abbildung enthält die drei bekannten varietätenlinguistischen Dimensionen sowie – als weitere Dimension – die Opposition von ›Nähe‹ und ›Distanz‹. Diese vierte Dimension trägt – aus einzelsprachlicher Perspektive betrachtet – der Tatsache Rechnung, dass bestimmte sprachliche Erscheinungen ausschließlich in der nähesprachlichen Kommunikation auftreten. So findet sich z. B. die Verwendung des Infinitivs für den Imperativ der 2. Person Plural (*¡dejarme en paz!* für *¡dejadme en paz!*) nur im nähesprachlichen Spanisch (Koch/Oesterreicher 1990: 232). – Die Darstellung von Koch/Oesterreicher macht aber noch zwei weitere Aspekte deutlich:

1. Die Dimension Nähe-Distanz besitzt über den einzelsprachlich-varietätenlinguistischen Status hinaus eine **universelle Bedeutung**. Sprachen verfügen grundsätzlich über Versprachlichungsstrategien, die dazu dienen, **Nähesprechen** (z. B. mithilfe von bestimmten Gesprächswörtern oder syntaktischen Verfahren wie Satzbrüchen, den sog. Anakoluthen) bzw. **Distanzsprechen** (etwa unter Ausschöpfung komplexer subordinierender, also hypotaktischer, Verfahren) zu realisieren.

2. Das Verhältnis zwischen den diasystematischen Varietäten lässt sich als eine gerichtete Beziehung beschreiben, d. h. das Diasystem ist ein System, das von der grundlegendsten, der diatopischen, bis zur obersten Dimension, dem Nähe-Distanz-Kontinuum, verläuft. Man spricht deshalb hierbei auch von einer **Varietätenkette**, die letztlich an den Abstufungen des konzeptionellen Kontinuums zwischen Mündlichkeit (bzw. kommunikativer Nähe) und Schriftlichkeit (bzw. kommunikativer Distanz) hängt (vgl. Oesterreicher 2000: 289). So können z. B. stark dialektal markierte Merkmale einen Sprecher als einer bestimmten sozialen Gruppe zugehörig ausweisen. Schon Theaterautoren wie Juan del Encina, Gil Vicente und Lope de Vega rekurrieren in ihren *comedias* auf das **Sayagués**, einen stark leonesisch geprägten regionalen Dialekt, um die auf der sozialen Skala weit unten angesiedelten Hirten (*pastores*) bzw. einfache Landleute zu charakterisieren (Salvador Plans 2005: 781–786).

Ein als diastratisch niedrig eingestuftes sprachliches Element kann nun seinerseits von einem Sprecher in einer bestimmten informellen Kommunikationssituation verwendet werden und wird dann zu einem diaphasischen Merkmal. Ein Beispiel wäre die lautliche Realisierung des Partizips *-ado* als [ao], etwa in dem Sprichwort *que me quiten lo bailao* (wörtl. ›Dann sollen sie mir doch das Getanzte wegnehmen‹).

Die spanische Nähesprache kann schließlich aus dem Merkmalreservoir der anderen drei Varietätendimensionen schöpfen – so erlangt z. B. in einem bestimmten Kontext ein diatopisch markiertes Merkmal (wie die im *andaluz* übliche Reduktion des Affrikaten [tʃ] zu [ʃ], etwa in *chico*) nähesprachlichen Charakter im Rahmen konzeptioneller Mündlichkeit.

12.2 | Dialekt und Sprache

Dialekte:
diatopische Varie-
täten gleichen
Ursprungs

Wir haben in Kapitel 12.1 Sprachen wie das Spanische oder Deutsche als ein **Diasystem**, ein komplexes System von **Subsystemen** charakterisiert, das nach verschiedenen Varietätendimensionen differenziert ist. Auf der Grundlage dieser Überlegungen können wir einen Dialekt als eine **diatopische Varietät** verstehen. Dabei ist ein Dialekt dadurch gekennzeichnet, dass er ein hohes Maß an Ähnlichkeit (in lautlicher, morphosyntaktischer und lexikalischer Hinsicht) mit anderen Dialekten des gleichen Diasystems und – historisch betrachtet – gleichen Ursprungs aufweist, so dass zumeist die Dialekte wechselseitig verständlich sind.

Dialekte sind **regional** gebunden, d.h. sie gelten nur für eine lokale Sprachgemeinschaft und ihr Gebrauch überlappt sich nicht mit anderen Dialekten des übergeordneten Sprachsystems. Dialekte weisen in der Regel **keine Schriftlichkeit** auf und sind auch nicht standardisiert, d.h. im Hinblick auf Orthographie und Grammatik normiert. Dialekte sind nicht nur hinsichtlich ihres Verbreitungsraums stark eingegrenzt, sondern besitzen darüber hinaus mit ihrer Beschränkung auf die Mündlichkeit bzw. den Bereich der Nähekommunikation auch einen kleineren Funktionsradius. Hiermit verbunden ist oftmals ein eher **geringes Prestige** sowie ein noch geringerer sprachpolitischer Status. Dialekte können aber von ihrer Sprechergemeinschaft aufgewertet werden, dann nämlich, wenn diese ihren lokalen Dialekt zu einem oder gar *dem* zentralen **Identitätsmerkmal** erhebt. – Der Begriff des Dialekts wird jedoch nicht vollständig erfasst, wenn er nicht auch im Verhältnis bzw. im Gegensatz zum Begriff der Standard- (oder Hoch-)sprache betrachtet wird.

Hochsprache:
überregional nor-
mierter Standard
einer Sprach-
gemeinschaft

Die Hochsprache besitzt anders als der Dialekt eine **überregionale** Bedeutung, wird im mündlichen und schriftlichen Sprachgebrauch verwendet, zeichnet sich mithin durch einen weiten Funktionsradius aus und unterliegt einer weitgehenden **Normierung**. Sie ist damit der **Standard** bzw. das Modell für die übergeordnete Sprachgemeinschaft und besitzt dementsprechend ein **hohes Prestige** sowie oftmals einen klar definierten (etwa durch Festschreibung in einem Dokument mit verfassungsrechtlicher Bedeutung) **sprachpolitischen Status**.

Eine soziolinguistische Charakterisierung von Dialekt und Standardsprache kann aber das Verhältnis der beiden Varietäten einer Sprache bzw. eines umfassenden Sprachsystems nicht alleine motivieren. Hier ist nun die **historische Dimension** von fundamentaler Bedeutung. Die Dialekte gehen der Standardsprache historisch voraus bzw. die Standardsprache selber geht auf einen der Dialekte des Verbundes bzw. Kontinuums eng miteinander verwandter Dialekte zurück.

Vom Dialekt zur Standardsprache: Der Sprachwissenschaftler Einar Haugen (1906–1994) hat vier Faktoren identifiziert, die für den Weg vom Dialekt (einem Dialekt unter anderen) zur Standardsprache ausschlaggebend sind:

- Zunächst die **Auswahl einer Varietät** (*selection*), die als Basis für die Ausbildung der Standardsprache dient;
- die **Normierung und Kodifikation** der gewählten Varietät (*codification*);
- die **Annahme der Norm** durch die Sprecher (*acceptance*), die sich dieser Varietät in ihrer kommunikativen Praxis bedienen und
- die **Elaboration** der Varietät (*elaboration*), die in ihren sprachlichen (d. h. grammatischen und lexikalischen) Ausdrucksmitteln bzw. –verfahren derart weiterentwickelt wird, dass sie alle Kommunikationsbedürfnisse bzw. –bereiche der Sprachgemeinschaft adäquat realisieren kann.

Der Weg vom Dialekt zur Standardsprache

Ausbau

Die genannten Faktoren, die für den historischen Entwicklungsprozess von einem Dialekt zu einer Standardsprache ausschlaggebend sind, wurden unter dem Begriff des Ausbaus zusammengefasst, der von dem Sprachsoziologen Heinz Kloss (1904–1987) eingeführt wurde. Dabei muss zwischen dem **intensiven Ausbau** und dem **extensiven Ausbau** unterschieden werden:

Beim intensiven Ausbau, der auch als **Korpusplanung** bezeichnet wird, geht es darum, die Ausdrucksmöglichkeiten durch den Ausbau des Sprachsystems zu erweitern sowie seine Regeln zu kodifizieren. Zum Bereich der Korpusplanung gehören im Einzelnen:

- die Standardisierung bzw. Kodifikation von Orthographie, Morphologie und Syntax;
- die Erweiterung des Wortschatzes für unterschiedliche Ausdrucksbzw. Funktionsbereiche (z.B. die Ausbildung von Fachwortschätzen);
- die Erschließung bzw. Entwicklung komplexer(er) grammatischer Verfahren.

Der extensive Ausbau, der auch als **Statusplanung** bezeichnet wird, ist darauf gerichtet, der Varietät neue Verwendungs- bzw. Funktionsbereiche im Leben der Sprachgemeinschaft zu erschließen. So kann das Vordringen der Varietät in den Bereich der Schriftlichkeit schon per se ein bedeutender sprachhistorischer Schritt sein. Meistens wird die Varietät hierbei zunächst im Rahmen der literarischen Prosa verwendet, bevor sie dann rechtliche und administrative Gebrauchsfunktionen (z.B. bei der Beurkundung oder der Verschriftung von Recht) übernimmt und in einer späteren Entwicklungsetappe zum Medium der Wissenschaftsprosa wird.

Der Ausbau einer Varietät zu einer überregionalen Sprachform führt zur **Überdachung** der lokalen Varietäten und zu einer **funktionalen Differenzierung**: Decken die lokalen Dialekte den Bereich der Nähekommunikation ab, so nimmt die überdachende Varietät die Funktion einer überregionalen Distanzsprache wahr. Sie ist prestigereiche Standardsprache, die im Bereich der Verwaltung und der Rechtsetzung (also als **Amtssprache**) verwendet wird und ebenso in Bildung und Wissenschaft ihren festen Platz einnimmt.

Dialekt und Sprache

Vor dem Hintergrund der diachronen Dimension des Verhältnisses von Sprache (= Standardsprache) und Dialekt wird auch die systematische Klassifikation von Sprachvarietäten sowie die Charakterisierung ihres Verhältnisses zueinander, insbesondere die Abgrenzung von Sprache und Dialekt, die der Sprachsoziologe Heinz Kloss entwickelt hat, noch deutlicher: Kloss (1978) unterscheidet zwischen **Abstandsprachen, Ausbausprachen** und **Dachsprachen**.

Von einer **Abstandsprache** spricht man, wenn eine Sprachvarietät im Verhältnis zu einer anderen, die als Referenzgröße dient, in ihrer sprachlichen Struktur so different ist, dass sie nicht als Dialekt dieser Varietät zugeordnet werden kann. Das Verhältnis zwischen zwei (z.B. räumlich benachbarten) Varietäten bzw. die Frage danach, ob die eine Varietät als Dialekt einer Standardsprache zu klassifizieren ist, wird anhand von sprachstrukturellen bzw. typologischen Aspekten entschieden. Neben **lautlichen, morphosyntaktischen** und **lexikalischen** Merkmalen wird auch das Kriterium der wechselseitigen Verständlichkeit herangezogen. Je nach Abstand (bzw. **typologischer Distanz**) zwischen den beiden Varietäten handelt es sich um zwei eigenständige Sprachen (so das Spanische und das **Guaraní**), um zwei Dialekte einer Sprache (z.B. das **Canario** und das **Andaluz**) oder um eine Sprache-Dialekt-Beziehung wie im Fall des Andalusischen im Verhältnis zum Spanischen.

Für das Konzept der **Ausbausprache** ist das Kriterium der **gesellschaftlichen Funktionalität** bzw. der Verwendungsbereiche von Varietäten re-

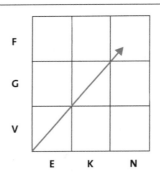

Anwendungsbereiche:
V – volkstümliche Prosa (Grundschulniveau)
G – gehobene Prosa (Niveau der höheren Schulausbildung)
F – wissenschaftliche Prosa (Hochschulniveau)

Entfaltungsstufen:
E – eigenbezogene Thematik (Themen aus dem eigenen Lebensbereich der Sprachgemeinschaft)
K – kulturkundliche Thematik (Themen aus geistes- und sozialwissenschaftlichen Bereichen)
N – naturwissenschaftliche Thematik (Themen aus naturwissenschaftlichen sowie technisch-technologischen Bereichen)

Abb. 2: Phasenmodell für die Entwicklung von Sachprosa (nach Kloss 1978: 49)

levant. Den Ausbaustatus von Varietäten bestimmt Kloss (1978: 47 f.) nach zwei soziolinguistischen Parametern, und zwar

1. nach den **Anwendungsbereichen**, die Kloss mit schulischen Kompetenzniveaus in Beziehung setzt: volkstümliche Prosa (›Jedermannsprosa‹, Grundschulniveau), gehobene Prosa (›Zweckprosa‹, Niveau der höheren Schulausbildung) und wissenschaftliche Prosa (›Forscherprosa‹, Hochschulniveau) sowie

2. nach den **Entfaltungsstufen**, worunter thematische Bereiche unterschiedlichen Komplexitätsgrades zu verstehen sind, nämlich die eigenbezogene Thematik (Themen aus dem eigenen Leben der Sprachgemeinschaft), die kulturkundliche Thematik (Themen aus geistes- und sozialwissenschaftlichen Bereichen) und die naturwissenschaftliche Thematik (Themen aus naturwissenschaftlichen und technisch-technologischen Bereichen).

Die beiden Parameter können kombiniert werden, so dass sich der Ausbaustatus jeder Varietät bestimmen lässt. Ausbausprachen sind also **standardisierte Ausdrucksmittel** für die Behandlung komplexer und anspruchsvoller Themen im Rahmen spezialisierter Bereiche der Prosa.

Dachsprachen: Wenn nun eine bestimmte Varietät einer Gruppe von Dialekten bzw. anderer Varietäten als gemeinsame Standardsprache dient, dann überdacht sie diese anderen Varietäten, erlangt also den Status einer **Dachsprache**. So überdacht das Kastilische (Spanische) z. B. das Asturianische (von den Sprechern auch als ›**Bable**‹ bezeichnet) sowie das Aragonesische.

Mit dem Begriffspaar ›Abstandsprache‹ und ›Ausbausprache‹ lassen sich nun verschiedene Varietäten bzw. Sprachen klassifizieren. Das **Kastilische** (Spanische) oder **Französische** sind aufgrund ihrer hinreichenden strukturellen Differenz beide Abstandsprachen. Als Standardsprachen, die ihren festen Platz als Amtssprachen im öffentlichen Leben besitzen, sind sie zudem Ausbausprachen.

Das **Sardische** und das **Italienische** sind im Hinblick auf ihre strukturelle Verschiedenheit unzweifelhaft Abstandsprachen, der Ausbaugrad des Sardischen ist aber deutlich geringer als der des Italienischen (Sardisch ist also eine **Nur-Abstandsprache**). Zudem bewerten die Sprecher das Sardische aufgrund seines unvollständigen Ausbaus fälschlicherweise als einen Dialekt. Im Falle dieser sprecherpsychologisch bedingten Fehleinschätzung spricht man auch von einer »**scheindialektalisierten Abstandsprache**« (vgl. Haarmann 2004: 243). Ein komplementärer Fall ist das **Galicische**, das strukturell eng mit dem Portugiesischen verwandt ist (und zudem die gleichen historischen Wurzeln besitzt), aber infolge seines vollständigen Ausbaus für alle Bereiche der Schriftlichkeit den Status einer Sprache, einer ›**Nur-Ausbausprache**‹, besitzt. Das Galicische wird vielfach auch als ›**Kulturdialekt**‹ bezeichnet.

Klassifizierung von Varietäten anhand des Begriffspaars Abstand- und Ausbausprache

12.3 | Dialektale Variation auf der iberischen Halbinsel

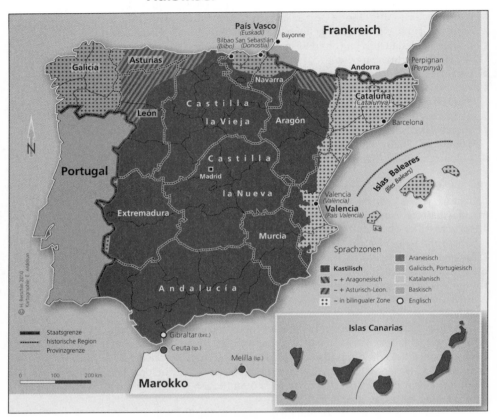

Abb. 3: Die sprach-
liche Gliederung
Spaniens (aus
Berschin et al.
2012: 41)

Primärdialekte: Das iberoromanische Dialektkontinuum der Pyrenäenhalbinsel lässt sich zu **sechs romanischen Dialektgruppen** zusammenfassen. Diese Primärdialekte sind von Westen nach Osten: das Portugiesische, das Galicische, das Asturisch-Leonesische (mit den asturianischen und den leonesischen Mundarten sowie dem Mirandesischen (*mirandês*) im Gebiet von Miranda do Douro in Portugal), das Kastilische, das Aragonesische und das Katalanische. Neben dem Kastilischen, dem Katalanischen und dem Portugiesischen sind auch das Galicische, das Aragonesische und das Asturianische (auch als ›Bable‹ bezeichnet) kodifizierte Sprachen.

Sekundärdialekte: Zum anderen gibt es einige Sekundärdialekte, die durch die Expansion des Kastilischen im Zuge und unter den besonderen Sprachkontaktbedingungen der **Reconquista** entstanden sind: das Extremenische (*extremeño*) mit mehr oder weniger deutlichen Einflüssen des Leonesischen, das Murcianische (*murciano*), das Andalusische und das Kanarische.

Kontaktvarietäten: Schließlich haben sich in Galicien, in Katalonien und im Baskenland Kontaktvarietäten aus dem Sprachkontakt mit dem Kastilischen herausgebildet. Der allgegenwärtige Einfluss der Standardsprache im öffentlichen Leben, im Bereich der Bildung und in den Medien (Fernsehen und Internet) hat zu einem starken Rückgang der traditionellen Ortsmundarten geführt. Es sind aber **regionale Varietäten** (wie anderswo in Europa, in Italien etwa das *italiano regionale*) entstanden, die sich der Standardsprache annähern, jedoch durch besonders typische lokale Merkmale gekennzeichnet sind und deshalb für die Sprecher Identifikationsfunktion besitzen.

Für die **Varietätenlandschaft** des Spanischen auf der iberischen Halbinsel sind insbesondere zwei Varietätengruppen bzw. dialektale Großzonen kennzeichnend: Zum einen das Gebiet der **nördlichen** (›kastilischen‹) **Varietäten**, das *Castilla la Vieja* und *Castilla la Nueva* umfasst. Zum anderen die **südlichen** oder ›andalusischen‹ **Varietäten**, die in einem Gebiet gesprochen werden, das in weiten Teilen mit den andalusischen Provinzen – Cádiz, Huelva (ohne den Norden), Sevilla, Córdoba (ohne den nördlichen Teil), Jaén, Granada und Almería (jeweils ohne die östlichen Regionen) – zusammenfällt. Darüber hinaus ragen die andalusischen Varietäten bis in den Süden der Extremadura sowie die Provinz Murcia hinein.

Nördliche und südliche Varietätengruppen des Spanischen

12.3.1 | Das Kastilische

Dialektale Zonen des Kastilischen: Das Kastilische (hier verstanden als dialektale Großzone im Norden und Zentrum der iberischen Halbinsel) lässt sich anhand von zwei Grundlinien in vier dialektale Zonen untergliedern. Die **Nord-Süd-Linie** trennt Nordkastilien mit Madrid (*Castilla la Vieja*) von Südkastilien (*Castilla la Nueva*) und geht historisch auf die Konkurrenz zwischen der **Norm von Burgos** und der **Norm von Toledo** zurück. Eine **West-Ost-Linie** trennt eine östliche, vom Aragonesischen beeinflusste Zone von einer westlichen, durch den Sprachkontakt mit dem Leonesischen geprägten Zone.

Lautliche Merkmale:

- Realisierung des Phonems /s/ als apiko-alveolarer s-Laut (*s castellano*)
- Bewahrung der Opposition zwischen den Phonemen /s/ und /θ/ (*casa* vs. *caza*)
- Verlust von /d/ in *-ado* (*bailao*)
- interdentale Realisierung von /d/ am Wortende, teilweise aber auch vollständiger Ausfall des Phonems (*verdaθ* oder *verdá*)

Merkmale des kastilischen Varietätenraums

Morphosyntaktische Merkmale:

- Verwendung von *vosotros* als Personalpronomen der 2. Person Plural
- Verwendung des Indikativs als Imperativ der 2. Person Plural (*poneros el pijama y domiros cuanto antes*)

Dialektale Variation
auf der iberischen
Halbinsel

- Verwendung des Perfekts (Pasado Compuesto) in der **Relevanzlesart** (mit adverbialen Ausdrücken wie *esta mañana/semana*), z. B. *María se ha levantado muy temprano esta mañana.*

Vor allem für den nördlichen Bereich (*Castilla la Vieja*) sind die folgenden morphosyntaktischen Merkmale kennzeichnend:

- **Leísmo:** die Verwendung von *le* als direktes Objektpronomen für männliche Referenten
- **Laísmo:** *la* als indirektes Objektpronomen für weibliche Referenten; der Laísmo ist deutlich substandardsprachlich markiert
- starke funktionale Ausweitung der Konditionalform (*-ría*) auf Kosten des Konjunktivs der Vergangenheit (Imperfecto de Subjuntivo, *-ra/ -se*) in Bedingungssatzkontexten (so im Vordersatz, der **Protasis**): *Si tendría más dinero*, bei Konzessiv- (*aunque no me dejarías*), Final- (*para que le daría*) und Temporalsätzen (*yo me fui antes de que llegaría*).

12.3.2 | Das Andalusische

Das Andalusische (*el andaluz*) bildete sich zwischen dem 13. und dem 16. Jh. auf der Basis des Kastilischen unter den besonderen Bedingungen der Reconquista und der anschließenden Wiederbesiedlung (*repoblación*) der eroberten Gebiete als sekundärer Dialekt heraus. Ausschlaggebend war dabei der Sprachkontakt zwischen dem Kastilischen, das die Kolonisten vom Norden her mitbrachten und anderen sprachlichen Varietäten der iberischen Halbinsel. Zu den Hauptmerkmalen des andalusischen Spanisch zählen:

Merkmale des
andalusischen
Spanisch

Der Seseo, also die **Aufhebung der Opposition** zwischen den Phonemen /s/ und /θ/, führt dazu, dass die beiden Lexeme *casa* und *caza* auf die gleiche Weise artikuliert werden. Allerdings gilt dieses Merkmal nicht für das gesamte andalusische Gebiet: Im Norden und Osten Andalusiens (in den Provinzen Jaén und Almería) wird die phonologische Opposition bewahrt. In einer Zwischenzone, die die Provinz Córdoba, den Westen Huelvas und den Norden der Provinz Sevilla umfasst, tritt der eigentliche **Seseo** (Realisierung des verbliebenen Phonems /s/ als [s]) auf und im Süden Andalusiens (von Almería über die Provinzen von Sevilla und Granada bis Almería) erscheint der **Ceceo**, also die Realisierung des verbliebenen Phonems als [θ].

Ein weiteres Differenzierungsmerkmal des andalusischen Sprachraums stellt die artikulatorische Realisierung des Phonems /s/ dar: Nur in der nördlichsten Zone wird das Phonem als **apikaler s-Laut** (*s castellana*) realisiert. In einer mittleren Zone, durch welche die Grenze zwischen dem Seseo und der Bewahrung der phonologischen Opposition verläuft, ist die Artikulation von /s/ **koronal** (Realisierung am Zungenkranz). Im Zentrum sowie im Süden ist der **prädorsale** s-Laut üblich.

Aspiration

Die Aspiration oder der Verlust des auslautenden -s: In Verbindung mit einem nachfolgenden stimmlosen Konsonanten sind neben der **Aspiration** (*loh pieh*) und dem **Verlust des Konsonanten** (*lo pieh*) auch **assimilato-**

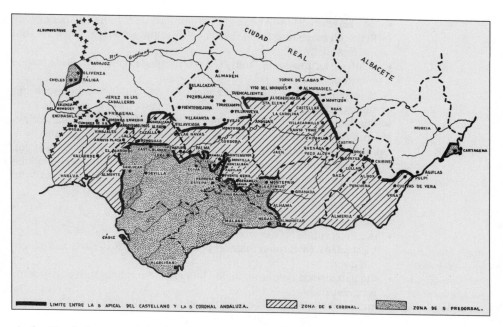

Abb. 4: Die Realisierung des Phonems /s/ im Süden Spaniens (aus Zamora Vicente 1985: Figura XX)

rische Erscheinungen bei stimmlosen (*lo^p pieh*, *la^k casah*) und stimmhaften (*log güebo = los huevos*) Verschlusslauten möglich. Der Verlust des auslautenden -s hat aber wichtige Konsequenzen für das morphologische System, da unter anderem die **Numerusopposition** Singular/Plural (*toro–toro*) nicht mehr lautlich unterschieden werden kann. In **Ostandalusien** hat sich deshalb ein neues System etabliert, das die **Öffnungsgrade phonologisiert**: Während im Singular die Endungsvokale geschlossen sind, öffnen sie sich im Plural (z. B. bei *toro* vs. *torɔ*). Eine interessante Entwicklung hat auch im Bereich der Verbalflexion stattgefunden, wo zu dem Ausfall des finalen -s auch noch das finale -n ausfällt. Während im Ostandalusischen durch die Opposition der Öffnungsgrade etwa die 2. von der 3. Person Singular unterschieden werden kann (*vienɛ*), wird die Auflösung der Oppositionen in Westandalusien durch den Schwund der Endkonsonanten -s und -n noch dadurch verstärkt, dass hier weitgehend die 2. Person Plural *vosotros* durch *ustedes* ersetzt wird. Damit fallen die 2. und 3. Person sowohl im Singular als auch im Plural vollständig zusammen. Diesen Zusammenfall verschiedener grammatischer Funktionen zu einer Form bezeichnet man als **Synkretismus**. Um nun die Problematik **homonymer Formen** zu lösen, verwenden die Sprecher praktisch immer das entsprechende Personalpronomen, dessen Verwendung in einem Prozess der **Grammatikalisierung** zunehmend obligatorisch wird.

Weitere lautliche Merkmale des andalusischen Spanisch:

- die Aspiration von /χ/ in West- und Zentralandalusien, z. B. in *caja* ['kaha];

- der **Yeísmo**, der in Andalusien dominiert; allerdings existieren eine Reihe kleinerer Enklaven, in denen die Opposition zwischen /j/ und /ʎ/ bewahrt wird;
- Neutralisierung von /l/ und /r/ am Silbenende (*galganta*, *velde*, *sardré* (*saldré*)).

Soziolinguistisch markiert sind zudem die Aspiration von Lexemen mit etymologischem lateinischen f- (*hablar*), der Verlust des stimmhaften Verschlusslautes -d- in intervokalischer Position (*comío*), die Elision von /l/, /r/ und /d/ am Wortende (*animal* (*animá*), *mujer* (*muhé*)), die Abschwächung des Affrikaten /tʃ/ zum frikativen Laut [ʃ] (*muchacho: muʃáʃo*), die Velarisierung des Nasalkonsonanten in finaler Position *pan* [paŋ], die proparoxytone Betonung der 1. Person Plural Subjuntivo (*váyamos*, *véngamos*).

In morphologischer Hinsicht sollen erwähnt werden:

Abb. 5: Die diato-
pische Verteilung
des Seseo im Sü-
den Spaniens (aus
Zamora Vicente
1985: Figura XXI)

- die Ersetzung von *vosotros* durch *ustedes* in Westandalusien mit alternierenden Verbformen (*ustedes podéis/pueden, ustedes se sentáis/sientan aquí*);
- die paroxytone Betonung in der 1. Person Plural Subjuntivo (*váyamos, véngamos*);
- archaische Indefinido-Formen wie *vide, truje* (Zentral- und Ostandalusien) sowie die Form *andé* (für *anduve*).

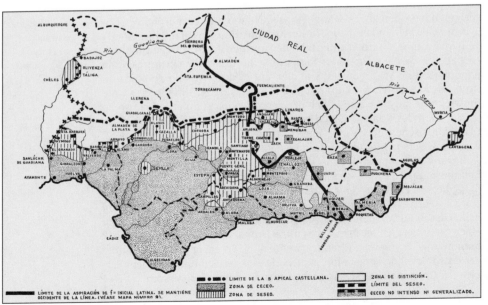

12.4 | Sprachgeographie und Sprachatlanten

Sprachatlanten bestehen aus einer Sammlung von Karten, die die Verteilung bestimmter sprachlicher Merkmale verzeichnen. Mit der kartographischen Erfassung der Verbreitung lautlicher Erscheinungen, bestimmter Wörter, Wortformen oder syntaktischer Konstruktionen wird die sprachliche Variation im Raum erfasst und anschaulich dargestellt. Grenzen, an denen sich die Ausprägung eines betrachteten Merkmals ändert, werden durch eine Linie markiert. Eine solche Linie wird als **Isoglosse** bezeichnet. Fallen nun mehrere solcher Linien zusammen, so spricht man von einem **Isoglossenbündel**. Isoglossenbündel markieren Dialekt- bzw. Sprachgrenzen und lassen so eine bestimmte diatopische Varietät (bzw. eine eigene Sprache) hervortreten.

Die frühesten Sprachatlanten stammen von Georg Wenker (*Sprach-Atlas von Nord- und Mitteldeutschland*, Straßburg/London, 1881), Jules Gilliéron (*Atlas Linguistique de la France*, ALF, 1902–1910), Georg Wenker und Ferdinand Wrede (*Deutscher Sprachatlas*, 1926–1956) sowie von Karl Jaberg und Jakob Jud (*Sprach- und Sachatlas Italiens und der Südschweiz/ Atlante linguistico ed etnografico dell'Italia e della Svizzera meridionale*, AIS, 1928–1940).

Der *Atlas Linguistique de la France* (ALF) als Modell   Zur Vertiefung

Jules Gilliéron veröffentlichte mit dem ALF den ersten großen modernen Sprachatlas. Dieser beruht auf der Methode der direkten Befragung von Sprechern, die von dem Explorator und Mitarbeiter Edmond Edmont durchgeführt wurde. Der Sprachatlas verzeichnet die Antworten örtlicher Sprecher (der **Informanten**) auf 1920 Fragen an 639 verschiedenen Orten (den **Messpunkten**) in Frankreich, Belgien, der Schweiz und im Aostatal. Der ALF enthält sowohl **phonetische Karten**, die die Antworten der Sprecher in phonetischer Umschrift wiedergeben als auch **lexikalische Karten**, die Aufschluss über verschiedene Bezeichnungen für einen Gegenstand oder ein Konzept (z. B. ›Biene‹) geben. Hinsichtlich der Darstellungsmethode sind **Punktkarten** und **synthetische Karten** zu unterscheiden: Führen erstere nur die an den Erhebungspunkten gesammelten Antworten auf, visualisieren letztere Grenzen bzw. das Verbreitungsgebiet der jeweiligen sprachlichen Erscheinungen durch Linien, Schraffierungen etc. Gilliéron dokumentiert aber mit seinem Sprachatlas nicht nur die dialektale Variation im galloromanischen Sprachraum, sondern er zeigt in nachfolgenden Studien, wie aus dieser synchronen Momentaufnahme der Verteilung sprachlicher Merkmale im Raum neue Erkenntnisse über historische Entwicklungen gewonnen werden können. Beispielsweise werden in Gebieten mit isolierter Randlage oftmals noch sprachhistorisch ältere Varianten konserviert, die im Zentrum schon durch neuere, innovative, Formen ersetzt wurden. Gilliérons Untersuchungen machen zudem

---

deutlich, dass sprachliche Entwicklungen nicht mechanisch (etwa nach automatisch wirkenden Lautgesetzen) verlaufen, sondern dass es vielmehr die einzelnen Lexeme sind, die als Bezugsgrößen im Bewusstsein der Sprecher verankert sind. Diese werden nämlich von der Sprechergemeinschaft dann modifiziert, wenn es das reibungslose Funktionieren der Kommunikation erforderlich macht. So gibt es z. B. eine Tendenz in den Sprachregionen mit Seseo die entstandene Homonymie (man spricht hier auch von einem **Homonymiekonflikt**, spanisch *colisión homonímica*) zwischen Lexemen wie *cocer* und *coser* oder *casa* und *caza* durch die Ersetzung jeweils eines der beiden Lexeme aufzulösen. Daher hat in Andalusien und weiten Teilen Lateinamerikas *cocinar* die Form *cocer* bzw. *cacería* das Lexem *caza* ersetzt.

Der *Atlas Lingüístico de la Península Ibérica* (ALPI): Der ALF wurde zum Referenzwerk für nachfolgende sprachgeographische Projekte, die sich methodisch und in der Gestaltung an dem Werk Gilliérons orientierten. So auch das erste große **dialektologische Projekt** Spaniens, der *Atlas Lingüístico de la Península Ibérica* (ALPI), das von Ramón Menéndez Pidal angeregt und von Tomás Navarro Tomás geleitet wurde. Ausgehend von Erhebungen an 527 Explorationspunkten in Spanien und Portugal sollte der Sprachatlas die dialektale Situation der gesamten iberischen Halbinsel (ohne die kanarischen Inseln, die Azoren und Madeira) erfassen. Der Spanische Bürgerkrieg machte allerdings alle Planungen zunichte. Die Befragungen konnten nach einer längeren Unterbrechung 1947 wieder aufgenommen und 1954 abgeschlossen werden. Es wurde allerdings lediglich ein Band mit 75 Karten zu lautlichen Aspekten veröffentlicht (Tomás Navarro Tomás: *Atlas Lingüístico de la Península Ibérica*, I: *Fonética*. Madrid: CSIC, 1962). Auf der Grundlage des Materials entstand jedoch eine Vielzahl von dialektologischen Studien. Um die Jahrtausendwende hat David Heap, Sprachwissenschaftler an der University of Western Ontario in Kanada, die Hefte (*Cuadernos*) mit den handschriftlichen Aufzeichnungen der Exploratoren eingescannt und online zugänglich gemacht (unter *http://westernlinguistics.ca/alpi*).

Nachdem das Projekt eines großen Sprachatlas der iberischen Halbinsel nach dem Vorbild des ALF gescheitert war, entstanden eine Reihe regionaler Atlanten unter der Leitung von Manuel Alvar, welche die Merkmalsdifferenzierung innerhalb einer größeren Dialektzone erkennbar werden lassen.

Regionale Sprachatlanten: Der erste regionale Sprachatlas, der *Atlas Lingüístico y Etnográfico de Andalucía* (ALEA), entstand in den 50er Jahren unter der Leitung von Manuel Alvar sowie der Mitarbeit von Gregorio Salvador und Antonio Llorente. Er wurde zwischen 1961 und 1973 (6. Band) veröffentlicht. Aufgrund seiner rigorosen Methodik wurde er zum Modell für nachfolgende Regionalatlanten. Der ALEA vermittelt nicht nur genaueste Einblicke in die diatopische Binnendifferenzierung des andalusischen Varietätenraums (u. a. die klare Scheidung in eine west- und eine ostandalusische Varietät), sondern auch in die soziolektale Variation und lässt zudem historische Rückschlüsse auf demographische Aspekte und Sprachkontaktsituationen im Zusammenhang mit der Wiederbesiedlung Andalusiens (*repoblación*) zu, aber auch auf die Verbreitung der Norm von Sevilla.

Weitere Regionalatlanten, die unter Leitung von Manuel Alvar nach dem Vorbild des ALEA entstanden, sind

Regionalatlanten

- der *Atlas Lingüístico y Etnográfico de las Islas Canarias* (ALEICan, 1975–1978)
- der *Atlas Lingüístico y Etnográfico de Aragón, Navarra y Rioja* (ALEANR, 1978–1983)
- der *Atlas Lingüístico Etnográfico de Cantabria* (ALECant, 1995)
- der *Atlas Lingüístico de Castilla y León* (ALCL, 1999)

Nach dem Vorbild dieser unter der Ägide Alvars publizierten Sprachatlanten entsteht zudem ein *Atlas Lingüístico y Etnográfico de Castilla-La Mancha* (ALeCMan) unter Leitung von Pilar García Mouton und Francisco Moreno Fernández, der im Norden anschließt.

Sprachatlanten Lateinamerikas: Auch in Lateinamerika sind in den letzten Jahrzehnten länderspezifische Regionalatlanten veröffentlicht worden. Eine Pionierleistung für das hispanophone Amerika stellt der von Tomás Navarro Tomás erarbeitete Sprachatlas Puerto Ricos (1948) dar.

Abb. 6: ALEA,
Karte zu *cerdo*
(ALEA, Mapa 547)

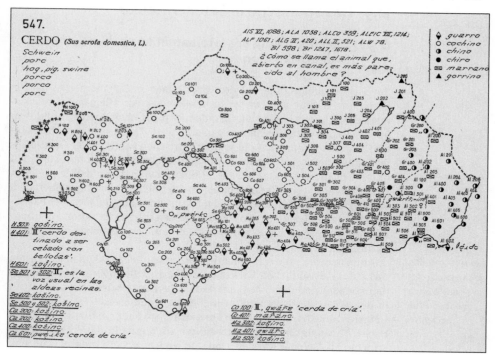

Große Sprachatlanten des lateinamerikanischen Sprachraums sind der *Atlas Lingüístico y Etnográfico del Sur de Chile* (ALESuCh, I, 1973, Leitung: Guillermo Araya), der *Atlas Lingüístico de Colombia* (ALC, 1981–1983, Leitung: Luis Flórez) sowie der *Atlas Lingüístico de México* (ALM, 1990, Leitung: Juan M. Lope Blanch). Eine bemerkenswerte Innovation stellt der von Harald Thun und Adolfo Elizaincín herausgegebene *Atlas Diatópico y Diastrático del Uruguay* (ADDU, 2000) dar: Wie der Titel andeutet, erfasst der Atlas neben der diatopischen Variation auch die diastratische, d. h. er führt neben der räumlichen eine soziolektale Dimension ein. Auf diese Weise wird an einem bestimmten Ort auch die sprechergruppenspezifische Variation erkennbar, die sich aus Variablen wie Generation, Geschlecht oder soziale Zugehörigkeit ergibt.

Die Dialektometrie ist ein neueres methodisches Verfahren im Bereich der Sprachgeographie. Ziel dieser Forschungsrichtung ist die Aufdeckung und die graphische Visualisierung der Verteilungsmuster dialektaler Merkmale. Diese Verteilungsmuster können auf der Datengrundlage von Sprachatlanten mithilfe von Methoden der quantitativen Statistik herausabstrahiert werden. Dadurch tritt die regionale Verteilung von Dialektähnlichkeiten hervor und es lassen sich Dialektkerne sowie Übergangszonen erkennen (zur Methodik vgl. Goebl 2002).

12.5 | Das Spanische in Lateinamerika

12.5.1 | Die Entstehung des lateinamerikanischen Spanisch in der Diskussion

Bei ihrer Beschäftigung mit dem Spanischen in Lateinamerika hat die Forschung traditionellerweise ihr Augenmerk vor allem auf die systematischen Unterschiede zwischen dem europäischen Spanisch und dem überseeischen (›atlantischen‹) Spanisch gelegt. Dabei richtete sich das Interesse der Forschung auf die sozio-historischen Faktoren der Genese des lateinamerikanischen Spanisch mit seinen spezifischen Charakteristika und Besonderheiten. Das lateinamerikanische Spanisch wurde in dieser Perspektive als ein Gesamtphänomen betrachtet, das gegenüber dem Referenzmodell, dem europäischen Spanisch – oder genauer: der kastilischen Norm – abgegrenzt wurde und dessen interne Variation auf unterschiedliche historische Entstehungsbedingungen zurückgeführt wurde (s. auch Kap. 11.4.4):

Andalucismo: Die offensichtlichen sprachlichen Gemeinsamkeiten zwischen den südlichen Varietäten des Spanischen (vor allem dem Andalusischen) und dem lateinamerikanischen Spanisch traten schon früh in den Fokus der Forschung. Die hieraus resultierende Frage, ob diese Gemeinsamkeiten auf parallele Entwicklungen oder auf **historisch-genetische** Abhängigkeiten zurückzuführen sind, ging in die Forschungsgeschichte als Debatte um den **Andalucismo** bzw. **Antiandalucismo** ein:

Während schon Max Leopold Wagner (1927) eine andaluzistische (*anda-lucista*) Position einnahm und die quantitativ bedeutsame Einwanderung aus den südspanischen Regionen herausstellte, sah Henríquez Ureña (1921) in parallelen, aber eben unabhängigen Entwicklungen die Ursache für die Übereinstimmungen zwischen den südspanischen Varietäten und dem Spanischen Lateinamerikas. Peter Boyd Bowman (*Índice geobiográfi-co de cuarenta mil pobladores españoles de América en el siglo XVI*, 1968) gelang auf der Basis von statistischen Daten von rund 55.000 Kolonisten der demographische Nachweis, dass zumindest in der ersten Phase von 1493–1508, also während der Antillenbesiedlung, rund 60 % der Kolonisten aus Andalusien stammten und dass auch noch in den Jahren 1509–1519 immerhin rund 67 % der weiblichen Auswanderer nach Lateinamerika aus dieser Region kamen. Allerdings fiel der Gesamtanteil der Kolonisten aus Andalusien schon in diesen Jahren auf insgesamt 37 % ab, so dass man eigentlich nur für die erste Phase, die sog. **Antillenphase**, von einem de-mographischen Übergewicht von Kolonisten aus südspanischen Regionen (Andalusien und Extremadura) sprechen kann. Dieses Übergewicht trug immerhin mit dazu bei, dem Spanischen des karibischen Raums sein ei-genes Gepräge zu verleihen (vgl. Noll 2001: 95 f.).

Von sehr viel größerer Bedeutung sollten, wie vor allem Germán de Granda (1978, 1994) aufgezeigt hat, Nivellierungstendenzen bzw. die He-rausbildung einer **Koiné** werden, die auf Vereinfachungstendenzen bzw. auf der Auswahl möglichst wenig markierter sprachlicher Merkmale be-ruhte. Solche unmarkierten Merkmale waren aber gerade diejenigen, die – wie etwa der Seseo oder das reduzierte System der Personalpronomi-na (*ustedes* für die 2. und 3. Person Plural) – die meridionalen Varietäten kennzeichneten. Die Herausbildung der stark von den meridionalen Varie-täten geprägten Koiné fand in der ersten Besiedlungsphase (Antillenphase von 1493–1519) vor allem im karibischen Raum statt (auf Hispaniola), sie strahlte aber im weiteren auch auf die Küstenregionen des lateinamerika-nischen Festlandes aus.

Unterschiedliche Besiedlungsphasen der verschiedenen lateinameri-kanischen Regionen bilden einen weiteren Differenzierungsfaktor. Neben der Chronologie der Besiedlung (zu den drei Besiedlungsphasen s. aus-führlicher Kap. 11.4.4) und der Herkunft der Siedler (Nord- vs. Südspani-en) erwies sich vor allem die **kommunikative Anbindung** (der Kontakt zum Madrider Königshof wie im Fall der Metropolen Mexico und Lima oder nach Sevilla bzw. den Häfen Andalusiens) bzw. eine stark isolierte Lage (wie sie für Chile, weite Teile Argentiniens, Mittelamerika und Pa-raguay kennzeichnend war) als prägend für die diatopische Differenzie-rung des lateinamerikanischen Sprachraums. Auch spielten administra-ti-ve Faktoren eine gewisse Rolle, wie etwa die Annahme des **Voseo** in dem Territorium des heutigen mexikanischen Bundesstaates Chiapas zeigt, die auf dessen historische Zuordnung zum Generalkapitanat (*capitanía gene-ral*) von Guatemala zurückgeht.

Tierras bajas/tierras altas: Die traditionelle Forschung hat zudem als differenzierendes Moment des Spanischen in Lateinamerika die Unter-

Weitere
Erklärungsansätze
für die Diffe-
renzierung des
Spanischen
in Lateinamerika

scheidung von *tierras bajas* und *tierras altas* (Henríquez Ureña) bzw.
tierras marítimas und *tierras interiores* (Menéndez Pidal) eingeführt,
die sie mit bestimmten Siedlungspräferenzen in Verbindung bringt, die
mit klimatischen Verhältnissen, einer bestimmten demographischen Zusammensetzung, dem Bildungsgrad der Kolonisten etc. korrelieren. So
siedelten sich Kolonisten aus Küstenregionen (v.a. Südspanier) in Küstenregionen, den *tierras marítimas* und solche aus den Binnenregionen (v.a.
Nordspanier) in den *tierras interiores* an (vgl. auch Amado Alonso 1953).
Die Verfechter dieses grundlegenden Differenzierungskriteriums stellen
den stabilen Konsonantismus der Hochlandgebiete dem stabilen Vokalismus der Tieflandgebiete gegenüber (Noll 2001: 24).

Indigenismushypothese: Schließlich wurde seit Rudolf Lenz' Indigenismushypothese für das Spanische Chiles, das er als »Spanisch mit arau-
kanischen Lauten« charakterisierte (vgl. Lenz 1893), auch der Einfluss der
indigenen Sprachen bei der Herausbildung regionaler Besonderheiten des
Spanischen in Lateinamerika diskutiert.

Gegenüber dieser, in der bisherigen Forschung dominierenden, histo-
risch-genetischen, zudem stark Spanien-zentrierten (›**monozentrische‹**)
Perspektive, hat die aktuelle Forschung zum Spanischen in Lateinamerika in mehrfacher Hinsicht einen Perspektivwechsel vollzogen:

Spanisch als plurizentrische Sprache: Das Spanische wird heute als
eine plurizentristische Sprache aufgefasst, als eine Weltsprache, die mehrere gleichberechtigte Zentren der Normbildung und damit auch mehrere
regionale Standards besitzt (vgl. Oesterreicher 2000; Lebsanft 2004). Die
Charakterisierung des Spanischen in Lateinamerika erfolgt nach strikt
synchronen Gesichtspunkten und geht von einer Architektur der Sprache aus, die Standards unterschiedlicher Reichweite aufweist sowie eine
Vielzahl an Varietäten, die eine vielschichtige Sprachlandschaft mit diatopischen, diastratischen und diaphasischen Differenzierungen ausprägen
(so wie dies auch für das europäische Spanisch der Fall ist). Darüber hinaus haben sich **nationale Standards** und **Großzonen-Standards** wie etwa
die Mexikos, der Andenregion und von Buenos Aires mit den La-Plata-
Staaten herausgebildet (Oesterreicher 2000: 310).

Auf einer noch höheren Hierarchiestufe lassen sich ein **europäischer
Standard** und ein **amerikanischer Standard** unterscheiden, die beide
gewissermaßen als Ausprägungen der idealen Einheit des Spanischen,
eines virtuellen bzw. abstrakten gemeinsamen Sprachsystems, angesehen werden können. Neuerdings wird angesichts der Globalisierung des
hispanophonen Bücher-, Medien- und IT-Marktes darüber diskutiert, ob
sich so etwas wie eine panhispanische Norm, ein sog. *español neutro*,
herauskristallisiert. Ein solches *español neutro* würde die jeweils in der
hispanophonen Welt mehrheitlich akzeptierten Varianten des Spanischen
(etwa den Seseo und Yeísmo auf der phonologischen sowie *tú* und *ustedes* auf der morphologischen Ebene) in sich vereinen und als regionen-
überspannende, eben panhispanische, Varietät eines globalisierten hispanophonen Kultur-, Kommunikations- und Technologiemarktes dienen
(Polzin-Haumann 2005: 282 f.).

Sprachkontakt: Außerdem werden regionale Unterschiede, die auf den Einfluss indigener oder auch europäischer Sprachen zurückgeführt werden können, unter dem Aspekt des Sprachkontakts (*lenguas en contacto*) behandelt. Dabei wird nicht mehr auf eine einseitige ›**Substratwirkung**‹ einer (indigenen) Sprache auf das Spanische abgestellt, sondern es steht nunmehr die dynamische Interaktion zwischen zwei Sprachen oder besser noch: die kommunikative Dynamik von zweisprachigen (bilingualen) Sprechern im Zentrum der Betrachtung, die von Phänomenen des **Code-switching** oder **Code-mixing** bis hin zu unterschiedlichen **Transferenzphänomenen** reichen kann (s. Kap. 12.7.3).

12.5.2 | Merkmale des Spanischen in Lateinamerika

Wie schon angedeutet, existieren lediglich einige sprachliche Merkmale, die für den gesamten lateinamerikanischen Sprachraum charakteristisch und aus diesem Grund auch für einen lateinamerikanischen Standard kennzeichnend sind. Darüber hinaus gibt es eine Palette an Merkmalen, die das Spanische eines bestimmten Großraums (etwa das Spanische der Karibik, das Andenspanisch oder das Spanische der La Plata-Region) auszeichnen, ohne dass in jedem Fall schon von einem gefestigten **Großzonenstandard** gesprochen werden kann. Schließlich besitzt auch das Spanische einer bestimmten Region (etwa von Santiago del Estero oder der mexikanischen Halbinsel Yucatán) eine jeweils spezifische Ausprägung.

Für den gesamten lateinamerikanischen Sprachraum prägend sind die folgenden Merkmale:

- **Der Seseo** im lautlichen Bereich, also die Aufhebung der phonologischen Opposition zwischen dem apiko-alveolaren und dem interdentalen Sibilanten wie etwa in *casa* und *caza*. Das Phonem /s/ wird in der Regel als prädorsaler s-Laut (im Gegensatz zum kastilischen apikoalveolaren [s]) ausgesprochen.
- **Zusammenfall von 2. und 3. Person Plural:** Im Bereich des Formeninventars ist die Neutralisierung der Opposition zwischen der 2. Person Plural *vosotros* als Form der vertrauten Anrede und der 3. Person Plural *ustedes*, Form der höflichen Anrede, zugunsten von *ustedes* als alleiniger Anredeform im Plural zentral. Hierbei handelt es sich ebenso wie beim Seseo im lautlichen Bereich um eine Vereinfachung des sprachlichen Systems, die im Zuge der Herausbildung einer sprachlichen Koiné unter den sprachlichen Bedingungen der Kolonisierung Lateinamerikas (insbesondere dem Aufeinandertreffen unterschiedlicher Varietäten des Spanischen) stattgefunden hat.
- **Loísmo:** Im morphosyntaktischen Bereich gehört der Loísmo bei belebten direkten Objekten zum lateinamerikanischen Standard, wie in dem Beispiel *Lo vi ayer (a Juan)* im Gegensatz zum peninsularen Standard: *Le vi ayer (a Juan)*.
- **Konjunktiv Imperfekt auf -ra:** Die jüngere Form des Konjunktiv Imperfekts auf *-ra* (*hiciera*) generalisiert sich auf Kosten der etymologischen Form auf *-se* (*cantase*).

Das Spanische
in Lateinamerika

Regionale
Merkmale des
Spanischen in
Lateinamerika

Merkmale größerer Sprachzonen: Lautliche und morphosyntaktische Charakteristika kennzeichnen aber auch größere Sprachzonen. Einige besonders markante Merkmale sind:

- **Die Aspiration des Sibilanten s:** Der Sibilant s wird im Silben- oder Wortauslaut (also in **implosiver Position**) vor allem in der Karibik und in den Küstenregionen zumeist aspiriert, d. h. als **Hauchlaut** [ʰ] artikuliert. Teilweise fällt er aber auch ganz aus, z. B. *las cosas* [laʰ'kosa]. Im Gegensatz dazu bewahren die Hochlandgebiete in Mexiko, Kolumbien, Ecuador, Peru und Bolivien den s-Laut in implosiver Stellung. Diese Merkmalsausprägung schreibt sich in eine umfassendere Tendenz ein, die vor allem Lope Blanch (1968) herausgestellt hat: Die schon erwähnte Differenzierung von Regionen mit starkem Konsonantismus und schwächerem Vokalismus, die er mit den Hochlandgebieten, den *tierras altas*, identifiziert hat, und solchen mit schwachem Konsonantismus und starkem Vokalismus, die den Tieflandgebieten (*tierras bajas*) entsprechen. Werden nach dieser Einteilung die Sibilanten im Spanischen der *tierras bajas* in bestimmten lautlichen Umgebungen geschwächt, so werden in den Hochlandgebieten die unbetonten Vokale vor allem in Verbindung mit Verschlusslauten nur schwach oder gar nicht ausgesprochen (etwa *parques* als ['parks]).
- **Der Yeísmo** ist ein weiteres Neutralisierungsphänomen, bei dem die Konsonantenopposition zwischen dem Halbkonsonanten j und dem palatalen Lateral [ʎ] aufgehoben wird, so dass die Formen *se cayó* und *se calló* gleichartig realisiert werden. Beim Yeísmo handelt es sich allerdings um eine lautliche Erscheinung, die weder auf das lateinamerikanische Spanisch beschränkt ist (sondern sich auch auf der iberischen Halbinsel immer weiter ausbreitet), noch in allen Regionen Lateinamerikas auftritt. Auch erscheint er in unterschiedlichen Ausprägungen, so dass sich der *yeísmo* als ein hervorragendes Merkmal für die varietätenlinguistische Differenzierung der lateinamerikanischen Sprachlandschaft erweist.
- **Der Erhalt der Opposition zwischen [ʎ] und [j]** ist nun wiederum kennzeichnend für das Andenspanische sowie für Paraguay (und den benachbarten Norden Argentiniens).
- **Der Žeísmo** ist hingegen eine besondere Ausprägung des Yeísmo und zudem ein besonders markantes Merkmal des Spanischen im Rio de la Plata-Gebiet. Beim *žeísmo* wird das verbliebene Phonem /j/ als stimmhafter präpalater Reibelaut [ʒ], wie im Osten Argentiniens und in Uruguay, realisiert bzw. auch als stimmlose Variante [ʃ] (*šeísmo*). Diese erst später entstandene, stimmlose Variante strahlt von den Zentren Buenos Aires und Montevideo aus und setzt sich zunehmend als Prestigeform vor allem in Argentien durch.

Weitere regionale Merkmale auf der lautlichen Ebene:
- die Abschwächung des velaren Phonems /x/ zu einem glottalen Frikativ [h], also z. B. eine Realisierung von *gente* als [hente] vor allem im karibischen Raum, in Teilen Mittelamerikas, im Tiefland Ecuadors und Perus;

- eine Neutralisierung der Phoneme /l/ und /r/ in implosiver Stellung in den *tierras bajas* (*el mar* [mal], *el cuerpo* [kwelpo]);
- die Nasalierung betonter Vokale in Verbindung mit der Velarisierung des Phonems /n/ im Auslaut als typische Erscheinung des Antillenspanisch, so bei *bien* [bjẽŋ].

Anredeformen – Voseo- und Tuteo-Zonen: Lässt sich der Yeísmo als zentrales lautliches Differenzierungsmerkmal der verschiedenen Varietäten ansehen, so kommt diese Funktion im morphosyntaktischen Bereich den Anredeformen zu. Im Spanischen Lateinamerikas lassen sich **Voseo-Zonen** von **Tuteo-Zonen** bzw. auch Zonen mit einer komplexen Gemengelage voneinander abgrenzen. Die Verwendung des Pronomens *tú* für die

Abb. 7: Die
Verbreitung von
Yeísmo und Voseo
in Lateinamerika
(aus Lapesa 2008:
491)

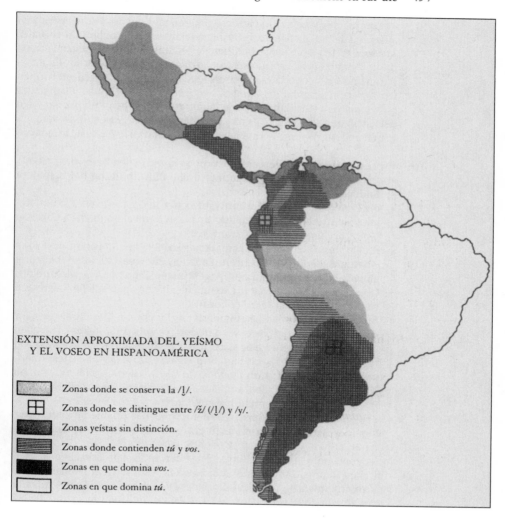

EXTENSIÓN APROXIMADA DEL YEÍSMO
Y EL VOSEO EN HISPANOAMÉRICA

Zonas donde se conserva la /ļ/.

Zonas donde se distingue entre /ž/ (/ļ/) y /y/.

Zonas yeístas sin distinción.

Zonas donde contienden *tú* y *vos*.

Zonas en que domina *vos*.

Zonas en que domina *tú*.

vertraute Anrede ist kennzeichnend für den Antillenraum, den Großteil Mexikos, die karibischen Küstengebiete Kolumbiens, Venezuelas und Perus. Der Voseo als Pronomen der vertrauten Anrede ist hingegen typisch für Argentinien, Uruguay, Paraguay und Mittelamerika. Allerdings finden sich auch Einsprengsel von Voseo-Zonen in dominanten Tuteo-Gebieten, so in Chiapas (Mexico), den westlichen Andengebieten Venezuelas und in Teilen Perus. Am konsequentesten tritt der Voseo in Argentinien auf, wo er auch der schriftsprachlichen Norm angehört. In Ländern wie Uruguay und Chile hingegen ist der Voseo substandardsprachlich markiert. Im Hochland von Kolumbien und Venezuela, aber teilweise auch in Panama und Costa Rica wird das Pronomen *usted* als vertraute Anredeform verwendet, eine Erscheinung, die man als **Ustedeo** bezeichnet.

Formen des Voseo: Eine weitere Untergliederung des Voseo ergibt sich aufgrund der möglichen Realisierungsvarianten: Als **pronominal-verbaler Voseo**, d.h. *vos* + die nicht-diphthongierten und endungsbetonten Formen der 2. Person Plural (*vos hablás, vos tenés, vos salís*), wie er im La Plata-Raum und Mittelamerika auftritt; als rein **pronominaler Voseo** mit Formen der 2. Person Singular (*vos hablas, vos tienes, vos sales*) in den Städten des bolivianischen Hochlandes sowie in der argentinischen Provinz Santiago del Estero und schließlich als rein **verbaler Voseo** (*tú* + nicht-diphthongierte und endungsbetonte Formen der 2. Person Plural: *tu hablás*) Uruguays.

Weitere regionale Merkmale im morphosyntaktischen Bereich:

- Die für den karibischen Raum typische **Pluralbildung bei betontem Endvokal** (*un café, dos cafése(s)*).
- die Präferenz für das **Diminutivsuffix -ico** in Costa Rica, Kuba und Kolumbien in Abgrenzung zu dem ansonsten in Lateinamerika üblichen -*ito* (z.B. *chiquitico, gatico, ahoritica*).
- Im Gegensatz zu dem in Lateinamerika üblichen Loísmo findet man einen ausgeprägten **Leísmo** in Ecuador, Paraguay und den Andenregionen Boliviens, Perus und Argentiniens. Dort wird *le* als direktes Objektpronomen sowohl für weibliche als auch männliche Referenten verwendet (*le veo* (*a Juan/a María*)).
- In den meisten Teilen Lateinamerikas gibt es eine klare Präferenz für das **Indefinido**, und zwar auch in den typischen Kontexten, in denen sich im europäischen Spanisch das Pasado Compuesto etabliert hat (vgl. europäisches Spanisch: *María todavía no ha llegado*, lateinamerikanisches Spanisch: *María todavía no llegó*). Allerdings übernimmt im Andenraum das Pasado Compuesto die Funktion des Indefinido, etwa in einem eindeutigen präteritalen Kontext wie *lo he encontrado ayer*.
- Schließlich ist für das Spanische der Karibik **das Ausbleiben der Inversion des Personalpronomens** in Fragesatzkonstruktionen kennzeichnend, z.B. in ¿*Qué tú quieres?* oder ¿*Cómo tú estás?*

Amerikanismen: Aus dem Kontakt mit den indigenen Sprachen des karibischen Raums, Mittel- und Südamerikas resultiert ein reicher Schatz von Amerikanismen. Die 22. Auflage des *Diccionario de la Real Academia Española* von 2001 verzeichnet 12.171 Amerikanismen mit rund 28.337

Bedeutungen. Eine besondere Rolle für die Entlehnung von Wortschatzeinheiten in die spanische Sprache spielen die indigenen Sprachen des karibischen Raums sowie Mittel- und Südamerikas.

12.5.3 | Indigene Sprachen

Von der großen Anzahl indigener Sprachen in Mittel- und Südamerika sollen im Folgenden nur die sprecherreichsten und für den Sprachkontakt mit dem Spanischen relevantesten, nach Großräumen getrennt, behandelt werden.

Karibischer Raum

- **Das Taino** (*taíno*) wurde von der gleichnamigen Ethnie (*los taínos*) auf den Großen Antillen (Kuba, Jamaika, Bahamas, Hispaniola) gesprochen: Es handelt sich um die erste indigene Sprache, mit der die spanischen Eroberer in Kontakt kamen. Sie erlosch mit dem Verschwinden (durch Dezimierung und/oder ethnische Assimilation) ihrer Sprecher zu Beginn des 16. Jh.s. Aus dem Taino wurden Lexeme wie *batata*, *cacique*, *caimán*, *huracán*, *loro* und *tiburón* entlehnt.
- **Das Inselkaribische** (*caribe*), das wie das Taino zur **arawakischen Sprachfamilie** gehört, wurde auf den Kleinen Antillen gesprochen, gelangte allerdings auf das amerikanische Festland, wo es heute noch in einigen Teilen Mittelamerikas gesprochen wird (sog. **Black Carib** bzw. **Garifuna**).

Abb. 8: Die wichtigsten indigenen Sprachen Lateinamerikas (aus Hualde 2010: 322)

Mittelamerika

- **Das Nahuatl** (*nahua, náhuatl*) gehört zu den **uto-aztekischen Sprachen** und wird von mehr als 1,2 Mio. Sprechern in Mexiko und El Salvador gesprochen. Es war eine der *lenguas generales*, die zu Missionierungszwecken verwendet wurde und sich deshalb bis nach Costa Rica ausbreitete. Bekannte lexikalische Entlehnungen aus dem Nahuatl sind *cacahuete, cacao, chicle, chocolate, tomate* und das Suffix *-eco* (*guatemalteco*).
- **Maya-Sprachen** werden von ca. 6 Mio. Menschen in den mexikani-

schen Provinzen Chiapas, Tabasco und Yucatán sowie in Guatemala, Honduras und Belize gesprochen. Beispiele für lexikalische Entlehnungen aus diesen Sprachen sind *cigarro* und *cenote*.

- Chibcha ist eine von ca. 400.000 Menschen gesprochene indigene Sprache mit Sprechern in Costa Rica, Panama, Kolumbien und Ecuador.

Südamerika

- **Das Quechua:** die einstige Sprache des Inka-Reiches hat heute ca. 9 Mio. Sprecher und wird im Andenraum Südamerikas (in Ecuador, Peru, Bolivien, Chile und im Nordwesten Argentiniens) gesprochen. Als eine *lengua general* der Mission verbreitete sich das Quechua auf Kosten des Aimara und anderer indigener Sprachen im bolivianischen Hinterland und im Nordwesten Argentiniens. In Peru besitzt es den Status einer **kooffiziellen Sprache**. Das Spanische hat Wörter wie *chacra, coca, pampa* und *cóndor* aus dem Quechua entlehnt.
- **Das Aimara** wird von ca. 2,2 Mio. Sprechern in einem Gebiet gesprochen, das vom Süden Perus über den bolivianischen Altiplano bis in den Norden Chiles und den Nordwesten Argentiniens reicht. In den Regionen westlich und nordwestlich des Titicaca-Sees überschneiden sich die Sprachgebiete des Aimara und des Quechua. Das Aimara, dessen Kerngebiet im Nordwesten Boliviens liegt, hat den verfassungsmäßigen Rang einer kooffiziellen Sprache. Beispiele für Entlehnungen sind *alpaca* und *llama*.
- **Das Mapuche/Mapudungun:** Die Sprache des indigenen Volkes der Mapuche, das Mapudungun, wird von weniger als 600.000 Sprechern heute noch gesprochen. Die Mapuche wurden ursprünglich als Araukaner bezeichnet, ihre Sprache als **Araukanisch** (*araucano*). Entlehnungen aus dem Mapuche sind die Lexeme *poncho* und *malón*.
- **Das Guaraní** gehört zu den **Tupí-Guaraní-Sprachen**, der wichtigsten Untergruppe der Tupí-Sprachen. Das Guaraní, das ebenfalls als eine *lengua general* der Missionierung fungierte, wird von ca. 5 Mio. Sprechern gesprochen, und zwar im südwestlichen Brasilien (an der Küste unterhalb des Bundesstaates São Paulo sowie im Landesinneren), im nordöstlichen Argentinien (Misiones, Corrientes), in Teilen Boliviens sowie in Paraguay, wo es in der Verfassung von 1992 den Status einer **zweiten Amtssprache** erhalten hat. In Paraguay herrscht insofern eine besondere Situation vor, als hier weit über 90% der Einwohner das Guaraní beherrschen und in den ländlichen Gegenden über 50% der Sprecher einsprachig sind. Beispiele für lexikalische Entlehnungen sind *ananá(s), jaguar, mandioca, ñandú, tapioca* und *tucán* (um nur einige zu nennen).

12.6 | Sprachkontakt in Lateinamerika

Noch grundlegender als der Sprachkontakt zwischen den verschiedenen Varietäten des Spanischen der iberischen Halbinsel, der zur Herausbildung einer Koiné in der Frühphase der Besiedlung Lateinamerikas führte und damit die Voraussetzung für die Entstehung eines lateinamerikanischen Spanisch schuf, hat der intensive Sprachkontakt zwischen dem Spanischen und einigen der genannten indigenen Sprachen die sprachliche Physiognomie Lateinamerikas geprägt.

In diesen Regionen spielt Zweisprachigkeit (**Bilinguismus**) eine wichtige Rolle und führt zu einer typischen **Diglossie-Situation**, in der das Spanische als Prestigevarietät (*high variety*) und die jeweilige indigene Sprache als die dem Nähebereich vorbehaltene und dementsprechend niedriger eingestufte *low variety* fungieren. Der Sprachkontakt ist vor allem aber für die Herausbildung der spezifischen Charakteristika des jeweiligen regionalen Spanisch verantwortlich und trägt wesentlich zur diatopischen, aber auch diastratischen Differenzierung des Sprachraums Lateinamerika bei.

Transferenz: Der Einfluss der indigenen Sprachen manifestiert sich in verschiedenen Formen der Übernahme von sprachlichen Elementen (Transferenz), die jeweils unterschiedliche Ebenen des Sprachsystems betreffen. So lassen sich unterscheiden:

Abb. 9: Sprachkontakte des Spanischen mit indigenen Sprachen in Lateinamerika (aus Hualde 2010: 428)

- die **Entlehnung von Lexemen** – als oberflächlichste Form der Übernahme -, z.B. der aus dem Nahuatl stammenden Wörter *tomate* und *chocolate* ins Spanische;
- die **Übernahme einzelner Funktionswörter** wie die Affirmativpartikel *voi* aus dem Quechua in der Bedeutung von *pues* bzw. *luego*: *La niña no comía más casi dos días voi;*
- die **Übernahme lautlicher Merkmale**, so der typische Glottisschlag am Silbenanfang im Spanischen der Halbinsel Yucatán: [mi²ixo] [no²saße];
- die **Integration von Wortbildungselementen** (Derivationsmorphemen) in die Sprache: Beispiel: Übernahme des Guaraní-Diminutivsuffixes ins Spanische Paraguays: *Joseí* (= *Joselito*);
- die **Übernahme syntaktischer Regeln**, z.B. die Übernahme der im Quechua üblichen OV-Stellung im Andenspanisch: *Pan voy comprar* (dir. Objekt-Verb mit pro);

- eine noch tiefgreifendere Beeinflussung ergäbe sich bei einer **Übernahme von Elementen der Flexionsmorphologie;**

Besonders drei Sprachkontaktsituationen sind für die Sprachlandschaft Lateinamerikas von besonderer Bedeutung:

Der Kontakt der Maya-Sprachen mit dem Spanischen

Sehr markante Züge weist das Spanische auf der Halbinsel Yucatán auf: Hier fällt besonders die **Glottisierung** oder **Aspirierung stimmloser Verschlusslaute**, etwa bei *quiero* [k', kʰ], *tanto* [t', tʰ], *pagar* [p', pʰ] auf, was Lapesa zu der folgenden sehr anschaulichen Beschreibung des Höreindrucks vom Spanischen der Maya-Sprecher veranlasst hat:

»al oír el español de los mayas, se recibe con frecuencia la impresión de estar oyendo hablar en castellano a un comerciante alemán, especialmente en palabras como ppak'er (= pagar), khiero (= quiero), tthanto (= tanto)« (Lapesa 1981, § 127, 551)

Eine weitere Besonderheit des spanischen Yucatáns ist die Realisierung der **stimmhaften Verschlusslaute** b, d, g in intervokalischer Stellung: Werden diese üblicherweise frikativ realisiert (als [δ], [β], [γ]), so behalten sie im Spanischen Yucatáns ihre **okklusive Realisierung** bei. Dies ist ein schönes Beispiel für die Wirkung des Sprachkontakts bzw. der vorherrschenden Zweisprachigkeit. Das Maya wirkt hier nämlich nicht direkt – es besitzt weder okklusive noch spirantisierte Varianten –, sondern lediglich indirekt. Da die Sprecher die Laute nicht kennen, nehmen sie die lautliche Differenz zwischen der okklusiven und der frikativen Realisierung perzeptuell nicht wahr, sondern generalisieren die okklusive Variante für alle lautlichen Umgebungen. Vermittelt über die Kontaktsprache Maya wird das spanische Lautsystem durch die Aufgabe einer kontextuell bestimmten Variante bzw. eines Allophons vereinfacht, d.h. der Spracherwerbsprozess ist gewissermaßen ›unvollständig‹ (*imperfect learning*). Durch den Sprachkontakt wird nicht einfach ein Merkmal der anderen Sprache (hier des Maya) übernommen, sondern der Aneignungsprozess der Zweitsprache (hier des Spanischen) kann durch Merkmale der Erstsprache ›gefiltert‹ werden. Die Erstsprache wirkt also nur mittelbar und führt zu einem unvollständigen Erwerb der Zweitsprache. Im Lauf der Zeit übernehmen schließlich auch einsprachige Spanischsprecher dieses neue Merkmal (vgl. Thomason 2001).

Weitere typische Eigenschaften des Spanischen Yucatáns sind die **pleonastische Verwendung des Klitikums *lo*** (*lo arreglé la casita*) sowie die **redundante Verwendung des Possessivpronomens**: *te cortaste tu dedo.*

Das Spanische der Andenregion (von Ecuador, Peru, Bolivien)

Aufgrund seiner Verbreitung und seiner großen Sprecherzahl hat vor allem das Quechua das Spanische der Andenregion geprägt. Auf den Einfluss des Quechua gehen unter anderem die folgenden Merkmale des Andenspanischen zurückgeführt:

1. **Phonetisch-phonologische Merkmale:** Die **Reduktion des Vokalsystems** aufgrund der Neutralisierung der – in den andinen Sprachen inexis-

tenten – Vokaloppositionen /i/:/e/ und /u/:/o/; der multiple Vibrant /rr/ wird stets **frikativ** realisiert.

2. Morphosyntax: Oftmals fehlt die **Kongruenz** zwischen dem Nomen und dem Adjektiv sowie zwischen dem Nomen und dem Verb. Üblich ist die **redundante Verwendung des Klitikums**, das zusammen mit dem nominalen Objekt auftritt. Stark substandardsprachlich ist dabei die Reduktion des Systems der Klitika auf das **invariable *lo*** (Peru und Bolivien) bzw. *le* (in Ecuador):

(1) Peru: Lo veo mi poncho.
     Se lo llevó una caja.
     A María nosotros lo adoramos.

(2) Bolivien: Cerralo la puerta.

(3) Ecuador: Le veo el carro.

Das invariable Pronomen *lo* bzw. *le* wird als das Resultat einer Reanalyse des spanischen **Akkusativ-Klitikums** *lo* interpretiert: Im Quechua existiert nämlich eine enklitische Partikel *-ta*, die dem direkten Objektnomen angefügt wird, um seine syntaktische Funktion zu markieren. Die Quechua-Sprecher haben offenbar das Klitikum *lo* in dem frequenten umgangssprachlichen Satzmuster der Linksversetzung – z. B. in *la casa lo tengo* – in analoger Weise als **Akkusativmarker** analysiert.

Das **Plusquamperfekt** wird nicht in temporaler, sondern modaler, genauer **evidentieller** Funktion verwendet und markiert eine Aussage als Information aus dritter Hand, d. h. als eine Information, deren Urheber eine anonyme Fremdquelle ist. Die Opposition *habías llegado/llegaste* kontrastiert vermittelte Fremdevidenz (*me han dicho que*) und direkte, d. h. visuell vermittelte Evidenz (*yo te vi llegar*).

3. Syntax: Auch bestimmte Stellungsmuster gehen auf das Quechua zurück: die schon weiter oben erwähnte **Komplement-Verb-Anordnung** (*casa tengo*), die charakteristische **Possessivkonstruktion** *de Juan su mamá, del perro su rabo*. Stark substandardsprachlich markiert ist die Verwendung der Quechua-Partikel *y* als **Fragemarker** (Kennzeichnung der interrogativen Satzmodalität): *¿Te acuerdas y?*

4. Lexik: Der häufige **Diminutivgebrauch** wird mit dem frequenten **Ehrenmarker** des Quechua in Verbindung gebracht. Das Diminutiv ist unter anderem auch üblich bei Numeralen (*cincuentita*), Demonstrativa (*estito*), Adverbien (*nomasito*) und beim Gerundium (*corriendito*). Bisweilen wird das spanische Diminutiv mit dem Diminutivsuffix des Quechua *-y* kombiniert, so in *hermanitay, corazoncitoy*.

Der Sprachkontakt des Spanischen mit dem Guaraní und weitere Sprachkontaktsituationen

Auch der Sprachkontakt des Spanischen mit dem Guaraní hat das Spanische der zweisprachigen Sprecher in charakteristischer Weise beeinflusst und schlägt sich in den folgenden Merkmalen nieder:

1. **Phonetisch-phonologische Merkmale:**
- **Glottalstops** zwischen Wörtern
- die Realisierung der stimmhaften Obstruenten /b/, /d/, /g/ mit vorangehendem Nasal [ᵐb], [ⁿd], [ⁿg] am Wortanfang

2. **Morphosyntaktische Merkmale:**
- Verbindung von **Determinant** und **Possessivpronomen**: *un mi amigo, ese mi hijo, otro mi hermano*
- die Wendung ***todo (ya)*** zum Ausdruck der Abgeschlossenheit: *Ya trabajé todo ya. Mañana compraré todo para tu ropa (acabaré de comprar)*
- **Klitikdoppelung** (*desdoblamiento de los clíticos de complemento directo*): *Les visité a mis tías, le quiero a mi hija.*
- Redundanter Gebrauch des Possessivpronomens: *su casa de Juan, mi casa de mí*
- Tilgung des direkten Objektpronomens: *¿Viste mi reloj? No, no [Ø] vi*
- **Doppelte Negation** als Verstärkung: *Nada no te dije. Nadie no vino*
- **Subjuntivo im Hintersatz** (der **Apodosis**) von Bedingungssätzen: *Si tuviera plata, comprara esa casa.*

Einige weitere Sprachkontaktsituationen in Lateinamerika sollen nur kurz genannt werden:
- In den Grenzgebieten Uruguays und Paraguays zu Brasilien ist durch den Kontakt zum brasilianischen Portugiesisch eine Übergangsvarietät, das **Fronterizo** (auch **Portuñol** genannt), entstanden, die z.B. die eigentlich im Spanischen inexistenten Phoneme /v/ und /z/ kennt (vgl. Elizaincín 1992, 2004).
- Das **Cocoliche** ist ebenfalls eine Übergangsvarietät (*modalidad lingüística de transición*), die vor allem von der ersten Generation italienischer Einwanderer gesprochen wurde. Dieses italienisch-spanische Hybrid umfasst den gesamten Ausprägungsbereich zwischen den italienischen Dialekten mit einigen spanischen Elementen als dem einen und dem Spanischen von Buenos Aires mit italienischen Restelementen als dem anderen Pol.
- Erwähnenswert ist auch eine weitere interessante Sprachkontaktsituation, die im östlichen Teil Kubas vorherrscht: Dort übernehmen die als Arbeitsmigranten in Kuba lebenden Haitianer, deren Muttersprache das Französisch basierte **Kréyòl** ist, in unterschiedlichem Grade Elemente des Spanischen.

12.7 | Das Spanische in den USA

In den letzten Jahren hat das Spanische in den USA zunehmend die Aufmerksamkeit der Forschung auf sich gezogen. Das erklärt sich leicht aus dem Umstand, dass nach den Erhebungen des *U.S. Census Bureaus* aus dem Jahr 2010 rund 50,5 Mio. der US-amerikanischen Bevölkerung, das sind ca. 16%, zu den sog. **Hispanics** gehören (vgl. *http://www.census.gov/prod/*

cen2010/briefs/c2010br-04.pdf). Für ca. 37 Mio. US-Amerikaner über 4 Jahre ist das Spanische (erste) Muttersprache, die zu Hause im familiären Umfeld gesprochen wird (vgl. *http://factfinder2.census.gov/faces/tableservices/ jsf/pages/productview.xhtml?pid=ACS_10_1YR_S1601&prodType=table*).

Die meisten Hispanics stammen nach dem US-Census von 2010 aus Mexiko (31, 8 Mio.), Puerto Rico (4,6 Mio.) und Cuba (1,8 Mio.) und leben überwiegend im Westen (41%) und Süden (36%) der USA, und zwar in den Bundesstaaten California, Texas und Florida. Daneben gibt es bedeutende *communities* in New York, Illinois und Arizona. Die hohe Zahl der Latinos in den USA erklärt sich in erster Linie anhand der **Einwanderungswellen** des 20. Jh.s, allerdings geht die Präsenz des Spanischen bis auf das 16. Jh. (beginnend mit der Entdeckung Floridas durch Ponce de León, 1513) zurück. Die südlichsten Bundesstaaten der USA gehörten im 19. Jh. zunächst zu Mexiko, das 1821 unabhängig geworden war. Mexiko verlor erst Texas (durch Annexion im Jahr 1845) und – nach dem mexikanisch-amerikanischen Krieg von 1846–1848 – durch den Friedensvertrag von Guadalupe-Hidalgo Kalifornien, Arizona, Neu-Mexiko, Nevada, Utah, Colorado sowie Teile von Wyoming, Kansas und Oklahoma an die USA. Puerto Rico, das die Spanier nach dem verlorenen spanisch-amerikanischen Krieg (1898) an die USA abtreten mussten, wurde zunächst amerikanische Kolonie und ist seit 1952 assoziierter Bundesstaat (offizielle Bezeichnung: *Commonwealth of Puerto Rico*). Somit gibt es eine **ungebrochene Kontinuität des Spanischen** in den Vereinigten Staaten.

Heute erscheinen in den USA ca. 600 spanischsprachige Zeitungen (vgl. Gómez Font 2008: 474 ff. in der *Enciclopedia del español en los Estados Unidos*), von denen die bedeutendsten *La Opinión*, *El Nuevo Herald*, *La Prensa*, *La Raza* und *Hoy* sind. Auch gibt es eine große Anzahl von Radiostationen und Fernsehsendern, von denen vor allem *Univisión*, *Telemundo*, *Mega TV* (Miami) und *DIRECTV* den spanischsprachigen Sendemarkt beherrschen (vgl. Connor 2009; Miranda/Medina 2009).

Die sprachpolitische Situation

Das Spanische ist als die nach dem Englischen am häufigsten gesprochene Sprache in den Städten und Gemeinden mit einem deutlichen Anteil an *Hispanics* sehr präsent und wird von einer sehr sprachloyalen Gemeinschaft getragen, die ihre Muttersprache zu einem hohen Prozentsatz den nachgeborenen Generationen weitergibt. Sprachpolitisch ist die Situation hingegen uneinheitlich und teilweise widersprüchlich: Auf Bundesebene besitzt das Englisch zumindest de jure keinen offiziellen Status (die amerikanische Verfassung äußert sich zur Fragen einer offiziellen Sprache nicht). Versuche der seit Anfang der 1980er Jahre massiv in der Öffentlichkeit für eine anglophone Einsprachigkeit auftretende **English Only-Bewegung,** das Englische auf Bundesebene durch ein Verfassungsamendment als offizielle Sprache der USA festzuschreiben, scheiterten bislang immer an den erforderlichen Mehrheiten. Allerdings hat mittlerweile mehr als die Hälfte der Bundesstaaten durch eigene Gesetzgebung das Englische als offizielle Sprache in ihren jeweiligen Verfassungen verankert (etwa California und Florida, nicht aber Texas und New York). Gegenläufige Tendenzen und Entwicklungen sind im Bereich der sprachpolitischen Maßnahmen zu verzeichnen: Ein Bundesgesetz von 1968, der **Bilingual Education Act**, sorgte unter anderem für eine Bereitstellung von finanziellen Mitteln für eine bilinguale Ausbildung. Allerdings wurde diese Politik weitgehend durch das 2001 vom US-Kongress verabschiedete Gesetz **No Child Left Behind** annulliert. Die Entscheidung des *Supreme Court* in dem Prozess Lau gegen Nichols bedeutete hingegen eine Stärkung der bilingualen Erziehung.

Dennoch wird der großen Bedeutung des Spanischen im öffentlichen Leben von vielen Seiten auch Rechnung getragen: Die **English Plus-Bewegung** setzt sich vehement für eine kompetente Zweisprachigkeit von Migranten (Englisch + Förderung der Muttersprache) ein, amerikanische Universitäten entwickeln »**programas de lengua de herencia**« für ihre hispanophonen Studierenden, seit Bill Clinton werden die Ansprachen des Präsidenten ins Spanische übersetzt, in der Wahlwerbung und sogar im Kampf ums Weiße Haus hat die spanische Sprache in den USA heute ihren festen Platz (vgl. de la Cuesta 2009).

In sprachlicher Hinsicht ist das Spanische in den USA unter mehreren Gesichtspunkten interessant:

Merkmale des US-amerikanischen Spanisch

Das Spanische der einzelnen hispanophonen Immigrantengruppen weist jeweils spezifische Züge auf, die erwartungsgemäß stark mit den Merkmalen des Spanischen in den Herkunftsregionen korrelieren, teilweise aber auch **idiosynkratischen** Charakter besitzen:

- **Die kubanische Gemeinschaft** (v.a. in Miami) aspiriert – wie im karibischen Raum üblich – das implosive /s/ und neutralisiert oftmals die Phoneme /r/ und /l/.
- **Die mexikanischen Immigranten** bewahren hingegen das /s/ in implosiver Stellung, zeigen aber eine Tendenz zur **Monophthongierung** von Diphthongen (*tienen > tenen, pues > pos*) sowie zur **Spirantisierung des Affrikats** /tʃ/, d.h. *mucho* wird realisiert als [muʃo]. Darüber hinaus werden das Phonem /x/ (*México* [méhiko]) sowie silbeninitiales /s/ aspiriert (*la semana* [lahemána]). Nach dem Affrikat /tʃ/ wird e zu i angehoben (*noche* [nóʃi]); *leche* [léʃi]. Im morphosyntaktischen Bereich fällt die Flexionsendung *-nos* für die 1. Person Plural im Konjunktiv Präsens auf (*vayamos > váyanos, compremos > cómprenos*), die auf andere Tempusformen ausgeweitet wurde (vgl. die Imperfektformen: *íbanos, estábanos, comeríanos*). Ebenfalls analogisch ist die Übertragung des Diphthongs der stammbetonten Formen des Präsens auf die 1. Person Plural (*piensamos, cuentamos*). Charakteristisch sind zudem die Anfügung eines -n in Imperativen der 1. Person Plural (*dénmelo > démenlo, véngase > véngasen*), die Verwendung von *ir* + Partizip als Plusquamperfekt (*había comido > iba comido*), die Ausweitung von *qué*

in Fragen (*¿Qué te llamas? ¿qué es tu dirección?*), die Verwendung der Vergangenheitstempora im Einklang mit der **Aktionsart** des Verbs, also das Imperfekt mit Zustandsverben (*vivía, estaba*) und das Indefinido für Aktivitätsverben (*puso, escribió, salió*).

- **Das Spanische der Puertoricaner** weist seinerseits typische Eigenschaften des karibischen Spanisch auf wie z. B. die Aspiration oder den Ausfall von /s/ in implosiver Stellung [mi⁽ʰ⁾mo], die Velarisierung des Nasalkonsonanten /n/ [paŋ] und die velare Realisierung des multiplen Vibranten r (*carro* [káʁo]).

Neben diesen besonderen Merkmalen des Spanischen der hispanophonen Immigrantengemeinschaften, die deutlich die Herkunftsregionen erkennen lassen, ergeben sich aber auch interessante linguistische Entwicklungen aus dem Kontakt der unterschiedlichen Varietäten des Spanischen an verschiedenen Orten der USA: Beispielsweise begegnen sich in Los Ángeles und Houston Sprecher des mexikanischen Spanisch und der Varietäten Mittelamerikas, was zur Konkurrenz von Merkmalen (z. B. *tu* vs. *vos*, Aspiration oder Nichtaspiration von /s/ in implosiver Stellung) führt (Aaron/Hernández 2007). In Chicago steht das mexikanische Spanisch in engem Kontakt zum Spanischen der Karibik, Mittelamerikas und der Andengebiete (Escobar 2010: 471 f. mit weiterführender Literatur). Der Kontakt der verschiedenen Varietäten des Spanischen in den USA führt zu ähnlichen Tendenzen wie denjenigen, die wir schon im Zusammenhang mit der Herausbildung des Spanischen in Lateinamerika unter den Bedingungen der Kolonisierung beschrieben haben, nämlich zur sprachlichen Annäherung (**Konvergenz**), zur Nivellierung durch den Abbau besonders markierter Merkmale und möglicherweise gar zur Herausbildung einer sprachlichen Koiné (**Koineisierung**).

12.7.1 | Transferenzen aus dem Englischen

Ein weiterer grundlegender Aspekt des Spanischen in den USA ist die Herausbildung ganz spezifischer Merkmale, die als direkte Folge aus dem Sprachkontakt zwischen dem Spanischen und dem amerikanischen Englisch resultieren. Dabei handelt es sich um Übernahmen (**Transferenzen**) auf der lautlichen, grammatischen und lexikalischen Ebene aus dem Englischen, die dem Spanischen in den USA eine ganz eigene Prägung geben.

1. Lexikalische Übernahmen: Besonders charakteristische Entlehnungen (*préstamos léxicos*) aus dem Englischen sind *troca* (< *truck* ›camión‹), *parquear* (< *park* ›estacionar‹), *rumi* (< *roomie, roommate* ›compañero de casa‹), *interbiú* (›entrevista‹), *hobby* (›pasatiempo‹), *cash* (›efectivo‹). Die Entlehnung kann in unterschiedlichen **Adaptationsgraden** erfolgen: Die Phonologie des Englischen kann vollständig bewahrt werden (so bei *van, date, junior, brownie* etc.), es kann eine phonologische Adaptation stattfinden (*crismes*) oder gar eine phonologische und morphologische Adaptation (*chopiar, brecas* (< *brakes* ›frenos‹)).

Formen der
Übernahme

2. Bei der semantischen Entlehnung (*préstamo semántico, calco semántico*) wird bei einem schon in der Sprache (hier dem Spanischen) existierenden Wort eine zusätzliche Bedeutung aus einer anderen Sprache (hier dem Englischen) übernommen. So gibt es im Spanischen schon das Wort (die Wortform) *aplicar* mit der Bedeutung ›anwenden‹, aber zusätzlich wird die Bedeutung ›sich bewerben‹ des verwandten englischen Verbs *to apply* ins US-Spanische übernommen (*aplicar a un trabajo*). Weitere Beispiele für eine semantische Entlehnung sind *estar embarazada* (< *to be embarrassed* ›avergonzado‹), *soportar a los hijos* (< *support*), *introducir a una persona* (< *to introduce someone*).

3. Im Falle der Lehnübersetzung (*calco*) wird die Struktur eines komplexen Wortes der anderen Sprache mit den Mitteln der Muttersprache nachgebildet. Das Verb-Nomen-Kompositum *rascacielos* gibt die englische N+N-Komposition *skyscraper* wieder, ebenso *escuela alta* (*high school*) und *dar quebrada* (*give a break*).

4. Grammatische Übernahmen (*calco gramatical/transferencia de patrón de uso*) werden von den Sprechern häufig weniger bemerkt, sind aber um so bedeutsamer, als sie die Struktur des Sprachsystems tiefgreifender beeinflussen bzw. verändern als lexikalische Übernahmen.

Besonders auffällig im Spanischen der USA ist die deutliche Ausweitung des Gebrauchs und der Funktionen des Gerundiums. Dies zeigt sich an der starken Präsenz der Konstruktion *estar* + Gerundium im Präsens (*estoy oyendo*), die ihre Entsprechung in der häufigen Verwendung der Verlaufsform im Englischen hat (*I am listening*). Das Gerundium tritt zudem in adjektivischer Verwendung (*las compañeras enseñando español*) sowie anstelle des Infinitivs in nominaler Funktion auf (*lo que hace es comparando precios*).

Die deutliche Ausweitung der periphrastischen Passivkonstruktion mit *ser* (*mis padres fueron muy queridos*) auf Kosten konkurrierender Konstruktionen (z. B. des *se pasivo*) erklärt sich aus dem zentralen Stellenwert dieser Passivkonstruktion im englischen Sprachsystem (*my parents were very much appreciated by their neighbourhood*).

Auch die Auslassung des Komplementierers *que* (*Yo creo Ø inventaron el nombre. Te ruego Ø me lo envíes pronto*) geht auf entsprechende Tilgungsmöglichkeiten im Englischen zurück (vgl. *I believe they like us*). Dies gilt ebenfalls für finale Konstruktionen des Typs *para* + Subjektpronomen + Infinitiv (im Englischen: *for me to do*): *No hay tiempo para yo poder comprar algo*.

Ein weiteres Beispiel für grammatische Transferenz ist die redundante Verwendung des Subjektpronomens wie in dem Beispielsatz *mañana nosotros vamos a visitarte*, die auf die obligatorische Setzung des Subjektpronomens im Englischen, das im Gegensatz zum Spanischen über keine reiche Verbalmorphologie verfügt, zurückgeht (span. *vamos* vs. engl. *we go*).

Schließlich geht auch der Abbau der Subjuntivo-Verwendung auf das Englische zurück, das (abgesehen von archaischen Überresten im amerikanischen Englisch) über keinen Konjunktiv mehr verfügt (*me habló como si pasó nada*, vgl. *as if nothing happened*).

Auch auf die Diskursgestaltung hat sich der Sprachkontakt mit dem Englischen ausgewirkt: Auffällig ist die regelmäßige Verwendung von *ahora* als diskursverknüpfendes Element (wohl in Analogie zu *yet*). Schließlich verwenden hispanophone Sprecher auch englische Diskursmarker in spanischen Texten wie *and, so, y'know* (vgl. Torres 2003). Dieses Phänomen leitet schon zum nächsten Aspekt des englisch-spanischen Sprachkontakts über, dem **Code-switching** sowie dem **Code-mixing**.

12.7.2 | Code-switching und Code-mixing

Eine weitere grundlegende Erscheinung des Sprachkontakts ist das Hin- und Herwechseln zwischen dem Spanischen und dem Englischen in einem Diskurs, das sog. **Code-switching**. Die Sprachwissenschaftlerin Shana Poplack hat drei Arten des Code-switchings unterschieden:

1. **Die Einfügung von diskursiven Markern (*tags*, *marcadores discursivos*)** der Sprache A in einen Diskurs, der ansonsten in der Sprache B realisiert wird, z. B. die Einfügung von *you know* oder *I mean* in den spanischen Diskurs: *I mean, ella tampoco sabe como manejar las cosas.*

2. **Beim intersententiellen Code-switching** (*interoracional*), dem häufigsten Typ, findet der Wechsel von der einen in die andere Sprache jeweils satzweise und eventuell auch beim Sprecherwechsel (***turn-taking***) statt. Ein Beispiel (aus Moreno Fernández 1998: 269): *It's on the radio. A mí se me olvida la señal. I'm gonna serve you another one, right?* Ein häufig zitiertes Beispiel ist Teil des Titels eines Beitrages, der Poplacks Arbeiten zum Phänomen des Code-switchings bekannt gemacht hat: »Sometimes I'll start a sentence in English y termino en español« (Poplack 1980).

3. **Das intra-sententielle Code-switching** (*interoracional*), also Code-switching innerhalb eines Satzes, ist besonders interessant, weil es einen Einblick in die Sprachproduktionsprozesse zweisprachiger Sprecher gibt, die offenbar nach systematischen Prinzipien verfahren. Diese werden allerdings in der Forschung unterschiedlich analysiert und beschrieben. Myers-Scotton (1997) geht etwa davon aus, dass eine der beiden involvierten Sprachen als dominante **Matrixsprache** fungiert und den morphosyntaktischen Rahmen für das Code-switching (also die grammatischen Formen und die syntaktischen Regeln) vorgibt. Das lexikalische Material kann aber beiden Sprachen entstammen, wobei die andere Sprache gewissermaßen eingebettet wird (man spricht hier auch von der ***embedded language***). Ein Beispiel für intra-sent(i)elles Code-switching ist das folgende (aus Poplack 1980: 596): *But I wanted to fight her CON LOS PUÑOS, you know.*

Diskursstrategische Funktionen des Code-switching sind ebenfalls in der Forschung diskutiert worden (vgl. Gumperz 1982; Riehl 2004). Motive für ein Code-switching können demnach sein:

- **Referentieller Natur:** Dem Sprecher erscheint der ausgewählte Code geeigneter, um auf einen bestimmten Sachverhalt zu referieren bzw. ihm können aber auch einfach die Ausdrucksmittel in dem anderen Code fehlen.

Arten des Code-switching

Motive für Code-switching

- **Direktiv:** Der Code wird im Hinblick auf den Hörer ausgewählt, der besonders eindringlich angesprochen werden soll.
- **Expressiv:** Der Sprecher möchte besonders authentisch sein und seine eigene emotionale Anteilnahme ausdrücken.
- **Metakommunikativ:** Metakommentare werden in der anderen Sprache gegeben und dabei wird möglicherweise auf typische Kommunikationskontexte bzw. -konstellationen angespielt.
- **Poetisch:** Es geht dem Sprecher um die ludische Funktion der Sprache, um das Sprachspiel, den Sprachwitz.

Psycholinguistische Motive werden ebenfalls für ein Code-switching angeführt. In dem folgenden Zitat (nach Gugenberger 2007: 41), einem Kommentar von galicischen Einwanderern in Buenos Aires, geht der Sprachwechsel einher mit unterschiedlichen Identitätsrollen:

>»Porque xa tiñamos unha imaxen, porque xa tiñamos acá parientes, entonces ya nos desidimos para acá.« (Gugenberger 2007: 41)

Die Äußerung beginnt auf Galicisch – der Sprecher nimmt gewissermaßen seine Herkunftsidentität an – und wechselt ins argentinische Spanisch hinüber, als er sich zu seiner neuen, gewissermaßen ›argentinischen‹ Identität bekennt.

Code-mixing: Eine weitere Erscheinung, die aus dem Sprachkontakt resultieren kann, ist das Code-mixing, ein Phänomen, das weniger einheitlich definiert wird als das Code-switching. Beim Code-mixing mischen die Sprecher relativ willkürlich lexikalische und grammatische Elemente der beiden im Kontakt stehenden Sprachen, so dass sich nicht mehr feststellen lässt, welches nun die Sprache der Interaktion (die Matrixsprache) ist. Es entsteht also eine Art **Mischsprache**. In einem engeren Verständnis ist Code-mixing mit einer echten Verschmelzung (**Fusionlect**) von sprachlichen (vor allem auch grammatischen) Elementen der beiden Kontaktsprachen verbunden, mit einer **Hybridisierung** also, die im äußersten Fall zur Herausbildung eines neuen eigenen sprachlichen Systems führt.

Spanglish

Spanglish: Gerne wird im Zusammenhang mit Code-mixing das sog. Spanglish angeführt. Dabei handelt es sich aber – ganz ähnlich wie im Fall des Fronterizo und des Cocoliche um eine **Übergangsvarietät** bzw. genauer: um ein sprachliches Kontinuum, das von einem Spanischen mit einzelnen Anglizismen über alle nur erdenklichen Zwischenstufen zu einem Englisch mit eingestreuten Hispanismen reicht. Spanglish bezeichnet damit die ganze Bandbreite von Dynamiken der Zweisprachigkeit, die das gesamte Performanzspektrum von der Dominanz der Muttersprache Spanisch in der ersten Generation bis zur möglichen Dominanz der neuen Muttersprache Englisch in der dritten Generation umspannt.

Trotz der Vielgestaltigkeit des Phänomens ist das Spanglish aber heute als zentrales **Merkmal einer hybriden Identität** im Bewusstsein vieler Hispanics verankert und findet auch als literarisches Gestaltungsmittel seinen Niederschlag, wie die Romane von Autoren wie Junot Díaz (*The Brief Wondrous Life of Oscar Wao*, 2007) und Ernesto Quiñonez (*Bodega Dreams*, 2000) zeigen. So bringt einer der Protagonisten in *Bodega Dreams* sein Bekenntnis zu einer neuen sprachlich-kulturellen Hybrididentität fast hymnisch zum Ausdruck, wenn er feststellt:

»You know what is happening here, don't you? Don't you? What we just heard was a poem, Chino. It's a beautiful new language. Don't you see what's happening? A new language means a new race. Spanglish is the future. It's a new language being born out of the ashes of two cultures clashing with each other.« (Quiñonez: *Bodega Dreams*, 212)

12.8 | Sprachkontakt in Europa und Afrika

Auf der iberischen Halbinsel ergeben sich insbesondere in den katalanisch-, galicisch- und baskischsprachigen Regionen intensive Sprachkontaktsituationen mit dem Spanischen, zumal die Verfassung von 1978 die Grundlagen für die volle regionale Entfaltung der drei ›großen‹ Regionalsprachen geschaffen hat (s. Kap. 11.5.3). Mit ihrer Förderung und Stärkung durch verschiedene sprachpolitische Maßnahmen des Gesetzgebers (Autonomiestatute, Gesetze zur sprachlichen Normalisierung sowie Regelungen für unterschiedliche Bereiche des öffentlichen Lebens wie das Bildungswesen, die Massenmedien und die technisch-wirtschaftliche Kommunikation) etabliert sich zunehmend eine Situation echter Zweisprachigkeit in den jeweiligen *Autonomías*. Der Bilingualismus hat dabei sowohl sprachliche Auswirkungen auf das Spanische dieser zweisprachigen Regionen wie auch auf die jeweilige Regionalsprache.

12.8.1 | Das Katalanische

Verbreitung des Katalanischen: Das Katalanische ist die **bedeutendste Regionalsprache** Spaniens und wird darüber hinaus auch in angrenzenden Regionen gesprochen. Die ca. 7–9 Mio. Sprecher des Katalanischen verteilen sich auf:

- das ehemalige Fürstentum Katalonien (*Principat de Catalunya*) mit dem Zentrum Barcelona. Hier besitzt das Katalanische sein stärkstes Gewicht und fungiert als essentielles Identitätsmerkmal der Katalanen gegenüber dem spanischen Zentralstaat. Erwähnung verdient die Tatsache, dass im Val d'Arán mit dem okzitanischen (bzw. gaskognischen) Dialekt des Aranesischen wiederum eine Minderheitensprache innerhalb Kataloniens gesprochen wird.
- den Großteil des ehemaligen Königreichs Valencia. Im Westen der Region dominiert allerdings das Spanische, das Zentrum Valencia ist durch seine Zweisprachigkeit gekennzeichnet – aus politischen Gründen sind hier der Adel (am Königshof von Aragón) und später auch das gehobene Bürgertum zum Kastilischen übergegangen. Das Katalanische herrscht im Umland vor und besaß lange Zeit ein niedriges soziales Prestige. Aus sprachwissenschaftlicher Sicht unhaltbar ist die Auffassung vieler Valenzianer, bei ihrer Varietät, dem **Valenciano**, handele es sich um eine eigene, vom Katalanischen unterschiedene Sprache.

Sprachkontakt
in Europa
und Afrika

- die balearischen Inseln (Mallorca, Menorca, Cabrera) mit den Pityusen (Ibiza, Fomentera);
- den an Katalonien angrenzenden Streifen Aragóns, die sog. Franja de Ponent;
- das französische Département Pyrénées-Orientales, das sog. Roussillon mit dem Zentrum Perpignan;
- das Fürstentum Andorra, in dem das Katalanische Staatssprache ist; Verkehrssprachen sind demgegenüber das Spanische und Französische;
- die Stadt Alghero (L'Alguer) in Sardinien. Gegen Ende des 14. Jh.s siedelte der aragonesische König Pedro IV von Aragón zur Sicherung seiner Herrschaft auf Sardinien Katalanen an.

Das Katalanische, das gerne auch als »lengua-puente« (Baldinger 1972) von der Ibero- zur Galloromania charakterisiert wird, gliedert sich in zwei

Abb. 10: Die
Verbreitung des
Katalanischen (aus
Melchor/Brancha-
dell 2002: 25)

Hauptdialekte, das **Ost**- und das **Westkatalanische**. Zu ersterem gehören die Varietäten der Provinzen Barcelona, Gerona/Girona, der Balearen, des Roussillon und der Stadt Alghero. Zum Westkatalanischen zählen die Varietäten, die in Lérida/Lleida, im ›Land Valencia‹, der Franja von Aragón sowie in Andorra gesprochen werden. Die Scheidelinie zwischen dem Katalanischen und dem Kastilischen verläuft – bedingt durch die Reconquista – mitten durch die Provinz Alicante.

Zur Vertiefung

Historisches zum Katalanischen

Das Katalanische entstand im östlichen Pyrenäenraum, in der von Karl dem Großen zum Schutz gegen die Araber angelegten spanischen Mark. Im 13. Jh. begründet Jaume/Jaime I: (der Eroberer) im Zuge der Reconquista der balearischen Inseln sowie Valencias (1237) das Königreich Aragón, dessen Amtssprache das Katalanische wird. In die zweite Hälfte des 13. Jh.s fällt die Schaffensperiode des mallorquinischen Dichters und Denkers **Ramón Llull** (1235–1316), der mit seinen Werken die katalanische Literatursprache begründete.

Im 15. Jh. verlagerte sich der Schwerpunkt der katalanischen Kultur an den Königshof von Valencia. Hier wirkten die großen katalanischen Dichter **Ausiàs March** (1397–1459) und **Joan Matorell** (1410–1468). Mit der Vereinigung der beiden Kronen zum Königreich Spanien im Jahr 1476 wird das Spanische zur dominanten Sprache.

Die Entdeckung Amerikas bringt in ihrem Gefolge eine Neuorientierung des Königreiches weg vom Mittelmeer und hin zum atlantischen Raum. Mit dem Pyrenäenfrieden von 1659 geht zudem das Roussillon an Frankreich verloren. Mit der bourbonischen Zentralisierungspolitik, die ihren Ausgang bei den **Dekreten von Nueva Planta** (*Decretos de Nueva Planta*, 1707–1716) nahm, wurde das Katalanische völlig aus dem öffentlichen Raum verdrängt.

Zur Initialzündung für die **Wiederbesinnung auf die katalanische Sprache und Kultur** (die *Renaixença*) wird die Veröffentlichung der Ode an die katalanische Nation und Sprache (*La pàtria*) des Dichters **Buenaventura Carlos Arribau** (1798–1862) im Jahr 1833. 1859 werden die mittelalterlichen *Jocs Florals* (›Blumenspiele‹) in katalanischer Sprache wiederbelebt. Die Fixierung der schriftsprachlichen Norm des Katalanischen ist die herausragende Leistung einer einzelnen Persönlichkeit – des Ingenieurs **Pompeu Fabra** (1868–1948), der die maßgeblichen Werke zu Orthographie (1913), Grammatik (1918) und Lexik (1923) verfasste. Auf die Förderung des Katalanischen durch das **Autonomiestatut Kataloniens** während der 2. Republik (1932) folgte eine scharfe Repressionspolitik während der Franco-Diktatur, die allerdings in den 60er Jahren gelockert wurde.

Mit der Demokratisierung Spaniens nach 1975 und vor allem der Verfassung von 1978 sind die Voraussetzungen für eine **Normalisierungspolitik** der Regionalregierung Kataloniens (der *Generalitat*) geschaffen, die darauf gerichtet ist, den Katalanischsprechern die Verwendung ihrer Muttersprache in allen Lebensbereichen zu ermöglichen (s. Kap. 11.5.3).

Merkmale des Katalanischen und Sprachkontaktphänomene

Das Katalanische besitzt im Vergleich zum Kastilischen eine Reihe besonderer Eigenheiten im Bereich seines Lautsystems sowie seiner morphosynaktischen Struktur, die unter anderem auch Sprachkontaktphänomene motivieren. Exemplarisch sollen wenigstens einige dieser Besonderheiten im Folgenden genannt werden (vgl. Blas Arroyo 2005 sowie Boix/Payrató/ Vila 1997):

Das Lautsystem:

- Im Katalanischen besitzen die offenen und geschlossenen palatalen Vokale e und o – anders als im Spanischen – phonologischen Charakter. So bilden etwa *déu* [dew] (›Gott‹) und *deu* [dɛw] (›zehn‹) sowie *dóna* [donə] (›gibt‹) und *dona* [dɔnə] (›Dame‹) Minimalpaare.
- Das Katalanische ist eine Sprache mit Seseo, d. h. die Anlautkonsonanten in *cens* (›Zensus‹) und *sens* (›ohne‹) werden gleichermaßen als [s] realisiert; andererseits hat sich der stimmhafte Sibilant /z/ erhalten, so dass sich die Lexeme *caça* (›Jagd‹) [kasə] und *casa* (›Haus‹) [kazə] gegenüberstehen.

Über- und Unterdifferenzierung: Interessanterweise differenzieren die Sprecher, deren (erste) Muttersprache das Katalanische ist, auch die Öffnungsgrade der palatalen Vokale im Spanischen, d. h. sie artikulieren *rosa* und *cielo* als [rɔsa] bzw. [θjɛlo]. Für dieses Sprachkontaktphänomen, also die Übertragung einer in der Erstsprache bestehenden systemhaften Opposition auf die Zweitsprache, in der sie nicht existiert, hat Weinreich (1953) den Begriff der **Überdifferenzierung** (*over-differentiation*) geprägt. Typisch für Katalanischsprecher ist auch die Sonorisierung von wortauslautendem /s/ in intervokalischer Stellung (*lo[z] unos y lo[z]otros*) sowie die – für das Katalanische kennzeichnende – Velarisierung von auslautendem -l, etwa in *igual* [= ʎ].

Umgekehrt heben Spanischsprecher die Opposition der Öffnungsgrade auf, wenn sie Katalanisch sprechen, also: e/ɛ wird immer als e [set] und o/ɔ immer als o [bo] realisiert. Hier liegt nun ein Fall von **Unterdifferenzierung** (*under-differentiation*) vor, weil die Sprecher eine in der Zweitsprache bestehende systemrelevante (hier das phonologische System betreffende) Unterscheidung nicht machen, weil diese in ihrer Muttersprache nicht existiert und daher offenbar perzeptuell gar nicht wahrgenommen wird. Auch die bei Kastilischsprechern übliche Entsonorisierung von -s- [kasə] ist ein weiteres Beispiel für das Phänomen der Unterdifferenzierung.

Morphosyntax:

- Der Artikel geht in den meisten Varietäten des Katalanischen auf das lat. Demonstrativpronomen *ille* (*el*, *la/els*, *las*) zurück. Kennzeichnend hingegen für die Balearen und teilweise auch die Costa Brava ist der sog. *l'article salat*, der aus dem lat. *ipse* (*es*, *sa/ses*) hervorgegangen ist, z. B. *sa mar* anstelle von *la mar*.
- Das Katalanische besitzt ähnlich wie das Französische das **Partitivpronomen** *en* [ən], das eine Präpositionalphrase mit *de* ersetzt: *De mitjons, en tinc molts* (wörtl. ›Von Socken, davon habe ich viele‹).
- Auch im Katalanischen hat sich die differentielle Objektmarkierung herausgebildet. Obwohl es sich um ein eigenständiges Merkmal des Katalanischen handelt, wurde es auf den Einfluss des Spanischen zurückgeführt und deshalb lange Zeit vehement bekämpft (unter anderem auf dem 1. Internationalen Kongress der Katalanischen Sprache in Barcelona, 1906). Die normative Grammatik möchte den Gebrauch des präpositionalen Akkusativs auch heute möglichst weit einschränken: Er ist obligatorisch bei Pronomen (*a tu no t'havia vist*: ›DICH hatte ich nicht gesehen‹) und wird (obwohl nicht empfohlen) üblicherweise bei Personenbezeichnungen verwendet (*he trobat el (al) teu germà*: ›ich habe deinen Bruder gefunden‹) (vgl. Bossong 2008).
- Eine Besonderheit des Katalanischen ist die Ausbildung einer periphrastischen Vergangenheitsform (periphrastisches Perfekt, PP), die sich aus dem Verb *anar* (›gehen‹) und dem Infinitiv zusammensetzt: *vaig cantar* (›ich sang‹). Die historische Präteritumsform (PS) ist hingegen aus dem Sprachgebrauch gänzlich verdrängt worden.

Im Spanischen Kataloniens findet sich ebenfalls eine Reihe von morphosyntaktischen Übernahmen (Transferenzen) aus dem Katalanischen. So werden die Deiktika bzw. ein deiktisches Moment enthaltene Lexeme *aquí, este, venir, traer* auch dann verwendet, wenn auf den Ort des Hörers Bezug genommen wird. Hier kommt offenbar das nur die Nähe- vs. Fernopposition unterscheidende zweigliedrige katalanische System der Deiktika zur Geltung. Auch werden Eigennamen ebenso wie im Katalanischen mit dem Artikel verwendet (*el Manuel, la Montse* etc.) sowie vorzugsweise das synthetische Futur (*iré a Mallorca de vacaciones*).

Wortschatz: Vielfältige Entlehnungen der Katalanischsprecher aus dem Spanischen, beispielsweise Lexeme wie *de repent* (*de repente*), *nada menos, alfombra, novio, xupar, allucinar,* aber auch Konnektoren – *hasta, pero, pues, doncs* (folglich in kausaler Bedeutung) – und Diskursmarker wie *bueno, pues, vale* (vgl. Sinner 2004).

12.8.2 | Das Galicische

Das Galicische (teilweise auch als **Galegisch** bezeichnet) wird von mehr als 3 Mio. Sprechern zusammen mit dem Spanischen in den Provinzen La Coruña, Lugo, Pontevedra und Orense sowie in den angrenzenden Gebieten der Provinzen Asturias, León und Zamora gesprochen. Zudem gibt es bedeutende Sprechgemeinschaften in Lateinamerika, unter anderem in den Metropolen Buenos Aires, Montevideo und La Habana.

Zur Vertiefung

Historisches zum Galicischen

Das Portugiesische und das Galicische gehen auf den gleichen Ursprung, nämlich auf das im äußersten Nordwesten der iberischen Halbinsel in Galicien und im Norden Portugals entstandene Galicisch-Portugiesische (*gallego-portugués*) zurück. Santiago, das seit dem frühen 9. Jh. mit dem Namen des Hl. Jakobus verbunden war und Ziel einer bis heute ungebrochenen Pilgerbewegung wurde, entwickelte sich im Mittelalter zu einem der bedeutendsten geistigen und kulturellen Zentren der iberischen Halbinsel. Das Galicische erlangte im 13. und 14. Jh. den Status einer **Dichtersprache** – unter anderem verfasste Alfons X., der Weise, seine Marienlyrik (*Cantigas de Santa Maria*) auf Galicisch.

Mit der Aufteilung der Gebiete diesseits und jenseits des Minhos unter Alfons VI. nach der erfolgreichen Eroberung der Gebiete einschließlich Toledos gingen die Grafschaften Galicien und Portugal, dessen Unabhängigkeit Kastilien 1140 anerkannte, eigene politische Wege. Im 13. Jh. verlagerte sich das politische, kulturelle und sprachliche Schwergewicht nach Lissabon, ab dem 14. Jh. trennte sich die Entwicklung des Galicischen von der des Portugiesischen.

Mit der Etablierung des Kastilischen als Sprache von Recht, Verwaltung und Kirche im 15. Jh. verliert das Galicische rasch an Einfluss und Prestige, bis zur Mitte des 16. Jh.s wird es als Schriftsprache gänzlich verdrängt. Auch das Galicische erlebt im 19. Jh. zunächst durch die Romantik und ihrem Interesse am Mittelalter und den Volkssprachen sein *Rexurdimento*. Die Dichterin Rosalia de Castro (1837–1885) belebt das Galicische mit ihrem Werk *Cantares Gallegos* als **Literatursprache** wieder. Verschiedene kodifizierende Einzelwerke – das *Compendio de gramática gallego-castellana* (Francisco Mirás), das *Diccionario gallego-castellano* (Francisco Javier Rodríguez) sowie die *Gramática gallega* (Juan Antonio Saco y Arce, 1868) – leisten einen wichtigen Beitrag zur **Normierung** des Galicischen. 1905 wird die *Real Academia Gallega* in La Coruña gegründet, 1923 das *Seminario de Estudios Galegos*, das sich der Erforschung der galicischen Sprache und Kultur widmet. Das Galicische erlebt den gleichen Zyklus von Förderung und Repression in der 2. Republik (Entwurf eines Autonomiestatuts für Galicien, das durch den Militäraufstand von 1936 nicht mehr in Kraft treten kann) und während der Franco-Diktatur wie das Katalanische.

Die Rückkehr zur Demokratie nach 1975 bedeutet auch eine Normalisierung für das Galicische: Seine rechtliche Festschreibung als ko-offizielle Sprache in Galizien (Autonomiestatut von 1981), seine orthographische und morphologische Vereinheitlichung durch die gemeinsam von *Real Academia Gallega* und *Instituto da Lingua Galega* ausgearbeiteten *Normas ortográficas e morfolóxicas do idioma galego* (1982), die von der *Xunta* durch das *Decreto de Normativización de la Lengua Gallega* (Decreto 173/1982, 17.11.1982) verbindlich gemacht wird sowie die *Ley de Normalización Lingüística* von 1983, der die Übereinkunft über die Orthographie und Morphologie des Galicischen als Annex beigefügt wird. Weiterhin aktuell ist die stark ideologisch geprägte Debatte zwischen den **Reintegracionistas**, die (organisiert in der *Associaçiom Galega da Lingua*) die Nähe des Galicischen (als ›Varietät‹) zum Portugiesischen betonen und sich als Teil der lusophonen Welt verstehen und den **Autonomistas**, die im Einklang mit der offiziellen Sprachpolitik Galiciens seine Eigenständigkeit (als ›Sprache‹) betonen.

Im Folgenden werden einige zentrale Merkmale des Galicischen aufgeführt, die zum Teil auch für Sprachkontaktphänomene von Bedeutung sind (vgl. Álvarez Blanco/Monteagudo Romero 1994).

Lautliche Merkmale:

- Auch im Galicischen sind das offene und das geschlossenes e bzw. o jeweils eigene Phoneme, d. h. /e/: *tres* und /ɛ/: *ferro* sowie /o/: *bonito* und /ɔ/: *home* stehen jeweils im Kontrast zueinander.
- Das Sibilantensystem des Galicischen kennt zwar keine stimmhaften Laute mehr, verfügt aber über den Affrikat /tʃ/ (*chamar* ›heißen‹), interdentales /θ/ (*pozo* ›Brunnen‹), alveolares /s/ (*selo* ›Siegel‹, ›Briefmarke‹) sowie präpalatales /ʃ/ (*xente* ›Leute‹, *hoxe* ›heute‹).

Morphosyntax:

- Wie im europäischen Portugiesisch ist auch im Galicischen die Nachstellung des Pronomens (**Enklise**) im deklarativen Hauptsatz üblich (*incomodeime moito* ›ich habe mich sehr (daran) gestört‹).
- Auch das Galicische kennt die differentielle Objektmarkierung bei Pronomina (*¿Viches a eles?* ›Hast Du sie gesehen‹) sowie bei Eigennamen (*entendín a Uxío perfectamente* ›Ich habe Uxio vollkommen verstanden‹).
- Die Form des Präteritums (Pretérito Perfeito) nimmt – wie ihr portugiesisches Pendant – auch die Funktionen des Perfekts wahr, das nicht durch die zusammengesetzte Form (*ter*-Auxiliar + Partizip Perfekt) ausgedrückt werden kann (galicisch: *hoxe cantei* – span. *hoy he cantado*).
- Zudem fungiert die Form *cantara* ebenso wie im Portugiesischen als Plusquamperfekt (Antepretérito), drückt also eine Vorvergangenheit aus.
- Das Galicische verfügt über zwei periphrastische Konstruktionen zum Ausdruck der Zukunft: *ir* + Infinitiv (*ese tellado vai caer*: ›dieser Dachziegel wird fallen‹) und *haber (de)* + Infinitiv (*eu hei (de) ir a Cuba*: ›ich muss nach Kuba reisen‹).
- Das Galicische besitzt ebenfalls einen persönlichen Infinitiv, wie das folgende Beispiel veranschaulicht: *Son horas de marchardes* (›Es ist Zeit, dass ihr geht/zu gehen‹).

Galicischsprecher übertragen, wenn sie Kastilisch verwenden, das galicische Vokalsystem differenzierter Öffnungsgrade auf das Spanische (was wiederum ein Fall von Überdifferenzierung ist). Sie meiden zusammengesetzte Formen und verwenden insbesondere das Indefinido in Kontexten mit Gegenwartsbezug (*hoy me levanté temprano*). Zudem ist die Verwendung von -*ra* (*cantara*) in der ursprünglichen Plusquamperfektbedeutung (*cuando llegué ellos ya terminaran*) ebenso üblich wie die der Verbalperiphrase *haber de* zum Ausdruck des Futurs (z. B. *he de hacerte* (= *te haré*) *un regalo* nach dem Muster von galicisch *heiche facer un agasallo*). Schließlich fällt die Nachstellung (Enklise) des Objektpronomens in deklarativen Hauptsätzen (*dijístemelo*) auf. In diesen Kontexten übertragen die **Kastilisch-Muttersprachler** wiederum das ihnen geläufige proklitsche Stellungsmuster, wenn sie Galicisch sprechen (*te chamei* anstelle von *chameite*).

Im lexikalischen Bereich fallen im Spanischen Galiciens Übernahmen wie *cobertor* (gal. *cobertor* für span. *manta*), *colo* (gal. *colo*, span. *regazo*), *parvo* (gal. *parvo*, span. *bobo*) und *lambón* (gal. *lambón*, span. *goloso*) auf. Durch den Sprachkontakt sind aber umgekehrt auch spanische Lexeme in den galicischen Wortschatz eingegangen, so *conejo/conexo* (anstelle von *coello*) und *pareja/parexa* (statt *parella*).

12.8.3 | Das Baskische

Beim Baskischen handelt es sich um keine indo-europäische Sprache. Gesprochen wird es von ca. 0,7 Mio. Sprechern in Spanien sowie ca. 600.000 Sprechern in Frankreich. Zudem existieren baskischsprachige Gemeinschaften in Hispanoamerika. Baskischsprachige Regionen Spaniens sind der Osten der Provinz Vizcaya (ohne Bilbao), die Provinz Guipúzcoa (mit dem Zentrum San Sebastián/Donostia), die Provinz Álava sowie der Nordwesten von Navarra. In Frankreich beschränkt sich das Baskische auf den westlichen Teil des Département Pyrénées-Atlantiques. Mit dem Autonomiestatut von 1979 ist das Baskische (*euskera*) – nach einer langen Phase der harten Repression während der Franco-Diktatur – ko-offizielle Sprache im Baskenland (**Euskadi**).

Auffällig sind einige **Sprachkontaktpänomene**, wie sie bei Sprechern, für die das Baskische dominante Sprache ist, auftreten, wenn sie sich des Spanischen bedienen, z. B.:

In der Phonetik: die Verwendung des multiplen Vibranten in prä- oder postkonsonantischer Position (*parte*, *pobre*).

Im Bereich der Morpho-Syntax:

- Das direkte Objekt sowie andere Verbalkomplemente treten oftmals in präverbaler Position auf: *Cebollas enteras dice que le metían. Flores compra para su mamá.*
- Das unbelebte Objektpronomen wird ausgelassen: *¿Compraste los sobres? – Sí, compré.*
- Die Verwendung des Pronomens *le* zur Referenz auf maskuline und feminine Personen wie in dem Beispiel: *A Angélica le vi.* Dieser Leísmo für alle belebten Referenten (*leísmo animado*) ist Indiz für ein konsequent referentielles Pronominalsystem, in dem *le* die Funktion eines Belebtheits-Markers besitzt.
- Das Auftreten des Konditionals im Vordersatz (Protasis) des Bedingungssatzes: *Si yo tendría dinero, me compraría esa casa.*

Im lexikalischen Bereich ist die Verwendung von *ya* als Affirmationspartikel kennzeichnend: *Ya trajo* (= *sí que lo trajo*). Zudem werden die baskischen Suffixe *-txu* (mit diminutiver Funktion) bei Eigennamen sowie *-tarra* zum Ausdruck der Herkunft für das Spanische produktiv gemacht.

12.8.4 | Das Spanische in Afrika

Das Spanische ist neben dem Französischen Amtssprache in **Äquatorialguinea** und tritt als überregionale Verkehrssprache im Bereich von Bildung und Kultur neben die einheimischen Sprachen des Landes wie das Fang, das Muttersprache von rund 80% der Bevölkerung ist, Bube, Benga, Ndowe, Balengue, Bujeba, Bissio, Gumu, Baseke, Annobonesisch (ein Portugiesisch basiertes Kreol) und Pidginenglisch. Das Spanische des afrikanischen Landes weist Besonderheiten auf, die sich aus dem Kontakt mit den autochthonen Sprachen ergeben. Zum Beispiel realisieren Fang-Sprecher initiales i- als e- (wie in *enteligencia, envitar*) sowie die stimmhaften Verschlusslaute in finaler Position (-b, -d und -g) stimmlos (*tranquilidat, libertat, siudat*). Das Spanische Äquatorialguineas besitzt den Seseo, vereinfacht multiples r (**Trill**) zu einem einfachen r (**Flap**), kennt aber den palatalen Lateralkonsonanten /ʎ/ nicht (Yeísmo). Weitere kennzeichnende Merkmale dieser Varietät des Spanischen sind ein allgemeiner Leísmo, eine Tendenz zum Artikelverlust bei Präpositionalphrasen (*lo aprenden en escuela, pertenece a ministerio*), zudem Bedeutungsveränderungen im Bereich der Lexik: Die Konjunktion *aunque* wird als Fokuspartikel in der Bedeutung ›incluso‹ verwendet (*aunque él puede dar clase*), *libro* bezeichnet eine ›asignatura‹ (*Me he suspendido dos libros*), *molestar* bedeutet ›desconocer‹ (*esta palabra me molesta*) und *ultimar* ›concluir‹. Durch den Sprachkontakt mit den afrikanischen Sprachen sind auch eine Reihe von **Afrikanismen** in den Wortschatz eingegangen, z. B. *balele* (›cualquier baile indígena colectivo‹), *mamba* (›especie de serpiente‹) und *mininga* (›querida‹) (vgl. Quilis/Casado 1992; Lipski 1985).

12.9 | Spanisch basierte Kreolsprachen

Entstehung von Kreolsprachen: Ebenfalls auf Sprachkontakt geht die Entstehung von Kreolsprachen zurück, bei denen es sich jedoch nicht um Mischsprachen oder Hybridsprachen handelt, sondern um echte Muttersprachen von Sprechergemeinschaften. Allerdings entstehen Kreolsprachen unter ganz besonderen Bedingungen:

- In einer **multilingualen Sprachkontaktsituation**, bei der Sprecher einer dominanten (europäischen) Sprache (**Superstratsprache**) auf Sprecher typologisch nicht miteinander verwandter Sprachen treffen (sog. **aloglotte** Sprecher).
- Sie sind **im Kontext der europäischen Expansion und Kolonisierung** des außereuropäischen Raums (Afrika, Asien, amerikanischer Doppelkontinent) entstanden, wobei besonders der ökonomische Rahmen der Plantagenwirtschaft und der mit ihr verbundenen Sklaverei eine zentrale Bedeutung für die Genese von Kreolsprachen besaß: Sie markieren den Ort der Herausbildung von Kreolsprachen sowie die soziolinguistischen Entstehungsbedingungen: Die auf einer extremen Asymmetrie beruhenden sozialen und kommunikativen Beziehungen zwischen den europäischen Kolonisten und den aus Afrika verschleppten Sklaven.
- Schließlich: Sie entstehen üblicherweise **in isolierten Regionen**, die sich meist in insulärer Lage befinden.

Pidginsprachen: Kreolsprachen können sich aus einem schon existierenden **Pidgin** oder aus einem **Jargon** entwickeln. Pidginsprachen sind Sprachen, die im Kontakt zwischen Sprechergemeinschaften in einer begrenzten Anzahl von Situationen verwendet werden, d. h. in ihrem Gebrauch **funktional begrenzt** sind auf den Handel, die Verwaltung, hierarchische

Arbeitsbeziehungen und grundlegende sozio-ökonomische Interaktionen. Pidginsprachen sind also Hilfssprachen für Sprecher, deren unterschiedliche Muttersprachen gegenseitig unverständlich sind. Sie zeichnen sich durch eine stark reduzierte Lexik sowie durch ihre nur rudimentären grammatischen Strukturen aus. Allerdings ist ein Pidgin im Gegensatz zu einem Jargon (einer ad hoc entstandenen Verkehrs- bzw. Behelfssprache) stabiler und besitzt schon grundlegende Normen im Bereich von Aussprache, Lexik und Grammatik.

Zur Vertiefung

Entstehungstheorien

Über die Frage, wie Kreolsprachen genau entstehen, ist bislang keine Einigkeit erzielt worden. Während die Theorie der **Monogenese** heute kaum mehr vertreten wird, konkurrieren andere Erklärungsansätze aber weiterhin miteinander. Die Vertreter der Monogenese (v.a. Whinnom 1956) hatten behauptet, die Kreolsprachen gingen auf ein Portugiesisch basiertes Urpidgin zurück, das im 15. Jh. in Afrika (vielleicht aus der Lingua Franca des Mittelmeerraums) entstanden war, dessen Wortschatz durch Lexeme aus der jeweils vor Ort vorherrschenden europäischen Sprache ersetzt wurde (**Relexifizierung**). – Heute stehen sich Ansätze gegenüber, die
- von dem prägenden Einfluss der (afrikanischen oder asiatischen) Substratsprachen ausgehen. Diese haben vor allem grammatische Konzepte beigesteuert, die dann mit den Mitteln der jeweiligen europäischen Superstratsprache ausgedrückt wurden (›Substratisten‹ wie Taylor 1971; Alleyne 1980; Goodman 1985 und Mufwene 1986).
- die spezifischen soziologischen, sozio-linguistischen und soziokulturellen **Besonderheiten von Plantagengesellschaften** (*société de plantation*) als Voraussetzung für die Entstehung von Kreolsprachen ansehen: Solche Gesellschaften sind von einem deutlichen demographischen Übergewicht der für die Plantagenarbeit massenweise importierten afrikanischen Sklaven geprägt. Der Spracherwerb erfolgt in diesem Kontext nicht im direkten Kontakt zwischen den weißen Kolonisten und den immer wieder neu aus Afrika importierten Sklaven, sondern über eine Zwischengruppe, und zwar den in den Kolonien geborenen und vollkommen in die Kolonialgesellschaft integrierten **Kreolsklaven** (*esclavos criollos*). Diese Kreolsklaven weisen die Neuankömmlinge (*esclavos bozales*) in die ökonomische Ordnung ein und fungieren auch als sprachliches Modell für das zu erwerbende Verständigungsmittel. Da die Kreolsklaven selber schon lediglich eine **approximative Varietät** der Superstratsprache erworben haben, entsteht im Lauf der Zeit ein Kontinuum, das von dieser approximativen Varietät (**Akrolekt**) über verschiedene Zwischenstufen bis hin zu der sich ausbildenden Kreolsprache (dem **Basilekt**) reicht. Kreolsprachen bilden sich also nur innerhalb bestimmter sozio-ökonomischer Strukturen, die zudem von einem klaren demographischen Übergewicht der afrikanischen Sklaven, deren Zustrom

in der Entstehungsphase des Kreols nicht abbricht, bestimmt werden. Eine derartige Konstellation hat es in den meisten Regionen der hispanophonen Welt Lateinamerikas (etwa auf Kuba und in der Dominikanischen Republik im Gegensatz etwa zum frankophonen Haiti) nicht gegeben. Hauptvertreter dieses sozio-historischen Ansatzes ist der Kreolforscher Robert Chaudenson (1979, 1992).

- **Universalistische Theorien**, insbesondere generative, erklären die Entstehung von Kreolsprachen anhand von universellen Sprach- bzw. Spracherwerbsprinzipien. Ihrer Auffassung nach lassen sich die auffälligen strukturellen Gemeinsamkeiten zwischen den Kreolsprachen (s.u.) nicht auf die jeweiligen Superstratsprachen zurückführen, sondern beruhen auf universalen Eigenschaften von Sprachen überhaupt. Die Annahme universaler Eigenschaften kann z. B. damit begründet werden, dass Sprecher sprachunabhängig bestimmte Konzepte (wie ZUKUNFT oder VERLAUF) auf ähnliche Weise konzeptualisieren und dementsprechend auch auf analoge Weise versprachlichen. Der bedeutendste Vertreter dieser Richtung, Derek Bickerton (1984), verankert seine Hypothese eines angeborenen **Bioprogramms** in der **generativen Grammatiktheorie Chomskys** sowie deren Annahmen zum Spracherwerb. Danach gibt es ein spezifisches angeborenes Sprachvermögen, eine **Universalgrammatik**, die beim Erwerb der Muttersprache durch den sprachlichen Input aktiviert wird und den Spracherwerb auf der Basis grundlegender allgemeiner Prinzipien steuert. Bickerton zufolge sind nun die spracherwerbenden Kinder in der oben charakterisierten Sprachkontaktsituation die ›Schöpfer‹ der Kreolsprache. Der sprachliche Input, den sie von ihrer Umgebung bekommen (z. B. ein als Verkehrssprache dienendes Pidgin), ist unvollständig. Die Kinder können nun auf Grundlage der allgemeinen Prinzipien der Universalgrammatik den unvollständigen Input (bzw. das Pidgin) zu einer vollständigen Muttersprache ausbauen. Dies erklärt nach Bickerton, warum scheinbar alle Kreolsprachen bestimmte gemeinsame Merkmale aufweisen und legt zudem die Auffassung nahe, dass sich die Prinzipien der Universalgrammatik in ›reinster‹ Form in den Kreolsprachen niederschlagen bzw. nachweisen lassen.

Es gibt nur einige wenige Kreolsprachen, die auf dem Spanischen beruhen, so das **Palenquero**, das **Papiamentu** und das **Chabacano**, die wir im Folgenden jeweils kurz vorstellen wollen:

Palenquero

Das Palenquero ist die Sprache des – bis vor kurzem geographisch isolierten – afrokolumbianischen Dorfes San Basilio de Palenque (Nordkolumbien), das durch entflohene Sklaven (*negros cimarrones*) aus der Hafenstadt Cartagena de Indias gegründet wurde. Heute gibt es etwa noch ca. 2500 Sprecher des Palenquero. Die Kopräsenz des Spanischen führt allerdings zu einer zunehmenden **Dekreolisierung** des Palenquero, das jedoch auch im lokalen Spanisch seine Spuren hinterlassen hat.

Chabacano

Eine im Hinblick auf die Sprecherzahlen durchaus gewichtige Spanisch basierte Kreolsprache ist das Chabacano, das auf den Philippinen gesprochen wird. Das Chabacano geht wohl auf ein spanisches Pidgin zurück, das aus dem Kontakt des Spanischen mit einem malayo-portugiesischen Pidgin, das in Ternate verwendet wurde, im Lauf des 17. Jh.s entstand. Mit der Ansiedlung der Sprecher in der Bucht von Manila waren dann die Voraussetzungen für die Herausbildung der Varietäten des Chabacano gegeben. Es tritt in mehreren regionalen Varietäten auf:

- In der Bucht von Manila werden in Cavite das **Chabacano caviteño** (ca. 38.000 Sprecher) und in Ternate das **Chabacano ternateño** (ca. 7000 Sprecher) gesprochen.
- Die mit Abstand bedeutendste Varietät des Chabacano ist das **Chabacano zamboangueño** mit ca. 340.000 Sprechern. Es wird auf der Insel Mindanao (in Zamboanga) sowie auf der Insel von Basilan (südwestlich von Mindanao) gesprochen. Das Chabacano fungiert hier als geläufiges Kommunikationsmittel, das auch in den Medien (Radio, Fernsehen und Zeitungen) fest verankert ist. Zudem besitzt es seinen festen Platz im religiösen Leben (bei Gottesdiensten) und im Unterricht der Primarstufe.
- Das **Chabacano cotabateño** ist mit ca. 22.000 Sprechern eine weitere Varietät, die auf der Insel Mindanao, und zwar in Cobato und Umgebung sowie im südlichen Teil der Insel gesprochen wird.
- In Davao (ebenfalls auf Mindanao) existierte eine eigene Varietät (das **Chabacano davaoeño**), die allerdings durch das Zamboangueño abgelöst wurde. Zudem gab es in Davao ein Pidgin, das der Kommunikation mit chinesischen Händlern diente.
- Das **Chabacano ermitaño** wurde in Ermita, einem alten Viertel von Manila gesprochen, das jedoch am Ende des Zweiten Weltkrieges von den japanischen Besatzern zerstört wurde.

Das Papiamento

Das Papiamento wird von ca. 200.000 Sprechern auf den niederländischen Antillen, den sog. ABC-Inseln (Aruba, Bonaire, Curaçao), gesprochen und ist dort neben dem Niederländischen offizielle Sprache. Das Papiamento (›Sprache‹ > *papia*: ›sprechen‹) ist eine Kreolsprache, die sowohl spanische als auch portugiesische und – in geringerem Maße – niederländische Merkmale aufweist. Eine eindeutige Zuordnung zu einer der beiden iberoromanischen Sprachen ist allerdings nicht möglich: Zwar sind nach Kramer (1995: 246) 39% der Wortschatzeinheiten iberoromanischer Herkunft eindeutig als spanisch und 16% eindeutig als portugiesisch identifizierbar, jedoch lässt sich bei rund 45% der Lexeme keine klare Zuordnung vornehmen, da die Wörter Eigenschaften beider Sprache aufweisen (vgl. pap. *palomba*, aber span. *paloma* und ptg. *pomba*). Deshalb spricht man von einer überwiegend **Iberoromanisch basierten** Kreolsprache (mit etwa 66% des Wortschatzes), die aber von einer starken Präsenz des Niederländischen (nach Kramer rund 28%) gekennzeichnet ist (vgl. z. B. *lesa* < ndl. *lezen*, *forki* < ndl. *vorkje*, ›Gabel‹). Die Bedeutung der drei europäischen Sprachen zeigt unter anderem die (**für Kreolsprachen unübliche**) **Passivkonstruktion**, die mit dem niederländischen Lexem *wordu*, mit *ser* (je nach Varietät) oder mit *ta* (< *está*) aus dem Spanischen und Portugiesischen realisiert werden kann.

Die **Entstehung das Papiamento** ist umstritten, zumal nach der Eroberung von Curaçao durch die Niederländer im Jahr 1634 keine Spanier mehr vor Ort waren und sich – abgesehen von sephardischen Juden, die sich 1659 nach der Vertreibung aus dem Nordosten Brasiliens dort niederließen – auch keine muttersprachlichen Sprecher des Portugiesischen vor Ort befanden. Eine Erklärungshypothese geht davon aus, dass das Papiamento aus dem **Handelsportugiesischen** entstand, das die Niederländer als Verkehrssprache verwendeten und das dann auf Curaçao unter den besonderen soziolinguistischen Bedingungen zu einer echten Muttersprache der Sklaven und der weißen Herren ausgebaut wurde. Das erste schriftliche Zeugnis des Papiamento stammt aus dem Jahr 1775 – es handelt sich um den Liebesbrief eines sephardischen Juden (Goilo 1975; Munteanu 1991; Kramer 2004).

Typische Merkmale von Kreolsprachen

Einige typische Merkmale von Kreolsprachen sollen am Beispiel der wichtigsten Varietät des Chabacano, des Chabacano zamboangueño, herausgestellt werden (Quilis/Casado 2008).

Im Bereich von Phonetik und Phonologie ist oftmals eine Vereinfachung bzw. **Reduktion des phonologischen Systems** zu verzeichnen:

- Im Chabacano ist der Seseo üblich, wobei der s-Laut predorsoalveolar realisiert wird, z. B. *cenizas* [senísas], *conciencia* [konsjénsja].
- Es gibt nur einen Vibranten /r/ wie in rosas /rósas/.
- Allerdings finden wir keinen Yeísmo, d. h. das Lateralphoneme /ʎ/ bleibt erhalten in Wörtern wie *pollo, llega* (›llegar‹), *lleno* etc.
- Das Phonem /f/ wird zu /p/: *pondo* (*fondo*), *peo* (*feo*), *pruta* (*fruta*).
- Das Phonem /x/ > /h/ wird pharyngal realisiert: *jugá* [hugá], *gente* [hente], manchmal bleibt die ursprüngliche Aspirierung erhalten: *jablá* (*hablar*), *jasé* (*hacer*).

In morphosyntaktischer Hinsicht weist das Chabacano typische Merkmale von Kreolsprachen auf:

- **Das Artikelsystem ist dreigliedrig:** ein definiter, ein indefiniter Artikel und der Nullartikel für generische Referenz. Der bestimmte (*el*) und unbestimmte Artikel (*un*) sind unveränderlich, es heißt: *un taza* (*una taza*), *el maga taza* (*las tazas*).

Spanisch basierte
Kreolsprachen

- **Nominalflexion:** Der Plural wird teilweise durch die Anfügung des spanischen Pluralmorphems -s gebildet (*so bei rosa/rosas, dolor/dolores*), teilweise mithilfe des philippinischen Morphems **maga**, das als *mána* (in der Bucht von Manila) bzw. *mága* (auf Mindanao) im Chabacano in Erscheinung tritt: Singular: *un taza*, Plural: *mana/maga taza*, ebenso: *el compañera/el mana compañera*.
- **Adjektive** sind in Genus und Numerus **unveränderlich**: *un muchacha nervioso*.
- **Das Pronominalsystem:** Im Zamboangueño wird das Pronomen *tu* als Anredeform in der familiären Konversation und *evos/ebos* (in Voranstellung) bzw. *vos* (nachgestellt) allgemein in informellen Kontexten, also in der Unterhaltung mit Personen des gleichen oder eines niedrigeren sozialen Status, verwendet; z.B. *Ebos ta come mucho* (*comes mucho*).
- **Die Pluralformen** sind aus autochthonen Sprachen der Philippinen, dem Tagalog oder dem Bisaya, entlehnt worden. In der 1. Person Plural wird unterschieden, ob der Adressat mit eingeschlossen wird (*kita* [kitá]: Einschluss des Gesprächspartners) oder nicht (*kame* [kamé]: Ausschluss der Person, zu der man spricht).

Insgesamt zeichnen sich Kreolsprachen durch einen deutlichen **Abbau von Flexionsmorphologie** sowie durch eine **Realisierung von grammatischen Funktionen durch Partikeln** (etwa Pluralmarkierung) aus. Diese zentralen Eigenschaften von Kreolsprachen manifestieren sich besonders deutlich im Bereich des Verbalsystems. Hier werden die verbalen Kategorien Tempus, Modus und Aspekt (das TAM-System) nicht durch Flexionsendungen wie im Spanischen ausgedrückt, sondern durch **TAM-Marker** (Partikeln). Diese sind in der Regel durch die Grammatikalisierung bestimmter Adverbien (*ya*) oder periphrastischer Ausdrücke (*hay que, haber de*) entstanden.

TAM-Marker

- **Das Präsens** wird durch die Partikel *ta* + Infinitiv ausgedrückt, z.B. *Yo ta comi pruta*.
- **Futur:** Die Futurpartikel lautet im Caviteño *de/di* (*de/di* + Infinitiv: *Mi amigo di vini mañana* ›Mi amigo vendrá mañana‹, im Zamboangueño und Cotabateño *ay* (*ay* + Infinitiv: *Ay anda si Juana na escuela* ›Juan irá a la escuela‹).
- **Vergangenheit:** In allen Dialekten fungiert *ya* (*ya* + Infinitiv) als Vergangenheitsmarker, ein Beispiel: *Ya pone huebos el gallina* (*la gallina puso un huevo*).
- Eine eigene **Konjunktivform** existiert nicht, was noch einmal die deutliche Reduktion des Formeninventars veranschaulicht.

Zum Wortschatz: Die Lexik basiert im Zamboangueño zu 86% und im Caviteño zu 97% auf dem spanischen Wortschatz. Auffällig ist hier auch – wie in anderen Kreolsprachen – die ebenfalls wesentlich **rudimentärere Derivationsmorphologie**. Das übliche Suffix zur Bildung von Ereignisnominalisierungen ist -*ada* (z.B. *abrasada* (*abrazo*), *atracada* (*aproximación*), *llorada* (*llanto*), *pasada* (*paso*), *tomada* (*bebida alcohólica*)), -*ero* und -*ista* bilden **nomina agentis** (*kusinero/a, makinista*), -*illo* Diminutive (*kampanilla*). Interessant sind auch Aspekte des Bedeutungswandels im Bereich des Lexikons. Vielfach ist es hier nämlich zu einer metonymischen Verschiebung aufgrund von sachlicher Kontiguität oder zur Bedeutungserweiterung bzw. -verengung gekommen:

Eine **metonymische Verschiebung** zeigt sich z. B. bei *atraso* (mit den Lesarten *demora, deuda, delito*), *córre* (*rápido*) und pronto (*fácil*). Eine **Bedeutungserweiterung** liegt bei *bisa/visa* (< *avisar*): ›decir‹, eine **Bedeutungsverengung** bei *zumo* (›esencias líquidas extraídas de hierbas o cáscaras de frutas‹) vor.

12.10 | Soziolinguistik

Eine ganz neue Perspektive auf Variation hat der amerikanische Linguist William Labov (*1927), ein Schüler Uriel Weinreichs, entwickelt. In Abkehr von der **traditionellen Dialektologie** stehen bei Labov nicht mehr sprachliche und insbesondere phonetische Variation als Abgrenzungskriterium für die räumliche Verteilung von lokalen oder regionalen Varietäten im Mittelpunkt der Untersuchung. Ihn interessiert vielmehr sprachliche Variation als grundlegendes Merkmal der **sozialen Differenzierung** – d. h. der Abgrenzung von und Zugehörigkeit zu sozialen Gruppen – innerhalb einer lokalen Sprachgemeinschaft. Anhand von Studien in amerikanischen Großstädten wie New York (Labov 1966) und Philadelphia (Labov 2001) weist Labov die enge Korrelation zwischen bestimmten besonders salienten und zugleich sozial bewerteten Varianten einerseits und den sozialen Variablen wie Alter, soziale Schicht, Geschlecht, Rasse/ Ethnizität und Position in sozialen Netzwerken andererseits nach. Wie er unter anderem in seiner Studie zum Wandel des Vokalsystems in Philadelphia deutlich macht, geht es ihm aber nicht nur um die Aufdeckung systematischer Beziehungen zwischen sprachlicher Variation und sozialer Gruppenzugehörigkeit, sondern um die soziolinguistischen Kräfte und Faktoren des sprachlichen Wandels und seiner Verbreitung innerhalb einer Sprachgemeinschaft. Dabei sind die Frage der **Bewertung** von sprachlichen Varianten, deren Promotoren und die Motive der sprachlichen Akteure von zentralem Interesse.

> Soziale Differenzierung sprachlicher Merkmale

Labovs statistische Methodik, seine Erkenntnisse zum sprachlichen Verhalten von Gruppen, etwa das sog. Geschlechter-Paradox (*gender paradox*), sowie zu soziolinguistisch relevanten ›Richtungen‹ des Wandels – der Wandel von oben (*change from above*) bzw. der Wandel von unten (*change from below*) – sind auch von der hispanistischen Soziolinguistik aufgegriffen worden und insbesondere im Rahmen der **Migrationslinguistik** fruchtbar gemacht worden.

Die **Migrationslinguistik** untersucht die sprachliche Dynamik des Aufeinandertreffens von unterschiedlichen Varietäten einer oder mehrerer Sprachen, die aus den massiven Migrationsbewegungen u. a. auf dem gesamten amerikanischen Doppelkontinent resultiert und sich in den allgemeinen Kontext der Globalisierung einschreibt (vgl. Krefeld 2004). Bei ihren Studien greift die soziolinguistische Forschung auf die Methodik sowie die analytischen Konzepte Labovs zurück. Klee/Caravedo (2006) untersuchen z. B. das Sprachverhalten von Migranten aus den Andenregionen, die ihre Heimatregion aus wirtschaftlichen und sozialen Gründen verlassen haben und nach Lima gezogen sind. Meistens sind diese Migranten zweisprachig, d. h. sie sprechen Quechua sowie das typische Spanisch der Andenregion (zu Merkmalen s. Kap. 12.6). Mittlerweile stammt mindestens 40% der Bevölkerung Limas aus anderen Regionen des Landes, was das sprachliche Profil der Hauptstadt nachhaltig prägt.

Zwei typische Merkmale, die die Sprecher des Andenspanisch mitbringen, sind die Realisierung von -ll- (*calle*) als palataler Lateral /ʎ/ (also kein Yeísmo), die auch in der Mittel- und Oberschicht Limas geläufig ist sowie die **Assibilierung** des multiplen r (etwa in *carro*), die jedoch bei allen Sprechern stark stigmatisiert ist. Der Übergang zum Yeísmo vollzieht sich rasch, und zwar schon in der ersten Generation und erst recht bei den Kindern der Migranten. Die assibilierte Variante des multiplen r, die in der ersten Generation noch stark vertreten ist (zu ca. 48%), wird bei den Kindern fast gänzlich aufgegeben (nur noch 3%). Sie findet sich hingegen noch bei den arbeitslosen Migranten (36%), allerdings nicht mehr bei einfachen Arbeitern, insgesamt bei Männern deutlich ausgeprägter (36%) als bei Frauen (1%).

Wie lassen sich diese Daten interpretieren? Offenbar distanzieren sich die Kinder (also die zweite Generation) von den neuen Andenmigranten, mit denen sie nicht identifiziert werden möchten. Frauen nehmen offenbar schneller standardsprachliche Varianten an, befördern also den Wandel hin zur Standardvarietät. Hier kommt das oben schon erwähnte Geschlechterparardox (*gender paradox*) Labovs zur Geltung:

Gender paradox: Labov hatte in seinen Studien festgestellt, dass sich Frauen sprachlich allgemein viel konformer bzw. ›konservativer‹ als Männer verhalten, wenn bestimmte soziolinguistische Normen einen präskriptiven Charakter besitzen. Sie sind aber zugleich die Promotoren sprachlicher Innovationen, sofern ihnen der präskriptive Charakter fehlt. Beim Sprachwandel von oben (*change from above*) übernehmen die Frauen, wie auch das Beispiel der Nichtassiblierung von multiplem r zeigt, früher und wesentlich häufiger die Prestigevariante. Die stark stigmatisierten Formen – dies bestätigt eben auch die Studie zu Lima – werden hingegen häufiger von Männern verwendet.

Ein weiterer soziolinguistisch relevanter Aspekt ist die feststellbare Variation bei der Realisierung von implosivem -s (*mismo*). Während die Aspiration (mi^hmo) nicht negativ sozial bewertet wird, gilt die Elision von -s (*mimmo*) als Kennzeichen der Unterschicht. Sowohl die Andenmigranten als auch ihre Kinder (76 % bzw. 74 %) nehmen das besonders saliente Merkmal der Elision an, d. h. sie orientieren sich an ihrer sozialen Bezugsgruppe, in die sie sich zu integrieren versuchen. An diesem Beispiel zeigt sich die fundamentale Bedeutung von **sozialen Netzwerken** für die Übernahme von Merkmalen und den damit einhergehenden sprachlichen Wandel (vgl. auch Milroy 1980; Milroy/Milroy 1992).

Interessanterweise bleiben die besonderen morphosyntaktischen (etwa der Leísmo, die doppelte Possessivkonstruktion, z. B. *su casa de Juan* sowie die Verwendung des Pasado Compuesto als Erzähltempus) und semantischen Besonderheiten bei den Migranten und ihren Kindern noch deutlich länger erhalten. So spielen also die besondere **perzeptuelle Salienz** phonetischer Merkmale sowie ihre Bewertung die zentrale Rolle für die soziolinguistische Binnendifferenzierung und -strukturierung einer Sprechergemeinschaft. Weitere soziolinguistische Untersuchungen sind in den letzten Jahren unter anderem zum Spanischen auf der Halbinsel Yucatán (Michnowicz 2006), in Ecuador (Argüello 1984; Gómez 2003), in der Andenregion Argentiniens (Coronel 1995) und in Peru (Caravedo 1990; De los Heros 2001) entstanden.

1. Allgemeine Literatur zur Varietätenlinguistik

Sprachliche Variation/Soziolinguistik

Berruto, Gaetano (1987): *Sociolinguistica dell'italiano contemporaneo*. Roma: La Nuova Italia Scientifica.

Blas Arroyo, José Luis (2008): *Sociolingüística del español: desarrollos y perspectivas en el estudio de la lengua española en contexto social*. 2. Aufl. Madrid: Cátedra.

Coulmas, Florian (Hg.) (1997): *The Handbook of Sociolinguistics*. Oxford: Blackwell.

Ferguson, Charles A. (1959): Diglossia. In: *Word* 15, S. 325–340.

Hualde, José Ignacio et al. (Hg.): *Introducción a la lingüística hispánica*. 2. Aufl. Cambridge: Cambridge University Press.

Koch, Peter/Oesterreicher, Wulf (1990): *Gesprochene Sprache in der Romania – Französisch, Italienisch, Spanisch*. Tübingen: Niemeyer.

Koch, Peter/Oesterreicher, Wulf (2007): *Lengua hablada en la Romania – Español, Francés, Italiano*. Versión española revisada, actualizada y ampliada por los autores. Madrid: Gredos.

Labov, William (1966): *The Social Stratification of English in New York City*. Washington: Center for Applied Linguistics.

– (2001): *Principles of Linguistic Change – Vol. II: Social Factors*. Oxford: Blackwell.

Lastra de Suárez, Yolanda (1992): *Sociolingüística para hispanoamericanos: una introducción*. México: El Colegio de México.

López Morales, Humberto (2004): *Sociolingüística*. 3. Aufl. Madrid: Gredos.

Milroy, Lesley (1980): *Language and Social Networks*. Oxford: Blackwell.

–/Milroy, James (1992): Social network and social class: Toward an integrated sociolinguistic model. In: *Language in Society* 21/1, S. 1–26.

Moreno Fernández, Francisco (1998, ²2005, ³2008): *Prinicpios de sociolingüística y sociología del lenguaje*. 3. Aufl. Barcelona: Ariel.

Penny, Ralph (2000): *Variation and Change in Spanish*. Cambridge: Cambridge University Press.

Salvador Plans, Antonio (2005): Los lenguajes ›especiales‹ y de las minorías en el Siglo de Oro. In: Cano Aguilar, Rafael (Hg.): *Historia de la lengua española*. 2. Aufl. Barcelona: Ariel, S. 771–797.

Schlieben-Lange, Brigitte/Jungbluth, Konstanze (2001): Sprache und Geschlechter. In: Holtus, Günter et al. (Hg.): *Lexikon der romanistischen Linguistik* (LRL). Teilband I,2: *Methodologie*. Tübingen: Niemeyer, S. 331–348.

Silva-Corvalán, Carmen (2001): *Sociolingüística y pragmática del español*. Washington: Georgetown University Press.

Söll, Ludwig (1985): *Gesprochenes und geschriebenes Französisch*. 3. Aufl. Berlin: Schmidt.

Literatur

Sprache und Dialekt/Sprachgeographie

Coseriu, Eugenio (1956): *La geografía lingüística*. Montevideo: Universidad de la República, publicaciones del Departamento de Lingüística.
– (1975): *Die Sprachgeographie*. Übers. und hg. von Uwe Petersen. Tübingen: Narr.
Goebl, Hans (2002): Dialektometrie. In: Altmann, Gabriel et al. (Hg.): *Einführung in die
quantitative Lexikologie*. Göttingen: Peust & Gutschmidt, S. 179–219.
Haarmann, Harald (2004): Abstandsprache – Ausbausprache/Abstand-Language – Aus-
bau-Language. In: Ammon, Ulrich et al. (Hg.): *Sociolinguistics, Soziolinguistik. Ein in-
ternationales Handbuch zur Wissenschaft von Sprache und Gesellschaft*, Bd. 1. 2. Aufl.
Berlin/New York: Mouton de Gruyter, S. 238–250.
Haugen, Einar (1950): The analysis of linguistic borrowing. In: *Language* 26/2, S. 210–231.
Kloss, Heinz (1978): *Die Entwicklung neuer germanischer Kultursprachen seit 1800*. 2. Aufl.
Düsseldorf: Pädagogischer Verlag Schwann.
Zamora Vicente, Alonso (1985): *Dialectología española*. 2. Aufl. Madrid: Gredos.

Varietäten des Spanischen allgemein und Spanisch als plurizentrische Sprache

Archivo de variantes lingüísticas del español: www3.udg.edu:8o/fllff/LIDIA2/
Berschin, Helmut/Fernández-Sevilla, Julio/Felixberger, Josef (2012): *Die spanische Spra-
che – Verbreitung, Geschichte, Struktur*. 4. Aufl. Hildesheim: Georg Olms.
Bossong, Georg (2008): *Die romanischen Sprachen: eine vergleichende Einführung*. Ham-
burg: Buske.
Clyne, Michael George (Hg.) (1992): *Pluricentric Languages: Differing Norms in Different
Nations*. Berlin/New York: Mouton De Gruyter.
Escobar, Anna María (2010): Capítulo 7: Variación lingüística en español. In: Hualde, José
Ignacio et al. (Hg.): *Introducción a la lingüística hispánica*. 2. Aufl. Cambridge: Cam-
bridge University Press, S. 391–444.
Guitarte, Guillermo L. (1991): Del español de España al español de veinte naciones: la
integración de América al concepto de lengua española. In: *El español de América.
Actas del III Congreso Internacional sobre El español de América: Valladolid, 3 a 9 de
julio de 1989*. Valladolid: Junta de Castilla y León, S. 65–86.
Lebsanft, Franz (2004): Plurizentrische Sprachkultur in der spanischsprachigen Welt. In:
Gil, Alberto/Osthus, Dietmar/Polzin-Haumann, Claudia (Hg.): *Romanische Sprach-
wissenschaft: Zeugnisse für Vielfalt und Profil eines Faches. Festschrift für Christian
Schmitt zum 60. Geburtstag*. Frankfurt a.M.: Peter Lang, S. 205–220.
Marcos Marín, Francisco (2006): *Los retos del español*. Frankfurt a.M.: Vervuert.
Oesterreicher, Wulf (2000): Plurizentrische Sprachkultur – Der Varietätenraum des Spanischen. In: *Romanistisches Jahrbuch* 51, S. 287–318.
Polzin-Haumann, Claudia (2005): Zwischen unidad und diversidad. Sprachliche Variation und sprachliche Identität im hispanophonen Raum. In: *Romanistisches Jahrbuch*
56, S. 271–295.
**Samper Padilla, José Antonio/Hernández Cabrera, Clara Eugenia/Troya Déniz, Magno-
lia** (Hg.) (1998): *Macrocorpus de la norma lingüística culta de las principales ciudades
del mundo hispánico*. Las Palmas de Gran Canaria: Universidad de Las Palmas de Gran
Canaria.
Torrent-Lenzen, Aina (2006): *Unidad y pluricentrismo en la comunidad hispanohablante:
cultivo y mantenimiento de una norma panhispánica unificada*. Titz: Lenzen.
Zamora Vicente, Alonso (1960): *Dialectología española*. Madrid: Gredos.

Sprachkontakt

Gumperz, John Joseph (1982): *Discourse Strategies*. Cambridge: Cambridge University
Press.
Klee, Carol A./Lynch, Andrew (2009): *El español en contacto con otras lenguas*. Washing-
ton, D.C: Georgetown University Press.

Krefeld, Thomas (2004): *Einführung in die Migrationslinguistik: von der »Germania italiana« in die »Romania multipla«*. Tübingen: Narr.

Myers-Scotton, Carol (1997): *Duelling Languages: Grammatical Structure in Codeswitching*. Oxford: Clarendon Press.

Müller, Natascha (2008): *Theorien des Code-Switching*. Tübingen: Narr.

Poplack, Shana (1980): Sometimes I'll start a sentence in English Y TERMINO EN ESPAÑOL: Toward a typology of code-switching. In: *Linguistics* 18, S. 581–618.

Riehl, Claudia Maria (2004, ²2009): *Sprachkontaktforschung: Eine Einführung*. Tübingen: Narr.

Roca, Ana/Jensen, John B. (Hg.) (1996): *Spanish in Contact: Issues in Bilingualism*. Somerville, Mass.: Cascadilla Press.

Silva-Corvalán, Carmen (1994): *Language Contact and Change. Spanish in Los Angeles*. Oxford: Clarendon Press.

Thomason, Sarah Grey (2001): *Language Contact: An Introduction*. Edinburgh: Edinburgh University Press.

–/Kaufman, Terrence (1988): *Language Contact, Creolization, and Genetic Linguistics*. Berkeley/London: University of California Press.

Trudgill, Peter John (1986): *Dialects in Contact*. Oxford: Blackwell.

Weinreich, Uriel (1953): *Languages in Contact*. New York: Publications of the Linguistic Circle of New York.

2. Das Spanische und seine Varietäten in Europa

Alvar, Manuel (Hg.) (1996): *Manual de dialectología hispánica*. Band I: El español de España. Barcelona: Ariel.

Álvarez Blanco, Rosario/Monteagudo Romero, Henrique (1994): Artikel 410: Galegisch/Gallego. Interne Sprachgeschichte I. Grammatik/ Evolución lingüística interna I. Gramática. In: Holtus, Günter et al. (Hg.): *Lexikon der romanistischen Linguistik.(LRL)*. Teilband VI,2: Galegisch, Portugiesisch. Tübingen: Niemeyer, S. 1–21.

Aurrekoetxea, Gotzon (1997): Sprachkontakte in Südwesteuropa: (Art. 154) Espagnolbasque. In: Goebl, Hans et al. (Hg.): *Handbücher zur Sprach- und Kommunikationswissenschaft*. Teilband 12,2: Kontaktlinguistik. Berlin: de Gruyter, S. 1303–1309.

Baldinger, Kurt (1972): *La formación de los dominios lingüísticos en la Península Ibérica*, versión española de Emilio Lledó y Montserrat Macau. 2. Aufl. Madrid: Gredos.

Blas Arroyo, José Luis (2005): El español actual en las comunidades del ámbito lingüístico catalán. In: Cano Aguilar, Rafael (Hg.): *Historia de la lengua española*. 2. Aufl. Barcelona: Ariel, S. 1065–1086.

Boix, Emili/Payrató, Lluís/Vila, F. Xavier (1997): Sprachkontakte in Südwesteuropa: (Art. 153) Espagnol-catalan. In: Goebl, Hans et al. (Hg.): *Handbücher zur Sprach- und Kommunikationswissenschaft*. Teilband 12,2: Kontaktlinguistik. Berlin: de Gruyter, S. 1296–1302.

Brea, Mercedes (1994): Artikel 415: Galegisch/Gallego. Externe Sprachgeschichte/Evolución lingüística externa. In: Holtus, Günter et al. (Hg.): *Lexikon der romanistischen Linguistik (LRL)*. Teilband VI,2: Galegisch, Portugiesisch. Tübingen: Niemeyer, S. 80–97.

Castillo Lluch, Mónica/Kabatek, Johannes (Hg.) (2006): *Las lenguas de España: Política lingüística, sociología del lenguaje e ideología desde la Transición hasta la actualidad*. Madrid/Frankfurt a.M.: Iberoamericana/Vervuert.

Doppelbauer, Max/Cichon, Peter (Hg.) (2008): *La España multilingüe: lenguas y políticas lingüísticas de España*. Wien: Praesens Verlag.

García Mouton, Pilar (1999): *Lenguas y dialectos de España*. 3. Aufl. Madrid: Arco Libros.

Melchor, Vincent de/ Branchadell, Albert (2002): *El catalán – una lengua de Europa para compartir*. Barcelona: Universitat Autònoma de Barcelona.

Narbona Jiménez, Antonio (Hg.) (2009): *La identidad lingüística de Andalucía*. Sevilla: Fundación Centro de Estudios Andaluces.

Rojo, Guillermo (2005): El español de Galicia. In: Cano Aguilar, Rafael (Hg.): *Historia de la lengua española*. 2. Aufl. Barcelona: Ariel, S. 1087–1102.

Sinner, Carsten (2004): *El castellano de Cataluña: estudio empírico de aspectos léxicos, morfosintácticos, pragmáticos y metalingüísticos*. Tübingen: Niemeyer.

–/Wesch, Andreas (Hg.) (2008): *El castellano en las tierras de habla catalana.* Madrid/ Frankfurt a. M.: Iberoamericana/Vervuert.

Thun, Harald (1997): Sprachkontakte in Südwesteuropa: (Art. 151) Spanien. In: Goebl, Hans et al. (Hg.): *Handbücher zur Sprach- und Kommunikationswissenschaft.* Teilband 12,2: Kontaktlinguistik. Berlin: de Gruyter, S. 1270–1285.

3. Das Spanische und seine Varietäten außerhalb Europas

In Lateinamerika

Alonso, Amado (1953): *Estudios lingüísticos: temas hispanoamericanos.* Madrid: Gredos.

Alvar, Manuel (Hg.) (2000): *Manual de dialectología hispánica.* Band II: El español de América. Barcelona: Ariel.

Argüello, Fanny (1984): Correlaciones sociolingüísticas en el habla de la sierra ecuatoriana. In: *Anuario de Letras* 22, S. 219–233.

Boyd-Bowman, Peter (1964): *Índice geobiográfico de cuarenta mil pobladores españoles de América en el siglo XVI.* Band I: 1493–1519. Bogotá: Instituto Caro y Cuervo.

– (1968): *Índice geobiográfico de cuarenta mil pobladores españoles de América en el siglo XVI.* Band II: 1520–1539. Bogotá: Instituto Caro y Cuervo.

Caravedo, Rocío (1990): *Sociolingüística del español de Lima.* Lima: Pontificia Universidad Católica del Perú, Fondo Editorial.

Coronel, María Amalia (1995): *Aspectos sociolingüísticos del español de Catamarca Capital, Argentina.* Doctoral thesis. Ann Arbor: University Microfilm International.

Cuervo, Rufino José (1901): El castellano en América. In: *Bulletin Hispanique* 3, S. 35–62.

Elizaincín, Adolfo (1992): *Dialectos en contacto. Español y portugués en España y América.* Montevideo: Arca.

– (2004): Las fronteras del español con el portugués en América. In: *Revista Internacional de Lingüística Iberoamericana* 4, S. 105–118.

Escobar, Anna María (2000): *Contacto social y lingüístico: el español en contacto con el quechua en el Perú.* Lima: Pontificia Universidad Católica del Perú, Fondo Editorial.

– (2004): Bilingualism in Latin Amerika. In: Bhatia, Tej K./Ritchie, William C. (Hg.): *The Handbook of Bilingualism.* Malden, Mass./Oxford: Blackwell, S. 642–661.

Gómez, Rosario (2003): *Sociolinguistic Correlations in the Spanish Spoken in the Andean Region of Ecuador in the Speech of the Younger Generation.* Doctoral thesis. Ann Arbor: University Microfilm International.

Granda Gutiérrez, Germán de (1988): *Sociedad, historia y lengua en el Paraguay.* Bogotá: Instituto Caro y Cuervo.

– (1994): *Español de América, español de África y hablas criollas hispánicas: cambios, contactos y contextos.* Madrid: Gredos.

– (1999): *Español y lenguas indoamericanas en Hispanoamérica: estructuras, situaciones y transferencias.* Valladolid: Universidad de Valladolid.

Gugenberger, Eva (1995): *Identitäts- und Sprachkonflikt in einer pluriethnischen Gesellschaft: Eine soziolinguistische Studie über Quechua-Sprecher und -Sprecherinnen in Peru.* Wien: WUV-Universitätsverlag.

– (2007): Aculturación e hibrididad lingüísticas en la migración: propuesta de un modelo teórico-analítico para la lingüística de la migración. In: *Revista Internacional de Lingüística Iberoamericana: RILI* 2/10, S. 21–45.

Henríquez Ureña, Pedro (1921): Observaciones sobre el español en América. In: *Revista de Filología Española:* RFE 8, S. 357–390.

Hernández Alonso, César (Hg.) (1992): *Historia y presente del español de América.* Junta de Castilla y León: Pabecal.

Heros Diez Canseco, Susana de los (2001): *Discurso, identidad y género en el castellano peruano.* Lima: Pontificia Universidad Católica del Perú, Fondo Editorial.

Jansen, Silke (2008): La ›defensa‹ del español en Hispanoamérica: normas y legislaciones acerca del uso de la lengua. In: Süselbeck, Kirsten/Mühlschlegel, Ulrike/Masson, Peter (Hg.): *Lengua, nación e identidad. La regulación del plurilingüismo en España y América Latina.* Madrid/Frankfurt a.M.: Iberoamericana/Vervuert, S. 239–270.

Kany, Charles Emil (1969): *Sintaxis hispanoamericana.* Versión española de Martín Blanco Álvarez. Madrid: Gredos.

Klee, Carol A./Caravedo, Rocío (2006): Andean Spanish and the Spanish of Lima: linguistic variation and change in a contact situation. In: Mar-Molinero, Clare/Stewart, Miranda (Hg.): *Globalisation and Language in the Spanish-Speaking World: Macro and Micro Perspectives.* New York: Palgrave Macmillan Publishers, S. 94–113.

Lapesa, Rafael (1981): *Historia de la lengua española.* 9. Aufl. Madrid: Gredos.

– (1992): El español llevado a América. In: Hernández Alonso, César (Hg.): *Historia y presente del español de América.* Valladolid, Junta de Castilla y León: Pabecal, S. 11–24.

– (2008): *Historia de la lengua española.* Madrid: Gredos.

Lenz, Rudolf (1893): Beiträge zur Kenntnis des Amerikanospanischen. In: *Zeitschrift für Romanische Philologie* 17, S. 188–214.

Lipski, John M. (1996): *El español de América.* Traducción de Silvia Iglesias Recuero. Madrid: Cátedra.

– (2008): *Afro-Bolivian Spanish.* Madrid/Frankfurt a.M.: Iberoamericana/Vervuert.

Lope Blanch, Juan M. (1968): *El español de América.* Madrid: Ed. Alcalá.

– (1993): *Ensayos sobre el español de América.* México: UNAM.

López Morales, Humberto (1998): *La aventura del español en América.* Madrid: Espasa-Calpe.

– (Hg.) (2008): *Enciclopedia del español en los Estados Unidos.* Madrid: Instituto Cervantes.

Menéndez Pidal, Ramón (1962): Sevilla frente a Madrid. Algunas precisiones sobre el español de América. In: *Miscelánea homenaje a André Martinet: Estructuralismo e historia, III.* La Laguna: Universidad de la Laguna, S. 99–165.

– (1972): *Los romances de América y otros estudios.* Madrid: Espasa-Calpe.

Michnowicz, Jim (2006): *Linguistic and Social Variables in Yucatan Spanish.* Doctoral thesis. Ann Arbor: University Microfilm International.

Moreno de Alba, José G. (1988): *El español en América.* México: Fondo de Cultura Económica.

Noll, Volker (2001): *Das amerikanische Spanisch: ein regionaler und historischer Überblick.* Tübingen: Niemeyer.

Rojas Mayer, Elena M. (1992): El voseo en el español de América. In: Hernández Alonso, César (Hg.): *Historia y presente del español de América.* Valladolid, Junta de Castilla y León: Pabecal, S. 143–165.

Rosenblat, Ángel (1970): *El castellano de España y el castellano de América. Unidad y diferenciación.* Madrid: Taurus.

– (1973): Bases del español de América: nivel social y cultural de los conquistadores y pobladores. In: Asociación de Lingüística y Filología de América Latina (ALFAL) (Hg.): *Actas de la primera Reunión Latinoamericana de Lingüística y Filología: Viña del Mar (Chile), enero de 1964.* Bogotá: Instituto Caro y Cuervo, S. 293–371.

Thun, Harald/Forte, Carlos E./Elizaincín, Adolfo (1989): El Atlas lingüístico diatópico y diastrático del Uruguay (ADDU). Presentación de un proyecto. In: *Iberoromania* 30, S. 26–62.

Torres, Lourdes (2003): Bilingual discourse markers in Puerto Rican Spanish. In: *Language in Society* 31/1, S. 65–83.

Wagner, Max Leopold (1927): El supuesto andalucismo de América y la teoría climatológica. In: *Revista de Filología Española* 14, S. 20–32.

Zajícová, Lenka (2009a): *El bilingüismo paraguayo: usos y actitudes hacia el guaraní y el castellano.* Madrid/Frankfurt a.M.: Iberoamericana/Vervuert.

– (2009b): Diferentes formas del jopara. In: Escobar, Anna María/Wölck, Wolfgang (Hg.): *Contacto lingüístico y la emergencia de variantes y variedades lingüísticas.* Madrid/Frankfurt a.M.: Iberoamericana/Vervuert, S. 23–38.

Zimmermann, Klaus (Hg.) (1995): *Lenguas en contacto en Hispanoamérica: nuevos enfoques.* Madrid/Frankfurt a.M.: Iberoamericana/Vervuert.

In den USA

Aaron, Jessi E./Hernández, José Esteban (2007): Quantitative evidence for contact-induced accomodation: Shifts in /s/ reduction patterns in Salvadoran Spanish in Houston. In: Potowski, Kim/Cameron, Richard (Hg.): *Spanish in Contact: Policy, Social and Linguistic Inquiries.* Amsterdam: John Benjamins, S. 329–344.

Connor, Olga (2009): La televisión. In: López Morales, Humberto (Hg.): *Enciclopedia del español en los Estados Unidos: Anuario del Instituto Cervantes 2008*. Madrid: Instituto Cervantes, S. 497–504.

Craddock, Jerry R. (1992): Historia del español en EE.UU. In: Hernández Alonso, César (Hg.): *Historia y presente del español de América*. Valladolid, Junta de Castilla y León: Pabecal, S. 803–826.

Cuesta, Leonel Antonio de la (2009): La lengua española y la legislación estadounidense. In: López Morales, Humberto (Hg.): *Enciclopedia del español en los Estados Unidos: Anuario del Instituto Cervantes 2008*. Madrid: Instituto Cervantes, S. 541–552.

Escobar, Anna María (2010): Capítulo 8: El español en los Estados Unidos. In: Hualde, José Ignacio et al. (Hg.): *Introducción a la Lingüística Hispánica*. 2. Aufl. Cambridge: Cambridge University Press, S. 445–502.

Gómez Font, Alberto (2009): La prensa escrita. In: López Morales, Humberto (Hg.): *Enciclopedia del español en los Estados Unidos: Anuario del Instituto Cervantes 2008*. Madrid: Instituto Cervantes, S. 473–481.

Gonzales, Felisa (2008): Statistical portrait of Hispanics in the United States, 2006. Pew Hispanic Center (http://www.pewhispanic.org/2008/01/23/statistical-portrait-of-hispanics-in-the-united-states-2006/, 10.6.2013).

Lacorte, Manuel/Leeman, Jennifer (Hg.) (2009): *Español en Estados Unidos y otros contextos de contacto: sociolingüística, ideología y pedagogía*. Madrid/Frankfurt a.M.: Iberoamericana/Vervuert.

Lipski, John M. (2008): *Varieties of Spanish in the United States*. Washington, DC: Georgetown University Press.

–/Roca, Ana (1993): *Spanish in the United States: Linguistic Contact and Diversity*. Berlin/New York: Mouton de Gruyter.

Ortiz López, Luis A./Lacorte, Manuel (Hg.) (2005): *Contactos y contextos lingüísticos: el español en los Estados Unidos y en contacto con otras lenguas*. Madrid/Frankfurt a.M.: Iberoamericana/Vervuert.

Roca, Ana (Hg.) (2000): *Research on Spanish in the United States: Linguistic Issues and Challenges*. Somerville, Mass.: Cascadilla Press.

Silva-Corvalán, Carmen/Lynch, Andrew (2009): Los mexicanos. In: López Morales, Humberto (Hg.): *Enciclopedia del español en los Estados Unidos: Anuario del Instituto Cervantes 2008*. Madrid: Instituto Cervantes, S. 104–111.

Stavans, Ilan (2003): *Spanglish: The Making of a New American Language*. New York: Rayo.

U.S. Census Bureau: www.census.gov

In Afrika und Asien

Lipski, John M. (1985): *The Spanish of Equatorial Guinea: the Dialect of Malabo and its Implications for Spanish Dialectology*. Tübingen: Niemeyer.

– (2005): *A History of Afro-Hispanic Language: Five Centuries, Five Continents*. Cambridge: Cambridge University Press.

Miranda, Marcos/Medina, Elinet (2009): La radio hispana en los Estados Unidos. In: López Morales, Humberto (Hg.): *Enciclopedia del español en los Estados Unidos: Anuario del Instituto Cervantes 2008*. Madrid: Instituto Cervantes, S. 482–496.

Quilis, Antonio/Casado Fresnillo, Celia (1992): Artikel 396: Spanisch/Español. Areallinguistik IV. Afrika/Áreas lingüísticas IV. África. In: Holtus, Günter et al. (Hg.): *Lexikon der romanistischen Linguistik (LRL)*. Teilband VI,1: Aragonesisch/Navarresisch, Spanisch, Asturianisch/Leonesisch. Tübingen: Niemeyer, S. 526–530.

Quilis, Antonio/Casado Fresnillo, Celia (2008): *La lengua española en Filipinas: historia, situación actual, el chabacano, antología de textos*. Madrid: Consejo Superior de Investigaciones Científicas.

4. Kreolsprachen allgemein und Iberoromanisch basierte Kreol-sprachen

Alleyne, Mervyn C. (1980): *Comparative Afro-America. An Historical-Comparative Study of English-Based Afro-American Dialects of the New World*. Ann Arbor: Karoma Publishers.

Bickerton, Derek (1984): The language bioprogram hypothesis. In: *Behavioral and Brain Sciences* 7/2, S. 173–188.

Chaudenson, Robert (1979): *Les créoles français*. Paris: Nathan.

– (1992): *Des îles, des hommes, des langues – essai sur la créolisation linguistique et culturelle*. Paris: L'Harmattan.

Goilo, Enrique R. (1975): *Papiamentu textbook*. 5. Aufl. Aruba: De Wit Stores.

Goodman, Morris F. (1985): Review of Bickerton 1981. In: *International Journal of American Linguistics* 51/1, S. 109–137.

Granda Gutiérrez, Germán de (1978): *Estudios lingüísticos hispánicos, afrohispánicos y criollos*. Madrid: Gredos.

Hall, Robert Anderson (1966): *Pidgin and Creole Languages*. Ithaca: Cornell University Press.

Holm, John Alexander (1988): *Pidgins and Creoles*. 2 Bände: Band I: *Theory and Structure*; Band II: *Reference Survey*. Cambridge: Cambridge University Press.

– (2000): *An Introduction to Pidgins and Creoles*. Cambridge: Cambridge University Press.

Kramer, Johannes (1995): Spanisch-portugiesische Konvergenz und Divergenz im Papiamentu. In: Dahmen, Wolfgang et al. (Hg.): *Konvergenz und Divergenz in den romanischen Sprachen. Romanistisches Kolloquium VIII*. Tübingen: Narr, 238–256.

– (2004): *Die iberoromanische Kreolsprache Papiamento: eine romanistische Darstellung*. Hamburg: Buske.

Mufwene, Salikoko S. (1986): The universalist and substrate hypotheses complement one another. In: Muysken, Pieter/Smith, Norval (Hg.): *Substrata versus Universals in Creole Genesis: Papers from the Amsterdam Creole Workshop, April 1985*. Amsterdam: Benjamins, S. 129–162.

Munteanu, Dan (1991): *El papiamento, origen, evolución y estructura*. Bochum: Brockmeyer.

Ortiz López, Luis A. (2010): *El español y el criollo haitiano: contacto lingüístico y adquisición de segunda lengua*. Madrid/Frankfurt a.M.: Iberoamericana/Vervuert.

Taylor, Douglas (1971): Grammatical and lexical affinities of creoles. In: Hymes, Dell (Hg.): *Pidginization and Creolization of Languages: Proceedings of a Conference Held at the University of the West Indies, Mona, Jamaica, April 1968*. Cambridge: Cambridge University Press, S. 293–298.

Whinnom, Keith (1956): *Spanish Contact Vernaculars in the Philippine Islands*. Hong Kong: Hong Kong University Press.

– (1965): The origin of the European-based creoles and pidgins. In: *Orbis* 14, S. 509–527.

5. Atlanten

Alvar, Manuel (1999): *Atlas lingüístico de Castilla y León* (ALCL). Salamanca: Junta de Castilla y León, Consejería de Educación y Cultura.

–/**Llorente, Antonio/Salvador, Gregorio** (1961–1974): *Atlas lingüístico y etnográfico de Andalucía* (ALEA). Granada: Universidad de Granada.

Araya, Guillermo (1968): *Atlas Lingüístico-Etnográfico del Sur de Chile: preliminares y cuestionario* (ALESuCh). Valdivia: Instituto de Filología, Universidad Austral de Chile.

– (Hg.) (1973): *Atlas Lingüístico-Etnográfico del Sur de Chile* (ALESuCh). Band I: *Léxico general y léxico urbano*. Valdivia: Instituto de Filología, Universidad Austral de Chile.

Atlas Lingüístico de la Península Ibérica (ALPI): www.alpi.ca

Atles interactiu de l'entonació del català: http://prosodia.upf.edu/atlesentonacio/

Flórez, Luis (Hg.) (1981–1983): *Atlas lingüístico-etnográfico de Colombia* (ALEC). Bogotá: Instituto Caro y Cuervo.

García Mouton, Pilar/Moreno Fernández, Francisco (1988): *Atlas lingüístico (y etnográfico) de Castilla – La Mancha* (ALeCMan). Madrid: Universidad de Alcalá, digital: http://www.linguas.net/alecman.

Literatur

Gilliéron, Jules/Edmont, Edmond (1902–1920): *Atlas linguistique de la France* (ALF). Paris: Champion.

Jaberg, Karl/Jud, Jakob (1928–1940): *Sprach- und Sachatlas Italiens und der Südschweiz/ Atlante linguistico ed etnografico dell'Italia e della Svizzera meridionale* (AIS). Zofingen: Ringier & Co.

Lope Blanch, Juan Miguel (Hg.) (1990–1996): *Atlas lingüístico de México* (ALM). México: Universidad nacional autónoma de México/Fondo de Cultura Económica.

Navarro Tomás, Tomás (1948): *Atlas lingüístico de Puerto Rico* (ALPR). Publicado por primera vez en Navarro Tomás, Tomás (1948): *El español en Puerto Rico: contribución a la geografía lingüística hispanoamericana*. Puerto Rico: Universidad de Puerto Rico, digital: http://www.alpr.info/.

– (1962): *Atlas Lingüístico de la Península Ibérica* (ALPI). Publicado sólo el tomo I: *Fonética*. Madrid: CSIC.

Thun, Harald/Elizaincín, Adolfo/Boller, Fred (2000 ff.): *Atlas lingüístico Diatópico y Diastrático del Uruguay* (ADDU). Kiel: Estensee.

Wenker, Georg/Wrede, Ferdinand (1926–1956): *Deutscher Sprachatlas, auf Grund des Sprachatlas des Deutschen Reichs*. Marburg: Elwert, digital: *Digitaler Wenker-Atlas* (DiWa): www.diwa.info.

13 Anhang

13.1 | Bildquellenverzeichnis

S. 13: Die Verbreitung des Spanischen in der Welt, http://commons.wiki-pedia.org/wiki/File:Hispanidad.PNG.

S. 49: Formanten, aus: Hualde, José Ignacio (2005): *The Sounds of Spanish*. Cambridge: Cambridge University Press, S. 62.

S. 65: Deklarativsatz »Miraban a Mariano«, aus: ebd., S. 255, Figure 14.1.

S. 66: Absolute Frage »¿Miraban a Mariano?«, aus: ebd., S. 269, Figure 14.3.

S. 66: Bekannte vs. neue Information, aus: ebd., S. 262, Figure 14.4.

S. 67: Kontrastive Herausstellung, aus: ebd., S. 265, Figure 14.8.

S. 188: Nähe-Distanz-Modell, aus: Koch, Peter/Oesterreicher, Wulf (2007): *Lengua hablada en la Romania – Español, Francés, Italiano. Versión española revisada, actualizada y ampliada por los autores*. Madrid: Gredos (dt. Originalausgabe: Koch, Peter/Oesterreicher, Wulf: *Gesprochene Sprache in der Romania: Französisch, Italienisch, Spanisch*. Tübingen: Niemeyer 1990, 2. Aufl. Berlin: De Gruyter 2011, S. 34.

S. 276: Die Varietätenkette, aus: ebd., S. 39.

S. 282: Die sprachliche Gliederung Spaniens, aus: Berschin, Helmut/Fernández-Sevilla, Julio/Felixberger, Josef (2012): *Die spanische Sprache – Verbreitung, Geschichte, Struktur*. 4. Aufl. Hildesheim: Georg Olms, S. 41, Kartographie: E. Ardelean.

S. 297: Die wichtigsten indigenen Sprachen Lateinamerikas, aus: Hualde, José Ignacio et al. (Hg.) (2010): *Introducción a la lingüística hispánica*. 2. Aufl. Cambridge: Cambridge University Press, S. 322.

S. 299: Sprachkontakte des Spanischen mit indigenen Sprachen in Lateinamerika, aus: ebd., S. 428.

13.2 | Sachregister

Abstandsprache 280
Adjektiv 75
Adjektivderivation 88
Adjektivflexion 75, 76
Adjunkt 102, 103, 109
Adstrat 213 f., 235
Adverb 89
Affix 72
Affrikat 44
Afrika 316
Aimara 298
Akrolekt 318
Akronym 94
akustische Phonetik 48
Akzent 64, 67
Akzentsetzung 63
Akzeptabilität 180
Allomorph 70
Allomorphie 79, 90
Allophon 52
Alterität 9
Alternanz 90
Altspanisch 224–235
Amerikanismen 296
Analogie 29
analytische Form 76, 79
analytisches Verfahren 210 f.
Anapher/Anaphorik 181
Anapher
– assoziative 181
Andalucismo 290
Andalusisch 284–286
Andenregion 300
Angabe 102
Anglizismen 268
Annotation 194–196
Antiandalucismo 290
Antonym/Antonymie 142
Aphärese 94
apiko-alveolar 43
Apokope 94
Approximant 44, 46
Arabisierung 218
Arabismen 218
Araukanisch 298
Arbitrarität 7, 33
Archilexem 131
Archiphonem 53
Archisem 131
Argument 102 f.

Argumentbewegung 115
ars grammatica 22
Artikel 77
Artikulationsart 42 f.
Artikulationsorgan 42
Artikulationsort 42
artikulatorische Phonetik 41
Aspekt 83
– grammatischer 83 f.
– lexikalischer 83
Assertion 169
Assimilation 53, 57, 232
Astur-Leonisch 222
Attribut 100
Ausbau 279
– extensiver 279
– externer 225
– intensiver 279
– interner 225, 229
Ausbausprache 280
Autonomie 262 f.
autosegmental-metrisches Modell 67 f.

Basilekt 318
Baskisch 261, 316
Bedeutung 128, 130
Bedeutungstheorie 133
Bedeutungswandel 144–146
Behaviorismus 37
Bewegung 113–117
bilabial 43
Buchwort 234

Ceceo 242 f., 284
Chabacano 320 f.
Chibcha 298
Cocoliche 302
Code-mixing 307–309
Code-switching 307–309
Constraints 58 f.
corpus-based 199
corpus-driven 199

Dachsprache 281
Deduktion/deduktiv 198
Deixis/Deiktika 161 f.
Demonstrativa 77
Denotation 127

Dependenzgrammatik 102
Dequeísmo 267
Derivation 87–91
Derivationsaffix 72
Derivationsmorphologie 70
Derivationssuffix 73
Determinanten/Determinierer 117 f.
Determination 117
Diachronie 31
Dialekt 224, 278–286
Dialektologie 30
Dialektometrie 290
Diasystem 274, 277 f.
Dichotomien (Saussure'sche) 31
differentielle Objektmarkierung (DOM) 234, 315
Diglossie 20 f., 219, 299
Diphthong 46
Diskurs 180
Diskursmarker 174
Diskurstradition 186
Dissimilation 232
Distanz
– kommunikative 187 f., 276 f.
distinktives Merkmal 52
Distributionalismus 35
Djudezmo 246
Dominanz 106 f.
doppelte Artikulation 8
DP-Hypothese 118
Dublette 235

Ellipse 94
Endozentrizität 92 f.
English Only-Bewegung 303
Enklise 233, 245, 315
entailment 169
Entlehnung 306
Epenthese 232
Erbwort 234
Exozentrizität 92 f.
Explikatur 172
Extensible Markup Language (XML) 194
Extension 127

Sachregister

face-Begriff 176 f.
Fachsprache 5
Familienähnlichkeit 136
Flexionsaffix 72
Flexionsmerkmale (INFL) 112
Flexionsmorphologie 70, 74–85
Fokus 121, 122
Fokus-Hintergrund-Gliederung 122
Formant 45, 49
Frame 138 f.
Frame-Semantik 138
Frikativ 44
Fronterizo 302
funktionale Kategorien 112
funktionale Satzperspektive 34, 120, 183
Funktionalismus 34

Galegisch 313
Galicisch 261, 313–315
Galicisch-Portugiesisch 222
Gallizismen 235, 268
gender paradox 324
generative Phonologie 56
generative Theorie 118
Generativismus 35–37, 198
Genfer Schule 34
Gesprächsmarker 175
Glosse 219
Glückensbedingungen 165
grammatica speculativa 23
Grammatikalisierung 210
Grammatikographie 22 f., 25 f., 237–241, 253
Graphem 47
Graphie 47
Guaraní 298, 301

Halbkonsonant 45
Halbvokal 45
Handelsportugiesisch 321
Heckenausdruck 168
Hiat 46
Hintergrund 121
Hispanics 302 ff.
historische Sprachwissenschaft 10
historisch-vergleichende Sprachwissenschaft 28
Hochsprache 278

Höflichkeit 176
Holismus 7, 38
Homonym/Homonymie 143
Hyperonym/Hyperonymie 141
Hyponym/Hyponymie 141

Idealisiertes Kognitives Modell (ICM) 136 f.
Idiom 147
illokutionärer Akt 164
Implikation 170
Implikatur 167 f., 171 f.
– konversationelle 168
Indigenismushypothese 292
indirekter Sprechakt 165
Induktion/induktiv 197 f.
Inferenz 161, 168
INFL 112
Informationsstruktur 66, 120–123
Informativität 180
Innovation 211
Inselkaribisch 297
Intension 128
Intentionalität 7, 180
International Phonetic Alphabet 46
Intertextualität 180
Intonation 64 f.
Intonationskontur 66
Isoglosse 287
Isotopie 182

Jarchas 222
Judenspanisch 16, 246
Junggrammatiker 29

Karibik 297
Kastilisch 224–230, 237, 248, 261, 283–284
Kasus 78
– abstrakter 110
– inhärenter 111
– struktureller 110
Katalanisch 223, 261, 309–313
Katapher/Kataphorik 181
Klassem 132
Klitika 62
kognitive Linguistik 37–39
kognitive Semantik 133–140

Kohärenz 180, 182
Kohäsion 179, 181
Koiné 291
Koineisierung 305
Kolligation 200
Kollokation 146, 199
kombinatorische Variante 53
Kommentar 121
Kommunikationsmodell 2 f.
Kompetenz 36
Komplement 108 f.
Komplementierer 112, 117
Komplementsätze 101
Komposita 91
Komposition 91–95
Kompositionalitätsprinzip 149
Kompositum 92 ff.
Kongruenz 111
Konkordanzprogramm 196
Konnektor 181
Konnotation 128
Konsonant 42–44
Konsonantismus 208
Konstituente 97, 99, 105
Konstituentenanalyse 105–108
Konstituentenstruktur 106, 108–113
Konstituenz 105–108
Konstruktionsgrammatik 39
Kontext 161
Kontextualismus 199
Konvergenz 305
konversationelle Implikatur 167 f.
– generalisierte 168
– partikularisierte 168
Konversationsanalyse 173–176
Konversationsmaxime 166–171
Konversion 94
Konzept 133
Kooffizialität 262
kooffizielle Sprache 298
Kookkurrenz 200
Kooperationsprinzip 166–171
Koordination 100
Kopenhagener Schule 34
Kopf 75, 99, 108 f.

Kopfbewegung 114
Kopula 75
Korpora 192–204
Korpuslinguistik 192–204
Korrelation 54
Kreativität 8
Kreolsprachen 17, 317–323
Kréyòl 302

labiodental 43
Ladino 246
Laísmo 78, 245, 266
langue 31
Lateinamerika 254–259,
290–302
lateral 44
Lautgesetz 29 f.
Lehnprägung 268
Lehnübersetzung 306
Leísmo 78, 245, 266,
296
Lemma 194
Lexem 73
Lexikographie 237–241,
251 f.
Linksversetzung 121
Literatursprache 5, 226
Logische Form (LF) 119
Loísmo 78, 245, 266, 293
lokutionärer Akt 163

Mapuche/Mapudungun
298
Markiertheitsbeschrän-
kungen 59
Matrixsprache 307
Maya-Sprachen 297, 300
Medium 276
Medium vs. Konzeption
187, 276
mentales Lexikon 74,
102, 147
Meronym/Meronymie
141
Mesoklise 233, 244
Metadaten 193
Metapher 143 f.
Metaphonie 232
Metathese 232
Metonymie/metonymisch
143 f.
metrische Phonologie 63
Migrationslinguistik 323
minimalistisches Modell
118 f.
Minimalpaar 52
Mittelamerika 297

Modalität 84, 155 f.
– deontische 156
– epistemische 155
Modalpartikeln 175
Modalsemantik 155–157
Modalverb 156
Modularismus 7, 38
Modus 84 f.
Morphem 70–74
– freies 71
– gebundenes 71
– grammatisches 71
– lexikalisches 71
Morphologie 70–95
Motiviertheit 86
Mozarabisch 221
Mündlichkeit 187–190

Nähe
– kommunikative
187–189, 276 f.
Nähe-Distanz-Kontinuum
277
Nahuatl 297
nasal 44
Navarro-Aragonesisch
222
Nebensatz 101
Neologismus 144
Neutralisation 53
Neutralisierung 53 f.
Nomen 75 f.
Nominalflexion 75
Nominalisierungsverfah-
ren 88
Normalisierungsgesetz
264
Normalisierungspolitik
262 f.
Nullallomorph 71

Objekt 99
– direktes 99
– indirektes 99
Okklusiv 43
onomasiologisch 130
Oppositionsbeziehun-
gen 32
Optimalitätstheorie
58–60
Organon-Modell 2 f.
Orthographie 47, 239,
252 f., 256
Ostromania 11 f.
Oszillogramm 49
OT-Grammatik 59

Paarsequenzen 174
palatal 43
Palatalisierung 209, 231
Palenquero 319
Papiamento 320 f.
Paradigmatik 140–144
paradigmatische Ebene
33
Parasynthese 90
parole 31
Parser 195
part-of-speech-Tags (POS)
194
Performanz 36
performativer Sprechakt
163
performatives Verb 163
perlokutionärer Akt 164
Phonation 48
Phonem 47, 51 f.
Phonetik 41–50
– akustische 48
– artikulatorische 41
Phonetische Form (PF)
119
phonographisch 47
Phonologie 51–69
– generative 56
– metrische 63
– prosodische 60
– strukturelle 54
– suprasegmentale 60
phonologische Merkmale
54 f.
phonologische Prozesse
57
Phrase 99
Phrasenstrukturregel 107
Pidgin 317 f.
Plosiv 43
Plurizentrismus/plurizen-
trisch 258, 292
Polysem/Polysemie 143
Portmanteau-Allomorph
71
Portuñol 302
Positivismus 29
prädorsal 43
Präfigierung 89
Präfix 72, 89 f.
Prager Linguistenschule
34, 51
Pragmatik 21, 160–177
pragmatische Kompetenz
165 f.
Präsupposition 169 f.
Prestige 207, 278

Primärdialekt 221, 282
Priming 200 f.
Primitiva 139 f.
Prinzipien-und-Parame-
ter-Theorie 37
pro-drop-Parameter 37
Produktivität 8, 86
Projektionsprinzip 104
Proklise 233
Pronomen 77
Pronominalsystem 77 f.
Proposition 154
propositionaler Akt 164
Prosodie 60
prosodische Phonologie 60
Prototyp 134
Prototypensemantik
133–137
Prototypentheorie 134 f.,
137
Prozessphonologie 56
Purismus 254 f.

qualifizierendes Adjektiv
76
Quantitätenkollaps 208
Quechua 298

RAE (Real Academia de
la Lengua Española)
249–253, 257
Reanalyse 211
Rechtsversetzung 121
Reconquista 218, 225
Redehintergrund
– gemeinsamer 171
Referent 127
referentielle Bewegung
184 f.
Referenz 117, 161, 184
Reflexivität 9
Regionalsprache 309
Register 275
Rekatalanisierung 263
Rektion 25, 110
Rektions- und Bindungs-
theorie 118
Rekursivität 108
Relationsadjektiv 76
Relativsatz 101
Relevanztheorie 171–173
Renaixença 249
Renovation 211
Reparaturstrategie 174
Rexurdimento 249
Rhema 120, 183
Romanisierung 215

Satz
– einfacher 100–102
– komplexer 100–102
Satzbauplan 98
Satzmodus 65
Satzsemantik 148–152
Saussure'sche Dichoto-
mien 31
Schemata 182
Schriftlichkeit 187–190
Sekundärdialekt 221, 282
Selektionsrestriktion 103
Sem 130
Semanalyse 130–132
Semantik 125–157
– kognitive 133–140
– strukturelle 129
semantische Prosodie 60
semantische Relationen
140–144
semasiologisch 131
Semem 131
semiotisches Dreieck
126
Seseo 242 f., 284, 293
SGML 194
Sibilantensystem 241 f.
Siglenbildung 94
Siglos de Oro 235–248
signifiant 32
signifié 32
Signifikant 126
Signifikat 126
Silbe 60 f.
Silbenkonstituenten 60
Silbenstruktur 60 f.
Sinaloephe 46
Situationalität 180
Skript 182
Sonorisierung 214, 231
Sonorität 61
Sonoritätshierarchie 60
Sonoritätsskala 61
Soziolekt 275
Soziolinguistik 323–325
Spaltsatz 123
Spanglish 308
Spektrogramm 49
Sperrsatz 123
Spezifizierer 108 f.
Sprachatlas 30, 287–290
Spracherwerb 35
Sprache/Sprachbegriff
1–9
Sprachfähigkeit 35
Sprachgeographie 30,
287–290

Sprachgeschichte 10,
206–269
Sprachkontakt 293–317,
299
Sprachpolitik 257,
259–265, 303
Sprachtypologie 28
Sprechakt 162–166
Sprechakttheorie 21,
162–166
Sprechakttypen 164
Stamm 79
Standard Generalized
Markup Language
(SGML) 194
Standardsprache 278
Stimmbildung 41
Strukturalismus 31
– amerikanischer 35
Strukturbaum 106
Subjekt 99
Subkategorisierung 102 f.
Subordination 100
Substrat 213 f.
Suffigierung 87
Suffix 72, 88 f.
Superstrat 217, 317
Suppletion 77
suprasegmentale Phono-
logie 60
Synärese 47
Synchronie 31
Synkretismus 285
Synonym/Synonymie 141
Syntagma 99
syntagmatische Ebene 33
syntaktische Funktionen
98–100
syntaktische Kategorien
98
Syntax 97–123
Syntaxtheorie
– generative 35–37, 110 f.
synthetisch/analytisch
209 f.
synthetische Form 76, 79
synthetisches Verfahren
209 f.
Systemlinguistik 9

Tagger 195
Taino 297
TAM-System 82–85
Temporalsemantik
152–154
Tempus 82, 152 f.
Text 179

Text Encoding Initiative (TEI) 194
Textklasse 185
Textlinguistik 10, 179–190
Textsorte 185
Texttyp 185
Textualitätskriterien 179–183
Thema 120, 183
thematische Progression 183
thematische Rollen/ Theta-Rollen 103 f.
Topik 121
Transferenz 299, 305
Transkription 47
Treueprinzipien 59
Tupí-Guaraní-Sprachen 298
Turn-taking-Signal 175
Tuteo 244 f., 295 f.
Typologie 28

Überdifferenzierung 312
Universalgrammatik 23 f., 26 f., 35
Unterdifferenzierung 312
USA 302–309

Valenz 102
Varianten
– freie 52
Variation 4, 274–277
– diamesische 276
– diaphasische 275
– diastratische 275
– diatopische 275
Varietät(en) 4, 221, 274–325
Varietätenkette 276
Varietätenlinguistik 10, 274–325
velar 43
Verb 79 f.
Verbalflexion 79 f.
Verbbildung 88
Verfahren
– analytisches 209
– synthetisches 209
Vibrant 44
Vokal 44–47
Volksetymologie 145
Volkssprache 25
Voseo 244 f., 291, 295 f.
Vulgärlatein 30, 206–213

Wahrheitsbedingungen 148
Wahrheitswert 21, 150
Wert 129
Wertbegriff 32
Westromania 11 f.

Wh-Bewegung 115
Wissenschaftssprache 227
Wort 73, 125–128
Wortakzent 62
Wortarten 74–82
Wortbildung 85–95
Wortbildungsverfahren 94
Wortfeldanalyse 129
Wortfeld/Wortfeldtheorie 129 f., 132
Wortform 73
Wortsemantik 21, 125–128
Wurzel 72

X-bar-Theorie 109, 111
XML 194

Yeísmo 243, 286, 294

Zeichen
– sprachliches 2, 21
Zeichenmodell 126
– triadisches 24
Zeichensystem 2
Žeísmo 294